人民·联盟文库

## 顾问委员会

由人民出版社市场联盟成员社社长、总编辑组成

## 编辑委员会

（以姓氏拼音为序）

主　任：陈有和

副主任：杜培斌　潘少平　王德树

委　员：陈令军　姜　辛　刘锦泉　刘智宏

　　　　王　路　许方方　徐佩和　张文明

人民·联盟文库

# 台湾通史

连 横 著

广西人民出版社
人民出版社

# 出版说明

人民出版社及全国各省市自治区人民出版社是我们党和国家创建的最重要的出版机构。几十年来，伴随着共和国的发展与脚步，他们在宣传马克思列宁主义、毛泽东思想、邓小平理论、"三个代表"重要思想，深入贯彻落实科学发展观，坚持走有中国特色社会主义道路方面，出版了大量的各种类型的优秀出版物，为丰富人民群众的学习、文化需求作出了不可磨灭的贡献，发挥了不可替代的作用。但由于环境、地域及发行渠道等诸多原因，许多精品图书并不为广大读者所知晓。为了有效地利用和二次开发全国人民出版社及其他成员社的优秀出版资源，向广大读者提供更多更好的精品佳作，也为了提升人民出版社市场联盟的整体形象，人民出版社市场联盟决定，在全国各成员社已出版的数十万个品种中，精心筛选出具有理论性、学术性、创新性、前沿性及可读性的优秀图书，辑编成《人民·联盟文库》，分批分次陆续出版，以飨读者。

《人民·联盟文库》的编选原则：1. 充分体现人民出版社的政治、学术水平和出版风格；2. 展示出各地人民出版社及其他成员社的特色；3. 图书主题应是民族的，而不是地区性的；4. 注重市场价值，要为读者所喜爱；5.译著要具有经典性或重要影响；6.内容不受时间变化之影响，可供读者长期阅读和收藏。基于上述原则，《人民·联盟文库》未收入以下图书：1.套书、丛书类图书；2.偏重于地方的政治类、经济类图书；3.旅游、休闲、生活类图书；4.个人的文集、年谱；5.工具书、辞书。

《人民·联盟文库》分政治、哲学、历史、文化、人物、译著六大类。由于所选原书出版于不同的年代、不同的出版单位，在封面、开本、版式、材料、装帧设计等方面都不尽一致，我们此次编选，为便宜读者阅读，全部予以统一，并在封面上以颜色作不同类别的区分，以利读者的选购。

人民出版社市场联盟委托人民出版社具体操作《人民·联盟文库》的出版和发行工作，所选图书出版采用联合署名的方式，即人民出版社与原书所属出版社共同署名，版权仍归原出版单位。《人民·联盟文库》在编选过程中，得到了人民出版社市场联盟成员社的大力支持与帮助，部分专家学者及发行界行家们也提出了很多建设性的意见，在此一并表示诚挚的感谢！

《人民·联盟文库》编辑委员会

# 目　录

再版说明 …………………………………………………………………… 1

徐炳昶先生序 ……………………………………………………………… 2

章太炎先生序 ……………………………………………………………… 6

徐仲可先生序 ……………………………………………………………… 8

林南强先生序 ……………………………………………………………… 9

连横先生自序 ……………………………………………………………… 10

凡例 ………………………………………………………………………… 12

卷一　开辟纪 ……………………………………………………………… 1

卷二　建国纪 ……………………………………………………………… 19

卷三　经营纪 ……………………………………………………………… 43

卷四　独立纪 ……………………………………………………………… 65

卷五　疆域志 ……………………………………………………………… 77

　　台南府 ………………………………………………………………… 80

　　台北府 ………………………………………………………………… 85

　　台湾府 ………………………………………………………………… 88

　　台东直隶州 …………………………………………………………… 93

卷六　职官志 ……………………………………………………………… 99

卷七　户役志 ……………………………………………………………… 113

| 卷八　田赋志 | 125 |
|---|---|
| 　官庄 | 134 |
| 　隆恩 | 136 |
| 　抄封 | 137 |
| 　番租 | 138 |
| 　屯租 | 140 |
| 　隘租 | 141 |
| 卷九　度支志 | 147 |
| 卷十　典礼志 | 171 |
| 　庆贺 | 172 |
| 　接诏 | 173 |
| 　迎春 | 173 |
| 　耤田 | 174 |
| 　祭社 | 174 |
| 　释菜 | 175 |
| 　祭纛 | 175 |
| 　大操 | 176 |
| 　旌表 | 176 |
| 　乡饮 | 176 |
| 　祀典 | 177 |
| 卷十一　教育志 | 193 |
| 卷十二　邢法志 | 205 |
| 卷十三　军备志 | 211 |
| 　屯丁 | 251 |
| 　隘勇 | 262 |

## 目录

  乡勇                  267

  师船                  270

  炮台                  275

**卷十四　外交志**              279

  日本聘问                 280

  吕宋经略                 281

  英人之役                 283

  美船之役                 285

  牡丹之役                 286

  法军之役                 289

**卷十五　抚垦志**               297

**卷十六　城池志**               331

  台南府城（附郭安平）           333

  嘉义县城                 334

  凤山县城                 335

  恒春县城                 336

  台湾府城（附郭台湾）           336

  彰化县城                 336

  云林县城                 337

  苗栗县城                 337

  台北府城（附郭淡水）           337

  新竹县城                 338

  宜兰县城                 339

  台东直隶州城               339

  埔里社厅城                339

基隆厅城　　　　　　　　　　340

　　南雅厅城　　　　　　　　　　340

　　澎湖厅城　　　　　　　　　　340

**卷十七　关征志**　　　　　　　　349

**卷十八　榷卖志**　　　　　　　　359

　　盐　　　　　　　　　　　　　360

　　硫磺　　　　　　　　　　　　362

　　煤　　　　　　　　　　　　　363

　　煤油　　　　　　　　　　　　366

　　樟脑　　　　　　　　　　　　366

　　沙金　　　　　　　　　　　　369

　　阿片厘金　　　　　　　　　　370

**卷十九　邮传志**　　　　　　　　373

　　陆运　　　　　　　　　　　　374

　　航运　　　　　　　　　　　　385

　　邮电　　　　　　　　　　　　388

　　灯台　　　　　　　　　　　　390

**卷二十　粮运志**　　　　　　　　393

　　仓储　　　　　　　　　　　　400

**卷二十一　乡治志**　　　　　　　407

**卷二十二　宗教志**　　　　　　　417

　　神教　　　　　　　　　　　　418

　　道教　　　　　　　　　　　　422

　　佛教　　　　　　　　　　　　423

　　景教　　　　　　　　　　　　426

## 目录

| | | |
|---|---|---|
| 回教 | | 428 |
| **卷二十三** | **风俗志** | 439 |
| 岁时 | | 440 |
| 宫室 | | 443 |
| 衣服 | | 444 |
| 饮食 | | 446 |
| 冠婚 | | 447 |
| 丧祭 | | 450 |
| 演剧 | | 451 |
| 歌谣 | | 451 |
| **卷二十四** | **艺文志** | 453 |
| **卷二十五** | **商务志** | 461 |
| **卷二十六** | **工艺志** | 471 |
| 纺织 | | 473 |
| 刺绣 | | 474 |
| 雕刻 | | 475 |
| 绘画 | | 475 |
| 铸造 | | 475 |
| 陶制 | | 476 |
| 煅灰 | | 476 |
| 烧煤 | | 476 |
| 竹工 | | 477 |
| 皮工 | | 477 |
| **卷二十七** | **农业志** | 479 |
| 稻之属 | | 486 |

5

| 菽之属 | 488 |
| 麦之属 | 489 |
| 黍之属 | 489 |
| 稷之属 | 490 |
| 梁之属 | 490 |
| 蓝之属 | 490 |
| 薯之属 | 490 |
| 蔗之属 | 491 |
| 茶之属 | 491 |
| 麻之属 | 491 |
| 蔬之属 | 492 |
| 果之属 | 493 |

## 卷二十八 虞衡志 ………………………… 509

| 草之属 | 510 |
| 木之属 | 513 |
| 竹之属 | 517 |
| 藤之属 | 518 |
| 花之属 | 518 |
| 卉之属 | 520 |
| 畜之属 | 523 |
| 禽之属 | 523 |
| 兽之属 | 525 |
| 虫之属 | 526 |
| 鱼之属 | 528 |
| 介之属 | 532 |

目 录

　　矿之属（附） 534

**卷二十九　列传一** 537
　　颜思齐、郑芝龙列传 538
　　宁靖王列传 541
　　诸臣列传 543
　　诸老列传 548
　　陈永华列传 554
　　林圯、林凤列传 556
　　刘国轩列传 557

**卷三十　列传二** 563
　　施琅列传 564
　　吴球、刘却列传 570
　　朱一贵列传 571
　　欧阳凯列传 578
　　蓝廷珍列传 579
　　杨文魁、殷化行、阮蔡文、王郡列传 585

**卷三十一　列传三** 589
　　王世杰列传 590
　　吴凤列传 593
　　施世榜、杨志申、吴洛、张振万列传 594
　　林成祖、胡焯猷、张必荣、郭元汾列传 597
　　台东拓殖列传 599
　　吴福生、黄教列传 602
　　林爽文列传 603
　　孙景燧列传 609

7

福康安列传 611

杨廷理列传 614

郑其仁、李安善列传 615

陈周全、高夔列传 616

**卷三十二 列传四** 619

海寇列传 620

王得禄列传 624

谢金銮、郑兼才列传 627

吴沙列传 628

姜秀銮、周邦正列传 632

许尚、杨良斌列传 633

姚莹、徐宗幹列传 635

张丙列传 639

方振声列传 642

李石、林恭列传 643

郑勒先列传 644

郭光侯、许东灿、施九缎列传 645

**卷三十三 列传五** 651

戴潮春列传 652

林文察列传 660

丁曰健列传 661

林奠国列传 662

林占梅列传 665

罗冠英、陈澄清列传 668

沈葆桢列传 670

|  |  |
|---|---|
| 袁闻柝列传 | 673 |
| 刘铭传列传 | 675 |
| 刘璈列传 | 680 |
| 林平侯列传 | 684 |
| **卷三十四　列传六** | **687** |
| （一）循吏列传 | 688 |
| （二）流寓列传 | 701 |
| （三）乡贤列传 | 708 |
| （四）文苑列传 | 714 |
| **卷三十五　列传七** | **729** |
| （一）孝义列传 | 730 |
| （二）勇士列传 | 740 |
| （三）货殖列传 | 744 |
| （四）烈女列传 | 747 |
| **卷三十六　列传八** | **761** |
| 邱逢甲列传 | 762 |
| 吴汤兴、徐骧、姜绍祖、林昆冈列传 | 763 |
| 唐景崧、刘永福列传 | 768 |
| **后序** | **773** |
| **连雅堂先生家传** | **774** |

# 再版说明

本书作者连横（1878—1936），台湾省人。

《台湾通史》是台湾历史上第一部按通史体例撰修的史书。作者连横积数十年之力，游历大江南北，收集有关台湾的中外文献、档案和传闻，仿照司马迁《史记》的体例，写成此书。

全书内容起于隋大业元年，终于清光绪二十一年，时间横跨1290年，有纪四、志二十四、传六十。从最早到达台湾的开拓者，到清中后期抵抗日本侵略的志士将领，凡有关台湾的政治、军事、经济、物产、风俗、人物等，均有论列。

本书曾由作者于1920—1921年在台湾分三册出版，内地流传极少。商务印书馆于1945年抗日战争胜利前夕，曾将其重新出版，此后亦有重印，但读者现在也不易找到当时版本。

2005年6月，时任国民党主席的连战先生访问祖国大陆，并将此书作为礼物赠予国家领导人以及北京大学等机构，使得此书为大众所熟知。我社现在应读者要求，再版此书，一为让普通读者有机会领略到这部巨著的魅力；二为让我们可以通过此书，深入了解我国台湾历史。

这次再版参考了台湾版本及商务版本，对两个版本中不统一的地方进行了最大努力的论证和核定。在装帧设计上也依照现代读者的阅读习惯，进行了适当改进。限于水平，以及书中部分内容无从核对，故纰漏之处在所难免，恳请专家和读者指正。

# 徐炳昶先生序

一九四五年连雅堂先生所著之《台湾通史》第一次在国内印行，六月排版将毕，其哲嗣连定一先生命余作叙。余与定一先生十余年故交，谊不敢辞，乃秉笔而言曰：

凡住居于此员舆上之民族，苟能不安僿野，黾勉前进，均必能在文化上有所贡献，以传遗后世，以沾溉人类。惟因时地不同，环境差殊，故每民族所创造之文化均必押有其环境之印记，于大同之文化体中有特异焉。此特异点与创造民族之盛衰分合有密切之关系，籀绎古史者不可不慎思而明辨之也。我中华民族所创造之文化为世界巨大文化之一，殊无疑义。其特异点，依吾人之所探寻，盖有三端：一曰缓，二曰久，三曰稳。自人类学者证明吾民族为中华之土著而外来之说绌，其奠居于斯土也已不知其绵历几万年。从有传说计起，炎黄羲暤以后盖已超过五千年。其同时之文化民族，若埃及人，若两河间人，其进入历史皆比中国较早。埃及之第十二朝（西元前二十与十九两世纪），与将来第十八朝之阿门诺斐斯四世时（西元前十四世纪，其声名文物盖已灿然大备。巴比伦之哈莫拉比王（西元前二十二世纪末），文治武功烜赫当时，其详备法典所刻之原石尚在，为历史学家之异珍。希腊民族脱游牧而进农事已当我商代后期，其传说历史晚于我国者一两千年，然其文化突飞猛进，至我国春秋战国之交，已足冠冕群伦。我国炎帝族之肇始农业，当

## 徐炳昶先生序

在距今四千年之前,然夏、商古史犹复晻昧,周代蹶起,文化始渐可与哈莫拉比时相比。及孔、老、墨诸子勃兴,而哲学思想始得与后进之希腊诸贤哲并驾。经历奕世,始跻于高度文化之林,则其缓也。埃及及两河间之古代文化,至西元前二三世纪已完全泯灭,希腊高尚文化,至后六世纪查士丁尼大帝封闭雅典学校后亦薪尽火绝。而中国之文化独迢递四五千祀,未尝中绝,自秦始皇至今二千余年,史事之载于正史者无一年之缺逸,尤为世界各国之所无有,则其久也。埃及前有希克索诸王之残掠,后有亚述人之蹂践。两河间前经赫底特人之横扫,后经迦塞特人之潜入。亚述大帝国兴勃亡忽,拟迹秦、隋。迦勒底后起,数十年而灭,盖无足述。此诸国者,其兴也,驰骛震耀,举世骇眩;其颓也,昏昧黤黮。永永长夜。希腊人思想文艺之所诣,腾踔高跻,匪惟超前,抑几绝后,其末叶之所遭尚不致如前二方之惨凄,然在中世纪,其鸿文玄著不过匿迹于修道院蛛网尘封之间。拜占庭帝国文人名延一线之传,然亦不过尚能寻章摘句,作盲目之景行而已。我国三代、秦、汉二千余年,止有朝代之嬗易,却无浅化人民入撼文教之础石。南北朝、五代、金、元及明、清之交,虽或禹域云扰,或异族篡统,而仁人义士当兹八方同昏之际,仍风雨如晦,鸡鸣不已,独握天枢以争剥复之运。卒能使旧有文化不惟不因离乱而致萎荼,反因思想之奋厉而愈启光芒。结果异方侵入之浅化人士因仰羡而同化,历阽危一次而我中华民族增庶增强一次。即至近芒百年来,我兵力、经济、文化皆受西方人严重之压抑,而终受有广土众民以备此八九年独立抗战之潜能,则其稳也。缓近于绌而稳毗于优,久介其间而斡其运,微久无以补缓之缺,微稳亦无以奠久之基。然微缓,则其于政也,多强迫急制之音,少优柔餍饫之趣。故亦终难收可大可久之效。则缓与稳虽似优绌相反,而实系一事的两方,去此一则彼一亦失。斯义对庶政或非显著,而惟异族相遇,浴遗化殊,急若束湿,虽亦偶获近效,而欲其雍容涵育,久且熔为一体,绝不可得。一旦束断,凌乱溃散,或返其故,或且有甚于故者。我国数千年来,与四周浅化人民之相处,毫无奇策,亦惟是"修其教,不易其俗。齐其政,不易其宜。""用夷礼则夷之,进于中国则中国之。"渐渍之以文化而不束缚之以政刑,只注意于风俗习惯之渐由异而之同,绝不设法加强各民族间之此疆与彼界,无迫促同化之意。而潜移默化,皆可抱孕熔合于不自觉,以视十九世纪东西列强所用之禁用语言,迫抑习俗之政策大异其趣。不急同化者终得同化,急于同化者卒难同化,自然演进之迟速与人意中之迟速常多睽违,天下事大抵然哉。

台湾与我闽疆一苇可通。其通中国也自隋,至今日千余年,即至明季郑氏之逐荷兰人亦已千有余年也。此千余年间我闽、广人民与斯地土著逐渐融合之陈迹,虽史缺有间,而用近一二百年间我侨民在南洋诸岛与土民融合之经历相比较,固不难想象以得。大陆移民在台湾者经历久远,至郑氏时与土人盖已融为一体。虽高山深谷之中,因地势之限隔,小有流遗,未尽同化,而全局固无大殊异。明季之争,非郑氏与荷兰人之争,巧吾中华民族与少数侵入之西洋人相争,故其胜败之数不待著蔡。此后斯土虽随全国之后由清廷征服,而我民族同化之伟业固仍继续进行。

清末,日本人窃据,以数十年之力即欲攫为己有。其施政也又徒暴力以压,迫切以求,四五十年中未尝念及土著之应有选举权与否。及迫于丧失,始思开放一小部分不平等之应得以为钩饵,所施极狭,所愿奇奢,多见其不知量也。

今日故土恢复在即,吾国人对于斯土千余年之经历,亟宜有所研讨以备来日之鉴戒,而有关之典籍文献殊未丰富,识者憾之。雅堂先生为吾国老民党,邃于史学。积数十年之力,成《台湾通史》巨著。余尝读其书,吾先民千余年艰辛缔造之遗迹周弗觇陈,且斯时正值日本人压迫唆削之际,故先生对于民族之痛,怀之至深,于割地后诸英杰毫无希望,而犹艰贞力争自由之逸事,再三致意。且搜罗弘富,于岛中动植矿物之蕴藏,亦皆据耳目之所睹闻。据实列述,不作浮光掠影之谈。乃叹邦人君子,如尚不愿将祖先之所惨淡经营者完全置诸脑后,则对此书允宜人手一编。惟前仅印行于日本,国人得之非易,今幸商务印书馆不顾

## 徐炳昶先生序

抗战八年后印刷之困难，勉力排印，已可与邦人君子相见。又喜胜利在望，父老兄弟归祖国之怀抱有日，斯书印成正值其时，故不辞愚陋，略书数语以志欣感。又希望国人鉴于我民族及荷兰人、日本人在斯土盛衰递嬗之往事，葆吾所长，勉吾所短，以绵续吾先民之丰功伟烈于无穷也。

一九四五年六月十五日徐炳昶敬叙
于云南昌谷县络索坡之适然居寓斋

# 章太炎先生序

伟哉！郑延平之启台湾也。以不毛之地、新造之国，而抗强胡百万之众，至于今遂为海中奥区焉。余昔者闻其风烈，以为必有遗民旧德在也。直富有票举兵，余与其人多往复，为有司所牵，逐而至台湾。台湾隶日本已七年矣，犹以郑氏旧事，不敢外视之。逾十年，汉土光复。又十四年，遗民连雅堂以所作《台湾通史》见示。

台湾故国也。其于中国，视朝鲜、安南为亲。志其事者，不视以郡县，而视以封建之国。故署曰通史，盖《华阳国志》之例也。郑氏多武功，政治润略，清人得之，从事亦尚简，故所言不能如《华阳国志》详备。若其山川、邑落、物产、谣俗之变，则往往具矣，然非作者之志也。作者之志，盖以为道土训者必求其地建置之原。台湾在明时，无过海中一浮岛，日本、荷兰更相夺攘，亦但羁縻不绝而已，未足云建置也。自郑氏受封，开府其地，子遗士女，辐凑于赤嵌，锐师精甲环列而守，为恢复中原根本，然后屹然成巨镇焉。郑氏系于明，明系于中国，则台湾者实中国所建置。其后属清、属日本，视之若等夷。台湾无德于清，而汉族不可忘也。余始至台湾，求所谓遗民旧德者，千万不可得一二。今观雅堂之有作也，庶几其人欤？

豪杰之士无文王而兴者，郑氏也。后之豪杰，今不可知，虽然披荆棘、立城邑于三百年之上，使后世犹能兴起而诵说之者，其烈盖可忽乎

## 章太炎先生序

哉?雅堂之书,亦于是为台湾重也!

一九二七年一月章太炎

# 徐仲可先生序

左丘明作《春秋传》，以三十卷括二百四十年之事，于会升贤之，司马迁作《史记》，叙三千年事，仅五十万言。班固作《汉书》，叙二百四十年事，至八十万言，其烦省之异若是。张世伟乃谓班不如马，刘知几则言古今不同，势使之然，不得斥近史为芜累。然哉，然哉。今珂读连君雅堂《台湾通史》，见其烦省适中而三复叹美之者以此。通史者，通贯古今之史，与断代史异，则尤易烦不易省者。雅堂为是，凡一千二百九十年之事，悉具于八十八篇，而乃巨细毕举，无漏无蔓。盖为纪四，为志二十四，为传六十。踵龙门之例而变通之，附表于志中，取便观览，为今之学者计也。其所记载，始隋大业元年，终清光绪二十一年，台湾文献，于是不坠。

抑珂尝闻之，知几谓作史须兼才学识三长。雅堂才学伟矣，其识乃尤伟。知民为邦本，非民则国易以立，故于民生之丰啬，民德之隆污，详言之。视昔之修史徒重兵、刑、礼、乐者，何如耶？珂不敏，比亦粗有撰述，于民事辄致详，犹雅堂之志也、既卒读，爰书此以归之。

一九四五年仲夏杭县徐珂谨书于上海

# 林南强先生序

　　台湾背归墟而面齐州，岂即列子之所谓岱舆、员峤耶？志言台湾之名不一，或曰大宛，或曰台员，审其音盖合岱舆、员峤二者之名而一之尔。其地自郑氏建国以前，实为太古民族所踞，不耕而饱，不织而温，以花开草长验岁时，以日入月出辨昼夜。岩居谷饮，禽视兽息，无人事之烦，而有生理之乐，斯非古之所谓仙者欤！抑亦因生齿未繁，乃得以坐享天地自然之利尔。闻之故老言，吾族适此之先，尝佣耕于诸番，为之诛荆榛，立阡陌，终岁勤动。不遑宁处，所赢者即节衣缩食之余也，彼坐收十五之税，而常苦不足，终且货其产于我，则我劳而彼逸，我俭而彼奢也。故观夫草衣木食之时，天之福诸番，不可谓不厚矣。使其闭关自守，无竞于人，虽至今啸傲沧州可也。一旦他人入室，乘瑕蹈隙，月进而岁不同，乃彼昏不知，犹憞焉无改。夫因陋就简之习，则其得于天而失于人也固宜。抑又闻之吾先民之垦草此土也，其葬于蛇豕之腹，埋于榛莽之墟者，不知凡几，故又呼之曰埋冤。然卒底于成者，则前仆后继惨淡经营之力也。迄于今休养生息数百年，取益多而用益宏，食者众而生者寡、虽然微大力者负之而走，吾知乔木先畴犹将易主，而况巧拙相悬，强弱异势乎？彼深山穷谷中雕题凿齿之遗，固已窃笑于旁而议其后矣。世之读此书者，其亦念筚路蓝缕之勤，而怃然于城郭人民之变也哉。

**丙辰夏五东宁林资修序于雪峰之麓**

# 连横先生自序

台湾固无史也,荷人启之,郑氏作之,清代营之,开物成务,以立我丕基,至于今三百有余年矣。而旧志误谬,文采不彰,其所记载,仅隶有清一朝,荷人郑氏之事,阙而弗录,竟以岛夷海寇视之。呜呼,此非旧史氏之罪欤!且府志重修于乾隆二十九年,台、凤、彰、淡诸志虽有续修,局促一隅,无关全局。而书又已旧,苟欲以二三陈编,而知台湾大势,是犹以管窥天,以蠡测海,其被囿也亦巨矣。

夫台湾固海上之荒岛尔,筚路蓝缕,以启山林,至于今是赖。顾自海通以来,西力东渐,运会之趋,莫可阻遏。于是而有英人之役,有美船之役,有法军之役,外交兵祸,相逼而来,而旧志不及载也。草泽群雄,后先崛起,朱、林以下,辄启兵戎,喋血山河,藉言恢复,而旧志亦不备载也。续以建省之议,开山抚番,析疆增吏,正经界,筹军防,兴土宜,励教育,纲举目张,百事俱作,而台湾气象一新矣。夫史者民族之精神,而人群之龟鉴也。代之盛衰,俗之文野,政之得失,物之盈虚,均于是乎在。故凡文化之国,未有不重其史者也。古人有言:"国可灭,而史不可灭。"是以郢书燕说犹存其名,晋乘楚杌语多可采。然则台湾无史,岂非台人之痛欤!

顾修史固难,修台之史更难,以今日而修之尤难。何也?断简残编,搜罗匪易,郭公夏五,疑信相参,则征文难。老成凋谢,莫可咨

## 连横先生自序

询，巷议街谭，事多不实，则考献难。重以改隶之际，兵马倥偬，档案俱失，私家收拾，半付祝融。则欲取金匮石室之书，以成风雨名山之业，而有所不可、然及今为之，尚非甚难，若再经十年二十年而后修之，则真有难为者。是台湾三百年来之史，将无以昭示后人，又岂非今日我辈之罪乎？

横不敏，昭告神明，发誓述作，兢兢业业，莫敢自遑。遂以十稔之间，撰成《台湾通史》。为纪四，志二十四，传六十，凡八十有八篇，表图附焉。起自隋代，终于割让，纵横上下，巨细靡遗，而台湾文献于是乎在。

洪维我祖宗，渡大海，入荒陬，以拓殖斯土，为子孙万年之业者，其功伟矣。追怀先德，眷顾前途，若涉深渊，弥自儆惕，呜呼念哉！凡我多士，及我友朋，惟仁惟孝，义勇奉公，以发扬种性，此则不佞之帜也。婆娑之洋，美丽之岛，我先王先民之景命，实式凭之。

一九一八年秋八月朔日台南连横雅堂自序于剑花室

# 凡 例

一、此书始于隋大业元年,终于清光绪二十一年,凡千二百九十年之事。网罗旧籍,博采遗闻,旁及西书,参以档案,而追溯于秦、汉之际,故曰通史。

一、此书略仿龙门之法,曰纪、曰志、曰传,而表则入于诸志之中。

一、前人作史多详礼、乐、兵、刑,而于民生之丰啬,民德之隆污,每置缺如。夫国以民为本,无民何以立国,故此书各志,自乡治以下尤多民事。

一、舆地一志,或曰地理,或曰疆域。夫地理属于自然山岳河川是也,疆域由于人为府县坊里是也,故此书仅志疆域,而地理别为撰述。

一、台湾地名多译番语,如宜兰未入版图之时,曰蛤仔难,或作甲子兰;设厅之际,称噶玛兰;改县之后,又称宜兰。故必照其时之名以记,庶免误会。

一、台湾虞衡之物多属土名,著者特为考证,释以汉名,疑者则缺。

一、宦游士夫仅传在台施设之事,若台湾人物则载其一生。

一、作史须有三长,弃取详略,尤贵得宜。顾台湾前既无史,后之作者又未可知,故此书宁详毋略,宁取毋弃。

# 卷一

## 台湾通史

开辟纪

台湾固东番之地，越在南纪，中倚层峦，四面环海。荒古以来，不通人世，吐番魋结，千百成群，裸体束腰，射飞逐走，犹是游牧之代。以今石器考之，远在五千年前，高山之番，实为原始。而文献无证，搢绅之士固难言者。按史秦始皇命徐福求海上三神山，去而不返。又曰："自齐威宣、燕昭使人人海，求蓬莱、方丈、瀛洲。此三神山者，其传在渤海中，去人不远，患且至，则船风引而去。盖尝有至者，诸仙人及不死之药皆在焉。其物禽兽尽白，而黄金银为宫阙。未至，望之如云，及到，三神山反居水下。临之，风辄引去，终莫能至云，世主莫能甘心焉。及至秦始皇并天下，至海上，则方士言之，不可胜数。始皇自以为至海上而恐不及矣，乃使人齐童男女，入海求之。船交海中，皆以风为解，曰未能至，望见之焉。"或曰，蓬莱、方丈为日本、琉球，而台湾则瀛洲也。语虽凿空，言颇近理。盖以是时航术未精，又少探险海外，飘渺虚无，疑为仙境，陋矣。台湾与日本、琉球鼎立东海，地理气候大略相同，山川美秀，长春之花，不黄之草，非方士所谓仙境也欤？徐福有来台湾，今虽无可确证，而五百男女之散处日本、琉球者，后嗣不绝。然则秦时男女或有往来台湾者，未与知也。或曰，澎湖则古之方壶，而台湾为岱员，于音实似。《列子·汤问》："夏革曰：渤海之东，不知几亿万里，有大壑焉，实维无底之谷，其下无底，名曰归虚。……其中有五山焉：一曰岱舆，二曰员峤，三曰方壶，四曰瀛洲，五曰蓬莱。其山高下周旋三万里，其顶平处九千里。山之中间相去七万里……而五山之根无所连著，常随潮波上下往还，不得暂峙焉。仙圣毒之，诉之于帝。帝怒，流于西极，失群圣之所居，乃命禺疆使巨鳌十五，举首而戴之,迭为三番,六万岁一交焉,五山始峙而不动。"夫澎湖与台湾密迩,巨浸隔之,黑流所经,风涛喷薄,瞬息万状,实维无底之谷,故名落漈。又有万水朝东之险,而言"风辄引去"也。台湾之山有高至海拔一万三千六百余尺,为东洋群山之特出者,长年积雪,其状如玉,故曰"望之如云"也。或曰,台湾为古之东鳀,《后汉书·东夷传》曰:"会稽海外有东鳀人,分为二十余国。又有夷洲、澶洲。传言秦始皇遣方士徐福将童男女数千人入海求蓬莱神仙,不得,徐福畏诛,不敢还,遂止此洲。……会稽东冶县人有入海行,遭风流移至澶洲者,所在绝远,不可往来。"然则台湾之为瀛洲,为东鳀,澎湖之为方壶,其说固有可信,而澎湖之有居人,尤远在秦、汉之际。或曰,楚灭越,越之子孙迁于闽,流落海上,或居于澎湖。是澎湖之与中国通也已久,而其见于载籍者,则始于隋代尔。

《海防考》曰:"隋开皇中,尝遣虎贲陈棱略澎湖地。其屿屹立巨浸中,环岛三十有六,如排衙。居民以苫茅为庐舍,推年大者为长,畋渔为业。地宜牧牛羊,散食山谷间,各牦耳为记。棱至抚之,未久而去。"是为中国经略澎湖之始,而亦东入台湾之机也。当是时,宇内既平,南北混一,声灵所布,讫于南蛮。而澎湖地近福建,海道所经,朝发夕至,漳、泉沿海之黎民早已来往,耕渔并耦,不侵不畔,几为熙皞之世。唯是书所言,颇有错谬。陈棱之拜虎贲,事在大业三年,而此为开皇中,相去几十余载,岂为追述之辞?若其经略台湾,则详于《隋书》之《琉求传》也。其传曰:"流求国在海中,当建安郡东,水行五日而至。土多山洞。其王姓欢斯氏,名渴剌兜,不知其由来,有国世数也。彼土人呼之为'可老羊',妻曰'多拔茶'。所居曰波罗檀洞,堑栅三重,环以流水,树棘为藩。王所居舍,其大一十六间,雕刻禽兽。多斗镂树,似橘而叶密,条纤如发之下垂。国有四五帅,统诸洞,洞有小王。往往有村,村有鸟了帅,并以善战者为之,自相树立,主一村之事。男女皆以白纻绳缠发,从项后盘绕至额。其男子用鸟羽为冠,装以珠贝,饰以赤毛,型制不同。妇人以罗纹白布为帽,其形方正。织斗镂皮并杂毛以为衣，制裁不一。缀毛垂螺为饰，杂色相间，下垂小贝，其声如珮。缀珰施钏，悬珠于颈。织藤为笠，饰以毛羽。有刀矟、弓箭、剑铍之属。其处少铁，刃皆薄小，多以骨角辅助之。编纻为甲，或用熊豹皮。王乘木兽，令左右舆之，而导从不过数十人。小王乘机，镂为兽形。国人好相攻击，人皆骁健善走，难死而耐创。诸洞各自为部队，不相救助。两阵相当，勇者三五人出前跳躁，交言相骂，因相击射。如其不胜，一军皆走，遣人致谢，即共和解。收取斗死者聚食之，仍以髑髅将向王所。王即赐以冠，使为队帅。无赋敛，有事均税。用刑无常准，皆临事科决。犯罪皆断于鸟丫帅，不服，则上请于王，王令臣下共议定之。狱无枷鏁，唯用绳缚。决死刑以铁锥，大如箸，长尺余，钻项杀之。轻罪用杖。俗无文字，望月盈亏以纪时节，候草本荣枯以为年岁。其人深目长鼻，颇类于胡，亦有小慧。无君臣上下之节，拜伏之礼。父子同床而寝。男子拔去髭须，身上有毛皆除去。妇人以墨黥手，为虫蛇之文。嫁娶以酒肴珠贝为聘，或男女相悦，便相匹耦。妇人产子，必食子衣。产后以火自炙，令汗出，五日便平服。以木槽中暴海水为盐，木汁为酢，酿米曲为酒，其味甚薄。食皆用手。偶得异味，先进尊者。凡有宴会，执酒者必待呼名而后饮。上王酒者，亦呼王名。衔杯共饮颇同突厥，歌呼踢蹜，一人唱，众皆和，音颇哀怨。扶女子上膊，摇手而舞。死者气将绝，舆至庭前，亲朋哭泣相吊。浴其尸，以布帛缠之，裹以苇草，衬土而殡，上不起坟。子为父者，数月不食肉。其南境风俗少异，人有死者，邑里共食之。有熊罴豺狼，尤多猪鸡，无牛羊驴马。厥田良沃，先以火烧，而引水灌。持一插，以石为刃，长尺余，阔数寸，而垦之。土宜稻、粱、禾、黍、麻、赤豆、胡黑豆等，木有枫、栝、樟、松、梗、楠、杉、梓、竹、藤，果、药同于江表，风土气候与岭南相类。俗祀山海之神，祭以酒肴。战斗杀人，便将所杀之人祭其神。或倚茂树起小屋；或悬髑髅于树上，以箭射之；或累石系幡以为神主。王之所居，壁下多聚髑髅以为佳。人间门户上必安兽类骨角。大业元年，海师何蛮等言："每春秋二时，天清风静，东望依稀，似有烟雾之气，亦不知几千里。"三年，炀帝令羽骑尉朱宽入海访异俗，何蛮言之，遂与蛮俱往。因到流求，言不相通，掠一人而返。明年，帝复令宽慰抚之，不从，宽取其布甲而还。时倭国使来朝，见之曰："此夷邪久国人所用也。"帝遣虎贲陈棱、朝请大夫张镇州率兵，自义安浮海至高华屿。又东行二日至鼊𪓟屿，又一日便至流求。初，棱将南方诸国人从军，有昆仑人颇解其语，遣人慰谕之，流求不从，拒逆官军。棱击走之，进至其都，焚其宫室，裁军实而还。自尔遂绝。"其《陈棱传》曰："大业三年拜虎贲中郎将，后三岁，与朝请大夫张镇州发东阳兵万余人，自义安泛海击流求国，月余而至。流求人初见船舰，以为商旅，往往诣军中贸易。棱率众登岸，遣镇州为先锋。其主欢斯渴剌兜遣兵拒战，镇州频击破之。棱进至低没檀洞，小王欢斯老模率兵拒战，棱击破之，斩老模。其日雾雨晦冥，将士皆惧。陵刑白马祭海神，既而开霁。分为五军，趋其都邑。渴剌兜率众数千逆拒，棱又遣镇州为先锋，击走之。乘胜逐北，至其栅，渴剌兜背栅而阵。棱尽锐击之，从辰至未，苦斗不息。渴剌兜自以军疲，引入栅。棱遂填堑，攻破之，斩渴剌兜，获其子岛槌，虏男女数千而归。"《闽书》亦曰："福州之福卢山，当隋之时，曾掠琉球五千户置此，尚有其裔。"是琉球者，台湾之古名，今之琉球，古曰冲绳。《蓉洲文稿》曰："台湾海中番岛，考其源，则琉球之余种，自哈喇分支。近通日本，远接吕宋，控南澳，阻铜山，以澎湖为外援。"哈喇之音似为渴剌，而波罗檀之地今在何处，或以为葫芦墩，于音相近，或以为琅璚之部落。当隋之时，大安、大甲两溪汇合一流，浊水以北，犹巨海也。波罗檀为海滨高原，王都于是，以固险也。故自《隋书》以至宋、元所言之琉球，多属台湾。

仁寿三年八月，商人钦良晖归自日本，与倭僧圆珍同船，为北风漂至琉球，见岸上数十人各执刀戈，良晖大惊，圆珍力祈不动尊，既而风回，乃至福建。

唐贞观间，马来群岛洪水，不获安处，各驾竹筏避难，漂泊而至台湾。当是时，欢斯氏遭隋军之后，国破民残，势穷蹙。马人乃居于海滋，以殖其种，是为外族侵入台湾之始。故《台湾小志》曰："生番之语言，出自马来者六之一，出自吕宋者十之一，迤北十七村多似斐利宾语。说者谓自南洋某岛迁来。"其言近似。而统一之者为卑南王，王死之后，各社分立，以至今日。及唐中叶，施肩吾始率其族迁居澎湖。肩吾汾水人，元和中举进士，隐居不仕，有诗行世。其《题澎湖》一诗，鬼市盐水，足写当时之景象。而终唐之世，竟无与台湾交涉也。历更五代，终及两宋，中原板荡，战争未息，漳、泉边民渐来台湾，而以北港为互市之口，故台湾旧志有"台湾一名北港"之语。北港在云林县西，亦谓之"魍港"。当是时，马人之在台湾者，族强势大，遂攘土番而分据南北焉。淳熙之间，琉球酋长率数百辈猝至泉之水澳、围头等村，肆行杀掠。喜铁器及匙筋，人闭户则免，但刓其门镮而去。掷以匙筋，则颉拾之。见铁骑，争刓其甲，骈首就戮而不知悔。临敌用镖枪，系绳十余丈为操纵，盖惜其铁而不忍弃也。不驾舟楫，缚竹为筏，急则群异之，泅水而遁。与那国者，冲绳之一岛也，昔有长耳国人渡来，掠人为害，与那国人谋防御，造巨屦，投之海，长耳国人见而惊去。是为台湾番族侵掠外洋之始，而此为马人也。其黠者且乘艋舺，渡大海，至吕宋，以物交物，转贸于高山之番，至今犹有存者。故《宋史》曰："流求国在泉州之东，有海岛曰澎湖，烟火相望。……旁有毗舍耶国，语言不通，袒裸盱睢，殆非人类。"蒙古崛起，侵灭女真，金人泛海避乱，漂入台湾。宋末零丁洋之败，残兵义士亦有至者。故各为部落，自耕自赡，同族相扶，以资捍卫。

元世祖既宅区夏，余威震于殊俗，南洋诸岛悉入骈幪。至元十八年，元师伐日本，至九州海上，遇飓燔焉。诸将各择坚舰遁，至澎湖及台湾两岸，再遇风，乃归福建。二十三年，整兵造舰，谋再举，未发而止。二十八年秋九月，命海船副万户杨祥、合迷、张文虎并为都元帅，将兵征瑠求，置左右两万户府，官属皆从祥选辟。既又用福建吴志斗言祥不可信，宜先诏谕之，乃以祥为宣抚使，佩虎符，阮鉴兵部员外郎，志斗礼部员外郎，并银符，赍诏往瑠求。明年，不得达瑠求而还。夫元

## 卷一 开辟纪

之谋伐琉球，盖欲以扼日本也。故《元史》曰："瑠求在南海之东，漳、泉、兴、福四州界内，澎湖诸岛与瑠求相对，亦素不通。天气清明时，望之隐约，若烟若雾，其远不知几千里也。西、南、北岸皆水，至澎湖渐低，近瑠求则谓之落漈，漈者水趋下而不回也。凡西岸渔舟至澎湖已下，遇飓风发作，漂流落漈，回者百一。瑠求，在外夷最小而险者也，汉唐以来，史所不载，近代诸番市舶不闻至其国者。世祖至元二十八年九月，海船副万户杨祥请以六千军往降之，不听命，则遂伐之，朝廷从其请。继有书生吴志斗者，上言生长福建，熟知海道利病，以为若欲收附，且就澎湖发船往谕，相水势地利，然后兴兵未晚也。冬十月，乃命杨祥充宣抚使，给金符，吴志斗礼部员外郎，阮鉴兵部员外郎，并给银符，使往瑠求。诏曰：'收抚江南已十七年，海外诸番，罔不臣属。唯瑠求迹在闽境，未曾归附，议者请即加兵。朕维祖宗立法，凡不庭之国，先遣使招谕，来则安堵如故，否则必致征讨。今止其兵，命杨祥、阮鉴往谕汝国，果能慕义来朝，存尔国祀，保尔黎庶；若不效顺，自恃险阻，舟师奄及，恐贻后悔，尔其慎择之。'二十九年三月二十九日，自汀路尾澳舟行，至是日巳时，海洋中正东望见有山长而低者，约去五十里。祥称是瑠求国，鉴谓不知的否。祥乘小舟至低山下，以其人众，不亲上，命军官刘闰等二百余人，以小舟十一艘，载军器，领三屿人陈辉者登岸。岸上人众不谙三屿人语，为其杀死者三人，遂还。四月二日，至澎湖。祥责鉴、志斗已到瑠求文字，二人不从。明日，不见志斗踪迹，觅之无有也。先是，志斗尝斥言祥生事要功，欲取富贵，其言诞妄难信，至是疑祥害之。祥顾称志斗初言瑠求不可往，今祥已至瑠求而还，志斗惧罪逃去。志斗妻子诉于官，有旨，发祥、鉴还福州置对。后遇赦，不竟其事。成宗大德元年，福建省平章政事高兴言，今立省泉州，距瑠求为近，可伺其消息，或宜招宜伐，不必它调兵力，兴请就近试之。九月，高兴遣省都镇抚张浩、福州新军万户张进赴瑠求国，擒生口一百三十余人而还。"是为中国再略台湾之事。当是时，澎湖居民日多，已有一千六百余人，贸易至者岁常数十艘，为泉外府。至元中，乃设巡检司,隶同安。澎湖之置吏行政自兹始。

明初宇内未平,桀骜之徒聚为海寇,出入澎湖,以掠沿海。洪武五年,信国公汤和经略海上,议徙澎民于近郭,以绝边患,廷议可之。二十年,遂废巡检,尽徙其人于漳、泉,而墟其地。自是,澎湖遂为海寇巢窟。永乐中,太监郑和舟下西洋,诸夷靡不贡献,独东番远避不至。东番者,台湾之番也。和恶之,率师入台,东番降服。家贻一铜铃,俾挂项间,其后人反宝之,富者至掇数枚,是初,和入台,舟泊赤嵌,取水大井。赤嵌,番社名,为今台南府治,其井尚存,而凤山有三宝姜,居民食之疾瘳,云为郑和所遗。则和入台且至内地,或谓在大冈山也。嘉靖四十二年,海寇林道乾乱,遁入台湾。都督俞大猷追之至海上,知水道纡曲,时哨鹿耳门以归,乃留偏师驻澎湖,寻罢之。居民又至,复设巡检,已亦废之。道乾既居台湾,从者数百人,以兵劫土番,役之若奴。土番愤,议杀之。道乾知其谋,乃夜袭杀番,以血衅舟,埋巨金于打鼓山,逸之大年。

万历二十年,日本伐朝鲜,沿海戒严,哨者谓有将侵淡水、鸡笼之议。明廷以澎湖密迩,议设兵戍险。二十五年,始设游兵,春冬汛守,于是澎湖复为中国版土。四十五年,日人入龙门港,遂有长戍之令。初,日本足利氏之末叶,政乱民穷,萨摩、肥前诸国之氓相聚为盗,驾八幡船侵掠中国沿海,深入闽、浙,而以台湾为往来之地,居于打鼓山麓,名曰高砂,或曰高山国。高砂为日本播州海滨之地,白沙青松,其境相似,故名。或曰是番社之名也。当是时,日本征夷大将军丰臣秀吉既伐朝鲜,谋并台湾。二十一年十一月,命使者原田孙七郎至吕宋,途次赐书高山国,劝其入贡。书曰:"夫日轮所照临,虽至海岳、山川、草木、禽虫,莫不受他恩光也。予际欲处慈母胞胎之时,有瑞梦,其夜日光满室,室中如昼,诸人不胜惊愕。相士相聚占卜之,曰:'壮年辉德色于四海,发威光于万方之奇异也。'故不出十年之中,而诛不义,立有功,平定海内。异邦遐陬向风者,忽出乡国,远泛沧海,冠盖相望,结辙于道,争先而服从矣。朝鲜国者,自往代于本朝,有牛耳盟,久背其约。况又予欲征大明之日，有反谋，此故命诸将伐之。国王出奔，国城付一炬也。闻信已急，大明出数十万援兵，虽及战斗，终依不得其利，来敕使于本邦肥之前州而乞降。繇之筑十个城营，收兵于朝鲜域中庆尚道，而履决真伪也。如南蛮琉球者，年年献土宜，海陆通舟车，而仰予德光。其国未入幕中，不进庭，罪弥天。虽然不知四方来享，分为其地疏志，故原田氏奉使命而发船。若是不来朝，可令诸将攻伐之。生长万物者日也，枯渴万物者亦日也，思之不具。"是为日本经略台湾之始。三十二年，山田长政赴暹罗，途次台湾。于时日本人在台日多，或采金于哆啰满，或寄居小琉球，既复攻鸡笼番，胁取其地。明朝忧之，乃增澎湖游兵。秀吉死，德川家康嗣大将军，戡平内乱，图远略，奖励海外贸易，其船之出洋者，给朱印状以保护之。四十三年，村山等安受高砂渡航朱印状。等安，肥前人，奉景教。家康委以经略台湾之事，欲利用其教以收服土番，乃率其子来。家康以兵三千与之，欲取为附庸，然以无援，故不成。先是中山遣使于明日，日本有取台湾之议，明廷命警备沿海，及是而罢。

天启元年，海澄人颜思齐率其党入居台湾，郑芝龙附之，事在其传。于是漳、泉人至者日多，辟土田，建部落，以镇抚土番，而番亦无猜焉。居无何，思齐死，众无所立，乃奉芝龙为首。芝龙最少，才冠其群，陆梁海上，官军莫能抗。朝议招抚，以叶善继习芝龙，为书招之，芝龙感激归命。及降，善继坐戟门，令芝龙兄弟泥首。芝龙屈意下之，而一军皆哗，竟叛去。复居台湾，劫截商民，往来闽、粤之间。六年，泊于漳浦之白镇，与官军战胜，遂趋中左所。中左所者，厦门也。督师俞咨皋与战败，又佚之，中左人开门纳之。崇祯元年九月，率所部降于督师熊文灿，而其党有留台湾者。当是时，海寇曾一本、李魁奇先后据澎湖，以侵掠福建，嗣为官军所灭。

先是，万历初，有葡萄牙船航东海，途过台湾之北。自外望之，山岳如画，树木青葱，名曰科摩沙，译言美丽。是为欧人发见台湾之始。越三十余年，而荷人乃至矣。荷兰为欧洲强国，当明中叶，侵夺爪哇，殖民略地，以开东洋贸易之利。万历二十九年，荷人驾夹板，携巨炮，薄粤东之香山澳，乞互市。粤吏难之，不敢闻于朝。当是时，中国闭关自守，不知海外大势，而华人之移殖南洋者已数百万，政府且欲禁之。海澄人李锦久居大年，习荷语，其友潘秀、郭震亦贾于南洋者。锦见荷酋麻韦郎曰："若欲通商，无如漳州，漳州之南有澎湖，南北交通之要地也，诚能踞而守之，则互市不难。"麻韦郎曰："守土官不许，奈何？"曰："税使高寀嗜金钱，无远虑，若厚贿之，必奏闻。得天子一报可，而守土官谁敢抗哉？"锦乃为作书，一移寀及兵备守将，令秀、震赍往。守将陶拱圣大骇，亟白当事，系秀于狱，震惧不敢人。而荷人俟之久，三十七年秋七月，驾二巨舰抵澎湖。时明兵已撤，遂登陆，伐木筑屋，为久居计。锦潜入漳州，诡言被获逃归。守吏知其事，并下狱。遣使说荷人去澎，不谐。高寀亦令密使周之范往见荷人，说以三万金馈寀，即许互市。荷人喜，与约。事垂成矣，总兵施德政侦其事，檄都司沈有容将兵往谕。有容负胆智，大声论辩，荷人心折，曰："我从未闻此言。"索还所馈金，以货物赠寀。寀不答。福建巡抚徐学聚亦严禁国人下海，犯者诛。锦等旋沦死，而荷人亦去澎湖。

天启二年，荷人再乞互市，不许，遂侵掠沿海。冬十月，荷将以船舰十七艘再至澎湖，据之。澎民数千谋拒守，荷人劫以兵，夺渔舟六百余，筑城妈宫，役死者千三百人。复于风柜尾、金龟头、嵵里、白沙、渔翁诸岛，各造炮台，以防守海道。初，荷人撤退澎湖之时，巡抚南居益上疏请修防备，未举而荷人再至，复上疏请逐。天启三年夏六月，以兵两千人镇海港，破炮台，进攻妈宫城。荷人恐，潜结海寇，以八路窥福建，出没金、厦间。四年春正月，居益复遣总兵俞咨皋伐之。荷人大败，擒其将高文律，斩之。八月，荷人请和，许之，与互市，乃退澎湖，而东人台湾。先是，海澄人颜思齐居台湾，郑芝龙附之。既去，而荷人来，借地于土番，不可，给之曰："愿得地如牛皮，多金不惜。"许之，乃剪皮为缕，周围里许，筑热兰遮城以居，驻兵二千八百人，附近土番多服焉。

## 卷一 开辟纪

六年夏五月，西班牙政府自吕宋派远征军，以朗将之，率战舰人据鸡笼，筑山嘉鲁城，驻兵防守，而台之南北遂为荷、西二国所割据。当荷人入台之前，日本人已先在此，以台湾为南洋所经之地，往来频繁。及荷人至，课丁税，日人以先来之故，不从，法令亦不能强其奉行，于是始与台湾领事有隙。爪哇总督嘉尔匾芝如欲挫日本贸易，擢其子俾敕尔卢为台湾领事，且命至长崎理交涉之案。俾敕尔卢莅任未久，而滨田弥兵卫之事起。初，长崎代官末次平藏受幕府命，航海往福州，途次澎湖，为荷人所苦。归大愤，欲雪耻，谋诸长崎市人滨田弥兵卫。弥兵卫素负勇侠，慨然许之，与其弟小左工明、子新藏率市中壮士十二人，以崇祯八年春三月二十日至台。同船华人某告荷人，荷人验其船，搜夺兵器及楫，留之，牒报爪哇总督，请处分。弥兵卫淹留四月，不得归，罄售货物，久之无所得食，愤甚。六月二十九日，率众三人至领事厅，预伏援兵，面求解缆。不听。弥兵卫大怒，直前劫之，左右愕眙，伏兵尽起。有执兵入卫者，新藏挥刀斩之，诸皆畏惧莫敢动，乃拉领事归旅馆。领事告其属，示媾意，若日人果有复仇之心，则以兵拒之。弥兵卫亦虑有变，乃与立约。曰：以领事之子及官一、荷人三为质，而日本亦以末次平藏之侄及五人交质。曰：荷兰领事须放前捕土番十一人及华人通译，并归其财产。曰：应以相抵之物赠弥兵卫，以洗前耻。曰：日本人所失华丝二万斤，须以八万六千盾赔偿之。凡约五日而成，七月初四日交质。明日，囚荷人于长崎，既而领事之子瘐死狱中。其后七年，始放荷人归国。自是日人之势力始震于台湾，及锁港之令行而后绝迹。

二年，西人复入淡水，筑罗岷古城，为犄角。驻领事，辟土田，以镇抚土番。当是时，鸡笼、淡水均为荒秽之地，华人亦少至者，草莽瘴毒，居者辄病死，故西人亦大费经营也。五年，西船遭飓至蛤仔难海岸，为土番劫杀，发兵讨之。六年，西人始至大浪泵，南讫竹堑，谋殖民，而神甫辄遭番害，乃止。

当荷人入台之时，福建沈铁上书巡抚南居益曰："红夷潜退大湾，蓄意叵测，征兵调兵，殊费公帑。昨僭陈移檄暹罗，委官宣谕，约为共逐，未知可允行否？澎湖虽僻居海外，实泉、漳门户也。无论红夷湾泊，即日本、西洋、吕宋诸国亦所必经。地最险要，山尤平坦，南有港门，直通西洋，红夷筑城据之。北有港门，名镇海港，官兵渡澎居之。中间一澳，从南港门而入，名曰暗澳，可泊舟数百只。四围山地，可开作园，栽种黍稷瓜果，牧养牛羊牲畜。未可遽垦为田，以山多顽土，无泉可灌也。今欲使红夷不敢居住澎湖，诸国不得往来澎湖，其策有六：一曰专设游击一员，镇守湖内。二曰招募精兵二千余名，环守湖外。三曰造大船，制火器，以备用防守。四曰招集兵民，开垦山荡，以助粮食。五曰建设公署营房，以妥官兵。六曰开通东西洋、吕宋商船，以备缓急。此六议似当斟酌举行者。夫澎湖险地，什倍南澳，地在海岛，凫盗薮也。万历初年，抚台刘凝斋公祖移会广东制台，题设副总兵坐镇于中，抵今兵民完聚，田土开辟，屹为海邦重镇，俾夷不敢窥伺，漳、潮赖以安枕，信明验矣。今澎湖可仿而行之。请设游击一员，坐镇湖内，仍设左右翼把总哨官，为之辅佐，择闽中惯历风涛谙练水路者充之。无事则演艺守汛，有事则料敌出奇，俾诸夷不得复窥中土。并议久任责成，凡兵之进退，粮之出入，咸游击是赖。三载加衔，六载成绩，特升大将。每岁或委廉干佐贰，不时查点。如兵士有虚捏，月粮有克减，参处查究，追出银两，以充兵饷，庶知劝惩，永奠沃壤，殆与南澳一镇，并为闽中屏翰矣。此议设游击之策一也。夫有官守，必有兵戍。戍守哨探之兵，非二千余名不可。每名月粮九钱，此定例也。其粮饷或出自漳、泉二府，或支自布政司库，原有定议。沿海捕鱼之民，慎择以充之。或拨出洋远探若干名，遇贼则攻击之。或拨港内守城若干名，有警则应援之。游击标下亲兵与把总哨官人役，各自另设。不许占用水陆戍兵一人，不许虚冒戍兵月粮一分，其月粮按季开支。该道委海防馆，照名数凿凿包封，逐名唱给，不许将官总哨代领，以防克减。尤不许防馆吏书需索常例，以夺兵食。此游兵营堡宿弊，亟宜申明禁革之。凡汛地之守探，具数总报院道，以便查考。夷情之缓急，飞报院道防馆，以便调度。一或误事，自有军法。庶水陆并进，犬牙相制，澎岛一带，可保无虞。此议戍兵之策二也。夫各寨游船，每板薄钉稀，委官制造，价银十不给半，一遇海涛，便自溃裂，安可出战？今宜令驾船者领价监造，每船历几汛方许修理，载几汛方许改拆，而拆造仅给半价，则造船驾船均出一手。或不敢以敝漏之舟，自试蛟龙之窟耳。若火药尤红夷所惧者，中左所火攻，已破其胆。大舟四集，自尔宵遁，则火器当多备明甚。而大铳大船尤不可少者，宜造大船十余只，安置大铳十余门，布列港口，俟贼至夹攻之。夷酋惮我长技，不惟不敢侵我疆土，且远遁无敢再出。此议造船、火器之第三也。澎湖山地虽云顽土，不堪垦田，而遍度膏腴之区，或可播种禾谷者。即黍、稷、麻、豆、甘蔗、果木，均可充兵民口食之需。须广招同安、海澄滨海黎庶乏田园可耕者，多四五百人，少亦二三百人，俾挈犁锄种子以往，就居拨地，听其垦种。每人量给二三十亩，仍带妻子，方成家业。并畜牛羊，捕钓鱼类，少资糊口。仍禁游击总哨各官，不许索租粒食。各戍兵下班之日，有能用力种植者，亦听之。明示十年以内，决不抽税。俟十年以后，田园果熟，酌量每亩抽银二三分，以为犒赏官兵之费用。务使民兵相安，永远乐业。此议招民开垦园地之策四也。夫官既守海，必有公廨居之，戍兵寓民，亦须借营房寮舍为藏身计。会议盖游击府公署，或在镇海港口，或在娘妈宫前，当查旧基扩充，量拨百名。环列左右，仍设仓廒数间，为贮粮之所。择宽广为较场，以备操练。而暗澳口相对二铳城及东北面大中墩，各量置营舍，以为守御，方免各兵暴露。船兵营兵轮流拨用，少均劳逸。即招募种植民居，就今自盖房舍，或官量给房价，咸附兵营居住，相依为命，守望相助。此议设官廨兵营之策五也。夫澎湖大湾上下，官兵船只把港，则番船不许出入，红夷不许互市，无待言者。然泉、漳二郡商民，贩东西两洋，以代农贾之利，比比然也。自红夷肆掠，洋船不通，海禁日严，民生憔悴。一伙豪右奸民，倚借势官，结纳游总官兵，或假给东粤高州、闽省福州及苏、杭买货文引，载货物，出外海，径往交趾、日本、吕宋等国买卖觅利。中以硝磺器械违禁，接济更多，不但米粮饮食也。禁愈急而豪右出没愈神，法愈严而衙役卖放更饱。且恐此辈营生无路，东奔西窜，如李旦、黄明佐之俦仍走夷乡，代为画策，更可虑也。故不如俟澎湖岛设兵镇后，红夷息肩，暂复旧例。听洋商明给文引，往贩东西二洋，经过澎湖，赴游府验引放行，不许需索阻滞。回船之日，若有夷人在船，即拿送上司，以奸细论。庶可生意饱商民之腹，亦可以夷增中国之利。俟澎湖设官建城之后，可徐成为之。此议通商便民之策六也。以上迂议六款，似可为澎湖善后之一助。而通商一款，亦聊备后日变通之微权。伏望宪台不弃迂腐，仍会藩臬、巡海、守巡、司道泊总兵、副参等衙门，面议停委。一面题请，一面举行。非但澎湖一岛，堪与南澳并称重镇，而入闽士民，永有攸赖矣。"居益不从。

八年，给事中何楷奏陈靖海之策。其言曰："今欲靖寇氛，非墟其窟不可。其窟维何？台湾是也。台湾在澎湖岛外，距漳、泉止两日夜程，地广而腴。初，贫民至其地，窥渔盐之利，后见兵威不及，往往聚而为盗。近则红毛筑城其中，与奸民互市，屹然一大部落。墟之之计，非司干戈从事，必严通海之禁，俾红毛无从谋利，奸民无从得食。出兵四犯，我乘其虚而击之，可大得志。红毛舍此而去，然后海氛可靖也。"不听。

十年，荷人犯粤东，乞互市，不许，归而整理台湾。先是，东印度公司经营爪哇，及据台湾，更增势力。数年之间，地利日辟，厥土黑壤，一岁三熟。而华人来者日多，凡有一万五六千人，以与中国、日本互市。守吏俸禄薄，不足用，亦各营商业，博私利，于是荷人商务冠于东洋。然课税繁重，制王田，募民耕之，计田以甲，每丁征税四盾。领台之初，岁收三千一百盾，其后增至三万三千七百盾。盖移殖者众，而岁入亦巨也。

十二年，东印度公司派员来台，视行政。六月，荷将郎必即里哥率夹板犯闽、浙，闽抚邹维琏拜郑芝龙为将，破之。自是不敢窥闽海。

十三年，荷人以西人之据北鄙也，上书爪哇总督，欲发兵逐之。而西人方与葡萄牙合，谋夺其海权，然荷人国力方盛。夏五月，台湾领事波宇烈士致书西人，请撤退。曰："余不忍生民罹祸，女其速举城降。"

西领事昂萨路复曰："城固在也，女其来取。"八月，荷人以战舰攻鸡笼，不胜。已而吕宋有事，裁戍兵，荷人乘势攻之。翌年春三月，又以兵五百伐淡水。西人战不利，闭城守，久而援绝。九月初四日，乃弃城走。凡西人据台十六年，而为荷人所逐。

弘光元年，台湾领事集归化土番之长老，设评议会，以布自治之制。分番社为南北二路，立村长，理民政，奉领事约束。每年三月初八日开于北路，四月初四日开于南路。其时归化番社，曰新港，曰目加溜湾，曰萧垄，曰麻豆，曰大穆降，曰大杰颠。每年五月初二日，主计官集公所，召商赎社，谓之社商。凡番耕猎之物悉畀之，而与以日用之物，其令严密，番莫敢犯。当是时，土地初辟，森林未伐，麋鹿之属满山谷。猎者领照纳税，其皮折饷，售于日本，肉则为脯。荷人以牧畜之利，南北二路设牛头司，放牧生息，千百成群。犊大，设栏禽之，以耕以挽。

永历二年，荷人始设耶稣教堂于新港社，入教者已二千余人。各社设小学，每学三十人，课以荷语、荷文及新旧约。牧师嘉齐宇士又以番语译耶教问答及摩西十诫，授番童，拔其毕业者为教习。于是番人多习罗马字，能作书，削鹅管略尖斜，注墨于中，挥写甚速，凡契券公文均用之。三年，五学学生凡六百余名。荷人又与番妇婚，教化之力日进。

十年，荷人复筑城赤嵌，背山面海，置巨炮，增戍兵，与热兰遮城相犄角。华人移住虽多，终为所苦，遂进而谋独立。十一年，甲螺郭怀一集同志，欲逐荷人，事泄被戮。怀一在台开垦，家富尚义，多结纳，因愤荷人之虐，思歼灭之。九月朔，集其党，醉以酒，激之曰："诸君为红毛所虐，不久皆相率而死。然死等耳，计不如一战。战而胜，台湾我有也，否则亦一死。唯诸君图之！"众皆愤激欲动。初七夜伏兵于外，放火焚市街。居民大扰，屠荷人，乘势迫城。城兵少，不足守，急报热兰遮。荷将富尔马率兵一百二十名来援，击退之。又集归附土番，合兵进击，大战于大湖。郭军又败，死者约四千。是役华人株夷者千数百人。

怀一之谋既挫，数年无事。及闻延平郡王郑成功威震东南，荷人恐，增兵备，而成功以中原多故，未遑征讨。金陵败后，穷蹙两岛，乃稍稍议迁。荷人亦大戒严，辄捕华人之富家为质，遇有嫌疑，即囚之，或杀之。华人含恨，遂汹汹欲动。十四年，台湾领事鄂易度请援于印度公司，命爪哇派舰十二，运兵来守，于是台湾戍兵计有三千五百人。舰将以为无恐，移书厦门，诘成功曰："若欲战乎？抑欲合乎？"成功答曰："余不欲战也。"而台湾领事终不释。荷兰评议会谓其多事，召归兵舰。舰长既还，遂劾鄂易度畏怖，将召归，以郭冷谷代之。未至而郑师来伐。

十五年，成功在两岛，地蹙军孤，议取台湾。适荷兰甲螺何斌负债走厦，盛陈沃野千里，为天府之国，且言可取状。成功览其图叹曰："此亦海外之扶余也。"召诸部计议，吴豪对曰："藩主以进取台湾下问，豪闻其水路险恶，炮台坚利，纵有奇谋，亦无所用，不如勿取。"成功曰："此常俗之见，不足用于今日。"黄廷曰："果如吴豪之言，是以兵与敌也，勿取为便。"成功又曰："此亦常见尔。"马信曰："藩主所虑者，以诸岛难以久拒清人也。夫欲壮其枝叶，必先固其根本，此万全之计。今乘将士闲暇，不如先统一旅，往视其地，可取则取，否则作为后图，亦未为晚。"而诸将终以险远为难，唯杨朝栋力陈可取。成功意锐，掠舵束甲，率兵二万五千，三月，泊澎湖，令陈广、杨祖、林福、张在守之。徇曰："本藩矢志恢复，念切中兴。曩者出师北讨，未奏肤功，故率我将士，冒波涛，欲辟不服之地，暂寄军旅，养晦待时。非敢贪恋海外，苟延安乐也。唯天唯祖宗之灵，其克相余。"至鹿耳门，则水骤涨丈余，大小战舰衔尾而渡，纵横毕入。荷人大惊，以为自天而下。引兵登陆，克赤嵌城。荷人退保热兰遮，以兵二百四十击郑师。郑师四千绕城战，荷军大败，亡一队长，而郑舰亦击沉荷舰，余悉遁。荷舰摩阿利走报爪哇，阻风，五十三日始达。郑师攻城不下。四月二十六日，成功命使者以书告曰："执事率数百之众，困守城中，何足以抗我军？而余尤怪执事之不智也。夫天下之人固不乐死于非命，余之数告执事者，盖为贵国人民之性命，不忍陷之疮痍尔。今再命使者前往致意，愿执事熟思之。执事若知不敌，献城降，则余当以诚意相待。否则我军攻城，而执事始揭白旗，则余亦止战，以待后命。我军入城之时，余严饬将士，秋毫无犯，一听贵国人民之去。若有愿留者，余亦保卫之，与华人同。夫战败而和，古有明训，临事不断，智者所讥。贵国人民远渡重洋，经营台岛，至势不得已，而谋自卫之道，固余之所壮也。然台湾者，中国之土地也，久为贵国所距，今余既来索，则地当归我，珍瑶不急之物，悉听而归。若执事不听，可揭红旗请战，余亦立马以观，毋游移而不决也。生死之权，在余掌中，见机而作，不俟终日，唯执事图之！"鄂易度复书不从，其明日果树红旗，聚男子于城中，毁市街。郑师攻之不克，乃筑长围以困之，出略平野，于是多杀荷人，报宿怨也。郑师捕其商人罗谷具，令入城劝降。荷人不从，又捕其民五百，悉斩以徇。爪哇评议会既劾鄂易度，以郭冷谷代之。方二月，而摩阿利至，始知郑师伐台，乃复鄂易度之职，派兵七百、船十艘驰援。郭冷谷既至台湾，远望红旗，而港口又郑舰云集，惧向日本而去。既而爪哇援兵踵至，城兵亦乘势出击。郑师力战，荷军又败，失船二，乃召回鸡笼、淡水戍兵，潜载妇孺逃归，谋死守。于是郑师暂息。会清使自福州来，约荷人先取金、厦。荷人从之，调军舰五艘往，遭风破没，余舰义归爪哇，而台湾之兵力愈薄。当郑师之按兵也，有华人自城中出，请急攻，陷其南隅。荷人恐。成功又告之，乃降。十二月初三日，率残兵千人而去，而台湾复为中国有矣。是役也，陷围七月，荷兵死者千六百人。自天启四年至永历十五年，荷兰据有台湾凡三十八年，而为成功所逐，于是郑成功之威名震乎寰宇。

连横曰：台湾之名，始于何时，志乘不详，称谓互异。我民族生斯长斯，聚族于斯，而不知台湾之名义，毋亦数典而忘其祖欤？余尝考之史籍，验之地望，隋、唐之际，以及宋、元，皆称琉球。明人不察，乃呼东番。故《凤山县志》曰："或元以前，此地与澎湖共为一国，而同名琉球。"《台湾小志》亦曰："闽人初呼台湾为小琉球，而称冲绳为大琉球。"称台湾为小琉球，不知其何所据？《文献通考》谓琉球在泉州之东，有岛曰澎湖，水行五日而至，旁为毗舍耶。《台海使槎录》谓毗舍耶则指台湾，非也。毗舍耶为吕宋群岛之一，密迩台湾，其名犹存，故曰其旁也。而旧时之称者曰北港。《方舆纪略》曰："澎湖为漳、泉门户，而北港即澎湖之唇齿，失北港则唇亡齿寒，不特澎湖可虑，即漳、泉亦可忧也。北港在澎湖东南，亦谓之台湾。"按北港一名"魍港"，即今之"笨港"，地在云林县西，曩为海舶出入之口，而往来者遂以北港名台湾也。《台湾县志》曰："荷兰人北港，筑城以居，因称台湾。"然台湾之名果始于荷人否？志称荷兰设市于北，筑砖城，制若崇台。海滨沙环水曲曰湾，又泊舟处概谓之湾，此台湾所由名也。如志所言，拘泥文字，以为附会之说。台湾果出荷人，则荷人著书当用其名，何以又称为小琉球耶？《蓉洲文稿》曰："万历间，海寇颜思齐踞有其地，始称台湾。"思齐踞台早于荷人三年，若征此说，则台湾非出于荷人也明矣。然蓉洲之说亦有未确者。《瀛蠕百咏序》曰："明季周婴《远游篇》，载东番一篇，称其地为台员，盖闽音之讹也。"台湾之名入中国始于此。据是，则土番之时，闽人已呼东番为台湾矣。周婴，闽之莆田人。当明中叶，漳、泉人已有入台侨住者，一苇可航，闻见较确。或曰，台湾原名"埋冤"，为漳、泉人所号。明代漳、泉人入台者，每为天气所虐，居者辄病死，不得归。故以埋冤名之，志惨也。其后以埋冤为不祥，乃改今名，是亦有说。延平入处，建号东都。经立，改名东宁，是则我民族所肇造，而保守勿替者。然则我台人当溯其本，右启后人，以毋忘筚路蓝缕之功也。

# 卷二

## 台湾通史

### 建国纪

永历十五年冬十二月，招讨大将军延平郡王郑成功克台湾，居之。成功，福建南安县石井人，初名森。父芝龙，娶日本士人女田川氏。以天启四年七月十四日诞于千里滨。是夜万火齐明，远近异之。数岁，芝龙与颜思齐党中为盗，居台湾，往来闽、粤之间。朝议招抚，未久而去。崇祯元年，乃率所部降于督师熊文灿。三年，以平粤盗、征生黎、焚荷兰、收刘香功，迁都督。于是成功在日本已七岁矣，芝龙屡使人请之，不能得，已而归焉。成功丰仪整秀，倜傥有大志，每东向而望其母。常为季父芝豹所屈，叔父鸿逵独伟视焉。读书颖敏，而不治章句。先辈王观光一见，谓芝龙曰："是儿英物，非尔所及也。"年十五，补博士弟子员，试高等，食饩二十人中。闻虞山钱谦益之名，执贽求学，谦益字之曰大木。金陵有术士视之曰："此奇男子，骨相非凡，命世雄才，非科甲者。"

北京既陷，福王立江左，改元弘光，封芝龙南安伯，鸿逵靖西伯。二年，唐王即位福京，改元隆武，晋芝龙平西侯，鸿逵定西侯，俱加太师。已而成功陛见，帝奇之，抚其背曰："惜无一女配卿，卿当尽忠吾家，毋相忘也。"因赐姓朱，改名成功，字明俨，封御营中军都督，赐尚方剑，仪同驸马。自是中外皆称"国姓"云。是年日本送归其母。芝龙以拥立非本意，日与文臣忤。一日，成功见帝愁坐，跪奏曰："陛下郁郁不乐，得无以臣父有异志耶？臣受国厚恩，义不反顾，臣以死捍陛下矣。"及两浙破，关门不戒，芝龙出师，驻不发。三年六月，封成功忠孝伯。八月，帝亲征，驻建宁。武毅伯施福撤关兵归，驾陷汀州，成功南溃。清军猝入泉州，田川氏死焉。芝龙退保安平，军容甚盛，犹豫未敢迎师。清贝勒博洛遣人招之，大喜，召成功计事，成功泣谏，不从。遂进降表，至福州，博洛挟以俱北。成功虽遇主列爵，实未尝一日与兵权，意气状貌，犹儒书也。既力谏不听，又痛母死非命，悲歌慷慨，谋起师。携所着儒巾襕衫赴文庙焚之，四拜先师曰："昔为孺子，今作孤臣。向背弃留，各有作用。谨谢儒服，唯先师鉴之。"高揖而出，枹旗纠旅，声泪并俱。与所善陈辉、张进、施琅、陈霸、施显、洪旭等愿从者九十余人，乘二巨舰，断缆行，收兵南澳，得数千人。文移称"忠孝伯招讨大将军罪臣国姓"，时年二十有三也。

翌年，遥闻永明王即位肇庆，改元永历，则奉朔提师，归自南澳，旧众稍集。时厦门、金门为郑彩及弟联所距，乃泊鼓浪屿，与厦门隔带衣。厦门者，中左所也，金门者，浯州也，隶同安，为两岛。七月，会郑彩兄弟伐海澄，不克而还。八月，与鸿逵合攻泉州，败清提督赵国佐于桃花山，追至城下，清军来援，成功回岛。鸿逵舣舟泉港，所在起应。

二年春，帝在桂林。三月，成功伐同安，克之，以叶翼云为知县。进攻泉州。七月，佟国器、陈锦、李率泰率清军至，鸿逵人潮，成功回岛。使如日本请兵，不报。已而清军攻同安，守将丘缙、林壮猷及翼云悉死。十月，帝遣使至岛。封成功威远侯。

三年春，帝在肇庆，成功募兵铜山。三月，以施琅、杨才、黄廷、柯宸枢、康明、张英伐漳浦，守将王起凤降。寻下云霄，抵诏安，屯分水关。清军力攻，宸枢死焉。七月，封成功为延平公，随使贡方物，率师入潮，至碣石卫。是年全粤俱奉正朔。

四年春，伐潮阳，未能下。时两岛为彩、联所距，其将章云飞恣肆不道。成功密语诸将曰："两岛吾家，卧榻之侧，岂容他人鼾睡？"乃严部勒，中秋抵厦门，遂并联军，可四万余人，威棱日振。已而杀之。彩率所部之南中渔猎，数年复之，卒于家。十一月，帝在南宁。十二月，清军徇广州。镇帅杜永和奔琼州，成功谋往接之。

五年春正月，率师而南。六月，舟次平海卫，鸿逵弃揭阳回岛。闽抚张学圣按泉，以马得功袭厦门。鸿逵未至，郑芝莞无设备，未战而溃，大学士曾樱死之。鸿逵至，攻得功。得功不得退，使谓鸿逵曰："公等家属皆在安平，脱得功不出，恐不利公家。"鸿逵患之，且不虞成功之骤至也，逸之。四月，成功至自平海，得功去两日矣，以失律罪杀芝莞。芝莞，成功从叔也。诸将悚惧，兵威复振，凡六万余人。鸿逵泊白沙，筑寨以居。左先锋施琅得罪逃于清。是时帝在安隆所。五月，伐南溪。十一月，败清提督杨名高于小营岭。十二月，伐漳浦，守将杨世德、陈尧策降。

六年春正月，帝在安隆所。成功攻海澄，守将郝文兴降，遂取长泰。中提督甘辉遇清将王进于北溪，鏖战竟日，进败，围之。总督陈锦来援，复败之。锦走泉州，遂破长泰，诸邑俱下。五月，清金衢总兵马逢知来援，突入漳城。成功围之，弗下。防镇门山以水灌之，堤坏不浸。城中食尽，枕藉死者七十余万人。七月，陈锦军于凤山尾，其奴库成栋刺之，以首来献。成功叹曰："仆隶之人，而背戕其主，是天下无刑也。"赏其功而终杀之。十月，清帅金固山援至，乃解围，收兵保海澄。

七年春，帝在安隆所。五月，金固山来攻，城坏百余丈。成功亲立雉堞，左右死者层积，指挥自若，益治军。既而矢炮雨下，成功大呼曰："天尚赞吾，无落吾军。"须臾下息，炮碎其座。忽一夜，空炮遽发，成功诈谓诸将曰："是将临城矣。"勒兵持斧以待，曰："敌至方砍。"清军落濠入郛，众御之。固山宵遁，澄守益坚。当是时，沿海骚俶，饟馈不赡，以黄恺为饷镇。恺少有才，阴事招权，成功收而杀之。郑氏军兴以来，兵律严肃，无所淫戮，军行之间，妇人孺子至与争道，故民尤爱之。

八年春，清廷以郑、贾二员来讲，封成功海澄公，芝龙同安伯，鸿逵奉化伯，芝豹左都督。成功不从。于是置芝龙于高坻，戍芝豹于宁古塔。成功不顾。十月，伐漳州，镇标刘国轩开门降，十邑俱下。乘势略泉州属邑，守将韩尚亮力守。当是时，水陆兵势，熛至风起，浸寻衍溢。分所部为七十二镇，改中左所为思明，以邓会知州事。立储贤馆、储材馆、察言司、宾客司，设印局、军器诸局。令六官分理国事，以壬午举人潘赓昌为吏官兼户官，丙戌举人陈宝钥为礼官，世职张光启为兵官，浙人程应璠为刑官，戊子举人冯澄世为工官。奉监国鲁王、泸溪王、宁靖王居金门，凡诸宗室，悉赡给之。礼待避乱搢绅王忠孝、卢若腾、沈佺期、辜朝荐、徐孚远、纪许国等，皆名客也，军国大事，时咨问焉。凡所便宜封拜，辄朝服北向稽首，望永历帝坐，疏而焚之。

九年春，帝在安隆所。正月，以林胜伐仙游。五月，拜定西侯张名振为元帅，忠靖伯陈辉副之。以二十四镇入长江，加户官洪旭为水师右军，北镇陈六御为五军戎政，偕伐舟山，克之。已而清军来袭，六御死焉。台州镇马信、宁波镇张宏德均来归。六月，堕安平镇及漳州、惠安、南安、同安。七月，使如日本，修旧好也。十一月，清定远大将军济度入闽，成功回岛。

十年春，帝在安隆所，嗣入云南。正月，济度辄侵略沿海。三月，攻两岛，遇风而还。四月，以苏茂、黄梧伐碣阳，不克，斩茂以徇。梧惧诛，以海澄降清，重地也。甘辉闻乱，进攻不胜，乃入土城，取蓄积归。遂奉成功破闽安，逼福州，转略温、台等郡，浙东俱震。

十一年春三月，帝在云南。鸿逵卒于浯州，成功回岛。寻遣将城福州峡江牛心塔，以陈斌、林铭、杜辉等守之。清军来攻，铭、辉退，斌无援降，嗣被杀。甘辉、周全斌等攻宁德，斩满帅阿克襄，一军大震。

十二年春正月，帝在滇城，遣漳平伯周金汤航海至思明，晋成功延平郡王，甘辉崇明伯，张万礼建安伯，黄廷永安伯，郝文兴庆都伯，王季山祥符伯，余各拜爵有差。乃仪大举，往复南京。七月，以黄廷为前提督，洪旭为兵官，郑泰为户官，留守两岛，部署诸将。排力士身披铁，画以朱碧彪文，留其两目，执斩马大刀，陈于行首，但砍马足，号曰"铁人"，望者以为神兵，左虎卫陈魁统之。甲士十七万，习流五万，习马五千，铁人八千，号八十万。戈船八千，扬帆北上，至浙江，克乐清等县。次于羊山，为飓所破，飘没八千余人，幼子睿、裕、温皆死，乃泊瀞洲理揵。

十三年春正月，帝在永昌。五月，师出崇明，诸将请先取之，不听。六月，移吴淞江口，入江阴。七月，至焦山，祭告天地、百神及太祖、崇祯、隆武诸帝，痛哭誓师，众皆感激。时清军已据上流，防御甚坚，以铁锁横江，谓之"滚江龙"。成功谓诸将曰："瓜镇为金陵门户，须先取之。"授诸将机宜，令程应璠督右提督马信、前锋镇余新等进夺谭家洲炮城。又遣材官张亮督善水者荡舟行，即进据瓜州上游，毁木城。大船由南，小舟南北，自督亲军及中提督甘辉、左镇提督翁天佑、先锋镇杨祖，建大将旗鼓，直捣瓜州。清将朱衣祚、左云龙等率满、汉骑兵一万，背港而军。战方合，张亮已断"滚江龙"，扬帆直进。右武卫周全斌率兵带甲浮水登岸，直破其阵，斩云龙于桥下，衣祚奔城，正兵镇韩英夺门而人，登城树帜。全斌登江介之山以望，麾兵疾进，陷西北隅以入，满兵尽歼。获衣祚，逸之。后提督万礼亦绕瓜州之后，溃其余卒，清军大败，死者不可胜数。以援剿左镇守瓜州，监纪推官柯平为江防，命兵部侍郎张煌言、督理戎政杨朝栋、兵部主事袁起震督阮美及罗蕴章等进取芜湖。遂乱扬子，趣镇江。清提督管效忠率云南之兵数万分道驰至，夜扎银山，以骑兵当大路。成功以银山为必争之地，夺而据之，列阵以待。迟明，清军分五道而来，三萃郑垒，不动。骑射如雨，成功令发火炮，多鼓钧声，屋瓦皆震，清军下马死战。薄午，郑军益奋，遂大败之。喋血填濠，效忠仅以身免。明日，镇江守将高谦、知府戴可进等来降。成功登京岘之山，大飨士卒，慷慨赋诗。命全斌、黄昭守镇江，属邑俱下。以张煌言、杨朝栋招抚江南，袁起震、徐长春招抚江北。于是常州、徽州、池州、太平、滁、和、六合等府豪杰，多起兵应。清廷大恐，议援兵。甘辉进曰："瓜镇为南北咽喉，但坐镇此。断瓜州，则山东之师不下；据北固，则两浙之路不通，南都可不劳而定矣。"不听。率师登舟径取南京，传檄四方。八月，至观音门，以黄安总督水师，守三叉河口，率所部由凤仪门登岸，军于狮子山。招诸将登阅江楼，以望建业王气。令诸舟列于江东门外，自率十余骑躬历城下，度营垒，分屯汉西门、观音山，独与五亲军驻岳庙山，留先锋镇、中冲镇于狮子山，欲久困之。南京守将梁化凤约期降，许之。甘辉谏曰："以臣观之，则尚速也。夫兵贵先声，彼众我寡，及其熠且未定，则势可拔。若彼集御固，缓难图也，君必悔之。"不听。既而清军以千骑试前锋营，余新败之，逐轻敌无备，纵军捕鱼。成功令张英驰让之，新犹故。化凤知其弛，由凤仪门穴城，乘夜衔枚，直薄新营。新不及甲，仓皇拒战，遂被擒，副将董延中、萧拱柱死焉。成功闻凤仪门炮声，遣翁天佑援之，已无及矣。越二日，清军以步卒数千出观音门，直捣中坚。成功率亲军右虎卫陈鹏、右冲锋张万禄击败之。清军复以数万从山后出，薄左先锋营。杨祖拒之，三合三却。后劲镇杨正、援剿右镇姚国泰败走，前冲锋镇蓝衍、行军司马张英死于堪岩之下，清军从山上出击，右武卫林胜、左虎卫陈魁用力战死。后提督张万礼独战于大桥头，杀人最多，无援而覆，副将魏标、朴世用、洪复、督理户官潘赓、锺仪卫等皆战没，唯左右提督、右虎卫、右冲锋、援剿后镇之军独全。成功麾军退，争舟而渡。甘辉殿，且战且却。至江，骑能属者三十余人，凡所击杀数百十人，马踬被获，死焉。成功既至镇江，议还岛，以马信、韩英督舟师守江口，周全斌、黄昭、吴豪为殿，余军次第而退。九月，攻崇明，不下。正兵镇王起凤阵没，以陈辉、阮美、罗蕴章等守舟山。刘猷与清军战于温州，败绩死之。十月，师至思明，建忠臣祠，以甘辉为首。

十四年春，帝在缅甸。五月，清廷以将军达素、总督李率泰会师来伐。大船出漳州，小船出同安，檄广东降将许隆、苏利等分道而至。成功以陈鹏督诸部守高崎，遏同安，郑泰出梧州，绝广东，而自勒诸部，扼海门。海门在海澄之口。命五府陈尧策传令诸将，碇海中流，按军不动，扬徽而鼓。令未毕，漳船猝至，诸将仓促受命，莫敢先发。闽安侯周瑞为清军所乘，与尧策俱死。陈辉举火，满兵高跃，船乃得出。既得上流，成功自手旗起师，引巨舰横击之。风吼涛立，一海皆动。北人不谙水，皆退，眩晕而不能军，僵尸布海。有满兵二百余人弃舟，登圭屿，命之降，宵溺之。是日同安船越高崎，陈鹏约降，饬所部勿动。清军恃应，船未近，涉水争先，其将陈蟒不与谋，曰："事急矣，当决死。"麾所属与殿兵镇陈章合击。清兵披甲退陷于淖，死者十七八，首领哈喇土星止焉。杀满兵一千六百余人，收辉戮之，以蟒代。苏利等后二日至，知诸路告衄，望太武山而还，素自杀于福州。于是竟成功之世，无敢仪覆岛者。

十五年春，帝在缅甸。成功议取台湾，克之，语在《开辟纪》。十二月，以热兰遮城为安平镇，改名王城，建桔秩门，志故土也。赤嵌城为承天府，总曰东都。设府一、县二，以杨朝栋为承天府尹，祝敬为天兴知县，庄之列为万年知县，澎湖别设安抚司。各戍重兵，以周全斌总督南北诸路。已而杨朝栋、祝敬有罪，杀之，以郑省英为府尹。黄安守安平，率何斌、马信、杨祥、萧拱辰等，带铳手三百、牌手三百、弓手三百，巡视番社，锡以烟布。番酋大悦，率众归诚，听约束。既归，大会诸镇。成功曰："为治之道，在于足食。足食之后，乃可足兵。今赖皇天之灵，诸将之力，克有兹土，岂敢为宴安之计？然而食之者众，作之者寡，倘一旦匮饷，师不宿饱，则难以固邦家。今台湾土厚泉甘，膏壤未辟，当用寓兵于农之法，庶可以足食而后足兵，然后观时而动，以谋光复也。"黄安曰："开疆辟土，创业万世，诸将自当遵行，但其法何如？愿垂明教。"成功曰："夫法古者可以制宜，明时者可以图治。古者量人受田，量地取赋。至商虽变为井田，亦行九一之法。周代因之，乡出师徒，里出车马，兵民无分。及秦始废井田，后代不改。故兵自为兵，民自为民，筹饷转输，屡为国患。故善为将者不得不行屯兵之法，如充国之屯羌中，诸葛之屯斜谷，姜维之屯汉中，杜预之屯襄阳，而后战无乏粮，守无饥色。若夫元代之分地立法，太祖之设卫安军，乃天下已平，恐虚糜空乏，故为农者七，为兵者三，非无故也。今台湾为新创之地，虽僻处海滨，安敢忘战？故行屯田之法，仅留勇卫、侍卫二旅以守安平、承天，余镇各按分地，分赴南北开垦，使野无旷土，而军有余粮。三年之后，乃定赋税。农隙之时，训以武事，俾无废弛。有事则执戈以战，无事则负耒而耕，而后可以图长治也。"诸将皆听命而行。于是五军、果毅各镇赴曾文溪之北，前锋、后劲、左冲各镇赴二层、行溪之南，各择地屯兵，插竹为社，斩茅为屋，而养军无患。

十六年春正月朔，成功朝诸将于安平镇，遥拜帝座。嗣闻清人弃芝龙于北京，子孙皆被害，擗踊哭泣，令诸镇守丧。先是，清人从降将黄梧之策，迁山东、江、浙、闽、粤沿海居民尽入内地，禁出海，以绝接济，并毁郑氏祖坟。成功闻之，叹曰："使吾徇诸将意，不自断东征得一块土，英雄无用武之地矣。沿海幅员上下数千里，尽委而弃之，使田庐丘墟，坟墓无主，寡妇孤儿，望哭天末，唯吾之故。以今虽披猖，亦复何用，但当收拾残民，移我东土，辟地休兵，养精蓄锐，以待天下之清未晚也。"当是时，帝在滇域，或曰杀矣，或曰幽矣，或曰遁矣，成功犹奉朔称永历。成功治军严，诸镇莫敢犯。马信谏曰："立国之初，宜用宽典。"成功曰："不然。法贵于严，庶无积弊，后之守者，自为易治。是故子产治郑，孔明治蜀，莫不用严。况台湾为新创之地，非严无以治军，非严无以统众，唯在制宜而已。"三月，以洪开、祁辟等十人管社事，命诸将各移眷入台。南澳镇陈豹不从，讨之，以杜煇留守。

初，罗马神父李科罗在厦传教，成功礼之，延为幕客。当是时，华人之在吕宋者数十万人，久遭西人苛待，诸将仪取吕宋为外府。成功使李科罗至马尼拉，说吕宋总督入贡，而阴檄华侨起事，将以舟师援之。事泄，西人戒严，集兵马尼拉，毁城裂寨，以防窃踞，而华人已起矣。鏖战数日夜，终不敌，死者数万人。或驾小舟至台湾，多溺死，成功抚之。而吕宋仍俶扰，又虑郑师往讨，乃命使者随李科罗乞和。诸将欲问罪，未出师，而成功病革矣。

成功有子十人。世子经年十九，居厦门，与乳媪通，生子以闻。成功大怒，令董昱、洪有鼎至厦，谕郑泰监杀经及董夫人，以教子不严也。诸部大惊，又闻成功病，谋保全之。谓经子也，不可拒父，诸部臣也，不可拒君。唯泰于成功为兄行，谓兄可拒弟，乃杀乳媪及儿以报。成功不肯，解佩剑与昱命再至厦。适周全斌自南澳回，亦奉命，诸将诱执之。夏五月初八日，成功病革，尚登俞望海，乃冠带，请太祖训出，坐胡床，命左右进酒，拆阅三帙。叹曰："吾有何面目见先帝于地下哉？"遂薨于路寝，年三十有九。台人以其弟袭为护理。十四日，讣至，经嗣位，发丧，修表达行在。闻袭将为东都主，经骇然，乃出全斌为右军都督，陈永华为谘议参军，冯锡范为侍卫，整师欲东。秋七月，清靖南王耿继茂、闽浙总督李率泰遣人来讲，经不从。泰等请经，经曰："吾将东，诸君善图之。"议照朝鲜事例，派中军都督杨来嘉答之，不报。来嘉还。以忠振伯洪旭、永安侯黄廷辅泰守厦门，并谕铜山、南澳诸将，毋废战守。冬十月，经至澎湖，历巡各岛，乃赴台。黄昭、萧拱宸谋拒经，陈师海澨，为全斌所杀。众倒戈，经免胄示之。黄安大呼曰："此吾君之子也，其速往迎。"经遂入王城，袭人见，复为叔侄如初。十一月，率全斌巡视南北二路，镇抚诸番。

十七年春正月，滇城讣至，经犹奉朔称永历。以统领颜望忠守安平，勇卫黄安镇承天，提调南北军务，率全斌、永华、锡范至厦门。以泰潜结黄昭、萧拱宸等谋抗拒，事露。夏六月，置酒邀泰，缢杀之。泰子缵绪、弟鸣骏亡归清。冬十月，继茂、率泰调投诚诸军，合荷兰出泉州，提督冯得功出同安，降将施琅、黄梧出漳州，分道并进。经部署诸将，令全斌御之。十九日，会于金门乌沙港。荷兰夹板十余舟，巍巨如山，泉舟三百，箕张而下。全斌以艨艟二十艘往来奋击，剽疾如马，荷人发炮无一中者。清军见之，愕眙相视，云翔而不敢下。得功殿，为全斌所殪。已而耿、李各济师，琅、梧亦至，郑师不敌，退守铜山。清军入金、厦，堕两城，弃其地，收宝货妇女而还，两岛之民烂焉。

十八年春正月，援剿右镇林顺降清。二月，南澳护卫左镇杜辉亦降清。洪旭言曰："金、厦新破，铜山难守，不如退保东都，以待后图。"经从之，命永华、锡范扈董夫人先行。宗室宁靖王、泸溪王、巴东王、鲁王世子，暨乡绅王忠孝、辜朝荐、卢若腾、沈佺期、郭贞一、李茂春悉扁舟从。至澎湖，与旭历视诸岛。旭曰："澎湖为台湾门户，上通江、浙，下达南洋，必须建设重镇，以固海疆。若澎湖有失，则台湾无所措手足。"乃建垒妈宫,左右峙各筑炮台,烟火相望,令薛进思、戴捷、林升等守之。初,全斌奉檄与黄廷殿,而与洪旭有宿嫌,迟疑不往,遂降清,廷亦受黄梧之诱。经既入台,委政永华。永华善治国,与民休息。八月,改东都为东宁,天兴、万年为二州。划府治为四坊,坊置签首,理民事。制鄙为三十四里,置乡长,行乡治之制。东宁初建,制度简陋,乃教民烧瓦,建宫室衙署。礼待避乱搢绅,凡诸宗室,皆赡给之。分诸土地,又行寓兵于农之法,台湾以安。初,荷人既丧台湾,谋恢复,居于鸡笼,成功命黄安逐之。既去,遂会清人攻两岛。及金、厦平,徙民入界,而率泰亦班师。六月,荷将波尔德人福州,与清军盟,议伐台。率泰以两篷船援之。然台湾防守固,不易取,乃率舟北上,次普陀山,遇飓覆没,及是而罢。九月,英人来求互市,许之。十二月,北路土番阿狗让乱,命勇卫黄安平之。

十九年春正月朔,经率文武贺帝于安平镇,闻施琅疏请攻台,集诸将计议。洪旭曰:"前者,荷人失守,恃其炮火,冯其港道,而不防备澎湖,故我先王一鼓而下。夫澎湖为东宁门户,无澎湖是无东宁也。今宜建筑安平炮台,以炮船十艘防守鹿耳。别遣一将镇澎湖,严军固垒,以待其来,则敌不易渡也。"经曰:"善。"以杨祥守鹿耳门。颜望忠请自赴澎湖,经抚其背曰:"得公一行,吾无忧矣。"命旭调屯田军十分之三,益以勇卫、侍卫各半旅,合万余人,分配炮船二十艘,乌船、赶缯各十艘,以戴捷、薛进思、林升、林应等率之。又虑北鄙空虚,命刘国轩以一旅守鸡笼,何祐以一旅守大汕头。三月,望忠至澎湖,驻军妈宫,左右峙各修炮台,以戴捷、林升守之。四月,琅调投诚诸军攻台,舟至外洋,为飓风飘散而还。清廷命琅及全斌归北京。六月,经令望忠回东宁,以薛进思、林升守之,檄各镇归屯。七月,勇卫黄安卒。经大恸,厚葬之,以其子为婿。八月,以谘议参军陈永华为勇卫。永华亲视南北,镇抚诸番,劝各镇垦田,植蔗熬糖,煮海为盐,以兴贸易。而岁又大熟,民用殷富。请建圣庙,立学校。从之,择地于宁南坊,面魁斗山,旁建明伦堂。

二十年春正月，圣庙成，经率文武行释菜之礼，环泮宫而观者数千人，雍雍穆穆，皆有礼让之风焉。又命各社设学校，延师以课子弟。两州三年一试，州试有名者移府，府试有名者法院，院试取进者入太学。三年再试，拔其尤者补六科内都事。三月，以永华为学院，叶亨为国子助教。教之，养之，台人自是始奋学。洪旭谏曰："有文事者必有武备，今施琅虽出军未定，而心不忘我。当训励将士，以待其变。"经曰："居安思危，古之训也；习劳讲武，军之则也。不谷受国厚恩，躬承先命，其敢以此自逸？愿与诸公勉之。"檄各镇屯垦之暇，以时操演，又命伐木造舰。旭以商船往贩日本，购造铜炮刀剑甲胄，并铸永历钱。下至暹罗、安南、吕宋各处，以拓商务。岁又大有，国以富强。八月，吕宋总督遣使者来聘，且贡方物，令宾客司礼之。使者求设教，永华不可。经命以中国之礼入觐，且申通商之约，毋遏贡，毋虐我华人。使者唯唯。忠振伯洪旭卒，经亲为治丧。以其子磊为吏官，永华之侄绳武为兵官，杨英为户官，叶亨为礼官，柯平为刑官，谢贤为工官，刘国轩为左武卫，薛进思为右武卫，何祐为左虎卫。九月，永华以国内已治，商务当兴，以江胜为水师一镇，驻厦门，与边将交欢，毋扰百姓。当是时，厦门荒废，为陈白骨、水牛忠所据，招集亡命，侵掠边鄙，胜与邱辉破之。辉踞达濠，而胜事贸易，布帛无缺。凡货入界者以价购之，妇孺无欺。自是内外相安，转运毋遏，物价愈平。十二月，调戍澎之兵屯田。

二十一年春正月朔，经贺帝于安平镇，锡屯田之兵酒。台人大说，道不拾遗，市物者不饰价。五月，河南人孔元章来议员，礼之，议照朝鲜事例。元章回，而施琅又疏请攻台。

二十二年夏四月，清廷以琅为内大臣，裁水师提督，焚战舰。以马化骐为总兵，驻海澄，分投诚诸将于各省。六月，清水师提标游击锺瑞偕中军守备陈升谋献海澄，密告江胜，经命统领颜望忠率船援之。事泄，瑞走厦门入台。望用数其叛献铜山之罪，经不究，改其姓为金，赐名汉臣。十月，水沙连番乱，杀参军林圯，讨之。

二十三年春二月，清廷下旨展界。七月，刑部尚书明珠、兵部侍郎

## 卷二 建国纪

蔡毓荣至福州，与靖南王耿继茂、总督祖泽沛集泉州议和。命兴化知府慕天颜赍诏书入台，经不肯接诏，唯阅明珠书曰："尝闻安民之谓仁，识时之谓知。古来豪杰知天命之有归，信殃民之无益，决策不疑，委身天阙，庆衍黎庶，泽流子孙，名垂青史，常为美谈。阁下通时达变，为世豪杰，比肩前哲，若易易尔。而姓名不通于上国，封爵不出于天朝，浮沉海外，聊且一时，不令有识之士为惋惜耶？今圣天子一旦恻然，念海滨之民疮痍未复，其有去乡离井，漂流海屿，近者十余年，远者二十余载，骨肉相残，生死茫然，以为均在覆载之中，孰非光复之责？税车闽甸，会同靖藩督抚提督，宣谕宸衷，礼当先之以信，崮遣太常寺卿慕天颜、都督佥事李侳等，闻于左右。阁下桑梓之地，无论圣天子痌瘝在抱，所当仰体不遑。即闽之黄童白叟，大都阁下桑梓之父老子弟，而忍令其长相离散耶？况我国家与人以诚，待人以信，德意咸孚，遐迩毕达。是以车书一统之盛，振古无俦，穷荒绝域，尚不惮重译来朝。阁下人巾之杰，反自外于皇仁，此岂有损朝廷哉？但为阁下惜之尔。诚能翻然归命，使海隅变为乐土，流离复其故乡，阁下亦自海外而归中原，不亦千古之大快，而事机不可再得者乎！我皇上推心置腹，具有玺书，阁下宣读之余，自当仰见圣主至仁至爱之心。伫候德音，临颖神注。"经大会文武，语天颜曰："本藩岂不能战，因念生灵涂炭，故远处海外。癸卯以来，业已息兵，又何必深求耶？"天颜曰："朝廷频频招抚，亦怜贵藩忠诚，不忘旧君。若能翻然削发归命，自当藩封，永为柱石。不然，岂少楼船甲兵哉？"经曰："先王在日，前后招抚，只差'剃发'两字，本藩岂肯坠先王之志哉？"遣礼官叶亨、刑官柯平报聘，并复书曰："盖闻麟凤之姿，非藩樊所能囿，英雄之志，岂游说所能移。顷自迁界以来，五省流离，万里丘墟，是以不谷远处海外，建国东宁，庶几寝兵息民，相安无事。而贵国尚未忘情于我，以致沿海之人，流亡失所，心窃憾之。阁下衔命以来，欲为生灵造福，流亡复业，海宇奠安，为德建善。而贵使谆谆以迎敕为辞，事必前定而后可以寡悔，言必先定而后可以践迹。大丈夫相信于心，披肝见胆，磊磊落落，何必游移其说哉。特遣刑官柯平、礼官叶亨等面商妥当。不谷躬承先训，恪守丕基，必不弃先人之业，以图一时之利。唯是生灵涂炭，怒焉在怀。倘贵朝果以爱人为心，不谷不难降心以从，尊事大之礼。至通好之后，巡逻兵哨，自当吊回。若夫沿海地方，俱属执事抚绥，非不谷所与焉。不尽之言，俱存敝使口中，唯阁下教之，俾实稽以闻。"议照朝鲜事例，明珠将许，而强令剃发。经不从，于是明珠再以书来，复命天颜偕二使人台。天颜曰："贵藩遁迹荒居，非可与外国之宾臣者比。"经曰："朝鲜亦箕子之后，士各有志，未可相强。"乃以书复之曰："盖闻佳兵不祥之器，其事好还。是以祸福无常倚，强弱无常势。恃德者兴，恃力者亡。曩者思明之役，不谷深悯民生疾苦，暴露兵革，连年不休。故遂会师而退，远绝大海，建国东宁，于版图疆域之外，别立乾坤。自以为休兵息民，可相安于无事矣。不谓阁下犹有意督过之，驱我叛将，再起兵端。岂未闻陈轸蛇足之喻，与养由基善射之说乎？夫苻坚寇晋，力非不强也；隋炀征辽，志非不勇也，此二事者阁下之所明知也。况我之叛将逃卒，为先王抚养者二十余年，今其归贵朝者，非必尽忘旧恩而慕新荣也。不过惮波涛，恋故土，为偷安汁尔。阁下所以驱之东侵而不顺者，亦非必以其才能为足恃，心迹为可信也。不过以若辈叵测，姑使前死，胜负无深论尔。今足下待之之意，若辈亦习知之矣。而况大洋之中，昼夜无期，风云变态，波涛不测。阁下两载以来，三举征帆，其劳费得失，既已自知，岂非天意之昭昭者哉。所引夷、齐、田横等事，夷、齐千古高义，未易齿冷；即如田横，不过三齐一匹夫尔，犹知守义不屈。而况不谷世受国恩，躬承先训乎？倘以东宁不受羁縻，则海外列国，如日本、琉球、吕宋、越南，近接浙、粤，岂尽服属？若虞敝哨出没，实缘贵旅临江，不得不遣舟侦逻。至于休兵息民，以免生灵涂炭，仁人之言，敢不佩服。若夫重爵厚禄，永袭藩封，海外孤臣，无心及此。敬披腹言，维祈垂鉴。"又复继茂曰："捧读华翰，有'诚来诚往，延揽英雄'之语。虽不能从，然心异之。执事中国英豪，天人合征，金戈铁马之雄，固自有在。而谆谆所言，尚袭游说之后谈，岂犹是不相知者之论乎？东宁偏

## 卷二　建国纪

隅，远在海外，与版图渺不相涉。虽居落部曲，日与为邻，正如张仲坚远绝扶余，以中土让太原公子，执事亦如其意乎？所云'贵朝宽仁无比'，远者不论，以耳目所闻见言之，如方国安、孙可望，岂非尽忠贵朝者，今皆何在？往事可鉴，足为寒心。执事倘能以延揽英雄，休兵息民为念，即静饬部曲，慰安边陲，羊陆故事，敢不勉承？若夫疆场之事，一彼一此，胜负之数，自有天在。得失难易，执事自知，亦毋庸赘也。"明珠知不可说，遂偕毓英归北，而和议止。十月，丘辉介江胜以达濠归命，经下六官议。永华曰："招降纳叛，自古已然，况辉能纠众备船，独踞达濠，此亦有为者。今倾心向化，理宜收录，庶足以鼓豪杰之心，而拓邦家之土。"从之，以为义武镇。自是达濠亦听节制。

二十四年春三月，经以厦门、铜山、达濠诸岛均隶台湾，而舟山、南日尚乏守将，以前奇兵镇黄应制之，命柳索、吕胜、蓝盛、杨正各率舟师协守。八月，斗尾龙岸番反，经自将讨之，命右武卫刘国轩驻半线。十月，沙辘番乱，平之。大肚番恐，迁其族于埔里社，国轩迫之，至北港溪畔，乃班师归。自是北番皆服。

二十五年，岁大有，沿海无事。漳、泉之人至者日多，拓地远及两鄙，经命诸岛守将毋扰边民。

二十六年春正月，统领颜望忠、杨祥请伐吕宋，侍卫冯锡范以为不可，虑失远人之心，遂止。

二十七年。初，清廷以吴三桂为平西王，驻云南，平南王尚可喜驻广东，靖南王耿继茂驻福建。及继茂死，精忠嗣，至是议撤藩，精忠谋起兵。秋八月，使黄镛人告，经至澎湖以俟，而精忠迁移，寻归东宁。十二月，三桂据云南、贵州、四川以起，破两湖。遣祝治国、刘定先如耿、尚，约会师，并至东宁。寓书曰："令祖举全闽投诚，大有勋劳，横遭俎醢，百世必报之仇也。及令先王存心大义，至死靡他，诚大丈夫特立独行。每言及此，未常不叹为伟人也。殿下少承家训，练兵养威，审时观衅。今天下大举，正千载一遇，乞速整貔貅，大扬舟师，经取金陵，或抵天津，扼其门户，绝其粮道。此以奇兵乘虚，万全之策也。复累世之大仇，泄天人之共愤，何快如之。"经礼待二使，遣监纪推官陈克岐、副将刘文焕驰骋，且复书曰："顷闻台命，欲伸大义于天下，不胜欣慰，然敢献一言：自古成天下之大业，必先建天下之大义。以殿下之贞忠，而拥立先帝之苗裔，则足以号召人心，而感奋忠义之士。不谷亦欲依日月之末光，早策匡复之业也。枕戈待旦，以俟会师。"

二十八年春三月，精忠据福建，执总督范承谟，驰数骑传檄，七闽皆下。使黄镛再入台，请济师。授海澄公黄梧为平和公。梧已病卒，子芳度权知军事，授海澄总兵。四月，潮州总兵刘进忠以城降精忠，授宁粤将军。经使柯平入福州，报黄镛之聘也。精忠调赵得胜之兵，得胜不从，邀右武卫刘国轩、左虎卫何祐于海澄，议奉经。五月，经以子克𡒉为监国，陈永华辅之。率侍卫冯锡范、兵官陈绳武、吏官洪磊等，奉永历二十八年正朔，渡海而西，驻思明。授得胜兴明伯，训练士卒。以兵都事李德至日本，铸钱及军器。户都事杨贤贩运南洋，以充军实。遣人说精忠，借漳、泉为召募。精忠不从，于是郑、耿交恶。既令锡范取同安，守将张举尧降，授荡西伯、左先锋。精忠惧，以都尉王进守泉州。六月，进幼子藩锡诱杀泉州城守赖玉，兵民多从之，遂逐进，纳款。经入泉州，授藩锡指挥使，以军事委锡范、绳武。七月，清军围潮州，精忠不能救。进忠纳款，遣援剿左镇金汉臣率兵援之，败清军于黄冈，潮围解，进忠降。授定西伯、前提督。九月，精忠以刘炎为犄角，命王进取泉州。十月，国轩及右虎卫许耀败进于涂岭，追至兴化而还。三桂使礼曹周文骥如经，平郑、耿也。十一月，伐漳浦，刘炎降，得胜回澄。

二十九年春正月朔，经率文武官民贺帝于泉州承天寺。精忠遣张文韬议和，以枫亭为界，始通好也。二月，何祐伐饶平，获沈瑞以归，授怀安侯。以叛将洪承畴之祠改祀黄石斋、蔡江门，窜承畴及杨明琅眷属百余口于鸡笼城。明琅，癸未翰林也，数其罪，嗣死于窜所。五月，国轩入潮，与何祐、刘进忠兵数千人，徇属邑之未下者。平南王尚可喜兵十余万尽锐来攻。相持久，郑军食尽，议退于潮。可喜麾骑，晨掩祐军，战于鲎母山下，祐力击之。国轩继进，大败尚军。六月，经率诸将

卷二　建国纪

围漳州。方经之至也，授黄芳度德化公。芳度阳为受命，阴通于清。事泄，郑军环城，兄芳泰突围入粤乞援。城围凡六月，芳世自粤提师，且至。十月初六日，城将吴淑及弟潜开门延经。芳度登北门之山，趣诸军巷战，不利，投开元寺东井以死。经入漳州，授淑平西将军、后提督，潜戎旗二镇。收芳度戚族，窜于淡水，而膊其尸，剌黄梧之椁，报宿忿也。君子谓郑经于是乎肖子。

三十年春正月朔，经率文武官民贺帝于漳州开元寺。二月，三桂兵至肇庆、韶州。碣石总兵苗之秀、东莞守将张国勋谒国轩降。尚之信降于三桂。三桂檄让惠州于经，国轩入守之。五月，耿将刘应麟驻汀州，徇下江西瑞金、石城二县，密款于经，授奉明伯、前提督，吴淑入守之。七月，经调王进忠于潮，不至。九月，清师入闽，擒精忠。其守将马成龙以兴化款于经，授珍西伯，援剿左镇，许耀入守之。十月，耀与清军战于乌龙江，狃于涂岭之役，不设备，故败，经调赵得胜、何祐代之。十一月，耿将杨德以邵武来款，授后劲镇，吴淑入守之。十二月，淑与清军对垒于邵武城下，霜严指直，士皲瘃不能军，淑败还厦门，应麟奔死潮州。

三十一年春正月，赵得胜、何祐拒清军于兴化城下。清军纵反间，得胜力战死，祐亦败，兴化遂陷。二月，泉、漳俱溃，经归思明，大赏逃亡诸将，分泛水陆。以左虎卫林升守东石、留南，水师一镇萧武守兴化，水师四镇陈升、五镇蔡冲珊、七镇石玉、八镇陈胜分守蚶江、祥芝、崇武、獭窟，以固晋、南、惠沿海。水师二镇江元勋、三镇林瑞骥协守海澄、芝阴，凡福清、长乐滨海之地归之。总制亲随协王一鸣守横屿，楼船中镇萧琛守定海，危宿镇陈起万守福宁，总制后协林日慧、前协吴兆纲分守福安、宁德，援剿后镇陈起明守同安港口，后提督吴淑驻大石湖，兼辖同安，扬威前镇陈昌守谢村，左镇陈福守澄海，戎旗一镇林应守井尾、连江、漳浦，左冲镇马兴隆守铜山，昭义镇杨德守五都，奇兵镇黄应守诏安，英兵镇李隆守南澳，房宿镇杨兴守浅山。以楼船左镇朱天贵、右镇刘天福合率舟师，以守宁波、温州、台州、舟山等，宣毅左镇邱辉仍驻达濠，以遏潮、惠来之路为策应。清康亲王以漳、泉既平，而郑师尚驻两岛，遣佥事朱麟臧来讲，且寓书曰："尝闻'顺天者存，逆天者亡'。又曰'识时务者在乎俊杰'。我国家定鼎，风声所被，四海宾服，此固气数之所在，而亿兆所归心也。顷因吴、耿煽乱，贵将军乘间窃据，独不思海隅尺土，岂能与天下抗衡？而执迷绝岛，自非识时之君子。倘转祸为福，归顺本朝，共享茅土之封，永奠河山之固，传之子孙，岂不食报无疆哉？"经礼之，议照朝鲜之例，并复书曰："夫万古正纲常之伦，而春秋严华夷之辨，此固忠臣义士所朝夕凛遵而不敢顷刻忘也。我家世受国恩，每思克复旧业，以报高深，故枕戈待旦，以至今日。幸遇诸藩举义，诚欲向中原而共逐鹿。倘天意厌乱，人心思汉，则此一旅，亦可挽回。何必裂冠毁冕，然后为识时之俊杰也哉。"不从。四月，移诸降将入台。刘炎奔清，磔于燕市。六月，刘进忠降于三桂，寻归清，被杀。国轩亦弃惠州而归，凡十府一时俱失。经不知所为，军事尽委国轩。国轩实有将才。七月，康亲王复命兴化知府卞永誉、泉州知府张仲举各加卿衔，以泉绅黄志美、吴公鸿佐之，再申前议，请撤回各岛。经集诸将议，冯锡范请索四府为互市。二使归，宁海将军喇哈达又以书来，略曰："年来使车往还，议员议贡，几于舌敝唇焦矣。而至今迄无定论者，良由贵君臣挟一尽节为明之见，以为汲汲议抚，我朝廷自图便利尔。夫议抚着，为全尔君臣之名节也，为培我国家万年之根本也。愿执事大破拘挛，俾得竭殚愚衷，一听贵君臣之自择可乎？昔箕子殷之忠臣也，殷祚既灭，就封朝鲜，以存殷祀。田横齐之义士也，耻臣于汉，与客俱刎洛阳。夫田横虽义，非箕子比也。愿贵君臣同于箕子，毋蹈田横之故辙。则何不罢兵休士，全车甲而归台湾，自处于海外宾臣之列？其受封爵惟愿，不受封爵亦惟愿。我朝廷亦何惜以穷海远适之区，为尔君臣完全名节之地？执事如果有意，肯降心相从。余虽武人，忝为勋戚，自当特请朝命，饬各有司，以岁时守护贵君臣之先茔，恤其族姓宗支，不许兵民侵暴。行三代之旷典。成千秋之美谈，当亦我皇上所不靳也。执事如感朝廷之恩，则以岁时通贡，如朝鲜故事，通商贸易，永无猜嫌，岂不美哉？夫保国存祀，至忠也；护祖完宗，至孝也；全身远害，至智也；息兵恤民，至仁也，行一事而四善备，尔君臣亦何苦而不为此？如徒悍然不顾，希旦夕之安，忘先机之哲，一遇议扶，则大言夸词，要地请饷，此盖小人挟执事之谋，甚不足信。夫事势穷蹙之时，人心一散，祸变难防，舟中之人，皆敌国也，执事虽欲全师而归，恐不可得。且事势穷蹙之时然后归，亦何面目以见父老乎？执事宜内断于心，与一二亲信有识者计议。道旁筑舍，三年不成，大惧身名之俱丧，以为执事辱也。如终不可复合，请断嗣音，虚意周旋，无复望焉，唯执事裁之！"经得书，大会文武。冯锡范曰："先王在日，仅有两岛，尚欲大举征伐，以复中原。况今又有台湾，进战退守，权操自我，岂以一败而易夙志哉？"

三十二年春二月，伐漳州，数战皆捷，授国轩中提督。当是时，清军大集，国轩及吴淑诸将，兵仅数千，飘骤驰突，略仿成功。清军皆萎腰舌咋，莫敢支吾。六月，清廷以按察司吴兴祚为闽抚，逮郎廷相，以随军布政姚启圣为总督，趣诸军援海澄，皆莫敢进。城破，提督段应举自经，总兵黄蓝巷战死，清军没者凡三万余人，马万余匹。晋国轩武平伯、征北将军，吴淑定西伯、平北将军，何祐左武卫，林升右武卫，江胜左虎卫。于是郑军复振于漳州，几五万人，遂取长泰、同安。七月，乘胜图泉州，徇下属邑。清军又大举来援，国轩率二十八镇还漳州，军溪西，吴淑、何祐军浦南，大战于龙虎山。郑军败绩，郑英、吴正玺死焉，国轩收兵保海澄。九月，启圣遣张雄来讲，请归海澄。不从。

三十三年，经以陈谅为援剿左镇，败清军于定海。冬十月，清军攻萧井塞，不克而还。十一月，吴淑压死于萧井塞。经哭之恸，厚葬之，以其子天驷为建威镇，以统其众。是时，清廷复严海禁，移民入内，于是启圣乃开修来馆于漳州，以诱郑将。

三十四年春正月，清水师提督万正色大举伐思明。经以右武卫林升为督师，率援剿左镇陈谅、左虎卫江胜、楼船左镇朱天贵御之，国轩亦弃海进来援。战不利，经率诸将归台湾。董夫人召而数之曰："冯、陈之业衰矣！若辈不才，徒累维桑，则不如勿往。"八月，平南将军赉塔复与经书曰："自海上用兵以来，朝廷屡下招抚之令，而议终不成，皆由封疆诸臣执泥剃发登岸，彼此龃龉。台湾本非中国版图，足下父子自辟荆榛，且眷怀胜国，未尝如吴三桂之僭妄。本朝亦何惜海外弹丸，不听田横壮士逍遥其间乎？今三藩殄灭，中外一家，豪杰识时，必不复思嘘已灰之焰，毒疮痍之民。若能保境息兵，则从此不必登岸，不必剃发，不必易衣冠，称臣入贡可也，不称臣不入贡亦可也。以台湾为箕子之朝鲜，为徐福之日本，于世无患，与人无争，而沿海生灵永息涂炭，唯足下图之。"经从其议，索海澄为互市。启圣执不可，议遂破。

三十五年夏四月，彗星见。初，经西渡，委政永华，以元子克𡒉为监国。克𡒉年少，明毅果断，有乃祖风，而永华又悉心辅佐，台湾大治，内抚民番，外给饷糈，军无缺乏。及经归后，诸将颇事偷息，永华心忧之，请辞兵权，以兵交国轩，未几卒。已而刑官柯平、户官杨英亦相继逝。五月，闻清军有伐台湾之举，集诸将议，命天兴知府张日曜按屯籍以十一充伍，得胜兵三千余人。七月，彗星再见，仲冬方灭。十月，遣右武卫林升率军巡北鄙，坠鸡笼城。经自归后，不理国政，建园亭于洲仔尾，与诸将落之，欢饮较射，夜以继日。又筑北园别墅，以奉董夫人。诸事尽委克𡒉，军民咸服。

三十五年春正月朔，监国世子克𡒉率文武朝贺于安平镇，乃人谒董夫人，贺经于洲仔尾。经方命居民，将大放元宵。克𡒉闻之，上启曰："偏僻海外，地窄民穷，频年征战，几不聊生。兹者屡闻清人整军备舰，意欲东渡。大仇未灭，人心汹汹，何必以数夕之欢，而耗民间一月之食？伏乞崇俭，以培元气，以永国祚。"经嘉之，即止，唯自张宴，与国轩诸将纵饮而已。居无何病革，顾命国轩辅世子。经薨，年三十有九。诸弟扬言曰："克𡒉非吾骨肉，一旦得志，吾属无遗类矣。"入告董夫人，即收监国印，国轩不能争。克𡒉既幽别室，诸弟夜命乌鬼拉杀之，妻陈氏殉。乃立次子克塽为延平郡王，佩招讨大将军印。克塽幼，年十二，以仲父聪为辅政公。聪贪而懦，军国大事主于国轩、锡范，晋

## 卷二 建国纪

国轩武平侯，锡范忠诚旧，以戎旗四镇董腾率舟师驻澎湖。清人闻丧，宁海将军飞檄台湾，劝纳款。经弟明、智请捐资募兵，锡范不可，国轩许之。克塽以明为左武骧将军，智为右武骧将军。六月，董夫人薨。有恶董腾者，解其兵，以右武卫林升代之。腾，董夫人之弟也。十月，姚启子计招宾客司傅为霖内应，高寿、蔡恺附之。建威后镇朱友发其事，为霖等伏诛。及怀安侯沈瑞，屠其家。瑞妻，礼官郑斌女也，免之，亦自缢。于是启圣疏荐万正色为陆路提督，施琅为水师提督，谋伐台湾。克塽以国轩为正提督，征北将军曾瑞、定北将军王顺为副，率诸镇守澎湖。命左武卫何分为北路总督，智武镇李茂副之，率兵以戍鸡笼。

三十六年春，施琅治兵于平海。三月，竹堑番乱，命左协理陈绛平之。十二月，启圣遣副将黄朝用至澎湖，见国轩，议照朝鲜事例，遂入东宁。锡范、绳武不从。

三十七年春正月，克塽以天兴知州林良瑞如福州，报朝用之聘也。三月，何祐城淡水。五月，淡水通事李沧请采金裕饷，命监纪陈福、宣毅前镇叶明率所部往，遂至卑南觅，不得而还。六月十四日，琅发铜山，会于八罩屿，以窥澎湖。国轩守之，再战而败，林升、邱辉、江胜、陈起明、吴潜、王隆等皆战死，烧没军舰大小二百余艘。国轩知势败，乘走舸，入东宁，告急。克塽大会文武，议战守之策。建威中镇黄良骥请取吕宋，提督中镇洪邦柱赞之，愿为先锋。锡范将许之，国轩力陈不可，乃议降。以协理礼官郑英平、宾客司林维荣赍表谒琅，并与琅书，请仍居东宁。不可。七月十一日，又遣冯锡圭、陈梦炜、刘国昌再至澎湖，上表曰："臣生自海外，稚兽无知，谬继创垂之绪，有乖倾向之诚。迩者楼船西来，旌旗东指，箪壶缓迎于周旅，干羽烦舞于虞阶。自省重愆，诚为莫赎。然思皇灵之赫濯，信知天命之有归。逆者亡，顺者昌，乃覆载待物之广大。贰者讨，服者舍，谅圣主与人之甚宽。用遵往往时之成命，爰邀此日之殊恩，冀守宗祧以勿失，永作屏翰于东方。业有降表具奏外，及接提督臣施琅来书，以复居故土，不敢主张。臣思既倾心而向化，何难纳土以输诚。兹特缮具表章，并延平王印一颗、册一副，及武平侯臣刘国轩印一颗、忠诚伯冯锡范印一颗，敬遣刘国昌、冯锡圭赍赴军前，缴奏版籍土地人民，待命境上。数千里之封疆，悉归土宇，百余万之户口，并属版图。遵海而南，永息波涛之警，普天之下，均沾雨露之濡。实圣德之渐被无方，斯遐区之襁负恐后。独念臣全家骨肉，强半孺呱，本系南人，不谙北土。合情乞就闽省地方拨赐田园庐室，俾免流移之苦，且养赡有资，则蒙高厚之生成，当绘丹青以衔接。至于明室宗亲，格外优待，通邦士庶，轸念绥柔，文武诸官，加恩迁擢，前附后顺，一体垂仁。夙昔结怨，尽与捐除，籍没产业，俱行赐复。尤当广推宽大之仁，明布维新之令，使夫群情允惬，共鼓舞于春风，万汇熙恬，同沐游于化日。斯诚微臣无厌之求，邀望朝廷不次之恩者也。"琅得表，许之，命剃发。宁靖王术桂自以天潢之贵，义不可辱，自缢以殉，妾五人从死。八月十三日，琅至东宁，祭于成功之庙曰："自同安侯入台，台地始有居民。逮赐姓启土，世为岩疆，莫可谁何。今琅赖天子之灵、将帅之力，克有兹土。不辞灭国之罪，所以忠朝廷而报父兄之职分也。但琅起卒伍，于赐姓有鱼水之欢，中间微嫌，酿成大戾。琅于赐姓，剪为仇敌，情犹臣主。芦中穷士，义所不为，公谊私恩，如是则已。"祭毕泪下。琅以台湾既定，疏告清廷，归克塽于北京，授汉军公，锡范汉军伯，国轩天津总兵，何祐梧州副将，诸将及明室诸王配之各省。自成功至克塽，凡三世，三十有八年，而明朔亡。

连横曰：清同治三年冬十月，福建将军文煜、总督李鹤年、巡抚王凯泰、船政大臣沈葆桢奏言："明季遗臣，台阳初祖，生而忠正，没而英灵。恳予赐谥建祠，以顺舆情，以明大义事。据台湾府进士杨士芳等禀称，窃维有功德于民则祀，能正直而一者为神。明末赐姓延平郡王郑成功者，福建泉州府南安县人。少服儒冠，长遭国恤，感时仗义，移孝作忠。顾寰宇难容洛邑之顽民，向沧溟独辟田横之孤岛。奉故主正朔，垦荒裔山川，传至子孙，纳土内属。维我国家宥过录忠，载在史策。厥后阴阳水旱之诊，时闻吁嗟祈祷之声，肸蚃所通，神应如答。而民间私祭，仅附丛祠，身后易名，未邀盛典，望古遥集，众心缺然。可否奏请将明故藩郑成功准予追谥建祠，列之祀典等因，并据台湾道夏献纶、台湾府周懋琦等议详前来。臣等伏思郑成功丁无可如何之厄运，抱未得曾有之孤忠，虽烦盛世之斧斤，足砭千秋之顽懦。伏读康熙三十九年圣祖仁皇帝诏曰："朱成功系明室遗臣，非朕之乱臣贼子，敕遣官护送成功及子经两柩归葬南安，置守塚，建祠祀之。"圣人之言，久垂定论。惟祠在南安，而台郡未蒙敕建，遗灵莫妥，民望徒殷。至于赐谥褒忠，我朝恢廓之规，远轶隆古，如瞿式耜、张同敞等，俱以殉明捐躯，谥之忠宣、忠烈。成功所处，尤为其难，较之瞿、张，奚啻伯仲？合无仰恳天恩，准予追谥，并于台郡敕建专祠，俾台民知忠义之大可为，虽胜国亦华衮之所及。于励风俗、正人心之道，或有裨于万一。臣等愚昧之见，是否有当，理合恭摺具奏。"诏曰："可。"追谥忠节，建祠台郡，以明季忠义之士百十四人配。而我台建国之大神，永镇兹土矣。

## 延平郡王世系表

**绍　祖**　字象庭，世居福建南安县杨子山下石井乡，娶某氏，生芝龙。

**芝　龙**　字飞黄，娶日本平户河内浦士人女田川氏，改姓翁氏，生成功及七左卫门。翁氏归国，七左卫门仍居日本。继娶某氏，生四子。

**成　功**　初名森，字大木，少名福松。隆武元年赐姓朱，改今名，字明俨。二年六月封忠孝伯，永历二年十月封威远侯，三年七月封延平公，十二年正月晋封延平郡王。娶董氏，生予经等十人。十六年五月薨于东都。

**世　忠**　从芝龙降清。

**世　恩**　后入北京省父，被杀。

**世　荫**　后入北京省父，被杀。

**世　袭**　从成功居思明，后入台湾。

**世　默**　后入北京省父，被杀。按七左卫门居日本，似在此五人之外，或则世袭，俟再考。

**经**　字式夫，号贤之，袭封延平郡王。娶唐氏，生子克𡒉等七人，妾某氏，生克𡒉。永历三十五年正月薨于东宁。

**聪**　娶朱氏，生克坦。

**明**　娶林氏，无出，以裕次子克俊嗣。

**睿**　殉于南京之役，无出。

**智**　娶洪氏，生克璋。

**宽**　娶林氏，生克培。

**裕**　殉于南京之役。娶王氏，生克崇。

**温**　殉于南京之役。娶刘氏，生克模、克杰。

**柔**　娶洪氏，生克玺。

**发**　早世，以温之子克圭嗣。

**克　𡒉**　立为世子、监国，后遇害。娶陈氏，无出。

**克　𡒉**　袭封延平郡王。永历三十七年归清，改封汉军公。娶冯氏，继娶史氏，生安世、安邦、安国。

**克　举**　娶许氏。

**克　均**　娶柯氏。

**克　拔**　娶冯氏。

**克　㒞**　娶赵氏。

**克　圻**　娶张氏。

**克　塙**　娶刘氏。

# 卷三

## 台湾通史

### 经营纪

康熙二十二年秋八月,清人既得台湾,廷议欲墟其地。靖海侯将军施琅不可,疏曰:"台湾北连吴会,南接粤峤,延袤数千里,山川峻峭,港道纡回,乃江、浙、闽、粤四省之左护。隔澎湖一大洋,水道三更。明季设水师标于金门所,出泛至澎湖而止,水道亦有七更。台湾一地,原属化外,土番杂处,未入版图也。然其时中国之民潜至,生聚于其间者已不下万人。郑芝龙为海寇时,以为巢穴。及崇祯元年,芝龙就抚,将此地税与红毛,为互市之所。红毛遂联络土番,招纳内地人民,成一海外之国,渐作边患。至顺治十八年,为郑成功所攻破,盘踞其地,纠集亡命,窥伺南北。及其孙克塽,六十余年无时不仰厪宸衷。臣奉命征讨,亲历其地,备见野沃土膏,物产利溥,耕桑并耦,渔盐滋生,满山皆属茂树,遍处俱植修竹。硫磺、水藤、糖蔗、鹿皮,以及一切日用之需,无所不有。向之所少者布帛尔,兹则木棉盛出,经织不乏。且舟帆四达,丝缕踵至,饬禁虽严,终难杜绝。实肥饶之区,而险阻之域也。一旦纳土归命,此诚天以未辟之方舆,资皇七东南之保障,永绝边海之祸患,岂人力所能致哉?夫地方既入版图,民番均属赤子,善后之计,尤宜周详。此地若弃为荒陬,复置度外,则今台湾人居稠密繁息,农工商贾各遂其利,一行徙弃,安土重迁,失业流离,殊费经营,实非长策。况以有限之船,渡无限之民,非阅数年,难以报竣。使载渡不尽,苟且塞责,则深山穷谷,窜伏潜匿,实繁有徒,和同土番,从而啸聚。假以内地之逃军流民,急则走险,纠党为患,造船制器,剽掠海滨。此所谓借寇兵而赍盗粮,固较著也。且此地原为红毛所居,无时不在贪涎,亦必乘隙以图。一为所有,彼性狡黠,善为鼓惑。重以来贩船只,制作精坚，从来无敌于海外。若得此数千里膏腴，必倡合党伙，窃窥边场，迫近门庭，此乃种祸。将来沿边诸省，断难晏然无虞。至时动师远征，两涉大洋，波涛不测，恐未易建成效。如仅守澎湖而弃台湾，则澎湖孤悬海外，土地卑薄，异于台湾，远隔金、厦，岂不受制于人？是守台湾即所以固澎湖也。台、澎联为臂指，沿海水师汛防严密，各相犄角，声气关通，应援易及，可以宁息。昔日郑氏得以负抗者，以台湾为老巢，澎湖为门户，四通八达，任其所之，我之舟师往来有阻。今地方既为我得，官兵棋布，风期顺利，片帆可至，虽有奸萌，不敢复发。臣业与部臣、抚臣会议，而部臣、抚臣未履其地，弃留未决。臣阅历周详，则不敢遽议轻弃也。且海氛既靖，内地溢设之兵，尽可陆续裁减，以之分防台、澎两处。台湾设总兵一员，水师副将一员，陆师参将二员，兵八千名。澎湖设水师副将一员，兵二千名。计兵一万，足以固守，又无添兵增饷之费。其防守总兵、副、参、游等官，定以三年或二年转升内地，无致久任，永为成例。然当此地方初辟，正赋、杂饷似宜蠲豁。现在一万之兵食，权行全给，三年后开征，可以佐需。抑且寓兵于农，亦能济用，可以减省，无尽资内地之转输也。盖筹天下之形势，必求万全。台湾一地虽属外岛，实关要害，无论彼中耕种，犹能少资兵食，固当义留。即为不毛之壤，必借内地挽运，亦断不可弃。弃留之际，利害攸关。臣思弃之必酿成大祸，留之诚永固边疆，是以会议具疏之外，不避冒渎，以其利害自行详陈。"诏曰："可。"设府一、县三，隶福建、府曰台湾，附郭亦曰台湾。南曰凤山，北曰诸罗。而澎湖置巡检，设台厦兵备道，驻府治，兼理提督、学政、按察使、司事，分泛水陆，为海疆重镇矣。十一月，雨雪，坚冰寸余。

二十三年春，文武皆就任。乃大计税亩，有田七千五百三十四甲，园一万零九百十九甲，户一万二千七百二十七，口一万六千八百二十人，琅奏请减赋，下旨再议。于是奏定上则田每甲粟八石八斗。园四石，每丁征银四钱七分六厘，著为例。初，延平郡王成功克台之岁，清廷诏迁沿海居民，禁接济。至是许开海禁，没海防同知于鹿耳门，准通商，赴台者不许携眷。琅以惠、潮之民多通海，特禁往来。是年建台湾、凤山两儒学。

二十四年，建台湾府儒学，就郑氏旧址扩而大之，中为大成殿，祀孔子。以春秋上丁，行释菜之礼。

二十五年，总督王新命、巡抚张仲举奏准，岁进文武童各二十名，科进文童二十名，廪膳生二十名，增广生如之，岁贡一人。

二十六年，台人始应福建乡试。

二十七年，始铸康熙钱。明太仆寺卿沈光文卒于诸罗。

二十八年。

二十九年冬，大有年。

三十年秋八月，大风，坏屋碎船。

三十一年，停铸康熙钱。

三十二年冬，大有年。

三十三年初，修《台湾府志》成。

三十四年，知府靳治扬始没熟番社学。

三十五年秋七月，新港吴球谋起事，不成，被杀。

三十六年，仁和郁永河始至北投煮磺，遍历番社。

三十七年。

三十八年春二月，吞霄土官卓个、卓雾、亚生作乱。夏五月，淡水土官冰冷亦起应。秋七月，水师至淡水，执冰冷杀之。八月，署北路参将常泰以岸里番击吞霄，擒卓个、卓雾、亚生以归，斩于市。

三十九年，诏赐明延平郡王郑成功及子经归葬南安，置守冢，建祠。

四十年冬十二月，诸罗刘却起事，毁下茄苳营，附近熟番亦乱。伐之，却败走。

四十一年。

四十二年春二月，刘却复谋起事，不成，被杀。

四十三年，建崇文书院。

四十四年冬，饥，诏蠲三县粮米。

四十五年，建诸罗县学。

四十六年冬，饥，诏蠲粮米十分之二。

四十七年，泉州人陈赖章与熟番约，往垦大佳腊之野，是为开辟台北之始。

四十八年。

四十九年，始设淡水防兵，定三年一换。

五十年，建万寿宫于府治。

五十一年，诏蠲本年租谷。

五十二年，诏以五十年丁册为准，滋生人口，永不加赋。北路营参将阮蔡文亲赴竹堑、大肚诸社，抚慰番黎。

五十三年夏，郡治大火，毁数百户。秋大旱，诏蠲台、凤两县租谷十分之三。是年命天主教神甫买剌来台，测量经度。

五十四年，总督满保奏言："台湾远属海外，民番杂处，自入版图以来，所有凤山县之熟番力力等十二社，诸罗县之熟番萧垄等三十四社，数十余年，仰邀圣泽，俱各民安物阜，俗易风移。今据台湾镇道详报，南路生番山猪毛等十社四百四十六户，北路生番岸里等五社四百二十二户，俱各倾心向化，愿同熟番一体内附。每年各愿纳鹿皮五十张，各折银十二两，代输贡赋，载入额编，就台充饷。此外不得丝毫派扰，以彰怀远深仁。"诏可。自后生番多内附。

五十五年夏五月，福建巡抚陈瑸奏言防海之法，岸里社土目阿穆请垦猫雾捒之野，诸罗知县周锺瑄许之。是为开辟台中之始。

五十六年冬，饥，诏蠲本年租谷十分之三。

五十七年。

五十八年初，修《凤山县志》成。

五十九年，建海东书院。冬十月朔，地大震。十二月八日，地又震，凡十余日，坏屋杀人。诏免番民银米。

六十年夏五月，朱一贵起事冈山，破府治，总兵欧阳凯、副将许云皆死，南北俱应。一贵称中兴王，建元永和，复明制。总督满保闻报，驰赴厦门，檄南澳镇总兵蓝廷珍出兵，会水师提督施世骠伐台。六月，克鹿耳门，迫府治。一贵战不利，被擒，械至京，磔之，余党亦渐平。八月，大风坏民居，天尽赤，军民多溺死。诏蠲征谷，发帑赈恤。时廷议移台镇总兵于澎湖，而设陆路副将于府治，裁水陆两中营归内地。廷珍力争不可，为书满保止之，提督姚堂亦以为言，乃罢议。特命满、汉御史各一员，岁巡台湾，察民疾苦。

六十一年夏五月，御史吴达礼、黄叔璥至自京师。满保以沿山一带易藏奸宄，命附山十里以内民居勒令迁徙。自北路起至南路止，筑长城以限之，深凿壕堑，永以为界，越界者以盗贼论。廷珍复上书止之，乃饬沿山各隘立石为界，禁民深入。是年阿里山、水沙连各社番皆就抚。复，凤山、赤山裂，火光丈余。

雍正元年，诏曰："台湾自古不属中国，我皇考神武远届，拓入版图，末年朱一贵倡乱，攻陷全台，诸臣夙秉方略，士卒感戴教养之恩，七日克复。当皇考春秋高迈，威播海外，所有立功将士，其各加等议叙。"于是增设彰化县及淡防厅，升澎湖巡检为海防同知，添置防兵，以守南北，而台湾之局势渐展矣。是年傀儡番乱，讨之。

二年，诏蠲康熙十八年至五十年各省旧欠银米等项，给台湾换班兵丁家眷口粮。是年初，修《诸罗县志》成。

三年，诏豁番妇丁税。

四年初，台湾之盐，归民晒用，但征其饷，至是改为官办，归府管理。秋七月，水沙连番乱，兵备道吴昌祚会营讨之。

五年，诏饬福建将弁，慎选台湾换班兵丁。巡视台湾御史尹秦奏立社田，以为番人耕种收猎之所，其余草地悉行召垦。诏可。其后复有禁占番地之令。时廷议以台厦道职重事繁，着汉御史兼理提督学政。

六年，改台厦道为台湾道。台湾镇总兵王郡奏言，换班兵丁，内有识字、舵工、缭手、斗手等人请就地招募。不许。

七年，诏给台湾戍守兵丁养赡，每年四万两。二月，山猪毛番乱，总兵王郡讨之。

八年，诏巡视台湾御史新旧并用。又令调台官员到任二年，该督抚另选贤能赴台协办。半年之后，乃将旧员调回。

九年冬十二月，大甲西社番乱，总兵吕瑞麟讨之。

十年春三月，凤山吴福生起事，攻埤头，守备张玉战死，原任总兵王郡率军平之。六月，总督郝玉麟调吕瑞麟回府，檄王郡讨大甲西社番，平之。

十年，诏蠲彰化县雍正八年未收正供等项，以凶番初平，稍纾民力也。大学士鄂尔泰奏言，台湾居民准其挈眷入台，从之。于是至者日多，皆有辟田庐长子孙之志矣。

十一年，诏免台湾府属庄租十分之三。总督郝玉麟奏准台湾道员照镇协之例，三年报满，知府、同知、通判、知县即照参将等例，具奏升补。

十二年，总督郝玉麟奏准调台官员年逾四十无子者，准其挈眷过台。

十三年，诏蠲各省正供及官租三分之一，以高宗登极之典也。冬十月，眉加腊番乱，副将靳光瀚、同知赵奇芳讨之。

十二月，诸罗湾里街地大震，坏民居，恤银三千两。

乾隆元年，诏以台湾四县丁银悉照内地之例，酌中减则，每丁征银二钱，著为例。颁书院规训。禁内地人民偷渡台湾。

二年，诏减台湾番饷，着照民丁之例，每丁征银二钱。禁汉番通婚。

三年，诏曰："台地如有人民不法等事，嗣后许令武员移送地方官究治。如兵丁生事滋扰，许文员关会营伍责惩。如有彼此推诿者，照例罚俸一年。并饬令各该地方汛防员弁实力奉行，彼此按月稽查，取具并无兵民滋扰印结，转报该上司查核。如或有意徇纵，即将地方官照徇庇例议处。"二月，始设北路义胜、永胜二寨。秋，台、诸二县风灾，诏蠲丁粮。

四年，定台湾举人会试取中之例，从御史诺穆布之奏也。建校士院。禁汉人侵垦番地。

五年，禁台湾居民挈眷入台。初，换班兵丁例由台、诸两县官庄支发路费，至是改由福建、闰六月，大风雨，四日始息，盐水港被灾尤烈，发帑二百两以赈。

六年，巡台御史书山、张湄奏建府仓，备荒歉，从之。

七年，诏曰："台湾地隔重洋，一方孤寄，实为数省藩篱，最为紧要。虽素称产米之区，迩来生齿倍繁，土不加辟，偶因雨泽愆期，米价即便昂贵。盖缘拨运四府及各营兵饷之外，内地采买既多，并商船所带，每年不下四五十万。又南北各港来台小船，巧借失风名色，私装米谷，透越内地。彼处概给失风船照，奸民恃为护符，运载遂无底止。且游手之徒，乘机偷渡来台，莫可究诘。闻此项人等，俱从厦门所辖之曾厝垵、白石头、大担、南山边、刘武店，及金门之料罗、金龙尾、安海、东石等处小口下船。一经放洋，不由鹿耳门入口，任风所之，但得片土，即将人口登岸，其船远掉而去，愚民多受其害。况台湾惟借鹿耳门为门户，稽查出入。今任游匪潜行往来，海道便熟，将鹿耳门亦难恃其险要，殊非慎重海疆之意。朕所闻如此，着该督抚严饬所属文武官弁。将以上各弊一一留心清查。并于汛口防范周密，不使疏纵，庶民番不至缺食，港路亦可肃清。该部可传谕知之。"

八年，定淡水商船之数。

九年，诏禁武员建置官庄。改台湾田园之税。

十年秋八月，澎湖风灾，诏发内帑六百以赈。九月，诏曰："闽省丙寅年地丁钱粮已全行蠲免。惟是台湾附属一厅四县地亩额粮，向不编征银两，历系征收粟谷。今内地各郡既通行蠲免，而台湾地亩因其编征本色，不得一体邀免，非联普遍加恩之意。着将台湾府属一厅四县丙寅年额征供粟一十六万余石，全数蠲免。"

十一年，诏准台湾人民挈眷入台。

十二年，诏以台湾丁银配入钱粮完纳。

十三年。

十四年秋七，大雨，水，台湾县属田园多陷。

十五年秋七月，大雨，水。八月，大风，碎船坏屋，知府方邦基溺于南日。移淡水八里垒巡检于新庄。

十六年。

十七年，定台湾监察御史巡视之例。以台湾道兼理提督学政。夏六月，地震。秋七月，大风挟火而行，草木尽焦。文庙棂星门圮。

十八年，诏免台、凤、彰三县十五年被水田赋。秋八月，大风损禾。

十九年夏四月，淡水地大震，毛少翁社陷为水。九月，诸罗大风，损禾，诏缓征粟，发仓赈济。

二十年，诏免诸罗县十五年被水田赋。

二十一年。

二十二年冬十二月，澎湖大风，哨船多没。

二十三年，诏废通事社丁之例，禁私垦。冬十月，诸罗大风雨三日，晚稻多损，诏缓征粟。

二十四年，移淡水都司于艋舺。建玉峰、白沙两书院。台湾县知县夏瑚以内地人民客死台湾，未得归葬，倡捐义款，代运其柩至厦，以交亲属，时人称为善政。

二十五年，诏许台湾居民携眷同住。

二十六年，移新港巡检于斗六。

二十七年，诏免淡水厅二十四年划出界外园赋。

二十八年，建明志书院。

二十九年，诏禁福建人士入台冒籍考试，从御史李宜青之奏也。

三十年秋九月，大风碎船。

三十一年，始设鹿港同知，以理民番交涉事务。秋八月。大风碎船。

三十二年。

三十三年，漳人吴汉生入垦蛤仔难。

三十四年。

三十五年春正月十三日，府治枋桥头火，雨水沃之不熄。十五夜，真武庙前又火，毁屋百余。九月，台湾黄教起事，平之。

三十六年，诏蠲台湾府属额征供粟一十六万余石。

三十七年秋七月，大水。彗星见。

三十八年。

三十九年。

四十年。

四十一年冬十一月，地大震，诸罗尤烈，坏屋杀人。

四十二年。

四十三年，诏免台、凤二县被水田赋。

四十四年。

四十五年，诏蠲台湾府属额征供粟。

四十六年。

四十七年，淡水、彰化漳泉籍民分类械斗，巡抚雅德奏闻。诏曰："此等匪徒聚众械斗，案情重大，该镇道一经闻信，即应带领兵役，亲赴该处，严行查办。乃仅派委副将、知府前往，而雅德亦无饬行之语，殊属非是。该镇金蟾桂、该道穆和蔺一并交部，严加议处。"

四十八年初，漳、泉械斗，至是抄封乱首之业。

四十九年，诏开鹿港通商。秋八月，大风雨，坏屋碎船。

五十年。

五十一年，定武弁更代之例。冬十一月，彰化林爽文起事，破邑治，知府孙景燧、理番同知长庚、摄县事刘亨基、都司王宗武等死之，遂陷诸罗，略淡水。凤山庄大田亦起应，府治戒严。

五十二年春正月，福建陆路提督黄仕简、水师提督任承恩以师至台，观望不进。十月。诏以协办大学士福康安领侍卫内大臣海兰察率满汉弁兵赴台。遂复彰化，俘爽文、大田。南北俱平。

五十三年，诏颁屯丁之制。春二月，淡水大雨雪，饥，斗米千钱。

五十四年。

五十五年，诏蠲台湾供粟，照内地之例，三年匀免。设新庄县丞。夏六月，大风雨，挟火以行，满天尽赤，毁屋碎船，澎湖尤烈。

五十六年秋八月，波兰人麦礼荷斯奇至台东，谋辟地。

五十七年，诏开八里坌通商。夏六月，郡治地震。翼日，嘉义大震，继之以火，死者百数十人。

五十八年。

五十九年。

六十年春三月，彰化陈周全起事，北路同知朱慧昌、鹿港营游击曾绍龙、副将张无咎、署知具朱澜等均死，总兵哈当阿以兵平之。七月，淡水大水。

嘉庆元年秋，大风雨，晚稻多损，诏曰："台湾地临海洋，飓风常有。此次风势猛烈，致损禾稻，刮倒房屋，压毙人口，殊堪悯恻。哈当阿等务当查明成灾分数，应行蠲缓之处，据实奏明办理。其坍塌民房，照例给与修费。总期使得其所，不可靳费。所有应需赈恤银两，即于藩库内拨解，以资接济。至台湾全借晚收，以资口食，今猝被飓风，粮价未免增长，此或由朕政事有阙，或愚民等平日不能共敦淳厚，感召祥和，致有此灾。此时断不可稍存怨尤之念，惟当省过学淳。且风灾过后，勤于耕种，来春仍可稔收，尤当及时力作，不可稍有怠惰。再福、兴、漳、泉四府，凤借台米接济，今台湾既被风灾，目下仅堪自给，明岁春收后，或米谷充盈，可以运售内地，固属甚善。倘无余米可运，当于各属丰收之处，豫为筹备。并劝令百姓等搏节衣食，家有储蓄，不可再将米谷酿酒花费，致鲜蓄藏，豫为明岁之备。有无相通，随时运贩，以期民食有资，方为妥善。"于是拨解藩库二十万两分恤，并留应运内地兵谷三万四千余石，以备赈粜。漳人吴沙入垦蛤仔难，至者日多。

二年，淡水杨兆谋起事，知府遇昌、同知李明心诛之。

三年。

四年，诏蠲乾隆六十年以前未纳正供。

五年冬十月，诏禁天地会及分类械斗。

六年。

七年春，小刀会白启谋起事，诛之。

八年夏六月，海寇蔡牵犯鹿耳门，诏以福建水师提督李长庚平之，自是叠犯台湾。

九年，彰化社番土目潘贤文率族至蛤仔难，与汉人争地。

十年夏四月，蔡牵复犯淡水。十一月，入踞鹿耳门，山贼吴淮泗、洪老四应之。十二月，陷凤山，府治戒严。

十一年春二月，淡水、漳泉械斗，巡道庆保平之。蔡牵攻蛤仔难，败走。已而朱濆亦犯苏澳，海上俶扰，至十四年八月乃平。诏曰："台湾所属各地方，兹因蔡牵肆逆，间被滋扰，现在官兵云集，即日歼除。惟念贼氛所至，小民耕种，未免失时，深为廑念。着该督抚查明被贼蹂躏地方，将本年应征地丁钱粮，概行蠲免，以示朕轸念海隅黎庶之至意。"

十二年，淡水增建义仓。

十三年，设水师游击于艋舺，兼管水陆弁兵。

十四年夏五月，诏曰："噶玛兰田土膏腴，米价较贱，民番流寓日多，若不官为经理，必致滋生事端。现在检查户口，漳人四万二千五百余丁，泉人二百五十余丁，粤人一百四十余丁，又有生熟各番杂处其中。该处居民大半漳人，以强凌弱，势所不免。必须有所钤制，方可相安无事。其未垦荒埔，查明地界，某处令某籍人民开垦，某处某社番耕作，尤须分划公平，以杜争端。至所设官职，应视其地方之广狭，酌量议添，或建为一邑，或设为分防厅镇。俱无不可。唯台湾鸾处海外，诸务废弛，今方维甸到彼，于地方营伍，力加整顿，酌改章程。若地方官谨守奉行，自可渐有起色，第恐日久生懈。且该处俱系漳、泉民人杂处，素性强悍，总须时有大员前往巡阅，使知儆畏。嗣后福建总督、将军，每隔三年，轮赴台湾巡查一次，用资弹压。"是月，淡水漳、粤与泉分类械斗，知府杨廷理平之。

十五年春三月，总督方维甸至台湾。四月，奏请收入噶玛兰，许之。越二年乃设噶玛兰厅。

十六年初，台湾岁运福建兵眷米谷，至是积滞，总督汪志伊奏请雇船自运。夏六月，淡水高夔起事，平之。十八夜，凤山东港海中发火，既而大风，火从小琉球屿来，居民惶恐，热气蒸人，数刻乃退，木叶尽焦。

十七年春二月，澎湖饥，诏命镇道发帑赈恤。

十八年，诏禁阿片烟人口，犯者按律治罪。秋七月，澎湖大风，海水骤涨五尺余，坏屋覆船。

十九年春正月，诏曰："闽省牌甲保长，所有缉拿人犯，催征钱粮，此后毋庸再派管理。至稽查户口，即当予以纠察之权。三年之后，果有成效，加以奖赏。其怠玩者，随时革究。而畲民、熟番，久与齐民无异，自当一律办理。"

二十年秋九月，地大震，淡水尤烈，匝月不止。十二月，淡水雨雪，坚冰寸余。

二十一年，移鹿港巡检于大甲。

二十二年，淡水始建学宫。移彰化训导于竹堑。八月，澎湖大风。

二十三年，彰化知县杨桂森议罢台运，省议不可。三月，郡治天后宫火。

二十四年。

二十五年，海寇卢天赐犯沪尾，游击李天华逐之，受伤死。夏，淡水大旱。秋，疫。

道光元年夏四月，海寇林乌兴犯沪尾，逐之。

二年夏六月，大风雨。七月，又大雨，曾文溪决，泥积台江，遂成平陆。

三年春正月，地大震。七月，噶玛兰匠首林泳春谋乱，水师提督许松年平之。八月，彗星见于东南，而气冲西北，越年春乃灭。九月，北路理番同知邓传安入埔里社，议开设。十一月，诏曰："台湾噶玛兰自嘉庆十六年奏准开辟后，委员勘丈，共田园七千五十甲零。原议每田一甲征租六石，每园一甲征租四石。经户部议驳，行令查照叛产战案，分别征收，迄今额征科则尚未议定。十七年后，陆续起征之租，俱未入册报销。兹据该督等查明，前次委员系用绳牵丈，核算户口约计，实在开垦五千七百余甲，内原垦田地尚属有收，续垦田园率皆硗薄。且甫经开垦，尚需农民自费工本。兼之土沙浮松，溪水泛溢，实系限于地势，不能分则定赋。至官地荒田由民升垦，亦与叛产不同。此时不特租额不能议加，即亩分尚有缺短。如照部议增租，民力实有难支。着照该督所请，噶玛兰田园截至本年为止，除水冲沙压不计外，再行确实覆勘，垦熟田园实有若干？按地土之肥瘠，定租额之多寡。该督等即饬该道府督同委员，会同该厅履亩勘丈，取造册结报升。其历年租谷，即造册报部核销，毋许丝毫隐匿。如所垦田地将来渐就丰腴，即随时加议租额，以昭核实。"

四年夏五月，福建巡抚孙尔准至台湾，议开埔里社。十月，命台湾道兼管水陆营兵。十一月，诏改台湾班兵更戍之例，以艋舺营游击为参将。

五年秋七月，诏曰："台湾向系漳、泉、粤三籍人民分庄居住，上年匪徒许尚等纠众滋事，即有游民从中煽诱。兹据赵慎畛等奏请清庄之法，着照所请。嗣后台湾地方，如有面生可疑、无亲属相依者，该庄头人立即禀报地方官，审明籍贯，照例逐令过水刺字，递回原籍安插，毋许复令偷渡。其投充水夫者，亦令夫头查明，果系诚实安分，具结准充。如来历不明，及好勇斗狠之徒，俱报明本管官，一律逐回原籍。并饬漳、泉府厅县，如遇递解游民到境，即责乡耆等严行管束。"

六年夏五月，淡水闽、粤分类械斗。山贼黄斗奶导生番掠中港，总督孙尔准至台湾，以兵平之。十二月，诏曰："台湾所属系闽、粤两籍居住，闽、粤、漳、泉各分气类，每因械斗滋事。此次惩创之后，该督议立章程，以期永靖，着照所清。嗣后该地方官慎选总董，责成约束子弟。如积久著有成效，量予奖励。倘纵容滋事，即应严办。遇有不法匪徒潜匿，责令总董传送究治，务期除暴安良。至于风俗之淳浇，尤视厅县之能否。其贪黩严酷者，固难姑容，而因循姑息者，亦难资整顿，该督即率同司道秉公访察，将疲骮不振之员，即行澄汰。如该管道、府有意徇庇，据实参劾"冬，筑淡水城。

七年，裁镇标左右两营。

八年，陈集成公司始垦大斜蚨之地。

九年。

十年，诏禁各省种卖阿片，从闽浙总督孙尔准之奏也。犯者照兴贩阿片烟之例，发近边充军。为从，杖一百，徒三年。秋八月，噶玛兰挑夫械斗，平之。

十一年，淡水同知娄云颁保甲庄规。

十二年，诏缓澎湖杂项。秋八月，大风雨，近海田庐多没。闰九月，嘉义张丙起事，凤山亦乱。十一月，福建陆路提督马济胜以兵平之。

十三年秋七月，诏曰："朕勤恤民隐，惟日孜孜，总其成于上，而分其任于督抚。为大吏者果能体朕之心为心，以民之事为事，正己率属，贤者知所劝，不肖者知所惩，吏治自日臻上理。上年台湾逆匪张丙等滋事，其始因抢米起衅，经吴质牵控张丙，该县不办包米，转出赏格查拿张丙。其陈辨因抢牛起衅，攻打粤庄，事本细微。若得一良有司秉公办理，自可息争。乃邵用之不协舆情，吕志恒果自用，遂致戕官攻城，竟同负隅之势。及讯明该逆因何造反，咸称地方官办事不公。虽系一面之词，如果循声卓著，该逆等何能借口？总兵刘廷斌训练不勤，营伍废弛，该道平庆虽操守尚好，而不能防患未然，咎无可逭，俱交部严加议处。总督为特简大员，文武俱归统辖。若使孙尔准其身尚在，朕必加以惩处，不少宽贷。姑念该逆等尚未僭据城邑，邵用之等亦无贪婪劣迹，从宽免议。嗣后督抚大吏必须以察吏安民为当务之急，遇有不肖官吏，破除情而，立即参劾，勿稍瞻徇。若再因循疲玩，酿成大患，劳师动众，误国殃民，朕必从重治罪，毋谓训诫之不早也。"八月，淡水漳、泉械斗，平之。

十四年，筑后垄城，为械斗也。

十五年，诏蠲十年以前未纳正供。

十六年。

十七年，诏禁纹银出洋。建文甲书院。

十八年。

十九年，诏曰："朕因阿片烟流毒传染日深，已成锢习，若不及早为民除害，伊于胡底？现在廷臣遵旨会议严禁章程，已颁发各直省遵行矣。该官民人等咸懔王章，迁善改过，自不难湔洗旧习，革除前非，共享全生之乐，借免刑戮之加。即各地方官亦必懔遵新例，认真查办。悔过者予以自新，怙恶者不令倖免。但积习相沿，已非一日，若数月之间遽使各省一律肃清，恐不免有讳饰等弊。故予限一年六个月，俾查拿不致遗漏，而改悔亦不甚难。及至限满，仍复藐法，是该军民等自外生成，无可顾惜，置之重典，尚复何词？此朕爱民之心，先德后威，中外所共睹也。惟官民人等皆朕赤子，既欲卫其生而除害，不能不视其死而垂怜。况法立如山，再三申谕，将来限满后，再犯者难邀宽典，朕其悯焉。着各直省大吏趁此儆动之机，振刷精神，认真查办，务使贩吃各犯悉数破案，照例惩创。此时限内多获一人，则将来限外多贷一命，切勿因循懈怠，视为具文。倘该地方官等姑息养奸，锄莠不尽，日后身罹重典，乞贷无从。是该大吏以民命为轻，朕亦断不宽恕也，懔之！"时姚莹任台湾道，遵旨严办，犯者刑，再犯死。

二十年冬十月，地大震，嘉义山崩。

二十一年秋七月，英舰窥鸡笼，自是游弋沿海，总兵达洪阿、兵备道姚莹共筹战守，辄却之。十二月，诏曰："前据达洪阿等奏，英人滋扰台郡，官兵击沉船只，夺获器械，并擒斩洋匪多名。当有谕旨令该总兵等严饬在事文武，添派兵勇，严密防范，并谕令王得禄移驻台湾，协同剿办。嗣因日久未据续报，复谕令怡良等确探驰奏，迄今又将匝月，朕心实深廑念。台湾为闽海要区，向为英人垂涎之地。此次驶入船只，复经该总兵等歼剿，难保无匪船闯入，冀图报复。现据奕山等奏，英人有遣人回国添调兵船，于明春滋扰台湾之语。该总兵等接奉前旨后，于一切堵剿机宜，自宜先事预筹妥洽。现在情形若何，有无续来滋扰？万一英人大队复来，该处驻守弁兵及召募义勇是否足资抵御？其如何定谋决策，层层布置，可操必胜之权。著达洪阿会同王得禄悉心定议，一并会衔具奏，并着怡良等密速确探现在情形，据实奏闻。"给事中朱成烈奏开台湾番地，于是议垦埔里社。

二十二年春二月，英船复犯大安港，却之。三月，草乌匪艇犯堑南各港。夏，淡水大有年。

二十三年，全台正供改征折色。自归清后，至是汉、番凡二百五十万人。

二十四年夏四月，台湾县以征折色故，保西里人哗变，诏逮知县阎炘治罪。

二十五年，诏蠲未完正供。

二十六年冬，淡水大有年。

二十七年夏四月，福建总督刘韵珂至台湾，巡视埔里社，奏请收入版图，廷议不许。台湾县钟阿三、邹戆狗、洪纪等以次谋乱，诛之。

二十八年，徐宗幹任巡道，整吏治，议募兵，振士风，理屯务，多所更作。

二十九年。

三十年夏六月，淡水大水，澎湖灾，官民办赈，下旨嘉奖。

咸丰元年春三月，澎湖大灾，镇道会商抚恤，拨款五千两以赈。诏命福建督抚分别办理，应征地种船网等税，缓至二年秋后带征，以纾民力。十月，复诏曰："本年台湾澎湖厅属被风，业经降旨，分别缓征抚恤，小民谅可不致失所。惟念来春青黄不接之时，民力未免拮据，着传谕该督抚等，体察情形，如有应行接济之处，即查明据实覆奏，务于封印前奏到，候朕于新正降旨加恩。"西洋轮船始来沪尾、鸡笼互市，照例纳税。

二年夏六月，澎湖大风，台湾乡试之船溺于草屿。

三年夏四月，凤山林恭起事，陷县治，围城府，已而噶玛兰吴磋亦起事，次第平之。五月，大屯山鸣三昼夜。六月，大风雨。淡水漳、泉分类械斗。铸咸丰钱。

四年春正月，淡水闽、粤分类械斗。四月，海寇黄位入据鸡笼，平之。美国水师提督彼理来游。

五年，械斗未息，枋桥、房里各筑城。十二月，淡水雨雹。

六年。

七年春正月，淡水大雪。

八年，黄位又犯鸡笼。英人始订约采脑。

九年。

十年，开沪尾、鸡笼、安平、旗后为商埠，从八年英、法之约也。普国兵船爱尔比至琅𤩹，为生番所阻，开炮击之。八月，澎湖大风，下醎雨，坏屋覆船。

十一年，设全台厘金局，归兵备道管理。

同治元年春正月，地大震。三月，彰化戴潮春起事，陷县城，兵备道孔昭慈死之。嗣围嘉义，攻大甲，全台骚扰。五月十一日，复大震，坏屋杀人。六月，以沪尾海关归总税务司管辖。十月，颁全台团练之制。诏蠲咸丰九年以前未征正供。

二年冬十月，新任台湾兵备道丁日健以兵至竹堑。十一月，福建陆路提督林文察亦至，遂复彰化，斩潮春，余党渐平。诏开淡水采矿之禁。

三年，福州税务司议准洋人开采鸡笼之煤，许之。淡水人民争垦南雅之地。

四年春三月，诏曰："漳州贼匪未平，深恐勾结渡台，为人海之计，着曾元福、丁曰健仍遵前旨，于海口要隘妥筹防范，毋令阑入台地。"英人德克于淡水鼓励种茶，自是茶业大兴。偷敦长老教会始派牧师至府治传教。

五年，移新庄县丞于艋舺。英舰鲁雾至琅璚，为生番所击。四月，淡水大疫。十一月，噶玛兰、罗东分类械斗，平之。

六年，美船那威至琅璚，为生番所击，合兵讨之。许洋人入内地采脑。十一月，地大震。淡水大水，坏屋杀人。

七年，闽浙总督左宗棠奏请裁兵加饷，诏可。于是存兵七千七百余名，设道标营。布盐制，归兵备道管辖。英人米里沙谋垦南澳之地。

八年秋九月，英兵夜袭安平，水师副将江国珍死之。

九年，始设通商总局，征茶、脑、厘金及鸡笼煤厘。

十年，日本琉球藩民遭风至琅璚，为生番所杀。秋八月，大风，船舶多碎。

十一年，坎拿太长老教会始派牧师至淡水传教。

十二年，日本以全权大使至北京，请讨生番，不成。

十三年，日本以军讨生番。命福建船政大臣沈葆桢视师台湾。事平，奏开番地，移驻巡抚，筹划善后事宜。设团练总局。十月，诏建明延平郡王郑成功祠，追谥"忠节"，以明季诸臣百十四人配，从台湾人之请也。

光绪元年春，设台北府，改淡水厅为新竹县，噶玛兰厅为宜兰县，增设恒春、淡水两县。以南路同知驻卑南，北路同知为中路，驻埔里社，各加抚民，以理番政。令福建巡抚冬春驻台，夏秋驻省。开人民渡台入山之禁，从钦差大臣沈葆桢之请也。三月，讨狮头社番。北路统领罗大春通道至奇莱。宜兰西皮、福禄两党相斗，平之。

二年春，太鲁阁番乱，讨之。四月，澎湖大风。十二月，福建巡抚丁日昌巡视台湾。

三年春，日昌奏豁台湾杂税。五月，恒春知县周有基查勘红头屿，收入版图。奇密社番乱，讨之。六月，台南旋风，所过之处，屋瓦尽撤。冬，建埔里社厅城。

四年春，澎湖大风，通判蔡祥麟请赈。秋，台东加礼宛、阿眉丽番乱，讨之。

五年冬十月，福建巡抚勒方锜巡视台湾。建淡水县儒学。

六年，建台北府儒学及登瀛朽院。

七年春，福建巡抚岑毓英巡视台湾。改团练总局为培元总局。议移台湾道府一缺于彰化县辖。建大甲溪桥，费款二十万元。六月，台南哥老会员谋起事，获首谋者二人，皆武弁也，杀之。八月，台南府治大火。澎湖凶，官民赈之。

八年春，旗后拟建行台并电报公所。九月，兵备道刘璈委员查勘新开道路及抚番事宜。

九年，筑炮台于两屿。夏五月，台南府治大火。法越事起，诏命各省筹办防务。兵备道刘璈以台湾孤悬海外，为七省藩篱，防务最关紧要。而筹防之难，又较各边省为尤甚。外则四面环海，周围约三千余里，无险可扼；内则中亘丛山，横纵约二千里，生番逼处。议划全台为五珞，酌派五军，分其责成。并办水陆团练，筹款募兵，以为战备。

十年夏五月，以直隶陆路提督一等男刘铭传任福建巡抚，治军台湾。夏，火疫，兵民多死。六月，法舰犯基隆，复犯沪尾，均击退之。八月，法军据基隆，铭传退驻台北，法军遂封禁沿海。

十一年春二月，法舰攻澎湖，入据妈宫澳。三月，和议成，铭传奏请专驻台湾筹办善后。四月，澎湖复大疫，耕牛多毙。九月，诏曰："台湾为南洋门户，关系紧要，自应因时变通，以资控制。著将福建巡抚改为台湾巡抚，常川驻扎，福建巡抚事务，即著闽浙总督兼管。所有一切改设事宜，该督抚详细筹议，奏明办理，"于是铭传为巡抚，兼理学政。置布政使司，设支应局、械器局、营务处、电报总局，颁行保甲制度。九月，马莱社番乱，讨之。

十二年春正月，大嵙崁番乱，铭传自将讨之。二月，闽浙总督杨昌濬巡视台湾。三月，诏曰："闽、台防务关系紧要，该督抚等商办一切，务当和衷共济，不分畛域，力顾大局。上年谕令该督抚等会议台湾改设各事宜，并著一并妥议，毋稍迟延。"升澎湖副将为水师总兵，归台湾巡抚就近节制。四月，铭传至福州，与昌濬合奏改设事宜。五月，奏请清赋。六月，奏设抚垦总局，以太常寺少卿林维源为全台帮办抚垦大臣。设善后、法审、官医、伐木各局。九月，竹头角番乱，讨之。于是设置隘勇，改革屯政，从事抚垦。

十三年，建台湾巡抚衙门。移北路协营于埔里社，驻副将。定大稻埕为外国人商埠。五月，奏设铁路，议自基隆至恒春，设厘金、招商、清道、樟脑、磺油各局，开西学堂、番学堂、电报学堂。改筑澎湖、基隆炮台，以整饬军务。八月，阿冷番乱，讨之。

十四年，设台湾府，领台湾、彰化、云林、苗栗四县。改前台湾府为台南府，台湾县为安平县。升台东厅为直隶州，基隆通判为海防同知。建藩库。颁行邮政。设煤务局于八堵，以候补道张席珍督办，投费四十余万两，内外臣工多所嫉忌，而台湾绅士亦肆为蜚语。七月，铭传革职留任。八月，清赋毕。彰化施九缎以丈费故，纠众围城，平之。卑南番，讨之。

十五年春，建台湾府考棚，各县多建儒学，铭传自莅岁试。十一月，大嵙嵌番乱，讨之。

十六年春正月，苏澳番乱，铭传自将平之。二月，日本驻福州领事上野专一来台考察，归著一论，谓台湾物产之富，矿产之丰，一切日用之物无所不备，诚天与之宝库也。然以台湾政治因循姑息，货置于地，坐而不取，宁不可惜。若以东洋政策而论，则台湾之将来，日本人不可不为之注意也。已而上海领事亦来。三月，分成各军。九月，始铸银圆。饬各县添设义塾。十月，铭传以病奏请辞职，命布政使沈应奎署理，而台湾筹设两道、四府、二直隶州、十二县之议，至是而止。

十七年春三月，以邵友濂任巡抚，新政尽废。设通志局，秋，大嵙嵌五指山番乱，讨之。

十八年，建钦差行台于台北。六月，射不力番乱，讨之。

十九年，建明志书院。澎湖凶，通判朱上泮重建义仓。

二十年，以台北为省会，设南雅厅。三月，朝鲜事起，台湾戒严，以布政使唐景崧署巡抚。

# 卷四
## 台湾通史
### 独立纪

光绪二十一年夏五月朔，台湾人民自立为民主国，奉巡抚唐景崧为大总统初，朝鲜事起，沿海戒严，清廷以台湾为海疆重地，命巡抚邵友濂筹防务、友濂，文吏也，不知兵，复以在籍太仆寺正卿林维源为会办。维源，淡水人，家巨富。既又命福建水师提督杨岐珍、南澳镇总兵刘永福为帮办，各带勇渡台。二十年秋七月，永福率广勇二营至台南。八月，岐珍亦率十营入台北，皆新募未练者。友濂檄提督张兆连统十三营驻基隆。基隆为台北门户，炮台在焉。道员林朝栋统台勇守狮球岭，以固台北之隘。提督李本清统七营驻沪尾，嗣以廖得胜代之，而台南悉委永福调度。部署方定，友濂辞职去，以布政使唐景崧署巡抚。景崧亦文吏，无远略。澎湖为台之附庸，群岛错立，防守维艰。总兵周镇邦率练勇八营驻防，复命候补知府朱上泮以四营协守。

二十一年春正月，景崧奏曰："台湾戒严以来，增防设备，一切情形，业经前抚臣邵友濂奏明在案。维日人今虽鸱张北洋，而其志未尝一日忘台湾，时时游弋，测探海道，故台湾防备无异临敌。而台南海上，霜降以后，波浪平静，澎湖亦形势俱重，恒春县辖自大港口至凤山枋寮，百有余里，前时日人曾盘踞半载，熟悉地理，汉奸尚有存者。而该处未没炮台，且防营单薄，深恐敌兵乘虚上陆，故加意防御。帮办台湾防务南澳镇总兵官刘永福与台湾镇总兵官万国本俱驻台南府城，遥制恒春，诚恐鞭长莫及，故以万国本专备安平旗后一带沿岸，刘永福专备凤山东港以至恒春。两镇臣相距仅百余里，事机仍足互商，各勒部曲，以专责成。唯刘永福仅带两营，似不足以为布置，乃急派委员至广东，添募四营。而恒春东港现在防营，悉归节制，以一事权，汰其疲弱，以济新募之饷。此则南路续办防务之情形也。夫争台湾者必争澎湖，盖以澎湖可泊兵船，以为根据。若我不能保澎湖，则台湾陷于孤立，其势雄守。而澎湖之妈宫、西屿，互相对峙，中隔海程二十里，最为扼要。现在练勇仅有八营，断难兼顾。因派候补知府朱上泮带勇四营并炮队前往协防，又设水陆雷队，分处要地。唯该处素乏米薪，一切粮饷军装，必须及时储备，妥为接济。现已竭力运往，俾无缺用。此则澎湖续办防务之情形也。台中为南北之枢纽，民情本易动摇，从来分扎勇营，仅以弹压地方，故以今日形势而观，必有坚整之兵，方足以扼守海口。兹将现在四营，汰弱补强，大加整顿。即调福建候补道员杨汝翼为统领，壁垒一新，以壮中权声势。此则中路续办防务之情形也。然兵船既少，物力又艰，措置颇难，筹维两月，方能就绪。而基隆、沪尾尤为台北之门户，臣与提臣杨岐珍每事会商，鼓舞士气，固结人心，以整防务。伏思台北港口纷歧，防营虽多，分布尚弱。又以财力有限，不能远图。炮台未密，军械未精，目前猝难增易，自应随时随力，妥为设备。唯勿惜有形之财，以糜无形之财，勿损平时之备，以劳临时之备，此则臣之所不敢出者也。"

二月十九日，日本联合舰队司令长官海军国将伊东祐亨率兵舰七艘、运船五艘破浪而来，陆军大佐比志岛义辉亦率步兵三千自佐世保而南，至澎湖、二十七日早，以第　游击队突入猴角。拱北炮台见之，发炮击，伤两舰。而日军别以小艇上岸，遂占尖山，再进太武山，后队继至，遂踞焉。朱上泮闻警，率定海营兵五百进战，至太武社，前队奋登。日军以炮御，不能进。本队复至，鏖战数时，乃退。越日黎明，日军攻大城山，别以一队击拱北炮台，清军退于妈宫城外。先是高千穗舰长海军少佐丹治宽雄率陆战队二百四十名，携机关炮三门，潜入龙门港，据拱北炮台之南，以扼圆顶归路。既败清军，乘胜攻城，城兵溃，及午而陷。二十九日，日军以炮击西屿，都司刘忠良死焉。遂搜猪母水村，守备郭俊山等率所部降。上泮败后，乘渔舟走台南、景崧怒，欲斩之。

当是时，北洋清军迭次败绩，诏以北洋大臣肃毅伯李鸿章为全权大臣，东渡议和，子经芳辅之。日廷以总理大臣伊滕博文、外务大臣陆奥宗光为全权，会于马关春帆楼，提议六款，索割辽东、台湾。鸿章争之，谈论数日，许之。告博文曰："台湾人民如不愿从，授受之际，恐生事变，当与中国无涉。"对曰："此我国之责也。"鸿章又曰："台民素称难治，聚众戕官，视为常事。今闻割台之信，经已鼓噪，誓不易主。"曰："贵国但将治权让出，则治台之事，我国任之。"鸿章曰："台湾官绅交涉事件纷繁，应于换约后六个月方可授受。"博文以为迟，乃定两月，而割台之约成。三月二十三日，各签草约。其第二款曰："清国将台湾全岛及附属各岛屿，又澎湖列岛即英国格林尼次东经百十九度起至百二十度止，及北纬二十三度起至二十四度之间诸岛屿，永远让与日本。"又第五款曰："本约批准互换之后，限二年之内，日本准清国让与地方人民，愿迁居于外者，任便变卖所有产业，退去界外。但限满之后，尚未迁徙者，酌宜视为日本臣民。"

当是时，台湾举人会试在北，闻耗，上书都察院，力争不可。而台湾绅民亦电奏曰："割地议和，全台震骇。自闻警以来，台民慨输饷械，固亦无负列圣深仁厚泽，二百余年之养人心、正士气，正为我皇上今日之用，何忍一朝弃之？全台非澎湖之比，何至不能一战？臣桑梓之地，义与存亡，愿与抚臣誓死守御、若战而不胜，待臣等死后，再言割地。皇上亦可上对列祖，下对兆民也。"不报，诏饬守土官撤回。景崧即电刘永福询去就。复曰："与台存亡。"而独立之议成，镇、道、府、县各纳印去，提督飏岐珍亦率所部归厦门。

先是，巡抚王之春聘俄，道次巴黎，南洋大臣张之洞命以台湾质诸法，则法出有辞。未成，又欲以让诸英，请主和局，密授其意于上海税务司转商英领事，遂达英政府。驻英公使龚照瑗亦见外务大臣，告以故。外务大臣谢之曰："此非本大臣之忘情于贵国也，亦非敝国之却地以示廉也。贵国惘惘而赠之，敝国昧昧而受之，于英无利，于华有害，是以辞也。"故当俄、德、法阻割辽东之时，而英特居局外也。

## 卷四 独立纪

初二日,绅士邱逢甲率人民等公上大总统之章,景崧受之,建元永清,旗用蓝地黄虎。以兵部主事邱逢甲为义勇统领,礼部主事李秉瑞为军务大臣,刑部主事俞明震为内务大臣,副将陈季同为外务大臣,道员姚文栋为游说使,使诣北京,陈建国情形。设议院,集绅士为议员,众举林维源为议长。辞不就,余亦不出。唯拔贡陈云林、廪生洪文光、街董白其祥数人就职,以议军国大事。于是布告全台,照会各国领事,并为檄内外曰:"我台湾隶大清版图二百余年,近改行省,风会大开,俨然雄峙东南矣。乃上年日本肇衅,遂至失和,朝廷保兵恤民,遣使行成,日本要索台湾,竟有割台之款,事出意外。闻信之日,绅民愤恨,哭声震天,虽经唐抚帅电奏迭争,并请代台绅民两次电奏,恳求改约,内外臣工,俱抱不平,争者甚众。无如势难挽回,绅民复乞援于英,英泥局外之例,置之不理。又求唐抚帅电奏,恳由总理各国事务衙门商请俄、法、德三大国,并阻割台,均无成议。呜呼惨矣!查全台前后山二千余里,生灵千万,打牲防番,家有火器,敢战之士,一呼百万,又有防军四万人,岂甘俯首事仇。今已无天可吁,无人肯援,台民惟有自主,推拥贤者,权摄台政。事平之后,当再请命中国,作何办理。倘日本具有天良,不忍相强,台民亦愿顾全和局,与以利益。惟台湾土地政令非他人所能干预,设以干戈从事,台民惟集万众御之,愿人人战死而失台,决不愿拱手而让台。所望奇材异能,奋袂东渡,佐创世界,共立勋名。至于饷银军械,目前尽可支持,将来不能不借贷内地。不日即在上海、广州及南洋一带埠头开设公司,订立章程,广筹集款。台民不幸至此,义愤之伦,谅必慨为佽助,泄敷天之恨,救孤岛之危。"并再布告海外各国:"如肯认台湾自立,公同卫助,所有台湾金矿、煤矿,以及可垦田可建屋之地,一概租与开辟,均沾利益。考公法让地为绅士不允,其约遂废。海邦有案可援,如各国仗义公断,能以台湾归还中国,台民亦愿以台湾所有利益报之。台民皆籍闽、粤,凡闽、粤人在外洋者,均望垂念乡谊。富者挟赀渡台,台能庇之,绝不欺凌。贫者歇业渡台,既可谋生,兼同泄愤。此非台民无理倔强,实因未战而割全省,为中外千古未有之奇变。台民欲尽弃其田里，则内渡后无家可依。欲隐忍偷生，实无颜以对天下，因此椎胸泣血，万众一心，誓同死守。倘中国豪杰及海外各国能哀怜之，慨然相助，此则全台百万生灵所痛哭待命者也。特此布告中外知之。"

当是时，全台之兵，土、客、新、旧为数三百数十营，每营三百六十人。景崧既驻台北，以逢甲率所部戍附近，备策应。提督张兆连驻基隆，总兵陈永隆驻沪尾，道员林朝栋率栋军驻台中，帮办防务总兵刘永福驻台南。别设团练、筹防两局，以绅士理之。以同知黎景嵩为台湾知府，俞鸿为台北知府，温培华为埔里社通判，史济道知台湾县，罗树勋知彰化，罗汝泽知云林，李烇知苗栗，凌汝曾知淡水，王国瑞知新竹，卢自镖知凤山，孙育万知嘉义，欧阳萱知恒春。又以代理安平知县忠满兼护府道之印。惟台东直隶州胡传、南雅同知宋维钊仍旧，余悉先去矣。全台岁入正杂各项，计银三百七十余万两，而藩库尚存六十余万两。然自军兴以来，糈饷浩大，旋奉部拨五十万两。南洋大臣张之洞奏请续拨百万两，划交驻沪援台转运局，以资接济。犹恐不足用，林维源首捐壹百万两，息借民间公款二十万两，而富商巨室倾资助军者，为数亦多。苍头特起，各备饷械。于是花翎侍卫许肇清起于鹿港，附生吴汤兴起于苗栗，徐骧、姜绍祖起于新竹，简精华起于云林。所部或千人，或数百人，皆乡里子弟慭不畏死者。而粤人吴国华、庞大斌各致其党，分乘小艇入援。部署甫定，而日军至矣。

烟台换约之后，日廷以海军大将桦山资纪为台湾总督，而清廷亦以李经芳为委员，至台授受，闻独立，不敢登。是日会于基隆舟次，立约二条：一曰，台湾全岛及澎湖列岛各通商口岸并在府、厅、县之城垒军库及官业，概让日本。二曰，台湾至福建之海底电线，他日两国政府别行商议管理。而台湾划归矣。当是时，日廷以近卫师团长能久亲王率师伐台，次中城湾，以少将东乡平八郎为海军司令官，大佐福岛安正为陆军参谋，率浪速、高千穗两舰赴淡水，就英舰询台事。炮台击之，乃驶去，游弋基隆。初六日，攻金包里，以缀台军，而第一旅团长川村景明潜出鼎底澳上陆。总兵曾喜照戍此。未战而溃。初七日，越三貂岭。景崧闻警，命吴国华率粤勇七百趣援。初八日亭午，遇于瑞芳，接战小胜。景崧复命胡连胜、陈柱波、包幹臣各率军助战。诸弁不和，退走基隆，而日军又进矣。基隆为山海险要，炮台在焉，提督张兆连率四营，通判孙道义领二营辅之。日军以度岭之艰，持粮步行，初九夜至基隆。两军互战，各死伤。国华不能支，拔队退。兆连冒雨至，黎明吹角，列阵再战，而日舰松岛千代田、浪速、高千穗开炮击岸上，兆连被困，亲兵死伤略尽。陈得胜、曾喜照陷阵救之，得胜战死，喜照亦殊伤，炮台遂陷。

十三日，日军以一大队迫狮球岭，台人请景崧驻八堵，为死守计。不从。营官李文魁驰入署，大呼曰："狮球岭亡在旦夕，非大帅督战。诸将不用命。"景崧见其来，悚然立，举案上令架掷地曰："军令俱在，好自为之！"文魁侧其首以拾，则景崧已不见矣。景崧既入，携巡抚印，奔沪尾，乘德商轮船逃。将出口，炮台开炮击之。适德兵舰泊附近，以其击已船也，亦开炮击。当是时，溃兵四出，劫藩库，焚抚署，土匪亦乘发，斗死者五百余人，哭声满巷。如是两昼夜，林维源、林朝栋、邱逢甲相率去。艋钾绅士李秉钧、吴联元、陈舜臣等议弹压，而无力可制。往商大稻埕李春生，请赴日军求镇抚，无敢往者。鹿港辜显荣在台北，见事急，自赴基隆，谒总督，请定乱。许之，日兵遂进。十四日夜半，至城外，城兵犹守战，黎明乃陷。十五日，川村景明入台北，以骑兵略淡水。十八日，能久亲王至。二十一日，总督桦山资纪亦至，遂开府于此，以理军民之政。

台南既闻台北之报，议奉永福为大总统，不从。请移驻郡治，强之乃许。设议院于府学，以举人许献琛为议长，廪生谢鹏翀、陈凤昌等为议员，郎中陈鸣锵为筹防局长。士民上书论战者项背相望，乃议防守之策。以知州刘成良统福军驻旗后炮台，提督陈罗统翊安军备四草湖，中军游击李英统镇海军备白沙墩，周明标、张占魁两营驻喜树庄，都司柯壬癸统格林炮队，合郑超英、周得启、孔宪盈各军防安平，是为海口之防。以副将袁锡中统镇海后军驻卑南，参将吴世添统练军驻郡城，是为内地之防。其勇营则总兵谭少宗之福字前军，总兵李维义之新楚军，副将杨泗洪之镇海中军，副将吴光忠之忠字防军，都司萧三发之福军前敌，都司丘启标之台南防军，守备王德标之七星旗队，知县满之忠靖营，知县刘光明之左右军。其义民则进士许南英之台南团练，吴汤兴之新竹义军，林得谦之十八堡义军，于时土匪颇发，辄招抚之。各乡均办保甲，沿海亦练渔团，助守望。

日军既得台北，徇属邑，以一军取宜兰，一军攻新竹。二十日，陷南雅，余得胜率隘勇降。夜半，义军猝至，伏险以击。坊城队退据娘仔坑，而围之愈急，弹尽粮罄，死者过半，得援始免。其取宜兰者，以二十一日至火围，二十九日入县治。

闰月朔，日军至凤山溪，义军要击之，战至暮，新竹遂陷。大小凡二十余战，北埔富民姜绍祖死焉。

初三日薄暮，日舰二艘窥安平，傍英、德兵船停泊，炮台击之，乃北去。

十二日，桦山资纪介英人移书永福解兵，书曰："自从客岁构兵以来，我军叠战叠胜，贵国简使议和，订约数款，台湾及澎湖列岛，皆为贵国所割让。授受之后，本总督开府台北，抚绥民庶，整理庶务，凡百就绪。迩闻阁下尚踞台南，慢弄兵戈，适会全局莫定之运，独以无援之孤军，防守边陬之危城，大势之不可为，不待知者而知矣。阁下雄才大略，精通公法，然而背戾大清国皇帝之圣旨，徒学愚顽之所为，窃为阁下不取也。阁下若解廷谕，速戢兵戈，俾民乐业，当以将礼送归，麾下士卒亦应有遇。现在台北等处，收容降败残兵，付船送还原籍者，计有八千人。本总督素闻声名，不嫌直告，顺逆之理，维阁下审计之。"永福得书不从，复曰："中、日两国同隶亚洲之土，讲信修睦，载在盟府。不意贵国弃好寻仇，侵我疆域、中国宿将雄师，亦昭忠义，而兵机有失者，李鸿章之误尔。自古兴国之人，必先施仁布泽，而后可以得民心，而后可以感天意。刻下台北时疫大作，贵国兵队病故者多，民情不附，天灾流行,已可概见,而阁下犹不及时省悟,余甚惑之。余奉命驻守台湾,义当与台存亡。来书谓余背戾圣旨,又何见理不明也。夫将在外君命有所不受,况台南百姓遮道攀辕,涕泣请命,余既不敢忘'效死勿去'之语,又何忍视黎庶沈沦之惨,爰整甲兵,以保疆土。台南虽属边陬,然部下数十营,皆经战敢死之士,兼之义民数万,粮饷既足,军械亦精,窃以天之不亡台湾,虽妇孺亦知之。阁下总督伞师,为国大将,雄才卓识,超迈寻常,何不上体天心,下揆民意,撤回军旅,归我台北,不唯台湾百姓感戴不忘,而阁下大义昭然千古矣。"资纪知不可说,遂进兵。

初,吴汤兴起兵苗栗,因饷事与知县李烇龃龉,飞电告急,彼此各执一词。永福惶惑,令幕僚吴彭年率七星旗兵七百往,李维义副之。至彰化,台湾府知府黎景嵩请以维义援头份,彭年亦趣赴苗栗。六月二十日,日军攻头份,新楚军副将杨紫云战殁,维义败回。日军攻苗栗,前敌诸军请济师,永福苦无以应。初,台南独立之时,道库仅存银七万余两,府库亦六万余两,乃设官票局,权发钞票,以庄明德理之,一时市上流衍。南北洋大臣各派员视师,谋接济,且有俄人愿任保护之语。四川举人张罗澄寓书永福,请力守,将借韩藩外兵以援。然迫于盟约不成,而饷匮械绌,唯闽、粤总督各贻旧枪一二千杆、弹药数万粒而已。税务司麦嘉林请设邮政局,未旬日而征银五千余两。二十日,责议院筹饷,咸束手无策,而前敌乞援急,乃搜括八千两与之。再令幕僚罗绮章渡厦,吁援各省,辞甚哀痛。

二十八日,日舰三艘窥台南。向午,一舰近安平,开两炮而去。七月朔,复窥枋寮,已而至布袋嘴,以斥候上陆,诘永福所在,总兵谭少宗戍此,未敢战。旬日以来,游弋台南,沿海戒备,盖欲以牵制永福而力扑大甲溪也。先是,彭年援苗,急就地召募,未成。二十日,日军破苗栗,李烇奔梧栖港,走福州。维义败回,猝率所部拒战,吴汤兴、徐骧助之,稍胜。初四日,日军以山根支队进攻,大队继之。管带袁锦清、林鸿贵皆战死,吴、徐退守府治,彭年驻兵牛骂头,将扼大甲溪,而募勇夜哗，撤回彰化，电告永福济师。彰化为中路重邑，举人施菼、贡生吴德功设筹防局，谋战事。永福檄安平知县忠满援之，满不可，遣人说永福出战，而已居守。永福怒，以郑文海知县事，乃率四营往，逗留不进。吴汤兴所部索饷，环府门而哗，知府黎景嵩不能制，请彭年兼统之，再电济师，永福疑其规避，不听，而日军已迫大肚溪矣。城僚议弃城，彭年止之，再电闻，令曰："兵来御之，死守无恐"乃移驻城外。次日，遇日军结筏渡溪，徐骧拒之，伏莽丛中狙击。日军将济，而李邦华亦率乡勇数千至，然日军野炮甚历，死者千余人。吴汤兴、沈仲安来援，截日军为二，击退之。次日，再战于李厝庄，小胜，将夺大甲，而谍报葫芦墩危，提督陈尚志战死、彭年调彰化知县罗树勋援之，会于头家厝庄。庄豪林大春、赖宽豫设国姓会，联络数十社，率子弟千人助战，相持一日夜，终不敌。初五日，府城陷，树勋收兵回，而日军亦绕过北投，分两队，以川村为左翼，山根为右翼，进攻彰化。彰城小如斗，八卦山在其东，俯瞰城中，山破即城亦破，故建垒其上。晚，旱雷兵二百自南至，欲布雷于溪畔，而旱雷自海运鹿港，缓且不及。翌日，彭年誓师，以王得标率七星旗兵三百守中寮，刘得胜率先锋营守中庄，孔宪盈守茄苳脚，李士炳、沈福山各率所部守八卦山。初九日黎明，日军以一中队涉溪，迫黑旗营，又以一中队击其背。彭年开壁出，而别队已直捣八卦山。吴汤兴、徐骧拒战，力竭弹罄，汤兴死焉。彭年回军救，率众夺山，中弹死，李士炳、沈福山、汤人贵皆殁，死者几五百人，景嵩、树勋各微服逃，日军入城。

初十日，日军陷云林，进据大莆林，别以一军略埔里社，锋锐甚。永福赴曾文溪筹防，黄荣邦、林义成、简成功及子精华均受抚，愿效死。十一日，副将杨泗洪率镇海中军及格林炮队取大莆林，义成、精华各以所部数千助战。日军北，泗洪追之，中炮死。管带朱乃昌力战，夺尸归，反身再斗，而日军山炮队至，声震山谷。台军伏蔗林中以战，左右奋击，日军退。乃昌麾兵径取大莆林，遥见火光烛天，声喧甚，询之。则荣邦、义成来援也。乘势入大莆林，杀伤过当，乃昌亦血战死。

永福令都司萧三发率福军前敌代泗洪，以银三千两犒军。十三日，檄成功力统义军。守备王得标、嘉义知县孙育万会帅，与精华之兵合克云林。日军入山，遇覆歼焉，又败之于芦竹塘。十六日，三发趣诸军取彰化，自辰战至日中，阻于日炮不能进，据险以守。当是时，军声颇起，中北各路约期俱举，而台南饷械已绝，永福又命吴桐林渡厦乞助，遍走沿海，无一应者。二十五日，精华，荣邦连战俱捷，献馘请饷。八月初二日，再电请，语悲痛，仅括千五百两以济之，附近庄民多椎牛食军，故不馁。方彰化之陷，徐骧率二十人走后山，间道至南，永福慰之，令人卑南募悍卒，得七百人，皆矫健有力者，驰赴前敌。彰化诸军攻围久，弹药将罄。初六日，荣邦誓师决战，中弹死。初七日，义成再攻城，亦殊伤。十三日，日军大举猛扑三发之营，徐骧、精华援之。相战数日，骧死，诸皆受伤莫能起，云林复陷。永福叹曰："内地诸公误我，我误台人。"

十九日，日军攻嘉义。王德标初营郊外，至是走入城。日军驻营，夜半地雷发，轰死者七百余人。翌日，以炮攻城，陷东门。总兵柏正材、营官陈开檖、同知冯练芳、武举刘步升、生员杨文豹等皆死，德标随精华奔后山。二十一日，略盐水港，别以一军由海道至布袋嘴，谭少宗之兵与战，败。至铁线桥，沿途庄民持械拒战，相持数日，生员林昆冈死焉。杀伤大当，以故不能越曾文溪而南。二十三日黎明，日军登枋寮，入恒春，遂略东港，以取凤山。

当嘉义之陷，永福知事不可为。二十一日，介英领事欧思纳致书桦山资纪求成。于时日舰大集澎湖，欧思纳乘英舰披古至，副总督高岛鞆之助见之。书曰："查本年四月间，两军战事已毕，海宇共庆升平。惟和约中有台湾全岛割让贵国一节，台民以久隶大清国版图，世受皇恩，不愿反颜东向。是时我国遣官到台，密行慰谕，而民心匪石可转，公举本总兵为兼办台事大臣。本总兵以未奉明谕，无奈徇其所请，即以力保台民为己任，然非有自私自利于其间也。及见台民自遭战祸以来，其苦难以言喻，为此咨清贵督，愿以全岛相交。惟尚有二事相求者：贵部兵既至台南，不论何等民人宜悉优待，而不加以惩罚，一也。本总兵部下弁兵急需内渡，乞速拨船安送回陆，不论闽、浙、粤东或南洋大臣处，皆随尊意，二也。此二者度贵督亦必视为要图，故敢以为请。如别无指驳，即当迅备交台事宜。立候咨复。"鞆之助复书拒绝。二十四日，永福义委弁至披古，求见英、荷两领事，邀往吉野。两领事却之，以永福不至，虽往无益也。是日吉野至安平，以书与永福，约明日辰刻至舰议款，否则开战。两领事亦力劝，终不敢行，而日军已海陆并进矣。

二十六日，日舰七、运船二攻旗后炮台。守将刘成良，永福义子也，互击两时许，台陷，逃归台南。永福怒，欲斩之。翌日入凤山，二十八日略旧城，以骑兵迫台南。郑青拒之于二层行溪，郡中大震，争舟走厦门。

九月朔，永福议退于关帝庙庄，据山以守，而警报叠至，仓猝未能行。初二日过午，有武弁自安平驰马入，大呼援兵至，郡人欣然有喜色。入夜永福率亲兵数人视安平炮台，遂乘英船爹利士以去。翌日，陈修五、吴道源介英牧师宋忠坚至第二师团前哨，请镇抚。初四日辰刻，日军入城，海军亦至安平，遗兵二十余人被杀，而台湾民主国亡。

# 卷五 台灣通史

疆域志

光绪十一年秋七月初八日,钦差大臣左宗棠奏请台湾建省,旨下军机大臣、总理各国事务王大臣、六部、九卿会同务省督抚议奏。九月初五日,军机大臣醇亲王奕譞等奏改福建巡抚为台湾巡抚,诏曰可。十二年春三月,又诏曰:"闽、台防务关系紧要,该督抚等商办一切,务当和衷共济。不分畛域,力顾大局。上年谕令该督抚等会议改设各事宜,并着一并妥议,毋稍迟延。"十三年夏四月,新任巡抚刘铭传会同闽浙总督杨昌濬合奏,筹议台湾郡县,分别添改裁撤,以资治理。疏曰:"台湾疆域,南北相距七百余里,东西近者二百余里,远或三四百里,崇山大溪,钩连高下。从前所治,不过山前迤南一带,故仅设三县而有余,自后榛莽日开,故屡增厅治而犹不足。光绪元间,沈葆桢请设台北府县,以固北路,又将同知移治卑南,以顾后山,全台官制,粗有规模。然彼时局势未开,择要修举,非一劳永逸之计也。臣等公同商酌,窃谓建置之法,恃险与势,分治之道,贵持其平。台省治理视内地为难,而各县幅员反较多于内地,如彰化、嘉义、凤山、新竹、淡水等县。纵横二百余里、三百里不等,仓卒有事,鞭长莫及。且防务为治台要领,辖疆太广,则耳目难周,控制太宽,则声气多阻。至山后中北两路,延袤三四百里,仅区段所设碉堡,并无专驻治理之员,前寄清虚,亦难遥制。现当改设伊始,百废俱兴,若不量予变通,何以定责成而垂久远?臣铭传于上年九月,亲赴中路督剿叛番,沿途察看地势,并据各地方官将境内扼塞道里、田园、山溪,绘图贴说,呈送前来,又据抚番、清赋各员弁将抚垦地所陆续禀报。谨就山前后通局筹划,有应添设者,应改设者,应裁撤者。查彰化桥仔头地方,山环水复,中开平原,气象宏敞，又当全台适中之地，拟照前抚臣岑毓英议，就该处建立省城，分彰化东北之境，设首府曰台湾府，附郭首县曰台湾县，将原有之台湾府、县改为台南府、安平县。嘉义之东，彰化之南，自浊水溪始，石圭溪止，截长补短，方长约百余里，拟添设一县曰云林县。新竹、苗栗街一带，扼内山之冲，东连大湖，沿山新垦荒地甚多，拟分新竹西南各境，添设一县曰苗栗县，合原有之彰化及埔里社通判一厅四县，均隶台湾府属。其鹿港同知一缺，应即裁撤。淡水之地，东控三貂岭，番社歧出，距县太远。基隆为台北第一门户，通商建埠，交涉纷繁。现值开采煤矿，修造铁路，商民麇集，尤赖抚绥，拟分淡水东北四堡之地，撤归基隆厅管辖，将原设通判改为抚民理番同知，以重事权。此前路添改之大略也。后山形势，北以苏澳为总隘，南以卑南为要区，控扼中权，厥惟水尾。其地与拟设之云林县东西相直，现开路一百九十余里，由丹社岭、集集街径达彰化。将来省城建立，中路前后脉络，呼吸相通，实为台东锁钥，拟添设直隶州知州一员，曰台东直隶州，左界宜兰，右界恒春，计长五百余里，宽三四十里、十余里不等，统归该州管辖，仍隶台湾兵备道。其卑南厅旧治，拟请改设直隶州同一员。水尾迤南，改为花莲港厅，垦熟田约数千亩。其外海口水深数丈，稽查商舶，弹压民番，拟请添设直隶州判一员，常川驻扎，均隶台东直隶州属。此后路添改之大略也。谨按台湾疆土赋役，日增月广，与旧时羁縻侨置，情形迥不相同，因地制宜，似难再缓。况年来生番归化，狂榛之性，初就范围，尤须分道拊循，藉收实效，臣等身在局中，既不敢遇事纷更，以紊典章之旧，亦不敢因陋就简，以失富庶之基。损兹酌中，期归妥协。"诏曰可。于是分设三府、一州、三厅、十一县，以台湾府为省会，驻巡抚，而设备未周，暂驻台北。

十五年秋八月，命台湾知县黄承乙、中路统领林朝栋筑城，固将以为中枢之地矣。初，建省之时，彰化绅士蔡德芳、吴朝阳等上书巡抚。请设鹿港。略曰："台湾孤悬一岛，南北绵亘千余里，东尽番山，西临瀚海。重以土浮民靡，动辄变生，无事之时，耕渔亦足相安，有事则请兵筹饷，在在仰需内地。伏思开台之初，建设郡县，多从海口，独嘉义县城离海稍远，至如漳化县城，西距鹿港不过十数里。其东延内山，平原辽阔。伏莽滋多，兼以溪多林茂，防御难施，即如同治元年戴潮春之变，自内一发，城池立陷。城之西面，若断一桥踞一竹围，虽内地大兵数千屯驻鹿港。经年亦不能进。洎大兵夹击，收复之后，犹可相争。故乾隆间贵西道赵翼有移鹿港之议，恳恩入告，事虽未行，要其大意，总在设城海口。今当盛朝威灵震叠，仰荷钦宪抚临此邦，营建省会，从此添兵足饷，重权镇慑，全台托庇，万无可虑之事。第圣人有言，外常固当思变，谨始乃以慎终。台湾果蒙建省，省会必归彰界。然前既有移县城近海之议。而今省城或转设近山，万一地方有警，一扼溪险，窃恐万兵难进。咫尺先不能通，何论南北。此尤太势之当筹者。至于来龙之归宿，海道之引导，或择其新地，深谋远虑，或仍其旧城，事半功倍。钦宪明见万里，斟酌自有权衡，固毋庸某等之多赘。且事关奏闻。尤非下土之所能置辩。唯生长于斯，闻见颇熟，抱此区区，又不能坐受知而不言之咎。爰敢披沥历来大局情形，附绘彰化旧城来龙宿脉图说一纸，恳乞转祥。"不可。

十七年夏五月，铭传辞职，以邵友濂任之。友濂文吏也，无远路。奏请移设台湾省会，以定规模。略曰："前卜定省城之地，虽当中枢，控制南北，而山岳四面围匝，距台南、台北两府各四五程，其间溪水暴涨，交通颇烦。兼以沿海水浅，轮船难以驶入，南北有事，接济迟延。又省城必须建筑坛庙衙署等，经费浩繁，无由筹办。伏思台北居台湾之上游，衙署局库略已成工，商民辐辏，铁路亦通，舟车之利两备，故拟以该府城为台湾省会。"十八年，先止城工，而省会遂移于台北矣。

## 台南府

台南府领县四：曰安平，曰嘉义，曰凤山，曰恒春。厅一：曰澎湖。

## 安平县

安平为全台首善之地，开辟最早。荷兰之时，筑垒于赤嵌社，台人谓之赤嵌楼，则今之县治也。而《台湾府志》以为台湾建屋多用赤瓦，水滨高处，闽人曰墈，讹为嵌，故与安平城俱称赤嵌。乾隆十年，巡台御史范咸作《赤瓦歌》，其自序云："台人屋瓦皆赤，下至墙垣。"此赤嵌城之所由名也。如志所言，拘泥文字，此与解释台湾之说相似。夫台湾原作"埋冤"，漳、泉之音也，故或曰"台员"，或曰"大湾"。而府志乃谓"荷人建城，制若崇台。海滨水曲曰湾，又泊舟处亦谓之湾"。此台湾所由名也。言之误谬，余已论之。夫赤嵌为番社之名，固毋庸讳。《稗海纪游》谓《明会典》太监王三保赴西洋水程，有"赤嵌取水"一语，是赤嵌固土番之部落，其井尚存，为最古之迹矣。延平郡王克台之后，建承天府，置天兴、万年二县，改一鲲身为安平镇。安平为泉州安海之名，延平起师之地也，入台之后，移置于此，又建桔秩门，以存故土之念。而安平城或称王城，赤嵌楼乃为承天府矣。清人得台，建台湾府，领县三，以台湾为附郭。二百余年，文化日启，制度典章，蔚为上国，信乎东南之大邑也。光绪十四年建省之后，移台湾县于台中，以作会城首邑，而旧县改名安平。又以巡抚暂驻台北，大府初建，冠盖云从，仕宦之徒，争趋利禄，而台南乃日退矣。县之疆域本窄，东负群山，气象雄伟，罗汉外门实当其冲，故前设县丞以治之，今已裁。山之土番悉已归化，其近郭者且同汉人，故他县尚需防抚，而安邑早敉矣。治西六里有安平镇，前阻大海，非舟莫济，今已淤为大道，车马可以往来。旧志谓台江汪洋，可泊千艘。台江为安平镇之内海，则今之鱼塭。道光二年，夏秋淫雨，兼旬不霁，曾文湾里各溪之水，溯涨而出，涂泥归虚，积为平陆，而沧海变为桑田矣。安平镇之左为鲲身，右为菅仔埔，其西则鹿耳门，风涛喷薄，夙称天险。荷兰、郑氏之时，均筑炮台，守海道。今亦半沈，仅存沙汕，巨舟不能入，其大者须泊四草湖。夫安平镇为互市之口，驻领事，设海关，以振兴贸易。故台南商务冠全台，犹不失为富庶也。唯南至二层行溪，与凤山界，北至曾文溪，与嘉义邻，相距不逮五十里，而土尚膏腴，人怀礼义，士游于庠，农歌于野，商勉于廛，工集于肆。乔木之思，尚足起后人之感，况于古都旧邑乎？生斯土者，能不葆而爱之欤！

## 嘉义县

嘉义，古诸罗也。诸罗，番社名，又山名，而旧志以为诸山罗列，非矣。康熙二十三年，始设治于佳里兴，划曾文溪以北隶之。佳里兴亦番社也，滨海而居，疆域广漠，远至三貂，其时北鄙犹未启也，嗣以水土不宜，移于今治。及朱一贵平后，划虎尾溪以北为彰化，而疆域稍小，然垦务日盛，人民殷庶，巍然为府治之左臂。乾隆五十一年，林爽文之役，彰、淡俱陷，被围逾岁，婴城死守，效命弗去，诏嘉其义，改今名，永垂千古矣。建省之后，又划牛稠溪以北为云林，而疆域愈小，然绝长补短，犹为百里之邑。县负山面海，田畴交错，形势与彰化埒。而玉山屹立东北，高至一万三千数百尺，为东洋群山之王，坤舆磅礴，特钟于是，亦足豪矣。阿里山为玉山之子，森林之富冠东洋，天赋之宝藏也。火山在治之东南，烈焰腾空，下有温泉，居民引火以炊，挹泉以浴，奇境也。前时斗六门设县丞一员，分资治理，今为云林县治。而安、嘉交界之处曰大武垅，设巡检。沿海之地，港湾多，唯布袋嘴较深，巨舟可入，若盐水港则久淤矣。夫嘉义为山海奥区，物产殷富，士慕忠贞，女怀节烈，风俗之美，与南郡同。此则教化之功，而一道同风，日臻于善也。

## 凤山县

凤山以山名，旧治在兴隆里，为郑氏之万年县，自二层行溪以南归之，远及琅璚，为府治之右臂。乾隆五十二年，林爽文之役，庄大田起兵应，蹂躏县城。事平，迁今治，则埤头也。凤山在治南三十里，状若凤，实则一培塿尔。疆域之大次诸罗，而辖境且至卑南，但事羁縻而已。光绪元年，划率芒溪以南为恒春，而形势稍小，犹为山海之区也。其地东北至弥浓，丘陵起伏，路险阻。西行五里为旗尾，安、凤交界之旁径也。西南临海，沙汕纡回，鱼盐之饶甲全台。打鼓山在治之西十八里，建垒驻兵，以防海道。其旁为旗后，各国互市之口也，港内水深，可泊巨舰。又旁二十里为东港，亦商船互市之口也。小琉球屿在治之南六十里，与东港对峙，屹立海中，一苇可航，固围约二十里，耕渔并耦，境绝清邃。下淡水溪为台湾大川，源自内山，溱洄数十里，会赤山之冷水沟而入于海，引水溉田者万甲，岁丰人庶，凤山之巨利也。渡溪至阿猴林，素为奸宄出没之处，故设下淡水县丞以驻之，率芒溪为凤、恒之界，沿北行，有枋寮焉，僻处海滨，渐近内山。前时设汛，同治六年，置巡牱检，以诘盗贼，卫行旅，为南顾之策。夫凤山旧邑也，深山大海，物力充牣，然以闽、粤分居，踞地相长，一言不合，趣起干戈，而今乃稍息矣。兄弟阋墙，外御其侮，急公义而弃私仇，尤有望于凤人士焉。

## 恒春县

恒春处极南之地，设县之议，起于讨番之役，而成于开山之时。先是，福建船政大臣沈葆桢以牡丹之事，视师台湾，亟求边备。光绪元年，奏划率芒溪以南，新设县治于琅璚之猴洞山。山形环抱，中拓平原，其地常燠，故名恒春，实为全台之南，唯县之北境，与凤山接壤。东、西、南三面皆滨海，自率芒溪历嘉鹿塘，经枋山，过枫港，而至柴城，凡六十里，为福康安驻师，以木为城，今改土堡。其旁有统领埔，相传郑氏屯田之地，土厚而腴。自治东越射麻里、万里得、高士佛而至八瑶湾，计程五十三里，为恒、卑之界。又二十五里为牡丹湾，则凶番栖伏之处，今已平矣。县之三面虽滨海，而港湾浅狭，不足以容巨舟，若大板埒、射寮、枫港等，则时可出入。苟以人工而凿之，则善矣。鹅鸾鼻斗出海中，下有暗礁，夙称天险，上建灯台，以示航路。顾其地南连南峤，盈盈带水，为东西洋往来孔道，未可以僻远而置之。恒春之番向分上下。各十八社，今可纪者五十有八，性较驯。苟勤抚宇以化之，徕人民以垦之，辟水利以溉之，刊道路以通之，开物成务，教养并行，不数十年而炎风瘴雨之地，皆称乐土矣。

## 澎湖厅

澎湖固海疆重地，群岛错立，风涛喷薄，天险也，荒古以来，不见史策。隋开皇中，虎贲中郎将陈棱始略其地，其居于此土者，固犹是轩辕之胤也。或曰，楚灭越，越之子孙迁海上，或居于澎湖。唐、宋以来，居民渐长，及元之末，始设巡检司，隶同安，未久而废。明初，宇内未平，无业之民聚啸其间。洪武五年，乃墟其地，迁其民于漳、泉，已而复至。嘉靖间，以海防故，复设巡检司，旋罢，而澎湖弃为瓯脱矣。夫澎湖为滨海之藩篱，而东西往来之冲也。墟地之举，诚为失策。是以岛夷攘之，海寇据之，傥扰昏垫，靡有穷期。迨我延平郡王东略台湾，先收其地，设安抚司以治之，而澎湖乃为我有。康熙二十二年，清军入东宁。翌年，设巡检，隶台湾县，以水师副将驻之。雍正五年，改设通判，别为厅，兼海防事务，屹然海上重镇矣。朱一贵既平之后，廷议以澎湖失而郑氏降，澎湖存而台湾复，拟移总兵于此。总兵蓝廷珍以为不可，上书论之，议始罢。夫澎湖固海上重镇，而地瘠民贫，不产五谷，恃台为援，一旦遏绝，势可立毙。守之之策，在筹持久。建炮台以御之，设舰队以巡之，练民兵以用之，讨军实以充之，而后可以言守，可守而后可以言战。战之得失，阃外寄之，其机在于一时。守之轻重，有司任之，其谋在于平日。故曰，兵可百年而不用，不可一日而不备。何也？东南之地势纽于台湾，而澎湖者台湾之门户也，海疆有事。澎湖必先被兵。故筹台湾者，必先筹澎湖，法人之役，是其殷鉴。澎湖距府治一百七十有五里，南趋南峤，北走登、莱，西渡金、厦，近者一日，远或数日。海天万里，不过衣带之水尔。故以巨大海军扼险于此，则南北之交通可绝，而台湾恃以无恐。诸岛之中，大山屿最大，妈宫在其西，文武居之。外以西屿为屏蔽，而内以新城、龟山相犄角，驻兵置垒，防患未然。其地东至阳屿，西至花屿，南至大屿，北至目屿，周围二百四十二里。旧言三十六岛，实则有名可纪者五十有五也。渔村蜑舍，以海为田，顾其人习水，冒险耐劳，颇有坚毅之气。生聚教训，克日并行，则此帕头短袴之民，皆海国干城之选也。君子于此，知所务矣。

# 台北府

台北府领县三：曰淡水，曰新竹，曰宜兰。厅二：曰基隆。曰南雅。

## 淡水县

淡水据北台之枢，荷兰以前未之闻，归清以后，始隶诸罗，嗣属彰化。雍正九年，设淡水同知，治竹堑，凡大甲以北皆归之，经营缔造，二百余年，声名文物，蒸蒸日上，信乎可为大郡也。先是，同治十年，同知陈培桂徇厅民之请，议升直隶州，增学额。未及行，而开山抚番事起。钦差大臣沈葆桢奏裁同知，建台北府，以淡水为附郭，治艋舺。艋舺，旧时贸易之地也。建省以后，乃趋于大稻埕，而艋舺稍退，然人民犹庶。县之疆域，南至土牛沟，与新竹界；北以三貂溪为限，与宜兰邻；东负深山，野番伏处，设隘防之。沪尾距治西三十里，各国互市之口也，设关征税，驻领事以管侨民，故建炮台，卫重兵，以守之。其水自鸡笼山而来，历八堵、五堵，经圆山，出关渡，而入于海。旁流支脉，交衍于艋舺、大稻埕之间。航运之利，实兴商业，而灌田尤广，故产谷多。夫淡水，番地也，左拥龟仑之山，右握狮球之岭，溪流交错，金、煤、硫磺之利蕴于上，脑、茶、材木之富生于山。然郑氏之时，以流罪人；康、雍之际，尚苦瘴疠。至于今繁华靡丽，冠于全台，此则人治之效也。然以冠盖邀游，五方杂处，士慕虚文，女习歌舞，骄奢淫逸，亦冠全台，则又末俗之弊也。移风易化，纲纪是张，是所望于淡人士焉。

## 新竹县

新竹固土番部落，原名竹堑，郑氏曾用兵其地。旧志以为环城植竹，故称竹堑，此大谬也。夫郑氏之时，尚未设官，已有竹堑之名，则蓝鼎元筹理台疆，亦有开垦竹堑埔之议，唯其所名者，举县辖而总言尔。归清之后，始隶诸罗，农功未启，行旅鲜通，故犹以荒远视之。雍正元年，划入彰化，并设淡水同知，稽查北路，兼督彰化捕务。九年，又以大甲溪以北刑名钱谷专归淡水同知管理，而犹驻彰化也。乾隆二十年，始移治竹堑。及光绪四年，台北设府，裁同知，而知府仍暂驻其地。五年三月，淡、新分治，划土牛沟以南为新竹，以北为淡水，其所辖者有六堡。十五年，又折为新、苗两县。于是南至中港，与苗栗邻，北及土牛沟，与淡水界，西滨大海，而东入番山，南北相距八十五里，东西六十五里，泱泱乎大邑也哉！土壤膏腴，人民殷庶，文学之盛，冠冕北台。而又士重然诺，农勤稼穑，非如淡水之靡丽也。然以山野之间，闽、粤分处，械斗之风，长年不息，且地与番接，馘首相雄，沿山之人亦多习武，此则自然之势也。夫新竹为北台之奥区，群山崒嵂，拱若列屏。巍然而独立者，则雪山也，高至一万一千数百尺。中港香山之溪，皆源自内山，流远而缓。唯入海之处，水浅不足泊巨舟，故航运之利，犹藉淡水。山川钟秀，人物效灵，发扬光大，尚有待于此邦之君子焉。

## 宜兰县

宜兰即蛤仔难，番语也，或曰甲子兰。三面负山，东临大海，平原沃壤，久置荒芜。及吴沙垦土以来，三籍之人相率而至，筑堡以居，自头围至于五围，拓地愈广，浸成都聚。沙死，侄化能抚其众，请入版籍。嘉庆十五年，乃设噶玛兰厅，置通判，理民事，治于五围。百务草创，棋布里堡，多就番语译之。同治十三年，开山议起，设台北府，改厅为县，曰宜兰，以为北台屏翰，而前后山之襟带也。北界三貂溪，南逮苏澳。自三貂溪以至草岭，深林密菁，最称险要。过岭为大里简，东望东海，波涛汹涌，豁然万里，则太平洋之滨也。北隅三十里，有小屿曰龟山，置兵守之。草岭迤东，群山罗列，其大者曰玉山，积雪不化，高至万尺，巍巍乎大观也哉。海滨巨石嶙峋，中设一关，曰北关。而设于苏澳者，曰南关，屹立称门户焉。苏澳之口，水深四五丈，可泊轮船，唯防礁石。南风、北风两澳，又为苏澳门户。卯鼻山在三貂溪之口，形如象鼻，直插入海。旁有小澳，曰琉球澳，礁险不容舟。头围距治东北三十里，设县丞。自头围历大坪林，达景尾街，可至府治，为旁径，约程百十数里。自苏澳以南，滨海行，可达台东。然地多险阻，溪流泛滥，不易涉，故舟行较易也。大宜兰为土番之区，荒古以来，久居化外，而吴沙乃入拓之，辟草莱，任耕稼，建庐里，徕游民，以张大国家之版图，其功业岂不伟欤！唯地滨东海，富森林，故长年多雨。然以水利之丰，物土之宜，读书力田，饶有坚强之气。兰虽一隅，富庶之兴，尤将有所发泄也。

## 基隆厅

基隆为北门锁钥，而通商之大埠也。煤矿之利，取之无穷，故至者日多，然当二百数十年前，犹是荒昧之域也。其地固土番部落，旧称鸡笼。地绝北，林深瘴盛，天寒，长年多雨，故有鸡笼积雪之景。而与今日之气象，早已不同矣。当明之季，荷兰既据台南，而西班牙亦入鸡笼，筑垒驻兵，以相角逐，则今之社寮岛也。卧榻之侧，不容鼾睡，荷人逐之，奄有全台，乃未几复为我延平郡王所逐矣。归清之后，尚事羁縻。乾、嘉以还，居者渐聚，耕渔并耦，鸡狗相闻。由淡水而鸡笼，由鸡笼而噶玛兰，盖已大启土宇矣。海通既辟，列国窥伺，其所以目逐逐而心怦怦者，则以此天富之煤矿，足为东洋之外府尔。故当台北建府之时，沈葆桢以海防已重，讼事尤繁，自非煤务微员所能治理，乃设通判于此，改名基隆。光绪十三年，复易同知，以重事权。虽辖地四堡，不足以建一县，然固台北之藩卫也。夫基隆之富庶，由于人力，而亦由于地利。梯山航海，百事俱兴，缔造经营，与时骈进。则此一市一廛，不特为台湾之大埠，且为东洋之巨会矣。

## 南雅厅

南雅为抚垦之地，而大嵙崁实当其冲。先是，道光八年，陈集成始拓其土，锄耰并进，弓矢斯张，而番害未戢也。光绪十二年，巡抚刘铭传奏设抚垦大臣，置抚垦局，辟良田，开沟洫，伐木熬脑，以施番政。其不服者，则移师讨之，而大嵙崁之景象一薪。然地处内山，距治较远，而居者日多。二十年，乃于近旁之湳仔，新设通判，改名南雅，以治民也。政令初颁，舆图忽改，经纶措施，匪旦夕事。顾其地山回水抱，境绝伟丽，内蕴无穷之利，外徕务本之民。长刀大斧，亭毒发扬，尚有待于后人之孟晋也。

## 台湾府

台湾府领县四：曰台湾，曰彰化，曰云林，曰苗栗。厅一：曰埔里社。

## 台湾县

　　台湾，旧名也，而县为新设。光绪十三年建省之时，以彰化之桥仔头庄，地处南北之中，背山面海，平原交错，南有湖日之饶，北有大甲之险，凿山刊道，戍兵抚番，远达台东，如臂使指。一旦铁路告成，居中驭外，可以控制全台。于是巡抚刘铭传奏建省会，划彰化之北，新设一治，谓之台湾，而以旧时之台湾县改名安平。固以此为中枢也，故亦曰台中。十四年，命栋军筑城，建衙署，起学宫，驻军旅，计丁庸，将以经营新邑。然县治固畎亩之地，土厚泉甘，商贾未集，唯城外大墩街略有市肆，其懋迁有无者，仍赴彰化也。自县治北行二十里为葫芦墩，势控大甲，山间之人多至此贸易，亦行军之所必争者。当隋之时，用兵于此，虎贲威棱，今其泯乎。葫芦墩东北二十里为东势角，又东八里为抽藤坑，又东南六十里为埔里社。光绪元年，始入版图，设官行政，以抚绥群番，为台中之后卫。梧栖在县西，商舶互市之口，亦海隅之一都会也。夫台中固土番之地，所谓猫雾捒者也。康熙五十五年，岸里社番始请垦，诸罗知县周锺瑄许之。及朱一贵平后，总兵蓝廷珍以其土沃，募佃辟田，故名蓝兴堡。雍正元年，划虎尾溪以北至大甲溪，增设彰化，而台中隶焉。十年，设猫雾捒巡检，驻犁头店，台中之设官始于此。乾隆二十四年，设南投县丞。南投距治南四十里，中隔乌溪，为内山出入孔道，民番杂处，商旅往还，亦山间之一都会也。夫自台中而论，山多海少，故其人重农而轻商。然以土田之腴，水利之大，余粮栖亩，户多盖藏。岩居谷饮之民，日与生番相角逐，冒危难，赴险阻，勇往不屈，故其人尚武。而林爽文、戴潮春乃后先而出，谓非种性之强乎？台中士君子而能闲之以谊，使之以和，奖之以文，临之以礼，岩岩新邑，气象万千，遹踪发扬，且迈南北，而果为中枢之地焉，是在人为而已。

## 彰化县

彰化固半线之地，郑氏之时，左武卫刘国轩驻军于此，以讨沙辘诸番。归清以后，始隶诸罗，尚以旷土视之。雍正元年，划虎尾溪以北，建设新邑，欲以表彰王化，故曰彰化。其时北鄙犹未大启也，疆域广漠，民番杂处，土腴而俗悍，鼠牙雀角，辄起械斗，夙称难治。然垦务日兴，成都成聚，物力之饶，沟洫之利，人多殷庶。县治在八卦山麓，斗大之城，险不足据，而反足资敌，故有移城鹿港之议。鹿港在治西二十里，商舶互市之埠也，市廛之盛，次于南郡，前驻海防同知。与泉州之蚶江相对，海程之近，无逾此者。而港口日塞，航运不通，苟非投资开凿，未得以兴彰化之利也。光绪八年，兵备道刘璈以彰化居台之中枢，形势未善，议移知县于鹿港，而于大肚之间，或蓝兴堡之桥仔头庄，别建新邑，驻巡道，守重兵，以控制南北。巡抚岑毓英颇韪之。及建省后，分乌日以北为台湾，浊水以南为云林，而鹿港同知早移于埔里社，疆域遂小。然台中虽为省会，而知府尚驻彰化，犹得以保其朔。若夫土田之沃，人文之盛，彰化之兴，今未艾也。

## 云林县

云林设县，始于建省之时，则为抚垦之计尔。先是，光绪十三年，划嘉义以北之地经营新邑，择治于林圮埔之云林坪。为郑氏部将林圮所辟者，故曰云林，以旌其功。而治当浊水、清水两溪之域，每逢泛滥，不得往来。十九年，乃从知县李烇之议，移于斗六门。斗六门者，嘉义北隅之险也。乾隆二十六年，设巡检，以分治近山。洎光绪元年，又自集集辟道，以达台东之璞石阁，为东西交通之衢。而云林实握其纽，故曰前山第一城。集集距治之北东，土番互市之区也，伐木熬脑，移民渐聚。而陈有兰溪之畔，草莱未辟，原田肬肬，尚有待于后人焉。县之疆域，北以浊水为界，彰化共之，南以牛稠溪为境，其东则高山峻岭，人迹罕通。黥面文身之辈，岩栖谷饮之伦，射鹿杀人，以相雄长，恩威并行，而后可服。若西虽临海，而岸直湾浅，不足以通舟楫。北港为古来互市之口，宋、明之时，已有其名，今亦塞矣。盖以浊水分流，挟沙澎湃，出口之处，日积日淤，沿海一带遂不得耕。地瘠而民贫，饮水且难，况食稻乎。夫台湾为殷富之地，力田有秋，而澎湖之民每苦咸雨，二林深耕又患飞沙，地之肥硗，或相倍蓰，固不得同日而论也。然则云林之利，不在于海而在于陆，不在于平原而在于山谷，材木之饶，竹箭之美，羽毛齿革之丰，足以供给而有余，亦台湾之一奥区也。

## 苗栗县

苗栗，番语也，谓之猫里，土番居之，僻处新竹之南，旧与彰化相接。光绪十四年建省后，划中港以南为苗栗，以北为新竹，各有三堡。而苗栗隶台湾府，其县治则猫里社之墟也。草昧初启，制度未备，其所以建设新邑者，亦为抚垦之计尔。当是时，经理番政，克日并行，南湖罩兰之野，天富待兴，垦田熬脑，踵相接也，故以此治之。其地群山起伏，粤族相处，沿海一带，始多漳、泉之人。地瘠而民勤，丁男子妇尽力农亩，故善治之，则其民可使。然台湾之两大溪，曰大安，曰大甲，皆当其南。而大甲尤为北台之关隘，一旦有失，则淡、新数百里之地，可长驱而攘也。嘉庆十四年，设巡检。道光十年，驻守备，并建土城以为固。故当戴潮春之役，林日成三攻大甲，不能破，而北路始得无害。此则地势之险阻，而足以绝其道尔。夫苗栗设县，于今未久，抚治之方，在谋富庶。苟得十年成聚，十年教训，二十年之后，可以追踪新竹，而翘然为一岩邑矣。

## 埔里社厅

埔里社在万山之中，距台湾府治东南可九十里，中拓平原，周三十余里。土厚泉甘，宜稻蔗，物产尤饶，取之无尽。南北两溪皆源自深山，奔流而西，以达于海，引水溉田者十数万甲。固天然之奥区也。归化番社二十有四，而以六社名，曰埔里，曰眉里，曰田头，曰水社，曰沈鹿，曰猫兰，而埔里尤著。康、雍以来，久见纪载。封疆大吏，犹以瓯脱视之，能不惜哉！地大物博，来者日众，封禁之议，遂不可行。于是邓传安倡之，史密和之，而刘韵珂乃大言之，其陈开设之利详矣。而痹痿臣工，不知大计，仍以险远为难，可谓昧矣。光绪纪元，开山议起，台湾镇总兵吴光亮略兵中路，爰有招抚六社之请，询谋佥同。建设一厅，以鹿港同知移驻于此，改为中路抚民理番同知，治大埔城。启之剔之，教之养之，而六社之土田户籍，乃得隶于宇下。其地僻处内山，居台之中，势险而阻，危崖深谷，逼仄难行。自府治出南门，行二十里至乌溪，水急不可涉，驾筏渡之。六里为草鞋墩。迤东八里为土城，海兰察驻军之地也。十三里为龟仔头。八里为内国姓，郑氏之时，刘国轩率师至此，以讨北港溪番，人多粤籍，而家祀延平郡王。十二里为北港溪，两山夹立，茂林蔽天，往时野番尝伏险杀人，设隘之后，患始戢。十里为松柏岭，高数百仞，盘旋而上，俯瞰大埔城，如在眼底，越山东行二十里即至。其自葫芦墩逾抽藤坑而来者，亦会于北港溪，是为入治之北路。自草鞋墩东行十二里至南投，前驻县丞，今已撤。又十二里为浊水。十二里为集集。八里为柴围。又北越鸡胸岭，十五里而至头社，地腴而坦。又八里为水社，有日月潭，胜境也，水极清冽，环可二十余里，中有小山，曰珠屿。番绕屿居，极稠密，独虚其中，往来必架艋舺，刳独木为之，双桨以济，大者可容十数人。潭中多菱藕，饶鱼鳖，番取以食。蓝鼎元记之，以为古称蓬瀛，不是过也。绕屿北行，五里为猫兰。又五里沈鹿。又十里为白叶岭。过此而北，又行十里，是为入治之南路。自治东行，延眉溪上流而至雾关。平原尽处，豁然高山，为野番出没之所。樟楠之属，蓊郁成林，荒古以来，斧斤未入，故得长葆其寿。雾关山绝高，与台东接，苟辟而径之，可达花莲港。而守城大山独当一面，神足气王，巍然为治之屏翰。夫埔里社自开拓至今，汉人争处，前茅后劲，再接再厉，垦成之田已万甲，众至二三万人。而土番乃日就凌夷，不能存其十一，其得以暂保其生者，唯外来之屯番尔。然语言习俗，渐从汉风，则亦同化于我而已。呜呼，优胜劣败之机，可不惕哉？

# 台东直隶州

## 台东州

台东为新辟之地，高山大川，气象雄伟，疆域之广，可为一府三县。而自归隶以来，久任荒芜，外族窥伺，莫肯关心。其有负耒荷戈而至者，唯我坚强辛苦之先民尔。然筚路蓝缕，涉履艰危，与天气战，与野番战，与猛兽战，濒于死者数矣。光绪纪元，开山议起，钦差大臣沈葆桢奏设卑南厅，以事经营。卑南处台东之中，地尤肥美，辟草莱，任耕稼，可成都聚，而利尚未启也。拔木通道，成军抚番，前山之人，相率而至。洎光绪十三年，乃升为州，而运会亦渐移矣。其地自苏澳以南，至得其黎百四十里，峭壁峻嶒，难通舆马，且少可耕之壤。而中亘东澳、大南澳、大浊水、大小清水五溪，水险而大，莫施舟楫。得其黎至新城六十里，地稍平，灌莽荒榛，颇多硗确。自是历花莲港、吴全城、大巴垄而至水尾社，计程百五十里，地尽膏腴，又有秀孤峦之溪，可资灌溉。溪水入海之处曰大港，舟大易行。自水尾而西至璞石阁，大军驻焉。历平埔、石牌以达卑南，亦百五十里，地多膏腴，锄耰日进，皆成良田，惜垦之者尚少尔。卑南以西二百数十里为恒春，壤稍逊，然若巴塱卫，若八瑶湾，皆可垦也。夫以台东疆域之广，地利之饶，设官行政已二十年，而莽莽苍苍，尚委于鹿豕之乡，则以航运难通也。滨海六百余里，唯花莲港、成广澳可泊轮船，而风信靡常，礁石纷错，往还不易，帆船更不能以时至也。其遵陆而行者，则自璞石阁入山，过八通关，以抵云林之林圯埔，计程二百六十余里。沿途皆番，行者惧焉，故商旅不敢往来，而懋迁尚少。番之大者，曰斗史五社，在大南澳。曰大鲁阁八社，在大浊水以北，依山而居，性最悍。曰加礼宛六社，为平埔之番，居于鲤浪以北。其南者曰南势七社，亦平埔也。秀孤峦之间，凡二十四社，璞石阁之平埔亦八社。其处于成广澳之北者，曰沿海八社。其南曰阿眉八社，而卑南之可纪者四十有六。此则多经招抚，而微化其性，然尚不事畎亩，射猎为生。若夫丹番、峦番、木瓜等番，散伏深山，素不与人来往，经纶措施，匪旦夕事。苟得良有司治之，与以便宜之权，立以经久之计，悉心任事，不惮勤劳，而移住之人，又能忍辱负重，群策群力，以除害而兴利焉，台东之富庶，始得与前山媲美也。

## 坊　里

坊里之名，肇于郑氏，其后新辟之地，多谓之"堡"。堡者，聚也，移住之民，合建土堡，以捍灾害，犹城隍也。而澎湖别名为"澳"。《禹贡》："九州攸同，四隩既宅。"释文以为"隩"与"澳"同，水滨也。是澎人固依水而居者也。"里"之大者数十村，或分上下，或划东西。商贾错居者谓之"街"，汉人曰"庄"，番人曰"社"，而澎湖亦曰"社"。庄社之间，各植竹围，险不可越，聚族而居，守望相助。闽人先至，多居近海，粤人后至，乃宅山陬。而闽人之中，漳、泉为巨，以是因缘，每起械斗。交通既辟，情感自孚，比岁以来，其风稍戢。然抚垦虽兴，而番害尤烈，长治之计，在于协和，化行风美，斯为善矣。夫天下大器也，集众人而成家，集众家而成国。国之利害，犹家之利害也，故知爱家者必知爱国。夫无家则不可以住，无国且不可以立，其贱乃降于舆隶，君子伤之！故坊里之名仅为疆域之分，而非可以此自囿也。识时之士，当务其大者远者，而后可以进于郅治焉。

**安平县治四坊：**

东安坊（后分上下）　　　　西定坊（后分上下）

宁南坊（后分上下）　　　　镇北坊（后分上下）

**安平县辖四十三里：**

| | | |
|---|---|---|
| 效忠里 | 新昌里 | 永宁里 |
| 仁和里 | 文贤里 | 依仁里 |
| 崇德东里 | 崇德西里 | 仁德南里 |
| 仁德北里 | 长兴上里 | 长兴下里 |
| 永康上里 | 永康中里 | 永康下里 |
| 内武定里 | 外武定里 | 广储东里 |
| 广储西里 | 新化里东堡 | 新化里西堡 |
| 安定里东堡 | 安定里西堡 | 善化里东堡（北隶嘉义） |
| 善化里西堡（北隶嘉义） | 新化东里 | 新化西里 |
| 新化北里 | 内新化南里 | 外新化南里 |
| 内新丰里 | 外新丰里 | 永丰里 |
| 保大西里 | 保大东里 | 归仁南里 |
| 归仁北里 | 嘉祥内里 | 嘉祥外里 |
| 罗汉内门里 | 罗汉外门里 | 楠梓仙溪东里 |
| 楠梓仙溪西里 | | |

**嘉义县辖三十七堡：**

| | | |
|---|---|---|
| 嘉义东堡 | 嘉义西堡 | 大目根堡 |
| 打猫东顶堡（北隶云林） | 打猫东下堡 | 打猫南堡 |
| 打猫北堡（北隶云林） | 打猫西堡 | 大槺榔东下堡 |
| 大槺榔西堡 | 莺松堡（北隶云林） | 大丘园西堡 |
| 牛稠溪堡 | 鹿仔草堡 | 柴头港堡 |
| 盐水港堡 | 太子宫堡 | 铁线桥堡 |
| 果毅后堡 | 哆啰啯东顶堡 | 哆啰啯东下堡 |
| 哆啰啯西堡 | 下茄苳南堡 | 下茄苳北堡 |
| 白须公潭堡 | 龙公潭堡 | 学甲堡 |
| 赤山堡 | 茅港尾东堡 | 茅港尾西堡 |

| 善化里东堡（南隶安平） | 善化里西堡（南隶安平） | 佳里兴堡 |
| --- | --- | --- |
| 西港仔堡 | 麻豆堡 | 萧垄堡 |
| 沤汪堡 | | |

**凤山县辖二十六里：**

| 大竹里 | 凤山上里 | 凤山下里 |
| --- | --- | --- |
| 小竹上里 | 小竹下里 | 观音上里 |
| 观音中里 | 观音下里 | 观音内里 |
| 长治一图里 | 长治二图里 | 文贤里 |
| 维新里 | 仁寿上里 | 仁寿下里 |
| 半屏里 | 兴隆内里 | 兴隆外里 |
| 赤山里 | 港西上里 | 港西中里 |
| 港西下里 | 港东上里 | 港东中里 |
| 港东下里 | 新园里 | |

**恒春县辖十三里：**

| 宜化里 | 德化里 | 至厚里 |
| --- | --- | --- |
| 安定里 | 长乐里 | 治平里 |
| 泰庆里 | 咸昌里 | 永靖里 |
| 仁寿里 | 兴文里 | 善余里 |
| 嘉禾里 | | |

**台湾县辖七堡：**

| 蓝兴堡 | 猫罗堡 | 拣东上堡（北隶苗栗） |
| --- | --- | --- |
| 拣东下堡 | 大肚上堡 | 大肚中堡 |
| 大肚下堡 | | |

**彰化县辖十三堡：**

| 线东堡 | 线西堡 | 猫罗堡 |
| --- | --- | --- |
| 马芝堡 | 二林上堡 | 二林下堡 |
| 燕雾上堡 | 燕雾下堡 | 武东堡 |
| 武西堡 | 东螺东堡 | 东螺西堡 |

深耕堡

**苗栗县辖四堡：**

苗栗堡（在县之东北，旧称竹南二堡）

吞霄堡（在县之西，旧称竹南三堡）

大甲堡（在县之南，旧称竹南四堡）

拣东上堡（在县之东南，其属大甲溪南者隶台湾）

**云林县辖十七堡：**

| 斗六堡 | 溪洲堡 | 他里雾堡 |
| --- | --- | --- |
| 沙连上堡 | 西螺堡 | 沙连下堡 |
| 打猫东顶堡（南隶嘉义） | 打猫北堡（南隶嘉义） | 大榠榔东顶堡 |
| 尖山堡 | 海丰堡 | 布屿堡 |
| 大丘园东堡 | 白沙墩堡 | 莴松堡（南隶嘉义） |
| 北投堡 | 南投堡 | |

**淡水县辖九堡：**

| 大佳腊堡 | 芝兰一堡 | 芝兰二堡 |
| --- | --- | --- |
| 芝兰三堡 | 八里坌堡 | 摆接堡 |
| 兴直堡 | 文山堡 | 桃涧堡 |

**新竹县辖三堡：**

竹堑堡（在县之中，旧称竹北一堡）　　竹南堡（在县之南，旧称竹南一堡）

竹北堡（在县之北，旧称竹北二堡）

**宜兰县辖十二堡：**

| 本城堡 | 员山堡 | 民壮围堡 |
| --- | --- | --- |
| 溪洲堡 | 头围堡 | 四围堡 |
| 罗东堡 | 二结堡 | 清水沟堡 |
| 红水沟堡 | 利泽简堡 | 茅仔寮堡 |

**基隆厅辖四堡：**

| 基隆堡 | 金包里堡 | 三貂堡 |

石碇堡

**南雅厅辖一堡：**

海山堡

**埔里社厅辖三堡：**

| 埔里社堡 | 北港溪堡 | 五城堡 |

**台东州辖五乡：**

| 南乡（即卑南觅） | 广乡（即成广澳） | 奉乡 |
| 新乡（即新城） | 莲乡（即花莲港） | |

**台东州辖番社十一社：**

| 斗史五社 | 太鲁阁八社 | 加礼宛六社 |
| 南势七社 | 秀孤峦二十四社 | 璞石阁平埔八社 |
| 成广澳沿海八社 | 成广澳南阿眉八社 | 卑南觅南十五社 |
| 卑南觅西二十二社 | 卑南觅北九社 | |

**澎湖厅辖十三澳：**

| 东西澳（为厅治近附，有社十） | 嵵里澳（距治十九里，有社十二） |
| 林投澳（距治十二里，有社十） | 奎壁澳（距治七里，有社九） |
| 鼎湾澳（距治十里，有社九） | 瓦硐澳（距治二十六里，有社五） |
| 镇海澳（距治二十二里，有社四） | 赤嵌澳（距治二十九里，有社二） |
| 通梁澳（距治三十里，有社二） | 吉贝澳（距治八十里，有社一） |
| 西屿澳（距治二十里，有社十二） | 网垵澳（距治五十里，有社六） |
| 水竣澳（距治五十里，有社三） | |

# 卷六

## 台湾通史

### 职官志

连横曰：台湾为荒服之地，中古未入版图。草衣木食之民，自生自养，老死不相往来，固不知所谓政治也。及隋、唐之际，避遁之民，群聚澎湖，推年大者为长，畋渔为业，牧羊山谷间，各赡其食，毋相凭陵，故无讼狱之事，又不需所谓政治也。蒙古崛起，威震南邦，澎湖亦为所略。至元中，设巡检司，隶同安，澎湖之置吏始于此。然是时居人不及二千，且僻远不易治，寻废其官，而元亦遁归蒙古。明初，天下未平，无业之民，相为啸聚，侵掠闽、粤。洪武五年，信国公汤和经略海上，而墟其地，自是澎湖遂为海寇巢窟。嘉靖四十二年，都督俞大猷讨林道乾，留师驻防，仍设巡检司，已复裁之，而澎湖遂为荷兰所略。荷人既据澎湖，复入台湾，筑城戍兵，布教抚番，设知事以治之，隶爪哇总督之下。西班牙亦据淡水，垦土殖民，以相抗衡，而台湾遂为二国所分矣。当是时，延平郡王奋起金、厦，经略中原，以光复旧业。金陵败后，穷蹙两岛，乃议取台湾。一鼓而下，荷人降伏，送之归国，而台湾复始为我族有也。夫台湾固我族开辟之土，延平既至，析疆行政，抚育元元。而我颠沛流离之民，乃得凭借威灵，安生乐业，此天之默相黄胄，而故留此海外乾坤，以存明朔也。

初，延平开府思明，军国大事，一日万几。分所部为七十二镇，令六官理国务，一时人才荟萃，庶绩咸熙。凡所便宜封拜，辄朝服北向，望永历帝座疏而焚之。克台之岁，改台湾为东都，置承天府，以杨朝栋为府尹，祝敬为天兴知县，庄之列为万年知县，设安抚司于澎湖，是为地方之制。又以周全斌总督承天府南北诸路，任官抚番，分管社事。纲纪振饬，制度修明，泱泱乎大国之风也。延平立法严，而爱民如子，劝之以忠，励之以勇，使之以义，绥之以和。闽、粤之民，闻风而至，拓地远及两鄙，台湾之人，以是大集。永历十六年，子经立。十八年，以谘议参军陈永华为勇卫，军国大事悉任之。永华为政儒雅，与民休息，改东都为东宁，天兴、万年为二州。二十年，圣庙成。三月，以永华为学院，叶亨为国子助教，教之、养之，台人自是始兴学。三十四年，永华卒。翌年，经薨，克塽幼，不能治国，以至于亡。

康熙二十二年，清人得台湾，议弃其地。靖海将军施琅疏陈不可，乃设府一、县三，隶福建。六十年，以朱一贵之变，特命巡视台湾满、汉御史各一员，监察行政。时漳浦蓝鼎元从军在台，以北路地方辽阔，治理失宜，议于半线增建一县，其言甚切。雍正元年，乃划虎尾溪以北，设彰化县及淡防同知，领地至蛤仔难，而垦者亦日至焉。当是时，土地初辟，横绝大海，往来多险，仕宦惮之。康熙三十年，诏曰："台湾各官，自道员以下，教职以上，俱照广西南宁等府之例，将品级相当现任官员内拣选调补，三年俸满即升。如无品级相当堪调之员，仍归部选。著为令。"雍正七年，议准台湾道、府、同知、通判、知县到任二年，令该督抚于闽省内地拣选贤能之员，乘北风之时，令其到台，与旧员协办。半年之后，令旧员乘夏月南风之便，回至内地补用。政绩优著者准加级，称职者准加一级，以示鼓励。十二年，总督郝玉麟奏准，调台官员，年逾四十无子，准其挈眷赴任。

夫台湾既为海疆重地，而官吏俸禄甚轻。旧制：分巡道年六十二两四分四厘，知府同禄，台防同知四十二两五钱五分六厘，知县二十七两四钱九分，县丞二十四两三钱二厘，巡检十九两五钱二分，实不足以资衣食。乾隆八年，奉旨增加养廉。于是分巡道一千六百两，知府同禄，台防同知五百两，台湾知县一千两，他县八百两，县丞、巡检各四十两。然贪婪之吏，以宦为贾，舞弄文墨，剥民肌膏。三年报罢，满载而归。而台湾府、县之缺，遂为巧佞所争矣。

嘉庆十五年，设噶玛兰厅，自是颇多增置，而人民亦有二百数十万，盖已拓地至台东矣。牡丹之役既平，同治十三年十一月，钦差大臣沈葆桢奏请移福建巡抚于台湾，略曰："台湾洋务稍松，即善后不容稍缓。唯此次之善后，与往时不同。台湾之所谓善后者，即台湾之所谓创始也。顾善后难，以创始为善后则尤难。臣等曩为海防孔亟，一面抚番，一面开路，以绝彼族觊觎之心，以消目前肘腋之患，固未遑为经久之谋。数月以来，南北诸路，缒幽凿险，斩棘披荆，虽各著成效，卑南、奇莱各处，虽分列军屯，只有端倪，尚无纲纪。若不悉心筹划，详定规模，路非不已开也，谓一开之不复塞，则不敢知；番非不已抚也，谓一抚之不复疑，则不敢必。何也？台地延袤千百余里，官吏所治只海滨平原三分之一，余皆番社尔。国家养育番黎，但令薄输土贡，永禁侵凌，意至厚也。而奸民积匪，久已越界潜踪，驱番占地，而成巢窟；则有官未开而民先开者。入山既深，人迹罕到，野番穴处，涵育孳生，则有番已开而民未开者。叠巘外包，平埔中扩，鹿豕游窜，草木蒙茸，地广番稀，弃而弗处，则有民未开而番亦未开者。是但言开山，而山之不同已若此。生番种类数十，大概有三：牡丹等社恃其悍暴，劫杀为生，憨不畏死，若是曰凶番；卑南、埔里一带，居近汉民，略通人性，若是者曰良番；台北、斗史等社，雕题黥面，向不外通，屯聚无常，种落难悉，猎人如兽，虽社番亦惧之，若是者曰王字番。是但言抚番，而番之不同又若此。夫欲开山而不先抚番，则开山无从下手；欲抚番而不先开山，则抚番仍属空谈。今欲开山，则曰屯兵卫，曰刊林木，曰焚草莱，曰通水道，曰定壤则，曰招垦户，曰给牛种，曰立村堡，曰设隘碉，曰致工商，曰设官吏，曰建城郭，曰置邮驿，曰建廨署。此数者，孰非开山之后必须递设者？今欲抚番，则曰设土目，曰查番户，曰定番业，曰通语言，曰禁仇杀，曰教耕稼，曰修道涂，曰给茶盐，曰易冠服，曰设番学，曰变风俗。此数者又孰非抚番之时必须并行者？虽然，此第言后山，其繁重已若此。前山之入版图也，百有余年，一切规制，何尝具备？就目前之积弊而论，班兵之惰窳也，蠹吏之盘踞也，土匪之横恣也，民俗之蹈淫也，海防陆守之俱虚也，械斗扎厝之迭见也；学术之不明，庠序以容豪猾；禁令之不守，烟赌以为饔飧。官斯土也，非无振作有为、正已率属之员,始苦于事权之牵制,继苦于毁誉之混淆,救过不遑,计功何自?使不力加整顿,一洗浮浇,但以目下山前之规模,推而为山后之风气,虽多一新辟之区。适多一藏奸之薮,臣等窃以为未可也。尝综前后山之幅员计之,可建郡者三,可建县者十,固非一府所能辖。欲别建一省,又苦器局之未成。而闽省向需台米接济,台饷向由省城转输,彼此相依,不能离而为二。环海口岸,处处宜防,洋族教堂,渐渐分布。居民向有漳籍、泉籍、粤籍之分,番族又有生番、熟番、屯番之异,气类既殊,抚驭匪易。况以创始之事,为善后之谋,徒静镇之非宜,欲循例而无自。使臣持节,可暂而不可常。欲责效于崇朝,兵民有五日京兆之见。倘逾时而久驻,文武有两姑为妇之难。臣等再四思维,宜仿江苏巡抚分驻苏州之例,移福建巡抚驻台,而后一举而数善备。何以言之?重洋远隔,文报稽迟,率意径行,又嫌专擅。驻巡抚则有事可以立断,其便一。镇治兵,道治民,本两相辅,转两相妨。职分不相统摄,意见不免参差,上各有所疑,下各有所恃,不贤者以为推卸地步,其贤者亦时时存形迹于其间。驻巡抚则统属文武,权归一尊,镇道不敢不各修其职,其便二。镇道有节制文武之责,而无遴选武文之权。文官之贪廉,武弁之勇怯,督抚所闻,与镇道所见,时或互异。驻台则不待采访,而耳目能周,黜陟可以立定,其便三。城社之巨奸,民间之冤抑,睹闻亲切,法令易行,公道速伸,人心帖服,其便四。台民烟瘾本多,台兵为甚。海疆官制久坏,台兵为尤。良以弁兵由督抚提标抽取而来,各有恃其本帅之心,镇将设法羁縻,只求其不生意外之事。是以比户窝赌,如贾之于市,农之于田。有巡抚则考察无所瞻循,训练乃有实际,其便五。福建地瘠民贫,州县率多亏累,恒视台地为调剂之区,不肖者黩法取盈,往往不免。有巡抚以临之,贪黩之风,得以渐戢,其便六。向来台员不得志于镇道,及其内渡,每造蜚语中伤之,镇道或时为所挟。有巡抚则此技悉穷,其便七。台民游惰可恶,而戆直实可怜。所以常闻蠢动者,始由官以吏役为爪牙,吏役以人民为鱼肉,继则人民以官吏为仇雠,词讼不清,而械斗扎厝之端起,奸宄得志,而竖旗聚众之势成。有巡抚则能豫拔乱本而塞祸源，其便八。况开山伊始，地势殊异，成法难拘，可以因心裁酌，其便九。新建郡邑，骤立营堡，无地不需人才，丞倅将领。可以随时札调，其便十。设官分邑，有宜远久者，有属权宜者，随时增革，不至廪食之虚縻，其便十有一。开煤炼铁，有第资民力者，有宜参用洋机者，就近察勘，可以择地而兴利，其便十有二。夫以台地向称饶沃，久为他族所垂涎。今虽外息暂平，旁人仍眈眈相视，未雨绸缪之计。正在斯时。而山前山后，其当变革者，其当创建者，非数十年不能成功。而化番为民，尤当渐积优柔，不能浑然无间。与其苟且仓皇，徒滋流弊，不如先得一主持大局者，事事得以纲举目张。为我国家亿万年之计。况年来洋务日密，偏重东南，而台湾孤悬海外，七省以为门户。关系非轻。欲固地险，在得民心；欲得民心，先修吏治营制。而整理吏治营制之权，操于督抚。总督兼辖浙江，移驻不如巡抚之便。臣等明知地属封疆，事关吏制，非部民属吏所应越陈。而夙夜深思，为台民计，为闽省计，为沿海筹防计，有不得不出于此者。敢不据实上闻，以为荛荛之献。"旨下福建督抚议奏。总督李鹤年、巡抚王凯泰奏言："福、台关联甚巨，彼此相依。未可遽分为二。请以福建巡抚冬春驻台，夏秋驻省。"诏可。于是葆桢奏建台北府，改淡防厅为新竹，噶玛兰厅为宜兰，新设恒春、淡水两县，置台东、基隆两厅。而移北路抚民、理番同知于埔里社，改为中路，大事更张，以革新吏治，营制亦稍整饬，而台湾之规模渐大矣。

光绪二年六月，江南道御史林拱枢奏言："琅㛃之役，沈葆桢暂任其事，议移巡抚驻扎台湾，俾善其后。以现在情形而论，区处台湾，非善后之谋，实创始之事。"十二月，刑部左侍郎袁葆恒亦奏言："台湾之地，虽僻海滨，而物产丰富，各国垂涎。倘为外人盘踞，则南北洋各处，出没窥伺，防不胜防，加以民番杂处，区划尤难。非专驻大臣，镇以重兵，举其地之民风、吏治、营制、乡团，事事实力整顿，洽以德意，孚以威信，未易为功。查直隶、四川、甘肃各省，皆以总督兼办巡抚，可否改福建巡抚为台湾巡抚，常川驻守，经理全台。其福建全省事宜，专归总督办理，事任各有攸司，责成即有所属，似于台湾目前情形，不无裨益。"而巡抚丁日昌亦以分驻两地，往来不便，奏请简驻重臣，督办数年，而后建省。部议不可。

七年春，巡抚岑毓英巡视台湾，以台湾孤悬海外，幅员辽阔，筹备防务，必须南北声气相通，方易措手。查彰化县治居南北之中，应将台湾道、府二缺，权其轻重难易，移一于此，俾可居中控制。兵备道刘璈以彰化之下桥仔头庄可为都会之地，议移道缺，而以埔里社之中路同知为台湾直隶州，与巡道北路副将均移于此。划大肚、八卦两山之地，归州管辖。移彰化县于鹿港，改为州属。而猫雾捒巡检为州吏目，南投县丞为州判，驻埔里社。分凤山县学官一员为州学正。改台湾府为台南府，专辖台、凤、嘉、恒四县，以与台北对立。毓英以为可。将入奏，会越南事起，视师广东，台湾亦戒严，诏以直隶陆路提督刘铭传驻台治军。及平，以铭传为福建巡抚。十一年五月，奏请专驻台湾，办理要政，又陈设防、练兵、清赋、抚番四事。七月，钦差大臣左宗棠奏言："今日之事势，以海防为要图，而闽省之筹防，以台湾为重地。台虽设有镇道，一切政事，必禀承督抚，重洋悬隔，文报往来，平时且不免稽迟，有事则更虞梗塞。如前次法人之变，海道不通，诸多阻碍，其已事也。臣查同、光之交，前办理台防大臣沈葆桢躬历全台，深维利害，曾有移驻巡抚十二便之疏，比经吏部议准在案。嗣与督臣李鹤年、巡抚王凯泰仍以巡抚兼顾两地覆奏。光绪二年，侍郎袁葆恒请将福建巡抚改为台湾巡抚，其福建全省事宜，专归总督办理。部议以沈葆桢原奏，台湾别建一省，苦于器局未成，彼此相依，不能离而为二，未克奉旨允行。厥后抚臣丁日昌以冬春驻台，夏秋驻省，往来不便，因有专简重臣督办数年之请。臣合观前后奏折，督抚大臣谋虑虽周，未免各存意见。盖王凯泰因该地瘴疠时行，心怀畏却，故沈葆桢循其意而改为分驻之议。丁日昌所请重臣督办，亦非久远之图，皆不如袁葆恒事外旁观，识议较为切当。夫台虽系岛屿，绵亘亦一千余里，旧制设官之地，只海滨三分之一，每年物产关税，较之广西、贵州等省，有盈无绌。倘抚番之政，果能切实推行，自然之利，不为因循废弃，居然海外一大都会也。且以形势言，孤峙大洋，为七省门户，关系全局，甚非浅鲜。其中如讲求军备，整顿吏治，培养风气，疏浚利源，在在均关紧要，非有重臣以专驻之，则办理必有棘手。以臣愚见，惟有如袁葆恒所请，将福建巡抚改为台湾巡抚，所有台、澎一切应办事宜概归该抚经理，庶事有专责，于台防善后大有裨益。至该地产米甚富，内地本属相需。若协济饷项，各省尚通有无，亦万无不为筹解之理。委用官员，请照江苏成例，各官到闽之后，量缺多少，签分发往。学政事宜，并归巡抚兼管。勘转命案，即归台湾道就近办理。其余一切建置分隶各部之政，从前已有成议，毋庸更张，专候谕旨定案，即饬次第举行。"当是时，内外臣工条陈台湾善后者凡十数起。而贵州按察使司李元度亦请以福建巡抚专驻台湾，兼理学政，且言："军中所需军火炮械，均须在台设局，制造存储，不得如前仰给福建，致有隔绝之患。夫日本距台甚迩，日本疆圉略如台湾，而历朝以来，倔强自立，近且并琉球，乱朝鲜，改从西洋制度，俨然自居于列强之间。夫日本之财力，皆取之国中，非别有转输也，而游刃有余，可以富庶。台湾地大物博，百利未兴，若能经理得人，需以岁月，何遽不如日本哉？夫强弱无异民，不善用之则弱，能善用之则强。应请简任巡抚、镇道，久任而责成之，辟土地，课农桑，征赋税，修武备，则七省之藩篱永固，而台湾可无害矣。"旨下军机大臣、总理各国事务王大臣、六部、九卿会同各省督抚议奏。九月初五日，军机大臣臣醇亲王奕𫍽、总理各国事务大臣臣庆亲王奕劻、大学士臣世铎、臣额抑和布、臣阎敬铭、臣张之万、北洋通商大臣李鸿章等奏言："臣等查台湾为南洋枢要，延袤千余里，民物繁富。通商以后，今昔情形，迥然不同，宜有大员驻扎控制。若以福建巡抚改为台湾巡抚，以专责成，似属相宜，恭候钦定。如蒙俞允，所有一切事宜，应由该督抚详细酌议，奏明办理。"诏曰可。于是设台湾巡抚，建省会于下桥仔头庄，以控制南北。设台湾府，领县四，附郭曰台湾，新设云林、苗栗二县，改台湾府为台南府，台湾县为安平县，升台东厅为直隶州，凡三府、一州、三厅、十一县，以铭传为巡抚。廷议以台湾南北袤延甚远，拟设台北道以分管理。铭传奏复："添设台北道，不如添设藩司。"诏曰可，于是以沈应奎为台湾布政使，而兵备道仍兼按察使，又以澎湖为闽、台门户，非设重镇，不足以资控制，诏以澎湖副将与海坛镇对调，台湾镇总兵销去"挂印"二字，均归巡抚节制。十二年，设督办台湾抚垦大臣，以在籍太仆寺正卿林维源为帮办，兼团练大臣。铭传具干才。大兴新政，筑铁路，通航运，办清赋，辟山林，建学堂，讨军实，开矿产，振工商，计日度月，次第举行，将置台湾于富强之域。而士夫不谂其意，政府亦多掣肘，遂称病以去。继之者邵友濂，文吏也，诸皆废止。二十一年，日本据辽东，诏割台湾以和，下旨撤回官吏。五月，台人自立为民主国，举前巡抚唐景崧为大总统，以李秉瑞为军务大臣，俞明震为内务大臣，陈季同为外各大臣。姚文栋为游说使，余如旧，而府县多缄印去。已而大总统亦逃，遂至于亡。

## 郑氏中央职官表

吏官　（永历八年设六官，分理国事）

户官

礼官

兵官

刑官

工官

学院　（永历二十年设，以勇卫陈永华任之）

国子助教　（永历二十年设，以叶亨任之）

行人　（永历八年设）

给事中　（此下二官，均明旧制）

各科主事

各科内都事

## 郑氏台湾职官表

**承天府尹**　（永历十六年设，掌一府政事）
**天兴知县**　（永历十六年设，驻府治，十八年改州）
**万年知县**　（永历十六年设，驻兴隆里，十八年改州）
**澎湖安抚司**　（永历十六年设）
**北路安抚司**　（永历三十六年设）

## 清代职官表

**福建台湾巡抚一员**　光绪十一年奏改福建巡抚为台湾巡抚，暂驻台北。十三年，照甘肃、新疆例，改为福建台湾巡抚。

**台湾布政使司一员**　光绪十三年设，综核全台钱粮、饷项，考核大计，并设布库大使一员，兼理经历事。

**台湾按察使司一员**　乾隆五十三年奉旨："嗣后补放台湾道员者，俱加按察使衔，俾得奏事。"光绪十三年部议："台湾道向兼按察使衔，毋庸特设。"一切刑名，由道管理，即设司狱一员。

**提督学政一员**　旧例以按察使副使或按察司佥事为提学道，每省一员。雍正四年，改为提督学政。台湾向以兵备道兼理。雍正五年，改归汉御史。乾隆十七年，复归道。光绪元年，奏由巡抚主政。四年，归道。十三年，仍归巡抚。

**巡视台湾监察御史满、汉各一员**　康熙六十年设，驻府治。乾隆十七年定例，自后三年巡视一次，不必留驻。三十年，奉旨："嗣后随时派往。"五十二年，罢，命闽浙总督、福建巡抚、水陆提督，每年轮值一人前往巡视。

**督办台湾抚垦大臣一员**　光绪十二年设，巡抚兼理。

**帮办台湾抚垦大臣一员**　光绪十二年设，驻台北大料崁。

**分巡台湾兵备道一员**　康熙二十三年设，为台厦兵备道，驻府治。六十年，去兵备。雍正六年，改为分巡台湾道。乾隆五十一年，加兵备衔。五十二年，加按察使衔。

**台南知府一员** 康熙二十三年设，为台湾府，总汇各县刑名、钱谷，支放兵饷。光绪十三年，改今名，移台湾府于台中。

**台北知府一员** 光绪元年设。

**台湾知府一员** 光绪十三年设。

**台东直隶州知州一员** 光绪十三年设，驻卑南。

**台湾海防同知一员** 康熙二十三年设，驻府治。乾隆三十一年，改为南路理番同知，兼海防。光绪元年，移驻卑南，本缺裁。

**南路理番同知一员** 光绪元年设，驻卑南。十三年，升为州，本缺裁。

**北路抚民理番同知一员** 乾隆三十二年设，驻彰化县治，办理淡、防、彰化、诸罗民番交涉事务。四十九年，鹿港开港，兼理海防。五十年，兼理捕务。五十三年，移驻鹿港。光绪元年，改为中路抚民理番同知，本缺裁。

**中路抚民理番同知一员** 光绪元年设，驻埔里社。十年，奏仍驻鹿港。十三年裁。

**淡水捕务同知一员** 雍正元年设，驻彰化。七年，改为抚民同知，移竹堑。光绪元年设县，本缺裁。

**澎湖海防同知一员** 雍正五年，设海防通判，驻妈官城。光绪十一年，升为同知。

**基隆抚民理番同知一员** 光绪元年，设海防通判。十三年，升为同知。

**南雅抚民理番通判一员** 光绪二十年设，驻大嵙崁。

**噶玛兰抚民理番通判一员** 嘉庆十五年设，驻五围。光绪元年，改县，本缺裁。

**卑南州同一员** 光绪十三年设，隶台东州。

**花莲港州判一员** 光绪十三年设，隶台东州。

**安平知县一员** 康熙二十三年设，原为台湾县附郭。光绪十三年，改今名，移台湾县于台中。

**凤山知县一员**　康熙二十三年设，驻旧城，后移今治。

**嘉义知县一员**　康熙二十三年设，驻佳里兴，为诸罗县，嗣移今治。乾隆五十三年，奉旨改今名。

**恒春知县一员**　光绪元年设，驻琅璚。

**淡水知县一员**　光绪元年设，附郭。

**新竹知县一员**　光绪元年设。

**宜兰知县一员**　光绪元年设。

**台湾知县一员**　光绪十三年设，附郭。

**彰化知县一员**　雍正元年设，驻半线。

**云林知县一员**　光绪十三年设。

**苗栗知县一员**　光绪十三年设。

**台湾县丞一员**　康熙二十三年设，驻城。雍正九年，移驻罗汉门。乾隆五十四年，改巡检，本缺裁。

**凤山县丞一员**　雍正九年设，驻万丹。乾隆二十六年，移驻阿里港。

**诸罗县丞一员**　雍正九年设，驻笨港。

**彰化县丞一员**　乾隆二十三年设，驻南投。光绪元年，奏移鹿港。十年，仍驻南投。十八年，复移鹿港，本缺裁。

**下淡水县丞一员**　光绪元年设，驻阿猴林。

**头园县丞一员**　嘉庆十七年设，隶噶玛兰厅。

**新庄县丞一员**　乾隆三十二年，设巡检，隶淡防厅。五十三年，改县丞。嘉庆十四年。移驻艋舺。

**艋舺县丞一员**　嘉庆十四年设，光绪元年裁。

**新港巡检一员**　康熙二十三年设，隶台湾。乾隆二十六年，移驻斗六门，本缺裁。

**佳里兴巡检一员**　乾隆二十六年设，隶诸罗。五十二年，移驻大武垄，本缺裁。

**大武垄巡检一员** 乾隆五十二年设。

**斗六门巡检一员** 乾隆二十六年设，隶诸罗。光绪十四年裁。

**鹿仔港巡检一员** 雍正十年设，隶彰化。嘉庆十四年裁。

**大甲巡检一员** 嘉庆十四年设，隶淡防。后隶苗栗。

**猫雾捒巡检一员** 雍正十年设，驻犁头店，隶彰化。光绪十三年裁。

**下淡水巡检一员** 康熙二十三年设，隶凤山。五十一年，移驻赤山。雍正九年，移大昆麓。乾隆五十三年，移兴隆里。

**竹堑巡检一员** 雍正十年设，隶淡防厅，兼司狱事。

**八里坌巡检一员** 雍正十年设，隶淡防厅。乾隆三十二年，移驻新庄。

**罗汉门巡检一员** 乾隆五十四年设，隶台湾。嘉庆十六年，移驻番薯寮。光绪元年，奏移澎湖八罩屿，本缺裁。

**枋寮巡检一员** 光绪元年设，隶恒春。

**八罩巡检一员** 光绪十年设。

**葫芦墩巡检一员** 光绪十三年设，隶台湾。

**台南府经历一员** 康熙二十三年设，兼司捕务。

**台北府经历一员** 光绪元年设。

**台湾府经历一员** 光绪十三年设。

**各县典史一员** 随县设，司捕狱事务。

**台南府学教授一员** 康熙二十三年设。雍正十一年，添设训导一员。

**台北府学教授一员** 光绪元年设。

**台湾府学教授一员** 光绪十三年设。

**各县学教谕一员** 随县设。

## 民主国职官表

**大总统**

**军务大臣**

**内务大臣**

**外务大臣**

**游说使**

府、州、厅、县如旧。

# 卷七

## 台灣通史

### 戶役志

户役之制，三代详矣。汉法：郡国上计，岁登其民于宰相，副在太史，所以施政教而行征令也。连横曰：国者，民之国也，与民治之。是故管仲相齐，作内政而寄军令，商君用秦，立保甲以厉耕战，故能有胜于天下。然必先明其民数之多寡，力役生产乃可得而平也。台湾为荒服之地，当明中叶，漳、泉人之至者已数千人。及荷兰来，赋课丁税，每丁四盾。领台之初，岁收三千一百盾，其后增至三万三千七百盾，盖移殖者众，而入款亦巨也。郑氏因之，每丁改为六钱，熟番如之。其时航海而至者十数万人，是皆赴忠蹈义之徒，而不忍为满洲臣妾也。故其奔走疏附者为主户，而商旅为客户。肇启土宇，式廓版图，以保持残局，汉族之不奴者仅此尔。永历三十四年，嗣王经弃金、厦，来者尤众。华人之在吕宋者，久遭西人之暴，前后戕止，皆抚拊之，给其田畴，乐其生业，故有久居之志。使得十年生聚，十年教训，二十年之后，可以光复故国，抑且奄有海邦。而南风不竞，以至于亡，痛哉！

清人得台之时，志称旧额户一万二千七百二十七，口一万六千八百二十人，岁征银八千零六两零三钱二分。是必有所谬误，不然何其鲜耶！考施琅疏陈海上情形，谓："查自故明时，原住澎湖百姓有五六千人，原住台湾者有二三万人，俱系耕渔为生。至顺治十八年，郑成功挈去水陆官兵眷口三万有奇。康熙三年，郑经复挈去六七千人。"以此计之，则台湾之人殆十万，何以仅为一万六千余人？且琅之疏亦有未确者，郑氏陆师七十有二镇，使镇为千人，则有七万二千，加之以四民，应倍其数。是台湾之民，此时已近二十万。不然以一万六千余人，仅不过一乡，而奏设三县，何其夸耶？盖志之所载，仅举丁税而言尔。清

## 卷七 户役志

例：凡有家眷者为一户，男子年至十六者为成丁，每丁征银四钱七分六厘，而妇孺为口。是时移殖之人多无家眷，丁男或流落四方，躬耕岩穴，编查不及，故若是其少。丁税之制，即古之庸，所以任国之役也。是故税以足食，赋以足兵，而役以用力，国之经也，民之义也，故社番男女亦课之。旧例：壮番每丁征米一石七斗，少番一石三斗，番妇一石，而教册会廨番丁与番妇同。归化八社，有人三千五百九十二，岁共征米四千六百四十五石三斗。克台之岁，旨下福建督抚，凡渡台者禁带家眷，而琅亦请申海禁，不许惠、潮之人入台，故多漳、泉人。然利之所在，人所必趋，况以新启之地，原田朊朊，何从而禁之哉？

康熙五十二年，诏以五十年丁册为常额，滋生人口，永不加赋。雍正四年，定豁番妇丁税，少壮番丁改为一律，每粟一石折银三钱六分，共征银二千十六两九钱三分六厘。乾隆元年，诏曰："朕爱养元元，凡内地百姓与海外番民，皆一视同仁，轻徭薄赋，使之各得其所。闻福建台湾丁银一项，每丁征银四钱七分，再加火耗，则至五钱有零矣。查内地每丁征银一钱至二钱、三钱不等，而台湾加倍有余，民间未免竭蹶。着将台湾四县丁银，悉照内地之例，酌中减则，每丁征银二钱，以舒民力。"于是岁征三千七百六十五两余，约减旧额之半。二年，又诏曰："台湾番黎大小共九十六社，每年输纳之项，名曰'番饷'，按丁征收，有多至二两有余及五六钱不等。朕思民番皆吾赤子，原无歧视，所输番饷即百姓之丁银也，着照民丁之例，每丁征银二钱，其余悉行裁撤。该督抚可转饬地方官，出示晓谕，实力奉行，务令番民均沾实惠。又闻澎防、淡防两厅均有额编人丁，每丁征银四钱有零，从前未曾裁减，亦着照台湾四县之例以行。"于是岁征番饷三百四十九两，较旧更减六倍有奇。先是淡水设厅，仅由彰化拨归丁口十一，岁征银五两二钱三分六厘。而数年间，开垦竹堑各地，至者骤增，多至数万人，编审未备，故若是之少也。十二年，诏各府县丁银匀配田园，按亩征输。于是上田匀配四厘一毫八丝六忽，中田四厘三毫八丝一忽，下田四厘六毫三丝九忽，上园四厘九毫二丝九忽，中园五厘五毫五丝七忽，下园五厘六毫三丝三忽，而丁银废矣。各县所征，其详如表。盖以台湾地多人少，与他府异，故不论地丁，而论田土，则贫民免追逋之忧，而有司无赔累之苦。自是以来，移民日多，垦务日进，全台约及百万。而来者仍不许挈眷，番地亦禁开拓，此则退守之政也。

二十五年，福建巡抚吴士功奏言："台湾归隶版图，将及百年，久成乐土。居其地者，俱系闽、粤滨海州县之民，俱于春时往耕，西成回籍。迨后海禁渐严，一归不能复往，其生业在台湾者，既不能弃其田园，又不能搬移眷属，别娶番女，恐滋扰害。经升任广东抚臣鄂弥达具奏，凡有妻子在内地者，许呈明给照，搬眷入台，编甲为良。旋经议行在案。嗣于乾隆四年，前督臣郝玉麟以流寓民眷，均已搬取，即有事故迟延，亦属无几，请停止给照。续于乾隆九年，巡视台湾御史具奏，以内地民人，或闻台地亲年衰老，欲来侍奉，或因内地孤独无依，欲来就养，无如例有明禁，因甘蹈偷渡之愆。不肖客头奸艄，将船驶至外洋，如遇荒岛，诡称到台，促客登岸。人烟断绝，坐而饥毙。俄而洲上潮至，群命尽归鱼腹。因碍请照之难，致有亡身之事。请仍准携眷，经部议准。十二年，督臣喀尔吉善复以前奏未定年限，恐滋弊混，请定限一年之后，不准给照。自此停止以来，迄今十有余年。现在汉民已逾数十万，其父母妻子之身居内地者，正复不少，向之子身过台者，今以开垦田原，足供俯仰矣，向之童稚无知者，今已少壮威立，置有田产矣。若弃之而归，则失谋生之路，若置父母妻子于不顾，更非人情所安。伏查乾隆十七年，原任台湾县知县鲁鼎梅纂修县志云：内地穷民在台营生者数十万，其父母妻子俯仰乏资，急欲赴台就养，格于例禁，群贿船户，顶冒水手姓名。用小渔船夜载出口，私上大船，抵台复有渔船乘夜接载，名曰灌水。经汛口觉察奸艄，照律问遣，固刑当其罪，而杖逐回籍之民，室庐抛弃，器物一空矣。更有客船串通习水积匪，用湿漏之船，收载数百人，挤入舱中，将舱盖封钉，不使上下，乘黑夜出洋。偶值风涛，尽入鱼腹。比到岸恐人知觉，遇有沙汕，辄绐令出船，名曰'放生'。沙汕断头，距岸尚远，行至深处，全身陷入泥淖中，名曰'种芋'。或潮流适涨，随流漂溺，名曰'饵鱼'。言之痛心！臣一载以来，留心察访，实属确有之事。然卒未有因陷溺而告发者。缘事在汪洋巨浸，人迹罕到之地，被害者既已没于波臣，侥免者亦干禁令，莫敢控诉。伏念内外民人均属朝廷赤子，向之在台为匪者，悉出只身之无赖。若安分良民，既已报垦立业，有父母妻子之系恋，有仰事俯育之辛勤，自必顾惜身家，各思保聚。此从前督抚诸臣所以叠有给照搬眷之请也。及奉准行过台之后，亦未有眷口滋衅生事者。盖民鲜土著，则有离去之思，人有室家，各谋久安之计。乃因良民之搬眷，禁以奸民之偷渡，致令在台者，因羁逆旅，常怀内顾之忧，在籍者，怅望天涯，不免向隅之泣。以故内地老幼男妇茕独无依之人，迫欲就养，竟至铤而走险，毕命波涛。非所以仰体皇上如天之覆，一视之仁也。"疏入，从之。于是至者愈多，拓地愈广。及嘉庆十六年，有司汇报全台民户，计有二十四万一千二百十七户，男女大小凡有二百万三千八百六十一口，而土番不计也。比之清初，几增百倍。至今又百数十年，而人口且过三百万，此则竞进之力也。

夫有土必须有人，有人而后有财。生财之道，地著为本，划田畴以养之，设庠序以教之，治舟车以通之，劝工商以兴之，故国无敖民而地无旷土。台湾之人，漳、泉为多，约占十之六七，粤籍次之，多为惠、嘉之民，其来较后，故曰"客人"。亦有福建汀州。而闽、粤之分，每起械斗，漳、泉亦然，今则息矣。光绪十三年，巡抚刘铭传奏请清赋，先饬各厅县编查户口，颁行保甲。其时造报者计有男女三百二十余万人。虽编查未详，亦足以知其概矣。十四年，改定租率，以一条鞭办法，而丁税并于正供，至今行之。

### 清代台湾户表一（据《台湾府志》）

| 厅县 | 户数 | 口数 | 备考 |
|---|---|---|---|
| 台湾 | 8624 | 10865 | 乾隆二年 |
| 凤山 | 1667 | 3300 | 雍正九年 |

续表

| 厅县 | 户数 | 口数 | 备考 |
|---|---|---|---|
| 诸罗 | 2436 | 3955 | 乾隆二年 |
| 彰化 |  | 125 | 乾隆二年 |
| 淡水 |  | 30342 | 乾隆二十九年 |
| 澎湖 | 2752 | 24052 | 乾隆二十七年 |
| 计 | 15749 | 72639 |  |

按府志所载，如彰化县系就完纳丁银之人而言，故若是之少，而实在户口遂不能知。即各厅县之数，似就土著而载，流寓之人尚不编列，故亦若是之少也。

### 清代台湾户口表二（嘉庆十六年编查）

| 厅县 | 户数 | 口数 |
|---|---|---|
| 台湾 | 28145 | 341624 |
| 凤山 | 19120 | 184551 |
| 嘉义 | 126628 | 818659 |
| 彰化 | 40407 | 342166 |
| 淡水 | 17943 | 214833 |
| 噶玛兰 |  | 42900 |
| 澎湖 | 8974 | 59128 |
| 计 | 214217 | 2003861 |

### 清代征收丁税表一（康熙二十三年）

| 县份 | 丁额 | 税额（厘） |
|---|---|---|
| 台湾 | 8579 | 4083604 |
| 凤山 | 3496 | 1664096 |
| 诸罗 | 4199 | 1998724 |
| 澎湖 | 546 | 259896 |
| 计 | 16820 | 8006320 |

### 清代征收丁税表二（乾隆二年）

| 县份 | 丁额 | 税额(厘) |
|---|---|---|
| 台湾 | 10865 | 2173000 |
| 凤山 | 3300 | 660000 |
| 诸罗 | 3955 | 791000 |
| 彰化 | 24 | 4800 |
| 淡水 | 11 | 2200 |
| 澎湖 | 672 | 134400 |
| 计 | 24875 | 3765400 |

### 清代征收丁税表三（乾隆十二年）

| 县份 | 田园亩数(毫) | 匀配丁税(厘) |
|---|---|---|
| 台湾 | 133908398 | 693272 |
| 凤山 | 133488050 | 717328 |
| 诸罗 |  | 1035136 |
| 彰化 | 144006859 | 1160110 |
| 淡水 | 19737530 | 160521 |
| 澎湖 |  |  |

### 清代征收番饷表一（雍正年间编定）

| 社名 | 丁数 | 征额(厘) | 备考 |
|---|---|---|---|
| 大杰颠 | 100 | 190512 |  |
| 卓猴 | 70 | 63000 |  |
| 新港 | 175 | 395456 |  |
| 下淡水 | 292 |  |  |
| 力力 | 160 |  |  |
| 茄藤 | 280 |  |  |
| 放䌇 | 186 | 2016936 |  |
| 上淡水 | 237 |  |  |
| 阿猴 | 161 |  |  |
| 搭楼 | 234 |  |  |
| 武洛 | 98 |  |  |
| 目加溜湾 | 117 | 113248 | 新庄仔社附纳 |
| 萧垄 | 123 | 452289 |  |

续表

| 社名 | 丁数 | 征额(厘) | 备考 |
|---|---|---|---|
| 麻豆 | 116 | 172,872 | |
| 大武垄 | 193 | 914810 | 噍吧哖、木冈、芋匏、内攸等社附纳 |
| 哆啰啯 | 70 | 313992 | |
| 诸罗山 | 62 | 65228 | |
| 打猫 | 62 | 49392 | |
| 他里雾 | 59 | 50803 | |
| 斗六门 | 108 | 352800 | 柴里社附纳 |
| 西螺 | 101 | 204624 | |
| 东螺 | 102 | 370440 | 眉里社附纳 |
| 大突 | 91 | 105840 | |
| 马芝遴 | 104 | 215913 | |
| 南北投 | 173 | 501318 | 猫罗社附纳 |
| 二林 | 84 | 435224 | |
| 猫儿干 | 94 | 106500 | |
| 阿束 | 107 | 70912 | |
| 大武郡 | 97 | 165463 | 片相触、二重坡二社附纳 |
| 沙辘 | 46 | | |
| 牛骂头 | 55 | | |
| 半线 | 114 | 331442 | 大肚、柴坑、水里等社附纳 |
| 猫雾揀 | 45 | 29635 | |
| 岸里 | | 12000 | 凡五社 |
| 蓬山 | 350 | 134416 | 凡八社 |
| 后垄 | 307 | 98784 | 凡五社 |
| 竹堑 | 840 | 37800 | |
| 南崁 | | 98784 | 凡四社 |
| 淡水 | | 22579 | 凡六社 |
| 鸡笼 | | 22579 | 金包里附纳 |
| 麻薯 | | 3680 | 新旧二社 |
| 奇冷岸 | | 12900 | |
| 大圭佛 | | 17982 | |
| 猴闷 | | 49392 | |
| 南社 | | 806500 | |
| 加六堂 | | 49392 | |

120

续表

| 社名 | 丁数 | 征额(厘) | 备考 |
|---|---|---|---|
| 琅璚 | | 51156 | |
| 琉球 | | 9878 | |
| 卑南觅 | | 68796 | |
| 山猪毛 | | 12000 | 凡十社 |
| 傀儡山 | | 21600 | 凡十八社 |
| 猫仔 | | 22800 | 凡十九社 |
| 本禄 | | 4800 | 凡四社 |
| 阿里山 | | | 凡八社 |
| 崇爻 | | | 凡八社 |
| 水沙连 | 688 | 3525687 | 凡二十四社 |
| 巴荖远 | | 7200 | 凡四社 |
| 沙里兴 | | 2400 | |
| 蛤仔难 | | 30000 | 哆啰满社附纳 |

### 清代征收番饷表二（乾隆二年改定）

| 社名 | 丁数 | 征额(厘) | 备考 |
|---|---|---|---|
| 大杰颠 | 100 | 24000 | |
| 卓猴 | 70 | 14000 | |
| 新港 | 175 | 35000 | |
| 下淡水 | 292 | 58400 | |
| 力力 | 160 | 32000 | |
| 茄藤 | 280 | 56000 | |
| 放䌇 | 186 | 57200 | |
| 上淡水 | 237 | 47400 | |
| 阿猴 | 161 | 32200 | |
| 搭楼 | 234 | 46800 | |
| 武洛 | 98 | 19600 | |
| 目加溜湾 | 117 | 23400 | |
| 萧垄 | 123 | 24600 | |
| 麻豆 | 116 | 23200 | |
| 大武垄 | 193 | 38600 | 噍吧哖、木冈、芋匏、内优等社附纳 |
| 哆啰啯 | 70 | 14000 | |

续表

| 社名 | 丁数 | 征额(厘) | 备考 |
|---|---|---|---|
| 诸罗山 | 62 | 12400 | |
| 打猫 | 62 | 12400 | |
| 他里雾 | 59 | 11800 | |
| 斗六门 | 108 | 21600 | |
| 西螺 | 101 | 20200 | |
| 东螺 | 102 | 20400 | |
| 眉里 | 97 | 19400 | |
| 大突 | 91 | 18200 | |
| 马芝遴 | 104 | 20800 | |
| 南北投 | 173 | 34600 | |
| 二林 | 84 | 16800 | |
| 猫儿干 | 94 | 18800 | |
| 阿束 | 107 | 21400 | |
| 大武郡 | 97 | 19400 | |
| 沙辘 | 46 | 9200 | |
| 牛骂头 | 55 | 11000 | |
| 半线 | 114 | 22800 | 柴坑社附纳 |
| 猫雾拣 | 45 | 9000 | |
| 大肚 | 118 | 137600 | 水里社附纳 |
| 岸里 | | 2400 | 凡五社 |
| 蓬山 | 350 | 70000 | 凡八社 |
| 后垄 | 370 | 61400 | 凡五社 |
| 竹堑 | 89 | 17800 | |
| 淡水 | 579 | 115800 | 淡水、南崁、鸡笼凡十二社 |
| 麻薯 | | 960 | |
| 奇冷岸 | | | |
| 大圭佛 | | | |
| 猴闷 | | | |
| 南社 | | | |
| 加六堂 | | | |
| 琅璚 | | | 凡十社 |
| 琉球 | | | |
| 卑南觅 | | | |
| 山猪毛 | | 4800 | 凡十社 |

续表

| 社名 | 丁数 | 征额(厘) | 备考 |
|---|---|---|---|
| 傀儡山 | | 6400 | 凡十八社 |
| 猫仔 | | 9120 | 凡十九社 |
| 本禄 | | 1920 | 凡四社 |
| 阿里山 | | | 凡八社 |
| 崇爻 | | | 凡八社 |
| 水沙连 | 68 | 137600 | 凡二十四社 |
| 巴荖远 | 8 | 1440 | 凡四社 |
| 沙里兴 | | 480 | |
| 蛤仔难 | | | 哆啰满附 |

卷八

台湾通史

田赋志

连横曰：井田之法废矣，乡曲猾豪，夺民之田，以殖私利，用其富厚，遨游官府，骄奢淫逸，势过王侯。而为之佃者，胼手胝足，水耨火耕，岁稔乃不获一饱。先畴自作，贷种于人，头会箕敛，从而剥之。贫富之等日差，贵贱之阶愈绝，而民怨郁矣。古者量人授田，一夫百亩，其中为公田，八家皆私百亩，同养公田，所谓十一而税也。税以足食，赋以足兵，是故出入相友，守望相助，设为庠序学校以教之。庠者，养也，校者，教也，序者，射也。故民皆有勇而知方，居则执锄以耕，出则荷戈而战，忠义奉公，以卫其国，此则先王经邦莅民之善制也。夫井田养民、其田皆国之田也。及秦以后，民所自有之田也。民所自有之田，又从而赋之，亦日以保之也，故民之输将不怠。若己不能保，而又横征之，使之蕉萃于虐政之中，是直以民为隶而已。

台湾为海上荒土，其田皆民之所自垦也。手耒耜，腰刀枪，以与生番猛兽相争逐。筚路蓝缕，以启山林，用能宏大其族，至今是赖。艰难缔造之功，亦良苦矣。当明之世，漳、泉地狭，民去其乡，以拓殖南洋，而至台湾者亦夥。山林未伐，瘴毒披猖，居者辄病死，不得归，故有"埋冤"之名。及颜思齐至，郑芝龙附之，垦土筑屋，渐成部落。思齐既死，芝龙复降，漳、泉人之居者凡三千余人，自生自养，以赡其家，固无政令以率之也。天启四年，荷人入台湾，借地土番。越二年，西班牙人亦入鸡笼，各据其地，以殖土宜，制王田，募民耕之，而征其赋。计田以甲：方一丈二尺五寸为一戈，三十一戈二尺五寸为一甲，上则年征谷十八石，中十五石六斗，下十石二斗。其时土田初辟，一岁三熟，糖米之利，挹注外洋，故至者日盛。崇祯间，熊文灿抚闽，值大旱，谋于芝龙，募饥民数万，人给银三两，三人合给一牛，载至台湾，垦田芟舍，以其衣食之余，纳租郑氏，故富甲七闽。延平建宅，从者尤多，休兵息民，以事农亩。向之王田，皆为官田，耕者皆为官佃，赋仍旧。宗室文武召民自辟，谓之私田，则所谓文武官田者也。定则之法，亦分三等，纳税之外，又课其赋。而所谓官斗，较中土仓斛仅有八升。原田朊朊，取之无尽，耕后数年，辄弃其旧。故三年一丈，课其增减，定其肥硗，而所以恤民之困也。诸镇之兵，各分其地，按地开垦，自耕自给，谓之营盘。三年之后，乃丈其则，以立赋税。农隙之时，训以武事，此则寓兵于农之意也。永利十八年，嗣王经委政陈永华。永华善治国，分诸镇土地，复行屯田之制，于是辟地日广，远及半线。二十四年，右武卫刘国轩伐大肚番，追之至北港溪，驻军以戍，则今之国姓庄也。宁靖王术桂人台后，以竹沪一带土厚泉甘，垦田百数十甲，岁入颇丰，有余则散之故旧，不需汤沐之奉，而诸镇屯田至今尚留其迹，此则郑氏富强之基也。

清人得台，廷议欲墟其地，靖海将军施琅力陈不可，乃设一府、三县，又奏请减赋，略曰："今部臣苏拜等所议钱粮数目，较郑克塽所报之额，相去不远。然在郑氏当日，自为一国之用，因其人地，取其饷赋，未免重科。兹部臣等奉有再议之旨，不得不以此数目议覆。如以会议既定，当按数而征，在道府责成所系，必奉行催科。兼以郑氏向时所征者乃时银，我之所定者乃纹银，纹之与时更有加等。且臣前之议守此土者，非以其地可以加赋也，盖熟察其地，属在东南险远，关系数省安危。今既设官分治，拨兵汛防，则善后之计，宜加周详。而今所调守兵一万，乃就闽省经制水陆兵丁六万五千七百五十名数内抽调，兵无广额，饷无加增。就此议定钱粮数目，蠲减于寇虐之后，使有司得以仰体德意，留心安集抚绥。数年之后，人户繁盛，田畴悉易，赋税自充，有增无减，岂待按数而征哉？"下旨再议。于是奏定上则田每甲征谷八石八斗，园四石，其详如表。

六十一年，巡台御史黄叔璥以台湾田赋较重内地，台之一甲，得内地十一亩三分一厘有奇。内地上田，各县征法不一，约折色自五六分以至一钱一二分而止，是一甲不过征至一两三钱为最多矣。今台征谷八石八斗，使谷最贱，石为三钱，已至二两六钱四分余，况又有贵于此者，而民不以为病。地力有余，上者无忧不足，中者绝长补短，犹可借以支应。若履亩勘丈，便难仍旧矣。雍正五年，巡台御史尹秦奏言："台湾全郡尽属沙壤，地气长升不降，所有平原，总名草地，有力之家，视其势高而近溪涧淡水者，赴县呈明四至，请给垦单，召佃开垦。所开田园，总以甲数，每甲约抵内地十一亩有奇。郑氏当日分上中下三则取租。开台之后，地方有司照租征粮，而业户以租交粮，致无余粒，势不得不将成熟之田园，以多报少。欺隐之田，倍于报垦之数。臣等细访，向来任其欺隐不行清查之故，则其说有五：现征科则，计亩分算，数倍于内地之粮额。若非以多报少，不能完纳正供，一也。台湾沙地，每岁夏秋大雨，山水奔泻，冲为涧壑，流沙壅积，熟田亦为荒壤。若非以多报少，将何以补苴亏缺，二也。台地依山临海，田园并无堤岸保障，海风稍大，咸水涌入，田园卤浸，必俟数年，咸味尽去之后，方可耕种。若非以多报少，何以抵纳官粮，三也。台地土脉炎热，不宜施肥，二三年后，力薄寡收，便须荒弃两岁，然后耕耘。若非以多报少，焉能输将公课，四也。台湾佃丁皆系漳、泉、惠、潮之客民，因贪地宽，可以私垦，故冒险渡来。设使按亩清查，以租作粮，则力不能支，势必各回原籍，以致田园荒废，额赋虚悬，五也。夫田粮之欺隐若此，其所以致此欺隐而难以清查者又若此，自宜作何变通，以除欺隐之弊。海疆重大，与内地不同，臣等愚昧，不敢轻议，谨具实奏请圣裁。至于此路彰化一带，县系新设，地稍偏远，臣等见其多属未辟之土，亦宜召民开垦。案查淡水同知王汧曾经具详，称北路虎尾溪以上，间原宽旷，召民开垦之法，毋许以一人而包占数里，只许农民自行领垦，一夫不过五甲，十夫连环互保，定限三年，比照内地粮额起科。再如熟番场地，向有奸棍认饷包垦，久假不归。若任其日被侵削，番众无依，必退处内山，渐变生番。宜令大社留给水旱地五百甲，中社四百甲，小社三百甲，号为社田,以为耕种牧猎之所。各立界碑,四至田亩,刊载全书,以俾日后势豪不得侵占。其余草地悉行召垦,并限三年起科。臣等细加寻绎,事属当行。唯召垦农民,似宜照臣等前折所陈,亦令归庄并田,务使匪类无处托足,以靖盗源。"九年,诏以台湾土田自七年开垦及自报升科者,改照同安则例,化一甲为十一亩三分有奇,计亩征银,仍代以粟,每银三钱六分折粟一石,粟一石折米五斗,其详亦如表。而新则较轻旧则不啻数倍,计岁征粟十六万九千二百六十六石九斗九升有奇。例以十月开征,至腊而毕。每粟一石征耗一斗,折银五分,以防入仓之损。全台正供之粟,支给班兵十五营,需米四万四千八百五十一石八斗。又配运福、兴、漳、泉平粜以及兵米眷米十六万六千五百石,又运督标兵米折粟一万五千五百七十石,详在《粮运志》。顾全台征收粟数,不敷起运,每年以运粜四府粟价发台,分给四县,粆补足额。其耗粟之银,则为官署公费,而有司且加之数倍,以人私囊。故例有司催科,凡得八成者,录其功,而八以成上,则吞没之。一行作吏,便为富翁,故俸禄甚薄,而供奉酬酢多取之民也。乾隆九年,诏曰:"台湾田园已照同安则例,后经部议以同安科则过轻,应将台地新垦之田园,按照台湾旧额输纳。朕念台民远隔海洋,应加薄赋,以昭优恤。除从前开垦田园,照依旧额,毋庸减则外,其雍正七年以后报垦之地,仍遵雍正九年奉旨之案办理,其已照同安下则征收者,亦不必再议加减。至嗣后垦辟田园,令地方官确勘肥瘠,酌量实在科则,照同安则例,分别上中下,定额征收,俾台民输纳宽舒,以昭加惠边方之至意。"

夫台湾为海疆重地,每有水旱之灾,辄奏请蠲赋,故人民易于乐岁,而开垦日进,远入番地。其始佃农力小,不足经营,富豪出资本,给牛种,建庐凿圳,以任其费。田成,则纳其谷十之一二,谓之大租,或征圳租,谓之水粟,每甲应纳谷石,永久不替。道光四年,署兵备道方传穟上书总督孙尔准,力言业户之弊。书曰:"千万人垦之,十数人承之,而一人所给垦照,或千数百甲,淡水是也。万人垦之,千人承之,而地数千甲,给垦照者数千人,每人仅十甲,最多亦十数甲,并无业户,以民为官佃者,噶玛兰是也。夫业户之设,其弊无穷。其始豪强有力者十数人,出领垦照,名为自出工本,募佃垦荒,实则其人工本不多,鸠集朋党,私立约据,及其垦成报官升科,而业户一人,界广甲多,且易隐蔽。及赋已定后,或十余年,或数十年,遇有水旱偏灾,冲崩塌坏,亦任意影射。且征收供课,户只一人,实缺千万,一经破败,更换为难。请以淡水言之,其地南自大甲,北至鸡笼,绵长三百余里,自山至海,腹内所宽亦四五十里,较诸台邑固自倍之。而考其正供,仅有台邑四分之一,业户编入征册者仅数十人,此所以地广赋少也。然则业户自宜殷富,每年自清国课,而每年实征,民欠犹十之二三,业户大半贫窭,何也?业户生收其租,除完课外,别无所利,田园实非其有。历年既久,冲崩塌坏,渐就硗确,而佃户逃亡也。"初,噶玛兰开垦之时,吴沙父子邀赵隆武、何绘等赴省呈请开垦,先与佃户私议,将来告成,应由业户升科完粮,佃户每甲田定纳大租谷六石,园四石。及杨廷理筹办建治,深虑不敷经费,议裁业户,而由散佃报升。谓此租额约与淡水拳和官庄相符,详请转奏,援以为例。部议不许。以拳和官庄久已无案可稽,若照屯案办理,屯案田园各分六等,此项园征四石,已准屯案第四等,则田不应列第六等,漫无区别。是拳和官庄与屯租二案,均难援引矣。然其后仍定田六园四之率,丈升报部,有田二千一百四十三甲余,园三百甲余,岁征租谷一万四千六十三石有奇。供耗之外,又征余粮,此为各属所无。查台湾升科章程,凡田园只征正供、耗羡,若征别款租赋,从无并征正供。而兰属独增余租,犹之他属杂征,固不与供耗核计考成也。顾余租实为筹备经费之计,即仿淡水屯租之例,每石折色一圆,奉文照议在案。嗣以同安下沙则而计,则田一甲征谷六石,又征供谷一石七斗五升八合四勺七秒二撮,耗谷一斗七升五合八勺四秒七撮,余租四石零六升五合六勺八秒一撮。园一甲征谷四石,又征供谷一石七斗一升六合六勺一秒一撮,耗谷一斗七升一合六勺六秒六撮,余租二石一斗一升一合七勺二秒八撮。较之创始原议,凡田减耗六升八合三勺八秒三撮,园减供二勺,耗六升六合七勺五秒九撮,悉入余租,以副

## 卷八　田赋志

其用。嘉庆二十三年，台湾府知府以兰地初启，民力未充，详请豁免余租，而司中以核与原案田六园四之数，实为减少，未许。道光七年，奏请改则，而余租更宽裕矣。

先是，台湾田赋自荷兰以来，皆征供谷。归清后，亦以此为兵糈，而谷价既贱，当事者无所获利。二十三年，改谷折色，每石六八秤银二圆。当是时，市价每石仅值一圆五角，而当事者又格外诛求，兼有火耗之损，台湾县保西里人不从，几至激变。庄豪郭崇高走吁北京，诏逮知县阎炘治罪，事始息。澎湖为海中群岛，地瘠而硗，素不播稻，所产唯番薯黍稷，一逢咸雨，枯槁不收，故其地不赋，由台供之。光绪三年春，福建巡抚丁日昌奏蠲台湾杂税，略谓台、凤、嘉三邑合长二百九十里，额征供谷十三万余石，而彰、淡、兰一厅两县合长五百八十里，仅征谷五万六千余石。盖台、凤、嘉开辟之地较早，税则皆沿郑氏之旧，而彰、淡、兰新垦之地，新定科则，故赋较轻也。

十一年建省，以刘铭传为巡抚，沈应奎为布政使。铭传负吏才，以台湾经费向由福建协助，欲谋自给之计，振兴物产，以尽土宜。十二年五月，奏请清赋。疏曰："窃查台湾粮课，自入版图以来，仍循郑氏之旧，每丁岁征银四钱八分六厘。乾隆元年，钦奉恩谕，台湾丁粮着照内地分中减则，每丁征银二钱，以舒民力，岁征银三千七百六十余两。及十二年，乃议匀入田园征收，其番众所耕田地，概免完赋，照旧就丁纳粮。至道光间，通计全台垦熟田园凡有三万八千一百余甲，又三千二十一顷五十余亩，谷种折地一千四百三十亩，年征粟二十万五千六百余石，租番银一万八千七百余圆。至今已数十年，垦熟田园较前多至数倍，统计全台之额，仅征额银一万五千七百四十六两，洋银一万八千六百六十九圆，又谷十九万八千五十七石，久无报丈升科。伏维我朝轻徭薄赋，亘古所无，而于台湾一岛尤为宽厚。雍正、乾隆间，屡奉恩谕，台湾赋税，不准议加。其时海宇澄清，升平无事，朝廷以台湾一隅无足重轻，今则海上多警，而台湾为海疆之要隘，奉旨改建行省，经费浩大，今昔不同。臣忝膺斯土，目击时艰，当此财用匮乏之时，值百废待举之际，不能不就地筹画，三五年后，能照部议以台地自有之财，供台地经营之用，自成一省，永保岩疆。况叠次钦奉谕旨，开源节流。顾以额定之赋，应有之税，乃部库入款之常经，国家经久之至计，舍此不为，徒求邻省，虽至舌破唇焦，缓急仍不足恃。臣渡台以来，详查民间赋税，较之内地毫不轻减。而询其底蕴，全系绅士包揽。若某处有田可垦，先由垦首递禀，承揽包垦，然后分给垦户。垦首不费一钱，仅递一禀，垦熟之后，每年抽租一成，名曰大租，又有屯租、隘租各项名目，而粮课正供毫无续报升科。如台北、淡水田园三百余里，仅征粮一万三千余石，私升隐匿，不可胜计。臣现由内地选调厅县佐杂三十余人，分派南北各县，又由各县选派公正绅士数人，会同先查保甲，就户问粮。一俟田亩查明，再行户清丈，委派台湾府知府程起鹗、台北府知府雷其达，各设清赋总局，督率办理。至于赋税轻重，应俟丈量之后，再请旨饬部覆议。维念台湾民风强悍，一言不合，拔刀相向，聚众挟官，视为常事。林爽文之变，则言升科之逼迫。以是委员下乡清查，视为畏途。且千山丛杂，道路崎岖，若非勤实耐劳之员，协同公正绅士切实清查，无裨实际，且恐竣事无期。惟有严定赏罚，以冀成效。若各地方委员绅士等妥速办理，认真清查，臣请照异常劳绩从优奏奖，以示鼓励。倘有贿托隐匿等情事，抑或畏难延误，即行参革。庶得实力奉行，为朝廷经久之谋，除地方吞匿之弊，裕国便民，以期有裨台湾之大局。"六月，诏可。设清赋局于台北、台南两府，以布政使辖之，命知府统理。各厅、县设分局，任总办，以同知、知县主之。

初，铭传议办清赋之时，先询各厅县。或以为当编查保甲，就户问粮，或以为即施办清丈，就田问赋，而众多主前说，且为根本之计。于是先办保甲，限二月告竣。乃以清赋之意告示于民曰："台湾地方自乾隆五十三年续丈之后，至今开辟田园数倍于前，久未报丈升科。从前海宇升平，朝廷视台湾一岛不足重轻，期无内患。不虑外侮，赋税一项，屡奉恩诏，格外从宽，以示绥远安边之意。现在海疆多事，台湾重地，久为外人窥伺，朝廷特设巡抚以资控制。本爵部堂忝膺斯土，应为地方远大之谋。故招抚生番，以靖内患；筹办海防，以御外侮；清查田亩，以裕饷需。不惮劳怨，惨淡经营，一时并举，以为长治久安之计。尔百姓等渡海迁来，当知创业不易，须为子孙立百年之业。官民一德一心，共保岩疆，同享乐土。查台湾素称沃壤，近年开辟日多，旧粮转形亏短，皆由业户变迁无定，粮额向不催收，故遇逃亡，莫从究诘。或由田园籍册失毁，户无确名，疆界混淆，土豪得以隐匿霸占，奸民从中包揽控争。或借防番抽收隘租，或称完粮自收大租，强者有田无赋，弱者有赋无田。更有近溪田园，水冲沙压，小民无力报豁，田去粮存。种种弊端，国计民生，皆有阻碍。若不及早清查，贻害胡底。现经奏明清丈全台田亩，委派南北两府，设立总局，克日举办。尔等田园一经清丈，编立字号，某字某号之田，则为某处某人之业。粮户何名，册籍昭然，遇有买卖，立即过户催收，可免侵占冒争，永杜构讼之弊。其有水冲沙压之地，亦可随时禀报，顿释累积之负，是于国计民生两有裨益。自示之后，一律办理。"嗣以清丈章程颁发于民。其时各属业户多虑加租，劣绅土豪造作蜚语。铭传不为所挠，督励有司，昼夜不息。八月，复以丈法昭示于民曰："台湾田园举办丈量，前经按照《淡水县志》载定弓尺制度，每戈一丈二尺五寸为准，分颁各属应用在案。现据宜兰、新竹两县先后禀称，该二邑丈量田亩，向以一丈三尺五寸为一戈，与现颁之戈互相比较，每戈多加一尺。绅民晓晓，置辨不休，请示遵办等语前来。查台湾自国初始入版图，核算田亩，有所谓每戈、每甲等名目，皆系郑氏一时权宜。雍正九年，特奉廷旨，台湾田园化甲为亩，系以戈数核为弓数。其弓定制六尺，积二十四弓为一亩，载在志乘，遵行已久。现在举办丈量，犹用戈甲名目，不过因其旧俗，以计总数，为将来积算之端。至于量则升科，仍应遵照定章，以弓计亩。如以一丈二尺五寸之戈，就一甲之田化弓计亩，有十一亩三分有奇。如以一丈三尺五寸之戈，就一甲化弓计亩，有十三亩一分八厘有奇。是长一尺之戈，每甲即多一亩八分八厘之赋，并无便宜。该二邑以弓小一尺，借词争执，难保不误，尚执戈大赋轻戈小贼重之成见，亟应剀切晓谕，以昭定制，而释群疑。台湾田园化甲为亩，奉旨遵行定章，断不能仍复论戈纳赋。现在所用旧弓尚是五尺，迨清丈之后，仍应以戈伸尺，按六尺为一弓，积二百四十弓为一亩，计亩升科。尔人民将来供赋，不定于戈尺之短长，而定于弓数之多寡，其戈长者既不能有所取巧，戈短者亦决不至多完。尔绅民务当晓然朝廷治赋经邦，一秉大公，毫无偏拗。其各懔遵。"

十月，各属渐报丈竣，乃定租率，仿江南一条鞭法，举前之丁税、耗羡等款而括之，折色完纳，并加补水秤余，以定地则，凡分四则。前之不入则者，如新竹以北，则为一等、二等、三等；彰化以南，为平等、次等、下等。丈单列天、地、人三号，鱼塭之率视天字田，故业户较益。台南之田，有旱季养鱼而晚季播谷者，收利尤丰，而纳租则轻也。前时大租多议裁废，至是乃据减四留六之制，以归小租纳课，而业户仅得其六。十二月，颁定征租之制，其详如表。于是全台田赋计征六十七万四千四百六十八两，实增四十九万一千一百零二两。十四年春正月，示领丈单，甲费二元，嘉、彰两邑民户骚动。而彰化知县李嘉棠素贪墨，施九缎起而抗之，纠众围城，提督朱焕明被戕。铭传派兵平之，裁收丈费，以十八年五月撤清赋局，而全台田赋乃定。

## 官　庄

初，施琅克台之后，以台地肥沃，土旷人稀，奏设官庄，召民开垦，按其所入，以助经费。康熙四十九年，兵备道陈璸以其有弊，奏请废止，其款入官。雍正元年，漳浦蓝鼎元上书巡台御史吴达礼，略曰："台湾旧有官庄，为文武养廉之具，今归入公家，各官救口不赡矣。夫忠信重禄，所以劝士，况官人于遐荒绝域，欲用其身心，而冻馁其妻子，使之枵腹从公，非情之平也。官庄犹古公田，更不病民，旧庄虽没，新地可再垦也。查台北有竹堑埔，沃衍百余里，可辟良田千顷，又当孔道要冲，曩以弃置荆榛，故野番敢于出没。唯地大需人，非民力所能开垦。莫若令全台文武各官，分地辟之，各捐资本，自备牛种田器，结庐招佃，永为本衙门恒产，不独一时之利，万世之利也。夫台地素腴，随垦随收，一年所获，足敷其本，二三年后，食用不竭。以天地自然之利，为臣子养廉之资，而又可以祛番害，益国赋，足民食，是一举而数善备也，"达礼据以入告，许之。于是总兵蓝廷珍先垦猫雾拣之野，名曰蓝兴，即今台中郡治之地。其田最沃，有泉可溉，每甲岁可得谷百石。八年，总兵王郡奏以台湾常恤兵丁之款。购置业产，而收其利，照例纳租，由镇理之，派员征收。其后官庄一百二十有五所，年征糖、谷、牛磨、鱼塭等款三万七百三十九两九钱六分六厘，逐年增多。而奸猾之徒，夤缘武弁，借名官庄，侵占番地，以牟私利。番黎怨恨，莫可谁何。乾隆九年，诏曰："外省镇将等员，不许任所置立产业，例有明禁。内地且然，况海外番黎之地！武员置立庄田，垦种取利，纵无占夺民产之事，而家丁、佃户倚势凌人，生事滋扰，断所不免。朕闻台湾地方，从前地广人稀，土泉丰足，彼处镇将大员无不创立庄产，召佃开垦，以为已业。且有客民侵占番地，彼此争竞，投谳武员，因而据为己有。亦有授受前官已成之产，相习以为固然，其中来历不明，是以民番互控之案，络绎不休。若非彻底清查，严行禁绝，终非宁缉番民之道。着该督抚派高山前往，会同巡台御史等，一一清厘。凡历任武职大员创立庄产，查明并无侵占番地及与民番并无争控之案者，毋论本人子孙，或转售他人，均令照旧营业外，若有侵占民番地界之处，秉公清查。民产归民，番地归番，不许仍前蒙混，以启事端。此后创立产业，开垦草地，永行禁止。倘有托名者，即将本官交部，严加议处，地亩入官。如该管官吏通同容隐，并行议处。"十七年，更立石番界，以禁侵垦。而垦者仍多，远至内山。五十五年，颁行清丈，凡侵垦番地者皆入官。而运会所至，防不胜防，其令遂废。

## 隆 恩

乾隆五十一年，林爽文之役，钦差大臣福康安治军台湾。既平，尚余兵饷五十余万两，奏设隆恩官庄，募佃耕之，或购大租岁收其益，以充赈恤班兵之款。台湾之兵均调自福建，离家远戍，遇之较优，然多为武弁侵没，不副设置之意。其田多在彰、淡两属，租制与官庄同，岁征谷三千七百余石。光绪十八年，布政使唐景崧通饬各属，谓台、澎各营原置隆恩官庄田园糖部廓，所收租息，除完纳正供外，余款由营造册送司，按年在请领台饷内扣存司库，入拨充饷。乃因递年租息参差不等，奉部行令，按照乾隆五十四、五十五两年租息，统算折半，匀计作为定额，盈则尽数造报，绌则令承办营员赔补。例定甲年征收，乙年造报，闽省历办在案。嗣因各营原置田园案券，间多被匪遗失，历年既久，官弁递更，逐年只向原佃收租，不复问及田园处所。间有被水冲塌者，亦久不报豁，佃户难免赔累，弊窦丛生。以致东移西扯，竟将所垦民业，希图免粮，混为官庄者有之，逐年滞欠短额，积压数年，始行造报者有之。是此项官庄从前业已混含不清。迨至全台一律清丈之时，南北情形又各不同。台南则就田查问，是以此次田园历历可考。台北则不问何项田园，统行清丈，在当时则借删除各项名目为辞，殊不知此项田园，系发帑买置，定由官收，与民田之缴纳番租、隘租、屯租，情形迥异。嗣因清丈完竣，民业钱粮议由小租户完纳，大租减收四分，贴给小租完粮。而台北官庄田园亦由佣户承粮，由台北府雷守议照大租章程，营中减收四成，司中只照六成，扣收租息，奉前抚宪批准，行司照办。当时办理，原为一时权宜之举，不能遽以咨部。何也？盖以各处扣饷之庄租，系除完纳正供之款，净收租息。清丈以后，供赋多至数倍。供多则租亦多，何以转少四成？是以难于咨部。台南各县田园历历可考，系清丈时查询，佃户自称，各县照所指之田园，年应征收钱粮秤水赴营催完。营中则较之前所纳供赋盈溢数倍，租息因之而短，各营所以纷纷借口。然台南官庄田园盈溢，可想而知。倘营中原置田园案券尚存，何难一一清理，租息尚可加增。只以各营案券毁失，兼以当时原置田园甲数，并无造册分送督抚司存案，以致上年赴闽查考，无从检出。现各营以新定钱粮，较之旧时供赋，溢出数倍，台北议以减四收六章程，而台南则不能完纳。迨至奏销迫届，由县详司，就饷核扣，而各营钱粮既多，租额因而减少，纷纷又以案照台北减四收六核扣租息为请。查此项隆恩田园，系属发帑购置，递年征收租息，完纳钱粮之外，扣存司库充饷，各数目均咨部有案。台北议以减四收六，实因田园混入民业，丈量未经指出，暂时权宜办理，然亦不能遽以咨部。现民业均已升科，而官庄历年瓜葛不清，若统照减四收六办理，递年司库短扣五千余两，从何弥补？亟须通筹全局，彻底清厘，俾得一劳永逸。拟将台南安、凤、嘉、彰四县官庄田园，清丈既已指出，应饬各县委员会营按明图册所载前赴，就田问佃，向佃议租，重新整顿。台北淡、新、宜各县，虽无田园之可考，总有佃户之可凭。向佃追田，罢四六之议，逐一清理。或田甲不敷，租额短缺，究竟是何原委，抑系昔年被水冲塌，据实造册送司，分别核办。于是各县会营清厘，终不能彻底追究，而每年所征只有十之七八而已。

## 抄　封

抄封亦官租也。其租有二：曰叛严。林爽文之役，凡与党人者，皆籍兵田，或被株连，所抄至数万石，多在嘉、彰两县。自是每有乱事，援例以行，为官署岁入之款。叛产之业，赎之于民，而收其税，岁征银约五万四千两。曰生息。从前府道库款每存至数百万两，或数十万两，贷之富民，而收其息，息甚轻。一遇有事，则收回之，而仓卒难缴。或凌夷无力，亦籍其田，以取偿焉。售之于民，以抵款焉。按年出赎，而收其税，亦为官署入款之一。其详皆在《度支志》。然抄封之中，有拨支兵饷者，有充地方公费者，又有鬻供军需者。其业散在各县，统归台湾府遴派佃首，代为征收，多属富绅揽办。其田园各分三等：上田每甲纳谷三十二石，中二十六石，下二十石；上园视中田，中园视下田，下园十八石。道光间，年征五万六千余两，亦如官庄只征十之七八，每年可得秤余四千余圆，以补额拨加饷内应征未完租额。同治六年，署知府叶宗元请将秤余尽数归公，许之。及清赋时，亦照官庄办理。

## 番　租

台湾固土番之地，其田皆番之田也，我民族拓而垦之，以长育子姓，至于今是利。然其成也，固非一朝一夕之故。胼手胝足，出生入死，而后得此尺寸地，如之何而不惜也。先是，我族以入垦地番，远及内山，清廷下令设界，禁出入，违者治罪，且籍其田。而利之所在，人所必趋，禁者自禁，而垦者自垦。终至法令不行，讼狱日出，固非计之得也。雍正三年，户部覆准台湾各番鹿场，闲旷地方，可以垦种者，命地方官晓谕，听各番租与民人耕种。五年，巡台御史尹秦据淡水同知王汧详请，大社留给五百甲，中社四百甲，小社三百甲，号为社田，以为耕种牧猎之地，其余悉行召垦，并限三年起科，奏请颁行。于是垦者先与番约，岁纳其租，谓之番大租。其约曰招垦，或曰永耕，记其界址租额，存以为据，或报之官。背约者官为催科，所以保护番黎也。番大租有二：公有者谓之公口粮租，土目收之，照其社例，以充公费；私有者谓之私口粮租，番自取之。然其租率不定，召垦之时，互先立约。如活租则照所获之谷而赋之，或十之一，或十之二，或十之一五。而死租则视地肥瘠以定，大略为十之一，其详如表。顾活租虽较多，一遇凶岁，必须减赋。若死租则不论丰歉，莫得改易，台湾民田之税佃亦如此。自是以来，开垦日进，负租者亦多，番

## 卷八　田赋志

不能索。道光初，淡水番人乃由汉人揽办，代为催收，而取其费。光绪十三年清赋之后，照大租例，去四留六，并废代收之弊，而番田变为民田矣。水沙连六社化番，拥地甚广，番不能耕，募汉人垦之。田成，纳其所获百分之五，谓之亢五租，或曰空五租。

道光十五年，埔、眉二社正通事巫春荣与社番约垦草地八十五甲，按甲纳租，田谷二石，园一石，以早晚两季摊缴。其后垦者均照此例，锄耰并进，遂成乐土，至设埔里社厅以理之。然佃户多负租。光绪六年，始设总理揽收，分与化番。十一年，更命义塾教习偕番收之，岁与千石，余归官，以充抚育之费。十三年，改归官租。十月，全台颁定租制。通判吴本杰据埔里社绅士禀称布政使，以埔属田园既纳亢五租，若一律照完正供，未免过重，许之。乃不入上则，中则田征银一两三钱六分，下则一两九钱，园降一等，约轻三分之一。而亢五租改为一石八斗，岁收二千四百石，以千石给番，千石归官，四百石为催科之费，而亢五租亦变为官租矣。

初，噶玛兰设治时，西势之地民垦已定，而东势未辟。自浊水、大溪以南至苏澳，凡十六一社，平原朊朊，付之荒芜，杨廷理遣三籍头人理之，分授漳、泉、粤人开垦，计有二千五百八十三甲。番素愚惰，既归化，益不敢较，膏腴尽为民有。通判翟淦与廷理议，禀请总督汪志伊，以各社近处存给之，大社二里，小社一里，谓之加留余埔。然番不能垦，官为召佃，以三籍头人为佃首，经理征收，按社计丁而分给之，谓之加留余埔租。每甲定谷四石，凡丈地一千二百五十五甲二分。漳佃首二人，分地七百六十二甲余，纳租三千零五十石九斗三升九合，配社十二。泉佃首一，分地三百八十三甲余，纳租一千五百三十三石九斗五升七合，配社三。粤佃首一，分地一百三十五甲余，纳租五百五十八石八斗三升一合，配社一。自嘉庆十五年起，至二十三年，次第告竣，奏免升科，民番皆受其利。光绪十三年清赋之后，亦照去四留六之例，而变为民田矣。

番大租之外，有山租，亦民与番约者也。阿里山为嘉义熟番，归化最久，而地甚广，山产多。汉人入垦者，上田甲纳谷三石，中二石，下一石，园降一等，随时折色。其土产则照所获百分之五纳之，谓之山面杂租。乾隆三十五年，北路理番同知为之管理，由官给照。洎清丈时，亦照大租之例，以六分与番，官得其四，充云林抚垦局之费。

台湾溪流源自内山，引圳溉田，先与番约，而纳水租。其租不一，或银或谷，或以牛酒，借事和亲，而辟其利，故此租者亦番租之一也。

## 屯　租

乾隆五十三年，钦差大臣福康安奏设屯番，以理防务，语在《军备志》。其时始有屯租，以番毙未垦之地及抄封之业，凡八千八百余甲，分给屯丁，自耕自给。嗣以抄封三千三百余甲，拨充班兵之饷，余地未敷。五十五年，颁行清丈，查出侵垦田园三千七百三十四甲余，悉没之官。分则定租，岁可征谷四万一千数百石，充为屯田。募佃耕之，官收其谷，以二、八两月分给屯丁，谓之屯租。五十六年，闽浙总督札委泉州知府来台，查勘屯田，量甲定率，其详如表。每谷一石折色一圆，岁收四万一千二百六十一圆四角六分六厘四毫二丝。屯饷之余，以充隘饷，又其有余，为开辟水利之费，赏恤屯丁之款。请垦佃户禀由理番同知给照，或曰易知，如契券。自是以来，屯务渐废，每为势豪占据，或被佃首隐匿，租额愈减，不足于用。嘉庆十五年，总督方维甸巡台，以官给各屯未垦之地，多为奸民通事串通欺诈，引诱典卖，越界侵占，饬北路理番同知、凤山知县分勘南北各屯。如原给埔地及应交屯饷田园，许民自首，不究其罪。又以奏明清理者，系属原给埔地五千六十九甲，拨充屯务公费六百二十一甲，应征屯饷田园三千七百三十五甲。查明原数，并不加租。民番各地，悉仍其旧。以此晓谕，颇为整顿，未久又废。光绪十三年，闽浙总督杨昌濬奏言："台湾当初设屯授地，征租支饷，订立章程，法良意美。顾今已百余年，积弊愈重，征收屯租，不充其额，支发屯饷，仅给其半。盖以原给屯田之数,叠遭兵燹,档案不存。加以分隶各县,悉任佃首,田园界址及其租额,不得而知,故今亦不能详查。而佃户遂图蒙混,以硗确之地,易肥饶之田,又或禀报水冲沙压,冀请豁赦。故欲祛其积弊,似应别行丈量,造明图册,以知屯田之地,庶于防务或有裨益。"是时巡抚刘铭传颁行清丈,以屯田既纳屯租又课正供,虑有过重。乃减屯租十分之四,改为官租,照则定课,分给丈单,与民田同。而佃户仍多隐报,且抗而不缴。十六年,全台所收租额,仅有三分之一。十七年以后,且无一缴者。时各县业户以清丈故,民多谤黩,故铭传不欲过激,以丛众怨。爰筹别款,半发屯饷,而屯租几废矣。

## 隘　租

隘丁之设,用以防番。官设之隘,由官分地受耕,或支给口粮,以赡其身。而民隘则民给之,征收隘内田园,谓之隘租。隘租之率,各属不同,或甲征一石,或多至八石,视其远近险夷为差,皆于设隘之时,后先议定。其征率则业三佃七,隘首收之,而分于众,官不过问。其后隘制日弛,名存实亡,乡猾土豪冒充隘首,借饱私欲。同治十三年,钦差大臣沈葆桢奏请开山抚番,乃以兵代。泊光绪十二年,台湾巡抚刘铭传改设隘勇,征收防费。翌年清赋,先饬各属查明隘田之数,至是废之,给发丈单,与民田同。

**荷兰王田租率表**

| 地则 | 一甲租率 | 地则 | 一甲租率 |
| --- | --- | --- | --- |
| 上田 | 18石 | 上园 | 10石2斗 |
| 中田 | 15石6斗 | 中园 | 8石1斗 |
| 下田 | 10石2斗 | 下园 | 5石4斗 |

### 郑氏官田租率表

| 地则 | 一甲租率 | 地则 | 一甲租率 |
|---|---|---|---|
| 上田 | 18石 | 上园 | 10石2斗 |
| 中田 | 15石6斗 | 中园 | 8石1斗 |
| 下田 | 10石2斗 | 下园 | 5石4斗 |

### 郑氏文武官田租率表

| 地则 | 一甲租率 | 地则 | 一甲租率 |
|---|---|---|---|
| 上田 | 3石6斗 | 上园 | 2石2斗4升 |
| 中田 | 3石1斗2升 | 中园 | 2石6斗2升 |
| 下田 | 2石4斗 | 下园 | 1石8斗 |

### 郑氏文武官田税率表

| 地则 | 一甲租率 | 地则 | 一甲租率 |
|---|---|---|---|
| 上田 | 14石 | 上园 | 7石9斗6升 |
| 中田 | 12石4斗8升 | 中园 | 6石4斗8升 |
| 下田 | 8石1斗6升 | 下园 | 4石3斗 |

### 郑氏田园征赋表（永历三十七年）

| 州份 | 田额 | 园额 | 合计(厘) | 赋额(合) |
|---|---|---|---|---|
| 天兴 | 4856.07 | 8549.55 | 13405.62 | 63109864 |
| 万年 | 2678.49 | 2369.71 | 5048.20 | 29018122 |
| 计 | 7534.56 | 10919.26 | 18453.82 | 92127968 |

### 清代民田租率表一（自康熙二十三年颁定至雍正六年）

| 地则 | 一甲租率 | 地则 | 一甲租率 |
|---|---|---|---|
| 上田 | 8石8斗 | 上园 | 5石 |
| 中田 | 7石4斗 | 中园 | 4石 |
| 下田 | 5石5斗 | 下园 | 2石4斗 |

### 清代民田租率表二（雍正七年照同安则例）

| | |
|---|---|
| 上田 | 每亩照民米例，征银八分五厘三毫四丝，另征秋米六合九秒五撮，以一米二谷折算。 |
| 中田 | 照盐米例，征银六分五厘八毫八丝四忽，另征秋米八合八秒七撮。 |
| 下田 | 照官米例，征银五分七厘五毫五丝，不征秋米。 |
| 上园 | 照中田例。 |
| 中园 | 照下田例。 |
| 下园 | 照盐米不征盐折例，征银五分六厘一毫八丝，不征秋米。 |

### 清代民田租率表三（自雍正七年颁定至光绪十二年）

| 地则 | 一甲租率 | 地则 | 一甲租率 |
|---|---|---|---|
| 上田 | 2石7斗4升 | 上园 | 2石8升 |
| 中田 | 2石8升 | 中园 | 1石7斗5升 |
| 下田 | 1石7斗5升 | 下园 | 1石7斗1升6合 |

### 清代民田租率表四（自光绪十三年颁定）

| 地则 | 一亩正耗 | 加一补水 | 一五秤余 | 计征银数（微） |
|---|---|---|---|---|
| 上田 | 2244080 | 224408 | 336612 | 2805100 |
| 中田 | 1835280 | 183528 | 275292 | 2294100 |
| 下田 | 1513120 | 151312 | 226968 | 1891400 |
| 下下田 | 1210496 | 121049 | 181574 | 1513120 |
| 上园 | 1835280 | 183528 | 275292 | 2294100 |
| 中园 | 1513120 | 151312 | 226968 | 1891400 |
| 下园 | 1210496 | 121049 | 181574 | 1513120 |
| 下下园 | 968396 | 96839 | 145205 | 1210490 |

### 清代民田租率表五（自光绪十三年颁定）

| 地则 | 一甲折色租率 | 地则 | 一甲折色租率 |
|---|---|---|---|
| 上田 | 2两6钱6毫7丝5忽 | 上园 | 2两8分5毫4丝 |
| 中田 | 2两8分5毫4丝 | 中园 | 1两6钱6分4厘4毫3丝2忽 |
| 下田 | 1两6钱6分4厘4毫3丝2忽 | 下园 | 1两3钱3分1厘5毫4丝6忽 |
| 下下田 | 1两3钱3分1厘5毫4丝6忽 | 下下园 | 1两6分5厘2毫3丝6忽 |
| 天字田 | 6钱6分 | 天字园 | 4钱4分 |

续表

| 地则 | 一甲折色租率 | 地则 | 一甲折色租率 |
|---|---|---|---|
|  |  | 鱼塭 | 6钱6分 |
| 地字田 | 4钱4分 | 地字园 | 3钱3分 |
| 人字田 | 3钱3分 | 人字园 | 2钱2分 |
| 备考：天、地、人为不入则者。新竹以北曰一等、二等、三等，彰化以南曰平等、次等、下等，而鱼塭准天字之田，率较轻。 ||||

### 清代屯田租率表（乾隆五十六年颁定）

| 地则 | 一甲租率 | 地则 | 一甲租率 |
|---|---|---|---|
| 一则田 | 22石 | 一则园 | 10石 |
| 二则田 | 18石 | 二则园 | 6石 |
| 三则田 | 14石 | 三则园 | 5石 |
| 四则田 | 12石 | 四则园 | 4石 |
| 五则田 | 10石 | 五则园 | 3石 |
| 六则田 | 6石 | 六则园 | 2石 |

### 清代番大租率表

| 地则 | 一甲租率 | 地则 | 一甲租率 |
|---|---|---|---|
| 上田 | 8石 | 上园 | 6石 |
| 中田 | 6石 | 中园 | 4石 |
| 下田 | 4石 | 下园 | 2石 |

### 阿里山番租率表

| 地则 | 一甲租率 | 地则 | 一甲租率 |
|---|---|---|---|
| 上田 | 3石 | 上园 | 2石 |
| 中田 | 2石 | 中园 | 1石 |
| 下田 | 1石 | 下园 | 5斗 |

### 清代田园甲数表（康熙二十三年）

| 地则\县份 | 台湾 | 凤山 | 诸罗 | 合计(厘) |
|---|---|---|---|---|
| 上田 | 857.21 | 1804.38 | 17.20 | 2678.79 |
| 中田 | 787.59 | 187.22 | 927.17 | 1901.98 |
| 下田 | 2240.83 | 686.88 | 26.05 | 2953.76 |
| 上园 | 3102.99 | 1401.98 | 501.62 | 5006.59 |
| 中园 | 1367.82 | 229.21 | 1750.24 | 3347.27 |
| 下园 | 205.35 | 738.51 | 1621.52 | 2565.38 |

### 清代田园征赋表（康熙二十三年）

| 县份 | 田额 | 园额 | 合计(厘) | 赋额(合) |
|---|---|---|---|---|
| 台湾 | 3885.64 | 4676.17 | 8561.81 | 39641557 |
| 凤山 | 2678.49 | 2369.71 | 5048.20 | 29018122 |
| 诸罗 | 970.43 | 3873.38 | 4843.81 | 23468307 |
| 计 | 7534.56 | 10919.26 | 18453.82 | 92127986 |

# 卷九

## 台灣通史

### 度支志

连横曰：台湾，天富之国也，官山府海，利尽东南。荷人得之，欲以掌握通商之霸权，顾其时地利未启，移民未多，岁入不过十数万盾，故犹仰东印度公司之津贴也。延平建宅，万众偕来，蓄锐待时，百事俱举。养兵之数，多至七十有二镇，使镇为千人，则器械粮秣之数将何所给？而延平乃布屯田之制，自耕自赡，不取于民。谘议参军陈永华又整饬之，内兴土宜，而外张贸易，贩洋之利，岁率数十万圆，故无竭蹶之患。及经西伐，军费浩繁，转粟馈饷，取之无穷，而历年积蓄，因而渐罄。然犹不敛之民，而以王家所储者用之。盖以郑氏志图恢复，倾家纾难，固非有自私自利之心也。文武勋旧皆有官田，诸王汤沐之奉，亦别有所给，而土田初辟，征赋甚轻，故民皆乐业，先公而后私。迹其所以治国治民者，犹有西周遗法。天不祚明，三世而陨，此则无可如何者也。

清人得台之后，仅设一府三县，正供杂税多沿旧制，岁入不过八万八千一百四十八两，而岁出亦只五千六百七十四两。台湾之兵均调自福建，自总兵以至把总，合以战守之兵七二四百六十人，俸禄饷糈岁给四千八百五十一两，兼以福建各营兵米八万九千七百八十五石，折价二万六千九百三十六两，计为三万七千四百六十一两，入款尚有余裕。盖其时米价甚贱，银则贵，殆多今日十倍，故以一府三县之大，而经费竟若是之少也。正款之外，尚有私款，可以调剂。其贪者则取之于民，以肥私橐，而省中巧宦且以台湾为金穴矣。雍正以后，拓地渐广，增设厅县，而物价亦起，官吏俸禄不足以赡，故有复设官庄之议，并布盐制，归府办之。迨乾隆八年，增加文武养廉，岁出为之骤多。五十一年林爽

## 卷九　度支志

文之役，用兵逾年，耗财甚巨。及平，尚存兵饷五十余万两。大将军福康安奏设隆恩官庄，购置田园，征收租息，以为班兵赏恤之资，又有叛产数万石，似可以弥其缺，然多为武弁所吞没，故台湾财政犹未裕也。蔡牵之乱，商船多损，贸易遏绝，官民咸受其困。夫台湾土产，米糖为巨。米糖不能出口，则商务停滞，而农业衰颓，业户因之而贫，官斯土者亦不能有所沾润，此其所以交困也。续以英人之役，傲扰频年，防洋经费数十万两，道府两库以是渐罄。然台湾每有大繇役，辄由绅富捐输，急公乐义，故政府亦不致拮据。

道光三十年，兵备道徐宗幹以台湾财政困难，须谋补救，乃以筹议备贮书上之督抚，其言曰："自古官有余俸，而后可以讲吏治，即无余而非不足，尚可责备也。民有恒产，而后可以讲风俗，即无产而得以谋生，尚可措理也。惟日不足，而万无不足之时，其台湾之官乎？不能谋生，而万无生之理，其台湾之民乎？其不足也，皆自至足来也，其谋生之难也，皆自谋生之易致之也。府有叛租、有盐课，厅有口费，县有正供、有杂税，皆有羡余也，皆有津贴也。仓有余粟，库有余帑，民有余钱，商有余货。昔之官于此者，皆公私绰绰然，加以存项充牣，无虑支绌。故至今无不以为台地之胜于内地，信而有征。履其地而后知十年前之不如二十年前也，五年前之不如十年前也，一二年内之不如五六年前也。其故安在？两言以蔽之，曰：银日少，谷日多。银何以日少？洋烟愈甚也。谷何以日多？洋米愈贱也。他郡县犹或可以补救，台地居海中，既无去路，又无来路。他郡县不过曰谷贱伤农，与其谷贵而有损于贫民，不如谷贱而有损于富民。台民则无业者十之七，皆仰食于富民，富民贫，贫民益贫，而官亦因之而贫。府中叛产每年额征洋八万余圆，皆籴谷完纳，今易谷十石才五六圆，而额完且多在十圆以上。民间正供少亦在二十圆以内，设法垫纳，以昔之有余，补今日之不足，亦未为苦也。乃逾一年而贱，逾二三年而更贱，向来承办之殷户，今皆纷纷禀退，恳求查抄，以延余喘。此难之在民者，于昔日至足，而今日至不足也。府库积欠历年，统计叛租垫二十余万，盐课欠十余万，营中官租欠六万零，司中按年照额划扣，库中按年挪款垫支。此外生息之款，及应由厅县归补而未解者，尚有二十余万。正供与叛租情形相同，办公日形竭蹶。是以司库已扣，而府库未收者，愈积愈多。无怪同任初接交代存库数十万，至今日而一空。此难之在官者，昔日至足，而今日至不足也。叛租既不足，尚有盐项，此向来府中之出息也，乃盐户又不能支持。问其故，则以私盐之日多也。私盐之所以日多，则以谷价日贱，富民不能养贫民，贫民无所佣趁，无所挑负，而私贩餬口也。禁之过严，缉之过猛，将趋而为盗矣。往年商船流通，地方繁富，鲜有饥寒者，故穷民无不以台为退步。今则不然，懦者为道馑饿死，强者犯法以苟免。昔无恒业，而寄居求食，便于自赡。今无生路，而惰游已惯，不耐劳苦。此谋生之难，皆自谋生之易致之也。夫生财之道，不外开其源，节其流。台地无源可开，但通其流，而源自裕。米谷不通，日积日多。望丰年乎？贱更甚矣。抑待歉年乎？贱如故也。盖由内地食洋米而不食台米也。不食台米，则台米无去处，而无内渡之米船。无内渡之米船，即无外来之货船。往年春夏外来洋圆数十万，今则来者寥寥，已数月无厦口商船矣。各厅县虽有海口，几成虚设。然无来亦无去，犹可也，而烟土之禁，不弛而弛，即以每人每日约计之，须银二钱。就台地贵贱贫富良莠男女大约略吃烟者，不下数十万人，以五十万计之，每日即耗银十万两矣。此有去之日，无来之日，业数十余年矣，安得而不穷且盗乎？谷多而银不缺，银少而谷易销，尚可苟延。二者夹攻，其何以堪？且谷已贱或有可贵之日，银已贵万无再贱之时。则以洋夷之殖本愈厚，而牟利愈巧也。台商之货，糖为主，今闻夷亦贩糖矣。台商困，则台民敝，台民敝，则台吏穷。夫事有便于官，而不便于民，或便于民，而不便于官。而今则官民皆沦胥以败，奚暇讲吏治哉？奚暇讲风俗哉？

"现存备贮道库十万两，府库截至夏季止，仅存三万余两，秋饷尚敷，冬季已须别为筹垫。然非有叛租、盐课等项之羡余，无可垫也。各处内地划饷，而由府转划者，兵丁不能嗷嗷以待，又须别为设措，然亦非叛租、盐课等项之羡余所可措也。此两项同任未征完及外欠者，将五

## 卷九 度支志

十余万,近年征而未完、欠而未缴者,又将十余万。承办者求退求查抄之不暇,比追岂能如数?则欲垫而元可垫,欲措而无可措。所恃者道库之十余万两,例不准无事擅动。然府中既无所筹应,海外兵饷攸关,不得不移借应之。及来年大饷到台,提还后,所存又无几。今年冬饷不敷,来年秋饷不敷,后年春夏饷亦不敷矣。地方殷富之时,干戈尚且屡起,穷蹙至此,尤可寒心。万一偶有蠢动,道库所存无多也,府库悬罄也,绅商大半皆破落户也,智如诸葛,勇如武穆,亦束手而无可如何。是非早为绸缪,大为更张,将有坐视其一溃而不可复振者。议者或请减兵额以节饷,曰:止见兵来扰民,未见兵去杀贼。减之似非防患之道,而实所以去患。兵不扰民,民必不乱。宋范镇所谓忧不在四夷,而在冗兵与穷民也。此一说也。或请筹公费以养吏,曰:于正供划出,如昔年耗羡归官,俾得办公有资。当此国用短绌之秋,尚为官吏计养赡,亦愚且诬矣。然台地县官无漕余也,无陋规也,地方绅商无通融借贷也,止有正供之羡,而正供之难征如此。加以兵谷半折等项,按年金数划扣而后收,总不能清款。并有仅宗至六七分以上者,赔贴从何而来?全台摊款已十九万有奇,又从何弥补?即如幕丁之资费,僚友之应酬,眷口之食用,究出于何项乎?贤者亏挪耳,不肖者即不至簠簋不饬,惟望办军需耳,是惟恐不乱也。穷生贪,贪生酷,酷以济贪,终亦未有不乱者。即惟正之供,民间已有敲骨吸髓之苦。从前台地郭光侯、洪协因抗粮激成巨狱,尚在殷实之时;今则祸变更易,人心散而盗贼起,所耗于国家者不可以数计。何如先为筹其饩廪,似费而所省实多。元崔彧曰:'百官月俸不能副养赡之资,难责以廉勤之操。'宜议者增俸钞民必受恩惠,其有以贪抵罪,又复何辞?此又一说。或请减粮赋以安民,曰:额赋不能求减,每十石一车,减价收洋十圆上下,其军饷不敷者,由内地另为。筹拨,则民气大舒,而官无掣肘,始可责其尽心以治民。为此说者,亦知其不可而强为之词也。然其说似迂,而实为切要之计。明吴甘来曰:'所虑兵闻贼而逃,民见贼而喜,恐非无饷之患,而无民之患。宜急轻赋税,收人心。'其迹似损,而所益实大。此又一说也。

"总之，台地之难，难于孤悬海外，非内地辅车相依可比。谚云：'三年一小反，五年一大反。'岂真气数使然也耶？天地所生以养人者，止有此数，财用有去无来，流民有来无去，欲不扰攘而不能。如咫尺之地，四面皆水，蒿莽丛生，其势不能相容。非斩刈之，则焚烧之，理势固然也。为今之计，先其急者。司库有应发还府库之项，筹拨若干，以为备贮，或以后扣划，少为变通，使常变皆有所恃而无恐，即一切支垫亦易于转运，而不至坐受其困。仍取责欠之有着者，设法追补，兼采众论之可行者，次第图维。台人有云，万不能断洋烟，不得已本地听其种烟，而银两或不至外出也；万不能绝洋米，不得已内地所附近各省均办采买，而米谷或可以流通也。皆言之易，而行之艰也。朱子所谓'大势如人身重病，内自腹心，外达四肢，无一毛一发不受病者'。台地先设法备贮府库，殆如奄奄待毙者，进之以参苓，姑延一息耳。近日么么海贼，洋面劫掠，不久即去。而雇备商艘，筹给舟师口粮，已觉摒挡之难。设有大憝如曩日朱、蔡者，其若之何？呜乎，败坏至此，非一朝一夕之故，其所由来者渐矣。大约元气之大伤，由于历年叠次竖旗分类，而又继以夷氛之扰，其一切逋欠之积重难返也。亦以近年官斯土者，衰病已久也。前官去者去亡者亡，后人欲求近功速效而不能。悠悠忽忽，文恬武熙，苟安目前，得过且过，而病根日深，不发则已，发则不可问。知而不言，其咎益重。尝读雍正年间陕西潘总戎疏云：'地方事宜有可设法措置者。以钱粮为重，而断不肯耗费于无用之地。若地方及营伍事宜，有必用钱粮始得谧安，常以地方为重，而断不敢博节省之名。'是以不揣狂吠，激切上陈，无任干冒悚惶之至。

"一为府库稍轻筹垫也。府中经征叛产，多在嘉、彰两县，自道光二十五年风灾案内呈报水冲沙压者不可胜计，勘验清丈，分别是否堪以垦复，一时未及详办。佃户拖欠有因，而司库则已全划，营饷即须全支，佃首不能垫纳，府中不得筹款以应，以致日形支绌。可否将加饷六万四千两，除叛租征收五万四千两，尽数支除，并盐课项下拨给一万而外，再行加拨一万余两，减盐课应划之额，以补叛产短征之数。台地盐贩欠课，与内地盐商倒悬篷额无二，现在难于渎求者，以租产先其所亟，而亦知更张之未易也。

"一为厅员稍轻赔累也。厅员承办配运，商船日见其少，每届奏销，即须由官雇运。鹿口向运本色，船𫖮之加贴，盘量之所耗，友丁押运之修伙，皆在其次。风涛之险，一船失事，则数千圆去矣。盘谷之费，一船上仓，又数百圆去矣。台、淡二口向俱赍价赴买，而收谷者以谷非台产不肯盘收，于是私自议折，每十石自十八九圆至二十二圆为止。县交一三，余俱厅贴。淡口并有收本色而交折价者，其赔贴尤重。可否将雇运之事，议一定章，或交谷而酌加仓费，或折价而按照时值。此为非内地收谷厅县裁减规费，实由船少短配，逼于无可如何。尽归海外口员赔贴，似未足以示平允也。

"一为各县属库稍轻筹垫也。县征正供，皆以为每石折收银二圆二角，并不为少。而供谷最多之台湾县，已仅收二圆，兰、淡则本收一圆八角，经胥工伙食等项均出其中。即随征之耗羡，各项之案费，亦出其中。其买米给兵，买谷配运，谷价既贱，非无羡余，而应买米谷，只十分之三，所余无几。雇运则须一三交价，眷谷、半折，则须一四划饷。而所收正供中之营租、学租、叛产等项，则每石仅折纳一圆，又勋业、官租、书院、寺庙等租，均折纳一圆二角不等。是名为有余，而实则不足。所划、所运、所给，俱应年清年款，方能抵兑。当此民力凋敝之时，彰化至多收七分，淡、兰、台、嘉至多收八分，惟凤山可收至九分，而各项支应不容稍短。是以地方一切公事，有不暇兼顾者。可否将眷谷、半折两项量为减价，援内地部定例价每石七钱八分之数，照额划扣。盖兵只领谷，近年米价大贱，按二谷一米，每石已得银一两五钱六分，银价大贵，每石已得钱三千二百余文，在内地足敷买给，似无用每石二两折钱四千二百余文之多也。

"以上姑为目前补救之计。府厅县办公稍裕，始得尽心于地方公事。即如防冬缉匪，稽查海口，一切须有余资，乃能应手。而催科听断中，不失抚字之道，庶几海外苍生，阴受其福，或可望其日久相安，不至生事。若徒恃兵刑，是遏其流而非清其源。且有事以后，必至糜帑殃民，幸而安定，隐患终在。更可虑者，即使地方无事，万一兵丁饷项支给不及，尤难约束。昔人所谓兵数不抽，军饷不减。食既不足，众何以安？不安之中，何事不有也？今如期支放，近日虽稍形敛戢，而间有串通匪徒，攘夺之时，饷项再不能随时应付，尚可问耶？至道署精兵之经费，船工之赔垫，以各前任捐摊，每年须五六千两，此职道己事，不敢晓渎。惟各属情形，为全台休戚所关，既有所见，不敢不据实直陈。为保全地方起见，非谓见好属员，轻议纷更，喜事多言，上烦廑念也。此心无他，谅蒙涵鉴。"于是督抚议奏，岁由福建协济，财政稍裕，而官民亦相安无事矣。

台湾之钱，多自各省运来。旧志引《海东札记》，谓台地多用宋钱，如太平、元祐、天禧、至道等年号，钱质小薄，千文贯之，长不盈尺。相传初辟时，土中掘出古钱千百瓮，或云来自粤东海舶。余往北路，家童于笨港海泥中，得古钱数百，肉好深翠，古色奇玩。乃知从前互市，未必不取道此间，毕竟邈与世绝矣。按笨港古名北港，为宋时海舶通商之口，颜、郑入台，亦由此道，故府志有台湾一名北港之言也。惜其所称古钱，不载年号。汉欤，唐欤，将近代欤，其详不可知已。永历二十八年夏，延平郡王经命兵都事李德赴日本，铸永历钱。而日本以与郑氏有婚姻之好，岁以宽永钱相馈。其后人多熔之，以作钟鼎之器，至今始绝少也。当是时，海舶通商于西南洋者，络绎于道，故钱货多随商务以来。而吕宋银尤夥，是为西班牙政府所铸，面画王象，则台人所称"佛银"者也，重六钱八分，市上贸易以此为准。

三十七年，台湾改隶，始用清廷制钱，而纳税者以纹银权以两。然银有炉火之耗，有贴水之费，凡纳洋银者，每两例加四钱。然后以元宝解省，藏藩库，台有所需，乃请而发用焉。熔铸之繁，押运之缓，奸吏上下其手，借饱私肥。而市井之流滞不计也。

初，清廷诏禁前代旧钱。诸罗知县季麒光上书大吏，略谓："台湾民番杂处，家无百金之产，各社番人，不识银等，其所买卖，不过尺布、升盐、斗粟、斤肉，若将旧钱骤禁，势必野绝肩挑，市无收贩，茕茕小民，实所难堪。窃思功令不得不遵，而民情不容不恤。查漳、泉等处，尚有老钱金钱，未尽革除。况台湾两隔重洋，实非内地可比。古者一道同风，必俟三年。今台湾声教虽通，而耳目未尽改观，性情未尽孚感，又非如郑氏之时，兴贩各洋，以滋其利。若一旦禁革，不特分厘出入，轻重难平，且使从前之钱，竟归无用，民番益贫而困。敢请俯顺舆情，暂行通用。新铸之钱源源而来，则旧钱不禁而自绝矣。"已而内阁学士徐乾学亦奏言："闽处岭外，听民兼用旧钱为便。"从之，乃罢其禁。

康熙二十七年，福建巡抚奏请台湾就地铸钱。部颁钱模，文曰"康熙通宝"，阴画"台"字以为别。当是时，天下殷富，各省多即山铸钱，唯台钱略小，每贯不及六斤，故不行于内地。商旅得钱，必降价易银归。铸日多而钱日贱，银一两至值钱三四千，而给兵饷者，定例银七钱三，兵民皆弗便。市上贸易，每生事。总兵殷化行屡请停铸，当事者不从。及调镇襄阳，入觐，力言台钱之害。旨下福建督抚议奏。三十一年，始停铸焉。

乾隆四年，省中以台湾钱贵殊常，从前通用小钱，每三文仅值内地制钱二文，而番银一两，前易小钱一千五百文，近只八百余文，兵民交困。议将收存黄铜器皿八万余斤，先于省城开铸万贯，尽数运往，以充搭放班兵月饷，至福建鼓铸之处，另行筹议。翌年，巡抚王士任奏请采买滇铜二十万斤，照鼓铸青钱之例，添办白铅、黑铅、点锡，合为四十万斤，在省开铸，阴画满文"宝福"二字，先后计铸四万八千余贯，以时运至台湾，流衍市上。而海舶自天津、宁波运入者，岁率数十万贯，每银一圆易钱二千。物价亦平，米一斗二百，肉一斤四十。生计丰裕，兵革不生，闽、粤之氓先后而至，拓地远及两鄙，其后乃稍凌夷焉。物盛而衰，固其所也。

咸丰三年，林恭之变，攻围郡治，塘报时绝，藩饷不至，而府库存元宝数十万两，滞重不易行。乃为权宜之策，召匠鼓铸，为银三种：曰

"寿星"，曰"花篮"，曰"剑秤"，各就其形以名，重六钱八分，银面有文如其重，又有"府库"二字，所以别洋银也。是为台湾自铸之银。又销旧炮铸钱，文曰"咸丰通宝"，有值千、值百、值十三种。发资军饷，略得支持，事后乃少用焉。

八年，许开台湾为互市。自是西人岁至，设关征税，百货厘金次第举办，入款渐多。然关税归福州将军监督，统并南、厦两口奏销，而厘金初亦不过数万元而已。当是时，各国贸易，各以其银，唯香港银为盛，重七钱二分，次为墨西哥银，亦重七钱二分，流衍遍及内地，反夺元宝之利。

同治元年，彰化戴潮春起事，北路俱乱。兵备道洪毓琛驻郡筹防，协款未至，请兵请饷，日不暇给，乃向德记洋行借款十五万两，约以关税抵还，不足，又行钞票。台湾之借外债始于此。十三年，牡丹之役，福建船政大臣沈葆桢视师台湾，及平，开山抚番。折疆增吏，经费浩繁，奏请台湾关税、厘金等尽数截留，以充防务。然犹虑不足，并请以闽海关四成洋税，拨付二十万两，每年凑足八十万两，拨交台湾，以资经画。奉旨允准。盖以台湾孤立海上，为东南七省藩篱，列强环视，争思染指，固不得如前之闭关自守也。夫欲防外侮，必张内力，欲张内力，必筹财政。筑炮台，练防军，固为抵御之具，而兴农造士，移民殖边，以大启利源，尤为富强之基。故葆桢之汲汲于善后，则其逐逐于创始也。

初，台湾征收杂税，分为水陆两饷，岁入不过五千余两，而名目琐碎，影射牵连，输于官者十，取于民者百，猾胥土豪，夤缘为利。光绪三年，巡抚丁日昌奏请豁免，台人颂焉。

法人之役，兵备道刘璈治军台南，分全台为五路，驻兵二万，月需饷银十二三万两，加以采办军器，购用轮船，添造营垒，岁共需银二百万两。是时道库存款百万两，府库亦五十余万两。全台正供之外，关税、厘金、盐课、阿片岁收约八十六七万两，欲为一年军费，已苦不足，而福建协济又未能照数解至。璈以防务紧急，措置为难，禀请督抚，饬善后局豫筹，按月指拨，或奏请江西、湖北两省，以关税、盐课月拨十万两，以协台饷，亦为保卫海疆之计。不从。已而法军来伐，南北封口。诏以"基隆要地，不容法兵久据，台湾银米尚未缺乏，且多富户豪民，尤应切实激励。如绅民中有能纠义逐法者，朝廷破格施恩，不惜爵赏。刘铭传向有谋略，着即随机应变，迅速筹办。捐饷者从优给奖，总期兵民合一，以纾廑系"。防务大臣刘铭传即定捐借两法，饬璈办之。璈以台湾军饷先以十个月计之，需银二百万两。全台各县，彰化最广，殷户较多，应派四十万两。淡水、嘉义次之，各三十万。凤山、台湾、新竹、宜兰又次之，各二十万。澎湖地瘠，恒春新建，均免派。南北两郡郊商各十万，分为十月匀缴。凡家资万两者，以五厘计，应捐五百两。由地方官先供印票，俟奉部章，由官给予实收，从优奖叙。而借者以一分计，应一千两，亦由官给予印单，定以一年归还。逾期不归，逐月加息五厘，俟款到后，本息核还。其家资不及一万两者，暂免捐借。捐借之单为三连票，编列号数，由道盖印，转发府县加印，以一联给予银户，其一存县，一则送府，汇报备查。台属连年丰稔，米谷甚多，现在封港，贷银两滞，捐借之款，应准八成缴银，二成缴米。缴米之法，以上白米为率，糙米照加一成，按该属时价折银，各就近防米铺具票缴纳。官中发饷，搭放二成，由营自向米铺支取。是为台湾筹办内债之法。璈以捐借之款，拟行钞票，即以派办殷绅，开办银号，印订三联票式，自行编号，先盖图章，送县加印。左右票根，一存县案，一存本号，以便核对，而中票行用。银票分为一圆、五圆，钱票以五百文为率，各县征解正供、盐课、税厘均准缴纳，民间亦一律通行。如某户捐借者，至期乏银缴纳，许以田房印契胎押，悉照契面借与五成，月息六厘，多至一分二厘，三年取赎。凡银号家资十万以上者，准发钞票五万，资愈多票亦愈多。如家资不及十万，及由非官指名出示者，不得开设。银号票银如逢短促，准向道、府、县三库暂借接济。初借归清，始许续借，出入皆行息五厘。至民间通行银票，出入均照各省行规，禀县示遵。是为台湾行用钞票之法。先是，内阁学士陈宝琛奏陈持久之策，有议借民债一条。总理衙门议驳，奉旨通饬，故不得行。其时淡水林维源先捐二十万两，各属绅富亦慷慨报效，故防务之中，兵饷得以无缺。

军事稍牧，铭传任福建巡抚，奏陈设防、练兵、清赋、抚番四事，及建省议成。十二年四月，复与福建总督杨昌浚奏陈改设事宜，略谓："台湾为南洋七省藩篱，整顿海防，百废俱举，加以改设行省，经费浩繁，如澎湖一岛办防，需银八十万两，业经先后奏请，饬部指拨。此外办防、制械、设电、添官、分治、招垦、抚番，在在均关紧要。至建立省城衙署坛庙各项工程，虽不妨稍缓，然既已分省，亦不能不次第举办。台地防营除裁撤外，尚存三十五营，分布沿海二千余里，势难再减。臣等悉心筹划，拟由闽海关本年照旧协银二十万两。经臣铭传咨请署福州将军古尼音布，嗣后由厦关径拨解台。其闽省各库局，无论如何为难，每年按限协银二十四万两，陆续筹解。并请旨饬下粤海、江海、浙海、九江、江汉五关，每年协银三十六万两，共成八十万两，以五年为度。统计闽省及闽海关所协四十四万两，合之台地岁入百万两，专为防军月饷之需。其五关每岁各协七万余两，尚属轻而易举，而台事稍得藉手，庶不致尽托空言。仍求朝廷宽以时日，容臣铭传分别缓急轻重，次第举办。现已奏明清理田赋，并随地随事，力求整饬，变私为公。如三五年后，能照部议，以台地自有之财，供台地之用，即当奏请停止协款。一切改设事宜，清单内有未核裁者，容臣等续行奏咨办理。"当是时，全台入款岁只一百十余万两，而地丁、税饷、供粟、余租、官庄、叛产、耗羡共有十八万六千六百六十六两有奇。台湾土田甲天下，而供赋如此之少，则以清廷有永不加赋之谕，新垦田园多未征租，而各地官业又多中饱，未能涓滴归公也。铭传深知其弊，故整理财政，则以清赋为始，隐匿者揭报，开垦者升科。于是课额增为五十一万一千九百六十九两余，随征补水秤余十二万八千二百四十六两，加以官庄租额三万三千六百五十七两，共征六十七万四千四百六十八两，较旧溢有四十九万一千五百零二两，除补水秤余以充各项津贴，岁实增收三十六万三千三百四十九两，而后可以经营新政也。

初，建省之时，奏设布政使下置布库大使一名，兼理台湾征收地丁税饷等款。吏部议准。以各属征收及营兵粮饷，统归布政使，案照福建旧制，核明详办，内地布政使毋庸会奏。乃设支应、善后两局于台北，由布政使管之。而海关事务，照浙江之例，亦归巡抚就近监督。十三年，奏准每三个月造报一次。台湾财政至是稍平，而铭传乃得展布矣。筑铁路，购轮船，辟商场，通邮传，设学堂，行保甲，制军器，筹边防，劝农桑，振工艺，凡百新政，次第举行。又以外币纷入，制钱日亡，乡曲细民，每以小钱之故，攘臂相争，怒起械斗，杀人罢市，层见叠闻。有司虽岁时示禁，数月而弛，圜法之乱，莫此为甚。乃议筹自铸，饬通商局办之。十六年，向德国购入机器，设官银局于台北，以候补知府督办。先铸副币，面画龙文，重七分二厘，岁铸数十万圆，南北各通用焉。

十七年春三月，邵友濂任巡抚，新政皆罢，而台湾之生机一挫矣。当是时，海关洋税岁入五十余万两，洋药厘金二十万两，百货厘金七万余两，茶厘十三万余两，盐课十二万余两，脑磺余利四万余两，兼以正供官庄三十六万余两，计为一百四十二万余两。而福建协饷四十四万两。至是停止，于是出款不敷三十余万两。使得竭力整顿，足以弥缝。而友濂乃自畏多事，甘心保守，其足以阻台湾之进步者大矣。是年，友濂奏请于藩库地粮项下，除额支外，岁拨台防经费二十万两，倘能再有盈余，每年奏销之时，截数报部，专款封留，以备海防有事之用。诏曰可。

先是，铭传在时，部议以台湾财政渐裕，饬岁解京饷五万两，奏准于百货厘金项下拨付。自十六年起，汇交海军衙门。嗣接北洋大臣李鸿章来咨，以奏办关东铁路，令解天津。而部咨不许开支补水，饬将应解之款，改于地粮项下，按年提解，其已经解者，亦地粮提还。是为台湾协济中央之款。

二十年，台湾有事，募兵购械，需费颇巨。已而布告自主，设筹防局，各省亦多协济。台北既破，刘永福驻南治军，设官票局于府治，以郊商庄明德办之。权发银票，凡三种，为一圆、五圆、十圆。票长九寸二分，阔五寸二分，为三联式，一存知府，一存局中，而一为用。上列号数及年月日，钤盖台湾总兵、台南知府及办理全台防务总局之印，又有民主国之章。流行市上，众咸用之。既又发行股份票，则公债也，名曰安全公司。票式钤印，与银票同，分为一圆、五圆、十圆，俟克复后，付息三倍。一时颇多派购，藉助饷源。是为台湾军事公债。乃未几而嘉、凤俱没，永福宵遁，戎马倥偬，档案尽失，台湾财政遂不能详，而仅于故纸中约略得之，具如表。

### 台湾县岁入表（乾隆二十年，据《台湾府志》）

| 项目 | 款数 |
| --- | --- |
| 正供 | 15305 两 4 钱（供谷 51018 石余，每石折银 3 钱） |
| 丁银 | 681 两 5 钱 5 分 4 厘 |
| 番饷 | 73 两 |
| 陆饷 | 2030 两 7 钱 9 分 9 厘 |
| 水饷 | 1314 两 2 钱 5 厘 |
| 官庄 | 1486 两 1 钱 9 分 2 厘 |
| 盐课 | 756 两 1 钱 4 分 3 厘 |

计款 21647 两 2 钱 8 分 3 厘。

### 台湾县岁出表（乾隆二十年，据《台湾府志》）

| 项目 | 款数 | 项目 | 款数 |
| --- | --- | --- | --- |
| 分巡道俸银 | 62 两 4 分 4 厘 | 廪生 10 名 | 28 两 9 钱 3 分 3 厘 |
| 巡道衙役 | 68 两 2 钱 | 斋膳夫门斗 | 53 两 5 钱 3 分 3 厘 |
| 铺兵 2 名 | 12 两 4 钱 | 典史俸薪 | 31 两 5 钱 2 分 |
| 知府俸银 | 62 两 4 分 4 厘 | 又衙役民壮 | 62 两 |
| 知府衙役 | 229 两 4 钱 | 新港巡检俸薪 | 31 两 5 钱 2 分 |
| 同知俸银 | 42 两 5 钱 5 分 6 厘 | 又衙役弓兵 | 51 两 2 钱 6 分 |
| 同知衙役 | 105 两 4 钱 | 两察院吏役 | 68 两 2 钱 |
| 府经历俸银 | 24 两 2 钱 2 厘 | 府县圣庙香灯费 | 5 两 4 分 |
| 经历衙役 | 31 两 | 祀典费 | 196 两 2 钱 |
| 府儒学教授训导 | 85 两 | 乡饮费 | 15 两 3 分 |

续表

| 项目 | 款数 | 项目 | 款数 |
|---|---|---|---|
| 府廪生20名 | 57两8钱6分6厘 | 拜贺费 | 6钱 |
| 膳夫 | 13两3钱3分3厘 | 祈祷费 | 3两 |
| 本县知县俸薪 | 45两 | 坛庙修理费 | 40两 |
| 县衙役 | 303两8钱 | 新中举人旗匾年额 | 1两3钱3分3厘 |
| 铺司兵 | 108两3钱3分3厘 | 会试举人盘费年额 | 30两 |
| 新港铺司番 | 28两2钱7分2厘 | 进士旗匾年额 | 2两 |
| 县丞俸薪 | 40两 | 府县岁贡生旗匾年额 | 3两7钱5分 |
| 又衙役民壮 | 86两8钱 | 存恤孤贫费 | 260两6钱2分6厘 |
| 县儒学教谕训导 | 80两 | 囚犯口粮 | 30两 |

计款2374两8钱4分6厘。

### 凤山县岁入表（乾隆二十年，据《台湾府志》）

| 项目 | 款数 |
|---|---|
| 正供 | 13153两5钱（供谷45845石余,每石折银3钱。） |
| 丁银 | 709两4分5厘 |
| 番饷 | 551两3钱8分2厘 |
| 陆饷 | 573两8钱。 |
| 水饷 | 1046两5钱3分2厘 |
| 官庄 | 9332两9钱6分7厘 |
| 盐课 | 1680两 |

计款27047两2钱2分6厘。

### 凤山县岁出表（乾隆二十年，据《台湾府志》）

| 项目 | 款数 | 项目 | 款数 |
|---|---|---|---|
| 分巡道薪凑银 | 42两9钱5分6厘 | 下淡水巡检俸薪 | 31两5钱2分 |
| 巡道衙役 | 161两2钱 | 又衙役弓兵 | 45两2钱6分 |
| 知府薪凑银 | 42两9钱5分6厘 | 两察院吏役 | 68两2钱 |
| 知府衙役 | 24两8钱 | 圣庙香灯费 | 2两5钱2分 |
| 府经历民壮 | 49两6钱 | 祠典费 | 162两 |
| 府儒学斋夫 | 12两4钱 | 拜贺费 | 6钱 |
| 本县知县俸薪 | 50两 | 祈祷费 | 1两2钱 |

续表

| 项目 | 款数 | 项目 | 款数 |
|---|---|---|---|
| 县衙役 | 303两8钱 | 乡饮费 | 6两 |
| 铺司兵 | 197两9钱4厘 | 坛庙修理费 | 11两3钱5分7厘 |
| 县丞俸银 | 40两 | 新中举人旗匾年额 | 1两3钱3分3厘 |
| 又衙役民壮 | 86两8钱 | 会试举人盘费年额 | 30两 |
| 典史俸薪 | 31两5钱2分 | 进士旗匾年额 | 2两 |
| 又衙役民壮 | 82两 | 岁贡生旗匾年额 | 1两2钱5分 |
| 县儒学教谕训导 | 80两 | 存恤孤贫费 | 278两5钱2厘 |
| 廪生10名 | 28两9钱3分3厘 | 囚犯口粮 | 20两 |
| 斋膳夫门斗 | 50两5钱3分3厘 | | |

计款1920两7钱5分1厘。

### 诸罗县岁入表（乾隆二十年，据《台湾府志》）

| 项目 | 款数 |
|---|---|
| 正供 | 14428两8钱（供谷48096石余，每石折银3钱。） |
| 丁银 | 1029两8钱3分9厘 |
| 番饷 | 218两3钱2分 |
| 陆饷 | 1262两9钱 |
| 水饷 | 780两7厘 |
| 官庄 | 18888两2钱1厘 |

计款36608两6钱7厘。

### 诸罗县岁出表（乾隆二十年，据《台湾府志》）

| 项目 | 款数 | 项目 | 款数 |
|---|---|---|---|
| 同知薪凑银 | 37两4钱4分4厘 | 又衙役弓兵 | 45两2钱6分 |
| 同知衙役 | 74两4钱 | 县儒学教谕训导 | 80两 |
| 知府衙役 | 193两4钱 | 廪生10名 | 28两9钱3分3厘 |
| 府经历俸银 | 15两7钱9分8厘 | 斋膳夫门斗 | 50两5钱3分3厘 |
| 府经历衙役 | 6两2钱 | 两察院吏役 | 68两2钱 |
| 府儒学门斗 | 18两6钱 | 圣庙香灯费 | 2两5钱2分 |
| 澎湖通判民壮 | 124两 | 祀典费 | 166两 |
| 本县知县俸薪 | 45两 | 拜贺费 | 6钱 |
| 县衙役 | 303两8钱 | 祈祷费 | 1两2钱 |

续表

| 项目 | 款数 | 项目 | 款数 |
|---|---|---|---|
| 铺司兵 | 296两8钱5分6厘 | 乡饮费 | 6两 |
| 县丞俸银 | 40两 | 坛庙修理费 | 11两3钱5分7厘 |
| 又衙役民壮 | 86两8钱 | 新中举人旗匾年额 | 1两3钱3分3厘 |
| 典史俸薪 | 31两5钱2分 | 会试举人盘费年额 | 30两 |
| 又衙役民壮 | 62两 | 进士旗匾年额 | 2两 |
| 佳里兴巡检俸薪 | 31两5钱2分 | 岁贡生旗匾年额 | 1两2钱5分 |
| 又衙役弓兵 | 45两2钱6分 | 存恤孤贫费 | 238两6钱1分5厘 |
| 斗六门巡检俸薪 | 31两5钱2分 | 囚犯口粮 | 20两 |

计款2197两9钱1分9厘。

### 彰化县岁入表（乾隆二十年，据《台湾府志》）

| 项目 | 款数 |
|---|---|
| 正供 | 8826两9钱（供谷29423石余，每石折银3钱。） |
| 丁银 | 1134两4钱6分4厘 |
| 番饷 | 467两9钱2分 |
| 陆饷 | 448两 |
| 水饷 | 206两3钱4分3厘 |
| 官庄 | 473两3钱6分6厘 |

计款11556两9钱9分3厘。

### 彰化县岁出表（乾隆二十年，据《台湾府志》）

| 项目 | 款数 | 项目 | 款数 |
|---|---|---|---|
| 本县知县俸薪 | 45两 | 圣庙香灯费 | 2两5钱2分 |
| 县衙役 | 303两8钱 | 祀典费 | 166两 |
| 铺司兵 | 127两2钱2分4厘 | 拜贺费 | 6钱 |
| 县儒学教谕训导 | 80两 | 祈祷费 | 1两2钱 |
| 廪生10名 | 28两9钱3分3厘 | 乡饮费 | 6两 |
| 斋膳夫门斗 | 50两5钱3分3厘 | 坛庙修理费 | 11两3钱5分7厘 |
| 典史俸薪 | 31两5钱2分 | 新中举人旗匾年额 | 1两3钱3分3厘 |
| 又衙役民壮 | 52两 | 会试举人盘费年额 | 30两 |
| 鹿子港巡检俸薪 | 31两5钱2分 | 进士旗匾年额 | 2两 |
| 又衙役弓兵 | 45两2钱6分 | 岁贡生旗匾年额 | 1两2钱5分 |

续表

| 项目 | 款数 | 项目 | 款数 |
|---|---|---|---|
| 猫雾捒巡检俸薪 | 31两5钱2分 | 存恤孤贫费 | 190两6钱9分7厘 |
| 又衙役弓兵 | 45两2钱6分 | 囚犯口粮 | 20两 |
| 两察院吏役 | 68两2钱 | 协济淡水厅费 | 203两2分 |

计款1577两8钱3分7厘。

### 淡水厅岁入表（乾隆二十年，据《台湾府志》）

| 项目 | 款数 |
|---|---|
| 正供 | 1082两1钱（供谷3607石余，每石折银3钱。） |
| 丁银 | 157两6钱7分3厘 |
| 番饷 | 266两4钱4分 |
| 陆饷 | 16两8钱 |
| 水饷 | 11两7钱6分 |

计敖1534两7钱7分3厘。

### 淡水厅岁出表（乾隆二十年，据《台湾府志》）

| 项目 | 款数 | 项目 | 款数 |
|---|---|---|---|
| 同知俸薪 | 80两 | 又衙役民壮 | 70两6分 |
| 同知衙役 | 204两6钱 | 八里垄巡检俸薪 | 31两5钱2分 |
| 铺司兵 | 212两4分 | 又衙役民壮 | 70两6分 |
| 竹堑巡检俸薪 | 31两5钱2分 | | |

计数699两8钱。

### 澎湖厅岁入表（乾隆二十年，据《台湾府志》）

| 项目 | 款数 |
|---|---|
| 正供 | 159两6钱1分（地种折银） |
| 丁银 | 134两4钱 |
| 水饷 | 440两8钱6分 |

计款734两8钱7分。

**澎湖厅岁出表**（乾隆二十年，据《台湾府志》）

| 项目 | 款数 |
| --- | --- |
| 通判俸银 | 60 两 |
| 通判衙役 | 179 两 8 钱 |
| 祀典费 | 18 两 |

计款 257 两 8 钱。

**噶玛兰厅岁入表**（道光十五年，据《噶玛兰志略》）

| 项目 | 款数 |
| --- | --- |
| 地丁 | 5543 两 4 钱（征谷 9239 石余，每石折银 6 钱。） |
| 耗羡 | 554 两 3 钱 4 分（征谷 923 石 9 斗余，每石折银 6 钱。） |
| 余租 | 1108 两 6 钱 8 分（征谷 1847 石 8 斗。） |
| 盐课盈利 | 1471 两（年引 7 千石，每石售银 3 钱 3 分，计 2311 两，除缴引价 840 两，实盈此数。） |

计款 8677 两 4 钱 2 分。

**噶玛兰厅岁出表**（道光十五年，据《噶玛兰志略》）

| 项目 | 款数 | 项目 | 款数 |
| --- | --- | --- | --- |
| 通判俸银 | 60 两 | 又民壮 | 49 两 6 钱 |
| 又养廉 | 500 两 | 罗东巡检俸银 | 31 两 5 钱 2 分 |
| 厅衙役 | 351 两 8 钱 | 又养廉 | 40 两 |
| 铺司兵 | 248 两 8 钱 8 分 | 又衙役 | 5 两 8 钱 4 分 |
| 头围县丞俸银 | 40 两 | 又弓兵民壮 | 64 两 2 钱 2 分 |
| 又养廉 | 40 两 | 祀典费 | 20 两 |
| 又衙役 | 37 两 2 钱 | | |

计款 1489 两 6 分。

**台湾文官养廉表**（乾隆八年颁定）

| 项目 | 款数 |
| --- | --- |
| 巡视两察院 | 2400 两（台、凤、诸、彰各解 400 两，府征盐价 800 两。） |
| 分巡台湾道 | 1600 两（台、凤各解 400 两，诸罗 800 两。） |
| 台湾府 | 1600 两（台、彰各解 200 两，凤山 400 两，诸罗 800 两。） |
| 台防厅 | 500 两（凤山解 200 两，诸罗 300 两。） |

续表

| 项目 | 款数 |
|---|---|
| 淡防厅 | 500两（本厅耗羡支给198两1钱8厘，彰化解301两8钱9分1厘。） |
| 澎粮厅 | 500两（本厅耗羡支给87两5钱2分2厘，台湾解412两4钱7分7厘。） |
| 台湾县 | 1000两（本县耗羡内支给） |
| 凤山县 | 800两（本县耗羡内支给） |
| 诸罗县 | 800两（本县耗羡内支给） |
| 彰化县 | 800两（本县耗羡内支给） |
| 府经历 | 40两（台湾耗羡支给20两，府征盐价20两。） |
| 台湾县县丞 | 40两 |
| 台湾县典史 | 40两（以上与经历同） |
| 凤山县县丞 | 40两（以县耗羡支给20两，府征盐价20两。） |
| 凤山县典史 | 40两 |
| 下淡水巡检 | 40两（以上与县丞同） |
| 诸罗县县丞 | 40两（本县耗羡支给20两，府征盐价20两。） |
| 诸罗县典史 | 40两 |
| 佳里兴巡检 | 40两 |
| 斗六门巡检 | 40两（以上与县丞同） |
| 彰化县县丞 | 40两（本县耗羡支给20两，府征盐价20两。） |
| 彰化县典史 | 40两 |
| 鹿子港巡检 | 40两 |
| 猫雾捒巡检 | 40两（以上与县丞同） |
| 淡水竹堑巡检 | 40两（诸罗县耗羡支给20两，府征盐价20两。） |
| 淡水八里坌巡检 | 40两（同上） |

右巡视御史二、道一、府一、厅三、县四、经历一、县丞四、典史四、巡检七，计款11140两。

**台湾武官养廉表**（乾隆五十年，据《台湾府志》）

| 项目 | 款数 | 项目 | 款数 |
|---|---|---|---|
| 总兵 | 1500两 | 守备 | 260两 |
| 副将 | 800两 | 千总 | 120两 |
| 参将 | 500两 | 把总 | 90两 |

续表

| 项目 | 款数 | 项目 | 款数 |
|------|------|------|------|
| 游击 | 400 两 | 外委 | 18 两 |
| 都司 | 260 两 | | |

右总兵一、副将三、参将二、游击六、都司三、守备十二、千总二十六、把总五十二，计款 19000 两。

### 台湾武官俸薪表（乾隆五十年，据《台湾府志》）

| 项目 | 款数 | 项目 | 款数 |
|------|------|------|------|
| 总兵俸银 | 67 两 | 又薪凑银 | 72 两 |
| 又薪凑银 | 144 两 | 守备俸银 | 27 两 |
| 副将俸银 | 53 两 | 又薪凑银 | 72 两 |
| 又薪凑银 | 144 两 | 千总俸银 | 14 两 |
| 参将俸银 | 39 两 | 又薪凑银 | 33 两 |
| 又薪凑银 | 120 两 | 把总俸银 | 12 两 |
| 游击俸银 | 39 两 | 又薪凑银 | 23 两 |
| 又薪凑银 | 120 两 | 外委俸银 | 18 两 |
| 都司俸银 | 27 两 | | |

右总兵一、副将三、参将二、游击六、都司三、守备十二、千总二十六、把总五十二，计款 66010 两；而外委在战兵之内，不给薪凑银，月给白米 3 斗。

### 台湾兵饷支给表（乾隆五十年，据《台湾府志》）

| 项目 | 款数 |
|------|------|
| 镇标三营兵 2770 名 | 共银 5540 两 |
| 城守营兵 1000 名 | 共银 2000 两 |
| 南路营兵 1500 名 | 共银 3000 两 |
| 北路三营兵 2400 名 | 共银 4800 两 |
| 淡水营兵 500 名 | 共银 1000 两 |
| 安平水师三营兵 2500 名 | 共银 5000 两 |
| 澎湖水师二营兵 2000 名 | 共银 4000 两 |

计兵 12670 名，共银 25340 两。此外，每兵一月给米 3 斗，由各县征收正供碾放。又兵丁恤赏之款，例由官庄租息支给。

**噶玛兰营兵饷表**（道光十五年，据《噶玛兰志略》。此款定由噶玛兰厅入款支给）

| 项目 | 款数 |
|---|---|
| 都司一员俸廉 | 449两3钱9分4厘 |
| 守备一员俸廉 | 338两7钱5厘6毫 |
| 千总二员俸廉 | 384两（每员192两） |
| 把总二员俸廉 | 300两（每员150两） |
| 外委四员俸廉 | 72两（每员18两） |
| 战兵462名饷银 | 8316两（每名18两） |
| 守兵240名饷银 | 2880两（每名12两） |
| 加饷 | 3350两4钱（每兵年加4两8钱，除外委外，共698名。） |
| 月米折银 | 3086两6钱4分（每兵月给米3斗，共702名，年须2572石2斗，每石折银1两2钱。） |
| 眷谷折银 | 1010两8钱8分（每兵年给谷2石4斗，共702名，须1684石8斗，每石折银6钱。） |
| 盘费赏恤等 | 1000两 |

计款20195两9钱9分。

**台湾勇营月饷表**

| 营制 | 勇营饷额钱 | 练营饷额钱 | 屯兵营饷额钱 | 营制 | 勇营饷额钱 | 练营饷额钱 | 屯兵营饷额钱 |
|---|---|---|---|---|---|---|---|
| 管带官 | 50.0 | 50.0 | 50.0 | 书识 | 4.5 | 4.5 | 8.0 |
| 帮带官 | 50.0 | 50.0 | — | 亲兵什长 | 4.8 | 4.8 | 6.8 |
| 文案 | 30.0 | 30.0 | 20.0 | 亲兵 | 4.5 | 4.5 | 6.5 |
| 册籍 | 24.0 | 24.0 | 20.0 | 护勇 | 4.5 | 4.5 | 6.5 |
| 账房 | 24.0 | 24.0 | 12.0 | 什长 | 4.8 | 4.8 | 6.8 |
| 营伍帮带 | 12.0 | 12.0 | 30.0 | 正勇 | 4.2 | 3.6 | 6.0 |
| 哨官 | 9.0 | 9.0 | 18.0 | 伏勇 | 3.3 | 3.3 | 4.0 |
| 哨长 | 6.0 | 6.0 | — | 长夫 | 3.0 | 3.0 | |

**建省以后岁入总表**（光绪十四年至二十年）

| 项目 | 款数 |
|---|---|
| 地丁实征 | 511969两（光绪十四年清赋之额） |
| 补水秤余 | 128246两（随粮征收） |

续表

| 项目 | 款数 |
|---|---|
| 抄封叛产 | 56500 两（照旧） |
| 官庄租息 | 33657 两（照旧） |
| 隆恩租息 | 3750 两（岁收租谷 3750 石，每石折银 1 两。） |
| 城租 | 8000 两（岁收租谷 8000 石，每石折银 1 两。） |
| 学租 | |
| 陆饷 | 10000 两（照旧） |
| 水饷 | 1000 两（照旧） |
| 盐课 | 130000 两（15 年实收之额） |
| 脑磺盈利 | 400000 两 |
| 商务局 | 400000 两（火船铁路等款） |
| 电报局 | 60000 两 |
| 邮政局 | 30000 两 |
| 煤务局 | 400000 两（15 年收入之额） |
| 伐木局 | 100000 两（15 年收入之额） |
| 金沙局 | 20000 两（18 年商办认缴之额） |
| 茶厘局 | 144000 两（16 年商办认缴之额 200000 圆，折两如是。） |
| 海关税钞 | 990146 两（15 年收入之额） |
| 船钞 | 5923 两（15 年收入之额） |
| 阿片厘金 | 446640 两（17 年收入之额） |
| 百货厘金 | 75000 两（此款未实） |
| 文口规费 | 5000 两（14 年归县征收） |
| 武口规费 | 2500 两 |
| 福建协饷 | 440000 两（17 年停止） |

计款 4402325 两。

# 卷十 台湾通史 典礼志

连横曰：礼，所以辅治者也，经国家，序人民，睦亲疏，防祸乱，非礼莫行。故曰："道之以政，齐之以刑，民免而无耻；道之以德，齐之以礼，有耻且格。"台湾为海上荒服，我延平郡王辟而治之，文德武功，震铄区宇，其礼皆先王之礼也。至今二百数十年，而秉彝之性，历劫不没，此则礼意之存也。起而兴之，是在君子。

## 庆　贺

郑氏之时，朔望必朝，每有封拜，辄朝服北向，望永历帝座疏而焚之，君虽不在，不敢忘也。归清之际，每有庆贺，行礼于府学之明伦堂。康熙五十年，巡道陈璸始择地于城东永康里，建万寿亭，前立午门，门旁列朝房，后为祝圣殿。五十六年，巡道梁文科修，环以垣，东西辟门，曰敷文，曰振武。六十年，飓风圮。雍正元年，重建，后置僧室，奉埽除。乾隆十七年，巡道金溶、知府陈玉友以地属城外，启闭非便，仍行礼于明伦堂。三十年，知府蒋允焄乃择地东安坊县学之东，南向，为校士院旧址，结构宏厂，崇台巨宇，以奉龙幄。设东西台班房厅事，殿门外左右为更衣厅，正南为午门，外为东西朝房，周以绕垣，为东西阙门。凡万寿令节、元旦、冬至，文武官于前一日斋沐，率属赴明伦堂习仪。至日四鼓，朝服入宫，文东武西，行三跪九叩礼。先期晋呈贺表，朝服行礼，派员赍至省垣附进。

## 接 诏

诏至之时，总督遣官赍送。舟进鹿耳门，传报，文武官具龙亭、彩舆、仪仗、鼓乐，至西门外接官亭迎接，恭捧诏书置于龙亭。文武官朝服北向跪迎，鼓乐前导，至万寿宫。文武官东西立，赍送官南向立，赞唱排班，乐作，行三跪九叩礼。赍送官捧诏，读诏官跪受，谐案前，宣读。众官跪听毕，仍授赍送官，恭置龙亭。又行三跪九叩礼，以次退。诏交知府，分送各县，宣读颁布。

## 迎 春

立春之前，有司豫塑春牛、芒神，以桑柘布土为之。牛身高四尺，按四时也；长三尺有六寸，三百六十日也；自头至尾凡八尺，八节也；尾一尺有二寸，十二时也；鞭用柳枝二尺有四寸，二十四气也。牛色以本年为法，头、耳、角用天干，身用地支，蹄、尾、腹用纳音。笼头以立春之日干为色。拘用桑木。索孟日用麻，仲日用苎，季日用丝。造牛之土，以冬至后辰日于岁德之方取之。芒神身高三尺有六寸，一年三百六十日也。服以立春之日支受克为衣色，克衣为带色。髻以立春之日纳音为法，罨耳以时为法，鞋裤行缠亦以纳音为法，老少以本年为法。塑成置于东郊之春牛亭，先期一日，府、厅、县各率属盛服鸣驺而至，赞导至位前，就位，上香鞠躬拜，献爵三，读祝，再拜。礼毕，簪花饮酒。属官先行，长官次之，迎至府、厅、县头门之外。春牛南向，芒神西向。是日清晨刑牲设醴，府、厅、县各率属朝服，赞导至位前，就位，鞠躬拜，献爵三，读祝，再拜，兴。至春牛之前，各官执彩仗，左右立，长官击鼓，次各击牛三揖。至芒神前又揖，而退。是为鞭春之礼。

## 耤　田

直省各府、州、县均于东郊建先农坛，高二尺有一寸，宽二丈五尺，祀先农。旁置耤田，备农具黑牛，择土宜之谷贮之。以农人二，免其役，给口粮，使耕之。仲春之日，有司先期斋沐。至日，文武官率属朝服致祭，帛一、羊豕一、铏一、簠一、簋一、笾四、豆四，行三跪九叩礼。毕，易服，知府秉耒，佐执青箱，知县播种。其在州县，则知州、知县秉耒，佐执青箱播种，耆老一人牵牛，两农扶犁，九推九返，农夫终亩。既毕，朝服，率耆老、农夫望阙谢恩，行三跪九叩礼。耤田之谷，以供祭祀，重农也，

## 祭　社

府、州、县皆建社稷坛。府称府社之神，府稷之神，为红牌金字。坛制坐南向北，高三尺，方广各二丈有五尺，四出，陛各三级。岁以春秋仲月上戊致祭。主祭官先期三日斋戒，将祭之前一日，省牲治器，除坛上下，设幕次中门，宿焉。祭日夙兴，执事者陈礼器，设社位于稷之东，各列羊豕一、帛一、铏一、簠二、簋二、笾四、豆四。主祭官祭服行礼，如仪而退，纳主于城隍之庙。风云、雷雨、山川、城隍同坛，在社稷坛之右，亦以春秋仲月致祭。坛高二尺五寸，方广各二丈有五尺，陛四出，南向五级，余各三级。雍正二年，奏准风云、雷雨之神居中，山川左，城隍右，礼与社稷同，各以府、州、县为主祭，武官陪祭。祭

毕，纳主于城隍之庙。

## 释　菜

永历二十年春，文庙成，延平郡王经亲行释菜之礼。归清以后，康熙二十四年，巡道周昌、知府蒋毓英重建，是为府学。三十九年，巡道王之麟建明伦堂。自是以后，各府、县皆建文庙，尊先师也。每岁春秋二仲上丁之日，恭行释菜之礼。先期三日，地方官斋沐停刑。将祭之前一日，习仪于明伦堂，省牲治器。四鼓齐集，执事者各司其事。文官为主祭，武官陪祭。先祭崇圣祠，礼毕，祭孔子。祀以太牢，舞六佾，以复圣颜子、宗圣曾子、述圣子思子、亚圣孟子配。祭官各就位，启扉，迎神，舞佾，乐奏咸平之章，行三跪九叩礼。兴，乐止。行初献礼：主祭官诣盥洗所，次诣酒尊所，至神位前，乐奏宁平之章。主祭官跪，皆跪，奠帛，献爵叩首。兴，跪，读祝。乐止，行三叩礼，复位。行亚献礼：乐奏和平之章，毕，复位。行三献礼：乐奏永平之章，毕，复位。饮福受胙，叩首。兴，复位，各官皆行三跪九叩礼。兴，撤馔，乐奏咸平之章。送神：各官俱行三跪九叩礼。兴，读祝者捧祝，司帛者捧帛，各诣燎所，望燎，偃佾，止乐，以次退。

## 祭　纛

纛，大旗也。台湾镇为挂印总兵，统率师干，权在阃外。每年霜降之前一日，镇标城守各营将士，盛装铠仗，迎纛于北门外之较场，张幕驻军。翌日黎明，陈兵致祭，祀以羊豕，献帛酹酒，三献而毕。扬旗鸣炮，以寓秋狝之礼。薄暮，束装入城，归纛于庙。各营皆然。

## 大　操

督抚巡台之时，奉旨阅操。先期，总兵檄召各营，驻较场左右。至日，督抚莅场，立于演武厅中。总兵以下皆执橐鞬之仪，督抚辞焉，行装入谒。礼毕，总兵下令开操，为两军攻击之状，考其优劣，犒以牛酒。副参以下，戎装佩剑，送迎如礼。督抚回辕，各营亦拔队归。

## 旌　表

乡党士女，有孝于父母，友于兄弟，守节励烈者，缙绅列其事，状于教官，邻里为之保，教官告之有司，有司详之督抚，乃具奏。礼部详覆，下旨旌表，赐帑二十两建坊，入祀。有司造其家，邻里以为光，各具贺，祭之日，教官率缙绅行礼，子弟衣冠入拜，恭录恩旨，藏于家。又有寿跻期颐，一产三子，为国之瑞，以至急公乐善者，亦各赐匾锡物，昭示后人。旌表之礼，以劝善也。

## 乡　饮

乡饮之礼尚矣，汉制飨三老于太学，所以教孝。顺治初，诏令京府直省各州县，每岁以正月望日、十月朔日，各于儒学行乡饮酒之礼。先日，执事者陈设礼堂，司正习礼。黎明，宰牲治馔，主席率僚属司正至，遣俦速宾、僎。比至，执事报曰："宾至。"主席迎于庠门之外，宾西行，三让三揖，而后升堂，东西立，各拜，就坐。执事者又报曰："僎至。"主席又迎如前礼。已而介至，各就坐。执事者告司正扬觯，司正由西阶升，诣堂中，北向立，宾、僎以下皆立。司正揖，宾、僎皆揖。执事者以觯酌酒，授司正。司正举酒曰："恭维朝廷，率由旧章，敦崇礼教，举行乡饮，非为饮食。凡我长幼，各相劝勉。为臣尽忠，为子尽孝。长幼有序，兄友弟恭。内睦宗教，外和乡里。无或废坠，以忝所生。"读毕，司正饮酒，以觯授执事。司正、宾、僎皆揖，就坐。执事者举律案于堂中，读律者诣案前，北向立，众皆立，行礼如前。既毕，彻案，供僎宾前，次僎，次介，次主。宾主乃起，北向立。执事者酌酒授主。主诣宾前，置席上，稍退，两拜，宾答拜。执事者又酌酒授主，诣僎前，如前礼。于是宾起酬酒，僎从，执事者酌酒授宾，宾诣主前，置席上，如前礼。介、三宾、三僎以次酌酒，举爵饮。供汤，复酌酒。三品毕，彻僎，宾、主起。僎、主僚属居东，宾、介、三宾等居西，两拜讫，送宾出门，东西行，三揖而退。凡乡饮酒，主以府、州、县为之，位于东南；宾以致仕之绅为之，位于西北；僎以乡党年高有德之人，位于东北；介以次长，位于西南；三宾以宾之次者为之，位于宾、主、介、僎之间。众宾序齿，僚属序爵。司正以教职为之，执事者以老生为之。凡有违犯科条者，不许于良善之席，违者罪以违制。敢有喧哗失礼者，扬觯以礼责之。然台湾久已不行，但存其制而已。

## 祀　典

《传》曰："国之大事，在祀与戎。"是故法施于民则祀之，以死勤事则祀之，以劳定国祀之，能御大灾则祀之，能捍大患则祀之。非是族也，不在祀典。台湾为荒服之地，郑氏之时，始建文庙，尊先师也。清代因之，复祀武庙，崇武德也。若夫山川社稷之坛，城隍祝融之庙，名宦义民之祠，凡属御灾捍患者，俎豆馨香，饔鼓轩舞，其礼重矣。延平郡王为台烈祖，精忠大义没而为神，台人祀之。同治十三年冬，钦差大臣沈葆桢奏请建祠赐谥，以明季诸臣配。功德在民，夐乎尚矣。是篇所载，皆在祀典之列，若夫丛祠薄祭，则缺如焉。

## 各府厅县坛庙表

### 台南府（附郭安平）

**社稷坛** 在府治东安坊，旧为永康里，康熙五十年，巡道陈璸建。

**云雷雨山川坛** 在府治东安坊，康熙五十年，巡道陈璸建。

**先农坛** 在府治东门外长兴里，雍正五年，知县张廷琰建。

**文庙** 在府治宁南坊，郑氏之时所建，祀先师孔子。康熙二十四年，台厦道周昌、知府蒋毓英改建，中为大成殿，东西两庑配祀先贤先儒，前为戟门，为棂星门，为泮池，后为崇圣祠。三十九年，台厦道王之麟建明伦堂于殿左。五十一年，巡道陈璸建名宦、乡贤两祠。五十七年，知府王珍移泮池于棂星门之外。乾隆十四年，廪生侯世辉等捐资改建。正殿居中，左右为两庑，前为大成门，又前为棂星门，为泮池，后为崇圣祠，左右为礼乐库、典籍库。门之左右为名宦祠、乡贤祠，门外之左为礼门，右为义路，又外为大成坊、泮宫坊。庙左为明伦堂，又左为朱子祠，后为文昌阁。并铸祭器、乐器，规制完备。

**武庙** 在府治镇北坊，永历二十二年，郑氏建，祀汉忠义侯关羽，中有宁靖王手书之额，题曰："亘古一人。"康熙二十九年，巡道王效宗修，有碑记在庙中。雍正五年，诏以春秋仲月上戊致祭，用太牢，乐舞八佾，追封三代。后殿为三代祠。此外在坊里者，列于《宗教志》中。

## 卷十 典礼志

**天后宫** 在府治西定坊,为明宁靖王故宅。康熙二十三年,靖海将军施琅建,内有施琅纪功碑。五十九年,列入祀典,岁以春秋仲月致祭。乾隆五年,镇标游击石良臣于后殿增建左右厅,以右厅祀总兵张玉麟。四十三年,知府蒋元枢修,有碑记在庙中。其后叠修。台湾奉祀天后甚多,其在坊里不列祀典者,载于《宗教志》中。

**府城隍庙** 在东安坊府署之右。永历二十三年,郑氏建,康熙二十五年修。乾隆二十四年,知府觉罗四明重修,增建两庑戏台,有碑记在庙中。四十二年,知府蒋元枢复修。

**龙神庙** 在宁南坊,康熙五十五年,巡道梁文科建。

**田祖庙** 在镇北坊,康熙五十五年,巡道梁文科建。而郑氏所建者,一在广储西里。一在保大西里,今圮。

**仓神庙** 在镇北坊,雍正十年,知县林兴泗建。

**风神庙** 在西门外,乾隆四年,巡道鄂善建。

**火神庙** 在小南门外,康熙四十七年,凤山知县宋永清建。

**海神庙** 在镇北坊,为赤嵌楼故址,光绪十二年建。

**五子祠** 在镇北坊蓬壶书院之内,祀宋、关、闽、濂、洛五子,光绪十二年,知县沈受谦建。

**朱子祠** 在府学之左,康熙五十一年,巡道陈瑸建,岁以春秋仲月致祭。

**文昌祠** 在东安坊,岁以春秋仲月致祭。

**名宦祠** 在文庙棂星门之左。

**乡贤祠** 在文庙棂星门之右。

**孝悌祠** 在府学之右。

**节孝祠** 原在镇北坊,雍正元年,奉旨建,祀烈女节妇,后改建于府学之右。

**旌义祠** 在镇北坊,乾隆五十三年,知府杨廷理建,祀林爽文之役阵没义民,岁时致祭。嘉庆十年,蔡牵之役,附祀者二十七人。

**府厉坛** 在小北门外,为康熙辛丑死事台协水师游击游崇功栖神之所，前为地藏庵。雍正元年，巡道陈大辇建。嗣有司议举厉祀，则于其地以行，名为北坛，岁以清明、七月望日、十月朔日致祭。先牒本府城隍，设位于坛之上，祀以羊豕，下设"无祀鬼神"之位，陈牲焚楮，以妥其灵。乾隆十一年，知县鲁鼎梅修。三十七年，巡道奇宠格重修，有记。县为附郭，不别为坛。

**延平郡王祠** 在东安坊，永历间郡人建，称开山王庙。乾隆间，邑人何灿鸠资重建。同治十三年冬十月，钦差大臣沈葆桢奏请建祠列祀，春秋二仲有司致祭，中祀延平郡王，东西两庑，以明季诸臣配。后殿中祀翁太妃，左为宁靖王祠，右为监国世子祠。

**施将军祠** 在宁南坊檨子林，康熙二十五年，郡人建，祀靖海将军施琅。五十九年，地震圮。

**吴将军祠** 在东安坊，康熙二十六年，郡人建，祀总兵吴英，钦赐"作万人敌"之额。祠后有楼，曰仰止。乾隆五十三年，知府杨廷理修，后改为吴氏家庙，今圮。

**卫公祠** 在东安坊府城隍庙，康熙四十六年建，祀台湾府知府卫台揆。

**吴公祠** 在西定坊关帝庙右，雍正七年建，祀台厦道吴昌祚。

**蒋公祠** 在镇北坊真武庙后，康熙三十年建，祀台湾府知府蒋毓英。

**高公祠** 原在镇北坊关帝庙左，康熙三十三年建，祀台厦道高拱乾，后移于宁南坊。

**靳公祠** 在东安坊，康熙三十六年建，祀台湾府知府靳治扬，后圮。

**洪公祠** 在东安坊，同治二年奏建，祀台湾道洪毓琛。

**游将军祠** 在小北门外厉坛后，雍正元年建，祀水师游击游崇功。

**王公祠** 在东安坊清水寺街，光绪元年奏建，祀提督王德成。

**五忠祠** 在安平镇水师协署之左，雍正五年，水师副将陈炯伦建，祀水师副将许云、游击游崇功、千总林文煌、赵奇奉、把总李茂吉。

**功臣祠** 在宁南坊文庙之南，向西，乾隆五十三年敕建，供林爽文之役平台功臣牌位，则大将军、太子太保、大学士、贝子公福康安，参赞大臣超勇公海兰察，成都将军鄂辉，护军统领舒亮，护军统领普尔普，闽浙总督李侍尧，福建巡抚徐嗣曾等三十人。栋宇崔巍，地亦宽敞，有御碑八方，高各丈余，下承赑屃，镌御制平台及诸功臣赞，满汉文各四，上覆以亭。又有一碑立于中，刻诗一首，字大径寸，文曰："命于台湾建福康安等功臣生祠，诗以志事：三月成功速且奇，纪勋合与建生祠。垂斯琬琰忠明著，消彼萑苻志默移。台地恒期乐民业，海隅不复动王师。曰为曰毁似殊致（近来以各省建立生祠，最为欺世盗名恶习，因令严行饬禁，并将现有者暨令毁弃。若今特命台湾建立福康安等生祠，实因台湾当逆匪肆逆以来，荼毒生灵，无虑数万，福康安等于三月之内，扫荡无遗，全部之民，咸登衽席，此其勋绩，固实有可纪。且令奸顽之徒，触目惊心，亦可以潜消狼戾，是此举似与前此之禁毁虽相殊，而崇实斥虚之意，则原相同，孰能横议？且以励大小诸臣，果能实心为国爱民，确有美政者，原不禁其立生祠也），崇实斥虚意在兹。"旁译满文。道光二年，饬台湾县学教谕郑兼才、训导王承纬监修，今渐倾圮。

**昭忠祠** 原在县学之左，雍正元年敕建，祀台湾镇总兵欧阳凯等，后圮。嘉庆七年，奉敕再建，附于功臣祠之侧。十一年，乃设位以祭。道光元年，巡道叶始将康熙以来殉难官弁兵丁一律入祀。十三年，巡道徐宗幹、知府裕铎率绅士等重修，立牌祀之。光绪十四年。改建于右营埔。

**县文庙** 在东安坊，是为县学。康熙二十三年，知县沈朝聘建。中为大成殿，东西两庑，前为大成门，后为崇圣祠。四十二年，知县陈璸增建明伦堂于殿右。五十四年，巡道陈璸改建崇圣祠，以左为名宦祠，右为乡贤祠。雍正十二年，贡生陈应魁建棂星门于泮池之前。乾隆十五年，廪生侯世辉等捐资重建大成门，左为忠义祠，右为孝悌祠。

**县城隍庙** 在镇北坊，康熙五十年，知县张宏建。乾隆十年，知县李阊权修，有记。嘉庆十二年，知县薛志亮乃广其规，建两廊。而安平镇亦有城隍庙，乾隆十四年，水师副将沈廷耀建。五十年，副将丁朝雄修，自后叠修。

## 嘉义县

**社稷坛** 在县治东南，康熙二十四年建。
**风云雷雨山川坛** 在县治东南，康熙二十四年建。
**先农坛** 在县治东南，雍正五年建。
**文庙** 旧在县治西门内，康熙四十五年，署知县孙元衡建。乾隆十八年，知县徐德峻改建于西门外，中为大成殿，东西两庑，前为戟门，又前为棂星门，后为崇圣祠。
**武庙** 在县署东北隅，康熙五十二年，参将翁国祯建。
**天后宫** 在县署之左，康熙五十六年，知县周锺瑄募建。
**城隍庙** 在县署之左，康熙二十四年建。
**邑厉坛** 在县治东北，康熙二十四年建。
**名宦祠** 在文庙之内。
**乡贤祠** 在文庙之内。
**忠义孝悌祠** 在文庙之内，雍正元年奉旨建。
**烈女节妇祠** 在文庙之旁，雍正元年奉旨建。
**罗将军祠** 在县治东门之内，雍正二年奏建，祀北路营参将罗万仓。

## 凤山县

**社稷坛** 在旧县治北门。

**风云雷雨山川坛**　在旧县治北门。

**先农坛**　在旧县治东门外。

**文庙**　在旧县治北门外，康熙二十三年，知县杨芳声建。中为大成殿，东西两庑，前为戟门，又前为棂星门，后为崇圣祠。四十三年，知县宋永清重建。

**武庙**　在旧县治东门内，雍正五年，知县萧震建。

**天后宫**　在旧县治龟山之顶，康熙二十二年奉旨建。乾隆二十七年，知县王瑛曾重建。

**八蜡祠**　在旧县治龟山之北，康熙四十五年，知县宋永清建。

**城隍庙**　在旧县治北门外。嘉庆十九年，改建于今治县署之东。

**邑厉坛**　一在旧县治北门外，一在下淡水，康熙五十八年，知县李丕煜建。

**名宦祠**　在文庙之内。

**乡贤祠**　在文庙之内。

**忠义孝悌祠**　在文庙之左，雍正元年奉旨建。

**烈女节妇祠**　在旧县治北门，雍正元年奉旨建。

**曹公祠**　在今治凤仪书院内之东，咸丰十年建，祀前凤山知县曹瑾。

**昭忠祠**　在县城外，光绪三年敕建，祀开山殉难之提督王德成、张光亮、李常孚、总兵胡国恒、福建候补道田勤生等，凤阳柳铭撰碑在祠中。

## 恒春县

**社稷坛**　未建。

**风云雷雨山川坛**　未建。

**先农坛**　未建。

**文庙**　在城外猴洞山上，光绪十二年，知县周有基建。中为大成殿，为两庑,前为棂星门,后为崇圣祠,左为明伦堂,右为学廨。

**武庙**

**天后宫**

**城隍庙**

**邑厉坛**

### 澎湖厅

**社稷坛** 未建。

**风云雷雨山川坛** 未建。

**先农坛** 未建。

**文庙** 在文澳。

**武庙** 旧在妈官澳之西,乾隆三十一年,通判胡建伟修,今圮。光绪元年,水师副将吴奇勋改建于红木埕,法人之役,被毁。十七年三月,总兵吴宏洛倡捐重建。

**城隍庙** 一在文澳旧厅署之东,咸丰元年,署典史吕纯孝重建,规模不大。一在妈官城内,乾隆四十四年,通判谢维祺捐建,有碑记。自后续修。光绪十一年乱后,通判程邦基饬绅士黄济时等重修。

**程朱祠** 在城内,光绪十一年,通判程邦基建。十九年,绅士蔡玉成等捐资于祠之左建文昌阁,右筑讲坛。以书院距城稍远,以此为诸生讲学之所。二十年夏竣工。

**文昌祠** 在文石书院之后,乾隆三十一年建。光绪元年,绅士蔡玉成等重建,有碑记。

**天后宫** 在妈官澳,万历间建。康熙二十二年,靖海将军施琅攻克澎湖,以为神佑,奏请加封,遣官致祭,镌文庙中。

**风神庙** 在妈官澳城隍庙东,乾隆五十五年,通判王庆奎、水师副将黄象新等捐建。光绪七年,都司郁文胜重建。

**龙王庙** 在妈官澳观音亭之东,道光六年,通判蒋镛、水师副将孙得发等捐建。

**施将军祠**　在妈官澳,康熙二十四年,人民合建,祀靖海将军施琅。道光六年,通判蒋镛筹款生息,祔祀在澎殉难文武官员,春秋致祭。

**昭忠祠**　在妈官澳,光绪四年十二月,副将吴奇勋等倡建,祀同治元年之役协营各标调赴台湾弁兵助剿阵没者,则署左营守备蔡安邦等,暨兵丁一百三十四名。

**武忠祠**　在妈官澳协署之西,建置无考。乾隆五十六年,护理水师副将黄象新等捐修。

**胡公祠**　在文石书院内,祀通判胡建伟等。

**节孝祠**　在天后宫之西,道光十八年,署通判魏彦仪建,春秋致祭。光绪五年,妈官澳商户黄学周、黄鹤年重修。

## 台北府（附郭淡水）

**社稷坛**　在府治东南,光绪十四年建。

**风云雷雨山川坛**　在府治东南,光绪十四年建。

**先农坛**　在府治东门外,光绪十四年建。

**文庙**　在府治文武街,光绪十四年建。

**武庙**　在文庙之左,光绪十四年建。

**天后宫**　在府治府后街,光绪十四年建。

**府城隍庙**　在府治抚台衙后,光绪十四年建。

**县城隍庙**　附于府城隍庙之内。

**厉坛**　在府治北门外,光绪十四年建。

**名宦祠**　在文庙棂星门之左。

**乡贤祠**　在文庙棂星门之右。

**忠义孝悌祠**

**烈女节妇祠**

## 新竹县

**社稷坛**　在县治东门外，道光九年，同知李慎彝建。
**山川坛**　在县治东门外，道光九年，同知李慎彝建。
**先农坛**　在县治东门外，道光九年，同知宋李慎彝。
**田祖祠**　旧在南门内，乾隆三十四年，同知宋应麟建。道光九年，同知李慎彝移于先农坛之右。
**龙神祠**　在县治南门内，乾隆三十四年，同知宋应麟建。
**风云雷雨坛**　未建。道光九年，同知李慎彝始设神位，附祀于龙王祠。
**文庙**　在县治东门内，嘉庆二十二年，同知张学溥建。道光四年，同知吴性诚乃竣成之。中为大成殿，东西两庑，后为崇圣祠，左为明伦堂。
**武庙**　在县治南门大街，乾隆四十一年，同知王右弼倡建。同治十年，邑人重修。
**立昌祠**　在文庙之左，嘉庆八年，同知胡应魁建。
**天后宫**　在县治西门内，乾隆十三年，邑人陈玉友捐建。四十二年，同知王右弼修之。
**城隍庙**　在县署之右，乾隆十三年，同知曾曰瑛建。
**邑厉坛**　在县治北门外水田街，嘉庆九年，同知胡应魁建。
**火神庙**　在县治试院之左，光绪十三年，知县方祖荫建。
**名宦祠**　在文庙之左，道光九年，同知李慎彝建。
**乡贤祠**　在文庙之左，道光十三年奏建。
**昭忠祠**　在文庙之左，道光十三年奏建。
**节孝祠**　在文庙之左，道光九年，同知李慎彝建。光绪十七年改建。
**孝友祠**　在文庙之左，道光九年，同知李慎彝建。光绪十七年，移祀于节孝祠。

**德政祠** 在明志书院之左,旧为敬业堂。咸丰七年,绅士许超英等改祀同知曹谨、曹士桂,后又祀同知袁秉义、薛志亮、李慎彝、娄云等。

## 宜兰县

**社稷坛** 在县治南门外,嘉庆十七年,通判翟淦建。
**风云雷雨山川坛** 在县治南门外,嘉庆十八年,通判翟淦建。
**先农坛** 在县治南门外,嘉庆十七年,通判翟淦建。
**文庙** 在县治,光绪二年,进士杨士芳、举人李望洋捐建。中为大成殿,东西两庑,后为崇圣祠。
**武庙** 在县治西门,嘉庆十三年,居民原祀于米市街。二十三年,文昌宫落成,通判高大镛移祀于宫之前殿。
**文昌宫** 在县治西门,嘉庆二十三年,通判高大镛倡建。前殿祀汉忠义侯,后殿祀文昌。
**天后宫** 在县治之南,嘉庆十二年,官民合建。
**城隍庙** 在县治西街,嘉庆十八年,官民合建。
**火神庙** 在县署之右,嘉庆二十五年,官民合建。
**神祇坛** 即邑厉坛,在县治南门外,嘉庆十七年,通判翟淦建。
**名宦祠** 在文庙之内。
**乡贤祠** 在文庙之内。
**忠义孝悌祠**
**烈女节妇祠**
**杨公祠** 在文昌宫之右,供开兰官长杨廷理七人禄位。

## 南雅厅

**社稷坛** 未建。

**风云雷雨山川坛** 未建。

**先农坛** 未建。

**昭忠祠** 在厅治,光绪十九年,巡抚邵友濂建,祀十二年讨番病没阵亡兵勇。友濂题额。文曰:"俎豆同荣"。

## 台湾府（附郭台湾）

**社稷坛** 在府治东门外,光绪十五年建。

**风云雷雨山川坛** 在府治东门外,光绪十五年建。

**先农坛** 在府治南门外,光绪十五年建。

**文庙** 在府治小北门内,光绪十五年建。中为大成殿,东西两庑,后为崇圣祠,左为明伦堂,右为学廨。

**天后宫** 在府治大墩街。

**府城隍庙** 在府治新庄,光绪十五年建。

**厉坛** 在府治北门外,光绪十五年建。

**名宦祠** 在文庙棂星门之左。

**乡贤祠** 在文庙棂星门之右。

**林刚愍公祠** 在府治田中,光绪十五年,巡抚刘铭传据全台绅士奏建,祀福建陆路提督林文察。

## 彰化县

**社稷坛** 在县治东门外,雍正二年建。

**风云雷雨山川坛** 在县治东门外,雍正二年建。

**先农坛** 在县治南门外,雍正二年建。

**文庙** 在县治东门内,雍正四年,知县张镐建。中为大成殿,东西两庑,后为崇圣祠,右为明伦堂,后为学廨。乾隆五十一年,明伦堂、学廨毁于乱。嘉庆二年,岁贡郑士模捐修,未竣。十六年,知

## 卷十 典礼志

县杨桂森乃成之，改建明伦堂于庙左。

**武庙** 在县治南门内，雍正十三年，知县秦士望捐建。嘉庆五年，知县胡应魁移建于同知旧署。

**文昌祠** 在县治文庙西畔，嘉庆二十一年，知县吴性诚建。而县辖鹿港、西螺、北斗、员林、大肚、犁头店、牛骂头等处人士，亦各自建。

**天后宫** 一在县治北门内协署之后，乾隆三年，北路营副将靳光瀚建。一在东门内，乾隆十三年，知县陆广霖建。一在鹿港海隅，乾隆五十五年，大将军福康安建。

**城隍庙** 在县治东门内，雍正十一年，知县秦士望建。

**龙神庙** 在县治南门内，嘉庆八年，知县曹世骏建。

**邑厉坛** 在县治北门外，乾隆三十五年，北路理番同知李本楠捐建。

**名宦祠** 在文庙崇圣祠之左，道光十年，知县托克通阿与邑绅捐建。

**乡贤祠** 在文庙崇圣祠之右，与名宦祠同建。

**忠烈祠** 在县治西门内，道光二年，知县吴性诚捐建。祀林、陈、蔡三役殉难文武官兵。

**节孝祠** 在县治东门内，建省之后，合祀台、彰、云、苗四邑节妇、孝子。

**朱公祠** 在县治西门内，光绪十五年，巡抚刘铭传奏建，祀提督朱焕明。为戴案义民祠之址。

**义民祠** 在县治西门内，乾隆五十五年建，祀林爽文之役殉难义民。

**十八义民祠** 在县治西门外。先是，雍正十年春，大甲西社番林武力作乱，总兵吕瑞麟率兵讨，累战弗克，番益猖獗，恣焚杀，县治戒严，淡水同知张宏章适率乡勇巡庄，过阿束社。番突袭之，几不得脱。邻近粤人方负耒出，见而大呼，众争至，与番斗，宏章乃免，死者十八人，曰黄仕远、黄展期、陈世英、陈世亮、汤邦连、汤仕麟、李伯寿、李任淑、赖德旺、刘志瑞、吴伴云、谢仕德、江运德、廖时雨、卢俊德、张启宁、周潮德、林东伯。越日，乡人葬之西门外，题曰："十八义民之墓"。已而番平，大府上其事，下旨嘉许，赐祭，各发银五十两，饬有司购地建祠，春秋胙蚃，以旌其义。

## 云林县

**社稷坛** 未建。

**风云雷雨山川坛** 未建。

**先农坛** 未建。

**文庙** 未建。光绪十五年，暂就文昌祠奉祀孔子。

**武庙**

**城隍庙** 原在旧治，光绪十四年，知县陈世烈建，后移今治，暂盖竹屋。

**厉坛** 在县治南门外，光绪十年建。

**朝天宫** 在县辖大槺榔东堡北港街，祀天后。庙宇巍峨，人民信仰。先是，康熙年间，僧树璧自湄州奉神像来，结庐祀之，香火日盛。雍正八年，乃建庙。乾隆十六年，笨港县丞薛肇广、贡生陈瑞玉等捐资修之，以三十八年十月起工，翌年九月落成，费款一万五千圆。道光十七年，子爵王得禄以平定海寇之役，为神显祐，奏列祀典，敕赐"神照海表"之额，命江安十郡储粮道王朝偏代祭。咸丰五年重修。

**义民祠** 在县辖北港街。林爽文之役，街民固守拒战，死者百零八人，高宗手书"旌义"二字，刻石建亭，号旌义亭。寻于亭后建义民祠以祀。

**昭忠祠** 在县治西南，道光十三年奉旨建。祀张丙之乱殉难官员兵民等，则赠知府衔方振声、赠游击马步衢、赠都司陈玉成等。光绪十四年，斗六盐馆委员叶大镛监修，以苊叶税为祭费。

**将军庙** 在都司署内，祀二十四将军，后楹祀台湾镇总兵林向荣。光绪四年，都司凌定国修。

**文昌祠** 在县治，同治七年建。又一在林圯埔街。光绪二十年重修。

## 苗栗县

**社稷坛** 未建。

**风云雷雨山川坛** 未建。

**先农坛** 未建。

**文庙** 未建。光绪十五年，暂就文昌祠奉祀孔子。

**武庙**

**城隍庙** 在县治。

## 台东直隶州

**社稷坛** 未建。

**风云雷雨山川坛** 未建。

**先农坛** 未建。

**天后宫** 在卑南马兰街，光绪十五年，统领张兆连建。先是，兆连详请巡抚奏请赐给匾额。十七年，卑南、大麻里各社正副社长及通事等捐银七百五十圆，购置田围，以为祀费。

**昭忠祠** 在卑南宝桑海滨，光绪七年，同知袁闻柝建。十四年，番乱被毁。十八年，重建于鳌鱼山。

卷十一

教育志

连横曰：嗟乎！自井田废，而学校息，人才衰，朝廷之所以取士者，唯科举尔。夫科举非能得人才也，而人才不得不由科举，故以管商之政治，仲舒之经学，相如、子云之文章，苟非一入主司之目，亦终其身而不遇。是科举非能得人才也，又且抑遏之，摧残之，蔀其耳目，锢其心思，使天下英雄尽人吾彀，而精悍者亦不敢与我抗，而吾乃可无忧。故学校之设，公也；科举之制，私也。以私害公，霸者之术也。古者量人授田，一夫百亩，八口之家，可以无饥。设为庠序以教之，八岁入小学，学六甲、五方、书计之事，十五入大学，学先圣礼乐，其秀异者移乡学于庠序，庠序之异者移国学于少学。诸侯岁贡少学之异者于天子，学于太学，命曰造士。行同能偶，则别之以射，论定然后官之，任官然后爵之，位定然后禄之。故古之取士也宽，其用之也严；后之取士也严，其用之也宽，人才何得而见之哉？

台湾为海上荒岛，靡有先王之制也。荷兰得之，始教土番，教以为隶而已。领台之三年，乃派牧师布教，以崇信基督。其时归化土番，曰新港，曰目加溜湾，曰萧垄，曰麻豆，曰大目降，曰大杰颠，各设教堂。每逢星期，众皆休息，群集于此，祷福讲经，以是从者日多。永历二年，各社始设小学，每学三十人，课以荷语荷文及新旧约，牧师嘉齐宇士又以番语译《耶教问答》及《摩西十诫》，以授番童，拔毕业者为教习。于是番人多习罗马字，能作书，削鹅管，略尖斜，注墨于中，挥写甚速，凡契券公文均用之，故不数年而前后学生计有六百人。然其所以教之者，敬天也，尊上也，忠爱宗国也，故终荷兰之世，土番无反乱者，则教化之力也。延平克台，制度初建，休兵息民，学校之设，犹未遑也。永历十九年八月，嗣王经以陈永华为勇卫。永华既治国，岁又大熟，请建圣庙，立学校。经曰："荒服新创，地狭民寡，公且待之。"永华曰："昔成汤以百里而王，文王以七十里而兴。国家之治，岂必广土众民？唯在国君之用人求贤，以相佐理尔。今台湾沃野千里，远滨海外，人民数十万，其俗素醇，若得贤才而理之，则十年生聚，十年教养，三十年之后，足与中原抗衡，又何虑其狭小哉？夫逸居无教，则近于禽兽。今幸民食稍足，寓兵待时，自当速行教化，以造人才，庶国有贤士，邦以永宁，而世运日昌矣。"从之。择地宁南坊，面魁斗山，旁建明伦堂。二十年春正月，圣庙成，经率文武行释菜之礼，环泮宫而观者数千人，雍雍穆穆，皆有礼让之风焉。命各社设学校，延中土通儒以教子弟，凡民八岁入小学，课以经史文章。天兴、万年二州，三年一试，州试有名者移府，府试有名者移院，各试策论，取进者入太学。月课一次，给廪膳。三年大试，拔其尤者补六科内都事。三月，以永华为学院，叶亨为国子助教，教之，育之，台人自是始奋学。当是时，太仆寺卿沈光文居罗汉门，亦以汉文教授番黎。而避难缙绅，多属鸿博之士，怀挟图书，奔集幕府，横经讲学，诵法先王，洋洋乎，济济乎，盛于一时矣。

清人得台之后，康熙二十二年，知府蒋毓英始设社学二所于东安坊，以教童蒙，亦曰义塾。其后各县增设。二十三年，新建台、凤两县儒学。翌年，巡道周昌、知府蒋毓英就文庙故址扩而大之，旁置府学，由省派驻教授一员，以理学务。而县学置教谕，隶于学政，其后各增训导一员。然学宫虚设，义塾空名。四民之子，凡年七八岁皆入书房，蒙师坐而教之。先读《三字经》或《千字文》，既毕，乃授以四子书，严其背诵，且读朱注，为将来考试之资。其不能者，威以夏楚。又毕，授《诗》《书》《易》三经及《左传》。未竣而教以制艺，课以试帖，命题而监之沸。肄业十年，可以应试。其聪颖者则旁读古文，横览史乘，以求淹博。父诏其子，兄勉其弟，莫不以考试为一生大业，克苦励志，争先而恐后焉。旧制：三年两试，一为科考，一为岁考。康熙二十五年，福建总督王新命、巡抚张仲举奏准，台湾岁进文武童各二十名，科进文童二十名，廪膳生二十名，增广生如之。岁贡以廪生食饩为先后，年贡一人。将试之时，童生赴县投考，书其姓名、年貌、三代籍贯，廪生保之。皂隶、厮养、倡优、贱户之子不得试，有其人者，诸生逐之，廪保同坐。临试之日，知县入考棚（考棚亦曰校士院），点名给卷，扃门而试，两文一诗，日晡乃出。考官校其上下，数日发榜，而覆试之。递次而减，以至终覆，乃移之府。各县俱集，制亦如之。台湾隶于福建，以分巡道兼理提督学政。雍正五年，改归汉御史。乾隆十七年，仍归道。将试之前一日，学政朝服谒圣，至明伦堂，席地坐，中置一案，廪膳生立而读经，诸生侍。礼毕，入院。先考古学，试以诗、赋、策论、经解，新旧生毕至，其不考者听之。次考旧生，廪增生员毕至。上舍之外，列一等者，以次食饩。其不考者不得乡试。试列四等，发学戒饬。三试不至者，褫其衣顶。次考童生，扃门而试，禁挟书，搜而焚之。数日发榜，拔其尤者十数名而覆试之，照额取进，再录圣谕，而发红榜，分发府县各学，是为生员。学政率之谒圣，礼毕而退。台湾府学岁贡一人，各县学二岁贡一人，其后渐增，是曰岁贡，以廪生食饩之先后为序。廪生者在学读书，岁给廪饩，故谓之上舍生。凡遇覃恩，则以是年当贡者为恩贡，以其次一人为岁贡。顺治初，诏选府县学生之尤者赴廷试，十二年一行，是曰拔贡。雍正初，定为六年一行，府学二人，县学一人，无其人则缺。乾隆八年，遂定十二年一行，著为例。乡试之时，诸生赴试，其文优而限于额者，取为副榜。台湾定额皆正榜，隽者不备，或以副榜足之，谓之副贡。乡试之后，学政就通省所举优行生考取数名，谓之优贡。五者皆为选士，又有纳捐者为例贡。雍正二年，诏命各省，凡例贡非廪生者不得以教职用，其现用者皆罢之，所以重师道也。其后废之，捐纳盛行，皋比堂皇，且多不通之士矣。故例：三年大比，诸生毕至，天子命使者至其乡，秋八月，三试于省闱，隽者登解榜，有司表其门。具聘币，致之京师，曰举人。明年春三月，天子命大臣扃礼闱而三试之，及第者诏集殿廷，天子亲策问焉，遂甲乙其榜，曰进士。台湾自康熙二十五年设学。二十六年，陆路提督张云翼奏言："台士乡试请照甘肃、宁夏之例。闽省乡闱，另编字号，额取一二名，俟应试者众，乃撤去。"诏准编字额中一名。三十六年，总督郭世隆以台士佥请撤去，一体匀中，入奏报可。自后每多辍科，渡海危难，试者益少。雍正七年，巡台御史夏之芳奏准，照旧编号额中一名。十三年，巡道张嗣昌请加解额，巡抚卢焯具奏，诏许加中一名。乾隆元年恩科，福建加中三十名，台湾亦加一名，遂以为例。嘉庆十一年，海寇之乱，台人士多慕义御侮。其明年，粮储道赵三元巡台，言于总督阿林保、巡抚张师诚，请加解额，并令台士选举优贡。十五年，诏可，遂定三名。

初，台湾粤籍小试，附于各县。乾隆五年，巡台御史杨二酉以粤人流寓已久，户册可稽，现堪应试者计有七百余名，奏准另编新号。四邑通校共取八名，附入府学，俟取进渐多，再将廪增并出贡之处，奏请定议。而乡试仍附闽省，一体匀中。道光八年，总督孙尔准奏于闽省内另编字号，别取粤生一名。盖以粤人来台，至是已多，释耒读书者亦不少也。

故例：府县泮额应视钱粮为差，而台湾自乾、嘉以来，开垦日进，人民富庶，文风丕振，士之讲经习史者，足与直省相埒。故至建省之时，全台泮额骤增，而解额亦定为七名矣。乾隆四年，巡台御史诺穆布、单德谟等奏请台士会试，照乡试例，另编字号，取中一名。部议以台士与试，果至十人，乃奏请取中一名，著为例。其后遂有掇危科而入词林者矣。

武科之制，始于唐代，其制与文士等。清代沿明之例，设为甲乙两科，其初试武童者，必先通四子书，以文事与武备相为表里也。其后仅录武经，每逢岁试，试以刀石马步之箭，拔其尤者而进之。乡会亦同。

初。乾隆二十九年，巡台御史李宜青归京覆命之后，奏言："台湾四县应试，多福、兴、泉、漳四府之人，稍通文墨，不得志于本籍，则指同姓在台居住者，认为弟侄，公然赴考。教官不及问，廪保互结不暇详。至窃取一衿，褰裳而归，是按名为台之士，实则台无其人。臣于上年抵台，行文观风，四县生员只八十余卷，询之官吏，据称俱在内地。

夫庠序之设，凡以宏奖风教，使居其土者知所方向。今台湾南北二路，广袤一千数百余里，计其庄户不下数万，而博士弟子员寥寥不少概见，则皆内地窜名之所致也。查台地考试，从前具有明禁：非生长台地者，不得隶于台学。圣朝作养边陲之至意，人所共见，又定例入籍二十年，亦无原籍可归者，方准予寄籍考试。今四府人士，其本籍不患无可以应试之处，而远涉重洋，或两地重考，或顶名混冒，藐功令而窃荣名，莫此为甚。请将内地冒籍台属各文武生员，照冒籍北闱中式之例，悉改归本籍。仍请敕下该督抚，饬行兼管提督学政之台湾道，嗣后府县试及该道考试，应作何设法稽查，识认精细，其廪保等不敢通同徇隐及受贿等弊。斯则海邦皆邹、鲁，而作人之化，无远弗届矣。"旨下礼部议覆，礼部奏可。是为禁止冒籍之令。及蔡牵之役，台人士义勇奉公，郊商亦捐饷助军。事后，奏增泮额，并定郊籍三名，附于府学，以为郊商子弟考试之途。

先是，顺治九年，颁发学规，诏命各学，刊立卧碑于明伦堂，以为教育根本。其所以勉强之者，则为忠臣，为清官。而所以监督之者，则不许上书陈述利弊，不许结社武断乡曲，不许刊文以要名誉。违者褫革，有司同罪，可谓严矣。夫国家养士，所以培元气也。东汉太学三万人，危言深论，不隐豪强，公卿避其贬议，天下视为指归。宋诸生伏阙挝鼓，请起李纲，三代遗风，唯此相近。今乃并国家大事而不许言，则诸生读书奚用哉？戡乱民彝，摧残民气，其旨酷矣！夫清人以弓马得天下，入关之后，仍沿明制，以科举可笼络人才也，故又范之以程式，约之以楷书。士子束发入学，穷年矻矻，唯此是图。其幸而得志者，则可以纡青紫，佩印绶，博富贵，为宗族交游光宠。其不幸而失志者，则侘傺终身，老死牖下，而无一顾问焉。呜呼！人才之进退，乃以此为权衡，政何由而治，学何由而兴哉？

康熙九年，颁发圣谕十六条，命各地方官以朔望之日，集绅衿于明伦堂宣讲，以俾军民周悉。雍正元年，又刊《钦定圣谕广训》，颁发各乡，命生童诵读。朔望之日，亦集地方公所，逐条宣讲。乾隆元年，复颁《书院规训》，其所以造士者，可谓切矣。然而学校不兴，浮华相尚，文字之狱，捕戮无遗，其所以钤制士类，玩弄贤才，焚书坑儒，犹未若斯之甚也。台湾为海上新服，躬耕之士，多属遗民，麦秀禾油，眷怀故国，故多不乐仕进。

康熙二十三年，知府卫台揆始建崇文书院。十九年，分巡道梁文煊亦建海东书院，各县后先继起，以为诸生肄业之地。内设斋舍，廷师主席，设监院以督之。每月官师各试一次，取生童各二十名，每名给膏火银七钱。课外各四十名，每名三钱七分。而山长束脩四百圆，加考小课一百二十圆，监院月薪十两，扃试之日，别给饭膳五十圆，均由学租支之。乾隆五年，分巡道刘良璧手定海东书院学规五条：一曰明大义，二曰端学则，三曰务实学，四曰正文体，五曰慎交游。二十七年，分巡道觉罗四明又勘定之：一曰端士习，二曰重师友，三曰立课程，四曰敦实行，五曰看书理，六曰正文体，七曰崇诗学，八曰习举业。道光间，徐宗幹任巡道，力整学规，拔其尤者入院肄业。每夜必至，以与诸生问难，训之以保身立志之方，勉之以读书作文之法。一时者生竞起，互相观摩，及门之士，多成材焉。台郡为首善之区，文风不振，东西南北各设文社，而以奎楼为中枢，故奎楼亦谓之书院。每有学事，群集讨议，以进有司，唯不敢为过激之论。而赏奇析疑，亦以时会文焉。故例：有司下车，必行观风之试，试以诗、赋、策论，或询地方利弊，犹有博采苔荛之意。古者士传言，庶人谤；商旅于市，工执艺事以谏。正月孟春，辀人以木铎循于路，采其风诗，以陈天子，故王者不出朝廷，而知天下治乱。然而三代以下，天下之是非，一出于朝廷，而不出于学校。是故天子荣之，则群趋以为是；天子辱之，则群摘以为非，习毒所中，利禄熏心，而道义铄矣。

光绪十一年，刘铭传任巡抚，析疆置吏，增设学额。嗣经礼部议准，乃饬各学查明，其由南北两府学拨归台湾府学廪膳附增生员一百五十名，武生八十六名，又由彰化县学拨归台湾县学者五十二名，武生十一名，拨归苗栗者十一名，武生十一名，嘉、彰两学拨归云林者四十九名，武生二十二名。原设廪生增额，应照名次由新籍各生帮补，自十八年起，改归新籍支膳。是时巡抚兼理提督学政，核定考费，岁科两届一万二千圆，南北两府均半。岁试三千三百圆，科试二千七百圆。而新设之台湾府，定自辛卯科试分棚开考，即照南北章程，岁科两试共六千圆，科试二千七百圆，均于盐课余款支用。南北两府考费，则岁试各八百五十圆，科试七百圆，亦由盐余支用。

初，台士乡试，例由海东书院给发盘费，以助肄业诸生。建省以后，官船往来，改发船票，而会试者从前新科举人在院肄业者给以百圆，虽不在院而连捷者亦同，否则仅给四十圆，应赴书院监督报名，而后分发。若台北府则由该府自行提给，台湾府亦就近报名，送道核给。其所以奖励科举者至矣。

当是时，百事俱兴，农工路矿次第举办，而多借才异国。铭传乃为树人之计，十二年，先设电报学堂于大稻埕，以习其艺。十六年，又设西学堂于城内，聘西人为教习，择全台聪慧之子弟而教之，课以英法之文，地理、历史、测绘、算术、理化之学，又以中国教习四名，分课汉文及各课程。学生皆给官费，每年约用一万余两。成效大著，台湾教育为之一新。

夫抚垦之事，为治台之大政。前者番社虽设社学，又拔其秀者为佾生，以宠锡之，顾此为羁縻之策，而非长治之计也。是年春三月，并设番学堂，先选大嵙崁、屈尺、马武督之番童二十名而教之，聘罗步韩、吴化龙、简受禧为教习，课以汉文、算书，旁及官话、台语。起居礼仪，悉仿汉制。每三日，导之出游，以与汉人晋接，消其顽犷之气，生其观感之心。而铭传又时莅学堂，以验诸生功课，极力奖励。人才之盛，勃勃蓬蓬，再及数年，可以致用。然自邵友濂一至，十七年，而撤西学堂，十八年，而番学堂亦废矣。呜呼伤哉！

## 台湾儒学表

**台南府儒学**　在台南府治，康熙二十四年建。以下俱附见《典礼志》各文庙内。

**安平县儒学** 在安平县治，康熙二十三年建。

**嘉义县儒学** 在嘉义县治，康熙二十三年建。

**凤山县儒学** 在凤山旧治，康熙三十五年建。

**恒春县儒学** 未建。

**台湾府儒学** 在台湾府治，光绪十五年建。

**台湾县儒学** 未建。

**彰化县儒学** 在彰化县治，雍正四年建。

**云林县儒学** 未建。

**苗栗县儒学** 未建。

**台北府儒学** 在台北府治，光绪六年建。

**淡水县儒学** 未建。

**新竹县儒学** 在新竹县治，嘉庆二十二年建。

**宜兰县儒学** 在宜兰县治，光绪二年建。

## 台湾书院表

**海东书院** 在台南府治府学之西，康熙五十九年，巡道梁文煊请建，后为校士院。乾隆四年，巡台御史单德谟奏请别建校士院。翌年，巡台御史杨二酉奏请照福建省直辖之例，以府学教授为师，考取诸生而教之，给以膏火。于是拔贡生施世榜首捐谷千石，以为修缮之资，又捐水田百甲，以充经费，遂延教授薛仲黄为师。六年，巡道刘良璧手订书院学规，二酉立碑记之，今在院中。十五年，知府方邦基、知县鲁鼎梅改建县署于赤嵌楼之右，移书院于旧署。十七年，诏以巡道兼提督学政，岁科校士遂在道署，而校士院乃旷。廿七年，巡道觉罗四明又就旧院修理为用，立碑记之。三十年，知府蒋允焄护道事择地于府学西崎之下，别建今院，广三十丈，袤八十丈，东向，讲堂斋舍悉备。其后叠修。

**崇文书院** 原在台南府治东安坊,为府义学,康熙四十三年,知府卫台揆建。乾隆十年,巡道摄府事庄年重修。十五年,台湾县知县鲁鼎梅移海东书院于旧县署,而以旧海东书院为崇文书院。二十四年,知府觉罗四明乃就府署之东新筑讲堂斋舍,立碑记之,现在院中。

**南湖书院** 在台南府治法华寺傍,乾隆二十九年,台湾府知府蒋允焄建,以为诸生肄业之地,今废。允焄所撰碑文,载于台湾县志。

**正音书院** 在台湾县署之左,雍正七年,奉文设立,凤山、诸罗两县亦设,今俱废。

**引心书院** 原在县治桵仔林街,嘉庆十五年,邑绅黄拔萃就白莲教斋堂抄用,称引心文社,独任膏火。十八年,知县黎溶与拔萃议,改为台湾县书院,各捐款置产,嗣移于柱仔行街。知县姚莹又捐款生息。光绪十二年,改为蓬壶书院。

**蓬壶书院** 在县治赤嵌楼之右,光绪十二年,台湾县知县沈受谦建。

**奎楼书院** 在台南府治道署之旁,雍正四年建,为诸生集议之所。

**凤仪书院** 在凤山县署之东,嘉庆十九年,知县吴性诚建。

**屏东书院** 在凤山阿猴街,嘉庆二十年,凤山知县吴性诚、下淡水县丞刘荫棠建。

**玉峰书院** 在嘉义县治西门内,为旧时县学之址,乾隆二十四年,诸罗知县李倓改建。

**宏文书院** 在台湾府治,光绪十五年建。

**白沙书院** 在彰化文庙之左,乾隆十年,淡水同知摄彰化县曾曰瑛建。二十四年,知县张世珍重修。五十一年之役,被毁,知县宋学颢乃改建于文祠之西。嘉庆二十一年,署知县吴性诚重修,规模较大。先是,嘉庆十六年,知县杨桂森议以南门外旧仓改建主静书院,延师主讲,以为贫士肄业之地,劝捐千余圆,置田生息,后不果建,遂以此租拨归白沙书院。

## 卷十一 教育志

**文开书院** 在彰化辖鹿港之新兴街,道光四年,鹿港海防同知邓传安倡建。中祀朱子,旁以沈光文、徐孚远、卢若腾、王忠孝、沈佺期、辜朝荐、郭贞一、蓝鼎元配,皆台之寓贤也。光文字文开,故以其表德名书院。传安自撰之,记载于彰化县志。

**龙门书院** 在云林县治,乾隆十八年建。

**蓝田书院** 在云林县辖南投街,道光十一年,南投县丞朱懋延请南北投、水沙连两堡士庶议建书院,乃以生员曾作云、管俊升等董其事,十三年成。内祀朱子,为讲堂,旁为斋舍。费款四千一百余圆。众又捐款置田,延聘山长以为膏火诸费,贡生曾作霖立碑记之,现在院中。同治三年五月,绅士吴联辉重建,兵备道丁曰健题曰"奏凯崇文",以戴潮春之役方平也。光绪十年,联辉之子朝阳又修之。

**英才书院** 在苗栗县治,光绪十三年建。

**登瀛书院** 在台北府治,光绪六年,台北府知府陈星聚建。

**明道书院** 在台北府治,光绪十九年,台湾布政使司沈应奎建。

**学海书院** 在台北府治艋舺下嵌庄,原名文甲书院,道光十七年,淡水同知娄云议建,未行,二十三年,同知曹谨续成之。二十七年,总督刘韵珂巡台至艋舺,易以今名。同知曹士桂自为山长,诸生肄业者数十人,文风丕振。同治三年十月,重修。

**明志书院** 在新竹县治西门内。先是,乾隆二十八年,永定贡生胡焯猷以其兴直堡新庄山脚之旧宅自设义学,颜曰"明志",并捐学租以为经费。淡水同知胡邦翰嘉之,禀请大吏,改为书院。翌年,总督杨廷璋立碑记之。三十年,同知李俊原以书院距治太远,课士不便,议移南门内。四十二年,同知王右弼乃以校士经费存款,以事改建。四十六年,同知成履泰又以南门地势低洼,移于西门之内。道光九年,同知李慎彝修之。

**仰山书院** 在宜兰县治文昌宫之左。初,杨廷理入兰筹办时,以宋杨龟山为闽学宗,而兰之海中,亦有龟山屿,故名仰山,志景行也。嘉庆十五年，始建一椽，至二十四，噶玛兰通判高大镛乃延师开课，而屋渐圮。道光元年，署通判姚莹改筑于后殿左厢，亦只一厅一室，未几复圮。十年闰四月，署通判萨廉乃就旧址新筑三楹，为课士之地。自道光初年以清丈余款充为租息，岁入约千圆，以供诸费。

**崇基书院**　在基隆厅治，光绪十九年建。

**文石书院**　在澎湖厅辖文澳之西，乾隆三十一年，通判胡建伟循贡生许应元等之请，捐款新建。中为讲堂，祀宋代周、程、朱、张五子，旁为斋舍，各十间，以澎产文石，故以名之，其后叠修。道光七年，通判蒋镛与副将孙得发、游击江鹤等捐俸倡修，自为主讲，以束脩充工资，九年春，改建魁星楼于巽方，以取文明之象，并请筹款生息，光绪元年，董事蔡玉成邀集士商重议修建，计捐二千余两。二年冬落成，规制宏敞，然以经费支绌，玉成又亲赴道署请筹拨，巡道刘璈许之，而宾兴膏火之费始裕。

# 卷十二

刑法志

连横曰：余闻之老者曰，道亡而后有德，德亡而后有仁，仁亡而后有义，义亡而后有礼，礼亡而后有法，法亡而后有刑。是刑者固不得已而用之。人处一国之中，相生相养，相爱相亲，固不能潸然而无争。争则强者胜而弱者败，贵者伸而贱者抑，不平之气，郁于国中，而乱作矣。是故圣人儿刑以威之，使之相戒而勿犯，然后能得其平，而民无邪心。故曰：刑以止刑。然而法者禁于已然之后，而礼者施于未然之前，故礼之为用也微，而法之为用也显。微则用远而效著，显则用久而弊生。故曰：道之以政，齐之以刑，民免而无耻；道之以德，齐之以礼，有耻且格。呜呼！世非浑穆，人非狉榛，其能无法以相守哉？唯在善恶而已。

台湾为荒服之地，我先民之来居聚者，耕渔并耦，无诈无虞，出入相友，守望相助，疾病相扶持。但有乡约，而无国法，固不知其几何也，及明之季，荷兰入处，布政施教，始以其法颁之台湾，所谓属地之法也，其贱乃不得与齐民齿。荷人以此法颁之爪哇，且以行之台湾，土番觊觎忾忾，受其约束，莫敢支吾。而郭怀一则愤其暴而欲逐之，事虽不成，死者相继，而积怨日深，内讧不息。郑师一至，而荷人且败走矣。

延平郡王郑成功既克台湾，养锐等时，与民休息，而立法严，犯者无赦。诸将以为立国之初，宜用宽典。王不可。初，王在思明，设刑官以理讼狱，遵用明律，又设行军司马以理军政。王之治军，信赏必罚，众莫敢犯。永历十年，左先锋镇苏茂败绩揭阳，王以其私纵施琅也，今又失律，命文武议罪，斩之。然茂建功多，诸将或以为过，王乃自为文祭之曰："王恢非不忠于汉，然误国家之计，虽武帝不能为之赦。马谡非无功于蜀，然违三军之令，虽武侯不能为之解。国无私法，余敢私恩？断不敢以私恩而废国法。今行国法而废私恩，眷言酬之，神其格之。"诸将闻之乃服。及克台后，任贤使能，询民疾苦，民亦守法奉公，上下辑睦，奸宄不生，而讼狱几息矣。经立，遵用成法，民乐其业，闽、粤之人，至者日多，尽力农功，相安无事。及经西伐，委政陈永华，以元子克𡒉监国。克𡒉明毅果断，亲贵畏惮，而永华又辅相之，兴利袪弊，民归其德。台湾之人，以是大集。

清朝得台之后，颁行清律。满律之制，始于顺治三年。入关未久，多沿明律，康、雍两朝时有修改，及乾隆而大备，所谓大清律例者也。内分六律：一曰吏律，二曰户律，三曰礼律，四曰兵律，五曰刑律，六曰工律，凡四百三十六款，千数百条。五刑：一曰笞，二曰杖，三曰徒。四曰流，五曰死。十恶：一曰谋反，二曰大逆，三曰谋叛，四曰恶逆，五曰不道，六曰大不敬，七曰不孝，八曰不睦，九曰不义，十曰内乱。八议：一曰议亲，二曰议故，三曰议功，四曰议贤，五曰议能，六曰议勤，七曰议贵，八曰议宾。此则博采历代成法也。

台湾隶福建布政使之下，分设厅县，而寄其权于巡道。乾隆五十二年，诏加按察使衔，以理讼狱。凡人民之赴诉者，先告代书，书其事，呈之厅县，定日召讯，判其曲直。缙绅、命如可使家人代之，谓之抱告。其不服者，则控之府。不服，复控之道。然道控之案，每饬府再勘，唯重大者亲鞫之。道判不服，控之省。复不服，则控之京，谓之叩阍。天子不能亲听，命刑部与都察院、大理寺讯之，所谓三司会审也。路远费重，迁延岁月，非有奇冤巨案，未尝至于京控也。

命盗之案，厅县讯之，取其口供，合以证据。有不招者，以刑威之。拟定罪名，案详之府，复详之道，由道造册，送省秋审，酌其轻重缓急，乃由督抚汇奏，刑部议复。其有疑者发道再审。拟死之犯，录其姓名，奏请天子亲勾，部文到时，就地处决。未勾者监候，如遇恩赦，则减其罪。

监狱之制，典史司之，有轻罪、重罪之房，已拟、未拟之别。而狱中污秽，暗无天日，饥寒交迫，疾病丛生，每多瘐毙。狱吏禁卒，又多勒索，一有不从，遭其荼毒，阴房寂寞，与鬼为邻，可哀也已！徒流之犯，定其远近。徒者近至澎湖，远至泉州；而流者则配口外，或发烟瘴之地。押解之时，必黥其面，以为识别，非遇恩赦，久不得归，伶仃凄楚，与死为邻，亦可悲也！夫人肖天地之貌，怀五常之性，聪明精粹，有生之最灵也。乃以困苦之余，或为盗贼，或以一朝之忿，至于杀人，此固国法所当诛，而人情所宜宥者也。是以圣王之治民也，制井田以养之，设庠序以教之，劝其职业，修其人伦，入则孝弟，出则忠信，穆穆棣棣，和乐且间。后王无道，废弃典章，刑罚不中，法令如毛，乃复横征暴敛，财殚力痡，使民无所措手足，怨毒之中，遂生叛乱，而国祚随之。此则任法而不任人之过也。

台属各厅县招解命盗人犯，到郡勘定后，即将各犯留禁府、县二监，命犯随时起解。盗案遣军流徒之犯，俟奉到部覆，即由该厅县造册拨役，由鹿耳门口配搭商船，对渡厦门。若命犯直解赴按察司审办，而盗犯则至同安县交收，逐程接递到省，定地请咨发配，故无积压之弊。及道光十九年，英人之役，海上不稳，大府以泉州办理军务，文书旁午，凡台湾起解人犯有由漳、泉二府经过者，概行缓解。而淡水厅适获英兵及印度兵二百余名，解郡收禁，府、县二监一时拥挤，兵备道姚莹饬将各属定案人犯发回监禁。至发回者，如台、凤二县仍由鹿耳门配渡，其余不必解府。淡水则由八里岔，嘉义则五条港，彰化则鹿港，径行配渡，以军务敉平为止。而商船来者较少，未足配运，愈积愈多，解费益难筹措。厅县交卸，诿诸后任，接办之员，又以前任无费交存，竟付高阁，而囹圄充斥矣。前时解犯之费，由台防厅支给。迨道光十年，署同知蒋镛牒言，命犯每名转给船价三十圆，盗犯二十圆，厅中赔垫不赀。署知府王衍庆乃详准承审厅县匀贴一半，相安数载。十四年，署同知沈汝瀚以同知为间曹薄俸，未肯认赔，知府周彦始饬厅县悉行支理，而人犯愈多，解费愈绌矣。及徐宗幹任兵备道，大府议饬清理。宗幹以为酌减费用为先,推广配船章程次之,另立严催期限又次之。三者俱备。或不致再有积压。"查台湾厅县解犯费用,较之内地各县,不啻数倍之多。姚前道已将在台各衙门用费,大加核减,嗣据淡、兰二厅台、凤、嘉、彰四县,请将命犯解费,新案减四,旧案减六。夫出水人犯,书有纸笔之费,差有看管之劳,需用在所不免。唯通计尚巨,似应如府议,毋分新旧,再行一律减半,以免琐碎。盗犯一名,费不及命犯之半,为数无多,该厅县亦复请减,姑再准减十分之四。台费既减,各厅县又以请减内地沿途解费之说进。犯人抵厦,应缴厦防厅投批费,及同安等县寄监费,为数多寡不一。夫厦防厅不过点收人犯,同安等县不过寄禁一宿,何须重费?尤应大加裁减。至现在各口船只稀少,宜照旧章,量为推广。窃思哨船一项,配载戍兵来台之便,必换载各兵内渡。若令权宜拨配,则兵力厚集,可资防护,非如商船之不敢多配。自应酌贴一半船费,分给舵水,以昭奖赏。夫费已核减,船又推广,各厅县如再敢诿延,漫无限制,应另立期限,分别记过撤参。从此明立章程,可冀振刷精神。即不能囹圄空虚,或可望其渐就清理也。"书上,大府从之。先是,命盗立决人犯,皆由台湾道奏办,监候杂犯则由道提审成招,给批解司勘转。宗幹至省,历谒督抚,拟援他省,由道勘转,请免解司之议。及归台后,询之僚属,以案犯情实者,皆留省处决,例应由院审题,其遣军流徙等犯,终须由司定地,即免过臬司衙门,而解省则一。唯有道署勘定后,只将招册送省,由省具题,部准部覆转行到台,届秋审时,仍解省汇勘。至遣军等犯悉照台地奏案,解司定地发配,则办理简易,自不至于烦难。宗幹以此陈之大府,又从之。

台湾刑法既遵清律,世有其书,故不载。唯其所异者,则挈眷偷渡之律,侵垦番地之律,娶纳番妇之律。及同治十三年,钦差大臣沈葆桢视台,开山抚番,奏请解禁,而垦务乃日进矣。光绪初,白莺卿为台湾知县,善治盗,又设各种刑具,轻者断指,重则殛毙,群盗屏迹。莺卿以皂总李荣为耳目,盗莫得逃。荣遂怙权纳贿,揽词讼。巡抚丁日昌谂其恶,诛之,一时吏治整肃。初,道控之案,需费多,审问又久,讼者莫敢至。及刘璈任兵备道，深知民间疾苦，每逢二、八等日，自坐堂上，许人民人控，旁侍胥役，每呈收费两圆，随到随审，案多平反。故璈虽获罪远流，而人民犹念其德。光绪十三年，建省之后，部议以台湾道原加按察使衔，毋庸特设，一切刑名由道管理，乃设按察使司狱一员，凡遇秋审，由道酌拟罪名，以十月造册送院。嗣由巡抚核定，分别实缓，以二三月再请巡抚示期审录，派拨官船至南，带同经书案卷到北襄办。仍由巡抚咨明闽浙总督，转咨具题，以候朝旨。十七年十一月，巡抚邵友濂札道，以台湾盗案，向系禀请就地正法，今南北相距密迩，解勘迅速，凡非叛逆土匪之犯，皆不许。

卷十三

军备志

连横曰：古人有言，天生五材，民并用之，废一不可，谁能弃兵？是故轩辕有涿鹿之战，颛顼有共工之陈，虞禹有三苗之伐，成汤有南巢之师，周武有牧野之誓。降及春秋，齐桓、晋文，尊王攘夷，取威定霸，非兵莫属，故使子孙无忘其功。秦、汉以来，其旨昧矣。

台湾为海上绝岛，群雄必争之地也，非兵莫守，非兵莫存。故可百年而不用，不可一日而不备。然而我族之不竞久矣，当明之季，澎湖险远，群盗出没。万历二十年，东陲有事，议置游兵。二十五年冬，始创一游、一总、四哨，各乌船二十艘，目兵八百有奇。翼年春，又虑孤岛寡援，增守备一，游总哨舟师称是。又于海坛、南日、浯屿、铜山、南澳、大寨游，各抽哨官一人，领坚船三艘，汛时远哨至澎湖，以联声势。后以兵饷难继，裁去一游，而海坛、南日、南澳三处远哨之船，渐各停发，仅一总、二哨，各乌船二十艘，目兵八百五十有奇，其月糈则漳、泉共饷之。顾祖禹曰："海中岛屿，东南错列，以百十计。但其地有可哨而不可守者，有可寄泊而不可久泊者，若其险要而纡回，则莫如澎湖。盖其山周回数百里，隘口不得方舟，内澳可容千艘。往时以居民恃险为不轨，乃徙而虚其地，驯至岛夷乘隙，巢穴其中。力图之而后复为内地，备不可不早也。"又曰："海中旧有三山之目，澎湖其一尔。东则海坛，西则南澳，并为险要。是故守海坛，则桐山、流江之备益固，可以增浙江之形势；守南澳，则铜山、元锺之防益坚，可以厚广东之藩篱。此三山者，诚天设之险，或可弃而资敌欤？"初，万历三十七年，荷人突入澎湖，嗣为总兵俞咨皋所逐。天启二年，复至，戍兵已撤，遂踞而有之。更入台湾，以兵分守南北，筑垒自固。越三十八年，复为我延平郡王所逐。蓄锐待时，谋复诸夏，故其奔走疏附者，皆赴忠蹈义之徒，枕戈执殳之士也。天厌明德，继世而亡，而威棱所及，犹有存者。安平之垒，铁砧之山，落日荒涛，尚堪凭吊，此则我族之武也。

初，延平开府思明，分陆军为七十二镇，水师二十镇。及经之时，颇有增设，陆詟海伏，军声大振。克台之后，以周全斌总督承天南北军务，休兵息民，以治农亩，仅留勇卫、侍卫二旅，以守承天、安平，余镇各屯田自给，故无养兵之患。古者兵农为一，五国为属，属有长；十国为连，连有帅；三十国为卒，卒有正；二百一十国为州，州有牧。连帅比年简车，卒正三年简徒，群牧五载大简车徒。是故春振旅以搜，夏拔舍以苗，秋治兵以狝，冬大阅以狩，皆于农隙以讲事焉。故其兵为国之兵，能执干戈以卫社稷，居则往来相乐，战则患难相扶。而又纠之以政，行之以礼，闲之以义，奉之以仁，励之以勇，秉之以忠，教之以务，使之以和，严之以刑，奖之以禄，故民皆可使，而足胜于天下。十六年夏，经嗣位，以忠振伯洪旭、永安侯黄廷守思明，率师入台。檄铜山、南澳诸将，毋废战守。十八年，委政陈永华，又行屯田之制，台湾以安。二十七年，平西王吴三桂、平南王尚可喜、靖南王耿精忠以次起兵，请会师。经至思明，进略闽、粤，遂克有十府，以遵奉故朔。一时麾下几十数万人，军复大振。已而清人入闽，精忠稽颡，尚亦反噬，故无功而归。然漳南之役，刘国轩、吴淑诸将，兵仅数千，以当十万，飘骤驰突，略仿延平。清军萎胙咋舌，莫敢支吾，则郑师之善战，亦足豪矣。

清人得台，改设府县，调兵分防。以总兵一员驻府治，水师副将一员驻安平，陆路参将二员分驻诸、凤，兵八千名；澎湖水师副将一员，兵二千名，皆调自福建各营，三年一换，谓之班兵。康熙六十年，朱一贵之役，全台俱没。及平，廷议以澎湖为海疆重地，欲移总兵于此，而台港设副将，裁水、陆两中营。总兵蓝廷珍以为不可，上书总督满保曰："若果台镇移澎，则海疆危若累卵，部臣不识海外情形，凭臆妄断，视澎湖太重，不知台之视澎，犹太仓一粟尔。澎湖不过水面一沙堆，山不能长树木，地不能生米粟，人民不足资捍御，形势不足为依据。若一二月舟楫不通，则不待战自毙矣。台湾沃野千里，山海形势，皆非寻常，其地亚于福建一省。论理尚当增兵，易总兵而设提督五营，方足弹压。乃兵不增而反减，又欲调离其帅于二三百里之海中，而以副将处之乎？台湾总兵果易以副将，则水陆相去咫尺，两副将岂能相下？南北二路参将止去副将一阶，岂能俯听调遣？各人自大，不相统属，万一有事，呼应不灵，贻误封疆，谁任其咎？澎湖至台虽仅二百余里，顺风扬帆，一日可到。若天时不清，台飓连绵，浃旬累月，莫能飞渡，凡百事宜，鞭长莫及。以澎湖总兵控制台湾，犹执牛尾一毛，欲制全牛，虽有孟贲之无所用之，何异弃台湾乎？台湾一去，漳、泉先害，闽、浙、江、广俱各寝食不宁，即山左、辽阳皆有边患。廷珍无识，以为此土万不可委去，若遵部议而行，必误封疆。望恕狂瞽，且赐明示。"满保入告，提督姚堂以为言，乃罢议。

雍正二年，诏曰："台湾换班兵丁，戍守海外岩疆，在台支给粮饷，其家口若无力养赡，则戍守必致分心。每月着户给米一斗。唯内地米少，可动支台米，运至厦门，交与地方官，按户给发，务使均沾实惠。"是为眷米之始。五年，诏曰："台湾防汛兵丁，例由内地派往更换，而该营将弁往往不将勤慎诚实得力之人派往，以是兵丁到台，不遵约束，放肆生事。历来积弊，联甚患之。嗣后台湾班兵，着该营官挑选派往。如有不法，或经发觉，该营官一并议处。"六年，总兵郡奏言："台湾换班兵丁，例由内地派拨，而其中有识字柁工、缭手、斗手、碇手等，向来多系雇募，本地之人冒顶姓名，并非实有兵丁。请照随丁之例，就地招募。"诏以"海洋操练水师，柁、缭、斗、碇关系甚重，若不换内地兵丁，而常令彼地之人执司其事，似有末便。应于换班之内，挑选学习，着兵部妥议具奏。"初，班兵来台之后，乡里不同，互分气类，故从前分散各处，至是王郡奏请废止，以便训练。不许。诏曰："驻台兵丁军器，悉系各营自制，是以易"于破坏。然将内地精良军器，给与台军，亦非善策。着该督抚于存公项内动支制造，务必坚利精良。至台之日，又着巡视御史会同该镇查验点收，倘有不堪使用者，即据实奏参。"七年，诏以台湾兵丁，每年赏银四万两，以为养赡家口之用。着总督等均匀分派，按期给发，以示朝廷恤兵之意。

初，朱一贵之役，漳浦蓝鼎元从军，以半线以北，地长八九百里，山海奥区，民番错杂，而委之北路一营之兵，聚不足以及远，散不足以树威。议于半线划设县治，而设参将于竹堑，以固北鄙。十一年，诏升台湾镇总兵为挂印总兵，给方印。添设城守营左右两军，改北路营为三营，以副将驻彰化，副以中营都司，而左营守备驻诸罗，右营守备驻竹堑，各有增设，于是台湾之兵计有一万二千六百七十名。然积弊渐深，军律废弛，兵骄将惰，为害闾阎，一旦有事，溃败四出，而祸不可收拾矣。乾隆五十一年，彰化林爽文起事，凤山庄大田应之，攻陷城邑，兵不能战。诏命大将军福康安领侍卫巴图鲁，以楚、蜀、粤、黔之兵九千至，历战数月，始平。则台湾班兵之不可用也明矣。当是时，粤人化番效命军前，颇收臂助。事后，奏设屯丁，旌表义民，添用马兵，稍为整饬。时阳湖赵翼从军在厦，以鹿港处彰化之口，势控南北，议移县治于此，驻扎总兵，居中调度。总督李侍尧韪之，未及入奏。五十三年，始以安平水师左营游击移驻鹿港。自是以来，北鄙日拓，远逮噶玛兰，且及台东。嘉庆十五年，改淡水都司为水师游击，兼管陆路，南至新庄，北及兰界，而水师则逮苏澳，以为台北之干城。道光四年，又升水师游击为参将。其时淡水东北悉已开垦，移民鳞至。而噶玛兰又为山海险阻，生番出没，海寇窥伺，远距淡水可六七日程，统御莫及。总督赵慎轸议移北路副将于竹堑，以右营守备为中营，中军都司为左营，驻彰化，中军守备为右营，驻艋舺。福建水师提督不可，乃留副将于彰化，而艋舺置参将。

当是时，台湾班兵积弊已甚，嘉义陈震曜上书大府，请裁绿营，募乡勇。台湾道亦主其议。同知姚莹以为不可，议之曰：

"比闻大府橄下，议改台湾班兵，召募土著。愚窃以为过矣。台湾一镇水陆十六营，额兵一万四千六百五十有六。自督抚两院，水陆二提，漳州、汀州、建宁、福宁、海坛、金门六镇，福州、兴化、延平、闽安、邵武五协，五十八营抽拨更戍，多者七八百人，少者百数十人。其到台也，分布散处，每内一营分台营者十数，极多不过百人而已。匪特三年之中，分起轮班，出营收营，纷纷点调之烦。配坐哨船或商船，重洋风涛，岁有漂溺之患。而且戍台之兵，既有兵糈，又有眷米，岁费正供数十万石，何所取而必为之哉？盖尝推源其故，窃见列圣谟猷深远，与前人立法之善，而不可易也。夫兵凶战危，以防外侮，先虑内讧。自古边塞之兵，皆由远戍，不用边人，何也？欲得其死力，不可累以家室也。边塞战争之地，得失无常，居人各顾家室，心怀首鼠，苟有失守，则相率以逃。暮楚朝秦，是其常态。若用为兵，虽颇、牧不能与守。故不惜远劳数千里之兵，更迭往戍，期以三年。赡其家室，使之尽力疆场，然后亡躯效命。台湾海外孤悬，缓急势难策应，民情浮动，易为反侧。然自朱一贵、林爽文、陈周全、蔡牵诸逆寇乱屡萌，卒无兵变者，其父母妻子皆在内地。惧干显戮，不敢有异心也，前人犹虑其难制，分布散处，错杂相维，用意至为深密。今若罢止班兵，改为召募，则以台人守台，是以台与台人也。设有不虞，彼先勾结，将帅无所把握。吾恐所忧甚大，不忍言矣。其不可一也。

"兵者貔狨之用，必使常劳，勿任宴逸。自古名将教习士卒，劳苦为先，手执戈矛，身披重铠，虽遇寒冬雨雪，盛夏炎蒸，而大敌当前，亦将整旅而进，苟平居习为安逸，何能驱策争先？故练技艺，习奔走，日行荆棘之丛，夜宿冰霜之地，寒能赤体，暑可重衣，然后其兵可用。今营制训练，各有常期，将弁操演，视同故事。惟班兵出营，约束烦难，且以数十处不相习之人，萃为一营，彼此生疏，操演势难画一。将禅惧罚，即欲不时勤操演，有所不能，是于更换之中，即寓习劳之意。盖以贤能将帅，讲习训练，斯成劲旅。若改为召募，则日久安闲，有兵与无兵等。其不可二也。

"兵者猛士，以勇敢为上，胜败在于呼吸，胆气练于平时。百战之兵，所向无前者，胆气壮，故视敌轻也。古者名将教士，或卧于崩崖之下,或置诸虎狼之窟,所以练其胆气,使习蹈危机而不惧,然后大勇可成。台洋之涉,亦可谓危机矣。骇浪惊涛,茫无畔岸;巨风陡起,舵析桅欹,舟师散发而呼神,邻舶漂流而破碎;大鱼高于丘岳,性命轻于鸿毛。若此者,班兵往来频数,习而狎之,胆气自倍。一旦冲锋镝,冒矢石,庶不致畏葸而却步。且平日海洋既熟,即遇变故,亦往来易通。兵法云:置之死地而后生,此之谓也。今若改为召募,免其涉险,则恇怯性成,遇难望风先走。胆气既无,鲜不溃败。爱之适足以死之,甚非国家所以养兵之意。其不可三也。

"以必不可易之制,而欲变更,是以台地视同内地,毋乃于列圣谟猷,前人美意,有未之深思者乎?然大府之所以议改者,亦自有说。请释其疑,可以无惑。

"一曰节糜费。闽省兵糈仅能支给,自林、陈、蔡三逆军兴,各府县运谷赴省,积贮空其大半,频年买补。尚缺额者十数万石。而台湾每岁运谷,不能时至,各动仓谷,垫放兵米。旧贮未满,又有新借,各县借口不免亏空。且台湾新设艋舺一营,兵米不敷支给,是闽省仓储颇形支绌。若改班兵为召募,则内地眷米一项,岁可省谷数万。数年之后,不惟补足,且有赢余,并可减运,以给艋舺兵米。此节糜费之说也。殊不知内地储仓,并不亏于军需,而亏于官吏。军需既缺,历年采买,不难报竣。所虑者有采买之名,无买谷之实,及至交代,辗转流抵,虚报存仓。至台谷不过运期稍迟,虽则借垫,运到即还,何至亏空。若艋舺不敷兵米,台地尚有别款可筹,何必贪节省之虚名,而误百年之大计?

"二曰处游民。台地口禁虽严,而港议纷歧。自鹿耳门、鹿港、八里岔、三正口外,南路则打鼓港、东港、大港、喜树仔,北路则笨港、五条港、大甲、吞霄、后垄、中港、大安、乌石港,其他私僻港口,不可胜纪。无业之民,偷渡日多,非遥聚市廛,则肆为盗贼,捕治不胜其众。若募为兵,若辈有可资生,亦所以区处之道。此处游民之说也。不知召募之额有常,而游民之额无限,不为兵者,又将何以处之?且若辈隋游无根,小不遂意,及或犯法,则逃去无所顾忌。若操之稍急,又鼓噪为变，一旦奸民蠢动，此辈皆其逆党矣。况台地漳、泉、粤三籍，素分气类，动辄械斗，将弁带兵弹压，非彼之仇，即彼之党，不更助之乱乎？其患无穷。不待智者而决矣。

"三曰免烦扰。台湾班兵三年抽换，往来络绎，则有造册移报之烦；缺额事故，则有补革案牍之烦。台湾、鹿港、蚶江、厦防四厅，配船候渡者无虚日。内五十八营，外十六营，收营出营者属于途。且班满出营之后，多不遵约束，纷纷滋事，带兵员弁既畏如虎狼，地方厅县更难于治问。若改为召募，则诸弊皆清。此免烦扰之说也。不知文移案牍，不过书识之劳，厅营纷纭，各有旧章可守，倘其出营滋事，一能吏足以安之。若虑烦扰，务求安便，此事简民醇之区所宜讲求，而非所以施于繁要，况海外重兵之事乎？

"然则由前三者，其害甚大，由后三者，并无所利，吾不知议者何取，而轻改旧章也。夫老将言兵，计出万全，忠臣谋国，期于久远。事必权其利害，而利之所在，弊即在焉，亦视其大小何如耳。班兵之制，于今一百余年，推其弊不过如此，其利则保障全海，而改为召募，则其害不可胜言，并无所利。可以决所从违矣。"

又曰："班兵之不可易如此，则大府欲易之也，其误明矣。吾闻大府入觐，尝面言事宜，已得俞旨。必有言之甚切者。此可揣而知也，以为班兵不得力耳。朱一贵之乱也，全台陷矣，林爽文之乱也，南北俱陷，不破者郡城耳。陈周全之乱也，始陷鹿港，既陷彰化。蔡牵之乱也，始人艋舺、新庄，既陷凤山，据州仔尾，郡城受攻者三月。班兵不能灭贼，皆赖义民之力，继以大兵，而后殄灭。是为班兵不得力之明验。噫！此文武诸臣之罪也，班兵何与乎？台湾地沃而民富，糖麻油米之利，北至天津、山海关，南至宁波、上海，而内济福州、漳、泉数郡。民商之力既饶，守土者不免噬肥之意。太平日久，文恬武嬉，惟声色宴乐是娱。不讲训练之方，不问民间疾苦，上下隔绝，百姓怨嗟。故使奸人伺隙生心，得以缘结为乱，仓卒起事，文武官弁犹在梦中。一贵致乱之由，言之使人痛恨。后来者不知炯戒，久而渐忘，又有爽文之事。陈周全本陈光爱余孽,诛之不尽。及彰化米贵,匪民肆抢,台守驰往,仅擒治二十余人。粉饰了事。又置周全不问,以至纵成大患,甫旋郡而难作。蔡牵大帮骚扰海上十余年,以重利啖结岸上匪类,受伪旗者万余人。一旦扬帆直入,匪民内应,故得直薄郡城。此皆诗臣经略不足,于班兵何尤?借使不设班兵,当时已皆召募,能保无事耶?然吾闻朱一贵乱作,文员先载妻子走避澎湖,是以人心无主,总兵欧阳凯力战死难。若林爽文初据嘉义,总兵柴大纪一出而歼贼复城。陈周全别股贼首王快攻斗六门,千总龙升腾以兵百人败贼千数。蔡逆攻台,澎湖副将王得禄以水师兵六百人,破贼数万于洲仔尾。

"不三年卒歼蔡逆,台人至今犹能言之。则是班兵非不得力,顾用之何如耳。而欲改变旧制,岂理也哉?抑台营今日有宜讲者五事:一曰无事收藏器械以肃营规,二曰演验军装枪炮以求可用,三曰选取教师学习技艺以备临敌,四曰增设噶玛兰营兵以资防守,五曰移驻北路副将以重形势。

"台湾班兵器械,除炮位铅药外,皆由内地各兵配带。因杂派各营,恐有遗失,向皆自行收管,不交弁备。然分类之习未除,每口角细故,彼此出械相斗,将裨不及弹压,已致伤人,虽屡加严惩,此风不免。良由器械在手,易于逞凶故也。今宜定制,自入营点名之后,所有器械,编号书名,交本营守备收入库局,惟操演教习,差派出营,逐捕盗贼,按名散给,无事则皆缴收,不许执持。各汛距营稍远,亦交千把总收管。如此则手无挟持,平时可免械斗,而营规整肃矣。

"武备之用,利器为先。藤牌、鸟枪、长矛、半斩、腰刀,在在必须坚利。大小炮位一发击贼数十人,尤为取胜要具。台营军装,惟火药、硝磺由内地运给,自行煎煮,其余皆由省局制造,委参、游诸大员解运赴台,旧坏者收回缴省。尝见刀刃脆薄,不堪砍斫,每斩决囚犯,仅一再用而缺,藤牌甚小,圆围不过三尺,牌尤轻薄,此仅利操演时腾舞轻便耳,若以临敌,不足遮蔽矢石。鸟枪尤短,不能及肩,安能中远?至于炮位,铁多未经熟练,又搀杂铅砂,掷地稍重,两耳即断,火门又或欹斜，往往炸裂伤人，至于不敢演。武备若此，虽有健锐，亦难胜敌。向者出局交营，皆顾瞻情面，草率收受，贻误军情，莫此为甚。今宜严定制度，务以厚大坚利为主，枪炮必经委员当面演放，并由镇、道会验，然后收营。否则驳回另造，且治工匠以应得之罪。如此则省局不敢偷减工料，委员不敢徇情解运，台营不敢草率点收，而军装可期坚利矣。

"营制操演弓箭、鸟枪、藤牌、刀矛，各有用法，进退跳荡，腾走击刺，各有规矩。平时督抚、提镇较阅之时，皆按一定阵图演习，此不过死法陈规，练其步伐耳。及至既遇敌冲锋，则临机应变，惟以勇敢便捷整齐为上。必使手与器调，器与心调，心与伍调，伍与弁调，弁与将调，然后千人一气，众志成城，无不克敌之理。每见市中无赖，皆有膂力相尚。一营之中，岂无娴长技艺之人？苟能留心拔取，使为众兵教师，朝夕训练，将裨亲自董率，日省月试，考其优劣，能教十人以上者赏，百人以上者拔用。如此则人争以技艺见长，劲旅可成，临敌必能制胜矣。

"噶玛兰新开，额设守备一员，千总一员，把总二员，战兵二百六十名，守兵一百四十名，归艋舺水师游击管辖。所拨班兵，皆用上游四府。惟兰境北至三貂，南至苏澳，边界横亘百余里，三面负山，口隘二十处，皆生番出没之所，东临大海。其内港则乌石、加礼宛二口，自三月至八月，港道通畅，民人贩载米石，小船络绎。外洋则苏澳、龟山、鸡笼洋面，南风司令，每有匪船游弋，防堵尤要。兰地僻远，在台湾极北山后，距郡十三日程，距淡水六日程，中隔三貂大山，径窄溪深，极为险阻，设有不虞，百人可以梗塞。今额兵仅四百名，分守汛防，未免单薄，须添设战兵一百二十名，守兵八十名，设都司大员统之，驻五围城内，守备移驻头围，千总移驻三貂，更设在城千总一员，外委二员，始足以资弹压。惟设兵即须筹饷，窃见兰地兵米饷粮，皆就兰厅正供余租支放。每岁银谷皆有盈余，谷约五千石，余租番银二千。今若抽拨战守兵二百名添防，则岁增兵米七百二十石，不过用谷一千四百四十石，岁尚有余谷矣。增设兵饷，战兵一百二十名，每名月饷银一两四钱，守兵八十名，每名月饷银一两，岁约用银二千九百七十六两。都司全年俸薪、马乾、养廉银四百四十九两，千总俸薪、马乾、养廉银一百九十二两，外委养廉银三十六两，增设各兵加饷银九百五十二两耳，凡共需银四千六百余两。兰厅余租一项，颇有盈余。官弁养廉。戍兵加饷，足敷支给。至此项额兵，若再从内地抽拨，似觉纷繁。阅军册内，台郡城中驻城守参将一员，兵一千一百七十九名，北路左营都司驻嘉义，兵一千二百八十二名，额兵颇多。今若于城守及嘉义二营中酌量抽拨，即可足额，且无庸另筹饷银眷米。如此则兰营兵力无单弱之虞，而防守更为周密矣。

"台湾府治东南至琅璚四百五十里，北路至苏澳一千二百余里，以形势而论，南短北长。兰境未开，初设北路副将一员，中营都司一员，额兵一千二百三十八名，驻彰化城内，辖嘉义都司为北路左营。竹堑守备，额兵七百二十六名，为北路右营。艋舺、新庄以上空虚，故嘉庆九年，蔡逆从沪尾登岸，径至新庄。后乃添设沪尾水师一营，驻游击一员，以艋舺营守备，陆路兵八百七名，及兰营陆路守备，皆归管辖。所以两营陆路皆辖于水师游击者，北路副将驻彰化，鞭长莫及。故为一时权宜之计耳。沪尾游击所辖洋面，上自苏澳，下至大甲，八百余里，中隔鸡笼，须候南风。由鸡笼至沪尾及于大甲，须候北风。此一路浅澳最多，向为匪船出没之所，哨捕稽查，殊为不易。今更统以陆路，实有顾此失彼之虞，一旦淡、兰有事，仍不得力。愚意不若以北路副将移驻竹堑，改右营为中营，抽拨彰化营额兵二百名，艋舺营额兵一百名，归竹堑守备，加都司衔，随同副将驻扎。改彰化都司为北路左营，改艋舺守备为北路右营，同兰营守备，共四营兵，统归副将管辖。其嘉义所辖，驻左营都司，改归郡中城守营参将管辖。如此则北路副将中权淡水，南可以应彰化，北可以应艋舺、噶玛兰，形势始为扼要，郡城可无北顾之忧。而艋舺水师游击惟尽心洋面，以专责成，水陆两路皆可得力矣。以上五条，实为目前台湾之急务，见诸施行，必有实效。

"然自古治法莫如治人，苟守土之官，平时廉正公明，勤于政事，不贪安逸，吾知台人必爱之如父母，畏之如神明，虽有奸宄，不敢萌心。即万一不虞，而吾以有备之兵御之，再以子弟之民助之，有不旦夕扑灭者，未之有也。又何致上廑宸衷，远烦数万大兵，耗费无限之粮饷也哉？"

初，莹以此议上总兵，亟以为然。已而慎轸督闽，见之，乃罢，复采其言，增改台北营制。

先是，总兵达洪阿以台湾班兵废弛，颇有意整剔，选六百人，练为精兵，岁犒钱二万五千余缗，巡道周凯赞之，饬府县捐助一半。及姚莹至，饬属酌议，凤山知县曹谨以为不可。略谓："台湾孤悬海外，中征内地五十二营之兵，三年一班，更番拨戍，人既杂则材力不一，时既暂则考校多疏。将与将不相习，兵与兵不相知，从前偾事，职此之由，则训练诚亟亟也。顾练之云者，讵惟是有兵六百，遂可恃无虞哉？朝廷慎重海疆，额设水陆步战守兵一万二千六百七十名，无一非镇帅之兵，即无一非镇帅当练之兵。凡各营操演之时，参游以上，皆有犒赏，戍兵所得，较之内地倍多，本是以固其心而作其气。其所以不练不精者，乃弁兵之辜恩，非朝廷之吝赏。今议者不务遵守旧章，申明纪律，而动议变增。计所练之兵，仅全台二十分之一，而所赏较本兵粮饷倍之。试思朝廷设兵，原无彼此，此而当练，孰不当练？此而可精，孰不可精？如必厚赏而后精，则非厚赏遂不必精；必厚赏而后练，则非厚赏并不能练。是必岁捐数十万金，以为全台练兵之用而后可。如其不然，是予各兵以借口之端，而开各营推诿之渐也。且台地绵亘一千余里，精兵六百，以之自卫则有余，以之卫人则不足，一旦南北交警，此六百人者，顾此则失彼，顾彼则失此，势不能不驱未练未精之人，相与从事。况费之所出，非官则民。查一县捐摊，每岁数几盈万，已未能按款批解。今又加以千余，名曰捐廉，实则挪移公项，此派之官者之不可行也。若取之于民，则台民数经兵燹，十室九空，加以亢旱频年，则素封之家，所不敷所出，此取之民者之不可行也。惟是练兵之举，将及三年，既议停止，必筹安置。计惟就现练精兵之中，择其年力精强，技艺娴熟者，分插各营，使之转相教习，除本营官照例于三、六、九操演外，镇军南北巡时，再按名操演。赏罚之政，备在中枢，实力奉行，何施不可。是镇兵虽有自练之名，而通台皆宿重兵，人人可成劲旅，官民之间，胥受其福。"镇道从之。及英人之役。莹募乡勇六百名，增给饷糈而训练之，渐次以及各营。然营制之坏，众口同声。戍守之兵，借住民家，包娼聚赌，挟械以嬉，而复各分气类，私设公厅，犄角争斗。莹乃移镇拆毁，勒令归营，其无营者，筹款以建，而议多未行，二十八年。巡道徐宗幹又继成之。宗幹之议：一曰都守以上不用闽人，都守以下不用漳、泉人；二曰裁减精兵一半，以其经费，修理营房，分营居住；三曰非属操演有事之时，军装器械，一概缴库；四曰城内酌留精兵若干，余则拨添各汛，随时调遣；五曰换班之年，不准逗留；六曰调戍之期，漳、泉分岁；七曰减调提标之兵，到台分拨外汛；八曰道、府、厅、县多养屯丁、乡勇，随时练习，以补兵力。书上，大府从之，而班兵稍受约束。然绿营暮气，濡染已深，各省皆然，虽有名将不能驱策。洪军之役，望风而靡，湘、淮诸杰，乃出而练勇营，立功致果。而彰化林文察亦率乡勇数百名，转战闽、浙，攻城克邑，所向告捷。于是台勇之名闻队曲，以其尚武习劳，坚毅矫捷，而足与共生死也。

同治八年，奏准裁汰额兵，增给饷糈。于是全台设总兵一，副将三，参将四，游击四，都司九，守备十，千总十七，把总四十一，外委五十六，马兵七十，战兵三千一百四十六，守兵四千四百八十八，而勇营渐用矣。

牡丹之役既平，钦差大臣沈葆桢奏请开山抚番，以淮军任之，并议大改营制。疏曰："查台湾营伍废弛，曾经屡次奏陈。上年府城挑练两营，毫无起色，并将营官林茂英等参革在案。府城如此，外县可知，是其积弊之深，尤所罕见。汛弁干与词讼，勒索陋规；兵丁巧避差操，雇名顶潜；而班兵来自内地，各分气类，偶有睚眦之怨，立即聚众斗殴。且营将利弁兵之规费，弁兵恃营将为护符，遇有兵民涉讼，文员移提，曲为庇匿。间有文员移营会办之案，亦必多方刁难需索，而匪徒早闻风远飏矣。种种积习，相沿已久，皆由远隔海外，文员事权较轻，将弁不复顾忌，非大加整顿不可。臣等体察情形，计无逾于裁汛并练者。盖分汛裁撤，则骄诈擅扰，不禁自除；并营操练，则汰弱补强，渐归有用。台地除澎湖两营外，尚有十五营，拟仿淮、楚军营制归并，以五百人为一营，将台南、凤山、嘉义三营，调至府城，合府城三营、安平三营为一支，专顾台、凤、嘉三县。其北路协副将所辖中右两营，合鹿港一营为一支，专顾彰化一带。艋舺沪尾、噶玛兰二营为一支，专顾淡、兰一带。均各认真训练，扼要驻扎，遇地方有事，接准札调移拨，立时拔队，不准延宕。其兵丁换班，固多疲弱，而就地招募，亦利弊参半，尚需详家察看。顾立法惟在得人，而事权尤宜归一，现既巡抚来台，似应归之统辖。千总以下，即由巡抚考拨，守备以上，仍会同总督、提督拣选题补，台湾镇总兵应请撤去挂印字样，并归巡抚节制。如蒙俞允，伏恳饬部另行颁换该总兵官关防，以昭信守。台地延袤一千余里，处处滨海，皆可登岸，陆防之重，尤甚于水。而台城以安平为屏蔽，安平向设台协水师副将一员，所辖三营，中右两营都司驻安平，左营游击驻鹿港。现拟改为陆路，府城既有巡抚董率，又有道员随同办事，总兵拟请移扎安平，即将安平协副将裁撤，以镇标中营游击随总兵驻安平，其台协水师中右两营都司改为镇标陆路左右两营都司，原设镇标左营游击随巡抚驻台，其抚标原设两营仍行驻省，改左营为中营，即以中军参将领之。原设台协水师左营游击改为台湾左营游击，归北路协副将管辖。守备以下弁兵缺额，均仍照旧。至巡洋艇船，万不及轮船之便利，应将闽厂现造轮船，分拨济用。台澎各营现仅存拖船八号，俟下届修时，应请裁撤，归厂变价，以节虚糜。"疏上，廷议以台湾巡抚尚未定设，未可变易营制。乃于镇标仅置练勇，而绿营如故也。于时新设恒春县，以镇标左营驻防，而右营隶巡道。

光绪十年法军之役，刘铭传督师台湾，自率淮军十营，以当防守，且檄文察之子朝栋，募台勇，赴前敌。及平，铭传任巡抚，奏请办防、练兵、清赋、抚番，次第举行。议裁班兵，又不许，乃汰其老弱者，以汛兵改为隘勇邮丁,而将水师配置澎湖,升副将为总兵。盖以此时之台湾,非如昔日,列强东顾,虎视狼贪,事势之来,一息千里,自非整军经武,据险恃危,未足以图存也。十一年六月,闽浙总督杨昌濬奏言:"福建岛屿林立,海道险恶,筹防之难,甲于他省。而台湾孤立重洋,物产丰腴,久为各国所窥伺。此次法祸之起,独趋福建,先毁马尾舟师,以断应援之路。继则肉薄基隆,分陷澎湖,无非为吞全台之计。仰仗天威,越南大捷,法人悔祸请和,台湾危而复安,使孤拔不死,固未尝一日忘也。从前丁日昌在台创议各事,实为至要之图,惜未及成而去。今防务已松,善后万不可缓,而省城兼顾不及,应否请派重臣驻台督办?中国海面辽阔,在须防,请划水师为三路:北洋设于津沽,兼顾奉东各口;中洋设于吴淞,兼顾浙江定、镇;南洋设于台、澎,兼顾广东琼、廉。分布要害,声息相通,外侮之来,庶几克济。"部议以南北两洋既设海军,若台、澎新置水师,需费巨大,应须他日。故铭传有志亦未逮也。

初,台湾分巡道未有兵权,但率练勇,以理盐政。及道光四年十月,始加营务处,颁给督办军务关防,得以调度戎机,奏行赏罚,然大权仍在总兵。十二年,铭传设营务总处于台北,隶巡抚,以道员卢本扬任之。中南各路设营务处,节制军事。又设支应局,隶布政使司,理粮饷。其时分驻各营,北路为定海四营,基隆为铭字四营,中路为栋字三营,南路为练勇四营,后山为镇海八营,澎湖为宏字四营,各具洋式军械,而绿营渐废矣。十三年十月,铭传奏言:"台湾绿营,额设水师七营,陆师十一营,共兵一万四千余名。自同治八年,前督臣左宗棠奏准裁兵加饷,存兵七千七百余名。迨光绪三年,前抚臣丁日昌复奏请汰弱留强,暂停募补。至光绪八年,经台湾镇总兵吴光亮核明以故续裁,实存兵数四千五百余名,年支饷银十七万余两,此后如有革故,随时募补,是为水陆现存兵额。"是月二十日,户部咨开:"闽省现在裁减水陆额兵一成,以节饷需。台湾绿营兵额,能否照裁,应由台湾巡抚酌度情形,迅速议复。"铭传奏言:"台湾地方辽阔,额设兵丁历次裁减,仅存四千五百余名。现在改为行省,分治开山,拓地日广,设汛益多,不足分布，以今观之，实不能再行裁减。"从之。

　　法军之役，设转运局于上海，以输饷械。而台湾孤悬海上，一旦封港，航运莫至，则坐而待毙。淡水素产硝磺，可制火药，是年设军械机器局于台北，以记名提督刘朝幹为总办，聘德人彼得兰为工师，自制枪弹，供军用。又设火药局于大隆同，水雷营于基隆、沪尾。南北各口增筑炮台，训练炮兵，计费二百一十余万两。夫铭传之治台，不独办防练兵已也，造铁路以通之，行邮船以辅之，振殖产以裕之，辟财源以养之，改内政以新之，设教育以明之，使民能知义，国无患贫，而兵乃可用。夫兵者，所以禁暴保大，定功安民，和众丰财者也，故以战则克，以守则固，以攻则破，节制之师也。台湾之兵虽未及此，而铭传能整饬之，以防御外侮，亦可用也。

## 郑氏武官表

**正总督**　永历三十二年设，以左武卫刘国轩任之，表赐尚方剑，专征伐。

**副总督**　永历三十二年设，以后提督吴淑任之。

| 勇　卫 | 侍　卫 | 左武卫 | 右武卫 |
| --- | --- | --- | --- |
| 左虎卫 | 右虎卫 | 正提督 | 副提督 |
| 中提督 | 前提督 | 后提督 | 左提督 |
| 右提督 | 五军都督 | 中军都督 | 督理戎政 |
| 五军戎政 | 旗鼓中军 | 总练使 | 行军司马 |
| 谘议参军 | 参　军 | 监纪推官 | 材　官 |
| 正总兵 | 副总兵 | 参　将 | 游　击 |
| 都　司 | 守　备 | 千　总 | 把　总 |

## 郑氏各将军表

**左龙骧将军**　永历三十五年，以郑明任之。

**右龙骧将军** 永历三十五年，以郑智任之。

**征北将军** 永历三十二年，以刘国轩任之。

**平北将军** 永历三十七年，以曾瑞任之。

**定北将军** 永历三十七年，以王顺任之。

**平西将军** 永历二十九年，以吴淑任之。

**宁南将军** 永历三十一年，以刘进忠任之。

**安东将军** 永历二十九年，以刘炎任之。

**荡虏将军** 永历二十八年，以张学尧任之。

**殄虏将军** 永历二十八年，以马应龙任之。

**破虏将军** 永历二十八年，以武弘谟任之。

**平虏将军** 永历二十八年，以吴淑任之。

**征虏将军** 永历三十年，以张国勋任之。

**灭虏将军** 永历三十年，以苗之秀任之。

## 郑氏陆军各镇表

**勇卫前镇** 每镇分中、前、后、左、右五协，又有总理、骁翊、领旗、领兵四协，由镇帅主之。

| | |
|---|---|
| **勇卫后镇** | **勇卫中镇** |
| **侍卫前镇**（与勇卫同） | **侍卫后镇** |
| **侍卫中镇** | **左武卫前镇**（与勇卫同） |
| **左武卫后镇** | **左武卫中镇** |
| **右武卫前镇**（与勇卫同） | **右武卫后镇** |
| **右武卫中镇** | **左虎卫前镇**（与勇卫同） |
| **左虎卫后镇** | **左虎卫中镇** |
| **右虎卫前镇**（与勇卫同） | **右虎卫后镇** |
| **右虎卫中镇** | **中提督前镇**（与勇卫同） |
| **中提督后镇** | **中提督中镇** |

前提督前镇（与勇卫同）　前提督后镇
前提督中镇　　　　　　　后提督前镇（与勇卫同）
后提督后镇　　　　　　　后提督中镇
左提督前镇（与勇卫同）　左提督后镇
左提督中镇　　　　　　　右提督前镇（与勇卫同）
右提督后镇　　　　　　　右提督中镇
左先锋镇　每镇分中、前、后、左、右五协，各以副将主之。协或称营，以下仿此。

| 右先锋镇 | 冲锋前镇 | 冲锋后镇 | 冲锋中镇 |
|---|---|---|---|
| 冲锋左镇 | 冲锋右镇 | 援剿前镇 | 援剿后镇 |
| 援剿中镇 | 援剿左镇 | 援剿右镇 | 果毅前镇 |
| 果毅后镇 | 果毅中镇 | 果毅左镇 | 果毅右镇 |
| 宣毅前镇 | 宣毅后镇 | 宣毅中镇 | 宣毅左镇 |
| 宣毅右镇 | 扬威前镇 | 扬威后镇 | 扬威中镇 |
| 扬威左镇 | 扬威右镇 | 建威前镇 | 建威后镇 |
| 建威中镇 | 建威左镇 | 建威右镇 | 龙骧前镇 |
| 龙骧后镇 | 龙骧中镇 | 龙骧左镇 | 龙骧右镇 |
| 折冲前镇 | 折冲后镇 | 折冲中镇 | 折冲左镇 |
| 折冲右镇 | 护卫前镇 | 护卫后镇 | 护卫中镇 |
| 护卫左镇 | 护卫右镇 | 振义镇 | 奋义镇 |
| 昭义镇 | 彰义镇 | 正兵镇 | 奇兵镇 |
| 进兵镇 | 殿兵镇 | 游兵镇 | 亲兵镇 |
| 耀兵镇 | 英兵镇 | 前锋镇 | 中权镇 |
| 后劲镇 | 大武镇 | 仁武镇 | 义武镇 |
| 礼武镇 | 智武镇 | 信武镇 | 金武镇 |
| 木武镇 | 水武镇 | 火武镇 | 土武镇 |
| 虚宿镇 | 危宿镇 | 室宿镇 | 壁宿镇 |
| 奎宿镇 | 娄宿镇 | 胃宿镇 | 昴宿镇 |

| 毕宿镇 | 觜宿镇 | 参宿镇 | 井宿镇 |
| 鬼宿镇 | 柳宿镇 | 星宿镇 | 张宿镇 |
| 翼宿镇 | 轸宿镇 | 角宿镇 | 亢宿镇 |
| 氐宿镇 | 房宿镇 | 心宿镇 | 尾宿镇 |
| 箕宿镇 | 斗宿镇 | 牛宿镇 | 女宿镇 |
| 戎旗一镇 | 戎旗二镇 | 戎旗三镇 | 戎旗四镇 |
| 戎旗五镇 | | | |

## 郑氏水师各镇表

| 楼船前镇 | 楼船后镇 | 楼船中镇 | 楼船左镇 |
| 楼船右镇 | 水师前镇 | 水师后镇 | 水师中镇 |
| 水师左镇 | 水师右镇 | 水师一镇 | 水师二镇 |
| 水师三镇 | 水师四镇 | 水师五镇 | 水师六镇 |
| 水师七镇 | 水师八镇 | 水师九镇 | 水师十镇 |

## 郑氏台湾及各岛守将表

**总督承天南北两路军务**　永历十五年设，以周全斌任之。

**北路总督**　永历三十五年设，以左武卫何祐任之，智武镇李茂为副，驻鸡笼。

| 承天府守将 | 安平镇守将 | 鹿耳门守将 |
| 澎湖守将 | 淡水守将 | 思明州守将 |
| 南澳守将 | 铜山守将 | 达濠守将 |
| 南日守将 | 舟山守将 | |

## 清代台湾水陆营制表

**<u>台湾镇標中营</u>**　康熙二十三年建，驻府治。

**镇守台湾总兵官一员**　康熙二十三年设，雍正十一年议照山、陕沿边之例为挂印总兵，给方印。

**游击一员**

**守备一员**

**千总二员**　同治八年裁一员。

**把总四员**　裁一名。

**外委五名**　裁一名。

**额外三名**　裁一名。

**马兵二十四名**　裁十二名。

**战兵三百八十二名**　裁一百三十五名。

**守兵四百三十名**　裁一百三十五名。

**计兵四百六十名**　除抽裁革故停募未补者四十四名，又抽配左翼练兵一百三十九名，实存在营一百八十三名。

**镇标左营**　康熙二十三年设，驻府治北路，光绪五年，改为恒春营。

**镇标右营**　康熙二十三年设，驻府治南路，同治八年，改为道标营。

**台湾城守营**　雍正十一年设，分为左右两军。

**参将一员**

**左军守备一员**

**千总一员**

**把总二员**

**外委四名**　同治八年裁一名。

**额外一名**

**马兵七名**

**战兵二百零五名**　裁七十五名。

守兵二百八十三名　裁一百名。

右军守备一员

千总一员　同治八年裁。

把总二员

外委六名　裁二名。

额外一名　裁。

马兵七名　裁。

战兵二百五十名　裁九十六名。

守兵三百四十五名　裁一百二十名。

左右计兵三百九十二名，除抽裁革故停募未补者二百四十四名，又抽配左翼练兵二百三十三名，分派八城及炮兵一百六十七名，实存在营汛防者一百十五名。

**恒春营**　光绪五年设，驻防恒春。

游击一员

守备一员

千总二员　同治八年裁一员。

把总二员

外委四名　裁一名。

额外三名　裁一名。

马兵十四名　裁十一名。

战兵三百三十二名　裁一百五十五名。

守兵四百名　裁一百四十五名。

计兵四百三十五名，除抽练兵一百八十六名，又派各汛一百八十五名，实在存营六十四名。

**道标营**　康熙二十三年设，拨镇标右营守备一员，左营千总一员，左右营把总各一员，三营兵各一百名，六十年裁归，同治八年再设，升游击为都司，驻防府治。

**都司一员** 同治八年设。

**游击二员** 同治八年裁。

**守备一员** 裁。

**千总二员** 裁一员。

**把总三员**

**外委五名** 裁二名。

**额外二名**

**马兵十四名** 裁十一名。

**战兵二百七十九名** 裁九十三名。

**守兵三百五十三名** 裁八十一名。

计兵四百六十一名，除挑裁革故停募未补者一百三十名，实在存营三百三十一名。

**南路营** 康熙二十三年设，驻防凤山。

**参将一员**

**守备一员**

**千总三员** 同治八年裁二员。

**把总三员** 裁一员。

**外委六名** 裁三名。

**额外四名** 裁一名。

**马兵十名** 裁。

**战兵四百二十九名** 裁二百五十三名。

**守兵五百八十名** 裁三百三十六名。

计兵四百二十名，除挑裁革故停募未补者二百五十三名，实在存营及汛防者一百六十七名。

**下淡水营** 雍正十一年设,驻防下淡水。

**都司一员**

**千总一员**

**把总三员** 同治八年裁一员。

**外委三名**

**额外二名** 裁一名。

**马兵六名** 裁。

**战兵三百四十八名** 裁二百十四名。

**守兵二百三十五名** 裁三十九名。

计兵三百三十名,除挑裁革故未补者二百零三名,实存在营及汛防者一百二十七名。

**北路协中营** 康熙二十三年设,参将驻诸罗县治,雍正十一年,移彰化,设副将,增为中左右三营。

**副将一员** 雍正十一年设,光绪十四年,移驻埔里社。

**都司一员**

**千总二员** 同治八年裁一员。

**把总四员** 裁一员。

**外委九名** 裁三名。

**额外五名** 裁三名。

**马兵十四名** 裁。

**战兵五百四十七名** 裁二百三十九名。

**守兵六百六十三名** 裁二百十七名。

计兵七百五十四名,除挑裁革故未补者四百六十八名,又调防埔里社一百七十二名，实在存营及汛防者一百十四名。

**北路协左营**　雍正十一年设，驻防诸罗，后称嘉义营。

**参将一员**
**都司一员**
**守备一员**
**千总三员**　同治八年裁二员。
**把总四名**
**外委十名**　裁五名。
**额外四名**　裁一名。
**马兵十四名**　裁。
**战兵五百十二名**　裁一百九十七名。
**守兵六百十二名**　裁二百三十四名。
计兵六百九十四名，除挑裁革故未补者三百八十八名，又抽练兵七十二名，实在存营及汛防者二百三十四名。

**北路协右营**　雍正十一年设，驻防竹堑，后称竹堑营。

**游击一员**
**守备一员**
**千总三员**　同治八年裁二员。
**把总六员**　裁四员。
**外委九名**　裁三名。
**额外三名**　裁一名。
**马兵十五名**　裁。
**战兵四百七十九名**　裁二百六十名。
**守兵五百二十二名**　裁二百零六名。

计兵五百三十五名，除挑裁革故未补者三百二十八名，实在存营及汛防者二百零七名。

**艋舺营** 康熙四十九年设淡水营，驻守备，隶北路营。雍正十一年，改驻都司，嘉庆十三年，改都司为水师游击，兼管陆路，移驻艋舺。道光四年，改参将，而沪尾水师营仍隶之。

**参将一员**

**守备一员**

**千总一员**

**把总二员**

**外委五名** 同治八年裁二名。

**额外二名**

**马兵八名** 裁七名。

**战兵二百六十五名** 裁九十名。

**守兵四百二十七名** 裁一百七十一名。

计兵四百三十二名，除挑裁革故未补者二百二十五名，实在存营及汛防者二百零四名。

**沪尾水师营** 归艋舺参将管辖。

**守备一员**

**千总一员** 同治八年裁。

**把总二员** 裁一员。

**外委四名** 裁二名。

**额外二名** 裁一名。

**战兵一百十五名** 裁三十二名。

**守兵二百三十七名** 裁六十名。

计兵二百六十名。

**噶玛兰营**　嘉庆十八年设守备，驻五围，隶艋舺营游击。道光五年，改设都司，而移守备于头围。

**都司一员**
**守备一员**　同治八年裁。
**千总二员**　裁一员。
**把总二员**　添设一员。
**外委四名**　裁二名。
**额外三名**　裁二名。
**战兵四百五十五名**　裁三百零三名。
**守兵二百四十名**　裁十二名。
计兵三百八十名，除挑裁革故未补者一百七十名，实在存营及汛防者二百十名。

**安平水师协标中营**　康熙二十三年设，副将驻防安平等处，领中左右三营，光绪十四年，改中营为台东陆路中营。

**安平水师协标左营**

**游击一员**
**守备一员**
**千总二员**　同治八年裁一员。
**把总四员**　裁三员。
**外委六名**　裁五名。
**额外二名**　裁一名。
**战兵三百二十六名**

守兵三百八十二名。

计兵三百三十名，除挑裁革故未补者一百六十三名，又原配乌龙江水兵一名，实在存营及汛防者一百六十六名。

**安平水师协标右营**　光绪十四年，改为台东陆路右营。

**台东陆路中营**　原系安平水师中营，光绪十四年改设。

**副将一员**

**都司一员**　同治八年设。

**游击一员**　同治八年裁。

**守备一员**　裁。

**千总二员**　裁一员。

**把总四员**　裁三员。

**外委五名**　裁三名。

**额外三名**　裁二名。

**战兵三百五十一名**　裁二百零七名。

**守兵四百零七名**　裁一百九十一名。

计兵三百六十名，除挑裁革故未补者一百九十五名，又抽配练兵六十八名，原配乌龙江水兵一名，实在存营及汛防者九十六名。

**台东陆路右营**　原系安平水师右营，光绪十四年改设。

**都司一员**　同治八年设。

**游击一员**　同治八年裁。

**守备一员**　裁。

**千总二员**　裁一员。

**把总三员**　裁一员。

**外委五名** 　裁三名。

**额外三名** 　裁二名。

**战兵三百五十一名** 　裁二百十九名。

**守兵四百零七名** 　裁二百零九名。

计兵三百三十名，除挑裁革故未补者一百八十三名，又抽配练兵六十名，原配乌龙江水兵一名，实在存营及汛防者八十六名。

**澎湖水师镇标营** 　康熙二十三年设，副将统辖两营，游、守各一员，千总各两员，把总各四员，外委各七名，额外各三名，每营战守兵各一千名。乾隆四十七年，裁汰一百四十二名。道光六年，各裁外委一名。至同治八年裁兵加饷之后，两营改设都司一，千总一，左营把总四，右营把总二，外委各二，额外各一，兵则左营四百零二名，右营三百六十名。战兵每名月饷二两五钱五分，守兵二两四钱。光绪十二年，升副将为总兵，左营设游击守备，右营设都司，添兵二十名。

**镇守澎湖水师总兵一员** 　光绪十二年，奉旨以澎湖副将与海坛镇总兵对调。

**左营游击一员**

**守备一员**

**千总一员**

**把总四员**

**外委二名**

**额外一名**

**战兵一百六十名**

**守兵二百六十二名**

**右营都司一员**

**千总一员**

## 卷十三 军备志

把总二员

外委二名

额外一名

战兵一百四十四名

守兵二百十六名

两营计兵七百八十二名。

## 清代台湾水陆汛防表

设弁驻兵谓之汛，拨兵分守谓之塘。汛防之设，所以保地方，而塘兵并以传军书，是为绿营之制。顾自咸、同以来，渐用练勇，新建之地，分驻营哨，而绿营仅有其名。迨同治八年，裁兵加饷之后，汛防多所裁废，至今更无用矣。兹将所存者具如下：

### 城守营左军

**府城汛** 旧设把总一，兵八十五，裁存五十八，今设十八名。

**南炮台塘** 旧归府汛分防，设兵五，今裁。

**涂墼埕塘** 旧归府汛分防，设兵五，今裁。

**岗山汛** 旧设守备一，把总一，兵一百五十五，裁存一百零八，今设十八名。

**大湖塘** 旧归岗山汛分防，设兵十三，裁存五，今设一名。

**半路竹塘** 旧归岗山汛分防，设兵六，今裁。

**罗汉门汛** 旧设千总一，外委一，兵七十七，裁存六十一，今设二名。

**木冈汛** 旧设外委一，兵二十八，裁存十八，今设二名。

**猴洞口汛** 旧设外委一，额外一，兵八十一，裁存三十二，今设二名。

**盐水埔汛**　旧设外委一，兵十九，裁存十四，今设二名。

**坤仔头塘**　旧归府汛分防，设兵十，改属盐水埔汛，设兵五，今设一名。

**港岗塘**　旧归盐水埔汛分防，设兵六，裁存五，今设一名。

**角带围塘**　旧归盐水埔汛分防，设兵五，今裁。

### 城守营右军

**府城汛**　旧设把总一，额外一，兵一百五十三，裁存八十八，今设四十名。

**加溜湾汛**　旧设把总一，兵三十五，裁存二十五，今设四名。

**北炮台塘**　旧归加溜湾汛分防，设兵五，今裁。

**柴头港塘**　旧归加溜湾汛分防，设兵五，今裁。

**茑松塘**　旧归加溜湾汛分防，设兵七，裁存五，今设一名。

**木栅塘**　旧归加溜湾汛分防，设兵五，今设一名。

**溪边塘**　旧归加溜湾汛分防，设兵五，今设一名。

**麻豆汛**　旧设外委一，兵三十，裁存十八，今设四名。

**茅港尾塘**　旧为汛，设外委一，兵二十五，今改塘，归麻豆汛分防，设兵三名。

**水堀头塘**　旧归茅港尾汛分防，设兵五，今裁。

**下加冬汛**　旧设守备一，把总一，外委一，兵一百三十六，裁存八十五，今设十二名。

**铁线桥塘**　旧归下加冬汛分防，设兵五，今设一名。

**急水溪塘**　旧归下加冬汛分防，设兵三，今设一名。

**北势埔塘**　旧归下加冬汛分防，设兵十，今裁。

**八桨溪塘**　旧归下加冬汛分防，设兵五，今设一名。

**大穆降汛**　旧设外委一，兵四十六，裁存四十，今设九名。

**旧社塘**　旧为汛，设外委一，兵四十，今归大穆降汛分防，设兵二名。

**大武垄汛**　旧设千总一，兵五十三，裁存二十五，今设五名。
**萧垄汛**　旧设外委一，兵二十，裁存十八，今设四名。
**西港仔塘**　旧归萧垄汛分防，设兵七，今裁。

## 南路营

**凤山城汛**　旧设守备一，把总一，外委二，额外四，兵五百二十，裁存二百六十五，今设一百四十一名。
**坤仔头塘**　归凤山城汛分防。
**苦苓门塘**　归凤山城汛分防。
**打鹿潭塘**　归凤山城汛分防。
**旧城汛**　旧设千总一，兵一百十六，裁存三十五，今设八名。
**观音山汛**　旧设把总一，兵七十五，裁存三十五，今设四名。
**小店塘**　归观音山汛分防。
**阿公店汛**　旧设外委一，兵五十，改设把总一，兵四十，今设五名。
**二滥塘**　旧归阿公店汛分防，改属岗山汛。
**攀桂桥汛**　旧设把总一，兵五十一，裁存二十，今设四名。
**土地公崎塘**　归攀桂桥汛分防。
**枋寮汛**　旧设外委一，兵五十，裁存三十，今设四名。
**石井塘**　旧为汛，设千总一，兵一百十五，改归阿公店汛分防，设兵一名。
**水底寮塘**　旧为汛，设千总一，兵一百，改归枋寮汛分防。
**番薯寮塘**　旧为汛，设外委一，兵四十二，改归罗汉门汛分防。

## 下淡水营

**山猪毛口汛**　旧设都司一，外委一，额外一，兵二百，裁存一百六十,今设九十六名。

**万丹汛** 旧设把总一,兵五十,裁存四十,今设八名。

**阿猴汛** 旧设把总一,兵九十,裁存三十,今设六名。

**阿里港汛** 旧设把总一,兵八十,裁存三十,今设五名。

**潮州庄汛** 旧设外委一,兵四十,裁存二十,今设四名。

**东港汛** 旧设外委一,兵三十,裁存二十,今设四名。

**新园塘** 旧为汛,设千总一,兵二百,改归万丹汛分防,设额外一,兵十五,今设二名。

**九块厝塘** 旧为汛,设额外一,兵二十,改归阿里港汛分防,存兵五,今设二名。

### 北路协中营

**彰化城汛** 旧设都司一,千总一,外委一,额外二,兵六百零五,裁存三百七十三,今设六十名。

**八卦山汛** 旧设外委一,兵四十,裁存二十,今设三名。

**大墩汛** 旧设外委一,兵四十,裁存三十,今设五名。

**大里杙塘** 旧为汛,设外委一,兵五十,改归大墩汛分防,存兵二十五,今裁。

**葫芦墩汛** 旧设千总一,兵八十,改设把总一,兵六十,今设五名。

**四张犁塘** 旧为汛,设外委一,兵三十,改归葫芦墩汛分防,存兵十四,今裁。

**外攸汛** 旧设把总一,兵三十,改设外委一,兵二十五,今设二名。

**沙辘塘** 归外攸汛分防,设兵五,今裁。

**大肚塘** 旧为汛,设外委一,兵十五,改归外攸汛分防,存兵十,今设四名。

**许厝埔汛** 旧设把总一，兵六十，裁存三十，今设三名。

**南北投汛** 旧设把总一，兵八十五，裁存六十，今设七名。

**崁顶塘** 旧为汛，设外委一，兵四十，改归南北投汛分防，存兵二十二，今裁。

**内木棚塘** 旧为汛，设额外一，兵二十，改归南北投汛分防，存兵十五，今裁。

**燕雾汛** 旧设把总一，兵三十，裁存二十二，今设十一名。

**赤涂崎塘** 归燕雾汛分防，设兵五，今裁。

**东螺塘** 旧为汛，设外委一，兵二十，改归燕雾汛分防，存兵十，今设四名。

**沙仔仑汛** 旧设外委一，兵二十，裁存十四，今设四名。

**触口塘** 归沙仔仑汛分防，设额外一，兵二十，今裁。

**二林汛** 旧设额外一，兵二十，裁存十，今设三名。

**集集汛** 旧归嘉义营分防，设外委一，兵十，光绪十四年，改归北路中营，设兵三名。

## 北路协左营（即嘉义营）

**嘉义城汛** 旧设守备一，把总一，额外四，兵四百，裁存三百四十，今设一百十二名。

**城外汛** 旧设把总一，兵三十二，裁存二十九，今设九名。

**山底塘** 归城汛分防，设兵五，今设二名。

**八掌溪塘** 归城外汛分防，设兵五，今裁。

**水堀头塘** 归城外汛分防，设兵五，今裁。

**牛稠溪塘** 归城外汛分防，设兵五，今裁。

**店仔口塘** 旧为汛，设外委一，兵四十，改归城外汛分防，存兵十，今设四名。

**笨港汛** 旧设千总一，兵七十四，改设把总一，兵三十，今设十名。

**朴仔脚塘** 旧为汛,设外委一,兵十五,改归笨港汛分防,存兵十,今设四名。

**盐水港汛** 旧设把总一,兵九十,裁存三十,今设八名。

**斗六门汛** 旧设都司一,千总一,外委一,兵一百六十,裁存九十,今设十名。

**虎尾溪塘** 旧为汛,设外委一,兵二十四,改归斗六门汛分防,存兵十,今设四名。

**中路头塘** 归斗六门汛分防,设兵五,今裁。

**西螺汛** 旧设把总一,外委一,兵七十四,裁存三十,今设八名。

**三条圳塘** 归西螺汛分防,今裁。

**林圯埔汛** 旧设外委一,兵三十,改设把总一,兵三十,今设十二名。

**水沙连汛** 旧设千总一,兵五十,同治八年裁,光绪十四年,复设外委一,兵五十名。

**他里雾汛** 旧设外委一,兵四十,裁存三十,今设十二名。

**涂库塘** 旧为汛,设外委一,兵三十九,改归他里雾汛分防,存兵十,今设四名。

**大仑脚塘** 归涂库汛分防,设兵五,今裁。

**大莆林汛** 旧设外委一,兵三十,裁存二十五,今设八名。

**打猫塘** 归大莆林汛分防,设兵五,今设二名。

## 北路协右营(即竹堑营)

**竹堑城汛** 旧设游击一,千总一,外委一,兵二百八十八,裁存一百五十三,今设一百四十四名。

**大甲汛** 旧设守备一,千总一,把总一,外委一,兵二百,裁存一百零六,今设十六名。

**后垄汛** 旧设千总一，额外一，兵五十三，裁存二十八，今设七名。

**杨梅坜汛** 旧设把总一，兵六十七，裁存三十六，今设三名。

**大安汛** 旧设把总一，兵七十四，改设外委一，兵三十九，今设三名。

**铜锣湾汛** 旧设把总一，兵六十，改设外委一，兵三十一，光绪十四年，移驻苗栗县城，设兵五名。

**中港汛** 旧设把总一，外委一，兵五十八，裁存外委一，兵二十九，今设三名。

**挑仔园汛** 旧设把总一，兵二十五，改设外委一，兵十二，今设三名。

**吞霄汛** 旧设外委一，兵三十，裁存十六，今设三名。

**斗换坪塘** 旧为汛，设外委一，兵四十，改归中港汛分防，存兵二十一，今设一名。

**海口塘** 归杨梅坜汛分防，设额外一，兵十二，裁存六，今设三名。

**香山塘** 归杨梅坜汛分防，设额外一，兵十，裁存五，今设三名。

**嘉志阁塘** 归后垄汛分防，设额外一，兵三十八，裁存二十，今设九名。

**猫盂塘** 归大安汛分防，设兵五，裁存三，今裁。

**大甲溪塘** 归大安汛分防，设外委一，兵十，裁存五，今裁。

**南崁塘** 归桃仔园汛分防，设外委一，兵三十六，裁存二十，今裁。

**老鸡笼汛** 新设，驻兵一名。

**磺油山汛** 新设，驻兵六名。

## 艋舺营

**艋舺汛** 旧设守备一，外委一，兵四百二十二，裁存二百六十二，今设一百八十二名。

**海山口汛**　旧设外委一，兵五十八，裁存三十五，今设三名，其外委于光绪十五年移驻板曲桥汛。

**龟岗岭塘**　归海山口汛分防，设兵十，裁存六，今设一名。

**水返脚汛**　旧设外委一，兵二十五，裁存十五，今设二名。

**大基隆汛**　旧设把总一，兵九十，裁存三十五，今设七名。

**三爪仔汛**　旧设外委一，兵十，裁存六，今设一名。

**暖暖塘**　归三爪仔汛分防，设兵十，裁存六，今设一名。

**三貂港汛**　旧设把总一，兵三十，裁存十七，今设一名。

**灿光寮塘**　归三貂港汛分防，设兵十，裁存六，今设一名。

**马炼汛**　旧设额外一，兵二十五，裁十八，今设一名。

**北投汛**　旧设外委一，兵十，裁存六，今设一名。

**板曲桥汛**　新设外委一，兵六名。

### 沪尾水师营

**炮台汛**　旧设千总一，兵五百七十，裁存一百七十五，今设七十一名。

**八里坌汛**　归炮台汛分防，设外委一，兵三十，裁存十五，今设十名。

**北港塘**　归炮台汛分防，设兵十，裁存五，今设一名。

**金包里汛**　旧设把总一，兵五十，裁存二十五，今设十名。

**石门汛**　归金包里汛分防，设外委一，兵三十，裁存十五，今设六名。

**小鸡笼塘**　归石门汛分防，设兵十，裁存五，今裁。

### 噶玛兰营

**五围城汛**　旧设都司一，千总一，外委二，额外一，兵三百六十，裁存一百五十九，今设一百六十六名。

**头围汛** 旧设守备一，外委一，兵一百，改设千总一，兵五十一，今设十名。

**三围塘** 归头围汛分防，设兵十，裁存六，今设一名。

**炮台塘** 归头围汛分防，设兵十五，裁存八，今设一名。

**三貂汛** 旧设千总一，兵五十，改设外委一，今设兵三名。

**溪州汛** 旧设把总一，兵四十，裁存十八，今设八名。

**北关汛** 旧设外委一，兵四十，裁存十九，今设六名。

**加礼宛汛** 旧设额外一，兵三十，裁存二十四，今设五名。

**苏澳汛** 旧设把总一，兵五十，裁存二十二，今设七名。

**南风澳汛** 归苏澳汛分防，设兵三十，今设一名。

**龟山屿汛** 旧设把总一，兵三十，今设二名。

## 安平水师中营（改为台东陆路中营）

**安平汛** 旧设游击一，守备一，千总一，把总二，外委五，额外三，兵五百十三，改设都司一，外委一，额外一，兵二百二十，今设六十二名。

**大港汛** 旧设把总一，兵七十，裁存三十五，今设十二名。

**鲲身塘** 归大港汛分防，设兵五，裁存三，今设一名。

**鲲身头汛** 归大港汛分防，设兵五，裁存三，今设一名。

**喜树仔汛** 归大港汛分防，设兵五，裁存三，今设一名。

**茄萣仔汛** 归大港汛分防，设兵五，裁存三，今设一名。

**蛲仔港汛** 归大港汛分防，设兵五，裁存三，今设一名。

**鹿耳门汛** 旧由中营守备，右营千总轮年驻防，设兵五十，裁存四十，今设四名。

**蚊港汛** 旧设把总一，兵八十，改设外委一，兵三十八，今设八名。

**青鲲身汛** 归蚊港汛分防,设兵五,裁存三,今设一名。
**马沙沟汛** 归蚊港汛分防,设兵五,裁存三,今设一名。
**北门屿汛** 归蚊港汛分防,设兵五,裁存三,今设一名。
**南鲲身汛** 归蚊港汛分防,设兵五,裁存三,今设一名。

## 安平水师左营

**鹿港汛** 旧设游击一,千总一,把总二,外委二,额外一,兵三百四十三,裁去把总、外委,存兵一百四十,今设一百十六名。
**水里港汛** 旧设外委一,兵二十,改归鹿港汛分防,存兵二十,今设三名。
**王宫港汛** 旧设把总一,兵四十五,改归鹿港汛分防,设外委一,兵四十,今设四名。
**三林汛** 归鹿港汛分防,设兵十五,今设二名。
**番挖汛** 归鹿港汛分防,设兵十,今设二名。
**笨港汛** 旧设守备一,千总一,把总一,外委二,额外一,兵二百三十,裁去千总、外委,存兵七十,今设三十一名。
**海丰汛** 旧设外委一,兵二十,改归笨港汛分防,存兵二十,今设二名。
**鳗仔港汛** 归笨港汛分防,设兵九,裁存七,今设二名。
**猴树汛** 归笨港汛分防,设兵八,裁存七,今设二名。
**新店汛** 归笨港汛分防,设兵八,裁存六,今设二名。

## 安平水师右营(改为台东陆路右营)

**安平汛** 旧设都司一,守备一,千总一,把总二,外委五,额外三,兵六百四十三,裁存守备一,把总一,外委四,额外二,兵二百,今设二十一名。

**旗后汛** 旧设兵十，改设外委一，兵五十二，今设十名。

**打鼓汛** 旧设把总一，兵三十，改归旗后汛分防，存兵四，今设一名。

**蟯港汛** 归旗后汛分防，设兵五，裁存四，今设一名。

**赤崁汛** 归旗后汛分防，设兵五，裁存四，今设一名。

**万丹汛** 归旗后汛分防，设兵五，裁存四，今设一名。

**大莆林汛** 归旗后汛分防，设兵五，裁存四，今设一名。

**西溪汛** 归旗后汛分防，设兵五，裁存四，今设一名。

**下淡水汛** 归旗后汛分防，设兵十，裁存四，今设一名。

**东港汛** 旧设千总一，兵三十，改设把总一，兵二十八，今设十五名。

**茄苳汛** 归东港汛分防，设兵五，裁存四，今设一名。

**放缭汛** 归东港汛分防，设兵五，裁存四，今设一名。

**大崐麓汛** 归东港汛分防，设兵五，裁存四，今设一名。

**小琉球汛** 光绪三年新设，驻兵三十名。

## 澎湖水师左营

**妈宫澳东汛** 旧系专汛官，管辖炮台一座，汛兵二十八名，战船一只，配兵五十名。改设把总一员，兵二十一名。

**新城汛** 归东汛分防，设兵六名。

**峙里汛** 炮台一座，汛兵十五名，按季轮派千把总一员，战船一只，配兵六十名驻防。改设外委一名，兵十四名。

**文良港汛** 按季派外委一名，战船一只，配兵五十名协防，改归峙里汛分防，设兵十一名。

**风柜尾汛** 改归峙里汛分防，设兵四名。

**将军澳汛** 炮台一座，汛兵二十八名，按季轮派千把总一员，战船一只，配兵五十名协防。改设把总一员，兵十六名。

**挽门汛**　炮台一座，汛兵二十八名，按季派外委一名，战船一只，配兵五十名协防。改归将军澳汛分防，设兵八名。

**水垵汛**　炮台一座，汛兵二十八名。改归将军澳汛分防，设兵八名。

## 澎湖水师右营

**妈宫澳西汛**　旧系专汛官，管辖炮台一座，汛兵二十八名，战船一只，配兵五十名。改设外委一名，兵十七名。

**新城汛**　归西汛分防，设兵六名。

**内堑汛**　炮台一座，汛兵二十八名，按季轮派千把总一员，战船二只，配兵一百名驻防。改设把总一员，兵二十二名。

**外堑汛**　炮台一座，外委一名，汛兵十五名。改归内堑汛分防，设兵十六名。

**小门汛**　炮台一座，汛兵三十名。改归内堑汛分防，设兵十六名。

**北山汛**　按季轮派千把总一员，战船二只，配兵一百名驻防。改设外委一名，兵十名。

**吉贝汛**　按季派外委一名，战船一只，配兵五十名协防。改归北山汛分防，设兵十五名。

## 台东勇营驻防表

**镇海后军中营**　统领兼管带一员，光绪十年冬，以中、前、左三哨驻知本，右哨驻水尾，后哨以四队驻成广澳，四队驻大陂鹿寮。

**镇海后军左营**　原名飞虎军后营，光绪九年，改分驻花莲港一带。嗣以中、左、后三哨驻花莲港，右哨四队分防加礼宛，四队吴全城，前哨五、六、七、八等队分防象鼻嘴，三、四两队，六甲一队大巴垄。

**镇海后军前营** 光绪十四年冬增设，以中、前、左三哨驻新开园，右哨驻成广澳，后哨四、五、六、七等队驻璞石阁，一、二、三等驻鹿寮。

**卑南屯兵一哨** 光绪十四年原设三哨，十五年夏裁两哨，分防大麻里、知本社、蚶子冈、巴塱卫等处。

**南路屯兵二哨** 光绪八年原设三营，九年裁。十年复募二哨，分防归化门、大树林、出水坡、溪底等处。

**海防屯兵二哨** 光绪十五年六月设，原驻拔子庄，十八年秋，以后哨调防巴塱卫。十九年秋，前哨调防大麻里等处，与南路屯兵换防。

# 屯　丁

乾隆五十一年，林爽文之役，大将军福康安率师入台，归附各番奔走军前，克奏肤功。及平，奏请仿照四川屯练之例，设置屯丁。既又厘定章程六款，旨下军机大臣会同兵部尚书等议奏。奏曰：

"乾隆五十三年六月初七日，内阁钦奉上谕：'据福康安等奏称，台湾熟番向化日久，当逆匪滋事之时，各番奋勇，随同官军，打仗杀贼，颇能出力。钦奉谕旨，令将熟番补充额名。臣等因戍兵仍请遵照旧例换防，别将熟番挑募屯丁，酌拨近山未垦之地，以资养赡，先经附折具奏在案。兹将应行厘定章程，仿照屯练之例，通融酌议，逐一胪陈，恭请圣训等因。着军机大臣会同该部议奏，钦此。'臣等查台湾地方，民番杂处，当逆匪滋事之时，该熟番均能奋勇出力，现在事竣，自应酌量挑补兵弁，分给田亩，以示抚绥，而资捍御。今据福康安等仿照屯练之例，通融厘定各条，悉心酌议，恭呈御览。

"一、屯丁人数，应按各社酌挑，令其就近防守一款。据称全部熟番通共九十三社，台湾县属番社较少，淡水、彰化近山地方，番社最多，凤山、嘉义次之，每社番自数百至数十不等，约可挑选壮健番丁四千名，分为十二屯。大屯四处，每处四百人，小屯八处，每处三百人，作为额缺，毋庸别设屯所。即令在本社，防守地方，稽查盗贼。其户口较少之社，或数社并作一屯，或附入近处大社，庶番民等不致远违乡井，而较验调派，亦易于齐集。至各屯相距之地，道里难以适均。台湾县所属番社不过数处，不能多设屯丁，然台湾县地界本狭，郡城设有重兵，足资弹压。惟南北两路险要甚多，淡水一所尤为辽阔，原拨熟番在隘口搭寮防守，名为隘丁，零星散处，酌量地势情形，按照番社多寡，分别设屯，与各处营汛官兵，声势联络，则稽核查察巡防，自可倍加严密等语。查台湾熟番九十三社，挑选壮健番丁可得四千名，自应定额挑补，以资巡防。应如所请，准其于该处熟番内挑选四千名作为屯丁，分为十二屯。大屯四处，每屯四百人，小屯八处，每屯三百人，定为额缺，按各处厅县地势情形，分别安设。即令在本社驻守，其户口较少之社，或数社并作一屯，附入近处大社，均毋庸别设屯所。仍将各屯名目及屯丁花名，造册报部查核。

"一、各屯番丁，宜设立屯弁，以资管辖一款。据称四川屯练兵，于额设屯守备、千总、把总、外委等官一百余员，今台湾屯兵弁目，无需似此之多，只应仿照其例，量为设立。查各社原有民人充当通事，管理一社之事，代为交纳社饷。但此通事积年充设，地方官佥派，本非番人同类，未便用为弁目，应于番社头目内，择其曾经打仗出力，及番社素所信服者，如岸里社潘明慈之类，拣选拔补。于南北两路额设屯千总二员，统领屯兵，把总四员，分管各屯。大小各屯每处设屯外委十二员，花名图册交理番同知稽核，仍将各屯事务交北路协副将、南路营参将就近管理。该番等素娴技艺，非招募新兵可比，应照四川省屯练之例，毋庸归营操演。点验屯丁，拔补屯弁等事，统归台湾镇总兵、台湾道管辖，详报督抚，给与札付，报部存案。经管六年后，如果董率有方，曾著劳绩，由镇道详报督抚，加一等赏，给职衔以示鼓励。倘所管内有生事废业之人，及苦累番众情弊，即行咨革究处。遇有事故出缺，仍拣选番社悦服之人，详报拨补等语。查四川屯练之兵丁，向设屯土守备、千总、把总、外委等管辖。今台湾番社既经挑补番丁四千名，亦应设屯弁以资经理。如所请南北两路，额设屯千总二员，把总四员，其大小各屯，每处各设屯外委一员，统率分管。该弁等本系番社，毋庸归营操演。责令北路协副将、南路营参将各就近约束，并将花名图册造报理番同知稽核。其一切点验兵丁，拨补屯弁等事，统归台湾镇总兵、台湾道办理。该弁六年，如果董率有方，著有劳绩，即由镇道详报督抚，加赏职衔以示鼓励。倘有生事废业，及苦累番众之事，即行咨革究处，毋庸稍事姑宽。所有该弁等应给札付，由镇道详报督抚给与，仍随时报部存案。

"一、屯丁番丁，毋庸筹给月饷，应酌拨近山埔地，以资养赡一款。据称台湾东界内山，本多旷土，禁民越垦，准令熟番打牲耕种，以资生计。无如游民聚处日多，越界佃耕，新成熟业，以致争夺之事，控案甚多。前经勒浑奏明，转委镇道确切勘丈，尚未勘明详报，即逢逆匪滋事。现经臣等提奏核查，共计丈出垦埔地一万一千二百甲，每一甲合内地民田十一亩三分一厘，均应查明民垦番垦，分明升科办理。此外尚有未垦荒埔五千四百四十一甲，又四十八、五十一等年，漳、泉械斗及互控结会案内，抄没翁云宽、杨光勋等入官埔地三千三百八十余甲，均属界外之地，迫近内山。应请将新设屯丁四千名，每名拨埔地二甲，千总每员十甲，把总每员五甲，外委每员三甲，令其自行耕种。责令地方官勘明界址，造册绘图，载明四至段落，通报立案，以备稽查。屯丁出缺，即挑其子弟充补，承受田亩。如有私行典卖者，按律治罪，追赔契价充公，其地仍归番社。所有拨给埔地，应照番田之例，免其纳赋，以示体恤，即毋庸别行筹给月饷等语。查台湾各社熟番，既经作为屯丁，令其巡防，自应酌给地亩，以资养赡。今将军公福等请于界外未垦荒埔，并械斗结会案内，抄没入官埔地八千八百余甲，每一甲合内地民田十一亩三分一厘。今新设屯丁四千名，每名拨给埔地二甲，千总每员拨给十甲，把总每员拨给五甲，外委每员拨给三甲，令其自行耕种，照番田之例，免其纳赋，毋庸别行筹给月饷等因。臣等核其拨给埔地，系按屯丁、屯弁约定数目，应如所奏，行令该省督抚，即将筹给该丁、弁等埔地，饬令地方官于设屯处所，就近照数拨给。仍令勘定界址，造册绘图，载明四至段落，通报立案，以备稽查。其屯丁内遇有事故出缺，即挑其子弟充补，将分给田亩顶给承种，以资养赡。如有私行典卖者，按律治罪，追赔契价充公，将该地亩移给别挑屯丁承受。

"一、请查已垦埔地，以定界址一款。据称台湾东面依山，地势宽广，从前因淡水、彰化二处，垦辟日增，别行画定界限，设立土牛，禁止奸民越界占垦，免滋事端。乃生聚日繁，民人私向生熟番黎佃地耕种，价值稍轻者，谓之租瞨，价值稍重者，谓之典卖。熟番等归化日久，渐谙耕作，所以业经典卖与民，无由取赎。是以各处番地，不特嘉义以南多有侵越，即淡水等处立定土牛之界，亦成虚设。此时若不将埔地彻底清厘过境，迁移址界，必仍滋淆混。除未垦荒埔五千四百四十余甲，拨给新募屯丁外，其已垦之一万一千余甲，自应分别办理。查民人租瞨之地无多，原系民为佃户，番为业主，自应同番社田亩，一体免科。其业经卖断与民者，既非番业，即应令民户一体报升。第民买番地之后，所费工本原多，佃人有每年抽给科则，按甲计亩征银，免其纳粟。仍出示晓谕番社，使知租额无亏，俾得永资生计。民人畸籍有纳赋明文，世守其业，亦可永杜争端。其集集埔、虎仔坑、三貂、琅瑀等处，接壤生番，私垦田亩甚多。此等偷越民人，本应重加惩治，惟念开垦以来，与生番日久相安，并无事故，一经驱逐，沃土既须抛荒，而游民又无归宿。应请照现定民买番地之例，一概升科，免其查究。应令该处民、番将租瞨典卖地亩，先行呈报。一俟割获登场，臣徐嗣曾专委大员前往细查，并将此外有无续垦地亩，一并查明，分别办理，咨部存案。自此次清查之后，即以所垦地方为界，俾人一望而知。仍交巡视台湾之将军、督抚、提督及地方官等，不时周历巡查，如有越界私垦，即行从重治罪，将失察之地方文武各官，一并严参究治等语。查台湾地方，民田薄征租赋，番地免其升科，乃皇上优恤海外民番，格外加恩之至意。今将军公福等奏称，将佃垦生熟番埔地一万一千余甲内，民人租赎之地，同番社田亩，免其升科，其业经卖断与民者，照同安县下沙科则，按甲计亩征银，免其纳粟之处，系属推广皇仁，俾得番民得业起见。亦应如所奏办理，令该省督抚出示晓谕民番，各知遵守。并将业经卖断与民地亩，查照同安县下沙科则，造具每亩征银若干清册，送部查核。至所称集集等处民人田亩，既据声明，自开垦以来，与生番日久相安，并无事故，一经驱逐，沃土即须抛荒，而游民又无归宿。应如所请，准其照现定民买番地之例，一体升科。仍令该督抚转饬民番，将租赎典卖地亩数目，即查明呈报。一俟割获登场，即专委大员前往细查，如此外复有续垦地亩，一并查明，造册报部。自此次清查之后，即将所垦地方立石为界，仍交巡视台湾将军、督抚、提督及该处地方官等，不时巡查。如再有越界私垦，即行从重究治，将失察地方文武各官，一并严参处。

"一、屯丁习用器械，应令自行制备，报官点验一款。据称番民打牲捕鹿，所用镖枪、鸟铳、竹箭、器械不一，均属犀利，即如岸里社番善用鸟铳，随同官兵打仗杀贼，最为贼匪所畏，一切器械，均可毋庸制给。但现在严禁民间私藏军器，屯兵所用枪箭，亦应官为点验，以备稽查。所有新设屯丁四千名，不必照绿营之例，拘定鸟枪兵若干名，弓箭兵若干名，只以该番习用器械为准，呈报总兵，逐加印烙，编号备查。每年令总兵巡查之便，照点一次，如无火烙印记，即照民人私藏军械之例，一体治罪等语。应准所奏，屯丁所用器械，毋庸拘定枪箭，令该总兵逐加印烙编号，每年巡查之便，点验一次，如无印烙，即照私藏军器之例，一体治罪。

"一、屯丁征役，酌与优免，以恤勉力一款。据称台湾各社熟番，质朴淳良，最堪怜悯。从前文武员弁出差巡察，无不调拨番兵，背运行李。其余如地方兴筑，递送公文，亦皆社番应役，其劳苦急公之处，较之台湾民人不啻数倍。今既挑补屯丁，分处防守，遇有搜捕盗贼等事，又须听候征调。所有一切徭役，免其承应，其未补屯丁之番民，亦只递送公文，不得以私事役使。倘地方文武及理番同知不加体恤，有苛派扰累之事，令该镇道实力访查，严加参究等语。查台湾熟番经挑补屯丁，即有防守之责，自应加以优恤，以免扰累。今将军公福等奏请，新设屯丁之番民，亦只递达公文。不得以私事役使之处，应如所奏。行令该督抚转饬遵照，倘地方文武及理番同知不加体恤，复有苛派扰累之事，令该处镇道实力访查，严行参究。臣等酌议缘由，是否有当，伏候圣谕遵行。"

诏曰可，命闽浙总督觉罗伍拉遵旨详查应办事宜。五十五年十月廿有三日，觉罗伍拉奏陈十二款：一曰，分设屯所，应酌量地方，以资捍御。二曰，请严屯弁责成，以资约束。三曰，屯丁受地，宜酌配拨。四曰，清出侵占界外田园，定等征租，以昭平允。五曰，已垦田园，应设法分别升免。六曰，现丈戈声图册，应发厅县存档，仍按各户另给四至丈单，以便转拨。七曰，清丈征租，以垂永久。八曰，征收租银，应酌定匀给存留，以补丁食，以资经费。九曰，支拨屯饷，宜定章程，以杜弊窦。十曰，应用器械，分别编验，以从番便。十一曰，照旧安设隘丁，以重边防。十二曰，重立界石，以杜争越。旨下军机大臣会同兵部尚书议覆，具奏。十一月十有一日，诏可，以五十六年春正月举办，觉罗伍拉命台湾镇道通饬所属遵行，并发告示晓谕民番。于是南路设大屯一，小屯二，置屯千总一员，把总一，外委三，隶南路营参将，辖十二社。北路设大屯三，小屯九，置屯千总一员，把总三，外委十二，隶北路协副将，辖八十三社。凡大屯屯丁四百，小屯三百，计四千名，分给荒地，俾之耕稼，以资赡养。其详如表。

又以屯务初设，应需经费。奏定屯千总年给俸银一百圆，把总八十圆，外委六十圆，屯丁饷银八圆，岁共需银三万三千二百四十圆。委员勘丈番社田园，责成厅县按甲征租，而由抚民理番同知之。

嘉庆十五年，噶玛兰设厅。二十年春二月，通判翟淦议以东势、马赛、西势等处荒埔，或已私垦，或尚未开，请准隘丁熟番就近耕稼，计甲征租，年可得银一百三十圆。仿设屯丁可得一百五六十名，以备缓急。而镇道以该处究属流番，未便设屯，着将田园照例升科，其议遂寝。道光中，水沙连六社归隶之时，巡道徐宗幹禀请督抚，以六社番众男女一千余人，可选壮番四百名，设一大屯，补用外委一名，仍属北路屯千总统辖，召佃垦荒，以给屯饷。许之。自是以来，屯务渐废，而屯租亦愈空乏，至于不足支给。

光绪十二年，巡抚刘铭传奏办清赋，并议整屯务。巡道陈鸣志饬中路抚民理番同知蔡嘉谷议查，遂上整顿之策。略曰："查乾隆五十三年，将军公福奏准，九十三社之化番，挑选壮丁四千，以为屯丁。则设大屯四，小屯八，星罗棋布，联络各营，有事之际，随时调集，农隙之时，为之训练。计丁给地，除征租地界之外，未垦荒埔五千六百九十一甲余，均分拨屯丁。其近屯之地，每丁一甲或至一甲一分，距屯稍远者，一甲三四分。命其自耕，以为赡养。即照番田之例，减免租赋，立石为界，官为巡视。至于屯田、以查出界外私垦田园三千七百三十余甲，按等升科，以充其用。每年计征租谷四万一千二百六十一石四斗六升六合四勺三撮，每石折银一圆，可得四万一千二百六十一圆四角六分六厘四毫三瓣。又有九芎林口租谷折银八十圆，除给隘丁佃首饷费二千一百三十圆，及屯弁、屯丁俸饷等项三万三千二百四十圆，此外尚剩五千九百七十一圆四角六分六厘四毫三瓣，收存各县，调拨口粮，俾充振恤，专为屯务之用。伏查屯丁设置以来，百有余年，父以传子，子以传孙，数代相承，得免饥饿，实赖此屯。然此养赡之地，辗转佃耕，百弊丛生。或私自卖买，或竟被侵占，埔地日削，几无聊生。谨陈整顿之策五条，伏祈宪鉴。一曰，清屯饷。查屯田征饷每年四万一千余圆，例由本厅移牒各县，造册送呈宪鉴。而近来各县或称水冲沙压，或言旱魃为灾，以是征额每多缺损。兹请先令各县清丈本项屯田，查勘地方段落四至，造成鱼鳞清册，分别报告。如有被害丈溢之业，妥为处置，以充屯饷之需。二曰，选精壮。屯丁久沐皇恩，一旦裁撤，四千之众，失其衣食，弱者转于沟壑，强者聚啸生事。今请妥为拣选，弃弱留强，以其子弟补缺。并造名簿，由本厅给发腰牌，俾之携带，以定壮丁之额，免糜饷项。三曰，分调遣。拣选番丁成屯之后，分调二千名，以六营为巡防。大屯仍旧四百名为一营，小屯三百名为一营，或分为四营，以一二年交代，均其劳逸，以资操防。四曰，备工作。全台建省之时，需工甚多，故月给工食，或开山垦地，或修路造城，仍给器械，以惯其用。勒以兵法，假如一旬之中，七日作工，三日操演，认真训练，自成劲旅。五曰，分饷需。屯饷旧田若能清丈，溢出必多。然以现在每月支饷甚巨，欲望骤增，实有至难。伏思台湾土勇数营，曾立战功，故未遣散。顾两三年来，病故逃亡甚多，十不存一。请减每营为二百，或改营为旗，每旗二百四十名。如以改减为难，遇有病故逃亡之时，暂不填募，任其渐次减少，以节饷需。既以剩余之款，改充屯饷。屯丁工作既毕，俟其训练又精，再将驻屯之处，分给荒埔开垦。征租继饷，以充饷需，似足大减国帑。"鸣志嘉之。代详巡抚请采用。唯分饷一条，以营勇增减本有定数，而屯租征收亦有常额，断不得以勇饷而分给屯饷。进止如何，乞为裁夺。十二月，铭传通饬厅县查勘屯田甲数，并檄总兵朱名登、通判金提会同各厅县点阅屯丁，验其优劣，以备取舍，而屯租遂改为官租矣。

### 南北屯弁分给埔地表

| 屯 名 | 屯弁数 | 分给埔地 | 每人甲数 | 总数（终位毫） |
|---|---|---|---|---|
| 南路 | 屯千总一 | 凤山南坪顶 | 10.000 | 10.000 |
| 放縤大屯 | 屯把总一 | 凤山南坪顶 | 5.000 | 5.000 |
| 放縤大屯 | 屯外委一 | 凤山南坪顶 | 3.000 | 3.000 |
| 搭楼小巷 | 屯外委一 | 凤山南坪顶 | 3.000 | 3.000 |
| 新港小巷 | 屯外委一 | 凤山大北坪 | 3.000 | 3.000 |
| 北路 | 屯外总一 | 彰化罩兰 | 10.000 | 10.000 |
| 竹堑大屯 | 屯把总一 | 淡水武陵埔 | 5.000 | 5.000 |
| 竹堑大屯 | 屯外委一 | 淡水武陵埔 | 3.000 | 3.000 |
| 武朥湾小屯 | 屯外委一 | 淡水三角涌 | 3.000 | 3.000 |
| 萧垄小屯 | 屯外委一 | 彰化永平坑 | 3.000 | 3.000 |
| 柴里小屯 | 屯外委一 | 彰化内木栅 | 3.000 | 3.000 |
| 东螺大屯 | 屯把总一 | 彰化沙辘 | 5.000 | 5.000 |
| 东螺大屯 | 屯外委一 | 彰化沙辘 | 3.000 | 3.000 |
| 北投小屯 | 屯外委一 | 彰化内木栅 | 3.000 | 3.000 |
| 阿里史小屯 | 屯外委一 | 彰化水底寮 | 3.000 | 3.000 |
| 麻薯大屯 | 屯把总一 | 彰化罩兰 | 5.000 | 5.000 |
| 麻薯大屯 | 屯外委一 | 彰化罩兰 | 3.000 | 3.000 |
| 日北小屯 | 屯外委一 | 淡水马陵埔 | 3.000 | 3.000 |

## 南北屯丁分给埔地表

| 屯　名 | 屯弁数 | 分给埔地 | 每人甲数 | 总数(终位毫) |
|---|---|---|---|---|
| 放縤 | 39 | 凤山埔羌林 | 1.875 | 74.500 |
| 茄藤 | 121 | 凤山埔羌林 | 1.180 | 143.000 |
| 力力 | 69 | 凤山埔羌林 | 1.220 | 83.000 |
| 下淡水 | 111 | 凤山南坪顶 | 1.200 | 133.200 |
| 上淡水 | 60 | 凤山南坪顶 | 1.180 | 71.000 |
| 搭楼 | 155 | 凤山南埔顶 | 1.260 | 195.990 |
| 武洛 | 50 | 凤山南坪顶 | 1.220 | 61.000 |
| 阿猴 | 71 | 凤山南崁林 | 1.810 | 83.800 |
| 上淡水 | 27 | 凤山南坪顶 | 1.500 | 36.160 |
| 新港 | 201 | 凤山大北坪 | 1.680 | 334.710 |
| 卓猴 | 68 | 凤山南坪顶 | 1.630 | 111.450 |
| 大杰颠 | 31 | 凤山南崁林 | 1.670 | 52.000 |
| 萧垄 | 41 | 彰化永坪坑 | 1.500 | 61.500 |
| 麻豆 | 50 | 彰化永坪坑 | 1.500 | 75.300 |
| 萧里 | 20 | 彰化永坪坑 | 1.500 | 30.000 |
| 湾里 | 40 | 彰化八娘坑 | 1.770 | 69.500 |
| 大武垄 | 36 | 彰化大姑婆 | 1.410 | 50.660 |
| 茄拔 | 25 | 彰化大姑婆 | 1.410 | 35.250 |
| 芒仔芒 | 30 | 彰化大姑婆 | 1.410 | 42.300 |
| 嘉义 | 20 | 彰化沙辘 | 1.500 | 30.000 |
| 哆啰㖢 | 20 | 彰化沙辘 | 1.500 | 30.000 |
| 内攸 | 10 | 嘉义十张犁 | 1.100 | 11.000 |
| 阿里山 | 7 | 嘉义后大埔 | 1.110 | 7.770 |
| 柴里 | 38 | 彰化内木栅 | 1.400 | 53.400 |
| 阿里山 | 40 | 嘉义芊蓁仑 | 1.660 | 46.600 |
| 水沙连 | 90 | 彰化八娘坑 | 1.000 | 90.000 |
| 打猫 | 15 | 彰化沙辘 | 1.400 | 21.000 |
| 他里雾 | 20 | 彰化沙辘 | 1.400 | 28.000 |
| 西螺 | 56 | 彰化水底寮 | 1.360 | 73.460 |
| 猫儿干 | 29 | 彰化水底寮 | 1.360 | 39.440 |
| 南社 | 12 | 彰化水底寮 | 1.360 | 16.320 |
| 东螺 | 152 | 彰化水底寮 | 1.000 | 152.000 |
| 马芝遴 | 23 | 彰化水底寮 | 1.000 | 73.000 |
| 二林 | 28 | 彰化水底寮 | 1.000 | 28.000 |

续表

| 屯　名 | 屯弁数 | 分给埔地 | 每人甲数 | 总数(终位毫) |
|---|---|---|---|---|
| 眉里 | 50 | 彰化校栗林 | 1.010 | 50.500 |
| 大武郡 | 28 | 彰化万斗六 | 1.030 | 28.840 |
| 半线 | 13 | 彰化万斗六 | 1.030 | 13.390 |
| 大突 | 76 | 彰化水底寮 | 1.000 | 76.000 |
| 阿束 | 30 | 彰化水底寮 | 1.000 | 30.000 |
| 北投 | 128 | 彰化内木栅 | 1.000 | 128.000 |
| 南投 | 23 | 彰化虎仔坑 | 1.020 | 23.500 |
| 猫罗 | 45 | 彰化万斗六 | 1.000 | 45.000 |
| 柴仔坑 | 33 | 彰化水底寮 | 1.000 | 33.000 |
| 大肚北 | 21 | 彰化水底寮 | 1.000 | 21.000 |
| 大肚南 | 21 | 彰化水底寮 | 1.000 | 21.000 |
| 猫雾拺 | 29 | 彰化水底寮 | 1.000 | 29.000 |
| 阿里史 | 119 | 彰化水底寮 | 1.000 | 119.000 |
| 水里 | 26 | 彰化水底寮 | 1.000 | 26.000 |
| 牛骂南 | 35 | 彰化水底寮 | 1.000 | 35.000 |
| 牛骂北 | 14 | 彰化水底寮 | 1.000 | 14.000 |
| 乌牛兰 | 32 | 彰化水底寮 | 1.000 | 32.000 |
| 沙辘 | 27 | 彰化水底寮 | 1.000 | 27.000 |
| 大肚中 | 47 | 彰化大姑娘 | 1.000 | 47.000 |
| 麻薯旧 | 38 | 彰化鸡油埔 | 1.010 | 38.380 |
| 岸里 | 111 | 彰化鸡油埔 | 1.010 | 112.110 |
| 翁仔 | 25 | 彰化鸡油埔 | 1.010 | 25.300 |
| 葫芦墩 | 25 | 彰化鸡油埔 | 1.010 | 25.300 |
| 崎仔脚 | 21 | 彰化鸡油埔 | 1.010 | 21.210 |
| 西势尾 | 23 | 彰化鸡油埔 | 1.010 | 23.230 |
| 樸仔篱 | 144 | 彰化鸡油埔 | 1.010 | 145.440 |
| 猫里兰 | 13 | 彰化鸡油埔 | 1.010 | 13.130 |
| 日北 | 70 | 淡水马陵埔 | 1.680 | 118.000 |
| 日南 | 74 | 淡水马陵埔 | 1.690 | 125.000 |
| 大甲东 | 40 | 淡水黄泥塘 | 1.670 | 66.000 |
| 大甲西 | 40 | 淡水黄泥塘 | 1.670 | 66.000 |
| 大甲中 | 32 | 淡水四方林 | 1.900 | 61.000 |
| 双寮 | 44 | 淡水淮仔埔 | 1.670 | 73.500 |
| 竹堑 | 95 | 淡水武陵埔 | 1.580 | 154.100 |

续表

| 屯 名 | 屯弁数 | 分给埔地 | 每人甲数 | 总数(终位毫) |
|---|---|---|---|---|
| 房里 | 44 | 淡水武陵埔 | 1.680 | 73.920 |
| 苑里 | 12 | 淡水武陵埔 | 1.680 | 2.016 |
| 吞霄 | 25 | 淡水武陵埔 | 1.680 | 42.000 |
| 猫盂 | 8 | 淡水武陵埔 | 1.680 | 13.440 |
| 后垄 | 39 | 淡水芎蕉湾 | 1.150 | 45.000 |
| 新港 | 52 | 淡水内湾 | 1.140 | 59.390 |
| 猫阁 | 30 | 淡水盐水港 | 1.110 | 33.300 |
| 中港 | 30 | 淡水盐水港 | 1.110 | 33.300 |
| 双寮 | 40 | 淡水武陵埔 | 1.680 | 67.200 |
| 霄里 | 20 | 淡水武陵埔 | 1.680 | 33.600 |
| 武朥湾 | 32 | 淡水山坑仔 | 1.190 | 38.080 |
| 摆接 | 13 | 淡水山坑仔 | 1.190 | 15.470 |
| 里族 | 14 | 淡水山坑仔 | 1.190 | 16.660 |
| 雷里 | 22 | 淡水淮仔埔 | 1.190 | 26.180 |
| 锡口 | 14 | 淡水淮仔埔 | 1.190 | 16.660 |
| 搭搭攸 | 16 | 淡水淮仔埔 | 1.190 | 18.040 |
| 圭泵 | 15 | 淡水尖山脚 | 1.190 | 17.850 |
| 八里垄 | 5 | 淡水尖山脚 | 1.190 | 5.950 |
| 圭北屯 | 11 | 淡水尖山脚 | 1.190 | 13.090 |
| 毛沙翁 | 4 | 淡水八连港 | 1.030 | 4.120 |
| 大鸡笼 | 12 | 淡水八连港 | 1.030 | 12.360 |
| 金包里 | 28 | 淡水七堵埔 | 1.030 | 28.840 |
| 北投 | 22 | 淡水七堵埔 | 1.030 | 22.660 |
| 三貂 | 21 | 淡水七堵埔 | 1.030 | 21.630 |
| 小鸡笼 | 6 | 淡水田寮港 | 1.030 | 6.180 |
| 龟仑 | 23 | 淡水七堵埔 | 1.030 | 23.690 |
| 南嵌 | 14 | 淡水三角湧 | 1.080 | 15.120 |
| 坑仔 | 16 | 淡水三角湧 | 1.080 | 17.280 |

## 隘　勇

　　台湾设隘，仿于郑氏。永历十九年，谘议参军陈永华请申屯田之制，以开拓番地，而人民之私垦者亦日进，每遭番害，乃筑土牛以界之，禁出入。土牛者，造土如牛，置要害，戍兵防守，至今尚留其迹。或曰红线，则以土筑短垣，上砌红砖，以为识，耕者不得越。归清以后，仍沿其制，而垦田愈广，渐入内山，官不能护。乃为自卫之计，设隘寮，募隘丁，以资捍御。其经费则由隘内田园征之，谓之隘租。锄耰并进，弓矢前驱，南至琅㛹，北穷淡水，皆有汉人足迹，而政令且不及也。康熙六十年，朱一贵之变，全台俱动。及平，总督满保以沿山一带，为盗番出没之所，议逐人民于内，塞各隘，筑长垣，以绝出入。总兵蓝廷珍力陈不可。六十一年，福建巡抚杨景素奏请立石番界，派兵巡防，是为官隘之始。雍正六年冬，山猪毛番乱，讨之。十一年，以南路营兵三百戍其地，自是番不敢出，然犹未有隘名也。十三年，彰化眉加腊番乱，讨之，乃设隘于柳树浦，在乌溪之北，为今台湾府治附近。其时台中皆番地也。乾隆五十三年，大将军福康安奏设屯番之制，以近山之地，照旧设立隘丁，或分地受耕，或支给口粮，均系民番自行捐办。今其地归屯，应以官收租谷内支给，仍责成各隘首，督率隘丁，实力巡查，以与营汛相表里。于是凤山、嘉义、彰化、淡水各设隘于边，每处隘首一名，隘丁十数名，或二三十名。每名年给口粮三十石，折银三十圆，隘首倍之。惟九芎林隘，官征屯租全给，余则官给四成，民给六成，是为官设之隘。然官隘之力有限，而人民之垦者日多。

　　嘉庆七年，吴沙募三籍之氓，入辟蛤仔难，筑堡以居。沿山各隘，俱成乡勇，曰民壮寮，故居者无害。各有田园数千甲，为经费。设厅之后，虽升科，而近隘之地，仍留为隘丁耕稼，自收自给。奉旨准行，是为私设之隘。蛤仔难处台之北东，负山面海，皆番地。自三貂岭越山行，为远望坑，有民壮寮焉。始用以通道，继用以捍行。过此而西，为大里简，亦设民壮寮。又西为梗枋，为乌石港，远望坑之南为金面山，为白石，为汤围，为柴围。迤西为三围，又南为四围一结，为四围二结，为四围三结，为旱溪，为大湖，为叭哩沙湳，为鹿埔，为清水沟，为崩山，为员山庄，为马赛，凡二十处，各设隘祛害。前时行人出入，隘丁护之，每人酬钱四十文。迨设官后，由官赉之。

十七年，漳人林朝宗等请垦苏澳之地，增设施八坑隘。施八坑在东势山尾，林深草茂，土番据之，而口甚狭，西连叭哩沙湳，出坑而东为苏澳，通海之处也。土广而腴，众每请垦，而有司以距城辽远，虑藏奸宄，不许。及道光元年，耕者已三百余人，署通判姚莹乃借其田以为隘，未竣而去。六年夏，闽、粤械斗，粤人黄斗乃居淡水之斗换坪，乘势煽生番作乱。及平，设隘南庄，置屯把总一、屯兵六十以戍。十四年冬，淡水同知李嗣业以南庄既垦，而东南山地未辟，乃命姜秀銮、周邦正集闽、粤之人，凡二十四股，合设金广福隘，以从事垦荒。自树杞林而入北埔，设隘寮十五处，所辖之地，袤三十余里，广一二十里，征收田租，以供隘费。是为公设之隘。

同治十三年，钦差大臣沈葆桢奏请开山抚番，而隘制久废，以兵代之。光绪十二年，巡抚刘铭传奏颁隘勇之制，收防费，废隘租，以期整剔。十四年，阿罩雾人林朝栋、林文钦合设公司曰林合，给垦台湾辖县沿山数千甲，并营脑业。虑遭番害，请设隘勇两营。凡五百名，自给饷械，以林荣泰、刘以专率之。自抽藤坑至集集，分设隘寮，谓之铳柜。隘勇击柝巡守，有警则鸣铳传示，众悉出，伏险击，故番害稍戢。番之出草，每乘隙弋人，或昏夜突袭，故防之綦严。而任其事者，多憨不畏死，以杀番相雄长者也。

## 凤山县辖隘寮沿革表

**隘寮社隘**　官设，在山猪毛口，原设隘丁三十名，今裁。
**漏陂社隘**　官设，在南太武山南，原设隘丁十五名，今裁。
**茄藤社隘**　官设，在大邑麓，原设隘丁二十名，今裁。
**力力社隘**　官设，在佳佐山麓，原设隘丁二十名，今裁。
**放缭社隘**　官设，在三条仑岭，原设隘丁二十名，今裁。

## 淡水厅辖隘寮沿革表

**火焰山隘**　民设，在大甲堡西南，即大甲溪。原设隘丁八名，今裁。
**日北山脚隘**　民设，原在日北山脚，后移入鲤鱼潭高岗，属苑里堡。原设隘丁六名，今设八名。现隶苗栗县。
**三叉河隘**　民设，在苑里堡内山高岗，处日北山隘之北，今移番仔城，原设隘丁十五名。现隶苗栗县。
**内外草湖隘**　民设，原为高埔隘，后移苑里堡东首内山，而南势湖隘亦归并在三叉河隘之北。二隘原设隘丁十七名，今设二十名。现隶苗栗县。
**铜锣湾隘**　官设，在后垄堡铜锣湾内山要处，为草湖隘之北。原设隘丁二十五名。现隶苗栗县。
**芎中七隘**　官设，在后垄堡芎蕉、中心埔、七十分三庄之内，故名。为铜锣湾之北。原设隘丁三十名。现隶苗栗县。
**大坑口隘**　官设，原为中隘，后移后垄堡内山横冈，为芎中七隘之北。大坑口隘原设隘丁三十名，中隘十名，今设四十名。现隶苗栗县。
**蛤仔市隘**　官设，在后垄堡蛤仔山内之横冈、为大坑口隘之北。今设隘丁二十名。现隶苗栗县。

**嘉志阁隘** 民设，在嘉志阁庄，后改汛防，移入内山，为蛤仔市隘之北。原设隘丁二十名，今三十名。现隶苗栗县。

**南港隘** 民设，在中港、南港之内山，为嘉志阁隘之北。原设隘丁十五名。今三十名，现隶苗栗县。

**三湾隘** 民设，在中港堡三湾内山，为南港隘之北。道光六年，奏请派拨屯把总一员，屯丁六十名，通事一名，以防中港、三湾、大北埔等隘。今改设隘丁四十二名，屯把总一名。现隶苗栗县。

**金广福隘** 民设，原在淡水厅东之盐水港、南隘、茄苳湖、石碎仑、双坑、大崎、金山面、圆山仔、大北埔、小铜锣圈等十处。其小铜锣圈，即旧之中港尖山隘，嗣因土地日辟，已越旧址，乃裁撤为一，移于五指山之右，沿山十余里，均设隘以防。其石碎仑原设隘丁四十名，由官拨充租税，以补不敷。而大北埔、中港尖山二隘，亦官奏设，由民给费。其盐水港、南隘、茄苳湖、小铜锣圈四处，原设隘丁各二十名，双坑十四名，大崎、金山面各十八名，圆山仔六名，均民给费。今合设一百二十名，就地取粮，每年由官拨租四百余石，发串着令自收。现隶新竹县。

**矺仔隘** 民设，在三湾隘之北，距厅东三十里。原设隘丁十五名，今仍之。现隶新竹县。

**猴洞隘** 民设，在矺仔隘之北，踞厅东三十四里。原设隘丁十五名，今仍之。现隶新竹县。

**树杞林隘** 民设，在猴洞隘之北，距厅东二十五里。原设隘丁十五名，今二十名。现隶新竹县。

**九芎林隘** 民设，即南河隘，距厅东四十里。原设隘丁十名，由官拨给屯租，今归民办。现隶新竹县。

**咸菜硼隘** 民设，在九芎林隘之北，距厅东五十里。原设隘丁二十名，今仍之。现隶新竹县。

**大崶崁隘** 民设，在桃涧堡内山。原设隘丁三十名，今仍之。现隶南雅厅。

**三角涌隘** 民设，在海山堡内山大料崁隘之北。今设隘丁十名。现隶南雅厅。

**大铜锣圈隘** 民设，原在四方林，后移桃涧堡内山。旧设隘首一名，丁无定额，今设十名。现隶淡水县。

**三坑隘** 民设，在桃涧堡内山，为大铜锣圈隘之北，今设隘丁二十名，现隶淡水县。

**大坪隘** 民设，在桃涧堡内山，为铜锣圈隘之北。今设隘丁二十名。现隶淡水县。

**溪洲隘** 民设，在桃涧堡内山，为大坪隘之北。今设隘丁十名。现隶淡水县。

**横溪隘** 民设，在摆接堡内山。今设隘丁五名。现隶淡水县。

**暗坑隘** 民设，在摆接堡内山。今设隘丁十名。现隶淡水县。

**万顺寮隘** 民设，在摆接堡内山，为暗坑隘之北。原设隘丁十二名，今十五名。现隶淡水县。

**十份寮隘** 民设，在石碇堡内山。原设隘丁十名，今裁。

**三貂岭隘** 民设，在三貂岭民番交界之处。原设隘丁十名，后改汛防。

## 噶玛兰厅辖隘寮沿革表

**远望坑隘** 民设，在厅治北鄙，与淡水交界。前设民壮寮，今裁。

**大里简隘** 民设，在厅治之北。前设民壮寮，后改汛防。

**梗枋隘** 民设，在厅治之北。前设隘丁，后改汛防。

**乌石港隘** 民设，在厅治之北。前设隘丁，后改汛防。

**金山面隘** 民设，在厅治之北二十五里。原设隘丁八名。

**白石山隘** 民设，在厅治之北二十里。原设隘丁十名。

**汤围隘** 民设，在厅治之北十七里。原设隘丁八名。

**柴围隘** 民设，在厅治之北十二里。原设隘丁五名，今裁。

**三围隘** 民设，在厅治之北十二里。原设隘丁五名，今裁。

**四围隘** 民设，在厅治之北八里。原设隘丁六名。

**旱溪隘** 民设，或作礁溪，在厅治之北九里。原设隘丁八名，今移于摸壁潭。

**泉大湖隘** 民设，在厅治西南二十五里。现设隘丁十三名。

**葫芦隘** 民设，在厅治西南十六里。现设隘丁六名。

**施八坑隘** 民设，在厅治之南四十里。现设隘丁十二名。

**马赛隘** 民设，在厅治之南三十里。原设隘丁十二名，今裁。

**员山隘** 民设，在厅治之南二十五里。原设隘丁十名。

**鹿埔岭隘** 民设，在厅治之南二十五里。现设隘丁十二名。

**清水沟隘** 民设，在厅治之南十五里。原设隘丁八名，今裁。

**崩山隘** 民设，在厅治之南二十里。原设隘丁八名，今移于摆燕山。

**大埤隘** 民设，在厅治西北十里。现设隘丁八名。

**三关仔隘** 民设，在厅治西北五里。现设隘丁八名。

**叭哩沙湳隘** 民设，在厅治之西三十里。现设隘丁十二名。

**内湖隘** 民设，在厅治之西十五里。现设隘丁六名。

**大湖隘** 民设，在厅治之西四十二里。原设隘丁十二名。

**颖广庄隘** 民设，在厅治之西七里。现设隘丁五名。

**枕头山隘** 民设，在厅治之西六里。现设隘丁十名。

## 乡　勇

康熙六十一年，朱一贵既平之后，地方未靖，台湾镇总兵蓝廷珍上书总督满保，请行保甲，许之。既复请办团练，以为郡治。今虽有协防之兵二千人，足供调遣，然计南路下淡水冈山分去四百有奇，北路下加冬半线又分去四百，所存防兵不过千人，经制各营又多分守汛地，府治关系重大，未可遽云兵力有余也。当今之时，宜急训练乡壮，联络村社，以补兵防之所有不周。无事皆农，有事皆兵，使盗贼无容身之地。所谓急则治其标，不可须臾缓者也。其后遂以为例，每有兵事则举办之。林爽文之役，南北俱陷。粤庄多出义军，助战守。而鹿港郊商亦募勇自卫，故无害。一贵漳人也，漳、泉方息斗，又与粤庄仇，故多拒之。事平，下旨嘉许，立功者给以功牌，死者祀之，春秋豆俎，以旌义烈，故民多奋勇。

禁烟之役，英舰辄窥伺沿海，总兵达洪阿、巡道姚莹治军有律，策励民兵，以资战守，故无外害。淡水同知曹谨请停防洋经费，专募乡勇，莹不可。当是时，班兵积弊，几不可用。莹乃选拔精兵六百名，增给月饷，而训练之，欲以渐及各营，未成而去。道光二十八年，徐宗幹任巡道，与总兵议，渐整营制。又以澎湖一营远隔海洋，上书督抚，请改募兵。略曰："澎人皆捕海为生，极为勤苦，且熟谙水性，履波涛如平地，壮健丁勇挑选入伍，以备不虞，较诸水师实为得力。不但可以省戍兵换班之费，且可以收海岛无业之民。沙线既熟，守望亦专，是一举而数善备也。"不从。洪、杨之役，湘、淮诸将多练乡勇，戡平大难，于是渐汰绿营。及戴潮春之变，攻陷彰化，南北俱动，官兵不战而溃，巡道孔昭慈死之。乃再设团练，以淡水绅士林占梅为团练大臣，驻大甲，阻其北窜。而各庄亦多起义军，以相搏战，建功尤伟。然而猾绅土豪，夤缘为利，怙其势力，互相雄长，武断乡曲，莫敢谁何。巨奸积匪，藏之宇下，一言不合，辄起兴戎，浸成游侠之风，而官莫敢问也。光绪七年，改为培元总局。

法人之役，沿海戒严，巡道刘璈集士绅，再办团练，手订章程十七条以布之，则于府县城内设一总局，东西南北中各举团练一人，归总局经理。城外各乡远近不一，大约以周三四十里为分局，任以团总，副以团佐。闽、粤人之聚居者可设族团，族长主之，凡团内之壮丁皆注于籍，分为义勇、练勇、团勇。义勇常驻局中，逐日操练，月给粮金四圆八角；练勇按旬一操，每次给银二角，其费皆由铺户捐之。练勇八名抵义勇一名。不归捐者为团勇，自备口粮，每月赴操一次。由局豫选明干义勇为百长，以带练勇，又由练勇选什长，以带团勇。衣装旗帜，捐户备制，各分其色，以俾辨别。其有胆略过人，愿赴前敌者，准其自告，别编一册，由县会营，申明号令，随军出战，不与前锋，虑乱行也。信赏必罚，昭示鼓励。从前犯法之人，如能改过自新，以功抵罪，办团绅士，别为请奖。夫团练之设。所以自卫也，在城守城，在乡守乡，足供行军之不逮，唯在理者之得宜尔。八月朔，又刊渔团章程二十条，通饬绅民暨沿海渔户遵行。略曰："渔团办法与陆团不同。沿海渔户，贫苦居多，既难如陆团捐勇出资，又难如陆团派绅设局。情形既异，头绪尤繁。"并议就渔团以选水勇，借水勇以联渔团，相辅而行，较为妥便。除照原详水勇名数，由各路挑选泅水精壮渔民，先后招募成军，以固要防。并将渔团办法厘定章程，以清内乱，而御外侮。其办法则于海口陆团派委团绅一名，会同水营管带，编造渔户清册，每船每筏给以白布小方旗一面，上书某路某口几甲几牌几号之船，凡近海十里以内，或二百名、三百名、四百名联为一团，派管带、帮带各一员以统率之。每哨置正副哨长，又于水勇之中，每船派充什长一名，每筏伍长一名。每哨配船四只，筏八只，无筏者即用小划。其船逐月租价七两，筏一两四钱，衣旗军器由官给发。每旬逢五，操练一次。无事之时，仍准出渔，有事则分哨守战，以与陆团策应。如有勾通外寇，泄露军情，潜为引港者，杀无赦。当是时，巡抚刘铭传驻台北，亦办团练，奏简林维源为团练大臣，各府厅县设总局，以名望绅士理之。下设分局，各乡置团，划为一段，以卫乡里，严守望，诘盗贼，其制甚善。

乙未之役，台湾自主，以进士邱逢甲为团练使，统率义军，并办渔团。一时苍头特起，执戈制梃，效命军前，悍然而不顾死者比比也。然而苍葛虽呼，鲁阳莫返，则亦无可如何而已。

古者兵民为一，存亡与共，其民皆国之兵也，故能有勇知方。自募兵起，而兵民分矣。兵民分，而其兵为朝廷之兵，藩镇之兵，悍将之兵。养其爪牙，以肆禽猎，而国之威棱乃不振。夫欲振威棱，当用民兵，远师三代，近法欧洲，而后可以争雄于天下。

## 师　船

　　台湾，海国也，战史之策，不在于陆而在于水，故治台者多重海防。
　　昔者荷兰以夹板之威，跋浪沧溟，称雄东澥。郑氏继之，亦设水师之镇，驾乘风之船，狎侮波涛，若履平地，使清人不敢南顾者，则以重洋之险，未可投鞭断流也。芝龙素习海，开府安平，舳舻直通卧内，凡海舶出洋者，不得郑氏令旗，不能往来，每舶例入二千金，以此富敌国。延平入台之后，亦时造巨舰，贩运东南洋而揽其利。使郑氏不亡，整军经武，则已为海军之强国矣，而至于亡者，天也。
　　清人得台，分汛水陆，安平水师副将统兵三营，有战船五十四只，澎湖水师副将统兵二营，有战船三十三只。其后添设淡水营水师都司，统兵五百，有战船二只，所以防备沿海也。台、澎各营之船，例由通省厅员分派修造，康熙三十四年，改归内地州县，其尚可修整而不堪驾驶者，州县派员，办运工料，赴台兴修。迨按粮议派，台属三县始亦分修数只，此非厚庇台属也，盖以内地各厂员多力分，工料俱便，不烦运载，可以克期报竣也。
　　先是，康熙十三年，部定各省战船，三年小修，五年大修。二十九年，奏准沿海战船新造之后，三年小修，又后三年大修。又后三年尚堪驶用者，仍令大修，否则奏明拆造，改为内河之船。既又奏准各省战船至应改修之年，以文到之日为始，限一月领船，又一月估价报部。覆准之后，应以部文到日为始，大修限三月，小修两月，如逾限者照例议处。后又奏准福建战船匀派通省道府监修，台、澎九十二只，应由台湾道府各十八只，余仍归派内地。于是道府始设船厂，采伐内山樟木，以为材料。未几仍归内地。四十四年，复归台属。而府修倍道，饬与福州府分修，议于部价津贴运费外，每船捐贴百五十圆，缴交盐粮厅代办其半，道、镇、协、营、厅、县共襄厥事。嗣又专归府办，而道厂废矣。雍正三年，两江总督查弼纳奏请设立总厂于通达江湖之处，饬派道员监督，领银修造，复派副将或参将一员公同监视，务节浮费。部价不敷银两，历来州县协贴，仍应照旧。诏可。福建总督亦奏言："台、澎战船，请于台湾设厂，委令道协督造。"于是各船尽归台厂，而道协之责任独重矣。七年秋九月，总督高其倬奏改福建分设福、漳、台三厂。摊造战船，而福厂由盐驿、兴泉二道承修海坛等营一百三十三只，漳厂由汀漳道承修水师提标等营一百零一只，台厂由台湾道承修台协等营九十八只。其后增设泉厂，由兴泉道办之，而福厂仅命盐驿道。

乾隆元年，总督郝玉麟奏言："福建战船，福厂承修七十六只，泉厂五十三只，漳厂九十九只，台厂九十六只。而台厂远阻重洋，难以匀派。顾台湾自设厂以来，开办料馆，沿山樟树概归官有。南之琅璚，北之淡水，均委匠首。而匠首以伐木之外，私揽熬脑，而赢其利。然台厂自数十年来，津贴较少，工料日腾，修造战船，届期难竣，或至脆弱，不堪驾驶，历任搁置，赔累为难，是有修船之名，而无用船之实。"及徐宗幹任巡道，禀请变通船政，其书曰："昔刘晏曰：成大计者不惜小费，置船场执事者，当先使之私用无窘。则官物坚完矣。诚古今之通论也。曩者台地船工，道府有余项，价宽则易完；舟师有口粮，物固则不腐，是以一船得一船之实用也。查船厂所需料物，有购自内地者，若松杉，若铁，若油，若棕之类，皆由厦口商船配带交厂，例不许民间私售；厂用有余，则发商匠领卖，而交价浮于原值。旧船椗柁等料，亦有厂户承领缴价，以津贴工料例价之不敷，如有延欠同存料，并于交案作抵，此官私之皆有利益也。乃日久而利之所在，弊即生焉。今移交册内，孔、刘、邓、平四任，流抵一万余两，周、刘、沈等任，流抵三万六千余两，姚、熊两任，列抵厂料及匠欠九千余两，熊任又抵存厦料四千余两，其匠欠作抵。是以现存之项，为办公之余囊，而以待追之项，为悬抵之空账也。又各属有料差，有匠首，承办料物，由各澎船运厂，向来于差役中点派，有应交公费，亦为厂中工需津贴。如恐其厉民而裁革之，则采伐料物，无所责成，或土棍影射滋扰，为害更甚。然官有余资，民少困穷，亦利弊参半，而久则有弊无利矣。今者道府之存款，有减无增，舟师之出巡，有名无实。应修应造之船，例应由营驾厂，因港道不能疏通，修船者得以卸责，而弁兵亦乐于折价，虚报领收，便可搪塞。或购买以补额，即补额亦为兵丁贩运耳。已修已造之船，例应由营领驾，因港口不能安泊，驾船者得以借口，而工匠亦乐于草率，埔岸高搁，何须坚固。或粉饰以备验收，即验收亦为兵丁需费耳。由是而料物之余存者益多，则以发匠领卖为利；由是而铺匠之积欠者益多，则以移居折抵为便。领售多而完缴愈少，所追者半穷丐子孙，流抵多而存款愈少，所垫者皆寄存要款。完缴愈少，而比追无着，则不能不问及保人，追保人不能不累及铺民，铺民视为畏途，而接充者无人矣。是欲发料物以为津贴，不可得也。存款愈少，而工需急促，不能不取及料差造料。差不能不累及匠首，匠首皆苦无赢余，而顾充者无人矣。是欲借料差以为津贴，又不可得也，是诚不如不开港不驾厂之为便也。今一旦力矫其弊，而正告之曰：有船必造，有船必修。则应之曰：造必如何而后可用也，修必如何而后可用也。如其式而造之修之，则又曰：用不可也。即用之矣，而终置之无用之地。曰：非不用也，造不如式也，修不如式也，是诚不如不修船而给以修之之费，不造船而给以造之之费之为便也。然而又不应也。曰：料物不能私取也，工匠不能听其使令也。则仍归厂修造，而令水师营员监视之，其奉委者不过千把等官。或曰：此旧料不必用也，作价与我可也；或曰：此新料不必用也，作价与我可也。不得已而与将官亲督之，则工皆实用矣。然而已造之船，桅柁皆完，驾未久而弃置者有之；已修之船，帆索悉备，领未久而折卖者有之。即不准其弃置，不许以折卖，而无兵丁以守之，无炮械以实之。有兵丁矣，有炮械矣，无官弁以统之，无口粮以养之，欲其不变价而不能也，欲其不贩卖而不能也。私用窘则官物焉能全也？将官则知之而无如何也。数年而届小修如是，数年而届大修如是，又数年而届折造亦复如是。其间或偶遇风暴，则曰不堪修葺，甚且以为片板无存，修无可修，而造难遽造。久之而文册中有船，海洋中无船矣。嗟乎！洋面无兵船，则洋面皆盗船；洋面皆盗船，则洋面无商船，商船绝而台民危矣！今盗船渐以台洋为遁逃薮，因循再久，患不远也，势不能不亟起而改图之。

"全台原设及裁改，应共存战船九十六只。内台协中营十九只：内省造四只，本年新折造二只，本年及来年已届大修四只，小修三只，应造补三只，又应归府厂造补三只。台协左营十四只：内省造六只，新拆造一只，应造补一只，届大修一只，小修二只，又应归府厂造补二只，小修一只。台协右营十四只：省造四只，应造补二只，届大修四只，小修二只、应归府厂造补二只，小修二只。澎协左营十七只：省造六只，应造补二只，届大修五只，拨府拆造二只，大修二只。澎协右营十六只：省造一只，届大修十三只，拨府造补一只，小修一只。艋舺营十四只：省造四只，应造补六只，届小修一只，大修一只，拨府大修一只，拆造一只。除省造二十五只，新造补三只外，未修、未补者尚有六十八只。大同安梭船新造实销银一千零五十两零，内支台耗二百两零，实领司库八百四十七两零。拆造实销银六百二十八两零，支台耗一百四十二两零，实领司库四百八十六两零。大修实销银四百七十三两零，支台耗九十二两零，实领司库三百八十两零。小修实销银三百三十七两零，支台耗六十三两零，实领司库二百七十四两。中小同安梭以次递减。大号白底船新造实销银二千一百十二两零，拆造银一千一百五十八两零，大修八百七十二两，小修六百二十一两零。小号白底船又以次减。例销之价，实苦不敷。如前所谓料价等无可津贴，则赔垫益多。或曰：请将道府两厂应折造造补之二十三只，归道府赶紧办理，其余届限大小修之各船，竟请归台湾镇督饬水师将备，各归各营领价承修，勒限报验。其料物仍由道厂支给，照例价于领项内扣收。台协各营即在道厂兴办，由营员经理。澎湖、艋舺各营由该营将官督修，责成该厅据实查报，或由镇委员验收，既免驾厂之迟逾，又无领驾之周折。如届拆造，则以旧船折料运厂，或应造补即由厂兴工，旧料无用再运，则事以简而易集，工以分而易完矣。或曰：届限大小修之船，大半皆不堪修葺，由修造以后，多搁于海埔。风日暴烈，雨水浸淋，责营承修，亦仍有名无实，不如一概全行由道府折造，以大修两船小修三船之费，各按大小号折料添补，改为新造一只，庶几工归实在。于原设额数不符，另行筹议造补。其实照原额实备一半，即已得用，余即补足，亦无兵无械，徒虚设耳。或曰：拆造造补之船，请全归省厂兴办，例价不敷，由道府将折料变价，再另行筹捐，划解省局。配渡到台后，大小修仍归营承办，料物多需于内地，盗船不绝，商船日稀，料物不能源源配渡，不如就省制造之便。所需于台地者惟樟木耳，回班哨船可带运也。如此则所谓发料金差诸弊之有累于地方者，不过大小修之用，旧例即不能革除，而亦可稍为轻减矣。如循旧由台厂修办，所有厦口料物，亦须商哨并运，方无误工需也。择于斯三者而变通行之，全台幸甚。明戚继光言：'军工当任武臣，不当任文臣。航海者渔人，而造舟者梓人，彼何与于利害，而劳苦以经营之，加倍以赔补之，不过苟且塞责而已，无补国家。'佟中丞云：'工料本贵，给价不敷，虽造成器具，总属无用之物。所谓惜小误大，其害不可胜言。'由此观之，台地之船工，责成舟师大员之贤者，而厚给其值，其为上策。不然积习相沿，徒縻帑项，而海洋之防仅有虚名，商民之受害其小焉者也，此可为长太息也！"

又以厂道淤塞，不便出入，择地于小西门外迤南之处，建筑船坞，中开港道，至三鲲身入海，计费二千百余圆。

然自海通以来，轮船铁舰纵横海上，而旧式之船不足一顾。法军之役，巡道刘璈驻南，以台、澎四面皆海，战既不能，守又不可，禀请南北洋大臣分派战船援助。弗从。事平，刘铭传整理海防，乃购置轮船，以资邮传。而尚不能筹舰队，则以财力限之也，然自是而海战形势为之一变。

## 炮　台

　　有明之季，海疆多事，始戍澎湖。澎湖为台湾外府，群岛错立，风涛溯湃，舟触辄破，故守台湾者重澎湖，而妈宫为之纽。万历二十五年，增游兵。四十五年，复增冲锋游兵，左右各置小城，列铳以守，曰铳城。天启二年，荷将高文律乘戍兵单薄，以十余舟入澎湖，据焉。因山为城，环海为池，破浪长驱，肆毒漳泉。总兵俞咨皋逐之，乃复澎湖，筑城暗澳，高丈有七，厚丈有八，东西南各辟一门，北设炮台，内盖衙宇，建营房，凿井驻兵，以控制妈宫。妈宫之左为风柜山，高七八尺。荷人凿其中，垒土若雉堞，毁之。分军以戍，与案山、西垵相犄角，东为崥上澳、猪母落水。当南之冲，旧有舟师戍之，亦筑铳城，以防横突。西为西屿，北为北山墩，又北为太武，稍卑为赤嵌，循港而进为镇海港，垒城其中，以扼海道。其防守也如此。

　　荷人既入台湾，筑城一鲲身，即炮台也，曰热兰遮，台人谓之王城。基方二百七十六丈有六尺，高三丈有奇，为两层，用大砖，调油灰，共捣而成，雉堞钉以铁，故甚固。城上瞭亭相望，上层编入丈许，设门三。东畔嵌空数处，为曲洞，为幽宫。四隅箕张，置炮二十。南北规井，下入于海，上出于城，水极清洌，可于城上引汲。以防火攻。置炮十，皆重千斤者。而北隅绕垣为外城，状极雄伟，驻兵守之。倚城一楼，榱栋坚巨，有机车，可挽重而上，亦置炮数尊。内城之北，下辟水门，伛偻而入，磴道曲折。下有地室，高广各丈余，长数丈，曲转旁出。近海之处又一洞，内藏铅子。其险固也如此。荷人建政署其中，以镇抚民番。滨城之外为巨海，水道纡回。鹿耳门拱之，辅以师船，而内与赤嵌楼相犄角。楼在镇北坊，为今之海神庙，亦炮台也，建于永历四年，荷人谓之普罗比热兰遮，犹言摄理也。垒砖为垣，坚埒于石，周二十五丈有三尺，上置巨炮。南北两隅，瞭亭挺出。楼高三丈六尺有奇，雕栋凌空，轩豁四达。其下有洞，曲折宏邃，右凿穴，左浚井。前门之左复一井，以俯瞰市肆。当是时，荷人政令，南至打鼓，北达诸罗，而蚊港为北鄙互市之口，猴树港、盐水港、茅港尾诸水汇焉。港外为青峰阙，荷人筑炮台以守，制若城。内凿一井，舟师逻之。既又逐西班牙人而有其地，鸡笼、淡水各据炮台，以握东洋贸易，一时几无敢抗。

延平克台，就赤嵌城以居，改名安平。永历十八年，嗣王经视澎湖，命筑垒，左右峙各建炮台，烟火相望，以薛进思、戴捷、林升守之。十九年，闻施琅疏请伐台，洪旭告曰："前者荷人失守，恃其炮火，凭其港道，而不防备澎湖，故我先王一鼓而下。夫澎湖为东宁门户，无澎湖是无东宁也。今宜建筑安平炮台，副以炮船，扼鹿耳门，别遣一将镇澎湖，严军固垒，以待其来。"从之。三十六年春，施琅治兵于海，嗣王克塽以刘国轩为正提督，驻澎湖。修治各垒，环设炮城，凌师以守。激战之后，败绩而降。

清人得台，以安平为郡治之塞，驻水师副将，有炮架三十，炮台十九，烟墩四十三处，以防守沿海。而鹿耳门亦建炮台，借为安平之蔽。彰化为北路之冲，八卦山在其东，俯瞰城中，山破则城亦破，故建炮台，驻兵固守，以为拥护，所谓定寨者也。高可望海，然一有兵事，山辄被据，移炮以攻，故议主毁弃。鹿港为彰化互市之口，乾隆五十四年，驻水师游击，北自大安，南至海丰，各建炮台，汛兵守之。当是时，升平无事，所欲防者，海寇而已。通商以后，西力东渐，夹板轮船，争雄海上，一旦启衅，沿海戒严。而旧式之炮，利不足以及远，力不足以洞坚，拱手让人，覆军从之。同治十三年，福建船政大臣沈葆桢视师台湾，奏筑安平、旗后各炮台，仿照西式。法军之后，巡抚刘铭传奏办海防。光绪十二年，兴工改筑，新向英国购置钢铁后膛炮三十一尊，及加农炮，以配各台，计费六十四万九千余两。十四年，复聘德国工师，重造基隆炮台，状极坚固，且练炮兵以演放之。炮兵之外，又设水雷营，亦攻守之利器也，台湾海防于是渐备。然有其器必有其人，而后可以致果，否则非唯无用，借寇兵而赍盗粮，更为覆亡之害也，悲夫！

## 郑氏澎湖炮台表

妈宫屿上下炮台二座

风柜尾炮台一座

四角屿炮台一座

鸡笼屿炮台一座

东西峙里炮台四座

内外堑炮台二座

西屿头炮台二座

牛心湾顶炮台一座

## 清代台湾炮台表

**鹿耳门炮台** 在安平镇之西,俯临大海。归清之后,建筑炮台,其后海水泛滥,台遂沉没。

**安平小炮台** 在安平镇南隅,旧时所建,及筑大炮台,遂废。

**安平大炮台** 在安平镇南隅,距台南府治六里。同治十三年,沈葆桢奏建,光绪元年十一月竣工。中凿大池,堑外有濠,海水入焉。置大炮五,小炮四,以水师副将率炮兵三百名守之,颜曰"亿载金城"。

**打鼓炮台** 在凤治之西山,临大海,其后增建旗后炮台,以为犄角。

**旗后炮台** 在凤治之西,与打鼓山对峙,为互市之口,中辟港道,轮船可入。光绪元年,聘英国工师筑之,结构宏壮,中置巨炮,以兵守焉。

**东港炮台** 在凤治西南,两岸相距三里许,水深丈余,闽粤商船时来贸易。同治十三年,沈葆桢奏建,置炮十尊,驻兵五百,已而撤去。法军之役,再驻二百,以防南犯。

**青峰阙炮台** 在嘉义西南,距治六十里,为蚊港之口,荷人所筑,久圮，炮亦为海水浸烂。嘉庆十年蔡牵之役，金门镇总兵王得录就附近再筑炮台三座，烟墩三，望楼一，以安平水师协营，守备一员，千总把总各一员，兵一百八十名守之，今圮。

**鹿港炮台**　距彰治二十里，西临大海，乾隆五十四年所筑，今圮。

**水里港炮台**　距彰治西北二十里，昔为贸易之口，港道久淤，炮台亦圮。

**三林港炮台**　距彰治西南四十里，港道久淤，移汛番挖，炮台亦圮。

**海丰港炮台**　距彰治西南七十里，港道久淤，租汛宗元，炮台亦圮。

**大安港炮台**　在苗栗县治之西，旧属淡水，为贸易之口，港道已淤，炮台亦圮。

**沪尾炮台**　在台北府治之西，为互市之口，势控北鄙，光绪二年，始筑炮台，法军之役，扼险以守，及巡抚刘铭传修之，置炮十一，颜曰"北门锁钥"。

**基隆炮台**　基隆为互市之口，旧设炮垒。光绪二年，改筑炮台以守，法军之役，被毁。光绪十四年，乃仿西式新筑，置钢铁炮。

**妈宫炮台**　在澎湖厅治之北，旧设炮垒，副以师船。光绪元年，改筑炮台。十三年，刘铭传檄吴宏洛修之，驻重兵以扼海道。

**大城北炮台**　在妈宫之西十里，光绪元年建，十三年修，驻兵千五百名，为妈宫犄角。

**西屿炮台**　在妈宫之西，旧建炮台于外垵。光绪十四年，别建于内垵，俯瞰大海，驻兵千五百名。

**桶盘澳炮台**　旧时所建，今废。

卷十四

台灣通史

外交志

连横曰：鸿濛之世，各君其国，各子其民，闭关自守，固无所谓外交也。然当春秋之际，礼乐征伐，自诸侯出，齐、楚、秦、晋，迭为盟主。而郑以一小国介立其间，聘问往来，不失其宜。孔子曰："子产有辞，诸侯赖之。"信乎贤者之有益人国也。台湾当郑氏之时，弹丸孤岛，颉颃中原，玉帛周旋，蔚为上国。东通日本，西慑荷兰，北结三藩，南徕吕宋。荡荡乎，泱泱乎，直轶春秋之郑矣。嗣王冲幼，左右失人，叛将倒戈，而台湾乃不国焉。清人抚有，时会变迁，东渐之机，随流而靡，而内外臣工犹欲以丸泥塞之，多见其不自量尔！夫塞之愈坚，则冲之愈力；冲之愈力，则破之愈大，而台湾外交无往而不败也。夫古今异势，强弱殊形。弧矢之利，不可以御坚炮，舟车之速，不可以竞飞船。贤者审之，智者用之，苟非整军经武，国殖民兴，未足以言外交也。德宰相俾斯麦曰："世界无公理，唯铁血尔。"故以其言，而大小是并，优劣是食，外交之败，至于灭亡者，何可胜道？悲夫！语曰，前车之覆，后车之戒。余故采其得失者著于篇，以为兴亡之鉴焉。

## 日本聘问

日本与中国为邻，唇齿之国也。明亡之季，士大夫之东渡者，络绎于途，而郑氏复有渭阳之谊，往来尤繁。当成功之起师也，遣使往聘，致书德川幕府曰："洲同赡部，就一水以判东西。境迩蓬莱，连三岛而橐天地。域占为雷之位，光拂若木之华。百篇古文，早得嬴秦之仙使。历代列使，并分上国之车书。道不拾遗，风欲追乎三代。人重然诺，俗更敦于四维。恭维上将军麾下，才擅擎天，勋高浴日。铸六十五州之刀剑，雌雄为精。服五百一郡之版图，砾沙皆宝。文谐丹府，屡有表使至金台。释辅儒宗，再见元公参黄蘖。虽共临乎覆载，远独奠其山河。成功生于日出，长而云从。一身系天下安危，百战占师中贞吉。叨世勋之赐李，恩重分茅。效文忠之祚明，情深复旦。马嘶塞外，肃慎不数余凶。庨在目中，女真几无剩孽。祗缘征伐未息，以致玉帛久疏。仰止高山，宛寿安之在望。溯洄秋水，怅沧海之太长。敬勒尺函，稍伸丹悃。爰赍币笥，用缔缟交。旧好可敦，苍鸟使于今复往。中兴伊迩，丹凤诏不日重来。文难悉情，辞不尽意。伏祈鉴照，无任翘瞻。"幕府受之。

永历三年，复遣使乞师，寓书曰："大明龙兴三百年，治平日久，人遂忘乱，鞑靼乘虚而破两京，神州悉污腥膻。成功深荷国恩，不敢坐视。故喋血以报仇为念，徘徊闽、浙之间，以义感人，从者颇众。然孤军悬绝，千辛万苦，中心未遂，日月几何。成功生于贵国，仰望实深。今际艰难之时，愿贵国怜之，乞假数万之兵，则感义无限矣。"是时，日本方行锁港之策，文恬武嬉，不欲有事国外，幕议不可，唯时馈军糈以助之。及克台后，日人之在台者，礼之有加。二十年，忠振伯洪旭以商船贩日本，购造铜炮、刀剑、甲胄之属，并铸永历钱。二十八年夏，为三藩之役，经至思明，命兵都事李德东聘，再作兵铸钱，而日本亦岁以宽永钱相馈，贸易繁盛。及郑氏亡，德川幕府亦严锁港，往来遂绝。初，成功归国后，弟七左卫门袭母姓，为田川氏，留居长崎。

## 吕宋经略

初，罗马神甫李科罗布教厦门，成功延为幕客，军国大事时谘问焉。克台之翌年，召之来。春三月。命赴吕宋，劝入贡，而阴檄华侨起事，将以舟师援也。既至，吕宋总督礼之。华人闻者，勃勃欲动，盖久遭西人残暴，思歼灭之，以报夙怨。事泄，西班牙人戒严。五月初六日，以骑兵一百，步兵八千，分驻马尼拉。凡华人商工之地，皆毁城破寨，虑被踞，而华人已起矣。鏖战数日，终不敌，死者数万。多乘小舟入台，半溺死，成功抚之。而吕宋俶扰，又虑郑师之伐也，遣使随李科罗入台。诸将议讨之，未成而成功病革矣。二十年秋八月，吕宋总督遣使贡方物，且请传教。勇卫陈永华不可，命以中国之礼入觐，申通商之约。于是贩运南洋，远至安南、暹罗、噶拉巴，海通之利，国以日殖。二十六年春正月，统领颜望忠、杨祥请伐吕宋，以为外府。侍卫冯锡范不可，曰："吕宋既已入贡，修好往来，今若伐之，有三失焉：师出无名，远人携贰，一也；残扰地方，得之无用，二也；戍兵策应，鞭长莫及，三也。且自频年以来，岁幸丰稔，民乐其业，岂可复兴无益之兵。"议遂止。三十七年夏六月，清军破澎湖。诸将以台湾势蹙，不可居，议全师取吕宋。建威中镇黄良骥主其议，中书舍人郑德潜力赞之，出吕宋地图，指示险要，曰："诸岛之中，惟吕宋待我国人最无礼。先王在日，每欲征之，以雪我中国人之恨。然因开创，至世藩业已兴师，乃接耿藩之变，遂移兵过厦，而事又止。吕宋之兵不过千有余人，所恃者城上之大炮而已。自西班牙窃据兹土，于兹已百四十余年，我漳泉人积骸其地者，何啻数十万。羁魂厉魄，痛恨何如！夫积怨者神人所共愤，而丛货者兴盛所取资也。吕宋富饶甲诸国，今之积于公班巴礼者数十万，是皆昔所诱惑愚昧死而括藏之物。天下安有久积而不散，虐侮而不复之理？又安知非天镝其藏，以待兴王之探取耶？故以议取吕宋者为上策。"提督中镇洪邦柱愿为先锋，正总督刘国轩以为不可，冯锡范诘之，国轩曰："吕宋非不可取，顾当取之于无事之日。今清兵已迫，救亡不暇，尚何能劳师远袭？若事机一失，进退两难，则灭亡随之。"克塽犹豫，遂降清。南征之议，至今无有道者。

## 卷十四 外交志

## 英人之役

　　清人得台之后，闭关自守。中叶以来，外患渐迫，而英人始启其端。初，英人以贩运阿片，为害酷烈。道光十八年冬，诏以林则徐督两广，严旨禁烟，犯者死，并毁阿片一万三千六百余箱，以绝祸源。英人不服，调舰至广东，索赔款，于是开战，台湾戒严。兵备道姚莹具干才，得民心，与总兵达洪阿共筹战守之策，增筑炮台，严海防，故英人不能得志。二十年夏五月，英舰窥鹿耳门，官兵击之。诏以水师提督王得禄移驻台湾，协同剿办。已而厦门失守，警报频至，官民又悉心御侮。姚莹赴南北，集绅耆，练义勇，以其半任调遣，凡四万七千一百有奇。而汉奸之来台勾结者，辄捕斩之，故无内患。二十二年春正月十三日，英舰数艘至大安港，遥见岸上兵民堵立，将驶去，突触暗礁。开炮击之，船破，获英兵二十，印度兵百六十五，大炮二十门，及镇海、宁波营中之物。三月，英人调舰十九艘，大举来犯，并结海盗，又破之。诏晋姚莹布政使衔，达洪阿提督衔，各世袭轻车都尉。然英舰犹以时至，游弋南北。八月，一舰将入旗后，知有备，乃北去。十四日，犯淡水，却之。十八日，复窥鸡笼，参将邱镇功调守备许长明、欧阳宝等御之，淡水同知曹谨委澎湖通判范学恒巡沿海，知县王廷幹偕艋舺县丞宓维康驻三沙湾炮台。英舰将入口。发炮中之，桅折，触礁而没，又获英兵。九月复至，再破之。自是不敢窥台湾。然闽、浙、粤三省，均被侵扰，清廷命大臣与和。是秋江宁款成，换捕虏，而台湾所获印度兵已于五月奉旨处斩，唯以英兵归之。英领事璞鼎查遂讦台湾镇道妄杀遭难兵民，江苏主款者及福建失守文武忌台湾功，蜚语沸腾。钦差大臣耆英遂据闽人故总督苏廷玉、提督李廷钰二人家信，劾姚、达罪。诏饬福建新督查奏。新督至台，查案卷，则姚、达所奏，皆营厅及绅民禀报，无冒功事。然为款故，强令镇道引诬，以谢英人。将逮至京，兵民汹汹罢市，姚、达温语劝解，新督亦旋告病，以刘鸿翔代之。台人乃诉其冤，乞奏白。鸿翔据原禀送军机处，始知其枉。旋起用，而英船亦屡至台湾。二十八年，兵备道徐宗幹著防夷之书，颁发人民，而台人亦立禁烟公约。

咸丰十年，诏开安平、淡水，准与英人互市。景教随之以入，民教之间，辄相反目。语在《宗教志》。同治七年，英人米里沙至苏澳，娶番女为妇，谋垦南澳之野。噶玛兰通判遣人止之，不听。且曰，台东非中国政令所及之地，故不得视为中国版图。芸稼如故，兵备道商之英领事，不听。已而米沙里赴噶玛兰，途次溺死，其事始息。

越明年，而有安平之役。初，英人以建领事馆购地故，与居民龃龉。未几领事失物，照会有司捕盗，而有司未悉外情，人民之排外者，又每偾事，叠生交涉，大小十八起。英领事吉普理每诘责，不答。吉普理怒，禀报香港总督，派舰要挟，将以惕官民也。九月，英舰三艘至安平，泊港外，吉普理登舰，语以故，突开炮击岸上，弹落海畔，居民大惊，相率走。越日，安平副将江国珍禀镇署，总兵刘明镫闻警，帅军驻岸上，武弁萧瑞芳止之，曰："英人以炮击我者，非欲出于战，先声而夺我尔。卑职颇知洋情，愿掉三寸舌，说之释兵。彼如不听而击之，则曲在彼矣。"从之。瑞芳至英舰，反复命，且曰，舰将闻江协戎威名，愿一见。明日舰将果至，国珍飨之，谈释兵事。既去，瑞芳曰，洋人重信，彼舰既愿出口，而我军仍阵岸上，彼将谓我失约。明镫檄所部归营。是夜瑞芳晤国珍，二更许，见白光一道自海冲霄。国珍惊问曰："胡为者？"曰："火号也，舰将出口矣。"遽辞去，而英兵已驾小艇上陆，围协署。国珍仓皇失措，叹曰："竖子误我。"逾墙匿民家。英兵大索不得，毁食局。居民自梦中惊起，鼎沸彻夜。旦日，报国珍自戕死，英兵始去。郡中闻变，人心汹汹。镇道会议媾和，无敢往者。绅士黄景祺慨然行，介许经秋为译人。吉普理索偿款，先以四万金为押而后见。景祺家固富，饬人舁与之。及见，吉普理多要求。经秋大辩论，据理与争。吉普理亦虑结怨绅民，则通商不利，乃许释兵。先是，郡绅许廷勋与英人合办脑务，吉普理初至，赁其家以居，迭为宾主。既与从兄廷道以分产故，控于官，案悬未结。廷道以他罪下狱，廷勋亦脑业失利，及英舰来，吉普理索偿款，并列其事，于是有言廷勋通英者。廷道之子揭其事，且言炮攻安平，廷勋示意也。兵备道曾献德骤禀总督，上奏，命严办。而英人力庇之，事平始出。英舰既去，吉普理以金归景祺，官民颂其功。廷议以台湾道不善外交，解献德职，而英政府亦召回领事，且治舰将启衅之罪。唯瑞芳以功擢安平副将。瑞芳，广东人，姓苏名阿成，刺舟为业，广东之役，为英人间谍，总督叶名琛之劫，亦从行，乃改姓名，以贿得武弁。国珍之死，瑞芳实与谋。越数年，怒鞭从卒，泄之。曾叶江之子愤父仇，合吁于廷，诏斩于台。英领事闻之驰救，已悬首道辕矣。

## 美船之役

台湾生番久属化外，杀人为雄。航海遇风，或至其地，辄遭害。而番政措施未得其宜，故每出交涉，几危台湾者数矣。先是，咸丰八年，英国商船西尔偏笃号遭风，破于凤山县辖之枋寮，遇番出草，被杀虏，逃者仅数人。十年，普国军舰优尔麦号至其地，舰兵上陆猎，途次遇番，相斗。舰长发炮击，始入山，然不能永慑也。南方之番为科亚尔族，分处琅璚一带，地险族强，未服政令。而守土官又畏事，莫敢讨，故为害尤烈。同治六年三月初九日，美国商船那威号自汕头出帆，遭风，至台湾南岬，触礁没。船长马西德率所部乘小艇至琅璚，上岸，为番狙击，皆死。水手某，广东人也，伏草中得免，西走数百里，至打鼓，告官，为达英领事。英领事电报北京公使，转语美公使。美公使闻之，即向政府交涉。时英军舰优尔摩厉德在安平，管带甫鲁道闻之，趣至其地，索美人，欲拯救之。二十六日上陆，又受番狙击，莫能往，乃归打鼓，赴厦门。初，美公使照会政府，请讨生番，以保航路。政府答以番界非台湾政令所及。美公使即报其国,派兵讨。六月,水师提督彼理率军舰二艘,兵百八十有一人,以十九日至番地。番拒战,副提督马特西节没焉。美军大败,退舰中。是地为南鄙僻远之域,山峻谷险,荆棘丛生,而科亚尔族尤悍,四出屠杀,败则窜入山,据险莫破。彼理报其国,美政府必欲惩之,乃与台湾镇道议合讨。九月,台军与美军偕行,以领事李仙得主其事。至柴城,台军不尽力,李仙得亦知战未必胜,不如说降,乃率通事入其社,从者五人,见番酋,为琅璚八社之最强者,责以妄杀遭难之罪。酋谢不敏,置酒款,并归船人之颅,立誓和好。谓此后苟有漂至者,如须供其不足,可举红旗为信。事毕始归,而琅璚平地生番遂无再害外人之事。

## 牡丹之役

美船遭难之后,越六年,而有日军讨番之役。先是。同治十年春三月,琉球商船遇飓,至台东八瑶湾,为牡丹社番劫杀五十四人。牡丹社者,南番之悍者也。十二年,小田县民四人又遭害,于是日本政府欲兴问罪之师。然以生番隶台版籍,未可遽往膺惩。时副岛种臣为全权公使,驻北京,日廷命交涉,且质番地主权。种臣遣副使柳原前光询总理衙门。答曰,番人杀害琉民,既知其事,若杀贵国人,则未闻。然二岛俱我属土,属土之人相杀,裁决在我。我恤琉人自有措置,何预贵国而为过问也。前光力争琉球为日本版图,且证小田县民遭害状,曰贵国既知恤琉人,而不讨台番者何?曰杀人者番,故且置化外,日本之虾夷亦不服王化,此万国所时有也。前光曰,生番杀人,贵国舍而不治,然一民莫非赤子,赤子遇害而不问,安在为之父母?我邦将往问罪,以盟好故,使使者先告。反覆论辩,累日不决。前光归白状。

初,鹿儿岛县参事大山纲良奏请讨番,和者四应,参议木户孝允力争不可。以为内治未修，遽生外衅，胜败固未知，而糜饷损兵，已先苦累吾民，岂为国家之福，且适以速祸尔。台湾不过东海一撮土，蛮夷好杀，其性使然，今以横杀琉人之故，遽往伐之，岂足以扬国威？夫琉人虽已内附，其意半在中国，常闻其人所言，日本父也，中国母也。持其两端，固为弱国之常，则我之待其人，自有缓急之别。夫内国为本，属土为末，先末后本，绝非长治之计。种臣主战，日廷从之。十三年春正月，置台湾番地事务局于长崎，以参议兼大藏卿大隈重信主之，命陆军中将西乡从道为番地都督，陆军少将谷干城、海军少将赤松则良为参军，率兵赴台。陆军少佐福岛九成为厦门领事，兼管番地事务。别延美国人李仙得为参谋。仙得前为厦门领事，番地论起，聘为顾问，以助理交涉者也。四月，从道率海陆军发品川，佣英美两国船为运。旋至长崎，美公使先执局外中立之例，并饬厦门领事捕李仙得。英公使亦言中国必生异议。于是日本内阁迟疑，遣权少内史金井之恭传内旨于长崎，令重信止军行，且归京。重信告从道，不奉命。曰近日朝政不定，令人危疑，况召集精锐，驾驭一失，误溃四出，祸且不测，岂止佐贺之比。必欲强留，从道请奉还敕书，躬自捣丑虏巢穴，死而后已。苟中国果异议，朝廷目某等为亡命，则咎之乎何有？重信电报状，朝议大忧，简内务卿大久保利通赴长崎。从道卒不听。乃戒毋战，以待后命，而携李仙得归东京。

五月初二日，日进、孟春、三国等舰发长崎，初五日，至社寮港，上陆，移阵龟山。寻遣轻兵深入，牡丹番伏莽击，日兵少却。越二日，以熟番为导，进攻竹社、风港、石门，从道适乘高砂舰至。二十有二日，参谋佐久间、佐马太自率两小队，攻破石门之险，阵伤番酋。诸番多纳款，退守龟山。建都督府，设病院，修桥道，为屯田久驻计。当军发之时，复遣柳原前光赴北京，领事福岛九成至厦门，亦以书告闽浙总督李鹤年曰："台湾番界之事，昔者副岛大使既告贵国政府。今我国将兴问罪之师，若贵国声教所暨，则秋毫不敢犯。疆场密迩，愿毋骚扰。"鹤年答曰："台湾我之境土，土番犯禁，我自处置，何假日本之力。请速收军出境,毋启二国之衅。"并白其事于朝。而总理衙门已先出奏,命船政大臣沈葆桢帅师视台湾。前光至北京,与总理衙门辩论,辞旨抵牾,势将构兵。中国官民多主战,江苏布政使应宝时著论尤烈。其言曰:"日本借词构衅,闯入我边地,虔刘我番民。中国欲全旧好,据理与争,不遽用武,并许为之建造楼塔,保护商船,可谓宽大极矣。讵料彼以虚言款我,久踞番社,诱胁番人。群番迫于凶焰,势必尽受羁縻,则台湾之地与我共之。夫台湾虽小,我圣祖仁皇帝勤劳二十年而得之者也。台湾有事,则处处戒严。古人谓,一日纵敌,数世之患。今台湾番事之谓也,且诸国通商以来,所以犹就范围,不启戒心者,以有条约在也。今日本不守条约,若令得志,非惟为所窃笑,西人更将藐视中国。为今之计,宜举其事,布告诸国,直与之战尔。虽然古之驭外者,必能守而后和可恃,亦必能战而后守可完。与其战于内地,不如战于外洋。与其战于外洋,不如战于彼国。然则综而计之,今日畀以番地,曲全和约,兵端若可少弭,而后患无穷,且和亦难恃,策之下也。决计驱逐,待其入境,随时御之,策之中也。先为非常之举,以奋积弱之势,虽得失参半,犹愈于坐而受弱,策之上也。"

葆桢既入台,筹防务,募兵分汛,筑炮台于澎湖诸岛,设海底电线以通福台军务。嗣调淮军助防。欧美人士之在两国者,评论曲直,日付报纸,乘机鼓煽,将收局外之利。而日兵又先后至,凡三千六百五十八人,以溽暑故,殁者五百六十一人。时传福建巡抚王凯泰将兵二万将渡台,苟一启战,则兵连祸结矣。先是,闽浙总督命福建布政使潘霨、台湾兵备道夏献纶就从道议。六月朔,率法员二人乘舰至琅璚,明日至柴城,与从道会,反覆辩论。初七日又会,日昳无成。霨拂袖起,从道止之曰:"我国暴师海外,縻财劳人,为贵国辟草莱锄顽梗耳。费用耗损,岂可胜计?"霨曰:"若然,则将为日本偿军费。"乃立约三则。八月,日本简参议大久保利通为办理大臣,委以和战全权。初六日,发东京,李仙得随行。九月十九日,抵总理衙门。先论番地经界,相持不下。利通宣言归国,且贻书曰:"诸公所言,辄引条约,以背盟罪我,是阳唱和我而阴疏斥我也。我已束装，或和或否，期以十日裁复。"英公使威妥玛乃出为斡旋。军机大臣文祥执不可，葆桢亦奏言力拒。顾为两国邦交，议始成。十一月十有二日钤印。约曰："一、日本国此次所办，原为保民义举，清国不指为不是。二、前次遇害难民之家，清国许给抚恤银十万两。而日本在番地修道建房等件，清国愿留自用，先行议定筹补银四十万两。三、凡此次往来公文，彼此撤回注销，作为罢论。该地生番，清国自行设法，妥为约束。"越日，利通归国。下诏班师。十二月，从道乃振旅归。于是葆桢奏开番界，析疆置吏，而台湾局面一变。

## 法军之役

法兰西为欧洲强国，当拿破仑第一时，志吞欧土，又以其余力东向，谋并越南。越为中国藩服，时适洪军起事，国中俶扰，无暇南顾，越之君臣拱手唯命，日惧社稷之不血食，故法人愈张也。光绪九年冬，越王吁于中朝，出师保护。命兵部尚书彭玉麟视师两粤。法亦派舰调兵，遂至开战。诏以台湾为东南海疆重地，着严防务。兵备道刘璈驻台南，具干才，得民望。乃整饬军备，筑炮台，建营垒，购新枪，置水雷，分汛海陆，以曾文溪以南至恒春为南路，统军五千，由道领之。曾文溪以北至大甲为中路，统军三千，由镇领之。又以大甲溪至苏澳为北路，统军四千，由提督曹志忠领之。后山自花莲港至凤山之界为后路，统军千五百，由副将张兆连领之。而澎湖为前路，统军三千，由水师副将领之。计兵一万六千五百名，各守其地，有事策应。顾兵力单薄，不敷防堵。乃办团练，以陆团守内地，渔团备海口，各庄亦自行保甲，卫桑梓。璈以台地辽远，防务重大，禀请总督移驻，居中调度。不从。又请奏派知兵大员督办，以一事权。于是命署福建陆路提督孙开华率所部擢胜三营，办理台北防务。已而提督章高元率淮军，提督杨金龙率湘军，各先后至。当是时，法舰辄游弋沿海，以窥台湾。十年春三月十八日，法舰一艘入基隆，三人上岸，登山瞭望，似绘地图，欲入炮台。台官止之。既归，以书诘基隆通判，谓台兵无礼，当谢罪。又以商人不肯售煤，为官所禁，限至翼早七点半钟运到舰中，否则炮击。税务局乃出而调停，以官煤千担交得忌利士洋行售之，始去。璈闻报，以法人无礼，禀明南北洋大臣诘问。盖法人固将启衅矣。四月，诏以提督刘铭传为台湾防务大臣。五月二十九日，至基隆，驻台北，设团练局。又于上海开台湾军械粮饷总局，委苏松太道办之，骤筹战事。璈亦赴北，议戎机。而法舰来攻矣。

六月十四日，法水师提督孤拔乘旗舰奥尔札号，率战舰五，载陆军三千，入基隆，以三舰窥沪尾。铭传闻警，率提督曹志忠、苏得胜、章高元、邓长安拒之。十五日凌晨，法舰开炮击岸上。炮台应战，别以轻舟载兵千名上陆，猛扑二重桥之垒。曹、章两军力战，却之。阵斩中队长一，兵百余，获联队旗二。法兵退舰，多溺死，遗械甚多。十七日，孤拔介税务司请铭传至舰会见。不许。事闻，下旨嘉奖，发内帑三千两，以犒战士，军气大振。洋务委员李彤恩以沪尾港道宽阔，无险可据，请填塞口门。英领事以秋茶上市，有碍商务，不可。彤恩往复辩论，始许。而法舰乃不能入也。

七月初二日，孤拔率战舰八艘窥福州，泊马尾。总督何璟素畏事，防务大臣张佩纶亦年少，无军略。时传有议和意，船政大臣何如璋见法舰入口，止诸军无战。清舰十余艘泊附近，寂然不动。省中士庶已危之，纷纷走避。而佩纶视若无事也者。初三日黎明，法舰忽升红旗示战。清舰无设备，且俟张大臣之命。已而法舰开炮四击，次第沉没，毁船政厂。如璋跣足走鼓山。将军穆图善驻长门，开炮击之，法舰始悠悠去。福州既挫，台湾尤危。

二十日，铭传视师沪尾，孤拔亦乘兵船来，测探港道，不得入，遂游弋沿海，以窥动静。八月十三日，复攻基隆，以兵五百由仙洞上岸。恪靖巡缉营霆庆中营拒之，章高元亦率所部二百余人援战。法军败走，迷失道，困至日中，又杀其百数十人。然舰队仍轰攻炮台。铭传屹立督战，左右毙数人，众请退，不听。故士卒皆奋斗。已而谍报法舰五艘犯沪尾。沪尾距郡三十里，铭传命收军往救。各提督谏止，不听。唯留曹志忠所部三百及栋军统领林朝栋驻狮球岭。或反议之，曰，是恶知吾之深谋也。其后法舰三攻沪尾，皆受创去。法军既据基隆，谋取台北，以陆军二千进，辄为朝栋所拒。相持匝月，别以四舰取沪尾。九月十九日黎明，将入口，炮台击之，乃去。翌日复至，潜渡陆军上岸，肉搏进攻。孙开华邀击之，张李成率土勇三百截其后，往来驰骤，当者辟易。法军大败争舟，多溺死。阵斩五十，俘馘三十。于是不敢窥台北。李成小名阿火，为梨园花旦。姿质斌媚，顾迫于义愤，奋不顾身，克敌致果。铭传嘉之，授千总，其后以功至守备。

初，马尾之败，清廷震怒，褫佩纶，以文华殿大学士左宗棠督师福建。又以铭传为巡抚，加兵部尚书衔，辞。及基隆既失，内外臣工多上封事，广东道御史赵尔巽请进攻越南，以分敌势。沿海各省以台湾危急，协饷馈械，志切同仇。南洋最多，北洋次之，广东亦助银十余万两。士乃得枪五百杆，前门枪三千杆，故稍无困乏。当是时，诸将多请规基隆，铭传不听。台北府书识陈华介亲兵哨官奚松林，请募兵千五百人，自备军械，包取基隆，每兵月饷十二圆。铭传不许。以淮楚军制，无此重饷。若果能克复，当重赏之。记名道朱守谟闻其事，与约召募，数日而成。铭传怒，遣散之。十五日，孤拔布告封港，北自苏澳，南至鹅銮鼻，凡三百三十九海里，禁出入。分驻兵船巡缉，以苏澳至基隆八艘，淡水至安平三艘，打鼓至恒春二艘。航行之船须距岸五海里外，否则击之。于是互市停息，物价踊贵。商船多被击，文报不通，密以渔舟往来。兵备道刘璈驻南治军，筹饷厉兵，以作士气。及接法军封港之文，愤其违犯公法，晤商各领事，请干涉。领事以事关重大，须待国命。二十九日，璈以封章密请沿海督抚代奏，十一月初六日，始达内阁。略曰：

"法人突称封口，查万国公法，本有战国封堵敌国海口之例，局外各国原不能禁。惟论法人今日情形，其不合公法，不应封口者五。不应封而准封，有碍各国今后通商者亦五。不能不先请咨明各国，一为理论。查公法例载交战，师出有名者谓义战。若违背公法，即谓不义之战，局外诸国例得辩问。法人始则无理侵我属国，继则无理扑我防营，反索我赔款，又先攻我基隆及福州船厂。迨基隆、沪尾败后，又分船扰及台南安平、旗后二口，犹复冒昧侈谈封禁。试问封口先凭义战，战且不义，口何由封？台湾原止提出基、沪、安、旗四口，留与各友国通商，各国行栈林立，独无法国商人。法果理直兵强，专欲夺占台地，则台澎沿海四千余里，无处不可登岸，所建城池，无处不可进攻。乃法兵到处畏缩，偏于各国通商不过二三十里之口岸，肆行骚扰，可知法人固不能得利台湾，特陷害各国通商尔。其不合义战封口之例一。又，例载军旅虐待居民，掳抢烧杀，奸污妇女，毁坏房屋，及一切残忍之事，皆为战例所严禁。并载陆路交战，有散兵劫掠，必以之为强盗等语。今法人占基，弁兵奸掳烧杀，无恶不为，甚将该妇女孩童掳入兵船，有数百名之多。又在南北海面，假稽查之名，截劫民船鱼米杂物，掳掠民人。此等暴行，实同强盗，尚何配为敌国而公然封口乎？其不合战例封口之例二。又，例载城池地方被战者围困，局外不得与之贸易，封港亦同一例。今法兵声言攻台，不能为竟日岸战，与我中兵争尺寸土。仅窃踞我自弃之基隆偏隅，隔离城池远甚，何谓围困。抑知公法必待围困而后准封口者，原以敌国军械粮草缺乏，必仰济于通商。战国始乘胜封口以困之，使速求和，故局外各国甘受禁商之损而莫违。今台湾兵精粮足，器械裕如，已非法兵所敢近犯。即再征兵，全台义民百万，素习刀枪，一闻君父之仇，随呼随应，靡不裹粮坐甲，誓与仇寇不共戴天。一切军需，就地取用不竭，并无须求助外人。是困之无可困，速和转速战也。法人封口果何为者？其不合围困封口之例三。又，例载战国徒以出示禁绝往来。则非实力封堵，与只派数船在洋面梭巡而无定所者，亦不作封堵论。今台湾沿海商民船只，四通八达。若实力封堵，非有累百兵船不能。法舰犯台，统计不过十余艘，其游弋台南安、旗二口者仅一二艘，时去时来。渺无定所。其不合实力封堵之例四。又，例载封堵敌国口岸，其势衰弱，而不实力办理，即作为废弛。又教师败归为废纸。今法酋一败于基，再败于沪，屡战屡北，于台南并不敢登岸交兵，其衰弱已可概见。各国应即作为废弛，法人何得酾然封禁，徒碍通商。其不合实力办理之例五。此五者，皆法人自外于公法，原不应有封口之举。而于各国通商有五碍者，只得更申其说：

如通商口岸教堂洋行货物商民所在甚多，素由中国竭力保护。今法兵偏欲攻犯商岸，作为战场，彼此枪炮相加，更何能分辨某国某行某人，势必至互有毁伤，保护不及。其各国受害商民，自应向法国理偿，不与中国相干。即中国受害之处，亦应取偿于法。因法人违例擅禁，偏扰商岸，其碍一。通商交涉，所欠洋行各款，向地方官提追。今商岸封禁，原欠商民皆借口于生计已绝，莫能归还，且有迁徙他处，官中无可提追者，势不能不概从缓办，其碍二。通商以洋药为大宗，台湾每年进口洋药售银计在四五百万两，法人封口，洋药不通，曾经绅耆公请，从权划出官庄，准民自种罂粟，照例纳税助饷，无碍民地五谷，免贻洋银漏卮。言本有理，事又为公，地方官应准如所请。将来罂粟广种，洋药势必禁销，其碍三。中国各省通商口岸甚多，若尽如台湾，法人仅以数船虚声，便听封船，则何口不可虚言示封。恐各口商民均有坐困之虞，大为通商之害，其碍四。各国派拨兵船，保护商民，原系公法正办。今法船突来封港，中国官照例严禁探水引港接济，有犯立斩。各国兵船自不得与法船往来同泊一处，以避嫌疑，而免误伤。惟护船离岸太远，保护难周。若泊岸太近，法兵犯及近岸，中兵必尽力开炮抵击，恐有枪炮误伤，均不得归咎中兵，其碍五。法人于公法既有五违，于各国通商又有五碍，要皆与中国无损，中国原不值与辩。只以臣历奉保护友国商民之恩旨，今法人逞兵台湾，专扰商岸，倘各国未能执公法，以全通商之区，台官亦只能照战例，稍谢保护之责。并不设法保护，而势有碍难，不得不先以直告。法兵现据基隆，基口原许封禁，此外各口应否一概听其虚言示封，及应否专攻通商口岸，以全友邦之处，应请旨饬令总理衙门咨明通商和好各国，以申公论，而顾大局。"

清廷既闻法舰封港，命南洋大臣派兵船五艘，以总兵吴安康率之。会北洋舰队克期趣援，复以陕甘总督杨昌濬任闽浙，率所部至，相机调度，以谋克复。十一年春正月二十一日，法军猛攻狮球岭。朝栋力拒，不退。法军复至，战及日中，移守六堵，盖已迫近台北矣。澎湖孤悬海上，四面受敌，时有绥靖、德义等五营，及炮勇练军，统计不过三千余人，屿汊纷歧，不敷分布，璈甚忧之，禀请宗棠委派大员统师驻防，副以海军，或可保全万一。未行而法舰至。二月十三日，孤拔以战舰五艘伐澎湖，先攻渔翁岛炮台。炮台应战，未能命中，而法舰二艘入妈宫，毁观音亭火药局。副将周善初驻此，未战而溃。夜半法军五百上嵵里，十四日凌晨，薄绥靖营。营官陈得胜据濠战，法军稍却，逐之至海隅，杀伤过当。法舰见势急，发炮以助。得胜不能支，犹力战。德义中营广勇戍附近，闭垒不出，乃收军，阵珠母水，薄暮退大城北，语诸军曰："法军屯双港仔，凭垒而守，余以为可破，余先选死士，突入其垒，诸君从之，则敌可败也。"众曰诺。十五日黎明，得胜进兵，趣诸军猛击，法军张两翼以抗。战酣，得胜鞭马入阵，欲夺其旗，中弹颠，从卒救之。善初阵双头跨，复败，各弁多走，通判郑膺杰乘小舟逃赤崁。而澎湖遂失。

二月初二日，孤拔乘舰至安平，介英领事请兵备道会见。璈许之，将往，官绅谏止。璈曰："彼以此要我，不往谓我怯也。咄乃公岂畏死哉。戒安平炮台视敌，有警即开炮击，毋以余在不中也。"遂登舰。孤拔握手甚欢，不及军事，而台南恃以无恐。当铭传退失基隆，璈揭其事，宗棠据以入告，遂褫李彤恩之职。铭传具疏辩，互论长短。而璈以加营务处，颇不受节制，铭传衔之。是时孤拔以澎湖险要，欲久踞，为东洋军港，而越南华军叠胜，进迫宣光，法人有罢兵之意。政府咨请议院战费，不可，内阁遂改。执政者雅不欲战，孤拔愤无后援，且疫作，将士多殁，遂病死，以副提督李士卑斯接之。中法既开和议，法公使颇事要求，且索戍兵基隆五年。李鸿章不许，乃相约停战，撤回宣光东西华兵,归至桂、滇边界。而台湾法军亦于三月初一日停战,即开各处封口。前敌诸将愤不奉命,汹汹欲战,督兵大臣彭玉麟尤力争,且揭鸿章辱国罪。鸿章辩曰:"台湾郡县也,越南藩服也。以余度之,宁失藩服,毋损郡县。"电命至闽,宗棠以台湾只有停战之文,而无交还基隆之语,疏请勿许。而鸿章已换约矣。三月初一日,法军解封,换捕虏。铭传厚遇之,各馈百金。初五日,檄记名提督吴宏洛赴澎湖接管。十二日,李士卑斯率舰去,事平。内阁学士梁曜枢以铭传丧师失地,贻误大局,疏请罢斥。铭传亦自劾,诏命经理善后。

# 卷十五 台湾通史

## 抚垦志

连横曰：台湾固土番之地，我先民入而拓之，以长育子姓，至于今是赖。故自开辟以来，官司之所经划，人民之所筹谋，莫不以理番为务。夫台湾之番，非有戎狄之狡也；浑沌狉榛，非有先王之教也；岩居谷处，非有城郭之守也；射飞逐走，非有炮火之利也；南北隔绝，互相吞噬，非有节制之师也。故其负嵎跋扈，则移兵以讨之；望风来归，则施政以辑之，此固理番之策也。清廷守陋，不知大势，越界之令，以时颁行。而我先民乃冒险而进，剪除荆棘，备尝辛苦，以辟田畴，成都聚，为子孙百年大计者，其功业岂可泯哉？牡丹之役，船政大臣沈葆桢视师台湾，奏请开山，经营新邑。及刘铭传任巡抚，尤亟亟于理番，设抚垦总局，以治其事，而台湾番政乃有蓬勃之气焉。夫台湾之番，非可羁縻而已也，得其地可以耕，得其人可以用。天然之利，取之无穷，而人治之效，乃可以启其奥。是故理番之事，台湾之大政也，成败之机，实系全局。余故述其始末，以诏来兹，亦足为得失之林也。

荷兰既得台湾，集归顺土番而抚之，制王田，设学校，开会议，立约束，以养以教，而土番亦效命不敢违。故终荷人之世，土番无有乱者。当是时，西班牙亦据台北，布政施教，以抚土番，而辄遭杀戮，诛之不畏。盖以北番之悍，不如南番之驯，故西人亦大费经营，且为荷人逐矣。永历十六年，延平郡王既克台湾，巡视归化番社而拊循之。翌年春，以部将十人管社事，分新港、目加溜湾、萧垄、麻豆为四大社，征收鹿皮，与之贸易。十八年冬十二月，北路土番呵狗让反，经命勇卫黄安平之。十九年，谘议参军陈永华请申屯田之制，以拓番地，从之。于是南至琅𤩝，北及鸡笼，皆有汉人足迹。番不能抗，渐窜入山，乃筑土牛以界之。而宁靖王朱术桂亦自垦竹沪之野，岁乃大熟，民殷国富。廿二年，水沙连番乱，杀参军林圯，所部多没。既复进之，以垦其地，则今之林圯埔。廿四年，沙辘番乱，左武卫刘国轩驻半线，率兵讨。番拒战，毁之，杀戮殆尽，仅余六人匿海口。大肚番恐，迁其族于埔里社，逐之至北港溪，观兵而归。已而斗尾龙岸番乱，经自将讨之。斗尾龙岸者，居大甲溪之北，地险众强，黥面文身，若魔鬼，杀人为雄，以其头作饮器，左右社番皆畏焉。经北巡，闻之，亲至其地，不见一人。时亭午酷暑，军士皆渴，竞取蔗啖，国轩适至，见而大呼曰："何为至此！"命军士速刈草为垒。已而番至，可五百人，四面纵火，烈焰沸腾，狼奔豕突，势甚猛。郑军据垒战，番却，乘势逐之，毁其社。经遂登铁砧山，留百人屯田，以制蓬山诸番。卅六年春三月，竹堑番乱。初，军戍鸡笼者，遇北风盛发，船不能往，则命土番转运，沿途供役，土番苦之，督运者又严为驱策，遂相率为乱，杀通事，掠粮饷。竹堑、新港各社应之，道无行人。报至，侍卫冯锡范请以左协理陈绛率兵讨，宣毅前镇叶明、左武卫左协廖进副之。番惧，遁入山，驻兵不敢归。吏官洪磊言曰："土番之变，势出无奈，劳师远讨，似非所宜。盖以番如野兽。深山藏匿，难捣其巢，不如宽以抚之，怀德远来，善为驾驭，则番当自服。况当国家有事之时，尤不宜震动，以生外侮。"克塽从之，遣各社通事往招，又命明进率兵至谷口，剿抚并用。番不敢出，辄乘虚剽杀，乃树栅以困。番无所得食，穷蹙乞降，谕各归社，听约束，然后班师。时同安王世杰从军转运，请垦竹堑之地，许之。卅七年春正月，闻清人将伐台湾，乃筹防务，讨军实，而饷绌。五月，上淡水通事李沧请采金裕国。安抚司林云言之，命监纪陈福率宣毅镇兵往，以土番为道，因至卑南觅。不得而归，而郑氏亦亡矣。

康熙廿二年秋八月，清人入台湾，招抚诸番，设土官以治，征饷如旧。知府蒋毓英始至，经划三县疆域，集流氓，垦荒地，安辑诸番，教以授产之法。卅二年，淡水人陈文、林侃遭风至奇莱，始与台东番贸易。越二年，赖科亦自鸡笼越山而至崇爻，于是台东之野，渐有汉人足迹矣。三十六年，仁和诸生郁永和以采矿来台，自郡治而徂北投，所至番为具粮粮，负弓矢，两月始达。永和著书，多详番事。其言曰："番为人愚，又畏法，若能化以礼义，风以诗书，教以蓄有备无之道，制以衣冠饮食冠婚丧祭之礼，远在百年，近三十载，将见改易狉榛，率循礼法，岂与中国之民异乎？"当是时，荒土初辟，农多余亩，争垦番地，尚未并进，故番无仇视外人之心，而行旅无害。然其后汉人日进，拓地愈广，如杨志申、吴洛、施世榜等且先后而至半线，辟土田，兴水利，以立彰化之规模，其功大矣。

三十八年，吞霄番乱。初，通事黄申为赎社，征派无虚日，吞霄番苦之，土目卓个卓雾亚生性骁鸷，谋叛。二月，番将猎，申令纳税而后行。番固怨申，遂杀之，及伙数十人。事闻，镇道遣员往谕，不得入，乃檄北路参将常泰帅两标兵讨之，以新港、萧垄、麻豆、目加溜湾四社番为先锋。番拒战，四社颇死伤。请曰，闻岸里社番多勇敢，能越山度涧，欲擒土目，非此不可。时岸里未内附，介通事以牛酒犒之，愿效命。八月，岸里番自山后袭其社，官军亦进。番穷困，将窜入山。又要之，获卓个卓雾亚生以献，解郡正法，传示诸番。官军罹瘴而死者数百人。当吞霄番之乱，北投社番亦乱。北投踞上淡水溪畔，虽内附，每杀人。土目冰冷素负力，其戚以女字通事金贤，已而将娶之，不许。贤怒挞女父，女父愬于冰冷，遂杀贤以叛，遣人告吞霄相应。水师把总某巡哨适至，潜泊港口，募他番佯为互市，猝擒冰冷至舟，戮之，遂介通事求抚。四十年，诸罗刘却起事，北路俶扰，诸番亦乘虚出，颇杀人，及平乃止。初，归附番社，例用通事，又有社商，以揽其饷。番之互市，社商主之，每事朘剥，朋比为奸，汉人之侵耕番地者，所在皆有，番无可吁诉。巡道王敏闻之，严伤所属，凡给垦者须先请官查勘，定可否，又惩办通事社商数人以徇，乃稍戢。四十七年，泉人陈章请垦大佳腊之野，署诸罗知县宋永清遣社商通事与土官会勘，报可。是为台北府治，自是移民渐至。越二年，始设淡水守兵。然地多瘴毒，南崁以上，山谷奥郁，穷年阴雾，罕晴霁，居者多病没，而戍兵生还者不能得十之三。

五十二年，北路营参将阮蔡又亲至其地，历大肚、牛骂、吞霄、竹堑诸社，所至集诸番而拊循之，番大说。

五十三年，诸罗知县周锺瑄以社饷较重，上书总督觉罗满保请豁减。略曰："番俗醇朴，太古之遗。自居民杂至，强者欺番，弱者媚番，地方隐忧，莫甚于此。查社饷一项，凤山、淡水八社番米，在郑氏原数五千九百三十三石八斗，嗣后酌减为四千六百四十五石三斗，而诸罗社饷七千七百八两有奇，未邀裁减。从前犹可支持，以地皆番有，出产原多，比年以来，流亡日集，以有定之疆土，处日益之流民，经月累年，日事侵削，番人世守之业，竟不能存什一于千百。且每年正供七千八百余金，花红八千余金，官令采买麻石又四千余金，放行社盐又二千余金，总计一岁所出二万余金，而通事头家假公济私，何啻数倍。土番膏血有几，虽欲不穷得乎？"时巡道陈璸方以吏治为海疆第一，乃议酌减，饬南北通事招徕生番。于是南路山猪毛等十社，北路岸里等五社，凡四千七百五十三人，请内附。满保据以入奏。瑄亦自持糗粮，率从仆数人，北巡至淡水，夜宿村舍，询诸番疾苦，见者叹息。五十五年，岸里社土目阿穆请垦猫雾捒，许之。东至山，西及沙辘，北界大甲溪，南达大姑婆，是为今之台中。

六十年夏，朱一贵起事。游击周应龙请讨，率兵四百，调新港、萧垄、麻豆、目加溜湾四社番从，下令杀贼一名，赏银三两。土番皆嗜杀，滥戮良民，放火焚庐舍，众多恨起应，全台俱陷。及平，满保议划界迁民。总兵监廷珍以为不可，复之曰："执事留意海疆，谆谆切挚，议论高明。果能如此，文武皆可卧治，何其幸也。唯是台地自北至南一千五百余里，山中居民及附山十里以内民家，未经查确，不知其几万户，田园几万亩，各山隘口几何处。应俟委员勘核，造册报闻。但天下非常之事，必非常人乃能为，廷珍筹度再四，未得善法，唯执事明以教之！欲迁数万户之民居，必有可容数万户筑室之处，而此数万户又不能不耕而食，必有可容十数万人耕种之田。则度地居民，为此日第一急务矣。今全台山中之地既欲尽弃，附山平地又弃十里，即以三十里而计，已去一千五百余里之三十里。截长补短，应得纵横各四百五十里之地，以为被迁之民之田畴庐舍，不知此地从何拨给。所当筹度者一也。人情安土重迁，非尽恋恋故地，亦苦田舍经营，所费不赀。富家栋梁瓦桷可以搬赴新居，工匠墙垣亦费其十之六，贫家土舍茅檐无可移用，一经迁徙，则常从新建盖。以乱后残生饔飧不继之穷民，何以堪此茅绹土木之繁费。嗟叹之声，既不忍闻，势不得不有以资之。每屋一间给银五钱，计费钱粮五六万两，不知动支何项。所当筹度者二也。各山隘口未知几何，即以罗汉门一处而论，已有三四路可入。则此一千五百里之山，其隘口不止百计，每口伐木挽连，百夫亦须三五日，计用人夫不下三五万。不知系官自雇募，抑或派之于民，所当筹度者三也。一千五百余里之界墙，一千五百余里之壕堑，大工大役，海外仅见。计费钱粮不下十万两，将给之自官，则无可动支之项；将派之于民，则怨声四起，必登时激变。所当筹度者四也。寇乱风灾之后，民已憔悴不堪，百孔千疮，俱待补救。即使安静休养，时和年丰，尚未能遽复元气。况又有弃去田宅，流离转徙之忧，即使有地筑舍，有田开垦，而五钱之惠，能成屋宇几何；薙草披荆，能望西成几何。况又有无资可借，无地可容之忧，谁肯餐风宿露，相率迁移于无何有之乡乎？民而肯迁，岂不甚善，假如强项不依，哓哓有辞，将听其不迁而中止乎？抑以兵威胁之乎？所当筹度者五也。既已三令五申，费尽心力，复听其不迁而中止，则宪令不行。是教民凶悍，而开犯上之风，非所以为治也。若以兵胁之使移，则民以为将杀己，抗拒亦死，不抗拒亦死，必制梃与兵为敌。至于敢敌，亦遂不容不杀矣。无故而歼我良民，于心不忍。歼不尽则祸不已，歼之尽则人又不服，既上乖朝廷好生之德，又下失全台数百万之人心。所当筹度者六也。自古以来，有安民，无扰民；有治民，无移民。无故而使千五百里之人，轻弃家乡以糊其口于路乎？开疆拓土，臣职当然。蹙国百里，诗人所戒。无故而掷千五百里，如带之封疆，为民乎？为国乎？为土番盗贼乎？以为民，则民呼冤；以为国，则国已蹙。以为土番杀人，则划去一尺，彼将出来一尺。界墙可以潜伏，可以捍追，正好射杀人民。以为盗贼，则千五百里无人之地，有山有田，天生自然之巢穴，足以逞志。不知于数者之外，或有他取乎？夫事必求其有济，谋必出于万全。循此檄也以行，能必其有济乎？无济而不召乱，犹之可也；残民而有功于国，亦未为不可也。能必其不召乱，不残民，而又能有功于国，则计出于万全矣。不然愿执事之熟思之也。"满保乃止，唯立石禁入番地。

时阿里山番乱。六十一年，诸罗知县孙鲁遣人抚之，水沙连番亦内附，附阿里山番纳饷。初，知府靳治扬招抚土番，附郭各社，皆设义塾以教之，至是巡道陈大辇选其秀者为俏生。雍正元年，知府高铎又奖励之，于是熟番渐向学。当是时，半线开垦，已成都聚，而诸罗辽远不足控制。满保乃从廷珍之议，划虎尾溪以北至大甲溪，设彰化县，而溪北至鸡笼，设淡水同知，驻竹堑，以理民番之事。漳浦蓝鼎元曾从军来台，力言开垦竹堑番地之利，又与巡道吴昌祚论治台之书，谓彰化地多荒芜，宜令人民开垦成田，勿致闲旷。前此皆以番地禁民侵耕，今已设县治，无仍弃抛荒之理。若云番地，则全台皆取之番，欲还不胜还也。宜先出示令土番各自开垦，限以一年尽成田园，否则听民垦耕，依照部例，则为业主，或令民贴番纳饷，易地开垦，亦两便之道也。其后当道从之，颁行例则，而垦务乃大进。

傀儡番在深山之中，负嵎蟠踞，杀人为雄，荷兰郑氏之时，屡讨未服。及一贵之变，余党王忠逃入山，廷珍遣外委郑国佐偕通事章旺往捕，未能得。秋心武里社女土目兰雷为粤人所杀，其族八歹率加者膀眼社番数百，伏东势社，杀粤人三人。报至，派兵讨，破其两社，并抚附近之番而归。

四年，诏豁番妇丁税，而熟番丁税，每谷一石改征银三钱六分，着为例。水沙连番荷摩社素内附，当朱一贵之变，乘乱以逞。既就抚，土目骨宗恃其险阻，辄出杀人，官军未能讨也。秋九月，总督高其倬檄巡道吴昌祚至省，询番情，授方略，命为总统，以北路参将何勉副，又调淡水同知王汧协征。时巡台御史索琳在郡中，与昌祚会斗六门，议进剿之策。十月，军至水沙连，番拒战，大败之，诸番震慑就抚。越数日，复进水里社，禽骨宗，并其二子，戮之。自是水沙连番二十五社复纳饷如初。

五年，沙辘番乱。沙辘自遭兵后，势微弱，而地腴，汉人争购之。土目嘎即谓其众曰："祖宗遗此尺寸土，为子孙可耕可猎，可供衣食，输课饷。今若尽售汉人，必受欺侮，我将无以自存。"遂杀人以叛。彰化知县张缟请兵讨，嗣从通事之请，许降。当是时，淡水同知王汧以番地日被侵垦，或以贱价售人，番无得食，日就穷困，致起争杀。上书御史尹秦，奏定社田，大社留给水旱之地五百甲，中四百甲，小三百甲，以为耕猎之地，各立界碑，永远保之。其余草地悉令召垦，并限三年升科。

六年冬，山猪毛番乱，杀汉人二十有三。翌年春二月，总督高其倬檄总兵王郡、巡道孙国玺会办，以游击靳光瀚、同知刘浴率兵讨，调诸罗知县刘良璧堵后山，发内攸社番要击之，北路营参将何勉亦入楠梓仙山。军至邦尉，番降。十一年，始以南路营兵三百戍山猪毛，自是番不敢出。

九年，大田西社番林武力潜谋作乱，结朴仔篱等八社，以十二月起事，恣焚杀。淡水同知张宏章走免，居民多被戕，北路汹汹。总兵吕瑞麟适北巡，至淡水，闻变，回及猫盂，被围。瑞麟力战，奔彰化，征兵府中，累战不克。十年五月，林武力复结沙辘、吞霄等十余社齐反，围彰化县治，居民逃避，号哭于道。宏章率乡勇巡庄，道经阿束社，番伏击，众溃。有粤人锄田者十八人见之，制梃以救，宏章获免，众皆战死，彰人葬之，谓之十八义民。六月，总督郝玉麟调瑞麟回府，檄新授福建陆路提督王郡讨之。七月，郡偕巡台御史觉罗柏修军至鹿港，遣参将李荫越、游击黄林彩、林荣茂、守备蔡彬等，合兵攻阿束社。番不能拒，潜窜于山。郡以参将靳光瀚、游击黄林彩、守备林世正等各率兵扼隘。八月，渡大甲溪，复遣将分击。林武力之去也，踞险自守，官军追之，过大安，登大坪，直抵番界。谍报林武力走南日内山，复追之，攀缘而上，番踞高崖，下矢石，官军发炮攻，声震山谷。番却，捣其巢，遂缚林武力以降，戮之。是役捕虏千余人，或杀或放。十二月，乃班师归，建镇番亭于彰化，改大甲社为德化，牛骂社为感恩，沙辘社为迁善，而汉人多耕其地矣。

十三年，眉加腊番乱，讨之。眉加腊为彰化野番，未内附，频年以来，辄出没于柳树楠、丁台各庄附近，焚杀居民。十月，北路副将靳光瀚、淡水同知赵奇芳合兵讨，获其数人，戮之。遂于柳树楠设隘以守，台中之设隘始于此。

乾隆二年，诏减熟番丁税，着照民丁之例，每丁征银二钱，余悉裁减。巡台御史白起图奏言："嗣后汉民不得擅娶番妇，番妇亦不得牵手汉民，违者则行离异。汉民照民苗结亲例，杖一百，土官、通事照民苗结亲媒人减一等例，各杖九十，地方官照失察民苗结亲例，降一给调用。其从前已娶生有子嗣者，则行安置为民，不许往来番社，以杜煽惑生事之端。"诏可。先是，大学士鄂尔泰等以台湾居民已数十万。开垦承佃，各谋其生，而禁止携眷，未有家室，别娶番妇，恐滋扰害，奏请解禁。许之。于是闽粤之人至者更多，争垦番地，播稻植蔗，米糖之利，挹注他省，岁入各百数十万金，商务以兴，家富人给，莫不各立久远，为子孙计。乃未几而越界之禁又出矣。

三年，总督郝玉麟奏言："台湾熟番与汉人所耕地界，饬令查明，其已有契可凭输粮已久者，立界管业，此后不准人民侵入番界，赎买番业。应令地方官督同土官，划界立石，以垂永久。"顾越界之令虽颁，而官庄之开愈大。官庄之制，略如郑氏屯田，文武官各备资本，召佃垦荒，以为己业，而其地多在番界。九年，下诏禁止。十七年，更立石番界，禁出入，而台湾之垦务一阻。当是时，归化熟番，渐从汉俗，乃令剃发，锡姓，以遵国制。自是以来，民番杂处，各安畎亩，然交涉之事愈多。三十一年，奏设南北理番同知，以北路驻彰化，南路驻府治，管理民番交涉事务。时两路熟番九十三社，归化生番二百数十社，输饷课，听约束，有事调遣，奉命维谨。及林爽文之役，大将军福康安视师台湾，诸番争效命，建功多。五十三年，康安奏仿四川屯练之制，设置屯防，大屯四，小屯八，语在《军备志》。又以未垦荒地五千四百四十一甲，抄封田园三千三百八十余甲，分给屯丁，为自耕自给之计。语在《田赋志》。然屯番未谙农事，多募汉人耕之，所入不供衣食，嗣以抄封田园拨充班兵之饷。五十五年，清丈，查出侵垦番界田园三千七百三十四甲余，悉没之。赎佃耕作，以其租为屯饷，而开垦番地又日进矣。

蛤仔难在淡水北东，或曰甲子兰，番语也，背山面海，土地广漠，溪流交错，西班牙人曾至，为番所杀。乾隆三十三年，淡水林汉生入垦，亦为番害，自是无有至者。漳浦人吴沙居三貂岭，任侠，通番市，以嘉庆元年，募三籍流氓千数百人，率乡勇二百余前进。九月，至乌石港，筑土堡以居，则头围也。二年，沙赴淡水厅给照，与以义首之印，随山刊木，立乡约，设隘寮，至者愈多，拓地至二围。沙死，侄化代领其众，遂进至五围。蔡牵之乱，朱渍谋踞苏澳。化败之，请以地入版图。知府杨廷理会师至此，谂其形势，亦以为言，而大吏以险远难治，虑有变，不许。嘉义县学教谕谢金銮撰《蛤仔难纪略》六篇，而论之曰：

"古之善筹边者，确敌而已，开疆辟土，利其有者，非圣主所欲为。顾是说也，在昔日不可以施于台湾，在今日复不可以施于蛤仔难。其故何也？势不同也。台湾与古之边土异，故筹台湾者，不可以彼说而施于此也。夫古之所谓筹边者，其边土有部落，有君长，自为治之，其土非中国之土，其民非中国之民，远不相涉。偶为侵害，则慎防之而已。必欲抚而有之，有其土而吾民不能居也，徒为争杀之祸，故圣王不愿为，而为之者过也。若台湾之在昔日，则自郑氏以前，荷人据之，海寇处之，及郑氏之世，内地之人居之，田庐辟，沟浍治，树畜饶，漳泉之人利其肥沃而住者，日相继也。其民既为我国之民，其地即为我国之地。故郑氏既平，施靖海上言以为不当弃，遂立郡县，岂利其土哉，顺天地之自然而不能违也。夫台湾之在当日，与内地远隔重洋，黑水风涛沙汕之险，非人迹所到，然犹不可弃，弃则以为非便。若夫今日之蛤仔难，较为密迩矣，水陆毗连，非有辽远之势，而吾民居者众已数万，垦田不可胜计。乃咨嗟太息，思为盛世之民而不可得，岂情也哉！况杨太守入山，遮道攀辕，如赤子之觌父母，而民情大可见也。为官长者弃此数万民，使率其父母子弟，永为逋租逃税私贩偷运之人而不问也。此其不可者一。弃此数百里膏腴之地，田庐畜产，以为天家租税所不及也。此其不可者二。民生有欲，不能无争，居其间者，漳泉异情，闽粤异性，使其自斗自杀自生自死若不闻也。此其不可者三。且此数万人之中，有一雄黠材智桀骜不靖之人，出而驭其众，深根固蒂，而不知以为我疆我土之患也。此其不可者四。蔡牵窥伺，朱渍钻求，一有所合，则借兵于寇也。此其不可者五。且就其形势观之。南趋淡水、艋舺为甚便，西渡五虎、闽安为甚捷。伐木扼塞以自固则甚险。倘为贼所有，是台湾有患，而患则及于内地。此其不可者六。今者官虽未辟，而民则已开，水陆往来，刊木通道。而独为政令所不及，奸宄凶人以为逋逃之薮，诛求弗至。此其不可者七。凡此七者，仁者虑之，用其不忍之心；智者谋之，以为先几之哲，其要归于弃地弃民之非计也。

或曰，台湾虽内属，而官辖之外，皆为番境，则还诸番可矣，必欲争而有之，以滋地方之事，斯为非宜。不知今之占地而耕于蛤仔难者已数万众，必当尽收之，使归于内地，禁海寇勿复往焉，而后可谓之还番，而后可谓之无事。否则官欲安于无事，而民与寇皆不能也。非民之好生事也，户口日繁，有膏腴之地而不往耕，势不能也。亦非寇之好生事也，我有弃地，寇将取之，我有弃民，寇将劫之。故使今之蛤仔难可弃，则昔之台湾亦可弃。昔之所以留台者，固谓郡县既立，使吾民充实其中，吾兵捍防其外，番得所依，寇失所据，所谓安于无事者此也。今之蛤仔难亦犹是矣。

或又曰，蛤仔难之民，久违王化，其心叵测，骤欲驭之，惧生祸端。信哉是言也。夫君子之居官，仁与智二者而已。智者之虑事，不在一日而在百年；仁者之用心，不在一己之便安，而求益于民生国计。倘敬事以爱民，蛤仔难之民，即尧舜之民也，何祸端之有？杨太守之入也，欢声动地，驱为义勇，则率以从；索其凶人，则缚以献，安在其久违王化哉？苟其图利于身，弗达时务，抑或委用非人，土豪奸吏把持行私乎其间，则其启祸也必矣。故此事非才德出众者，不可与谋也。一方之辟，必有能者筹度乎其间，其见诸事者，蔚为功业矣。或徒见诸言，而其时不能用，后卒不易其言焉，则皆此邦之文献也。自施靖海以后，善筹台事者，莫如陈少林、蓝鹿洲二公，可谓筹台之宗匠矣。当康熙时，彰化、淡水未曾设官，政令巡防，北至斗六门而止，或至半线牛骂头，要不越诸罗辖内二百余里之地。自半线以北，至于鸡笼，七八百里悉荒弃之，亦委于番。即台邑之罗汉门，凤山之琅瑀，皆摈弗治。当事者逡巡畏缩，志存苟安，屡为画地自守之计，唯云禁民勿侵番地，实则藏奸矣。故少林作《诸罗县志》，慷慨著论。鹿洲呈巡使黄玉圃之诗，亦言之。其所陈利弊，又皆与今日相类，是皆先事之师也。且夫制治之方，视民而已。民之所趋，不可弃也，沃足以容众，险足以藏奸。台湾之地大概如此，有类乎蛤仔难者，尚当以渐致之，其事非止于蛤仔难也。然而自昔以来，苟安者众，焦头烂额之事，乃使后人当之，岂所以为民为国也哉！"

十三年春，福州将军赛冲阿奏设屯防，并免升科，部议不准。十月，少詹事梁上国奏言："台湾淡水厅属之蛤仔难，田土平旷丰饶，每为海盗觊觎。从前蔡牵、朱溃皆欲占耕，俱为官兵击退。若收入版图，不特可绝洋匪窥伺之端，且可获海疆无穷之利。"诏命福建督抚议复。总督阿林保委署台湾知府徐汝澜诣勘，亦主设屯，未复奏。十四年春正月，诏以阿林保等查勘蛤仔难地势番情。另行酌办一摺："蛤仔难北境居民，现已聚至六万余人，且于盗贼窥伺之时，复能协力备御，帮同杀贼，深明大义。自应收入版图，岂可置之化外。况地又膏腴，若不官为经理，妥协防守，设为贼匪占踞，讵不成其巢穴，更为台湾肘腋之患乎？著该督抚等熟筹定议，应如何设官经理，安立厅县，或用文职，或驻武营，随宜斟酌，以期经久尽善。"十五年，总督方维甸以漳泉械斗，奉旨查办，行次艋舺，土目包阿里等率各社番丁叩辕求见，请入版图，业户何绘等亦请照则升科。维甸据以入奏，历言收入之利，命杨廷理偕巡检胡桂等入查，分划地界，以为设官之计。当是时，移垦之民，漳人四万二千五百余，泉人二百五十余，粤人一百四十余，均属丁男。而熟番五社九百九十余丁，归化生番三十三社，四千五百五十余丁，其地东西宽约二三十里，南北长约六七十里，泱泱乎可为大邑也。廷理既至，筹办三月，首废业户，具陈省宪。而司道以事难悬拟，请交台湾镇道议复。总督汪志伊初莅任，即檄台湾道张志绪覆勘。十六年，督抚会奏，命大学士会同各部议复。十七年八月，始收其地，设噶玛兰厅，置抚民理番通判，则今之宜兰也。当是时，荒土尚多，而番愚且惰，不能耕。通判翟淦乃议大社加留余埔周回二里，小社一里，给与熟番树艺。西势一带，永为番业，东势十六社之地，给与三籍开垦，而征其租。自是以来，移民麕至，治沟塍，兴水利，险阻集，物土方，而噶玛兰为乐国矣。

先是十五年，总督方维甸以台湾番政废弛已极，虽有禁令，众多玩视，若佃农之侵耕，屯弁之吞饷，通事之剥削，官司之陋规，隘丁之空虚，匠首之讹诈，粮差之勒索，番割之比匪，兵丁之需求，游民之逐利，皆足以扰乱番界而生祸患。出示严禁，违者重办。乃未几而开垦埔里社之议起。埔里社在彰化万山之中，距县治九十余里，中拓平原，周围可三十余里，土厚泉甘，产物富。南北两溪皆源自内山，蜿蜒数十里而入于海，引水溉田者十数万甲。归化番社二十有四，而以埔里、水里为大，性驯良，不妄杀人。水社之间，有日月潭，广可七八里，水极澄清，中有小山曰珠屿，景绝佳。雍正初，漳浦蓝鼎元曾游其地，然其后少有至者。乾隆五十三年设屯之时，水、埔二社计有屯丁九十名，屯田百余甲，番自耕田亦百余甲。嘉庆十九年，水沙连隘首黄林旺贪其地腴，与嘉、彰二邑人陈大用、郭百年谋垦。府署门丁黄里仁为之助，乃假已故土目通事赴府，言积欠番饷，番无所食，愿以祖遗水里、埔里二社地，给与汉人耕垦。许之。二十年春，饬彰化县予照，然未详报也，其受约者仅水沙连，而二十四社不知也。百年既得示照，拥众入山，先垦社仔之地三百余甲，复由社仔侵入水里，再垦四百余甲，既复入沈鹿，筑土围，再垦五百余甲。三社番弱，莫敢抗。百年乔为贵官，势烜赫，率壮丁佃农千数百人至埔里，囊土为城，树红旗，大书开垦。番不服，相持月余，乃佯言罢垦，使壮者取鹿茸为献，乘不备，大肆焚杀。番不敌，逃入内崆。聚族以嚎者半月。获生熟牛数千头，粟数百石，器物无算。番俗死以物殉，掘冢百余，得刀枪百数十杆。既夺其地，筑土围十三，木城一，益召佃。番无所归，走依眉社、赤嵌以居。先是，汉番相持，镇道微有所闻，使人侦之。还报曰，野番自与社番斗尔。社番不谙耕作，汉佃代垦充食，而人寡力弱，依汉为援，故助之，所杀者野番也。二十一年冬，总兵武隆阿北巡，悉其事，严诘之。彰化知县吴性诚请逐佃，而垦户恃府示，不从。有希府中指者曰，汉佃万余，费工已巨，一旦逐之，恐滋变。性诚上言曰："埔地逼处内山，道路丛杂，深林密箐，一经准垦，人集日多，命盗凶徒，从而溷迹。若招聚亡命，肆为不法，事且奈何？且此地固生番打鹿之场，开垦以后，理疆定界，而奸人无厌，久必渐次私越。番性虽愚蠢。凶悍异常，一日栖身无所，势必铤而走险，大启边衅。不若乘未深入，全驱以出，尚可清患于未然也。"镇道从之，饬府撤还。二十二年六月，召诸人至府会讯，予百年枷杖，余宥之。署北路理番同知张仪盛偕性诚赴沈鹿，毁土城，逐佃农，番始归社，并立碑于集集、乌溪二口，禁出入。自是埔里社复为番有。然二十四社日衰，汉人亦稍稍入，社仔被逐并于头社，猫兰并于水里，而多咯啷、福骨二社与沙里兴邻，遂入从野番，眉里、致雾、安里万三社亦引野番以自固。

埔里人少，虽与水里睦，而不能救助，甚自危。道光三年，万斗六社通事田成发以事被革，诡与埔里番谋，招外番为卫，与以地使耕，听之。成发乃结北投社革屯弁乃猫诗、革通事余猫尉募附近熟番，潜往复垦，而汉人阴持其后。成发之党与水沙连丁首萧长发有隙，长发首发其谋。九月，北路理番同知邓传安会营入埔里社察之，抚循而还。传安颇有开设议，而绍兴人马峨士久居台湾，闻其地富，至福州，游说商人林志通为垦户。总督赵慎轸以问前台湾知县姚莹，莹曰："台湾生齿日繁，游手亦众，山前已无旷土，番弱不能有其地。不及百年，山后将全入版图，不独水埔二社也。然会有其时，今则尚早尔。"四年五月，巡抚孙尔准至台，欲议其事。传安力陈开垦之利，尔准意动，欲援噶玛兰故事，以问知府方传穟。时姚莹在台，传穟访焉。莹曰："必欲开二社者，有要略八事，君其言之。"传穟曰："何谓八事？"曰：往者噶玛兰之开也，乾隆年间则有汉人潜往。嘉庆元年吴沙率众入山，占夺攻杀，凡十余年。杨廷理往开时，大局已定。故众番献纳舆图，设官经理。然委员督垦之初，东势番尚持不从，强而后可。今埔里开垦之民已逐，社番又未输诚。前此汉人焚杀之怨未忘，若往开设，必先和睦番情，其要一也。汉番言语不通，抚番须用通事，而通事多奸人，彼不以朝廷安抚为辞，而以危言恫吓。番惧而从命，心实不服，设有异谋，殊伤国体。况开设之际，交涉事多，斗殴小故，皆足酿乱，则通事必求良善，其要二也。水社在外，如社仔、沈鹿之地已为汉人占者无论矣，埔地周围数十里，番自垦成者仅十有一二，余皆荒埔。今外社熟番往垦者不过二百余人，官垦则招佃，约费巨万，将以何者为番田，何者为官佃。官课番租，不可淆混，其要三也。社东北沿山各社，则非埔里之地，其内鉴诸处亦并开否。或以山为界，山外通噶玛兰及奇莱、秀姑峦之处，开后不无人民私越。往来其中，则界址作何开闭，其要四也。前此汉人往垦，各有头人领照，其意在充业户，此时必萌故智。业户之设，其弊无穷。惩收租课，逋尝十万，一有破败，更换为难。不若官自召佃，永除业户之名，其要五也。地方数百里，垦田数千甲，用佃殆将万人，纷纷乌合。苟无赖人经理，不但无从约束，且工本何出。昔兰人之法，合数十佃为一结，以晓事而资多者为首，曰小结首。合数十小结首，举一富强有力而众服者为大结首，有事官以问之，然后有条不紊。视其人之多寡，授以地。垦成众佃公分，结首倍之，或数倍之，视其资力。今开埔地，亦当略仿此意行之，其要六也。兰地南北百余里，并山计之几二倍，东西腹地亦四五十里，不足置县，故设一厅。今埔地方三十余里，并水社山埔计之，或百余里，似不足为一厅县。然其地在万山中，南自集集，北自乌溪，两路入山，皆极迂险，内逼凶番，后通噶玛兰、奇莱诸处，盖全台之要领，前后山之关键。而去彰化县城辽远，非佐杂所能镇抚。不得不略如厅县之制。文武职官廉俸兵饷，作何筹给，不可不为计及，其要七也。田园日辟，生聚日多，不特商贾通行，则所产米谷民食亦必出山巢籴。其南由筀口进水社，山岭重峻，势不可行，唯北路乌溪水道可通。而溪水上流颇浅，乱石巇屼，亦当开通，以便舟楫，其要八也。传穟陈其说，尔准见而难之。时性诚为淡水同知，志恒为噶玛兰通判，传穟更集众议。性诚、志恒皆主禁，传安不能执前说，亦以为当禁。传穟遂详请禁之如故。初竹堑沿海各地开垦已成，而近山番界土广且腴，汉人渐事侵耕。嘉庆末，有粤人黄祈安者孑身来台，至斗换坪，与番贸易，颇获利。遂从番俗，改名斗乃，娶番女为妇，生二子。已而邀其乡人张大满、张细满等入山，约为兄弟，亦各娶番女，与番往来，遂垦南庄之地。道光六年夏四月，彰化闽、粤械斗，蔓延数十庄社，大甲以北亦起应。粤人弱，多窜南庄。斗乃遂煽土番，率之出，肆杀掠，所在骚动。八月，总督孙尔准至台查办，派兵讨，阵斩土番七人，获斗乃等二十有一人，皆戮之。事平，设隘南庄，置屯把总一，屯丁六十，以防番害。

十四年冬，淡水同知李嗣业以南庄垦务既启其端，而东南山地尚未拓，乃命姜秀銮、周邦正集闽粤之人，合设金广福隘，从事开辟。自树杞林以入北埔，数年之间，垦田数千甲。时与番斗。已而详请镇道会奏，颁铁印，岁加给费四百圆，与以开疆重任，权在守备以上。自是而东南番地渐辟矣。当是时，淡水吴全亦募佃往垦台东，筑垒以居，则今之吴全城。运会所趋，莫可抑遏，而前山旧壤，渐有人满之患，不得不求之番界，顾未几而开垦埔里社之议复起。埔里社自逐佃后，辄为野番劫杀，势不足以自存，乃邀嘉彰熟番入垦，欲引为援，先后至者七十有二社，合力以拒汉人。道光二十一年，给事中朱成烈奏言，台湾旷土甚多，应许开垦。诏命总督颜伯寿议覆。总兵武攀凤、巡道熊一本、知府

卷十五　抚垦志

同卜年入山履勘，具陈开垦埔里社之利。而伯寿以与番人争利，难防后患，援例奏禁。然民间之唱开垦者，前呼后应，台、嘉、彰三邑业户认捐垦费十八万圆，垦田七千甲，绅士王朝纶、王云鼎等且欲以垦内外国姓长鹿埔等处。是封界之令，已不可行于今日矣。

二十六年春正月，北路理番同知史密偕北路协副将叶长春、署南投县丞冉正品率通事土目入山。埔里社番目督律与水里社番目毛蛤肉、田头社番目摆典、猫兰社番目六改二、沈鹿社番目排搭母、眉里社番目改努等，领六社众千六百六十有三人，求内附。密细查土田，则埔里可垦四千余甲，番仅二十有七人，生计困穷。而社南之地，为熟番私垦者约千甲，其众已达二千。水里可垦三百余甲，有众四百三十有四人。田头可垦八百余甲，有众二百八十有八人。猫兰可垦七百余甲，有众九十有五人。沈鹿可垦四千余甲，有众五十有二人。眉里可垦二千余甲，有众一百二十有四人。统计其地约达一万三千甲，甲征谷一石，则岁可收官谷一万三千石，以充设官戍兵之费，绰有余裕。密欲捐垦二千甲，以为民倡，请援噶玛兰之例。巡道熊一本、知府同卜年转详总督。刘韵珂大喜，下询开垦可虑七事。一本条复筹办，力主开设。十月，韵珂上其事，略曰："台湾孤悬海外，民情浮动，不逞之徒，动辄械斗，甚至谋为不轨。迨至兵役缉捕，而匪徒以水沙连、内山为缉捕难至之区，相率逃入，潜匿深藏。若开辟则地归疆理，建厅设汛，棋布星罗，匪徒无从托迹，地方则可安谧，是其祛弊者一。台湾向无土著，多系闽、粤之人。前此地旷人稀，物产丰富，力作经营，皆可谋食。今则生齿日繁，生产乏术，有游民而无恒产，鲜不从为盗贼。若开辟则驱之力田，耕凿相安，自消患于未萌，是其祛弊者二。水沙连土地肥美，甲于全台，虽例禁私越，然小民趋利若鹜，难保无私越之人。则使加谨巡防，迭增厉禁，亦难保无官来则去、官去复来之弊。若开辟则按户授田，奸人无从混迹，可免意外之虞，是其祛弊者三。佳里兴等社野番在水沙连各社之后，不法之徒，向有勾引野番潜出扰害之事，而兵役不能深入查拿，以致负固恃险，毫无顾忌。若开辟则番社悉为我有，摘要防守，奸人既不能私人，野番则不敢越界，是其祛弊者四。水沙连各社生番向以抽藤吊鹿为生，不谙耕耨。兹因封禁日久，社地荒芜，俯仰无资，吁恳归附。若不允其所请，既见拒于官府，必串谋于熟番。则不串谋，而汉奸必有私诱生番之理。该生番始虽舍熟番、汉奸而求官，后必结熟番、汉奸而抗官矣。若开辟则番众必安，可杜私垦之渐。而熟番、汉奸亦无由串谋勾结，是其祛弊者五。台地夙称殷富，近因物力有限，户口频增，以致日形凋敝。若开辟则地利较薄，岁可产米百万石，而木料、樟脑、药材诸物更属不少，通工惠商，培养生机，元气可以渐复，是其兴利者一。台湾饷银须内地拨解协济，不特虚縻解费，而且重洋远涉，疏失堪虞。若开辟则岁得正供数万石，则可就地酌拨，在台湾多一分饷银，则内地少一分协济，是其兴利者二。台湾为海外岩疆，仓储不可不裕。若开辟之后，正供既有盈余，而该同知捐呈之二千甲，一经成熟，又可酌提充公，从此仓储日充，则可为地方缓急之用，是其兴利者三。台湾北路向设屯丁三千余名，岁给饷银，不敷衣食。若开辟则调取无业番丁，酌给荒田农具，令其自行耕作，由官给械，随营操演，使之生计裕如，无事则保卫水沙连，有事则协助兵力，是其兴利者四。水沙连内山前控嘉、彰两县，后近噶玛兰厅，为全台腹背重地。若开辟则前后呼吸相通，全台可资策应，是其兴利者五。其祛弊也如此，其兴利也如此。若竟重拂番情，拒而不纳，未免坐失事机。伏思国家承平二百余年，深仁厚泽，遐迩倾心，辟土开疆，所在多有，虽远方瓯脱，无不列入版图。今水沙连各社虽只弹丸一隅，而该生番伏居崖谷，性类犬羊。一旦感承高厚，剃发易衣，献图纳款，统榛榛狉狉之俦，遵荡荡平平之路，亦未始非太平之盛事也。"

疏上，命大学士军机大臣议奏，不可。又命韵珂渡台履勘，筹及久远。而史密以时机既至，未可停止，奉商道府，官先试垦，以定番心。于是各官皆捐工本召佃，一本亦捐垦千甲，会营派兵二百，随往弹压，以十二月入山。既接部中复奏，密恐事势又变，翌年二月，复上总督书曰："台湾之番与别省异，献图开辟，不自今始。全台无地非番，一府数县皆自生番献纳而来。由诸罗而彰化，由彰化而淡防，纳土开疆，百余年来，安于无事。则远在后山噶玛兰，开垦以来四十余年，亦未闻番害。盖台番之所以迥异者有故。凡番情滋事，志在金帛牲畜，始有抢掳拒捕各情。而台番最愚，一无所图，既无大志，安有大事。此台番之情也。番夷生事，必仗其器械精工，炮火便利，方能得力。而台番猎食为生，所用者竹箭、铁镖，火药绝少，一闻铳声，远窜无踪。番酋每以声势相通，易于结党，而台番散处四山，各自为谋，绝不相属。社虽多名，多至数百人而已，彼此不敢往来，呼应不通，从无纠结。此台番之势也。夫番情番势既如此，其所以不同于别省之番，而绝无大患。然犹概指生番之大略，至若归化埔水六社之番，其情尤为可靠。地近外山，常与汉人交接，和顺晓事。附近六社番情同于埔水，而势皆衰弱。此十二社仅有一千六七百人，除妇女老幼，只有壮番七八百人，散于各社，穷苦可悯，见官经理，如婴儿得母，投怀望哺之不暇，尚何敢生事，亦何能生事。安抚经年，调遣奔走，已成熟番，番性最直，又重剃发。全台十数万熟番，其初何一非生，又何一难测？此生番改熟番万无可虑之实在情形也。

"然而开辟之初，动计万全，在无可虑之中，必存一可虑之心，而通盘筹划，防患未然。查六社外远近生番，业经陆续献地归化者八十余社，例应增设大小各屯，挑取壮丁，大屯四百名，小屯三百名，增设屯弁管束。所有千总、把总、外委、屯目、土目、通事，则择其本社强力头人，充当委任，使之自相管辖，责成钤制，数百里同于臂指。此控制之法也。每丁例给闲田二甲，生番既改熟番，仍不能谙耕作，佃给租谷筹饷八圆。番不需钱，准折盐布，再开垦之四，定给谷石。番愚无知，但谓归化献图，便可有租，延颈经年，今岁万不可无谷。未召业主，不得不官垦先给，以慰番情。此抚绥之法也。分别调遣，驱使当差，杂于熟番，俾其渐习渐驯，渐知礼法。更调强壮，以牵制全番，使不敢动。此驭治之法也。尽去东南北三面近山大树丛林，深菁密草，一望平坦，无可伏匿。分守各隘炮台，募番设隘。隘勇多用熟番，以番防番。此备御之法也。投诚归命，尽属欢忭待哺之番，但须安置得宜。衣食有赖，便作良民。第一要筹在于设屯挑丁，自相维制。一番以至万番，若网在纲，虽多奚虑？

"然此事试办已一年有余，经道府再四筹商，事关重大，慎之又慎，非全局在胸，何敢孟浪？自去年正月至今，大局已成，部署悉定。入山试办，又经数月。汉番安堵，并无事端。然而准办则然，否则其情顿别。不知者谓办则可虑在后日，有识者谓不办则可虑在目前。穷番无以自谋，苦无生路，一旦输诚剃发，求改熟番，天下无不准归化不准为百姓之理。峻拒骤绝，众望俱空，是激之使怒，其变有不待智者而决。自古倾心内附，无不抚收安置。况归化例题之件，雍正、乾隆历办有案。熟番皆生改，设屯筹饷，不有闲田，则遵例安置之处，从何措手？故归化与开垦原系两事，而别无旷土，不得不并案以办者也。"

四月十五日，韵珂舟至鹿港，命淡水同知曹士桂、北路协副将叶长春、参将吕大升及史密随行。五月十三日，自南投入山，历田头、水里、猫兰、沈鹿、埔里、眉里等社。群番闻总督至，扶老携幼，伏道欢呼，有献鹿皮者、番布者、鸡子者、番饩者，犒以盐布使去。而北投之平来万社，南港之丹社、吻吻社，野番也，亦前后献物输诚。先是，熟番徐懋棋倡占番地，掘番目改努侄坟，恃强焚劫，群番侧目。韵珂闻其恶，檄密捕斩以徇。二十日，出内木棚而归彰化。八月十六日，复上疏曰："我国家开疆拓土，二百余年，声教所敷，东渐西被，远边僻壤，无不尽入版图，幅员之广，为汉唐以来所未有。兹水沙连六社番地，不过蕞尔一隅，或禁或开，本属无关得失。特以生番率众来归，由于不知耕耘，生计日蹙，而招佃之熟番，又皆减租欺朦，其所以欲得官为抚治者，实藉此为保护身家之计。若不俯顺番情，则生番日益穷困，熟番日益肆横，势不至尽戕其生而尽并其地不止。久之呼朋引类，日聚日多，无赖之徒，负罪之犯，亦得以无官查察，潜迹遁藏，从此俦类互分，必致倚强凌弱。党羽既众，更恐拒捕抗官。得逋逃之所，为负嵎之谋，其贻患殊难逆料。纵熟番不难驱逐，而利之所在，人所必趋，能禁今日之不来，不能保异日之不往。从前树碑立界，设隘分防，立法何尝不密，乃私垦者仍有二千人之多。禁令虽严，难期历久无弊。则驱逐之后，厉禁迭增，无敢或有逾越。而被逐之熟番数至二千，既无本社可归，又无田庐可家，饥寒交迫，势必流而为匪。台湾地狭人稠，本多不靖，又何堪再益此二千流匪耶？若一经开垦，则分疆划界，计亩授耕，生番收其租息，熟番得以力田，而抚驭兼有文武，巡查又有兵役，则一切无赖之徒，负罪之犯，更属无从托足。顾议者谓台地民情浮动，械斗竖旐，层见叠出，若再开垦番地，将来内地匪徒，竟与番类勾连，剿办必更费手。不知匪徒与番声气本不相通，溯查历年档案，只有官兵不敷派拨、酌调屯兵协剿之案，未有匪番勾结，随同附和之事也。或又谓生番世隶化外，罔知法度，现虽困苦来归，迨衣食充裕，无所顾虑，安见不始顺终悖。不知汉奸诈伪百出，每多首鼠两端，而生番则不识不知，绝无机巧。纵使谲变无常，而所需之械，与所习之技，又无一足恃，剿捕亦甚易易。且台自郑氏灭后，则为中国所有，陆续开垦，无处非生番之地。百余年来，涵濡帝泽，共安耕凿之天，从未闻生番为害，调兵征剿之举也。或又谓台地本属外洋，现在闽省两口通商，洋情或不无叵测，若六社番地一开，土地广而财赋多，外洋之垂涎更甚。不知洋情只在通商，并不贪图土地，而六社僻处山隅，距海口甚远，外人断无垂涎之理。必谓外人之垂涎，专以六社之垦否为行止，臣固未敢深信也。臣才识梼昧，非不知省事为为政之要，诿事为便己之方。特以六社番地，开之则易于成功，禁之竟难于弭患。以臣愚见，似不若查照前奏，仍援淡水、噶玛兰改土为流之例，一体开垦，设官抚治，俾六社生番均得优游圣世，附隶编氓，以昭盛治。"疏上，大学士穆彰阿等仍执不可，奏请遵例封禁，而埔里社开设之议复止。

二十八年，徐宗幹任巡道，韵珂命筹善后之策。六社番目群至道署，环恳改熟，拳拳而不忍去。宗幹上书，请设屯丁。略谓"台地情形与他省异，一经归化，番即我民，地即我地，而番地能为后患者，在汉而不在番。汉民日聚日多，稽查不及，小则争斗，大则攘据。数十年来，由彰化而辟淡水，由淡水而辟噶玛兰，迹似开疆，意实除害。今日之六社，即昔日之淡兰也，禁则必有争端，不禁则转可绥靖。故设屯之议。亦出于不得已，非以调停于目前也。而其议则以番养番，以番防番，无创建糜费之烦，无成兵流弊之虑"。韵珂从之，而埔里社开垦之事始不废。

琅峤在台之极南，或作郎娇，番语也，归化之番凡十八社。雍正初，曾禁越垦，林爽文之役，庄大田起兵应，大将军福康安驻军柴城，以剿余党，而地仍荒芜。闽粤之人相率开辟，凤山熟番亦每迁其族，民番相讧，以是日多，而有司仍以化外视之。海通以后，洋舶往来，南峤之外，又为东西交通之途，遇风遭难，时起交涉。同治五年，英舰笃甫号至鹅銮鼻，为番所攻。翌年，美船那威号漂至其地，亦为科亚尔社番所杀。事在《外交志》。于是巡抚李鹤年奏请开拓，设官驻兵，通饬省会司道及台湾镇道通盘筹划。台湾镇总兵刘明镫主议开设，署镇曾元福请照例封禁。而巡道吴大廷则两存其说而节取之，以为枋寮设官驻兵，琅峤、柴城各驻屯丁，选举闽粤庄人为总理，与以防御生番保护遭难洋船之责，至于履田问税，应从缓议。于是台湾镇道及护道梁元桂等叠次会议，陈其大略，省中司道亦有所议，而尚未合宜，乃饬本任平潭同知郑元杰等往勘，绘图立说，博采众论。以为琅峤之柴城风港，民番杂处，未便设官，请照旧例，沿山各隘，设立隘寮，分段防守。而枋寮僻近番界，拟将凤山县之兴隆里巡检移驻其地，又于道标拨派千总一员，兵五十名，南路营兵五十名，同往驻扎，以卫地方。闽人多居近海，粤人多处沿山，山内则多番人，拟于三者之中，各选正副总理两人，督同隘首并隘丁各五十名，分守要害。而风港别选正副隘首两名，隘丁五十名，均隶千总统辖。至千总、巡检岁各津贴公费二百两，兵丁加饷外，月给薪蔬银四钱，三年调换，正隘首年给八十圆，副六十圆，隘丁八圆，计加兵饷八百八十两，隘费七百二十圆，均于台府叛产之息按季支给。从之。

十年，琉球人遭风至台东，为牡丹社番所杀。翌年，日本小田县人亦漂至卑南被劫。十三年夏四月，日军来伐，清廷以福建船政大臣沈葆桢视师台湾。及平，诏命葆桢筹划善后机宜。十一月，葆桢奏请开禁，略曰："全台后山除番社外，无非旷土。迩者南北各路虽渐开通，而深谷荒埔，人迹罕至，有可耕之地，而无可耕之民。草木丛杂，瘴雾下垂，凶番得以潜伏狙击，纵辟蹊径，终为畏途。久而不开，茅将塞之。日来招集垦户，应者寥寥。盖以台湾地广人稀，山前一带，虽经蕃息百有余年，户口尚未充裕；内地人民向来不准偷越，近虽文法稍弛，而开禁未有明文。地方官思设法招徕，每恐与例不合。今欲开山，不先招垦，则路虽通而仍塞；欲招垦，不先开禁，则民裹足而不前。臣等查旧例，台湾不准内地人民偷渡，如拿获偷渡船只，将船户等分别治罪，文武官议处，兵役治罪。又如有充为客头，在沿海地方引诱偷渡之人，为首者充军，从者杖一百徒三年，互保船户及歇寓知情容隐者杖一百、枷一个月，偷渡之人杖八十，递回原籍，文武官失察者分别议处。又内地商人置货过台，由原籍给照，如不及回籍，则由厦防厅查明，取保给照。该厅滥发，降三级调用。又沿海村镇有引诱客民过台，数至三十人以上者，壮者新疆为奴，老者烟瘴充军。又内地人民往台者，地方官给照盘验出口，滥给者分别数次，罚俸降调。又无照人民过台，口岸失察之官，照人数分别降调，隐匿者革职。以上六条，皆严禁内地人民渡台之旧例也。又称人民私入番境者杖一百，如在近番处所，抽藤、钓鹿、伐木、采棕者杖一百、徒三年。又台湾南势一带山口，勒石分为番界，如有偷越运货者，专管之官失察降调，该管上司罚俸一年。又台地人民不得与番民结亲，违者离异治罪，地方官参处。从前已娶者，毋许往来番社，违者治罪。以上三条，皆严禁台民私入番界之旧例也。际此开山伊始，招垦方兴，臣等揆度时势，仰恳天恩，请将一切旧禁，尽与开豁，以广招徕，俾无顾虑。"许之。于是葆桢奏明开山，并请移驻福建巡抚于台湾。以海防同知袁闻柝率兵三营，分二路，一自凤山之赤山而至卑南，闻柝当之，计程一百七十五里，一自射寮亦至卑南，总兵张其光当之，凡二百十四里，是为南路。以总兵吴光亮率兵三营，自彰化之林圯埔而至璞石阁，凡二百六十五里，是为中路。以提督罗大春率兵十三营，自噶玛兰之苏澳而至奇莱，凡二百零五里，是为北路。军过之时，沿途野番虽有狙击，以阻前进，而或剿或抚，建垒驻兵，以警卫之。一年之间，遂告成功，而东西之途辟矣。台东沃野数百里，可建一府三县。葆桢以为建城之地，应在奇莱，若新城、三层、马邻、鲤浪不过营汛之区，尤必截大清水以南隶奇莱，以北隶大南澳，方足以资控制。十二月十三日，葆桢率知府周懋琦、前署台湾镇曾元福至琅璚，驻柴城，查勘地势。以柴城以南十五里之猴洞，可建县治，拟名恒春，以其常燠也。巡道夏献纶禀请南北两路理番同知，均应移驻番地。各奏请，部议核准。

光绪元年，诏设台北府，置卑南、埔里社两厅，以南路同知驻卑南，北路同知为中路，驻埔里社。各加抚民，以办民番交涉之事。设恒春、淡水两县，改淡水厅为新竹县，噶玛兰厅为宜兰县。令福建巡抚春冬驻台，析疆增吏，抚垦并行，而番政一新。当开山之际，募民随往，与地使耕，至是乃设抚垦委员，分台东为三路，以总兵吴光亮办之。南为卑南，中为璞石阁，北为花莲港。而恒春别设一局，以知县兼之。厦门、汕头、香港各设招垦局，立章程，任保护，凡应募者与以便宜，日给口粮，人授地一甲，助以牛种农器，三年之后，始征其租。当是时，闽粤之人多赴南洋，远至澳洲，谓万金可立致，故来者较少。恒春知县黄延昭禀言："台湾开拓后山，于兹三年，生番渐次受抚，而招垦尚无成效。今大军分驻后山，需粮较多，米粮价贵，输运甚难，宜广募农民，以开荒土。"从之。于是招集台人，假以农器，人月给口粮六两，垦成之地，三年免租，以为鼓励。然台东土地虽肥，瘴疠尚盛，居者多病没，故农功犹未大启也。先是日军撤退之时，狮头社番乘虚出，戕杀兵民。元年二月，葆桢奏请进讨，以提督唐定奎统淮军，三路而入，别募乡勇千余为道，随山刊木。二十日，中军提督周志本、副营提督章高元深入其地，番伏险拒，未能进。二十二日，志本督所部，自南势湖而前，左岩右溪，径窄不易行，番五百余突起迎击。官军攀缘上，激战两时，乃败之，直捣草山，毁其社，阵斩十数级。副营左哨官游击束维清死焉。三月十七日，定奎进攻竹坑社，为狮头出入之道。以提督张光亮率武毅左军为中锋，左军游击陈有元、何迪华为左，右军副将宋先聘为右，又以武毅营总兵章高元、候补知府田勤生绕竹坑山后，以抯其背，殪番数十，遂破之。进攻龟纹，先聘军其巅，以绝接济。兼旬不雨，酷暑如蒸，光亮遂没，德成、高元亦病莫能兴。四月十五日，定奎自督各军，攻内狮头，连破其卡。龟纹以二百余人来援，遇伏而溃，斩其番酋之弟。而提督周志本率副将刘朝林以中军前营进攻外狮头，提督梁善明为左，总兵余光德为右，并进破之，各有斩获。番穷乞降，定奎许之，示以七约：曰还剃发、编户口、交凶犯、禁仇杀、立总目、垦番地、设社学。乃以龟纹社酉野艾为总土目，俾率其众。改竹坑社为永平，本武社为永福，草山社为永安，内狮外头社为内外永化。六月，班师归，敕建昭忠祠于凤山，祀将士，是年北路统领罗大春通道奇莱，频与番战。至大南澳，番拒阻，辄杀行人。乃别辟一路，旁通新城，以避海滨悬崖，而阻凶番歧出之途。十一月，命千总冯安国率兵涉溪，番突出击，众可千人，官兵力战，殪其数人，乃退，官兵亦略有死伤。十五日，行至谷中，高山壁立，忽闻铳声，番大呼而至，鏖战两时，番至愈多，守备黄明厚语安国曰，彼倾众而来，其中必虚，可取之。遂分一队捣其社，阒然无人，唯见髑髅满架，毁之。番见火起，如鸟兽散。千总吴金标亦沿途招抚木瓜、大巴垄等二十有九社，番丁一万七千七百十九人。木瓜最悍，以穷来归。乃以宣武左右两军，分戍东澳、大南澳、大浊水、得其黎、新城、加礼宛、花莲港、吴全城等，以备不虞，唯中路一队少遭番害而已。

二年，太鲁阁番乱，讨之。太鲁阁为台东野番，负其险阻，辄出杀人。大春进兵破其社。番伏山上。下巨石，幸少死伤。乃戍兵于三栈溪畔，曰顺安城，为久住计。番无可归，介通事乞降，许之。获凶首三人，戮于台北。三年，奇密社番杀总通事林东涯以叛。八月，统领吴光亮檄林福喜往讨，不克。乃自将，合孙开华、罗魁、林新吉之兵伐之，番降，约以明春各献米一担。至期果至，光亮命闭门，屠之，溅血声喧，死者百六十有五人，仅余五人幸免，自是遂弱。红头屿在恒春海中，距县东八十里。土番居之，性驯良，牧羊山中，剪耳为志，无相争诈。地沃，多椰树，莳杂谷，渔畜为生。周可六十余里，山高至五六十丈。有社七，错居四隅，男女不及千人，语言略似西洋，实莫测其所由。前时汉人曾与互市，然未隶版图。是年知县周有基率船政学生游学诗、汪乔年始至其地，抚之。又有火烧屿者，横直二十余里，与红头屿并峙，距卑南六十里，居民五百余人。商船避风，间有至者。四年春正月，商人陈文礼至加福宛垦田，为番所杀。营官命赎罪，不从，且杀兵丁，与竹篙宛番谋叛，报至。六月，陈得胜率新城之兵讨，不利。光亮自将，以张兆连自花莲港，刘凤顺自吴全城，吴乾初自六合庄，吴孝禄自农兵庄，刘国志自浊水营进兵合剿。七月二十六日，攻竹篙宛，破之。乘势捣加礼宛，番不能支，窜于东角山。会大风雨，多饿死，老番乞降，许之。以酒布贾其地。东至加礼宛溪，西至山，南至豆兰，北至加礼宛山，凡豆兰溪以北为官地，南为番地，各事开垦，毋相侵凌。改加礼宛为佳落，竹篙宛为归化。番乃服命。十年，率芒社番乱，讨之。

　　法人之役，刘铭传视师台湾，及平，经划善后，奏言办防、练兵、清赋、抚番四事，语在其传。铭传以经划台湾，必须开疆拓土，广徕人民，庶足自为一省。诏设台湾府于台中，改台湾县为安平，置云林、苗栗两县，升台东厅为直隶州，基隆通判为北路抚民理番同知。十二年四月，铭传任巡抚，奏设台湾抚垦大臣，巡抚兼任，以在籍太仆寺正卿林维源为帮办，驻大嵙崁。分全台番地为三路，自埔里社以北至宜兰为北路，以南至恒春为南路，台东一带为东路。置抚垦局及其分局，设番市司事，以理贸易，振兴茶脑，充其经费。以是拓地日多，租税骤增，台湾局面为之一新。初，开山之后，台东埔里社、恒春、凤山各开义塾，教番童，颁训番俚言，俾之诵读，将以陶熔其蛮性。而吴光亮亦撰化番俚言三十二条，缕缕数千言，饬通事时为讲解。俾之同化。至是又颁教条，五教：一曰正朔，二曰恒亲，三曰体制，四曰法度，五曰善行。五禁：一做缘，二仇杀，三争占，四佩带，五迁避。设番学堂于台北府治，择土目之子弟而教之。一道同风，渐革顽陋。其不服者则移师讨之。剿抚并用，可谓能得其宜矣。

当开垦罩兰之时，移民日至，伐木治田，每遭番害。十一年四月，统领林朝栋率栋军三营，以郑以金为副。统领柳泰和亦率所部二营，进驻罩兰，遣人说苏鲁、马腊邦两社归顺。不从，且结东势角大湖各番以抗。五月，分兵三路而入，相持数月，地险不可攻。翌年七月，朝栋进兵陷围。报至，铭传自将麾下百名及兵勇屯丁九千五百人，大举以剿，番惧而窜。驻大营于埋伏坪，大隙、什只屋两山各建炮台，为合围计。然番每匿林中，以时狙击，死伤颇多。九月，进兵，捣其社，不见一人，归途遇伏，又损数百。于是戍兵三百五十名，以绝其道。番困无所得食，介老屋峨社土目请款。十月，始撤兵归。铭传以土目有功，授六品衔，改名白麻凤。先是，屈尺番污来社亦每出杀人。十一年九月，统领刘朝佑率铭军三营讨之，番降。

十二年春正月，大嵙崁番乱。铭传自将三营，至甘指坪，讨之。番惧乞降，颁以衣食而镇抚之。已而盍文坪之番叛。八月，甘指坪亦动，颇不受约束。乃议剿之。分兵两路，一自水流东以攻盍文坪，一自甘指坪而进竹头角。宜兴社土目纠合各社，竭力以抗。山路危峻，瘴毒盛，未易进兵，官军战病而没者数百人。相持四月，乃谕番约和，撤兵归。十月，巡道陈鸣志、统带镇海后军副将张兆连先后禀请，后山番社尚多未抚，南至卑南、恒春，北抵苏澳、奇莱，若由水尾适中之地，与前山彰化开通道路，联络声气，先抚后山中路，则南北望风向化。否则一抚之后，仍然隔绝，徒糜经费，难求实效。铭传从之，檄署台湾镇总兵章高元率炮队，并镇海中军前营定字左营及练兵七百，附以人工，由集集开山而东。兆连由水尾而西，克期会办。高元乃自拔埔社而至丹社岭，计程一百二十有二里，兆连亦至，计程六十里。自冬徂春，一律开辟。当是时，兆连以管带黄定国、毕宝印招抚水尾、南北川、丁仔老二十有四社，次由花莲港至苏奇沿山一带，又抚他良等十有二社。兆连以太鲁阁、木瓜等势最强，若得内附，余番可服，乃率兵三营，进社山口，劝其纳款，否则开炮以攻。土目惧，乞抚，而大马鞍、大巴垄等五十有三社亦就抚。移军卑南，以次而进。平埔之南，以吕家旺为最强，恃其丁众，抗不奉命，附近各社多观望。兆连进兵山麓，命通事米清吉让之。土目知不敌，乃就抚，并约附近巴六凡等二十有六社归化，而八栳等十有三社亦来。卑南与凤恒地相毗连，危峰叠嶂，人迹不通，野番盘踞其间，其在凤山者以三条仑为大，在恒春者以牡丹湾为雄。兆连督凤山营都司蓝凤春、管带林维桢分道而进，招抚六仪等十有五社，阿眉等二十有二社，中心仑等四十有二社。管带黄定国、毕宝印亦抚大兰、大打腊等十有二社，地极深密，皆处山上，素不与人往来，至是乃出。先是，铭传檄统带镇海前军副将陶茂森招抚凤山、前山各番，于是沙摩溪等六社、柏叶等十八社、粪箕等四社均内附。当高元开山之时，自水底寮至埔里社，沿途招抚北港、万雾等五大社，眉加腊、吻吻等四十有四小社。又自拔埔至丹社之时，亦抚卓大、意东等六十有一社。嘉彰之交有番据焉，斗六门县丞陈世烈设抚垦局于云林坪，郡番、峦番、丹番等五十有三社，均内附，剃发输诚。此为最悍之族，而跳梁于中路山谷者也。巡道陈鸣志檄镇标中军易豫俊以抚大喃等二十有四社，又以游击刘智坤续抚大武垄、内攸等四社。唯新竹、五指山番凭其险阻，颇不受约束，叠戕垦户，众请讨。十二月，铭传檄统领林朝栋自十八孩儿社以攻石加碌之南，营官郑有勤率副营攻其北，各以化番为道，深入七十余里，开路筑卡，以压迫之。石加碌五社及哇西熬等十有七社皆乞降，并抚密拿楮等二十有四社而归。

十三年，铭传奏奋："臣自上年十月，亲督大队，剿抚中北两路生番。归化后，现在数月之间，所有后山各路生番二百十八社，番丁五万余人，一律归化。前山各路续抚生番至二百六十余社，番丁剃发者三万八千余人。水尾、花莲港、云林、东势角等处，可垦水旱田数十万亩。不独开疆辟地，且可免民番仇杀之祸。此皆朝廷威灵，远播遐荒，遂使深山幽谷茹毛饮血之类，咸知向化归仁，化狉榛而登衽席，实非臣所敢逆料。唯抚招愈多，经费愈巨，现已捐输截止，支绌异常。经饬各军仍回防所。筹划设官分治。俟有经费，再行续抚，以期全台生番一律归化。"初，北港溪番就抚后，人民多往开垦，而林朝栋亦给垦内国姓乾溪湾、抽藤坑等处，锄耰并进，可辟田园数百甲。然阿冷、白毛两社番辄出杀人，朝栋止之，不听，请讨。八月，以兵二千五百，分四道而入，扼要之地，各建炮台。番不敢出，伏丛莽以狙，颇多死伤。稍来社土目乃为斡旋，愿受约。十月，撤兵归，设隘于险，驻勇守之。是年埔里社熟番水社田头、猫兰、沈鹿与卓大社合以叛。戍兵不支，退焉。中路之山，往来暂绝。

十四年六月，台东平埔番大社以有司暴敛，愤而谋叛，水尾溪南北各社俱起，大巴垄、马太鞍各番应之，势颇猖獗，遂迫花莲港营。李得胜邀击之，番败走，依其族七脚川、薄薄二社。二社已归顺，佯许之，醉以酒而戮之，以其头来献。越二日，平埔番合亚米士之族，可数千人，大举至卑南，环攻州署。统领张兆连督兵战，防守半月，不退。适兵舰自台北来，开炮击，以兵上陆助战。番不敌，始解围去。八月，统领刘朝祐率兵四百，自宜兰小坡塘坑入山，至冻死人坑，为南澳番老狗社所袭，力战免。十五年，铭传议讨，调福建兵舰来援，以同安水师副将傅德高为先锋，舣舟苏澳，大军继之。游击于冠英率镇海前营自小南澳上陆，以拊老狗社之背。总兵窦如田以铭字各营扼其前，定海、永保两舰为运船，靖远护之，游弋海上，备策应。铭传自督全军，驻苏澳，德高以数人侦察，为番所杀。如田率兵二千，深入其地，番惧而窜，匿荒谷，不敢出。相持两月，颇为瘴毒所苦，乃班师，以镇海前营驻苏澳。是时吕家望社亦乱，张兆连讨之。九月，大嵙崁马速社杀隘勇二十余人，铭传派讨兵，乃降。

十六年三月，牡丹社土目率番丁数人至田中央庄，狙杀庄民三人，庄民亦杀其番，烹之。牡丹番怒，合高士、滑加、芝来等社可五六百人，以攻柴城、田中央二庄。庄民御之，激战数日。恒春知县吕兆璜接报，命柴城把总以兵弹压，番不从，且杀兵，乃请讨。十二月，总兵万国本率两营至，声言大举，而按兵不动。嗣派通事，与番和，各毋相仇杀。十七年春正月，兵退。番复跋扈，再请讨。国本以兵千余，驻牡丹山下，不敢进。数月再派通事，申前约，撤兵而去。

十八年六月，射不力社番杀枫港庄民，民亦杀之。番遂夜袭，有众千余。庄民闻警，并力拒战，赴县请救。知县高晋翰与恒春营游击张世香率兵至，命和，不从。晋翰病归，未几而没。世香请讨，总兵万国本以兵千余至，分成各地，命通事入山说降。又不从，乃先攻老佛、巴士墨二社，破之，毁其屋。又募枫港庄民六十为道，进攻他社。汛官汪斌素有力，率壮士数人入其内，猝禽土目出，斩之以徇。八月，大风雨，山水暴发，不可驻。新任知县陈文炜谓国本曰："悬军深入，空老我师，不如且约之和，以待后举。"派通事，集土目，与庄民约。国本归，而民番仍相仇杀。当是时，铭传已去，邵友濂任巡抚，百事俱废。然人民之垦番地者，前茅后劲，再接再厉，合力一心，以自成其都聚。二十年，遂设南雅厅于大嵙崁。二十一年春正月，台东观音山庄平埔番乱，杀大庄总理宋梅芳。十五日，花莲港营官丘光斗平之。

## 郑氏各镇屯田表

**参军庄**　今凤山长治二图里，为参军陈永华所垦。
**前镇庄**　今凤山大竹里，为中提督前镇所垦。
**前锋庄**　今凤山仁寿上里，为前锋镇所垦。
**后劲庄**　今凤山半屏里，为后劲镇所垦。
**后协庄**　今凤山仁寿上里，为先锋镇后协所垦。
**右冲庄**　今凤山半屏里，为右冲锋镇所垦。
**中冲庄**　今凤山仁寿上里，为中冲锋镇所垦。
**援剿中庄**　今凤山观音上里，为援剿中镇所垦。
**援剿右庄**　今凤山观音里，为援剿右镇所垦。

**中权庄** 今凤山小竹下里，为中权镇所垦。

**角宿庄** 今凤山观音上里，为角宿镇所垦。

**仁武庄** 今凤山观音下里，为仁武镇所垦，而嘉义铁线桥堡亦有仁武埔，与查亩营庄相近。

**北领旗庄** 今凤山维新里，为侍卫领旗协所垦，并有水圳。

**三镇庄** 今凤山维新里，为戎旗三镇所垦。

**左镇庄** 今凤山兴隆外里，为宣毅左镇所垦。

**营前庄** 今凤山长治一图里，必为某镇营前，故名。营后亦同。

**营后庄** 今凤山长治一图里。

**五军营庄** 今嘉义赤山堡，为五军戎政所垦。

**查亩营庄** 今嘉义铁线桥堡，为清查田亩之地。

**果毅后庄** 今嘉义果毅后堡，为果毅后镇所垦。

**新营庄** 今嘉义铁线桥堡，镇名未详。

**旧营庄** 今嘉义铁线桥堡，镇名未详。

**中营庄** 今嘉义茅港尾西堡，镇名未详。

**后营庄** 今嘉义麻豆堡，镇名未详。

**下营庄** 今嘉义萧垄堡，镇名未详。

**大营庄** 今嘉义新化北里，镇名未详。

**二镇庄** 今嘉义赤山堡，为戎旗二镇所垦。

**左镇庄** 今嘉义外新化南里，为折冲左镇所垦。

**中协庄** 今嘉义赤山堡，为左先锋镇中协所垦。

**林凤营庄** 今嘉义赤山堡，为参军林凤所垦。

**林圯埔庄** 今云林沙连堡，为参军林圯所垦，林内亦同。

**统领埔庄** 今恒春兴文里，为统领某所垦，在柴城附近。

## 台湾抚垦局管辖表

**抚垦总局** 光绪十二年设，驻大嵙崁，隶巡抚，总理全台抚垦事务。

**大嵙崁抚垦局** 隶总局，掌理该管抚垦事务，下设分局。

双溪分局

三角涌分局

咸菜瓮分局

五指山分局

南庄分局

**东势角抚垦局**

大湖分局

马鞍苍分局　光绪十四年裁。

大茅埔分局　光绪十四年设。

水长流分局　同上。

北港分局　同上。

**埔里社抚垦局**

蜈蚣仑分局

木展兰分局

**叭哩沙抚垦局**

阿里央分局

苏澳分局

**林圯埔抚垦局**

**蕃薯寮抚垦局**

隘寮分局

枋寮分局

**恒春抚垦局**

**台东抚垦局**

璞石阁分局

花莲港分局

## 台湾抚垦局局制表

**总办一员** 以三品文员任之,总理局中一切事务。

**委员一员** 以七品文员任之,或以营官兼任,掌理抚垦事务。

**幕　宾** 总局四员,局二员,随时聘用,处理文案等事。

**司　事** 二名或四名,分办庶务会计。

**通　事** 人数不等,分任通译。

**局　勇** 人数不等,保护垦务,并监督隘勇。

**医　生** 各局直一二名,以任医务。

**教　读** 各社置一名,以教番人读书。

**教　耕** 各社置一名,以教番人耕田。

卷十六

台灣通史

城池志

《易》曰："王公设险，以守其国。"是故有百里之封者，必有十里之城；有五十里之封者，必有三里之城，所以驻军旅而卫人民也。连横曰：台湾之建城古矣。澎湖虎井屿之东南，有沈城焉，天空浪静，望之在目，缭垣相错，周可数十丈。渔者常得其砖，色红坚若铁，然当没水凿之，上生蛎蚌，似千数百年物。或曰，隋代之所建也，而文献无征，缙绅之士难言之。明嘉靖末年，海寇林道乾乱，据澎湖。都督俞大猷征之，乃驻偏师，筑城暗澳，其址犹存。天启二年，荷人来此，筑城妈宫，周百二十丈，役死者千三百人，外建炮台，分守海道，台人谓之"红毛城"。四年八月，入台湾，筑城于一鲲身，俯瞰大海，基广二百七十六丈有六尺，高三丈有奇，为两层，四隅各置巨炮，驻兵以守，曰热兰遮。六年五月，西班牙人入鸡笼，筑山嘉鲁城，嗣入淡水，筑罗岷古城，各戍兵为犄角。已而荷人逐之。永历十五年，延平郡王克台湾，就荷兰城以居，改建内府，台人谓之"王城"。别辟一门曰"桔柣"，以春秋郑国有此门也。官署市肆别建于永康下里，则今之台南郡治。当是时，统治仅在承天，而鸡笼、淡水尚荒芜。三十七年，闻清军有伐台之举。三月，命左武卫何祐城淡水，增戍兵。六月，清军破澎湖，克塽降，改承天府为台湾，设县三，尚未筑城也。朱一贵之役既平，总督满保议筑城，仅围衙署仓库于中。总兵蓝廷珍以为不可，覆之曰："夫设兵本以卫民，而兵在城内，民在城外。彼蚩蚩者不知居重驭轻之意，谓出力筑城卫兵，而置室家妇子于外，以当蹂躏，夜半贼来，呼城门而求救无及矣，理宜包罗民居为是。北从总兵大营后围起，环台湾县署而东，跨沟为水门，遂包东岳庙、合湾县学凤山公馆，南包郡庠防厅、台厦道公署，西包天后宫，而北环左营游击署，计一周不过十里。北跨高坡，南瞰鬼子山，西俯海岸。东北当北路要冲，东南控南中二路，方得建郡形胜。幸即具题请旨，开输砖石城工事例，诸罗、凤山皆可克日行之。不然道旁筑舍，偷安目前，实非经国安邦之道也。"书上，不行。雍正十一年，巡抚鄂弥达奏请筑城，旨下大学士等议覆。总督郝玉麟等奏言："台湾城工浩繁，或可因地制宜，先于城基之外，栽植刺竹，可资捍卫。再于刺竹围内，建造城垣，工作亦易。"奉旨以郝玉麟等所奏，"不过虑其地滨大海，工费浩繁，故有茨竹藩篱之议。殊不知城垣之设，所以防外患，如必当建城，虽重费何惜。而台湾变乱，率皆自内生，非御外寇比。不但城可以不建，且建城实有所不可。台郡门户曰鹿耳门，与府治近，号称天险。内设炮台，可恃为固，其法最善。从前平定郑克塽、朱一贵，皆乘风潮舟行入港，故旬日可克。向使有城可据，收其府库人民以自固，攻之不拔，坐守安平，旷日相持，克敌不易。盖重洋形势与内地异，固未可轻议建制也。今郝玉麟等所奏，因地制宜，甚有裨益。其淡水各处炮台，务须建造。各属并应增修，不可惜费。"于是植竹为城。洎林爽文之役，再议建筑，是为今日之台南城。先是乾隆四十年，知府蒋元枢以府城未建，而各属之城易圮，乃率厅县公捐一万二千圆，分交四县，各三千圆，置田收息，岁得租谷可八千石，以备修缮之费，谓之城租。然遇有大徭役，则由绅富捐出，或奏发国帑，以为之用。光绪十一年，建省择地于东大墩之麓，命栋军筑之，以控制南北。而各县亦以时建造，故得记其工事，次于篇。

## 台南府城（附郭安平）

雍正元年，台湾县知县周锺瑄始建木栅，周二千六百六十有二丈，建七门：正东倚龙山寺，曰大东门。南抱山川坛，曰小南门。度南拱文庙之前，曰大南门。自东以北亘右营厅，曰小东门。北近城守营，曰大北门。西北逼乌鬼井，曰小北门。迤西外逼船厂，南折跨沟，为水门，过妈祖楼之西而终焉，独缺其西。十一年，巡抚鄂弥达奏请植竹为城，乃自小北以至大南，计植一万七千九百八十有三株，亦缺其西。而于小北、小西两门，各建炮台一座，并设敌台、城门、望楼焉。乾隆元年，发国帑，斫石建七门，护以女墙，每门周二十五丈，高二丈八尺，又建窝铺十五座。二十四年，知县夏瑚增植绿珊瑚为外护。四十年，知府蒋元枢修之，且建小西门于土击埕西。五十三年，大学士福康安、工部侍郎德成、巡抚徐嗣曾等会奏，改筑砖城，以台未烧砖，用土。进士郑光策以台地多震，不宜筑城，请仍旧制，加凿壕沟，足以为守。不从。是年十月二十七日起工，东、南、北三方，悉用旧址，唯西方近海，内缩一百五十余丈。画自小北以至小西，状如半月沈江，故谓之半月城。壁高一丈八尺，顶广一丈五尺，基广二丈。新建大西门楼，凡八门：东曰迎春，西曰镇海，南曰宁南，北曰拱辰。置窝铺十六座。以五十六年四月十一日告成，计费十二万四千六十余两。蔡牵之乱，郡治戒严，郊商多在西城外，乃捐建瓮城于新港墘，以防海道。道光四年，许尚之变，十二年，张丙之变，南北相扰，官绅议建外郭。不许，仅筑东郭之门，旁植刺竹，设仁和、永康二门以出入之。同治元年五月十一日，地大震，城壁多坏，修之。光绪元年，钦差大臣沈葆桢又发国帑，大修之。十三年，移台湾府县于台中，改称台南，而县曰安平。

## 嘉义县城

康熙二十三年，置诸罗县于佳里兴堡，则昔之诸罗番社。四十三年，迁今治。知县宋永清始设木栅，周六百八十丈，建四门。雍正元年，知县孙鲁改筑土城，周七百九十五丈有二尺，壁基厚二丈四尺，上广一丈四尺。池深一丈四尺，阔二丈四尺，周八百三十五丈有五尺。五年，知县刘良璧建城楼，东曰襟山，西曰带海，南曰崇阳，北曰拱辰，各门置二炮。十二年，知县陆鹤又于城外环植刺竹，用以为固。林爽文之变，环攻数月，死守不下。事闻，诏改嘉义。其后屡遭兵燹，城半倾圮。道光十三年，绅士王得禄等捐款重修，并筑炮垒。以九月起工，十六年二月告竣，用费十一万九千三百六十两。同治九年，大震复圮。光绪十五年，知县包容与绅士林启东等重修。

## 凤山县城

前在兴隆内里前锋庄，康熙二十三年建，以其地有凤山故名。六十一年，知县刘光泗始筑土城，周八百有十丈，高一丈三尺。建四门，左倚龟山，右连蛇山。池广一丈，深八尺。雍正十二年，知县钱洙奉命环植刺竹。乾隆五十一年，林爽文之变，庄大田应之。城破，文武多死，乃移于埤头店，环植刺竹。嘉庆十一年，蔡牵之乱，吴淮泗陷新城，将军赛冲阿议复旧城，且建石，嗣以费大而止。道光三年，总督赵慎轸议建，饬知府方传穟查复。翌年，巡抚孙尔准巡台，奏请再建。而是时，适有杨良斌之变，潜入新城，其议遂定。十一月。传穟谋于绅民，捐款十四万两，五年七月起工，以知县杜绍箕为监督，绅士黄化鲤、吴尚新、黄名标、刘伊仲等为董事。扩其旧址，内包龟山，外接蛇山，垒石为之，高一丈有二尺，广一丈有五寸。上建雉堞，辟四门：东为凤仪，西为奠海，南为启文，北为拱辰，四隅各筑炮台，计费九万二千一百两，六年八月竣工。择吉告迁，而绍箕忽死，众以为不祥，无敢移者，衙署渐就荒废。于是乃建新城，积土以筑，略具规模，则今之县治也。

## 恒春县城

同治十三年,钦差大臣沈葆桢至琅瑀,奏建县治,择地于猴洞,山势回环,左趋海岸,而占廓平原,似为全台收局。名曰恒春,以其地为极南,四时皆春也。光绪元年起工,翌年告竣。城高二丈有八尺,周九百七十二丈。用土石筑之,建四门。

## 台湾府城（附郭台湾）

光绪十三年建省,移台湾府于此。附郭亦曰台湾。先是,巡抚岑毓英来巡,择地于蓝兴堡东大墩之麓,刘铭传亦以为可。十五年起工,先建八门四楼:东为灵威,楼曰朝阳。西为兑悦,楼曰听涛。南为离照,楼曰镇平。北为坎孚,楼曰明远。而小东为艮安,小西为坤顺,小南为巽正,小北为乾健。十六年,橄栋军统领林朝栋督勇筑城,以绅士吴鸾旗等董工。十七年二月略成,周六百五十丈,费款二十一万五千两。而铭传一去,其事遂止。

## 彰化县城

雍正元年建县治于半线。十二年,知县秦士望环植刺竹,建四门。林爽文之役,剪伐殆尽。嘉庆二年,知县胡应魁再植。十四年,总督方维甸巡台,绅士王松、林文濬等请捐建。以城东倚八卦山,形势不利,议包围之,而工巨,乃仍旧址,别建炮台于山上。知县杨桂森先捐款,众从之,计得十四万余两,以十六年起工,二十年告竣。周九百二十二丈二尺有八寸，高一丈五尺，雉堞高三尺，基宽一丈五尺。为门四：东曰乐耕，西曰庆丰，南曰宣平。北曰拱辰。楼二层，高三丈九尺。炮台十二，水洞六，堆房十六。先是，林爽文之役，阳湖赵翼从军，议移治鹿港，其后陈震曜亦有鹿港建城之议，皆不行。以城在山下。每攻必破也。

## 云林县城

光绪十三年建县，择地林圯埔之云林坪，固郑氏部将林圯所辟也。翌年二月，知县陈世烈奉命筑城，周一千三百丈有奇，宽六尺，外植竹三重。既成，建旌义亭，以志工事，题曰"前山第一城"。然其地当浊水、清水两溪之域，每逢泛滥，往来杜绝。十九年知县李烇请移治斗六，筑城以居。周一千一百六十丈，高五尺，广八尺。外植刺竹，辟四门。竹多环池，深七尺，宽八尺。

## 苗栗县城

未建。

## 台北府城（附郭淡水）

光绪元年，钦差大臣沈葆桢奏建府治，择地于大佳腊堡。四年，知府陈星聚谋于绅士，捐款二十余万两，以五年正月起工，八年告竣。垒石为之。周一千五百有六丈，池略大之。辟五门：东曰照正，西曰宝成，南曰丽正，北曰承恩，小南曰重熙。而东北两门又筑一郭，题曰"岩疆锁钥"。既成，聚者渐多，其后复建巡抚衙门，遂为省会。

## 新竹县城

雍正元年，设淡防厅于竹堑埔，固番社也。十一年，同知徐治民始植竹，周四百四十余丈，辟四门，建楼。嘉庆十一年，蔡牵之乱，城民增筑土垣。十八年。同知查廷华扩之。周一千四百有四丈，高广各一丈，池深一丈。董事林超英、吴国步等亦改建四门，且增窝铺。道光六年，总督孙尔准巡台，同知李慎彝从绅士郑用锡之议，禀请改建，砌石为之。周八百六十丈，高一丈五尺，堞三尺，基广一丈六尺，上广一丈。虽较旧略小，而既高且固。仍辟四门：东曰迎曦，西曰挹爽，南曰歌熏，北曰拱辰。楼二层，高一丈九尺，各建炮台。以七年六月起工，九年八月告竣。计费十四万七千四百九十八两，均为官民捐出。是役巡道孔昭虔亲勘其地。绅士郑用锡、林国华、林祥麟等各董其事。其后叠圮叠修。光绪十九年四月，知县叶意深再发国帑重修，凡支三千八百二十四两。先是，道光十九年，巡道姚莹命同知龙大惇别建一城于西门之外，为掎角，以地当港口，用以防海也。二十年英军之役，同知曹谨乃扩之，周四百九十五丈，高一丈，建四门楼：东为宾旸，西为告成，南为解阜，北为承恩。又辟四小门：小东曰卯耕，小西曰观海，小南曰耀文，小北曰天枢。城多植竹凿池，广二丈，深一丈五尺。绅士郑用锡等董之。二十三年修。同治九年，增建炮台。今圮。

## 宜兰县城

宜兰故蛤仔难也。嘉庆十五年建噶玛兰厅，择地五围，委办知府杨廷理始筑土城，周约三里，长六百四十丈，东西互均，南北相距一百八十丈，垣高六尺有奇。环种九芎，故曰九芎城。十七年，通判翟淦增刺竹，并建四门，各以方向名之。二十四年，通判高大镛重建。道光十年，萨廉修之。城内旧有水圳两道，自西而东，乃引以为池，深七尺，宽一丈五尺。光绪元年。改为宜兰县。

## 台东直隶州城

未建。

## 埔里社厅城

光绪四年，改北路理番同知为中路抚民理番同知，驻埔里社。总兵吴光亮以官帑四千圆，建筑厅署，垒土为城，多植刺竹，为四门，周二里许。曰"大埔城"。

## 基隆厅城

未建。

## 南雅厅城

未建。

## 澎湖厅城

郑氏之时，置安抚司，驻暗澳旧城。归清后，设巡检，而城已圮。康熙五十六年，乃筑小城，称新城。雍正五年，改厅，犹未建也。光绪十一年，法军之役，城陷。十三年十二月，总兵吴宏洛乃发兵筑城，十五年十月告竣。周七百八十九丈有二尺二寸，高一丈五尺。堞高三尺，凡五百七十，基深三尺五寸，宽二丈四尺。辟四门，西南各增一门，皆建楼壮丽，东南临海，西接金龟头，北浚护濠。计费二万三千五百三十七两，为台湾善后局支办。是年，移厅署于今治。

### 衙　署

**延平郡王府**　在安平镇王城内，今圮。
**东都总制府**　在承天府治西定坊下大埕，土名统领巷，同治间，陈氏子孙以陈永华曾为总制，改建宗祠。

**承天府** 在府治东安坊南向，归清后，改为台湾府署。

**天兴县** 在府治镇北坊米市，今废。

**万年县** 在兴隆里，即凤山旧城，今废。

**台湾巡抚衙门** 在台北府治抚台街，光绪十三年，巡抚刘铭传建。

**台湾布政使衙门** 在台北府治，旧为巡抚行台。光绪十三年，布政使沈应奎建。

**满汉两察院** 在台南府治东安坊，雍正元年建，今圮。

**台湾抚垦大臣衙门** 在南雅厅治，光绪十二年，帮办抚垦林维源就其别庄暂用。

**分巡台澎道署** 在台南府治西定坊，康熙二十三年，巡道周昌建。

**台南府** 在府治东安坊、原台湾府署，雍正七年，知府倪象恺就明承天府改建。

**经历司** 在府署东南。

**台北府** 在府治，光绪四年，知府陈星聚建。

**经历司** 在府署之南。

**台湾府** 未建，暂设彰化县治，以旧时北路理番厅署充用。

**经历司** 在府署。

**台东直隶州** 光绪十三年，南路抚民理番同知袁闻柝建。十四年秋，番乱被毁，十二月，知州吴本杰乃就故址之南畔详请筑垒，四围各宽三十丈。

**台湾海防厅** 旧在鹿耳门，雍正八年，移建南府治西定坊。光绪十一年裁，今废。

**淡水海防厅** 原在竹堑士林庄，雍正二年，同知王汧建。乾隆二十一年，同知王锡缙移建于厅治。光绪元年，裁，暂充台北府署。

**澎湖海防厅** 原巡检署，在大山屿西澳，康熙二十三年建。

**北路理番厅** 原在彰化县治，乾隆五十三年移鹿港。嘉庆二年，同知汪楠建于粟仓南畔，光绪九年裁。

**中路理番厅** 在埔里社大埔城，光绪四年，总兵吴光亮建。

**基隆海防厅** 原基隆通判署。

**南雅理番厅** 在大料崁庄，光绪二十年建。

**噶玛兰通判署** 在厅治东街，嘉庆十八年，通判翟淦建，光绪元年改为宜兰县署。

**基隆通判署** 在厅治，光绪元年建，十三年改为海防同知署。

**卑南州同署** 在卑南庄，寄治于安抚军营内。

**花莲港州判署** 未建。

**安平县署** 原台湾县署，旧在台南府治东安坊，乾隆十五年，知县鲁鼎梅移建镇北坊。

**典史署** 在县署之右。

**凤山县署** 原在旧城，康熙四十三年，知县宋永清建。乾隆五十三年，移建今治埤头街。

**典史署** 原在旧城，后移，今治县署之右。

**嘉义县署** 原在佳里与，康熙四十三年移驻今治，四十五年，摄县事同知孙元衡建。乾隆二十七年，知县卫克堉重建。

**典史署** 在县署之右，雍正二年建。

**恒春县署** 在县治，光绪元年，知县周有基建。

**典史署** 在县署之右。

**淡水县署** 在台北府治，光绪四年建。

**典史署** 在县署之右。

**新竹县署** 在县治，光绪元年建。

**典史署** 在县署之右。

**宜兰县署** 原噶玛兰厅署。

**典史署** 在县署之右。

**台湾县署** 在府治新庄仔庄，光绪十四年建。

**典史署** 在县署之右。

**彰化县署** 在县治之中，雍正六年，知县汤启声建，林爽文之役毁。乾隆五十三年，知县宋学灏重建。戴潮春之役，复毁。同治十二年，知县孙继祖再建。

**典史署**　在县署之右，乾隆十二年，典史朱江重建。

**云林县署**　原斗六门巡检署。

**典史署**　在县署之右。

**苗栗县署**　在县治，光绪十四年建。

**典史署**　在县署之右。

**罗汉门县丞署**　乾隆二十七年建，五十四年改为巡检署。

**万丹县丞署**　乾隆二十六年移驻阿里港。

**笨港县丞署**　原在笨港，雍正十一年移建于坂头厝。

**下淡水县丞署**　原下淡水巡检署。

**头围县丞署**　嘉庆二十五年，县丞朱懋移建于乌石港之南。

**南投县丞署**　乾隆二十四年，县丞张成器建，林爽文之役毁，五十三年县丞徐英重建。

**新庄县丞署**　乾隆五十五年建，后移驻艋舺。

**大武垄巡检署**　康熙年间建。

**佳里与巡检署**　雍正十年建。

**新港巡检署**　康熙年间建。

**斗六门巡检署**　乾隆二十六年建，后改为云林县署。

**鹿仔港巡检署**　雍正六年建。

**大甲巡检署**　嘉庆十四年建。

**猫雾捒巡检署**　在犁头店，雍正十年建，乾隆五十三年重建，今废。

**葫芦墩巡检署**　光绪十一年建。

**枋寮巡检署**　光绪元年建。

**竹堑巡检署**　乾隆二十一年建。

**八里垄巡检署**　雍正十一年建，乾隆十五年风灾圮，移驻新庄。

**罗汉门巡检署**　原县丞署。

**八罩巡检署**　光绪十一年建。

**镇守台澎总兵官署**　在台南府治镇北坊，康熙二十五年，总兵杨文魁建。乾隆五年，总兵何勉添筑土城，高一丈一尺，周三百三十丈，辟东西两门。

**中营游击署**　在台南府治镇北坊。

**左营游击署**　在台南府治镇北坊，光绪元年移驻恒春。

**右营游击署**　在台南府治镇北坊，光绪元年裁。

**城守营参将署**　在台南府治镇北坊。

**道标营都司署**　原镇标右营游击署。

**南路营参将署**　在凤山县治。

**北路营副将署**　在彰化县治县署之东，雍正十一年建，乾隆五十三年重建。

**噶玛兰营都司署**　在宜兰县治，原守备署，嘉庆十八年，守备黄廷耀建。

**镇守澎湖水师总兵官署**　在妈宫城内，原水师副将署。

**左营游击署**　在妈宫城。

**右营游击署**　在妈宫城。

**安平水师副将署**　在安平镇，乾隆五年，副将王清建。

**中营游击署**　在安平镇。

**左营游击署**　原在安平镇，乾隆五十三年移建鹿港北头，六十年毁，改建于土城内。

**右营游击署**　在安平镇。

**艋舺水师参将署**　在艋舺原淡水营都司署，嘉庆十三年建。

## 局　所

**全台团练总局**　在台南府治，咸丰三年设，自后凡有军事，则开办焉。法人之役，台北亦设，各厅县皆设分局。

**培元总局** 光绪七年,台湾道刘璈改团练总局为培元总局,仍委绅士理之,以办地方公事。法人之役,复为团练。

**全台筹防总局** 一在台北府治,一在台南府治,均光绪十年设,二十年复设。

**保甲局** 各府厅县皆设,无事之时则办冬防。

**台湾通商总局** 在台湾道署,咸丰九年设,以办通商事务。光绪十三年,台北亦设此局,归布政使督办。

**全台清赋总局** 一在台南府治,一在台北府治,均光绪十二年设,各厅县皆设分局,十八年事竣,裁撤。

**全台抚垦总局** 在淡水县辖大料崁,光绪十二年设,各地多设分局。

**转运局** 在上海,光绪十年设,委苏松太道办之,以理台湾军械、饷项、转运之事。

**支应局** 在台北府治,光绪十一年设,由布政使督办,而台南设分局。

**捐输局** 在台北府治,光绪十一年设,由布政使督办,而台南设分局。

**善后局** 在台北府治,光绪十二年设,由布政使督办,以理战后之事。

**招垦局** 光绪元年设于厦门、汕头、香港,以办闽粤人来台开垦之事。

**招商局** 光绪十二年设于新加坡,以办南洋华侨来台经营之事。

**铸钱局** 在台南府治东安坊,康熙二十四年设,后裁。

**官银号** 同治二年设于沪尾,以收解关税,其后旗后、安平、鸡笼以次开办。

**官银局** 在台北府治,光绪十六年设。

**台南官票局** 在台南府治,光绪二十一年设。

**法审局** 在台北抚署内,光绪十二年设。

**官医局** 在台北考棚内，光绪十二年设，十七年裁。

**军器局** 在台北大稻埕，光绪十一年八月设、翌年十月竣工，费款十二万余圆，以记名提督刘朝幹为总办，聘德国工师以制军器。

**电报总局** 在台北府治，光绪十二年设，各地多设分局。

**厘金总局** 在台北府治，由布政使督办。先是，通商之后奏设厘金局于沪尾、安平，以征各货厘金，其后各处添设，计有三十八分局。

**烙号局** 同治五年设于沪尾、安平，以烙阿片之号，而征其厘，归道督办，其后改由商人揽办。

**金沙局** 在基隆厅辖瑞芳，光绪十七年设，而暖暖、六堵、七堵、四脚亭、顶双溪各设分局。

**脑磺总局** 在台北府治，光绪十三年设，由巡抚督办，而大料崁、彰化、恒春、宜兰各设分局，其外又设支局，十七年改归招垦局兼办。

**煤务总局** 在基隆，光绪五年设，聘用西人以机器开采煤炭。

**磺油局** 在苗栗县治，光绪十三年设，十七年裁。

**铁路总局** 在台北府治，光绪十三年设。

**军装局** 在台北府治，光绪十一年设，而台南设分局。

**火药局** 在台北大隆同庄，光绪十二年设，而台南在小北门外。

**水雷局** 一在沪尾，一在基隆，均光绪十二年设。

**硝药局** 在台北大稻埕，光绪十二年设，归军器局兼办，以自制火药。

**伐木局** 在台北大稻埕，光绪十二年设，归军器局兼办，以机器切锯材木，配售上海，并为铁路枕木之用。

**蚕桑局** 在台北大稻埕，光绪十六年设。

**台北通商局** 在台北东门外，光绪十三年设，以办建筑城内铺屋之事。

**清道局** 光绪十三年设，凡台北及通商口岸各设一局，以清街道，十七年裁。

**邮政总局**　在台北府治，光绪十四年设，各地多设分局。

**通志局**　在台北登瀛书院内，光绪十七年设，各厅县皆设采访局，以编纂《台湾通志》。

**台南乐局**　在台南府治奎楼内，由绅士办之，以司文庙祀典，岁收租谷数千石。

# 卷十七

## 台湾通史

关征志

昔禹平洪水，画九州，任土作贡，赋税之义始此。赋以足兵，税以足食，国用既足，民亦安宁。而暴君污吏以天下为私有，横征倍敛，吸食脂膏，兆民怨怒，起而逐之，国亡身戮，为天下笑。连横曰：明以前尚矣，台湾远隔海外，为古荒服，土番所处，海寇所踞，未有先王之制也。明季荷兰人始辟斯土，以通东洋贸易之途，设官行政，制王田，募民耕之，而纳其赋，语在《田赋志》。是时归附土番岁纳鹿皮，视社之大小为差。其后因之，每年五月初二日，主计官集公所，召民瞨社，众环视之，官历举各社饷银之数，高呼于上，瞨者应之，至最多者而畀之，乃具姓名及社饷于册，取殷户为保，以四季分纳，谓之社商。社商时率伙记至番社贸易，伙主财物，记任会计，而社商领之。凡番耕猎之物悉与社商，而以布帛、盐铁、烟草、火药易之。其令严密，番不敢私。社饷之入，大社数千金，小亦数百，是为杂税之一。当是时，土地初辟，地广而腴，一岁三熟，闽、粤沿海之氓相率而至，以逐什一之利，岁率数千人，荷人课其丁税，每丁年纳四盾。领台之初，岁收三千一百盾，其后二十年，增至三万三千七百盾，盖移殖者众，而岁入亦多也。台湾之山多麋鹿，猎者领照纳税，月课一盾，逐犬入山，肆其捕杀，于是麋鹿渐少。其后增至十五盾，岁入三万六千盾，少亦二万余盾。其脯皮贩运中土、日本，岁率十余万金。设关榷税，以稽市物，岁亦十余万金。若夫山林川泽之利，工之所计，虞衡之所入，莫不权其轻重，以佐行政之费。荷官俸养所入，岁不足用，各自私贾，以罔市利，暴待细民，侵夺田宅，上下交争，贿赂成习。甲螺郭怀一因民之怨，纠合同志谋逐之，事败被杀，株连数千人。亡命之徒，转相啸聚，以与抵抗。又闻延平郡王将兴光复之师，荷人惧，乃请爪哇总督增兵戍台，多课杂税，以助兵食。而内讧不息，抢攘昏垫，以至于亡。夫国以民为本，富则国富，贫则国贫。故曰，不患寡而患不均，不患贫而患不安。今荷人之有台湾也，肆其横暴，剪食我土地，侮虐我人民，剥夺我权利，而世之论者曰，是殖民之策也。呜呼痛哉！

延平入台，国用不足，多沿荷人旧制。及经嗣位，谘议参军陈永华乃筹长治之策，尽心经画，建保里之方，布屯田之制，开鱼盐之利，伐林木之材，内课农桑，外兴贸易。十数年来，移民大至，多至数十万人，拓地远及两鄙，台湾之人以是大集。孔子曰："道千乘之国，敬事而信，节用而爱人，使民以时。"故民皆勤功乐业，先公而后私。故曰，衣食足而知荣辱，廉让生而息争讼。夫自延平入台以来，与民休息，而永华又咻噢之，道之以政，闲之以谊，教之以务，使之以和，渐之以忠，厉之以勇，劝之以利，严之以刑，民于是乎可任也。二十年间，台湾大有，取其有余，以供国用，民亦乐输不怠，善乎德化之入人深也。洎永华亡，政教偷薄，而杂税之征滥矣。

清人得台之际，议迁其民而墟其地。靖海将军施琅力陈不可，乃设一府三县，田赋之制略同行省，而杂税仍旧，或更立之，名目繁多，变本加厉。其设于陆者曰陆饷，丽于水者曰水饷。厝饷始于荷人，大小有差，岁征银一千四百六十六两有奇。雍正元年五月，有司查验府治家屋，除破坏者，凡得大厝七千七十四间，间征一钱五分一厘九毫，小厝一千七百零三间，征半之。按户给照，纳饷后有倒坏者，许缴照注销，而新建者饷亦如之，著为例。磨饷者郑氏所立也，一首征银五两六钱。蔗车新饷也，一张亦征银五两六钱。当铺者以权子母者也，年征五两，谓之官典，官保护之，虽收赃不罪。然多势豪所设，而地方官稍分润焉。不征饷者为小典，则武营弁兵以薄资而弋重利者也。瓦窑也，菜园也，檨宅也，槟榔宅也，亦以大小征饷，其税微不足道。此陆饷之大略也。塭养鱼也，潭亦养鱼也，而塭之出息优于潭，其后塭视下园征税，而编于田赋焉。澎湖产鱼盛，以海为田，琅入台后，据为私有，岁收规费千二百两。及许良彬至，奏请归官，以充提督衙门公费，而行家任意苛求，渔民多受剥，深以为苦。乾隆二年，下谕禁革，命总督郝玉麟饬地方官照例，编列鱼舟号数，以时稽查。夫鱼舟有大小，计担征饷，每担七分七厘。次曰尖艚，每只八钱四分。次曰杉板，每只四钱二分。网一张则三两五钱，小者一两七钱五分。箔者削竹如帘，长十余丈，立海坪，乘潮汐以捕鱼也，每张一两二钱六分。沪者筑土围，高尺余，缺其门以入潮水，而置网以捕鱼也，每口八钱四分。縺垂饵以钓也，每条五两八钱八分。缝亦钓也，饷与縺同。罟也，䍇也，罾也，均用以捕鱼，而得鱼之多少不同，故征饷之轻重亦别：罟一张十一两七钱六分，䍇五两八钱八分，罾四两二钱。乌鱼旗者亦谓之藏，每冬至前，乌鱼自北而南，多以万计，渔户先时领旗，旗征饷一两二钱，钤盖县印，列号备查，凤邑最多。此水饷之大略也。

同治十三年冬十二月，钦差大臣沈葆桢奏言："旧例台湾鼓铸锅皿农具之人，须向地方官举充，由藩司给照，通台只二十七家，名曰铸户。其铁由内地漳州采买，私贩者治罪。迩来海口通商，铁觔载在进口税则。昔杜内地之出，今自西洋而来，情形迥异。而不肖兵役人等，往往藉端勒索，该铸户亦恃官举，任意把持，民甚苦之。又台产竹竿，向因洋民不靖，恐有接济，因禁出口，以致竹竿经过口岸，均须稽查。不知海船蒲布皆可为帆，无须用竹，立之厉严，徒为兵役留一索诈之端，民间多一受害之事，应请无庸查禁。"诏可。

光绪三年春，巡抚丁日昌既视台湾，亲见杂税之苦，奏请蠲除。其言曰："查台郡当郑克塽归诚时，仅有台湾、凤山、嘉义三县之地，其彰化县、淡水、噶玛兰两厅，皆系后辟之土。东至内山，西至海，地皆浅狭，唯南北袤长。计台、凤、嘉三县合长二百九十里，共额征供谷十三万余石，而后辟之一县两厅合长五百八十里，仅征供谷五万六千余石。核计彰、淡、兰之地，比台、凤、嘉几多一半，而所征之谷，反不及一半，何也？盖凤、台、嘉开辟之地较早，所征税则皆沿郑氏之旧，而彰、淡、兰新垦之地，则由朝廷新定科则，故赋课较轻也。然其为民累者，则莫如杂饷。查杂饷名目繁多，内如归化生番，无亩可计，无粮可科，以纳鹿皮为饷。而所谓塭饷者，则征于畜鱼之所，所谓廍饷者，则征于熬糖之所，虽谓苛细，而稽其赢利，酌取一二，以益正供，于民尚无大损也。他如海水支流曰港，洼深积水曰潭，凡可养鱼之所，则如塭饷征收。而小道可通之处，竹筏小艇运货往来，亦按照征收。又如建屋之基，磨面之场，瓦窑、菜园、槟榔、番檨之类，莫不按数征饷。若其征诸渔户者，曰罟，曰罾，曰罛，曰縺，曰箔，曰缞，曰网，曰沪，曰乌鱼旗，吏役勒索，横取穷民。而佣户渔人又多去来无定，官役不能尽悉，假手土豪，出为揽办，豫纳承充之费，垄断浮收，舐糠及米，输于官者十，取于民者百，民奈何而不困耶？臣到台后，查悉各弊，则拟稍为厘剔，而各项名目琐碎，影射牵连，非尽断葛藤，终难以绝弊窦。除番饷、塭饷、廍饷之外，其港、潭等项杂饷，统计各属共征银五千二百二十三两九钱六分五厘，均应豁免，以除民累。伏查台、凤、嘉三县正供，征收既重，而杂饷名目犹繁。小民终岁勤劳，所得无几，而一经吏役嘐突叫嚣，遂有枷棒在手，鸡犬无声之叹，民困何由而苏，元气何由而复乎？且此项杂饷，征收不过数千余两，就地支发，归入奏销。台湾近年出产茶叶、樟脑等厘税，均属新征，较此多至数倍。而台北现议开矿，则地利更可勃兴。谨将前项杂饷查列清单，请自光绪三年起，永远一律蠲除。"诏可。台人大说，至今犹称颂焉。

契税为入款之一，亦杂税也。旧例每百圆缴税并费共十三圆，人民以为过巨，多不投税。光绪二年，郡绅蔡霞潭嘱御史某出奏，旨下部议，定自三年起，减为一半，即百圆征税六圆五角，外费悉裁。然经办者犹不能尽废，每宗加缴司单六角，若在千两以上者，由县送府加印，或由业户自送，每宗规费二三十圆。而税额之中，以三圆解府转藩，知县例得一圆八角，余由书吏、家丁、房总、差役分肥。故知县下车之后，则示民税契，按期轮比，而私其利，多者数万圆，少亦数千。已税之契曰红契，未税者白契，众不以为凭，故人民亦自知为要也。

安平为府治通商之口，向由台防同知管理，征收船费，谓之交口。派员查之，凡内地商船来台者，应验牌照。出口之时，船上须挂红旗，巡丁到船，丈量担位，报明无差，乃由委员给照收费。每百担五圆六占六瓣，岁约五千余圆。不换照者以为走私，船货充公。光绪元年，台防同知移驻卑南，仍归收费。至十四年，改由安平县收之，以抵津贴一半之额。其时帆船渐少，岁约三四千圆，而轮船则由海关收之。又有武口，归安平水师副将管理。亦派弁兵，以验出入，诘盗贼。每船征费二圆，岁约二千余圆。

天津之约，许开台湾互市。咸丰九年，两江总督何桂清奏准美国先在潮州、台湾通商。福州将军东纯、闽浙总督庆端、福建巡抚瑞璸会奏在台开设海关。已而英法两国请照美国征税，复奏准一律办理，其税项仍解关库，归将军督办，统并南台、厦门两口奏销。十年，奏派道员区天民会同台湾镇林向荣、兵备道孔昭慈、知府洪毓琛等商办，议以淡水八里坌为通商码头，而于对岸沪尾设关。其北路之鸡笼、香山、后垄、中港，南路之鹿耳门、打鼓，大小各口，一律禁止洋船贸易。同治元年六月二十二日，沪尾开关征税。二年正月，奏派道员马枢辉接办，适彰化乱，各地俶扰，未到，乃委淡水同知恩煜代之。恩煜请设关渡验卡，以查洋商讲出，巡逻仍用关船。税务司又禀总理衙门，请于鸡笼、旗后、安平三处，照例通商，部议许之。八月十九日，鸡笼开口，派副税务司以办。三年四月，安平、旗后亦开办。以沪尾为正口，鸡笼、安平、旗后为外口。征税银册，均由总口转缴关库，归福州将军督办。四年春二月，旗后税务司以安平征收洋税，递年加多，各商赴旗完纳，诸多不便，请于安平添设银号，管出入。将军庆麟调查原案，以安平仅为验口，只准洋船寄碇起货，不许开设，而打鼓委员德协领复以此举实为华商之便。嗣经户部核准，以六年十月开办。既又设船政厅，理港务，征船钞。其时贸易未盛，税项亦少。盖以中国协定税率甚轻，而土货之往来者别课厘金。

厘金之设，始于道光之季。时当军事旁午，征赋为难，故为权宜之计，取以助军。凡货物出入，照担征收，不论粗细，故谓之厘。咸丰十一年，知府洪毓琛奉饬遵办，省中亦派候补知府程荣春至淡水，设局开征，以阿片为大宗。分局之外又有验卡，征厘如前。而胥吏舞文弄弊，

## 卷十七 关征志

格外苛求，以饱私橐，商贾病之。夫厘金之设，为救一时之急，而非可以永远也。故自事平之后，士大夫多请裁撤，归并海关，而清廷不听。然自通商以来，地利日辟，物产日兴，糖米茶脑之出口，岁率数百万圆。米为民食之本，供给福建，故无厘。糖每担二钱，以天津、上海为销路，香港、日本次之。茶别征厘，设局于大稻埕。樟脑之利，或归官，或归民，其厘较多。而煤炭、金沙之利，前后以兴，故其详可得而闻焉。光绪十八年，旗后商人以波罗麻一宗，每百斤征厘六角，合银四钱三分一厘，而海关向征税银七钱。自十六年三月，并入苎麻类，一律改征，减为三钱五分。是前本税重厘轻，今反税轻厘重，故请核减。波罗麻者即凤梨丝，配至汕头，以绩夏布，其额颇多，全台厘金局以为出口货物。如土茯苓百斤，洋关税征银一钱三分，厘金定章为一圆；牛皮胶百斤，洋关一钱五分，而厘金为五角，此税轻而厘重也。又如芝麻百斤，洋关征一钱三分五厘，而厘金为一角四瓣；樟脑洋关征七钱五分四厘，而厘金为五角五瓣，此税重而厘轻也。是则关税之与厘金，原有参差，不得以百货厘金，俱照关税减半征收。其子口半税，原指洋商请领之三联票，运货到最后子口，完纳半税而言。若华商则逢关纳税，遇卡抽厘，何得援出口半税为例。但该商人近来市景萧条，销路尤滞，旗后波罗麻出口，每年征厘约二三百金，为数甚少，姑准核减，并入苎麻章程，每百斤改征四角二瓣，合银三钱二厘，以恤商艰。夫税厘之设，所以供国之用也，而民间亦有私征。城厢之市，村落之墟，牛豚之畜，蔬果之场，凡至此贩者，每收其费，以充庙祀义举之款。然必禀官出示，以杜分争，故人肯乐输也。初，道光间，郡中商务繁盛，牛车入城，日数百辆，城兵欺其乡愚，勒索规费，每辆收钱百文，多至数百文。乡人不堪其苦，群吁郡绅，镇道合示禁止，违者治罪，而弊稍革矣。

## 郑氏征收杂税表

**厝税** 每间六钱二分，凡六千二百七十间，半年征三千八百八十七两七钱一分。

**贌　社**　凡二十七所,年征三千六十两。

**港　潭**　年征一万九千三百八十八两。

**梁头牌**　每担一钱一分,凡一万三千六百三十七担,年征一千五百两七分。

**澎湖船只**　凡一百十一只,年征七十三两八钱。

**安平镇渡船**　凡三十四只,年征四百两。

**牛　磨**　每首二十四两,凡二十七首,年征六百四十八两。

**蔗　车**　凡一百张,年征一千九百七十六两。

**大小网箔**　凡八十张,年征二百零八两四钱。

**罟罾缯缭等**　年征八百四十两。

**乌鱼旗**　凡九十四枝,年征一百四十一两。

**入港货税**　年征一万三千两。

**出港盐税**　年征二百两。

**僧道度牒**　僧每名二两,道士五两,年征二百两。

### 清代陆饷征收表（据乾隆二十九年《台湾府志》）（终位厘）

| 厅县\款目 | 台湾 | 凤山 | 诸罗 | 彰化 | 淡水 | 澎湖 |
| --- | --- | --- | --- | --- | --- | --- |
| 厝饷 | 1256193 |  | 200500 |  |  |  |
| 牛磨 | 225204 |  |  | 100800 | 5600 |  |
| 蔗车 | 274400 | 562800 | 871900 | 347200 | 11200 |  |
| 樸宅 | 70000 | 6000 |  |  |  |  |
| 槟榔宅 |  |  | 60000 |  |  |  |
| 菜园 |  |  | 3000 |  |  |  |
| 瓦窑 |  |  | 12500 |  |  |  |
| 当铺 | 50000 | 5000 | 115000 |  |  |  |

## 清代水饷征收表（据乾隆二十九年《台湾府志》）（终位厘）

| 款目 \ 厅县 | 台湾 | 凤山 | 诸罗 | 彰化 | 淡水 | 澎湖 |
|---|---|---|---|---|---|---|
| 渔船 | 645641 | 387926 | 226669 | 155885 | | 223020 |
| 渡船 | | 76153 | | | | |
| 港潭 | 425624 | 442974 | 351417 | 44538 | | |
| 鱼塭 | 16500 | | 100000 | | | |
| 大小网 | | | | | | 154000 |
| 箔 | | 11760 | | | | 3150 |
| 沪 | | | | | | 32130 |
| 罾 | 32400 | 8400 | 8400 | | | 28560 |
| 罟 | 70560 | 129360 | 5880 | 5880 | 11760 | |
| 罧 | 17670 | 5880 | | | | |
| 縺 | 52920 | 64680 | 28400 | | | |
| 蠔 | 52920 | 47020 | 47040 | | | |
| 縿 | | | 11760 | | | |
| 乌鱼旗 | | 98700 | | | | |

## 台湾海关征收税钞表

| 年份 | 淡水及基隆 | 安平及旗后 | 合计(两) |
|---|---|---|---|
| 光绪七年 | 320469 | 218395 | 538864 |
| 八年 | 285320 | 186961 | 472281 |
| 九年 | 296931 | 194895 | 491826 |
| 十年 | 297879 | 210214 | 508093 |
| 十一年 | 372720 | 152375 | 525095 |
| 十二年 | 382156 | 154088 | 536244 |
| 十三年 | 534523 | 337576 | 872099 |
| 十四年 | 598383 | 404205 | 1002588 |
| 十五年 | 590944 | 399202 | 990146 |
| 十六年 | 584241 | 461031 | 1045272 |

台湾海关征收船钞表

| 年份 | 淡水及基隆 | 安平及旗后 | 合计(两) |
|---|---|---|---|
| 光绪八年 | 1897 | 5067 | 6964 |
| 九年 | 2283 | 4939 | 7222 |
| 十年 | 1961 | 5491 | 7452 |
| 十一年 | 656 | 2548 | 3204 |
| 十二年 | 1442 | 2415 | 3857 |
| 十三年 | 707 | 2475 | 3182 |
| 十四年 | 4869 | 3422 | 8291 |
| 十五年 | 3192 | 2724 | 5923 |
| 十六年 | 1630 | 4059 | 5689 |
| 十七年 | 2065 | 1727 | 3792 |

# 卷十八

## 台湾通史

### 榷卖志

连横曰：昔者太公治齐，官山府海，以殖其利。管仲因之，齐以富强，故能霸诸侯，攘夷狄，功传数世。汉兴至武帝时，拓地用兵，军旅岁动，国计不足，设盐铁之官，榷酒酤之税。文学之臣以为聚敛，而功利者且以为富国焉。台湾榷卖之制，始于清代。初理盐、磺，后及煤、脑，盖此为天地自然之利，苟振兴之，足以裕国而益民焉。先是，台湾鼓铸锅皿农具之人，例由地方官举充，藩司给照，而纳其税，全台定二十有七家，名曰铸户。其铁由漳州采办，私贩治罪。盖以台湾孤立海上，虑造兵器，故官督之。然自通商以来，洋铁入口，载在税则，而旧例遂成虚文。同治十三年，钦差大臣沈葆桢奏请废止，用者便之。夫榷卖之制，各国皆有，大小轻重，或有不同，而台湾之所行者则此。记曰："百姓足，君孰与不足。"旨深哉。

## 盐

台湾滨海之地，煮水为盐，其利甚薄。前时盐味苦涩，不适于用，多自漳、泉运入。永历十九年，谘议参军陈永华始教民晒盐，择地于天兴之南，则今之濑口也。其法筑埕海隅，铺以碎砖，引水于池，俟其发卤，泼而晒之，即日可成。色白而咸，用功甚少。许民自卖，而课其税。归清以后，盐户日多，销路愈广，争晒竞售，市价不一。雍正四年春，奏归官办，由府管理，分设盐场四处：曰州南，曰州北，为台邑武定里；曰濑北，为今附郭之盐埕庄；曰濑南，则凤邑之大竹里，而毗于打鼓山麓也。每场设管事一名，巡丁十人，或八人，或六人，视其大小，以防私漏。盐户晒盐，例于春冬，春曰大汛，冬曰小汛，以夏秋多雨也。盐成运纳于场，而发其价。每石时银一钱二分，濑南稍逊，减二分。岁收约九万石，或至十万石。府中设总馆一，市镇各设分馆。贩户赴馆缴课，领引而出。其盐石银三钱。水运陆载，视路远近，以定市价，故各地不均。盐课所入，每月支发盐户及经费外，悉存府库，造册申报，以充兵饷。乾隆二十年，增设濑东，为嘉邑之井仔脚，而布袋嘴、北门屿亦先后分设。盖以彰、淡设治，垦户日进，故由此给之。五十五年，议定台湾定额之外，所有埕底泥盐，岁约二万石，分拨各厅县销售，每年征课一千八百十八两余，入册奏销。嘉庆十五年，设噶玛兰厅，盐用濑北，岁销七千石，归厅采运，每石售银三钱三分，共征二千三百十两。除原价及折纹银外，可得盈余纹银一千三百三十七两。先是，兴化、惠安渔船，每当春夏之交，遭风收泊兰属，运盐散卖，斤钱七八文。间有收积居奇，至秋冬时，价至二三十文。及设官后，禁私贩，议照汀州行销广潮盐引，募鸡笼小船，给照至莆田、惠安就场购运，以资民食。盖以兰地僻处北东，府盐运至淡水，又须待风而入，费大时久，或虞断绝，故其价昂。而司道不许，以兰为台属，行销府盐，可杜私贩，且缓急足济，乃议定归厅。自十八年三月为始，每斤价十六文，用者便之。

道光四年闰七月，省议以南靖、长泰二县盐引阻滞，奏请台湾代销。于是岁课一万七千石，合以台湾自晒者十三万石，入款颇巨。自是以来，北鄙日辟，淡属住民数十万，而仍行销府盐，采配不便。咸丰中，始许于虎仔山自晒，一时私盐充斥，课项锐减。同治六年二月，改归道办，严缉捕，虎仔山场亦归官。七年移府，九年二月复归道，十年仍归府办，而盐引愈多矣。

澎湖四面皆海，小岛错立，其地斥卤，可以自晒，仍销府盐，每银一圆售八十斤，色灰稍苦。澎人以海为田，需盐较重，一旦不至，人受其病。光绪初，议设盐场，不许。十一年建省，十四年整饬盐务，南北两府各设总局，以揽其事。南归兵备道，而北归布政使。基隆、艋舺、宜兰、新竹、大甲、鹿港、嘉义、凤山、恒春、澎湖各设总馆，各地仍置小馆，由民揽办。其馆主多乡绅宦戚，获利不少，大者岁盈万金，小亦一二千圆。台湾销盐约按人口，每人日用三钱，年须六斤十二两，以三百万人计之，则当盐二千二十有五万斤。斤匀银一分，为二十万二千五百两，实岁入之一大宗也。

生番浑噩，僻处内山，茹毛饮血，需盐孔亟。其归化者由官给之，或以互市。而旧志载崇爻山有咸泉，掘地汲之，编竹为镬，内外涂泥，煮之成盐。若中坜、后垄各地熟番，有以挑沙沥卤自煮者，官不征课。盖归化时，曾经奏准者也。

## 硫　磺

硫磺产于淡水，为今北投之地，当西班牙人据台时，曾掘取之。而瘴毒披猖，虫滋水恶，工人多病。归清后，康熙三十五年冬，福州火药局灾。典守者负偿，欲派吏往，无敢至，仁和诸生郁永河适在省，慨然请行。三十六年春二月至郡，四月北上，先命淡水社通事张大入北投筑屋。既至，集番酋饮，告以采磺事，与约一筐易布七尺。番喜，各负磺至。命工煮之，磺有黄黑二种，质沉有光。以指燃之，飒飒有声者佳，反是则劣。先碎为粉，暴日极干，镬中置油，徐入土，以两人持竹杆搅之。土既得油，则磺自出，油土相融，而后成物。一镬可得四五百斤，或一二百斤，唯视火候之纯疵尔。产磺之地为内北投，石作蓝靛色，有沸泉，草色萎黄，无生意，山麓白气缕缕，如云乍吐，是为磺穴，风至磺气甚恶。更进半里，草木不生，地热如炙，白气五十余道，皆从地底腾激，怒雷震撼，地岌岌欲动。所以不陷者，热气鼓之尔。穴中毒焰扑人，触脑欲裂。左傍一溪，声如倒峡，即沸泉所出源也。永河著《裨海记游》，其所言略如此。当是时，淡水未辟，而北投又在番境，奸宄潜至，私制火药。乾隆中，出示禁止，嗣命屯丁守之。每年四季，北路营副将派弁入山，焚毁草木，以杜私煮。同治二年，福建巡抚徐宗幹奏请开采，以裨军务。六年，淡水同知严金清禀请不可，以采之有四可虑。八年，卢璧山奉南洋通商大臣之命，来台采办，募工煮之。既而闽浙总督英桂饬总兵杨在元、兵备道黎兆棠派员会勘。盖以其时整军经武，多用火药，故议开采。然以所产未巨，恐耗经费，九年，复封。及刘铭传任巡抚，谋殖地利。光绪十三年，奏设脑磺总局，与樟脑皆归官办，而所产日盛，以至于今。

## 煤

煤为矿产大宗，台湾多有，而基隆最盛。当西班牙据北时，则掘用之，其迹犹存，为今之仙洞。归清以后，仍事采掘。乾隆中，移民渐众，以其有伤龙脉，请官禁止，然尚有私掘者。道光十五年，淡水同知娄云再示禁。十七年，同知曹谨复禁。而是时海通已启，东西往来，以台为径，各国遂多注目。禁烟之役，英舰窥基隆，及平，英人辄来台湾，谋通商。二十八年，英国水师游击吴伦至基隆，查勘煤层，归报其国。三十年，英公使请准英人开采，不许。咸丰四年，美国水师提督彼里亦来勘，以煤层丰富，谋据此地，建军港，以开美国贸易之途，而台人不知也。天津之约，许开基隆通商。同治三年，福州税务司上书，陈采煤之利，请准英商租地开办，淡水税务司亦为是言。巡抚徐宗幹奏言不可，而绅民亦立公约曰："鸡笼山一带，为合境来龙，灵秀所锺，风脉攸关。近有沿海奸民，讹言山根生有煤炭，难保无人偷掘，一经损伤，全台不利。如遇偷挖，即行围捕送官。倘敢抗拒，格杀勿论。有不遵者，公议惩罚。"然其后私掘愈多，势不能禁。

九年春正月，总督英桂命署道黎兆棠派员查勘，乃委江苏候补道胡斌与淡水同知会勘。据复海港东边之深澳、八堵、土地、公坑、竹篙厝、偏坑、田寮港、后山、石梗、暖暖、四脚亭、大水堀等处，皆属旁山，无碍正脉，远隔民居，且于田园庐墓亦无妨碍。计得九十二洞：闭歇者二十三洞，其煤已竭，地归山主；停办者二十一洞，以价贱滞销，流浅难运；现开者四十八洞，而中如四脚亭四洞，夏秋之间亦流浅难运，俟八九月方可配出。于是传集山主及乡人士，妥定开采章程，立石为界，不许租与外人，并私相典卖。各洞相距南北二十五里，东西五六里。闭者不得再开，以七十洞为限。而煤户须本地人，又有亲族庐墓者，互相环保，其曾为洋行办事者不许。煤工亦须土著，家在五十里以内者方可用。每洞不得过二十人。煤户具保，所出之煤投行仲卖，官为督办，违者照罚。禁约虽开，而约束尚严也。当是时，基隆、沪尾已为通商之口，轮船出入，用煤日多，或运至福州、厦门，每年出产多至三四十万担，少亦十余万担。其煤三等：上曰角煤，担值钱二百；次中煤，稍降；又次煤粉，最贱，仅得五六十文。此为在山之价。若运出市上，则视路之远近而差，照例每担征税五厘，唯船政局采用者豁免，而煤户亦无税。

光绪元年，钦差大臣沈葆桢奏言："台湾之地，病于土旷，而土旷之病，由于人稀。重洋远隔，势必获利三倍，而后内地力食之众，不召而来。然垦田之利微，不若开煤之利巨；垦田之利缓，不若开煤之利速。南北各省按日以煤炊爨，入冬以煤御寒，若出口畅旺，煤价必昂，于民间不无窒碍。而台湾则炊爨、御寒均无需此，除出口外，别无销路。虽其煤质松脆，不敌西洋之产，而较之东洋，尚去不远。然台煤虽富，年来开采仍不甚旺，其故由于滞销。西洋之煤，金山最伙，从前船只皆绕金山而来，货物之外，以煤压载，煤佳价平，固非台煤所能敌。自埃及红海开通以后，洋船无须绕道金山，而金山之煤遂稀，价亦日昂，而台煤仍不畅销。则必减轻税率，以广招徕。此后税率虽减，而入款仍不悬殊，则于民间生计当有起色。至船局所用台煤，向系免税，不在定则之内。今拟将出口之煤，每吨减为税银一钱。如蒙天恩允准，伏恳饬下总理各国事务衙门，札行总税务司，言明台煤无关民间日用，为洋舶所必需，是以减税惠商，南北洋各口均不得援以为例。"诏可。

三年，聘英人合札为矿师，并购机器装置八堵，大为开采，出口亦多。而经费繁杂，不敷开用，委员浮冒，积弊日深。八年二月，台湾道刘璈禀请督抚，略曰："台北煤务为台湾漏卮，中外疑议，已非一日。职道履任以来，亟思设法整顿，以期除弊兴利。盖以煤务事属创办，职道又未亲履其地，远观悬揣，漫议章程，失刻失疏，均虞未协。然屡奉钧批，又不敢以月耗巨帑，责归台防之事，置诸后图。从前张升道深知其难，请由船政主办，实由于此。嗣后黎星宪复称统归船政办理。盖以煤务之坏，坏于历办不得其人，浮费过多，成本过重，随处浮冒，任意报销尔。郑倅接办以来，自禀牍观之，较前诸员似有把握，然以册报论之，似其不实不尽之处，仍所不免。八堵以总炭一万九千八百五十余石起解，基隆只收一万六千五百五十余石，十余里间，少去三千三百余石，已属不解。而八堵以粉炭九千零十石起解，基隆仅收三千四百三十石，竟少去五千一百八十石。基隆收发之时，又各有失耗，大较又去一成。既减成色，又失斤重，一转移间，一月之内，耗至八千余石，揆之于理，似欠圆通。又工匠等听烧官煤，月至数千石，洋人三名月烧官煤九千斤，路旁三灯月烧官煤四万斤，其间不应滥支之处，不可胜数。此煤斤滥耗之情形也。至于银钱数目，采煤工价，浮于所收之额，多至三千四百余石。车运之价，亦难实按。种种靡费，悉难枚举。今拟委补用同知史悠菜、候补通判李嘉棠会同办理，不过欲于台湾漏卮，稍求补苴尔。"于是妥定章程八条，竭力整饬。时有毕德卫洋行揽销总炭，船局以为不可，乃于上海自设台湾煤务分局，又于汕头、香港、厦门托商代售，统计每年出煤一百四十五万石，可得二十余万圆，而局费不过数万圆，入多出少，渐有起色。若能扩充销路，尤足以兴其利也。法之役，基隆失守，煤局被毁。及平，巡抚刘铭传奏设煤务局，委张鸿禄办之，投资四十余万两，新置机器，又聘外国矿师，招工开采。至十三年，每日出煤可百吨，而办理未得其宜。铭传委用粤商代办，众多訾议，部议以为不可，复归官办。及邵友濂至，遂裁撤之。

## 煤　油

煤油或称石油，其利溥，而前人未知也。台人燃灯多用豆油，及西人发见煤油以来，运入台，其始仅见于城市，不十数年遍村野，以其价廉而光倍也。煤油之用，以美国彗星标者为最多，次为俄、澳之产，岁率数十万圆。然台自有煤油，而未知采法，为足惜尔。咸丰末年，粤人邱苟通事也，勾引生番杀人，官捕之急，遁入山。至猫里溪上流，见水面有油，味殊恶，时乏烛，燃之绝光。窃喜，以告吴某，某以百金赎之，而不知用。苟复赎宝顺洋行，岁得银千余两。遂互争权，集众械斗，久不息。九年二月，淡水同知逮苟治罪，又以外商无在内地开矿之权，封之。及沈葆桢巡台，闻其事。光绪四年，聘美国工程师二人勘验，以后垄油脉最旺，乃购机器取之。其始多盐水，掘至百数十丈，达油脉，滚滚而出，日得十五担。久之，工师与有司不洽，竟辞去，遂废。光绪十三年，巡抚刘铭传乃设煤油局，委栋军统领林朝栋兼办，而出产未多，入不敷出。十七年，巡抚邵友濂撤之。闻矿学家谓，台湾油脉甚长，自苗栗而至安属之噍吧哖，蜿蜒千里，如能取之，足以供用而有余。又台多火山，间有瓦斯，质若炭，光胜于煤，其用尤宏。

## 樟　脑

樟脑为台湾特产。当郑芝龙居台时，其徒入山开垦，伐樟熬脑，为

## 卷十八 榷卖志

今嘉义县辖。配售日本，以供药料，其法传自泉州。归清以后，封禁番地，犯者死。康熙五十九年，曾逮熬脑者百数十人治罪，其业渐废，而山麓细民犹有私熬者。雍正三年，闽浙总督满保奏准台澎水师战船，令于台湾设厂修造，以台道台协监督。于是南北二路各设军工料馆，采伐大木，以为船料，而橄匠首任之。台湾樟北路较盛，樟有两种，香者可熬脑，臭者仅为器具。故匠首率众入山，并许熬脑，以私其利，而他人皆禁也。道光五年，始设军工厂于艋舺，并设军工料馆，兼办脑务，内山所熬之脑皆归所收，而后配出。禁烟之役，英船辄至鸡笼，潜以阿片易脑。奸人牟利，私熬日盛，法令几不能禁。咸丰五年，英商德记洋行始与台湾道订约购脑，每担价十六圆，配赴欧洲，而发脑户仅八圆，利入道署。十年，台湾开港，外商渐至。樟脑为出口之货，岁约二十万圆，台湾道陈方伯议归官办，设局收之。同治二年，艋舺料馆改为脑馆，竹堑、后垄、大甲等处均设小馆，以理其事。其时艋舺、大甲所出特多，岁各一万二三千担，竹堑、后垄亦各有一二千担。而噶玛兰、彰化之内山且有熬者，消用日广，然为官办故，外商不能获利。五年，安平英领事请归民办，兵备道吴大廷不许。驻京英公使以为有阻通商，遂向总理各国事务衙门交涉。六年，闽浙总督派兴泉永道曾献德至台，与英领事议。八年，废官办，新立购脑章程，凡外商入内地采脑，须先向总税务司请给护照，填明行号姓名，完纳出口税之半，以代内地税。运至口岸，报明海关，照章纳税，而后出口。若无护照者，将脑充公，人亦治罪。然非通商口岸，外国商船不得入泊，亦不得私自贸易。九年，始设厘金局，征收脑厘，每百斤课银五钱。初由商人揽办，其后归局。

光绪十三年，巡抚刘铭传奏言："樟脑一项，近来日本出产甚多，而香港脑价日落，如归官办，每石可获利二三圆。台湾产脑每年约出万石，硫磺则台产最佳。前两江督臣沈葆桢奏请开禁，采备官用，历年办有旧章。每石成本洋一圆，官买每石洋三圆，每年出产六七千石，上等硫磺每年只出千石，均归官用，其次积聚三千余石，官既不用，商禁未开，不能出口。日久月聚，愈积愈多，不独糜费、弃置可惜。且香港年销硫磺至万余石，运至江南、天津一带，熏炙葵扇草帽，蒸炊饽饽，制造爆竹，销路甚广。台湾硫磺既佳，奸民私熬贩运，出口不少。夫以自采之磺，禁不出口，既听日本畅销，又不能禁止私熬。若设法经理，获利虽尚未多，而于抚番经费不无少补等因。臣查樟脑硫磺两项，民间私熬私售，每多械斗滋事，恳请归官收买出卖，发给执照出口。以目前情形而论，年可获利三万余圆。以后若能出产较多，销路较畅，经理得人，日渐推广，以自有之财，供无穷之用，实于国计民生，两有裨益也。"诏可，乃设全台脑磺总局，隶巡抚，而于北路之大嵙崁，中路之彰化，各设脑务总局。若南庄，若三角涌，若双溪，若罩兰，若集集，若埔里社，皆设分局，以委员办之，又有司事、执秤、查灶、勇丁分任其职。而宜兰、恒春别设总局，以奖励脑务，按照灶数，征收防费，以充抚番之款。制出之脑悉归官局，每担八两，售之商人，为十二两，年可获利百余万两。时为台北德商公泰洋行揽办，配赴香港，每担可售二十两，多至二十余两。十六年五月，台北改归蔡南生，而彰化由林朝栋，缴价三十圆，厘金防费在内，以十二圆给脑户，余入官。是年出口六千四百八十余担，十七年为一万五千九百八十余担，十八年为一万三千一百二十余担，而脑价亦渐起。盖以欧美市场销用用愈巨，化学日精，藉以制器合药也。

初，德人晦实禄在南，开设瑞兴洋行，先至集集设馆熬脑，自配香港，数年之间，获利不赀。及归官办，顿失其益，去之汕头，以脑业交英商怡记洋行承办。十六年五月，怡记自集集运脑七百余担至鹿港，九月又运五百四十担。彰化局丁以为走私，要而夺之，安平英领事照会巡抚索还，不听。彼此相持，势将决裂。驻京英公使乃与总理各国事务衙门交涉，而各国亦以有碍通商，请撤官办。旨下户部议覆。奏曰："熟考古今律例，盐、硝、硫磺均归官办，严禁私贩。除此三项之外，未尝别有所禁也。台湾内山今以出产樟脑之多，奸商夤缘贿赂，挟谋其间，不准他人售卖，实属无谓。今英商收脑数万斤，为巡察委员所没，是则奸商之故意而后至此，即台湾巡抚亦难辞其责。况樟脑一物，原系药材,未可禁止私贩。如英国地多虫蚁,以脑熏尸,可免虫蚀,此销用之所以较多也。此后各省新出,不论利益多寡,应先奏明而后举办,方为得策。伏乞谕饬台湾巡抚刘铭传,即将樟脑一项改为民办,官府但可征税。"诏可。十一月,废官办,撤防勇。生番乘隙出草,毁寮杀人,沿山纷扰,脑务大损。于是请设隘勇而纳防费,凡脑百斤征税八圆,脑丁每灶一粒月征八角,以十灶为一份。其出口者则海关税一圆一角五分五厘,厘金五角五分,所入仍属不少。十七年,改脑磺事务隶布政使司,仍于北路之大嵙崁,中路之彰化,各设脑务稽查总局,下设分局,悉以抚垦分局委员兼之,以其事相关连也。二十一年,裁灶费,每百斤改征厘金四元。其时外国销用愈宏,香港每担至七八十圆,或至百圆。

# 沙　金

　　台湾采金始于三百年前。旧志称郑氏末叶,遣官陈廷辉往哆啰满采金,老番讶之曰:"台其有事乎?"或问之,曰:"日本采金而荷兰来,荷兰采金而郑氏至,今郑氏又采,其能晏然耶?"已而清军果入台。语虽不经,亦足以知采金之古。《海上事略》曰:"郑氏时,上淡水通事李沧请取金自效,监纪陈福偕行。至淡水,率宣毅镇兵,将至卑南觅。土番伏莽以俟,曰吾辈以此为生,汉人来取,必死战。福不敢进,归至半途,遇土番泛舟贩。福攻之,禽其酋,获金二百两。令道取,不从。"又曰:"金出山后,其番为傀儡种,人迹罕至。自淡水乘蟒甲,自西徂东,返而自北而南,溯溪进,匝月方至。土番善泅者从水底取之,如小豆,藏之竹篦,或秘之瓿甄,间出交易。"《番境补遗》曰:"哆啰满产金,淘沙出之,与瓜子金相似。土番熔成条,藏巨甓中,客至每开甓自炫,然不知所用,近岁始有携至鸡笼、淡水易布者。"《台湾志略》曰:"港底金在蛤仔难内山。港水深且冷,生番沈入,信手捞之,亟起,口噤不能言，蒸火良久乃定。金如碎米。"据此数说，则台之产金已久，而多在东北。乾隆三十六年，波兰人麦礼荷斯奇谋拓台东，与马波奥时科番战。番降，献金二十斤，银八百斤，皆此地之产，其地为今之瑞芳附近。然则台之产金早为外人所涎矣。光绪十一年，法事已平，巡抚刘铭传筑铁路。十五年，架八堵车站之桥，工人入水造础，偶见沙中有金，取出淘之。其时造桥监督，为都司李家德，广东顺德人，曾游美国，而路工亦多闽、粤人，有至新旧金山者，闻之争取。居民亦从之，各获利，每两易银八两。十六年九月，采者三千余人，地亦日广。十七年八月，出示禁止。而逐利之徒昏夜偷取，犯者多。基隆同知黎景嵩议归官，巡抚邵友濂许之。十八年二月，奏准开办，设金沙总局于基隆，瑞芳、暖暖、四脚亭、六堵、七堵、顶双溪各设分局，派员理之。采者领照纳税，驻勇弹压。是年冬，商人金宝泉禀请承办，每年认缴二万两，一切费用及勇饷悉由支理。许之，以十九年起，撤局归商。而自十八年二月至岁终，计收厘金二万七千一百十二两余。除开局费一成，并新勇一哨薪粮、衣器、账房等款，实剩一万七千六百六十二两余，以此划入海防费内，奏明存案。未几金瓜石、大石坑亦发见金苗，采者日盛。时金价颇廉，每两在山易银十八圆，后渐贵，岁可值银一百数十万圆。而台东之新城、秀姑峦、花莲港、得其犁，宜兰之苏澳、叭哩沙等，横亘六十余里，亦有金苗。然以开辟未久，野番出没，居民辄遭害，取之尚少。

## 阿片厘金

台湾之有阿片，始于荷兰之时。荷人贸易以此为巨，销售闽、粤两省，渐乃及于内地。当明之际，华人已有吸用，然仅以为药。故《本草纲目》谓之合敷融，或曰阿芙蓉，则以罂粟实之浆而熬之也。阿片出印度，以此为国课之大宗，而突厥、埃及、波斯皆有产。上者曰公班，则黑土也，味浓力大。次曰白皮，又次曰金花，则红土也。台湾之销阿片，其始多用黑土，继乃合用红土，价较贱，故吸之者众。乾、嘉以来，宇内无事，上自士夫，下至走卒，莫不以此为乐。及道光十八年，下诏禁止，以林则徐督两粤，毁英人阿片一万三千六百余箱。英人不服，遂至构兵。台湾道姚莹亦奉旨禁止，初犯者刑，再犯死，一时阿片几绝。然英人辄以夹板至鸡笼，潜与奸民授受，而易樟脑，山陬海澨犹有吸者。及媾和后，徐宗幹任兵备道，著《防夷论》，又谋禁止。其言曰："银何以日少？洋烟愈甚也；民何以日贫？吃烟愈多也。以每日每人约计之，须银二钱，就台地富贵贫贱良莠男女约略吃烟者不下数十万人，以五十万计之，每日耗银十万两矣。"而台人亦自立禁烟公约，吸烟者几不以人齿，雷厉风行，一时殆尽。咸丰元年，洋商始来贸易，照例征税。十一年，设厘金局，以阿片为大宗，谓之洋药。同治五年，淡水同知王镛详请入口阿片，不论内地已征与否。每箱征厘五十圆。大吏许之。岁率十余万两，而安平之入款亦如之。光绪五年，改归道署，召殷商揽办，各地设局，按枚烙号，始得出售市上，否则以私货论，充公而重罚之。然走私者时有所闻，而局员防不胜防也。十年，法人之役，南北禁港，商船杜绝，阿片不至，市价日昂，每箱涨至千圆。兵备道刘璈奏言："台湾通商，以洋药为大杀，每年进口售银四五百万两。今法人封口，洋药不通，曾经绅耆公请，从权划出官庄，准民自种，照例纳税。"于是嘉、彰各属多有种者，其味较淡，而云南、四川、福建亦有产。然台湾销者以印土为多，洋人运来易货，台商亦自采办。台南贩土之商合设一会，曰芙蓉郊，轮年值理，每箱征费二圆，以充义举。售烟者曰芙蓉铺，亦有公会，销用之广，几于粟、米、麻、丝矣。先是，商人陈郁堂揽办台南阿片厘金，欠款四万六千两，防务之时，军费浩大，叠催不缴。巡抚刘铭传札饬撤办，提辕讯究，而璈仍任之。铭传大怒，以其通同作弊，奏请革职，璈遂以此获罪。

### 台湾阿片进口表

| 年份 | 沪尾及基隆 | 安平及旗后 | 合计（两） |
| --- | --- | --- | --- |
| 光绪四年 | 1848 | 2853 | 4701 |
| 五年 | 2165 | 3387 | 5552 |
| 六年 | 2149 | 3647 | 5796 |
| 七年 | 2142 | 3739 | 5881 |
| 八年 | 1584 | 3012 | 4596 |
| 九年 | 1265 | 2752 | 4017 |
| 十年 | 1270 | 2308 | 3578 |
| 十一年 | 1436 | 2339 | 3775 |
| 十二年 | 1633 | 2913 | 4546 |
| 十三年 | 1622 | 2626 | 4248 |
| 十四年 | 1974 | 2672 | 4646 |
| 十五年 | 1983 | 2752 | 4735 |
| 十六年 | 1967 | 3076 | 5043 |
| 十七年 | 2181 | 3401 | 5582 |
| 十八年 | 2103 | 3036 | 5139 |

### 台湾征收阿片厘金表

| 年份 | 沪尾及基隆 | 安平及旗后 | 合计（两） |
| --- | --- | --- | --- |
| 光绪十三年 | 131280 | 168008 | 299288 |
| 十四年 | 157957 | 213608 | 371565 |
| 十五年 | 158809 | 219903 | 378712 |
| 十六年 | 157603 | 246200 | 403803 |
| 十七年 | 174553 | 272087 | 446640 |
| 十八年 | 169158 | 242902 | 418060 |

# 卷十九 台灣通史 郵傳志

连横曰：台湾，海国也，四面皆水，荒古以来，久不与世接矣。而高山摩汉，平野生云，兽蹄鸟迹之交，为土番盘踞者又不知几千载。夫台与闽、粤比邻，顺风扬帆，克日可至。隋代既镇抚东番，宋人又从而贸易，而皆不隶版图，则以交通未便也。明季，葡船发见此土，荷、西二国遂分据之，各主其地；中间数百里，抑未有往来者焉。当是时，台湾之名远播欧土，而日本之八幡船亦出没海上，瀛壖片壤，遂为东西洋人交接之区矣。延平相宅，万众偕来，闽、粤之人扶携而至，闽居近海，粤处山陬，守望相助，出入相友，而交通辟矣。归清以后，拓地日广，南船北马，昔昔往来，而陆输海运仍从旧辙，尚未足以促群治之进也。及刘铭传任巡抚，乃立富强之策，购轮船，筑铁路，设邮递，通电线，经营布置，面目一新。惜功未全成，而解任去，宁不可恨！然铭传之功，固宜特书而不容泯者。记曰："登高自卑，行远自迩。"今试著于篇，曰陆运，曰海运，曰邮电，而灯台附焉。

## 陆　运

台湾当郑氏之时，统治仅及承天，半线以北，尚委荒芜，唯巡防一至而已。清人得台，沿用旧法，置驿戍兵，渐及北鄙。康熙三十六年，仁和郁永河始至北投采磺，其时斗六门以上，犹是未辟之地也。中叶以后，至者日多，南达琅𤩝，北及三貂，而台东之远且有至焉。然自极南以至极北，计程几八百里，行者须十三四日，急亦八九日，而溪流广漠，每逢大水，阻遏不前，或至浃旬不渡。且台之陆运仅借人力，未曾以车马往来，其驾牛车者，但为载糖输谷之用，日行二三十里。牛车之制，夹以两轮，轮径几二丈，每辆可载十石，笨重难行。其有溪流者，则多用筏焉，台人谓之渡。曰官渡，由官司之，不取其赁。曰义渡，由乡司之，而收其税，以充善举，或为寺庙香火，请官准给。曰私渡，由民司之，以载客货，而时有勒索之弊，有司示禁，其风稍息。溪之小者多架竹桥，或积石为杠。深山大谷中，则多缚藤桥，两旁系于巨树，长十数丈，人行其上，如步虚空，摇荡殊甚，懦者至不敢过。然山居谷饮之民，趋之若夷，习险故也。近则多附铁线，行者便之。台地无车，故用轿。轿制略同漳、泉，日行可五六十里。《汉书》淮南王谏伐南粤，谓乘轿逾岭。其时南粤之道路未治，犹台湾也。

同治十三年，钦差大臣沈葆桢奏请开山抚番，以总兵吴光亮帅中军，同知袁闻柝帅南军，提督罗大春帅北军，分兵三路而入，自前山以达后山，测地绘图，建标计里，而兽蹄鸟迹之区，始为行旅往来之道矣。葆桢之疏曰："南路一带，自九月间袁闻柝率绥靖一军，越昆仑坳而东，张其光随派副将李光领前队继之。十月初一日，李营至坳东，袁闻柝乃拔营前进，自昆仑坳至诸也葛，计程不过数十里，而荒险异常，上崖悬升，下壑訾坠，山皆北上，日光不到，古木惨碧，阴风怒号，相顾失色，不能不中途暂驻，以待后队之来。当袁闻柝驻营诸也葛之日，正张其光内埔办理凶番之时，有老鸦石者，昆仑坳之西境也。初八日，张其光左营有勇丁五人，暮经该处，突有数番杀伤二人，都司张欣守备周思培等，即派队追赶，该番逃散无踪，随传内埔社头人，查系七家蛋社凶番。二十四日，参将周善初出哨双溪，途见无首勇丁横卧血渍，旋见凶番多人，执械狂窜，麾勇追之，适周恩培出哨，横截坡前，枪毙其一，擒其三，余悉散走，俱为陈阿修社番，即将三人就地正法。二十日，都司张朝光率两哨营于大石岩，都司张天德亦率队至诸也葛，袁闻柝乃得拔营前赴卑南。诸也葛以下，地略平坦，然榛芜未剪，焚莱伐木，颇费人功。闻柝露宿空山，染病甚重，舆疾率旅，径抵卑南。张天德一军亦已趋扎大猫里，与之犄角。辰下、卑南一带，业已开通，昆仑坳左近，虽有凶番出没，已分别惩儆，谅无敢生心，惟山道险远，粮运殊艰。而卑南一带海口，波涛拍岸，船不能泊。自内埔至卑南，均已派营分布，声势尚能联络。此南路近日开山之情形也。台北一带，提臣罗大春自九月十八日，派都司陈光华为首队，守备李英、千总王得凯为次队，游击李得升为三队，前赴新城。别遣军功陈辉煌率两哨赴大清水溪，总兵戴德祥以三哨扎大南澳，二哨扎大浊水溪。时正风雨连山，诸军阻不能进。二十五日天晴，陈辉煌先至大浊水溪，旋有凶番抗拒，击毙二人，遂即走散。李得升、李英、陈光华等踵至，会勘形势，近溪荒壤，周围约宽数十里，惟地皆砂石，不及大南澳之膏腴。溪岸南北约距三十余丈，波流陡急，副将周维光等，连日赶造正河、支河木桥各一，工程既竣，各军乃得越溪而前。自大浊水溪以往，前者曰小清水溪，后者曰大清水溪。十月初八日，陈光华一营扎小清水，而陈辉煌等进扎大清水，即有新城通事李阿隆等，率太鲁阁番目十二人来迎，愿为向导。随至新城，营于溪东。又有符吻、豆兰社番目来迎，我军遂进驻奇莱、花莲港之北，为后山横走秀姑峦之道。自苏澳至新城，计山路二万七千余丈，自新城至花莲港，计平路九千余丈，统计二百里有奇。而沿途碉堡，除苏澳至大南澳已设者不计外，应添建十有二处，均已兴工。惟大南澳至大浊水溪一带，凶番充斥，狙杀行人，乃于大南澳山腰，再辟一路，旁通新城，一以避海滨悬崖之险，一以塞凶番歧出之途，经派千总冯安国带勇往办。涉溪五重，方开十余里。十一月十一、十三等日，正在开路，突有凶番千余，分伏放枪。我军竭力抵敌，击毙四人始退，而我军阵亡者四人，伤者十八人。十五日，行至崇山之麓，我兵正在峡中开凿，忽闻枪声四起，抵御两时，至者愈多。黄明厚、冯安国以该番倾社而至，其中必虚，分兵绕捣，阒其无人，惟见新旧髑髅，每寮或数十颗，或百余颗，乘风纵火，毁寮十数，阵番始散。是日计亡兵勇四名，重伤二十名。其驻大浊水溪之勇，由小南澳运粮而归，于十三日，途过石壁，突遇凶番蜂拥包抄，阵亡二人，溺死四人，重伤一人。经守备朱荣彪驰队赴救，始各骇散。罗大春以番族肆扰，难疏提防，而山地辽阔，不敷分布，飞函商请添兵。臣等即檄驻彰化之宣义左右两军驰赴，日内可到。惟新城、奇莱一带，应如何设立营汛，建造墩台，俟罗大春亲至相度，再筹布置。此北路近日开山之情形也。"

又曰："罗大春以本年正月初五日，自苏澳起程。初九日，至新城，履勘三层城、马邻溪等处，旁绕加礼宛、南势，直抵花莲港之北，中界得其黎。得其黎以北百四十里，山道崎岖，沙洲间之。而大浊水、大小清水一带，峭壁插云，陡趾浸海，怒涛上击，炫目惊心，军行束马，扪壁而过，尤称险绝。以南六十里，则皆平地，背山面海，如悉垦种，非无良田，然地旷人稀，新城汉民仅三十余户，外尽番社。自大浊水至三层城，依山之番，统名太鲁阁，曰九宛，曰实仔眼，曰龟女，曰女沙，曰符吻，曰仑顶，曰实空，曰实亚八眼，凡八社，凭高恃险，野性靡常。奇莱、平埔之番，居鲤浪港之北者，曰加礼宛，曰竹仔林，曰武暖，曰七结仔，曰谈仔秉，曰瑶歌，凡六社，统名加礼宛番，其性畏强欺弱。而居鲤浪港之南者，曰根老爷，曰匏干，曰薄薄，曰斗难，曰七脚川，曰理刘，曰脂屘屘，凡七社，统名南势番。男女共七千七百有七人，虽悉就抚，而薄薄、理刘二社既顺复贰。除薄薄能煮盐，加礼宛颇耕种，余则茹毛饮血，叛复不常，时当防范。他日建城之地，宜在奇莱。若新城、三层、马邻、鲤浪不过营汛之区，然必截大清水以南隶奇莱，以北隶大南澳，方足以资控制。罗大春自率大队入新城，添设碉堡，该番骤生疑虑，呼聚悍党，昼则伏莽，夜则扑碉，叠经夺击，时有斩获。自苏澳之五里亭起，至秀姑峦之鹊子埔止，计地三百四五十里，拟分五段，沿途建棚三十有二，各派营哨屯之，俾得一气联络。即以宣义左营驻三层城，策应鹊子埔以北；宣义右营驻加礼宛，策应鹊子埔以南。此花莲港以北筹办之情形也。其南为走秀姑峦之道，固木瓜番游猎之场也，登高一望，平沙无垠，茅苇盈丈，人迹不到。该番凶悍不亚斗史，故沃壤旷如。南北溪道阔及三十余丈，欲造木桥，苦无巨材，乃先建支河一道。陈辉煌业率所部，结筏以济，直趋吴全城，距秀姑峦只数十里，即有成广澳番目来营乞抚，别有大巴垄社、马达俺社皆近附强番，亦就抚。平埔之番，闻已尽此。平埔既附，以之专图高山，事势较易。比花莲港以南筹办之情形也。中路原派前南澳镇总兵吴光亮带两营驻集集埔一带，嗣经臣等奏派台湾道夏献纶督理开山抚番诸事。吴光亮以本年正月初九日，率勇由林圯埔社寮分开两路，至大坪顶，合为一路。进向大水窟，至顶城，计开七千八百三十五丈有奇。二月初七日复开工，直抵凤凰山麓，跻半山，越平溪，经大坵田，跨扒不坑等处，而入茅埔，又开三千七百七十五丈有奇。两处凡建塘防八所，沿途桥道沟渠木围宿站俱渐兴修，分派兵勇，自集集至社寮、大水窟、大坵田、茅埔、南仔脚、万东埔各隘，逐节配驻，并招抚水里、沈鹿等三十九社，男女七千二百九十有二人。现方循途渐入，斩棘披榛，以出秀姑峦之背。倘能因势开通，将与北路诸军联为一气。此又中路一带开山之情形也。"

又曰："吴光亮以三月初九日起，至四月初八日止，自茅埔越红魁头，经头社仔坪，过南仔脚万，至合水，计开四千六百八十丈，递建塘坊四，营垒一，茶亭木围公所各二，以便往来。自初九日至于五月初八，大雨兼旬，工程稍滞。然自合水历东埔社中，走霜山，至东埔坑头，又开三千七百九十丈，公所兵房随地建置，当再陆续前进，别以人工从牛辊辘旁开一道，侧接茅埔，俾得分达埔里、集集、社寮、南投各处，以便商旅时通。"于是中路自东埔、坑头越八通关而过，为群山之最高者，与台东秀姑峦对峙，气象雄伟，乔木蔽天，亘古以来，不通人迹。光亮名之，摩崖刻字，至今尚存。过关而东，为雉公关，为先锋印，为雷风洞，地皆险峻，遂经黄祈山，以光绪元年冬十一月至璞石阁。而南路自恒春之四林格，经牡丹湾、吧塱、卫卑、南觅而至大庄。北路自宜兰之苏澳，经新城、花莲港而至大巴垄，均以是年秋竣工。南北相通，东西可达，理番开垦为之一进。是役，开路八百五十有九里，为时几一载，而经费不过三万余圆，多借兵勇之力。然以山谷深峻，瘴疠披猖，生番剽杀，颇多损失。而乃临危遇险，不屈不挠，困苦备尝，夺迈前进，以辟此旷古未辟之道，可谓劳矣。于是葆桢奏请奖叙：罗大春以革职提督开复原官，吴光亮、袁闻柝各进一级，余亦嘉赏。

光绪七年，福建巡抚岑毓英巡台，以大甲溪为南北要道，溪大流急，每苦难涉，乃劝绅富捐款，助以官帑，筑堤架桥，以铁桶积石以为础，桥长百五十丈，费款二十万圆。越年六月十七八日，山水骤涨，奔流挟木而下，桥础断绝，堤溃六百丈。巡道刘璈拟修，饬台北府查勘，费须数万圆，璈再集绅富议捐。众以溪险流大，恐无益。其时秋涨方盛，骤难施工，遂止。璈以台南为首善之区，而道路湫隘，市廛栉比，非以安民居而兴商务也。乃议开运河，导水入城，东引五空桥之水，南引二层行之水，北引柴头港之水，以出于海，宣积秽，利运输。河之两旁改筑大道，植树列屋，为郡之表。前时安平之水可达郡中，其船至大井头街，而河道渐淤，水多涸濁，故璈欲疏之。而郡人以拆屋多损，持不可，其议又止。安平距郡治六里，中隔带水，往来乘舟。璈命防兵筑之，旁树榕柳，于是始有马车，行者称便。十三年，巡道陈鸣志、镇海后营副将张兆连合请巡抚刘铭传，别辟后山之路，自彰化之集集以达台东之水尾，克期进工，东西并举。自正月以至三月，大功告成，而前后山之连络较缩矣。

先是，光绪六年，铭传上疏，请造铁路以图自强。略曰："臣尝私患窃叹，以为失今不图自强，后虽欲为，终恐无及。夫自强之道，练兵制器固宜次第举行，然其机括莫急于筑造铁路。夫铁路之利于漕务、赈务、商务、矿务、厘捐、行旅者，不遑殚述，而于用兵之道，尤急不可缓之图也。查中国要道，南路宜开二条，一自清江经山东，一自汉口经河南，俱达京师。北路宜自京师，东通盛京，西通甘肃。惟是经费浩繁，急切未能尽举。拟请先修清江至京师一路。与本年议修之电线，相为表里。事关军国，安危系之。若辗转迁延，视为缓图，徒托空言，永无自强之日矣。"旨下内外大臣议奏。李鸿章、刘坤一均赞其议，而驻德公使刘锡鸿方归自欧洲，亟言不可，议遂寝。及铭传任台湾巡抚，十二年，奏请试办铁路，略曰："台湾既为我国海防之要，当此建省之时，宜速振兴殖产，招徕工商，以为富强之计。而欲行其事，必先利其器。曩者奏派革职道张鸿禄、候补同知李彤恩等，考察南洋商务，今既归台复命，新设轮船公司，以往来淡水、新加坡、西贡等港。然以台湾内地运输未便，遂致沿山货物，不能配至港口。据该委员禀称，南洋侨商素闻台湾土地肥沃，出产繁盛，官府又竭力鼓励，多欲来台经营。然荆棘满地，道路崎岖，欲期工商聚集，贸易勃兴，实非易事。拟请筑造铁路，起自基隆，以达台北，与各港连络，不特可以振全台之商务，而亦大有裨于海防也。又据该委员等禀请，当此国家财政困难之秋，官办非易，请招募商款壹百万两，发行铁路股票，以其得利，摊还母息，则不动公款，而铁路可成，诚计之善者也。臣愚以为台湾不独海外之孤岛，实为东南七省之屏蔽，将来通商惠工，开辟利源，全台经费，足以自给。而台北驻防之兵，调动自在，永保岩疆。如练军清赋以及架设电线，次第举办，本年内外当可陆续告竣。至如筑造铁路，臣已深信不疑，唯以经费之故，踌躇至今。兹幸该委员等，请以商款措办，唯由官府保护，将来坐收其利。其议甚善，似可举行。至如筑造铁路之利，除驿递开垦商务之外，尚有益于现今台事者三，请略陈之。台湾四面皆海，防不胜防，基隆、沪尾、安平、旗后四口，现虽建造炮台，驻兵防守，而新竹、彰化沿海一带，港汊分歧，一旦有事，敌兵上陆，南北隔绝，全台立危。若筑造铁路，则调拨军队，朝发夕至，是其便于海防者一也。台湾既建一省，选择省城，控制南北，其地襟山带海，最为适当。然距海较远，将来建筑衙署庙宇，鸠工治材，运输不便。若铁路开通，则商业可致繁盛，是其便于建省者二也。自台北至台南，计程六百里，中多巨溪，春夏之际，山水暴涨，行旅遂绝。臣今拟于大小各溪上流窄处，架设桥梁，通算工费须银三十万两。今若许准建筑铁路，则此桥梁二十余条，一齐兴工，可为朝廷节省巨款，是其便于台湾工事者三也。"

疏上，下旨照议。于是设铁路总局于台北，以记名提督刘朝幹为总办，从事招股，应者甚多。以德人墨尔溪为监督，英人马礼逊为工程长，测量路线，自台北至基隆二十英里。是年六月，自大稻埕起工，以余得昌所带昌字四营为工役。中经狮球岭，开凿隧道，长十八锁。翌年，由台北而南，涉淡水河，架桥以渡，长千五百二十英尺，以时启闭，下通舟楫。越龟仑岭，经桃园、中坜、大湖口而至新竹，计长四十二英里。中有巨桥三，如红毛田溪之七百五十英尺，凤山崎溪之六百八十英尺，豆仔埔溪之六百十七英尺，此工事之难者。而台北至基隆以十七年十月开车，台北至新竹则至十九年正月告竣。路广十一二尺，轨条阔三尺六寸，重三十六封度。其机关车十五吨，或二十五吨。列号之外，又锡以名，曰腾云，曰御风，曰超尘，曰掣电，言其速也。分上下两等，设备颇简。每车长约二丈，货车略同。凡设车站十六处，均以土造，曰火车房，其驿长曰司事。顾当草创之时，站中不设信号机，亦无升降场。其始每日开车六次，后乃减为四次。然途中遇车，随时可以搭乘，故时刻不定。每逢大稻埕致祭城隍之日，临时增驶，以便往来，而岁首腊底以及五节均停车焉。乘车之费，自台北至基隆者四角四尖，而至新竹者八角六尖，上等倍之，每里约当二尖一厘。货物则担抵一人。平均一日之客，台北基隆五百人，台北新竹四百人。顾是时民用未惯，物产未盛，而基隆河之水尚深，舟运较廉，铁道不足与竞，以是入款尚少，每月搭客一万六千圆，货物四千圆，收支不足相偿。然铭传又欲达至南路，以速全台交通。而自新竹以南，溪多且广，非可易过。乃命德国工师测量大安、大甲两溪，筹架铁桥。其策果成，台人之福也。当是时，铭传以厉行新政，清赋加税，民怨其苛，而政府又多方掣肘，物议沸腾，工事迟进。十七年，遂称病辞职。邵友濂继之，疏言经营铁路之难。略曰："臣查台湾为海外孤岛，港汊分歧，欲为居中控制之策，固宜建筑铁路，然经营七年之久，仅得台北竣工。从前筹划不为不善，而卒未能相副，何也？台湾土地松浮，田园漫衍，培筑不密，随见崩塌。又或坡陀参差，峦壑倚伏；曲直不定，高下靡常。北穿狮岭，洞隧百寻；南度龟仑，坂逾九折，路工之难如此。又或溪涧纵横，宜临宜束；水流湍急，因势筑防；蠹址重渊，构基陡岸；洪波方迅，垒石旋倾；积沙既深，插桩亦陷，桥梁之难又如彼。加以工银料价，共须倍加，此后增进，计难逆料。"奉旨批准，而台湾铁路为之一挫矣。顾自基隆至新竹计程六十二英里七十锁，用款一百二十九万五千九百六十两，每英里仅二万六千五百七十五圆，较之他国所筑，工费较省。盖以使用兵役之故，而所雇路工其资亦廉，每名日给三角。工师多用粤人，如淡水铁桥则张家德所筑者，技亦巧矣。铁路所过之地，大小桥梁七十四，沟渠五百六十八。其轨条虽购之英国，而枕木则皆用台产，故别设伐木局，以统领林朝栋办其事，入山采取。凡松一片为价三角五尖，樟四角五尖，由溪运往。而樟较耐用，且取之不尽。友濂既奏准停工，乃由福建藩库借拨一百零四万两，赎归官办，裁伐木局，并铁路局于通商，以缩小之。而台湾铁路遂不进。

## 前山道里表

自恒春（十五里）柴城（十八里）柴寮（十五里）枫港（十五里）枋山（十三里）嘉鹿塘（四里）率芒溪（五里）枋寮（十二里）芦竹塭（十四里）东港（七里）王爷宫（十六里）芎蕉脚（八里）凤山东门

自凤山（九里）大将庙（十一里）楠梓坑（十里）桥仔头（十里）阿公店（二十里）大湖（七里）二层行溪（十里）大林庄（三里）安平南门

自安平（三里）柴头港（四里）三崁店（十里）看西街（十五里）曾文溪（九里）茅港尾（十五里）火烧店（十五里）下茄苳庄（十八里）水堀头（十二里）嘉义西门

自嘉义（五里）牛稠溪（八里）打猫街（七里）大莆林（十里）他里雾（十二里）虎尾溪（五里）刺桐巷（二十里）宝斗街（十五里）二抱竹庄（十二里）茄苳庄（八里）彰化南门（由他里雾别行十里至云林城）

自彰化（五里）茄苳脚（七里）大肚街（十五里）沙辘街（八里）

牛骂头（八里）大甲溪（五里）溪北（五里）大甲街（十里）房里街（十里）吞霄（二十里）后垄（十五里）中港（十七里）香山（八里）新竹西门

自新竹（十三里）凤山崎（十里）大湖口（十五里）杨梅坜（七里）土牛沟（十三里）中坜新街（十五里）桃仔园（十里）龟仑岭（十五里）新庄（十二里）淡水南门

自淡水（十二里）锡口（十五里）水返脚（十六里）八堵（九里）暖暖街（二十五里）三爪仔庄（八里）龙潭堵（十五里）三貂岭（二十五里）三貂溪

计七百九十三里。

## 后山道里表

自三貂溪（九里）牡丹坑（八里）草岭头（十五里）大里简（二十一里）北关（九里）头围（十五里）礁溪（十一里）宜兰北门

自宜兰（十五里）溪洲渡（五里）罗东（十二里）猴猴庄（十八里）苏澳（二十里）东澳（三十里）大南澳（三十五里）大浊水（二十五里）大清水（三十五里）得其黎（十里）新城（五十里）花莲港

自花莲港（二十里）吴全城（三十九里）大巴垄（二十二里）周塱社（二十二里）水尾（三里）璞石阁（二十四里）石牌庄（四十五里）卑南草寮（五十里）卑南宝桑

自卑南（二十里）知本（二十五里）大猫里（三十三里）干仔关（二十里）巴塱卫（十里）阿郎壹溪（二十七里）牡丹湾（二十五里）八瑶湾（二十里）万里得（二十里）射麻里（十三里）恒春东门

计八百零八里。

## 前山至后山道里表一

自林圯埔（十七里）大平顶（七里）大水窟（七里）凤凰山麓（十

八里）茅埔（十八里）南仔脚（十九里）东埔社（十里）东埔坑（十五里）铁门洞（十八里）八通关（十三里）八母坑（十八里）双峰仞（九里）大仑溪（二十五里）雷风洞（三十一里）打淋社（四十里）璞石阁

计二百六十五里。

## 前山至后山道里表二

自枫港（十里）射不力（十五里）双溪口（二十里）大云顶（十五里）英华岭（二十里）阿郎壹溪（十里）巴塱卫（二十里）干仔辟（二十里）干仔仑（十三里）大猫里（二十五里）知本（二十里）卑南

计二百三十六里。

## 前山至后山道里表三

自下淡水（十二里）赤山（十五里）双溪口（二十里）昆仑坳（十里）大石岩（四十里）诸也葛（二十里）干仔仑（十三里）大猫里（二十五里）知本（二十里）卑南

计一百七十五里。

## 前山至后山道里表四

自艋舺（八里）枧仔尾（九里）樟脚（六里）深坑（十二里）仑仔洋（十八里）铳柜（十一里）头围（十五里）礁溪（十五里）宜兰北门

计一百零三里。

## 中路道里表

白鹿港（十二里）马鸣山（五里）三块厝（三里）彰化西门（五里）大竹围（十里）内快（十里）本县庄（十里）营盘口（五里）南投（二十里）集集街（十里）风谾口（二十里）头社（十里）水社（十里）

新城（十里）白叶岭（十里）埔里社

计一百五十里。

## 航 运

荷兰为海上之霸，侵略台湾，以拓商务，夹板之利，远暨东西，而以安平为碇泊之口。其时港道深广，可至热兰遮城，小者且及赤嵌楼下，楼固海中小岛也。安平之北谓之台江，舳舻千艘，聚会于此今则变为平陆矣。荷人既据安平，驻兵戍守，开凿运河至柴头港。又北至看西，以通萧垄、麻豆诸社，故道犹存，则今之盐水溪也。安平之南为七鲲身，港汊纷错，今亦淤为平陆矣。当是时，航运之利，西至闽、粤，东及日本，南遍爪哇，安平一口遂为交通之纽矣。

延平克台，亦恃航运，故能横厉重洋，以凭天堑，而清人莫敢抗。永历十八年，英人来请通商。二十年，吕宋总督派使来聘。二十八年，命户都事李德赴日本，又造巨舶往贾暹逻、吕宋、葛拉巴，其后辄相贸易，皆有航运之利。当是时，清廷方严海禁，凡入海者杀无赦，而闽、粤人之住南峤者已数百万人，均以台湾为内府，故得独操通海之利。

清人来后，虽开海禁，而商船渡台者须领照，由厦防厅司之，至则台防同知验之。其船皆漳、泉富人所造，有糖船横洋船，材坚而巨，大者可载六七千石，南至南洋，北暨宁波、上海、天津、牛庄，贩运之利，颇操其益，故郡中商务一时称盛。其后派运台米，配载班兵，船户苦之。积谷日多，遂有雇船官运之议，语在《粮运志》。续以蔡牵之乱，俶扰海上，凡十数年，商船多毁，于是至者日少，而渔船愈众。然渔船轻小，向不配差，口员照例仅查出入，积滞公文，数月不至。道光三十一年，巡道徐宗幹议定，渔船兼配公文，以免阻遏。前时郡中有太平船二艘，专以运送兵丁骸骨并附客柩，招募郊商举充。废弃始将十载，至是议兴之。

通商以后，外货纷至，于是始有轮船，设船政厅以理之。同治七年十一月二十二日，总理各国事务衙门咨称："本年九月初十日，据赫总税务司将引水章程十五条，改为引水新章十条，申送本衙门。于九月十五日，照会布俄、英、法、美、日各国驻京大臣去后，除日本国未接照复外，兹据布俄、英、法、美各国驻京大臣先后照复，允饬各口领事试办等因前来。除札知赫总税务司遵照外，相应抄录总税务司所改章程十条，咨行查照。"总督接后，即饬巡道遵办，于是复订台湾各口引水分章十条，与专条略有更改。十年，英船海轮始定台湾航路，以往来安平、淡水、厦门、汕头、香港，每两星期一回。其船尚小，载重仅二百七十七吨，而货客繁夥，获利厚。乃设得忌利士公司，以爹利士航行香、汕、厦、安，科摩沙、海龙、海门行于汕、厦、淡水，而台湾航业遂为所揽矣。

光绪七年，巡抚岑毓英巡台后，以台地孤悬海外，非舟莫渡，商诸船政大臣，派拨琛航、永保两轮船，循环来往，以速文报，并准商人配货。是为官办之船。其搭客自安平至厦门，或自基隆、沪尾、艋舺至福州，每人三圆，自安平至福州及由台北至厦门者五圆，又自台南至台北者亦三圆。货物之饩，则照招商局所定，酌减二成，一时颇杀外船之利。其后又增伏波、万年清两船，以速邮递，而载煤至上海者亦较多。法人之役，沿海被封，出入杜绝，唯帆船时得偷渡，然每遭击沉，往来殊险。十一年，巡抚刘铭传以飞捷、威利、万年清航行台湾及中土各港。十二年，设招商局于新加坡，又以三十二万两购驾时、斯美两船，往来上海、香港，远至新加坡、西贡、吕宋。而外船之载糖茶者多至日本、美国，太古轮船亦时一往来，于是航业渐盛。先是，光绪二年，帆船之至淡水者百十一艘，而轮船仅四十四艘。至十六年，则帆船减为八艘，而轮船增至百二十六艘，计有十七万七千五百余吨。盖自铭传治台以后，物产大兴，商务日盛，而航运亦受其利。

初，铭传既筑铁路，筹疏基隆港，以连陆运。十三年，以林维源为总办，测量港道，拟自牛稠港至蚵壳港，括鲎屿于中，填平海岸，以建车站。又自小基隆至鲎屿，新筑市廛，建埠头，以接车站。其中按造铁桥，长十有二丈，为车马往来之道。惜功尚未竟，而解任去矣。旗后为台南商埠，港道稍隘，历任税务司叠请开凿，巡抚丁日昌亦奏请开浚，兵备道夏献纶禀请遵办。而日昌以开浚之时，虑有三难：港底有石，一也；形势有碍，二也；经费太巨，三也。献纶复曰："开港与挖煤不同，只将浮沙挖去，并无石隔，一免虑也。地方形势，既建炮台，可以防守，二免虑也。经费一途，可由台饷提用，似可裕如，三免虑也。且通商以来，中外遭风船只，时有所闻，如不开浚，设有洋船遭风之事，藉此要求，反落后着。故献纶以为开之便。"未行而献纶卒。张梦元接任，仍不欲办。遂以筹款未定，照会税务司，并禀总理衙门，以前开浚估价五万三千余圆，续估二十万四千余圆，为数太巨，拟照吴淞之例暂止。九年，安平英领事霍必澜以港道日塞，易致胶舟，递年险恶，现有浚港之船，为价不上五千圆，愿自发价疏浚，或由中国自办。不从。及铭传任巡抚，十六年夏五月，命英人马礼逊查勘，将大兴工事，以张贸易。未行而铭传去矣。安平至府之运河，例由三郊自浚，数十年后，日形淤塞。而安平港口又以沙汕之阻，自夏徂秋，波涛澎湃，轮船不能入口，多泊于四草湖外，一遭大风，驶避旗后，远或系碇澎湖，货物起落，以是困难，商务之兴，为之顿挫。

夫台湾处大海之中，又有澎湖隔之，黑潮所经，其流甚急，澎之四围多礁石，舟触辄破。故自通商以来，轮船遭难者凡数十次。虽有巡洋哨船以为救护，而事起仓卒，虑有未周。光绪二年夏六月，福建巡抚札饬各厅县，选举沿海地甲头目，分择地段，责成保护中外船只在洋遭风之事。并颁行图册章程告示，委员前往各海口确查，由各厅县给发号旗，以为凭准，俾其督率乡民，实力救护。十年秋八月，英船某自旗后遭风，漂至草湖。时适法人犯台，沿海戒严，庄人见之，以为敌船也者，持械御之，跃登船上，刃伤船长，并夺货物。鹿港同知邹鸿渐趣往弹压，北路营游击郭发祥、署彰化知县蔡祥麟亦至，救其船人，追还所失。兵备道陈鸣志乃与领事霍必澜商议赔款,而船主不从。旋委凤山知县李嘉棠再与领事交涉,往返数次,以七兑银七千圆赔之,事始息。十一年夏六月,琉球渔人陈文达等十二人,遭风至基隆,庄人救之,给以路费,并修船费六元,送之归。十二月,复有日本驳船漂至后山高士佛,恒春知县派人救之,资遣回国。十四年十一月,英船威定在洋遭难,澎湖右营都司李培林率兵救起五十余人。十八年八月,澎湖大风,海水群飞,英船卜尔克自上海航行香港,触礁没,溺毙洋人一百三十余名。澎湖官民赴救,得二十三名,载至府治,知府唐赞衮礼之,水师总兵王芝生馈金三百,英人大喜。救护之人各有赏给。初,纽西兰海上保险公司来台开办保险事务,委瑞兴洋行理之。已而华洋保险公司亦分设南北,商务日兴,而航运往来亦日盛。

## 邮　电

置邮传命,其来久矣。明制十里设一铺,每铺设铺长一名,铺兵要路十名,僻路四五名。即于附近有丁力田粮五斗以上二石以下点充,必须少壮正身。每铺设十二时晷一个,以验时刻。铺首置牌门一座,牌额一方,簿历二本。铺兵各备夹板一副,铃榉一副,缨枪一把,棍一根,回历一本。凡递送公文,照古法,以一昼夜合为一百刻,每三刻行一铺,昼夜须行三百里。公文一到,不问多少,随时递送,无分昼夜,鸣铃疾走,以交前铺,即于回历附写到铺时刻,以凭稽考。郑氏因之,南北各设铺兵,故台人谓十里为一铺。清代沿用明制。乾隆二十一年,乃裁驿丞。而台湾以远隔重洋,向未设立,仅置铺兵,以事递送,军务之时,兼用塘兵。顾此为公家之用,民间私信必觅长足以寄。市镇繁盛之区,或设信局,以代传命。信资之数,按道为差,而每多阻滞,或致遗失,不能朝发夕至也。

## 卷十九　邮传志

同治十三年牡丹之役，钦差大臣沈葆桢治军台南，奏请架设电线，以速军情。乃由丹墨国人德勒耶揽办。光绪三年，巡抚丁日昌议由台南府城至凤山之旗后，先行开办。饬游击沈国先率福州船政电报学堂学生苏汝灼等，以七月初十日自郡起工，九月初五日告成。凡二线，一自郡治达安平，一达旗后，计长九十五里。是为南路电线之始。十年，法人来犯，军书旁午，巡抚刘铭传以南北电报未通，不足以辅戎机。十二年，饬通商局委员李彤恩与上海德商泰东洋行立约揽办。凡两线，一自台北郡治分歧而至沪尾、基隆，一至台南，与旧线接，计长八百里，而于新竹、苗栗、彰化、云林、嘉义各设局办理。十四年四月竣工，以候补道张维卿为总办。是为南北交通之线。十三年八月，又自淡水沉设至福州之芭蕉岛，而安平亦接至澎湖。是月二十一日，轮船飞捷自福州起工，翌日达沪尾，与陆线连，乃赴澎湖，以接安平。海陆两线既成，自台湾可通福州，远而至于东西各国，莫不瞬息万里，而台湾不至孤立矣。

当是时，铭传既筑铁路，以利交通，又以铺递迟缓，奏请改设邮政。十四年，置邮政局于台北，各地皆设分局。邮票两种，一为官用，不征其费；一为民用，按站计费。每站长百里，凡信一函重二钱以内者征钱二十，付邮之时交纳。自台南至台北凡十三站，每函须二百六十文。邮路以外之地，别加其费。其发中国外洋者，则以轮船代递。又有邮船两艘，曰南通，曰飞捷，按期往来于上海、福州及台之各港，以递送之。唯邮票之式，雕印颇粗，上绘一龙，国徽也，下绘一马，驿也，所以示中国之邮传也。十五年十一月，奏颁台湾邮政章程，归巡抚管理，以候补道任其事。每年入款达一万两，而民间信局仍开设，颇夺公家之利，使得逐渐更改，臻于至善，必有可观。是年又设电报学堂，聘西洋教习，以授台人子弟。而英国医士梅威令既在旗后，自设医馆，传授医术。十六年九月，复请架设电话，以广学业。通商局不从。及邵友濂至，而电报学堂亦废矣。乙未之役，刘永福驻台南，安平税务司麦嘉林请设邮政，其制略同前时，半取欧洲成法，以税务司兼办之。票印一虎,民主国之章也,凡三种,分为三十文、五十文、一百文,以兵递之。当是时,戎马倥偬,私信断绝,故民间多用。乃未几而台南亦陷,其制遂止。

## 灯 台

台湾为南海之邦,而东西洋交通之道也,船舶往来,以是为的。然而礁石隐现,风涛澎湃,稍一不慎,舟辄破碎。往时船舶自厦来南,过澎湖后,遥望王城之老榕,以取航程,渐近渐现。城在安平海隅,址高而望远,荷人所建也。然当天昏月黑时,四顾茫茫,东西莫辨。则于巡道署内立一灯竿,高可三丈余,每夜燃灯,用以照远,是为灯台之滥觞。旧例船舶出入,巡道管之,故以是为航路之准。雍、乾之间,商务大盛,帆樯相接,北至天津、牛庄,南至暹罗、吕宋,皆以澎湖为门户,而澎湖错立大海,群岛相望,沉舟之祸,时有所闻。乾隆三十四年,台湾府知府蒋元枢檄澎湖通判谢维祺,择地于西屿之杙仔尾,建造石塔七级,座约五丈,每夜燃灯,光照海上。是为灯塔之始。道光八年,修之。光绪元年,乃仿洋式为灯台。先是,同治六年三月,美国商船那威号遭风,至凤山之鹅鸾鼻,触礁而没。事后美领事请建造灯台,以利航海,政府许之而未设也。已而日本来讨牡丹社番,驻军琅瑀,亦请速建。八年,聘英人为工师,费款七万两,规模宏大,光照二十余海里。台成,照会各国,以地迩番界,驻兵守之。

安平灯台:在安平海之侧,以砖建之,形圆而色白。距水面七丈七尺,烛光三百五十烛,可照远十四海里。每四秒发光一次,为第六等闪光白色。光绪十七年建。

打鼓灯台:在凤山县打鼓哨船头,以石造之,为四角形。距水面十六丈四尺,烛光三百五十烛,可照远十海里,为不动白色。光绪十八年建。

鹅銮鼻灯台：在恒春县鹅銮鼻庄土名船帆石之南，以石造之，形圆而色白。距水面十八丈，烛光二万六千烛，可照远二十余海里，为第一等不动白色。

淡水灯台：在淡水海关之侧，以石建之，为四角形色白。距水面三丈三尺，烛光一百烛，可照远九海里，或红或绿，以分别之。而沪尾街上别建灯竿，火用瓦斯，色白，每两秒间发一闪光。灯高三丈五尺，距水面十四丈二尺，烛光三百五十烛，可照十五海里。均为光绪十四年建。

西屿灯台：在澎湖厅西屿，则渔翁岛也，厦门航行台湾之船，均以此为标帜。乾隆三十四年，始建灯塔。道光八年修之。光绪元年，改灯台。其灯为第四等不动白色，距水面十五丈八尺。烛光五百烛，可照远十五海里。

# 卷二十

## 台湾通史

### 粮运志

连横曰：台湾为宇内奥区，土沃宜稻。初辟之时，一岁三熟，故民无饥患。郑氏养兵七十有二镇，谘议参军陈永华乃申屯田之制，以足兵食，又能以其有余，供给漳、泉，以取其利，故国用无匮。清人得台，分驻戍兵皆调自福建，三年一换，乃赋其谷曰正供，以备福建兵糈。凡商船赴台贸易者，须领照，准其梁头，配载米谷，谓之台运，其事由厦门海防同知司之。福建水陆官兵五十营，与驻防旗兵不下十万，岁征粮米。唯延平、建宁、邵武、汀州、兴化五府产米之区，足给兵食，而福州、福宁、泉州、漳州四府则兵多米少，协济犹不足，半给折色，督标、金厦、漳镇、铜山、云霄、龙岩、南澳诸营，且有全折者。雍正间，先后奏请半支本色，以台湾额征供粟内拨运，谓之兵米。嗣增戍台兵眷米，亦以台谷运给，于是台湾岁运福建兵眷米谷八万五千二百九十七石，遇闰加运四千二百九十八石。乾隆十一年，巡抚周学健奏定分配商船，运赴各仓。此台运之由来也。

台湾商船皆漳、泉富民所造，渡海贸易，以博赢利，一时商务繁盛，故皆急公乐运。自五十九年水灾之后，械斗又起，续以蔡牵之乱，骚扰海上，军兴几二十载，漳、泉之民困焉。台湾亦然，百货萧条，泛海日少，于是台谷不能时运，而福建兵糈孔亟，厅县皆借用备储，而仓谷空矣。商船大者载货六七千石，小亦二三千石。定例梁头宽二丈以上者，配运一百八十石；一丈六尺以上者，一百三十石，石给运费六分六厘，初无所苦。既而仓吏多方挑剔，迁延时日，而民货一石运费三钱，或至六钱，多于官运者数十倍，夫谁肯乐为哉？且台船载货，多赴宁波、上海、胶州、天津，远至盛京，然后还闽。往返数月，官谷在舱久,惧海气蒸变,仓吏不收,故多私易银买货。其还也亦折色交仓,不可,乃买谷以应。官吏持以为利,久之遂成陋规,如江浙之漕焉。

嘉庆十四年,总督方维甸以台谷积滞,奏开八里坌港,与鹿耳门港一律配运,于是鹿耳门应运四万九千余石,鹿港二万二千余石,八里坌一万四千余石。初,部议按照梁头,每船配运自一百石至三百石而止。乾隆三十七年,详定糖船应配百六十石,横洋船八十石。四十八年,又奉部议逢闰加运。及开二口之后,议定鹿耳门糖船配三百六十石,横洋船百八十石,鹿港之厦船亦百八十石,蚶江船百四十石。盖以蚶船较小,而八里坌渔船之渡海者,亦令配运,自三十石以至八十石。然有司奉行不谨,商人又巧为规避,而台谷之积滞犹故也。

十六年,总督汪志伊奏请自运,饬厦门、蚶江两厅封雇商船二十艘,每艘各载一二千石,照例给费,每石别给银二分,派丞倅、游守各一员监运,以三回运归十万石。二十二年,复雇运七万,商人虽勉强应命,而台湾一闻专运,米价跃贵,民食被害。彰化知县杨桂森议请改征折色,奏罢台运。省议不可。鹿港卢允霞闻之曰:"此奇货也!"谓所善商人,"我能革陋规!"众信之,以为谋主,设馆。征各船户钱为讼费。然郡中及泉、厦商船未从也。二十五年,巡道叶世倬至鹿港,谂商困,归欲革之,议造官船自运,以语台湾县姚莹。莹曰:"未可。台谷岁十万石,舟以二千为率,当用五十艘,一艘以五千为率,当费二十五万圆,弁兵、管驾、舵工、水手每舟不下数十人,岁费又数万圆。海舟驾驶,三年一修,费又数万。而重洋风涛不测,一有沉失,舟谷两亡,是漕艘之外,又增国家一病也。"世倬疑其有私,及为巡抚,力持前说,未及改制而去。已而赵慎畛、孙尔准为督抚,患商运不前,命台湾府方传穟筹之。传穟以鹿港口门淤浅,商舶不至,道光四年,乃开五条港以利出入。而是年奉旨运米十四万石至天津,免配兵谷者六十艘,配运之船益少。传穟曰:"今虽极力疏通,不足运本年之额,计来岁积欠当十万以上,势又必需雇运,然非善策也。重洋险阻,岁有漂沉,平时配运只百余石,糖市倍之,失水责偿,为数无多,故行之可久。若雇船专运,每船何止十倍,设有不虞,官商难赔,虽前已三次行之,而未可恃也。昔时商本丰厚,船料坚固,今则商船薄小,沉碎较多,民间买货千石,犹必分寄数船,以防意外,而官谷岂可不重乎?积谷十三万,用船六七十艘,厦、坩二厅雇拨,当为四起,或五六起,每起必有文武正副委员护送,弁兵供应犒赏,取诸四县,赔累已甚。而内地各仓,既失商运之利,则必多所挑驳。此累之在官谷也。官谷运费,每石六分六厘,较之民货,仅为十分之二。每船以二千石为率,船户仅得运银一百余两,不敷费用,其船本及修整篷索桅碇之需,皆于何出?每逢雇运,行商及通港之船,皆科派津贴,而商户仍不免赔。此累之在商也。台湾三口,来往商船只有此数,既运积谷,则明年新谷必有短配。是疏积欠,反增新欠,亦非计之得者。况台地近年米贵,一闻专运,市价忽腾,是官商既病,复以病民。计唯有渐停新谷,折色支放。请饬厅县查明积谷,照旧配运,其新谷悉易银,按中平市价,每石折番银一圆三角,分四季解至内地,有谷厅县领回,折放兵食。内地番银一圆可易制钱八百余文,以二谷一米计之,每米一斗可折放制钱二百文。俟积谷运竣,仍配新谷,再有屯积,亦可仿此而行。则免雇运之害,而台之积谷可清,内地之仓储可补矣。"慎轸韪之,而水师提督许松年以为不可。适卢允霞入京上控,求罢商运。事下督抚议,司道乃采杨桂森之说,停止商运,请台地供粟,半折本色,以给台营,半收折色,每谷一石,征银一两二钱,以给内营。即全数划抵台湾兵饷,可免一领一解之烦。每年又可省运费六千余两。慎轸曰:"闽省漳、泉诸府,负山环海,田少民多,出米不敷民食。台地产米之区,故令征收本色,运给内营兵糈。原以台地之有余,济内营之不足,今如改解折色,已失立法之意。台郡各属征收供粟,向无半本半折之例,方守所议暂解折色一年,犹属一时权宜之计,尚可由官酌办,若改征半折,则台民有谷之家较多,纷纷粜谷完银,必有平水火耗之加,更滋流弊,是利商以病民也。更易旧章,未可草率,其再议之。"于是台湾道孔昭虔、台湾府方传穟、台防同知杜邵祁、鹿港同知邓传安、淡水同知吴性诚、台湾县李慎彝、嘉义县王衍庆会议,皆谓商运不可罢。台人闻将改折,大哗。绅士咸曰,民间完纳正供,已百余年,虽今昔情形不同,私有折色,亦皆按时价之低昂,无有一定。若改征折色,每谷一石征银一两二钱,转成定例。行之日久,势必又有加征,平水火耗,受累更深。且台民市易,皆用番饼,并无纹银,全赖每年兵饷散布民间,纹番两便,故钱价得平。若大饷永停,则纹银断绝,番饼增昂,必致民商两病,大不便。尔准亦以改折抵饷之说,密访于传穟。传穟复书曰:"今之纷纷言商病者,皆务虚名,未计其实。商船往来台洋一次,贩货之获利,与船户之水脚,所得凡数千金。以数千石之船,而仅运百余石之官谷,复给以每石六分有奇之运费,国家恤商,可谓厚矣,何病之有?所谓病者,有司之陋规尔,有国法在,罪之可也,裁之可也。若改易旧章,设有他弊,又何以处之?自古无不弊之法,利之所在,弊即生焉。苟鉴于末流,遂并亡其本,是为因噎废食,乌可不察?夫商船运谷,虽以养兵,其端原于正供。台地产谷之区,颇艰银货,故昔人因地定赋,有供粟而无地丁,虽有匀丁杂税,为数无几。而漳、泉、福州兵民繁庶,产谷不足,故以有易无,运台谷以济各地之兵粮,发帑金以给全台之兵饷,各得其所,民便久矣。虽近时台属正供不无折收,内地兵米不无折放,船户运谷不无折交,然名存法在,每有需谷之时,犹可立备。一经改制,则内地永无得谷之期,台地永无见银之日,一旦需用,反费周章,其不便者一。台属贸易俱用番饼,官民收用纹银,皆仰给于台饷。给兵之后,散布民间,舍此则海外纹银断绝矣,其不便者二。全台兵饷岁发银二十一万一千有奇,逢闰发银二十二万六千有奇,又加饷银六万七千有奇。台属额征盐课、叛产、官庄、杂项、钱粮捐款,尽数划扣,历年司中尚应发银十四五万有奇,今以通台运谷折价,即使年清无欠,裁十万尔,不足抵大饷之数。设岁又歉收,民欠积累,立形支绌。海外兵饷攸关,贻误匪细,其不便者三。自古三代不废力役之征,国有征发,里出车徒马牛惟所用。唐定租庸调之法,史犹称善。盖军国之需,不能不资民力,匪特赖以济事也,亦阴以维持上下,使民知趋事赴功尊君亲上之义,故民安其分而忘其劳。今西北直省犹有车马差徭，故其民情愿朴，以奉公为分所应尔。东南诸省民俗浇偷，一切便民，犹谤其上者，不知分与义也。海船无他徭役，宫使往来，皆予雇值，独过台配载军士，回棹配载运谷，此二事尚有奉公之意尔。然亦有水脚之给，虽稍有赔费，亦由船户自图巧利，为口员胥吏之所挟持，遂成陋规，非无故而致也。若裁去运谷，则商船自此不识奉公之义，设一旦有意外之征发，反兴嗟怨，以为不当役使之意。履霜坚冰，由来有渐，其不便者四。卢允霞一无赖讼棍尔，昔尝以唆讼拟遣，逢恩赦归，又盘踞鹿港，煽惑商民，假控革陋规之名，设立公馆，每船抽费数十，是以奸民暴敛也。各商船户唯泉郊数人稍稍附之，余皆已悟其奸，有赴厅控其假公者，此前岁邓丞所以往毁其馆也。彼挟此恨，又为众船户所归尤，故冒死叩阍，以塞众人之责。始因敛费而控陋规，继因陋规而陈改制，是以一奸民而敢横议，变乱祖宗成法矣。虽停罢商运之议，启自杨桂森，然桂森之议，昔已不行。今则因卢允霞之控而行之，是奸民舞智，反优于邑令之建言也，其不便者五。州县亲民之官，必使有力办公，乃可不形竭蹶。台谷陋规，不但内地各属赖之，即台属厅县亦有折半征收之利，每谷一石折收番银二圆，或一圆八角，可当纹银一两四钱，或二三钱。今使以半折抵给台饷，则官无丝毫余羡，而厅县从此大困矣。海外经费无一不倍内地，幕友修金岁常四五千圆，捐赔之款又一二千两。廉俸无几，何以供之？非尽为私肥之计也，其不便者六。虽有廉吏，亦必俾能自给，然后不侵国帑，不朘民膏。陋规既尽，势必亏空仓库，否则词讼案牍，掊克赃私，民间受祸更烈，海外隐忧自此深矣，其不便者七。夫病商之弊，其实犹小，若以便商之故，而病官与民，因以病国，则害更巨。古之为政者，利均则权之以义，害均则权之以大小轻重，不可不谨也。"尔准纳之。慎轸亦与书传穟曰："比阅陈议，所见正同。事关国制，不可不尽言。"然已违众议，不能商运。传穟所云运旧停新之策，亦遂置之，明年仍雇运焉。传穟复议停运眷米，每米一石抵与纹银一两，藩司于台饷扣发，台属以折色纳府，抵大饷焉。是时慎轸已去闽，议虽暂行，未及咨奏，传穟亦改调矣。

道光七年，议定不计梁头之大小，船之名目，凡厦船配谷百五十石，蚶船大者百石，小者八十石，横洋船百八十石，糖船三百六十石，务欲以清积滞，而积滞犹如故也。于是奏请折色，自是年起，每石易纹银一两，令各兵眷自行买米，商船便之。

**鹿耳门应运兵眷米谷表**（米从△，谷从▲）

| 运出之地 | 收用之地 | 兵米兵谷 | 眷米眷谷 |
|---|---|---|---|
| 嘉义 | 厦防厅仓 | ▲24154 | ▲1920 |
| 台湾 | 龙溪县仓 | ▲2370 | |
| 台湾 | 龙溪 同安 平和 | | ▲3806 |
| 凤山 | 福州府仓 | △1500 | |
| 凤山 | 南澳厅仓 | ▲3638 | |
| 凤山 | 漳浦县仓 | ▲5914 | |
| 凤山 | 海澄县仓 | ▲983 | |
| 凤山 | 漳浦、诏安 | | ▲3476 |

**鹿港应运兵眷米谷表**

| 运出之地 | 收用之地 | 兵米兵谷 | 眷米眷谷 |
|---|---|---|---|
| 嘉义 | 福州 | △5500<br>▲5500 | |
| 彰化 | 福州 | △875<br>▲875 | |
| 彰化 | 莆田 | | ▲3727 |
| 彰化 | 晋江 | | ▲5414 |
| 彰化 | 南安 | | ▲465 |

**八里坌应运兵眷米谷表**

| 运出之地 | 收用之地 | 兵米兵谷 | 眷米眷谷 |
|---|---|---|---|
| 彰化 | 闽县 | ▲1040 | ▲5500 |
| 彰化 | 罗源 | ▲2205 | ▲460 |

续表

| 运出之地 | 收用之地 | 兵米兵谷 | 眷米眷谷 |
|---|---|---|---|
| 彰化 | 福安 | ▲2073 | |
| 彰化 | 侯官 | ▲2381 | |
| 彰化 | 连五 | | ▲465 |
| 彰化 | 长乐 | | ▲648 |

## 仓　储

　　仓储之制，仿于成周，所以充兵糈，裕民食，而平市价也。汉时始建常平仓，由官主之，谷贱则籴，谷贵则出，以时调剂，故曰常平。唐时又设义仓，则由官民合置，以备凶年之需。及宋朱熹复立社仓之法，后世行之，民以称便。台湾为宇内奥区，土田肥美，一岁三熟，以其有余，供给福建，漳、泉之民赖焉。郑氏之时，曾建天兴、万年二仓，其址犹存。归清以后，各县增设，一曰文仓，储供谷也。前时正供多完本色，故以此收之，或时以拨平粜。一曰武仓，备兵粮也。戍台之兵按月发米，故以此存之。一曰义仓，官民捐设。而人民之自建者，曰社仓。《大清会典》曰：凡民间收获时，随其所赢，听出粟麦。建仓贮之，以备乡里借贷，谓之社仓。公举殷实有行谊者一人为社长，能书者一人副之。按保甲印牌，有习业而贫者，春夏贷米于仓，秋冬大熟，加一以偿，中岁则捐其息之半，下岁免息。社长、社副执簿检校，岁以谷数呈官，经理出纳，惟民所便，官不得以法绳之。丰年劝捐社谷，在顺民情，禁吏抑派，有好义能捐十石至百石以上者，旌奖有差。社长、社副经理有方，亦按年给赏，制甚善也。又有番社仓，以贮熟番社口粮，制略同。康熙四十三年，议定福建仓谷存留发粜之数，各州县照额存留，而常平之谷，则依时价悉粜。唯台湾孤悬海外，现在捐谷八千六百余石，常平仓谷十一万余石，每县照例应存之额，余悉发市易银，以备荒年振济。又台、凤、诸三县所存供谷，现有七十余万石，为数既多，积久易腐。应留二十万石，以供三载兵糈，余亦悉卖，充为兵饷。雍正四年，议定台湾岁运福建平粜之米五万石外，别以正项购运十万石，分储沿海各处。若台湾年丰，可酌情形加运。七年，总督高其倬奏言："台湾之谷，只可存备全台及金、厦两处兵糈，若漳、泉平粜之米，请将官庄之款采办。"从之。乾隆十一年，省议以福、兴、漳、泉之米，不能不借资台湾，而台湾岁有丰歉，又不能不豫为筹备。乃定台湾各厅县买谷四十万石，永为定例，存储台仓。如逢福建乏粮之时，拨往接济，即以藩库之款，发还买补。越二年，议定福建常平积谷之数，而台湾应存四十万石。夫台湾为出谷之地，拓地日广，收成愈多，非遇兵燹水旱之灾，粒食无缺，即有其灾，而人民尚义，业户辄出平粜，乐善之士亦多捐振，故无道馑之惨。道光十七年，淡水同知娄云又劝各庄合设社仓，众多踊跃，后先设立。而正供以改征折色之故，其后又裁班兵，文武各仓，遂多虚设，渐就倾塌，唯义仓尚存。今举其所知者，著于表。

## 台湾官仓表

**台湾府仓** 一在府治镇北坊县署左，计七十六间；一在东安坊旧县署右，计三十七间；储谷二十万石，其不足额则由台、凤、诸三县拨仓收存。

**台湾县仓** 一在旧县署左，计五十七间；一在县署右，计十四间；一在安平镇，计二间；一在罗汉门，计三间。储谷三万石。又有监仓，在县署左，计二十间，乾隆二十四年奉文建。

**凤山县仓** 一在府治钱局，计二十八间；一在东安坊，计二十一间；一在大埔街，计二十间；一在安平镇，计二十五间；一在旧县治，计八间。乾隆五十四年知县常明修，储谷五万石。又监仓在旧县治仓后，计五间，乾隆二十四年建。

**嘉义县仓** 一在府治东安坊，计一百三十六间，一在县治，计八十间；一在笨港，计一百零九间；一在斗六门，计九间。乾隆五十五年，知县单瑞龙修，储谷五万石。监仓未建。

**彰化县仓** 一在县治半线堡，计十五间，康熙五十四年诸罗知县周锺瑄建，以储半线至竹堑兵米，则武仓也。雍正二年移归彰化县。嘉庆十六年，知县杨桂森改建城内，一在鹿港米市街，计十六间；一在猫雾拣堡，计一间，俱雍正年间建，储谷五万石。监仓未建。

**淡水厅仓** 一在竹堑，计十二间，康熙五十五年诸罗知县周锺瑄建，以储淡水至南崁兵米。雍正二年归淡水厅。嘉庆二十二年，同知薛志亮修。一在八里坌，计十二间，旋圮，移于艋舺。一在后垄，计一间；一在南崁，计一间，均经薛志亮修，储谷二万石。又有基仓二所，一在竹堑，计五间；一在厅署内，计六间。

**澎湖厅仓** 在厅治妈官。雍正七年，议定拨储仓谷五千石，饬台、诸二县各先拨运正供谷一千五百石，候冬收后，各再运千石以足其数。嗣通判王仁以澎地潮湿，贮谷恐烂，请饬寄储原地，如遇岁歉，乃运至大府。不肯，始先运到二千石，尚缺三千石，久不补足。其后通判胡建伟详请知府查照旧案，饬台、请二县各再拨运一千五百石，以敷原议之数。乾隆二十四年正月，诸罗县运到其额，而台湾县仍缺，故额存三千五百石，以备平粜。此外又有官捐之谷，每年三石，然今已无存，仓亦多塌。又有武仓，亦在妈官，即从前碾支兵米之仓。向例澎营赴台运米每年七千二百石，储仓支给。乾隆二十年，通判王祖庆禀称："澎不产谷，唯借客米贩济民食，然风信靡常，每值市上缺乏时，幸赖月运兵米六百石，照期散给，互相调剂，而年来每至逾期。查妈官现有武仓十间，缘澎地潮湿，储米易烂，请改为谷以一米二谷计之，凡七千二百石，贮存武仓，令文员管之，按月碾给，则于常例无违，而兵民两益。"奏准议行。其后改谷为米，由澎湖厅向台湾县支领米价，自行采办。同治年间，因接济迟延，戍兵索饷，始归台湾县，采办仍由澎湖厅发票监放，各兵自向船舱支领，而武仓遂虚设，近亦多圮。

**噶玛兰厅仓** 一在厅治，一在头围。嘉庆二十一年，通判翟淦建，储谷二万石。

## 台湾社仓表

**台湾社仓** 原在镇北坊，计四间，康熙五十年，台厦道陈瑸建。乾隆十五年，知县鲁鼎梅改建县署，因就县仓以贮社谷。其后移建于龙王庙左。据同治六年绅董黄应清汇造清册，计仓十二间，贮谷一万六千二十一石。

**凤山社仓** 康熙四十四年，知县宋永清捐建。一在兴隆里，一在下中洲，一在内土库，一在半路竹，一在下埤头，一在崁顶，一在万丹，其中多圮。

**嘉义社仓** 一在诸罗山，一在安定里，一在斗六门，一在茅港尾，一在新化里，一在打猫社，各一间，至今多圮。道光十五年，绅士王得禄倡建一所于县治，贮谷二万石。

**彰化社仓** 在县治小西门，计十六间，道光十四年台湾府周彦、彰化县李廷璧劝谕绅士罗桂芳等捐建。一在沙连堡林圯埔街，乾隆十六年，庄民捐谷公建。

**淡水社仓** 道光十七年，同知娄云创设，劝各业户捐谷，尚未建仓，业经奏奖在案。同治六年，署同知严金清复捐廉俸一千圆，购谷千石，并谕业户林恒茂、郑永承等计捐四万九千石，另拨捐谷三千六百石为义塾经费，乃于竹堑、艋舺两处各设明善堂，以理其事。而竹堑系购地新筑，费款二千九百七十二圆余，艋舺旧仓久圮，则就址重建。又以大稻埕捐谷较多，议设总仓，未行。此外各地亦多捐设。一在大甲文昌祠内之左，有仓五间。一在后垄，一在猫里，一在桃仔园，捐谷各未详。一在北埔，业户江大宾等捐谷五百五十石，续捐八十五石。一在九芎，林业户詹国和等捐谷五百七十一石。一在中港，业户叶廷禄等捐谷八百四十石。一在新埔，业户陈朝纲等捐谷八百五十石。一在大湖口，业户张阿龙等捐谷八百五十石。一在大溪漘，业户叶从青等捐谷九百石。仓俱未建，暂由捐户存储。

**澎湖社仓** 雍正八年，福建督抚奏办社仓，饬各属官民捐谷。自九年起至乾隆十六年，文武共捐二百五十九石。是年八月，台湾知府陈关以澎湖系属台邑，应将社谷归入台邑拨贮三万石内造报，通判何器遂将存谷二百十五石碾米移营，抵作拨台之额。又于十八年再将八石拨县，尚存三十六石，奉文改作溢捐，以入官仓存贮。道光十一年，通判蒋镛始自捐俸七百千文，副将吴朝祥亦捐二百千文，乃劝谕绅富陈均哲、黄宽、纪春雨等各捐四百二十千文，余亦乐捐，计得三千五百八十五千文。自十三年起，分发各澳总董生息，如逢岁歉，豫购薯丝杂粮以济民食，俟有盈余，建仓存贮，出陈易新，以垂永久。总理五年一换，由绅董举充，以杜私弊。光绪十九年，咸雨为灾，候补知府朱上泮奉委至澎考察情形，以社仓不可终废，禀明抚藩拨款为倡，通判潘文凤捐俸百圆，劝谕绅民黄济时、蔡玉成等共捐一千四百三十五两，三郊合捐一百六十三两，而署总兵王芝生亦捐三百两，并谕将弁兵勇共捐九百二十四两，计得银三千两，以为社仓资本。乃就旧文仓修理三间，新建三间以储之，举济时玉成等为董事，凡捐五十两以上者，给予"义举襄成"之匾以嘉之，至是而澎湖义仓始成。

## 台湾番社仓表

**台湾县番社仓** 一在大杰颠社，一在新港。
**凤山县番社仓** 一在放缭社，一在茄藤社，一在力力社，一在上淡水社，一在下淡水社，一在搭楼社，一在武洛社，一在阿緱社，各一间。

**嘉义县番社仓**　一在罗山社，一在打猫社，一在他里雾社，一在柴里社，一在萧垄社，一在大武垄头社，一在加麦社，一在芒仔芒社，一在哆啰啯社，一在阿里山社，一在麻豆社，一在湾里社。

**彰化县番社仓**　未设。

**淡水厅番社仓**　一在搭搭攸社，一在蜂仔峙社，一在摆接社，一在雷里社，一在武朥湾社，一在圭柔山社，一在大浪泵社，一在八里垄社，一在毛少翁社，一在北投社，一在奇里岸社，一在小鸡笼社，一在金包里社，一在大鸡笼社，一在三貂社，一在南崁社，一在龟仑社，一在坑仔口社，一在霄里社，一在竹堑社，一在后垄社，一在中港社，一在猫里社，一在新港社，一在加志阁社，一在吞霄社，一在宛里社，一在房里社，一在猫盂社，一在德化社，一在大甲社，一在双寮社，一在南日社，一在麻糍旧社。

# 卷二十一

台灣通史

乡治志

连横曰：古之治民也，筑城郭以居之，制庐井以均之，开市肆以通之，设庠序以教之，士农工商，各有其业。故朝亡废官，邑亡敖民，地亡旷土。理民之道，地著为本，是故五家为邻，五邻为里，四里为族，五族为党，五党为州，五州为乡。乡万二千五百户也，邻长位下士，自此以上，稍登一级，至乡而为卿。故其政不令而举，其教不劳而齐，其兵不养而备，其税不敛而足，此则乡治之制也。连横曰：泰西之政，其知此道乎？故能强其国而富其民。

台湾当郑氏之时，草昧初启，万庶偕来，广土众民，蔚为上国，此则乡治之效也。当是时，布屯田之法，励垦土之令，徕避难之民，拓通海之利，故能以弹丸之岛，收亡国，拥诸王，奏群贤，建幕府，以与清人为难，此固已得霸王之道矣。经立，委政勇卫陈永华，改东都为东宁，分都中为四坊，曰东安，曰西定，曰宁南，曰镇北。坊置签首，理民事。制鄙为三十四里，置总理，里有社，十户为牌。牌有长；十牌为甲，甲有首；十甲为保，保有长，理户籍之事。凡人民之迁徙职业婚嫁生死，均报于总理。仲春之月，总理汇报于官，考其善恶，信其赏罚。劝农工，禁淫赌，计丁庸，严盗贼，而又训之以诗书，申之以礼义，范之以刑法，励之以忠敬，故民皆有勇知方。此则郑氏乡治之效也。

清人得台，沿用其制，而有司奉行不谨，渐就废弛。朱一贵既平之后，地方未靖，总兵蓝廷珍上书总督满保，请行保甲。就各县签举一干练勤谨家殷品端者，使为乡长，就其所辖数乡，以联守望相助之心。给之游兵，以供奔走使令之役，如有一家被盗，则前后左右齐出救援，堵截各处，协力获擒。又设大乡总一二人以统辖之，督率稽查，专其责成。乡长如有生事扰民，纵容奸匪，而大乡长不报者，则罪同。是虽无乡兵之名，而不啻有乡兵之实。今台湾中路，拟设乡长六名，南路凤山八名，各立大乡总一名，北路诸罗十二名，分立大乡总二名，以统率之。乡长准给养游兵四名，而大乡总与以外委千把总衔，准给养游兵十名。每兵月给银一两，米三斗，就官庄内支之，而乡长、大乡总则酌量给之。凡地方有窃劫之案，则饬乡长限期缉获。初限不获，比游兵。再限不获，罚其身。三限不获，重惩之。凡三次不能获者，革之，而大乡总销其衔。其有勤谨办公，三年无过者，量行擢用，以示鼓励。从之。于是设大乡总四名，乡长二十有六。廷珍虑其未备，复请权行团练。以为今日郡治虽有协防之兵二千，足供调遣，然分派南北，所存无多，宜急训练乡壮，联络村庄，以补不足。无事则农，有事则兵，所谓急则治标，不可须臾缓者也。其后遂立为例，每有兵事，则举办之。乾隆五十一年林爽文之变，南北俱陷，郡治戒严，各乡多办团练，出义民，以资战守。而鹿港郊商亦募勇自卫，故无害。顾此为防内之事，而御外则尤烈。

道光季年禁烟之役，英舰辄窥伺海口，台人大愤，与之开战。和成，诏开五口通商，遂倡攘夷之论，且公约曰："曩者英人犯顺，罢兵议抚，准其通商，而不通商之地，则不许登岸，违者送其领事治罪，此人人共知者。台湾非英人应至之地，我等知朝廷宽大，许其和约，不与抗拒。非畏之也，彼既俯首恭顺，我等岂敢生事。且所谓和者，但见之不杀尔，非听彼之使令也。彼先侮我，我岂让彼。我百姓如为所用，是逆犯也，是犬羊之奴也，饿死亦不肯为。我百姓自为义民报国，地方官亦不得牵制。如彼本无异心，而奸徒从中指引，则我等不杀其人，而杀勾通之人，于抚洋之道，固并行而不悖也。风闻英人欲于台地贸易，如果成事，贻祸无穷。习教惑众，是子弟罹其害也。占地盖房，是居民遭其殃也。霸揽货税，是商贾绝其生计也。买用男妇，是子女受其荼毒也。台地孤悬海外，无可徙避，亟宜及早图之。一曰勤了望。沿海城乡居民随时于高处探望，但见洋船踪影，即飞报该管文武衙门，一面探其驶入何口，再行阻截，不得专恃口岸吏胥。一曰联声势。洋船如来停泊，并无逞强情形，我百姓多至千人，少数百人，暗藏刀棍，排立港岸，阻其深入，不与斗狠，静以待之，久则自退。一曰查奸细。洋人不足虑，虑土匪勾结尔，如有私与交接者，公同拿送文武衙门。若查出确有勾通证据，或造谣乘间抢劫，应报地方官杀毙。一曰选壮丁。无事之时，各街乡除鳏寡孤独及家无次丁外，每家各出一人，年约在五十以下二十以上。殷实绅商各自添备，不拘定数。先造名册，存于各义首处，一旦有事，呼之即至，违者公罚。至有事动支口粮，或由官给，或由民捐，临时定议，宜从优厚。即有一二死伤，定邀褒恤。一曰筹经费。防堵军需，自有帑项，我百姓仍须备储，同保身家。每街乡公议以公正绅耆为义首，查明现在经商及田产较多者，每家每日捐钱数百文或数十文，一月一支，零星积存，俟有成数，再议生息，除却防洋，不准动用。一曰备器械。刀枪牌铳，家家俱有，人执一器，即成劲旅，所虑者洋人之炮尔。然彼炮在船，远不能及，我炮在岸，近而易攻，但令大炮不能登岸，则其技已穷。我不必用炮，唯御彼之炮，而其技亦穷。每家或三两家，各置遮牌一面，以木版高与身齐，或编竹为之，内安鼻纽，外钉牛皮铺棉纸，或加钢丝，或涂蔗糖，此台地所易办者。得壮士千百人，持此为前，则炮火不能伤。人人胆壮，有进无退，则一鼓而歼之矣。"

当是时，徐宗幹任巡道，尤为鼓励，故敌忾愈深。宗幹以欲御外侮，须清内奸，通饬各属总理，凡所管庄内向来为匪之人，非无畏法改悔者，许其将功折罪。如愿作线缉捕，即赴附近分防衙门，代为禀请。愿当差者，考其技艺，留充壮勇。愿在乡者，记其姓名，派守村庄，酌给口粮，俾资养赡。其有怙恶不悛者，即率众捕拿解送，自应从优奖励。又以书谕各社家长曰："查姚前道任内，给各社家长以各庄丁口万人千人，最少数百人，贼虽多不过数十，少仅十余人，尔族丁十倍于贼，贼虽强，焉敢伺夜深入。此必有与贼通者，通贼者非他，即本族本庄贫乏人尔。若辈无业忍饥，富者不肯赡给，故怨而通贼。尔社内富家可出公费若干，将社中贫乏无业而年壮者，悉召归之，日给饭钱，使为壮丁。大社四十人，中社三十，小社二十，分为两班，每夜一班巡社防守。一人执锣不鸣，一人击柝，余执大挺，不许持刀枪鸟铳。自三更起，行社外，向明而止。见贼则鸣锣大呼，一社之人群起应之，贼必不敢入社。一社鸣锣，则邻社皆应，不逐贼者罚之。贼既走，不可远追击捕，恐其穷迫伤人。此法一行，则各社贫者有以自养，皆自保其社，不但不通贼，亦不复出而为外盗矣。姚前道任内，各社遵行，立见安谧。至隆冬以后，平日各须妥议章程，以期闾里益臻清静。凡子弟为非，父兄同罪。当绸缪于未雨，期任恤之可风。各社内一人兴讼。众人牵连，一家滋事，大家破费。官兵至则妻孥移散，壮勇来则鸡犬皆惊。典田鬻产，为无益之虚糜，积怨深仇，遭不测之祸患。与其为难于事后，何如早筹于事前。人无愚智，各具天良，境处饥寒，易成地棍。各社家道殷实者公议按捐地亩若干，各家分收近支族中贫苦孤独子侄若干人，或借给粮食，佣工出力，按年抵扣。或支付铜钱，小本营生，余利归还。或祠堂公提生息，或本社捐置赡田。幼而慧者设义塾以免游闲，壮而钝者习技勇以防奸宄。如怙恶不悛，公请族长责惩逐出，本支联名送官究处，不准回社。如改过自新，或保送衙门，充当壮勇。尔等同心协力，庶几有安享太平之日，其各勉旃。"宗幹为治，每致意于公务，整剔利弊，循名核实，而绅民亦相观感，一时士气丕振，风俗纯美，至今犹称道焉。

　　淡水据台之北鄙，地大物博，闽、粤分处，闽居近海，粤宅山陬，各拥一隅，素少来往。而闽人以先来之故，称粤籍曰"客人"，粤人则呼闽籍曰"福老"，风俗不同，语言又异，每有争端，辄起械斗。闽、粤斗则漳、泉合，漳、泉斗则粤人阴持其后，抢攘昏垫，蔓延数十村落，而有司莫能止也。道光十一年，淡水同知娄云乃立庄规四条，饬约八条，饬民守之。澎湖为海中群岛，居民好讼，其时亦立乡约曰，毋非时而赌，以新春六日为限，毋为窃盗，毋放牛蹊人之田，毋侵人渔界，毋演淫戏，毋怠公役，毋健讼，违者罚钱一千，其不从者请官治之。

初，林恭之乱，宗幹以淡水林占梅办北路团练，弹压地方。及戴潮春起事，淡水同知秋曰觐遇害，全台偯扰，占梅又集绅士，筹守御。时宗幹已任福建巡抚，命以办理全台团练事务，颁发钤记，通饬所属。然镇道俱驻府治，筹兵筹饷，须设总局，乃由巡道委派绅士任之。划城中为五段，设总签首，东段二员，一辖六合境，一辖八协境。西段二员，一辖六和境，一辖六兴境。南段一员，为八结境。北段一员，为十八境。中段一员，为二十一境。而小西门内外亦设一员，辖四境。大西门外为商务繁盛之区，分为南北，各一员。而三郊别有大签首三名，理其事。三郊者，糖郊，南郊，北郊也，其办事处在水仙宫，曰三益堂。每有交涉，开会平断，不假于官。凡地方有大繇役，辄捐饷助军，集资振济，为一方之重。盖其时商务发达，贸易多利，而当事者又能急公好义，故人多尚之，其后乃稍凌夷焉。初，各县绅商均为义民首领，义民随军出战，则各街铺户派出壮丁，每境十名或二十，谓之铺民。每夜登城巡警，及旦始归，仅留一人守之。每名夜给点心钱六十文，油烛十文，五日一发，届期各街签首向局支领。事平之后，尚存其名。坊里之人每有争执，辄向总签首论其曲直，而有司亦每循其意，以兴除利弊。光绪七年，兵备道刘璈改为培元总局，以理一切善举。其总办由道府札委，下置绅董，凡清沟、修道、救恤、施医等，岁率数万圆，悉由洋药厘金项下开支，其所以整齐市政者至矣。及法人之役，再办团练，璈手定章程十七条以布之。既又刊渔团章程二十条，通饬绅民暨沿海渔户遵行，颇收指臂之助，语在《军备志》。

时福建巡抚刘铭传驻台北，亦办团练，奏简林维源为团练大臣。十二年，奏办清赋，饬属先办保甲，查造户口。十户为牌，牌有长；十牌为甲，甲有长；十甲为保，保有正，均隶于保甲局。总局在台北，以候补知府为总办，各厅县皆设分局，札委丞倅任之。按季汇报，先送按察使司查核，乃详巡抚汇题，登其民于户部，以知户口之盈虚。而铭传尤励精图治，欲置台湾于富强，然以经费之故，未能竟行其志，惜哉！乙未之役，复办团练，以进士邱逢甲为团练使。先是，台南府治每年应办冬防，以诘盗贼，严水火。光绪十年，知县俞鸿详请道府，以抄封公款库平六千圆，发各当铺生息，每千圆月利十圆，岁收七百二十圆，又以外新丰里鱼潭瞨租二百圆，以充其费，尚有不足，则由盐课盈余拨用。

夫保甲之制，所以卫民，使之相安而无事。然而民不能永安也，水旱之不时，疫疠之间作，鳏寡孤独之无告，则必为之尽心力，先事而防之，后事而循之，而后得遂其生。夫均是人也，均是一乡一县之人也，出入相友，守望相助，疾病相扶持，则百姓亲睦。是故建义仓以平之，开医局以治之，设养济以恤之，而后可以收乡治之实，而后可以为治国平天下之道。台人重宗法，敬祖先，故族大者必立家庙，岁时伏腊，聚饮联欢，公置义田，以供祭祀，又为育才婚嫁恤孤振乏之资。其大者则联全台之子姓，建立大宗，追祀始祖，深得亲亲之义。台湾戍兵多来自福建，瓜期而代，各建公厅，以为集议之所。故郡城之中，有福州公厅，有诏安公厅，有云霄公厅，均在镇北方，纠其党羽，肆为不法。道光间，巡道徐宗幹移镇禁毁，其风始息。而外省之居台者，有两广会馆，有浙江会馆，亦为仕商集议之所，联乡谊，萃众志。其有流落不归者，则资遣之，故无穷途困苦之悲，是亦梓榆之义也。南郡大西门外，有五大姓，蔡为众，郭次之，黄、许、卢又次之，各踞一街，以相凭陵，莫敢侵犯。盖以其地为郊商屯集之处，货物出入，资之输运，故争拥其利。夫以一郡之中，而族自为族，党自为党，能不仳离，且因之而生私斗。然能善用之，亦足以资其力。朱一贵之变，粤人不附者，以省界也。林爽文之变，泉人不应者，以府分也。若夫蔡牵之乱，协力同袍，争趣杀敌，即以寇自外至也。《诗曰》："兄弟阋于墙，外御其侮。"为此诗者，其知乡治之义乎？故曰，日月食于外，而贼在其内。

## 台湾善堂表

**台北官医局** 在台北城内考棚，光绪十二年，巡抚刘铭传设，以候补知县为总理，招聘西人为医生，以医人民之病，不收其费，并设官药局于内。

**台北病院** 亦在考棚，光绪十二年，巡抚刘铭传设，以医兵勇之病。

**台湾养济院** 在县治镇北坊，康熙二十三年，知县沈朝聘建。

**台湾普济堂** 在县治县城隍庙内，乾隆十一年，巡台御史六十七范咸命台湾县李阊权建，凡十二间，拨公款千余圆充用，以收养穷民。

**台湾栖流所** 在县治圣公庙街，光绪十二年，知县谢寿昌禀设，以收流民，其款由普济堂拨用。

**台湾育婴堂** 在县治外新街，咸丰四年，富户石时荣倡建，自捐家屋充用，并捐五千圆，生息以为经费，又劝绅商集款数千圆，禀官批准，凡安平出入商船，抽税充用，而富户亦各捐田园铺屋，入款颇多。其后巡道黎绍棠以为义举，更劝绅士办理，并以洋药厘金提拨充用。及光绪八年，巡道刘璈乃废其例，以司库平余及盐课余款千余圆拨为经费。

**台湾恤嫠局** 在县治，同治十三年，钦差大臣沈葆桢倡设，自捐千圆，命巡道夏献纶提拨公款，并劝绅富捐款九千圆，购置田园，生息以恤嫠妇。凡年三十以内，家贫守节者，邻右保结，每名月给二圆。

**嘉义养济堂** 在县辖善化里东堡，康熙二十三年，诸罗知县季麒光建。

**嘉义育婴堂** 在县治城隍庙内，同治七年，绅商捐设，额收二十名。

**凤山养济院** 在县辖土凤埕，康熙二十三年，知县杨芳远建。

**彰化养济院** 在县治八卦山下，乾隆元年，知县秦士望建，以收养麻疯残疾之人约四十名。

**彰化留养局** 在养济院之左，乾隆二十九年，知县胡邦翰建，以收养穷民一百名，捐置田园，岁收租银一千二百八十四圆以为经费。

**彰化育婴堂** 在县治,道光年间官绅合建,久而荒废。光绪七年,知县朱干隆乃劝绅富重设,以抄封家屋充用。

**淡水留养局** 原在竹堑城内,乾隆二十九年设,以收养穷民。及同治元年之乱,佃册纷失,收租渐减,仅养七十名。光绪十五年分治之际,重设此局,以旧时局产拨充,并捐经费,额收四十名。

**淡水育婴堂** 在县治艋舺学海书院后,同治九年官绅合建,详拨三郊洋药抽捐每箱四圆之半,以充经费。

**淡水保婴局** 在县辖摆接堡枋桥庄,富绅林维源倡设,自捐五千元,并劝富户集款二千圆,置田生息,以充经费。

**新竹栖流所** 在县辖树林庄,以收孤老穷民百余名,同治三年毁,嗣筑。

**新竹育婴堂** 在县治龙王庙之右。

**澎湖普济堂** 道光六年,通判蒋镛筹建,捐款四百圆交妈祖宫董事生息,嗣以贫民尚可栖身,无庸建屋。九年,澎湖绅商合捐二百十圆交盐课馆生息,续捐制钱四万七千五百文生息,又详准征收小船之费,岁入一万九千八百文,以充口粮,额定三十名,月给三百文。

**澎湖栖流所** 在妈官,嘉庆二十四年,郊户德茂号等捐款置屋,以为难民栖宿,禀官存案。

**澎湖育婴堂** 在妈官,绅商捐设,后归厅办理。岁收租息三十二万四千文,每月又于盐课拨银五十两以充经费。约收女婴三十余名,每名月给八百文。又分恤养济院穷民,每名月给三百文,如病故者,别给四百文。

## 台湾义冢表

**台湾县义冢** 一在县治大南门外魁斗山,历年已久。一在新昌里,康熙五十九年,监生陈仕俊捐置,与魁斗山毗连。一在水蛙潭,一在北坛前，一在海会寺前，俱乾隆十七年知县鲁鼎梅购置。又一亦在大南门外，俗称师爷冢，为江浙游幕人士公置，并建一堂，春秋祭祀，公举一人为董事。

**嘉义县义冢**　一在县治附近，计七所；一在打猫堡，计六所；一在盐水港堡，计五所；一在他里雾堡，计四所；一在下茄苳堡，计三所；一在哆啰国，计三所；一在茅港尾堡，计二所；一在麻豆堡，计二所。

**凤山县义冢**　一在县治西门外蛇头埔，雍正二年，知县钱洙置。一在府治南门外魁斗山后。

**彰化县义冢**　一在县辖内快官庄，知县苏渭生置。一在八卦山及番仔井山等，知县胡邦干置。一在各处官山，历任知县秦士望、刘辰骏、胡应魁、吴性诚等出示听民安葬。嘉庆十六年，绅士王松等请官诣勘各处官山冢地，示禁侵垦。又一在鹿港街外，乾隆四十二年，绍兴魏子鸣与巡检王坦倡建，购地充用，曰敬义园，以其余款置业生息，岁举泉、厦郊商为董事。

**新竹县义冢**　一在县南巡司埔尾，一在中冢傍，俱道光十六年绅士捐置。一在枕头山，一在土地公埔，一在鼻头庄，均为乾隆年业户黄意使捐置。一在后垄庄，一在大甲庄，今属苗栗。

**淡水县义冢**　一在艋舺，计两所，为林士快、陈长茂捐置。一在大隆同，乾隆三十年，丘文华置。一在沪尾，嘉庆元年，何宗泮置。一在圭柔山，嘉庆二年，陈晃生置。一在新庄，同治九年，县丞邹祖寿置。

**澎湖厅义冢**　一在妈官澳东北，一在尖山乡，一在林投垵，一在西屿，一在瓦硐港，一在网垵澳，又一在北山后紫湾。凡海中漂尸，拾葬于此。

卷二十二

宗教志

连横曰：宙合之中，列邦纷立，而所以治国定民者，曰政，曰礼。夫政者以辅民志者也，礼者以齐民俗者也，如车两轮，相助为理。然而《诗》《书》所载，每言鬼神，降洋降殃，归之天帝，一若冥冥之上，果有一真宰者焉。《诗》曰："赫赫不显，上帝维辟。"《书》曰："维皇上帝，降衷下民。"宗教之兴，其来久矣。然而儒者之言天，必指之以人，故曰："天视自我民视，天听自我民听。"又曰："天讨有罪，天秩有礼。"迹其所以治国定民者，莫不代天为之。是以郊社之礼，祝史之告，荐信鬼神，靡敢诞谩，此所谓明德维馨也。夫政者以辅民志者也，有时而乱；礼者以定民俗者也，有时而弊。然则其用以范围一世之人心者，不得不借之宗教。神道然，佛老然，景回二教亦无不然。顾善用之，足以助群德之进。不善用之，反足推其沉溺，而奸诡邪僻生焉。连横曰：台湾之宗教杂糅而不可一者也，故论次其得失。

## 神　教

神道设教，本于人情。人情好善而恶恶，趋利而避害，故圣人率之以道。道也者不可须臾离也，是故迪吉迪凶，唯天所示。然而天者空间也，无声无臭，可见而不得见，可闻而不得闻。以音读之为巅，以文观之为一大，以义释之为自然，是天者为至高至大之景象，而具自然之作用焉。夫此至高至大之景象，夫妇有所不知，故不得不假之上帝。上帝者自然者也，故亦曰天然。台湾之人无不敬天，无不崇祀上帝，朔望必祈，冠婚必祷，刑牲设醴，至腆至诚。台南郡治有天公坛者，所祀之神谓之玉皇上帝。岁以孟春九日为诞降之辰，此则方士之假借，而以《周易》初九见龙在田之说附会尔。古者天子祭天，诸侯祭其域内名山大川。台湾为郡县之地，山川之礼，见于祀典，而不闻祭天之仪。然则此天公坛者，其为人民所私建，以奉祀上帝，则当先正其名矣。

次为三官，其礼降于玉皇一等。《神仙通鉴》谓天官尧也，地官舜也，水官禹也。夫尧定天时，以齐七政。孔子曰："大哉尧之为君，唯天为大，唯尧则之。"故为天官。舜画十有二州，以安百姓，故为地官。禹平洪水，奠民居，故为水官。是皆古之圣王，功在后世，没而祀之，宜也。然而台人之言曰，天官赐福，地官赦罪，水官消灾，此则出于师巫之说。东汉张道陵修炼于蜀鹤鸣山，造作符书，以役鬼卒，令有疾者，自书姓名及其服罪之意，为牒三：一上之天，一埋之地，一没之水，三官之名始于此。及北魏时，尊信道士，寇谦袭道陵之说，以孟春、孟秋、孟冬之望为三元，而相传至今矣。

复次为五帝，五帝之说见于《史记·封禅书》，东方曰青帝，西方曰白帝，南方曰赤帝，北方曰黑帝，中央曰黄帝，秦汉天子以时祀之，其礼特隆。而台湾所祀之五帝有二：其一为五显大帝，庙在台南郡治之宁南坊。《夷坚志》谓五圣庙即五显之祖祠，《七修类稿》谓五通神则五圣，而《陔余丛考》谓五圣、五显、五通，名虽异而实则同。按五通之祀，宋时已盛，清初汤斌巡抚江南，奏毁之，其害始绝。然台南所祀者，为像一，赤面三眼，则又别为一神，而为师巫所假借，故亦称为五显灵官也。其一为五福大帝，庙在镇署之右，为福州人所建，武营中尤崇奉之，似为五通矣。然其姓为张、为刘、为钟，为史、为赵，均公爵，称部堂，僭制若帝王。岁以六月出巡，谓之逐疫。乔装鬼卒，呵殿前驱，金鼓喧阗，男女杂遝，倾钱酬愿，状殊可怜。越二日以纸糊一舟，大二丈，奉各纸像置船中，凡百器用财贿兵械，均以纸绸为之，大小靡不具。愚民争投告牒，赍柴米，舁舟至海隅火之，谓之送王。七月七日，又至海隅迎之。此瘟神尔，而与灵官皆窃五帝之号，是淫祀也。

复次为王爷，王爷之事，语颇凿空。或曰，是澎湖将军澳之神也。旧志谓神之姓名事迹无考，岂隋开皇中虎贲陈棱略地至此，因祀之欤？又曰，府志载邑治东安坊，有开山王庙，今圮。按开山王庙所祀之神，为明招讨大将军延平郡王，即我开台之烈祖也。乾隆间，邑人何灿鸠资重建。同治十三年冬十月，钦差大臣沈葆桢与总督李鹤年、巡抚王凯泰、将军文煜合奏，改建专祠，春秋致祭，语在《建国纪》。是开山王庙固祀延平也。陈棱之庙在西定坊新街，面海，曰开山宫，为郑氏所建，以棱有开台之功也。而府志误为吴真人，且言台多漳、泉人，以其神医，建庙特盛。夫吴真人医者尔，何得当此开山之号？固知所祀之神，必有大勋劳于台湾也。唯台湾所祀之王爷，自都邑以至郊鄙，山陬海澨，庙宇巍峨，水旱必告，岁时必祷，尊为一方之神，田夫牧竖，靡敢渎谩。而其庙或曰"王公"，或曰"大人"，或曰"千岁"，神像俱雄而毅。其出游也，则曰代天巡狩，而诘其姓名，莫有知者。呜呼，是果何神，而令台人之崇祀至于此极耶？顾吾闻之故老，延平郡王入台后，辟土田，兴教养，存明朔，抗满人，精忠大义，震曜古今，及亡，民间建庙以祀。而时已归清，语多避忌，故闪烁其辞，而以王爷称。此如花蕊夫人之祀其故君，而假为梓潼之神也。亡国之痛，可以见矣。其言代天巡狩者，以明室既灭，而王开府东都，礼乐征伐，代行天子之事。故王爷之庙，皆曰"代天府"，而尊之为"大人"，为"千岁"，未敢昌言之也。连横曰：信哉！余尝游埔里社，途次内国姓庄，为右武卫刘国轩驻军之地，以镇抚北港溪番者，庄人数十户，皆祀延平郡王。又尝登火山，谒碧云寺，寺祀释迦，而前殿亦奉延平。顾此为有清中叶之事，法网稍疏。若在雍、乾之际，芟夷民志，大狱频兴，火烈水深，何敢稍存故国之念？故府县旧志虽载开山王庙，而不言何神，东都之事，一切抹杀，且加以"伪郑"之名，此则桀犬吠尧也。夫台人之祀延平，固为崇德报功之举，后人不察，失其本源，遂多怪诞。而师巫之徒，且借以敛钱，造船建醮，踵事增华，惑世诬民，为害尤烈。呜呼！先民虽愚，断无如是之昧也。然二百数十年来，无有能纠其谬者，而今乃得抉其微。先民有知，能毋慰乎？

复次为天后，亦称天上圣母，台之男女靡不奉之，而郊商海客且尊为安澜之神。按天后姓林，福建莆田人，世居湄州。父愿，五代时为都巡检，配王氏，生五女一子。宋太祖建隆元年三月二十有三日，诞后，曰九娘，弥月不闻啼声，故又名默娘。八岁就外傅，解奥义，性好礼佛。年十三，老道士元通至其家，曰："是儿具佛性，应得正果。"遂授以要典秘法。十六观井得符，能布席海上济人。雍熙四年九月初九日升化，或言二月十有九日也，年二十有八。自后常衣朱衣，乘云气，遨游岛屿间，里人祀之。《显圣录》之所言如此。康熙十有九年，闽浙总督姚启圣奏言："荡平海岛，神佑灵异，请锡崇封。"遂封天上圣母。二十有二年，清军伐台湾，靖海将军施琅奏言："澎湖之役，天妃效灵，及入鹿耳门，复见神兵导引，海潮骤涨，遂得倾岛投诚，其应如响。"诏遣礼部郎中雅虎至澎致祭，文曰："国家茂膺景命，怀柔百神，祀典具陈，罔不祗肃。若乃天休滋至，地纪为之效灵；国威用张，海若于焉助顺。属三军之奏凯，当重译之安澜。神所凭依，礼宜昭报。惟神钟灵海表，绥奠闽疆，昔借威灵，克襄伟绩，业隆显号，禋享有加。比者虑穷岛之未平，命大师以致讨。时方忧旱，川泽为枯，神实降祥，泉源骤涌。因之军声雷动，直捣荒陬，舰阵风行，竟趋巨险。灵旗下降，助成破竹之功；阴甲排空，遂壮横戈之势。至于中山殊域，册使遥临；伏波不兴，片帆飞渡。凡兹冥祐，岂曰人谋。是用遣官，敬修祀事。溪毛可荐，黍稷维馨。神其佑我邦家，永著祝宗之典；眷兹亿兆，益宏利济之功。维神有灵，尚克鉴之！"加封天后，泐文庙中，并敕建祠原籍。琅既入台，以明宁靖王之邸改建神庙，即今之天后宫，刻石纪事。五十九年，翰林海宝册封琉球归，奏言："神祐封舟。"诏饬春秋致祭，编入祀典，于是台湾府县之庙，祭以太牢。雍正四年，巡台御史禅济布奏言："朱一贵之役，天后显灵，克奏肤功。"乃赐"神昭海表"之额，悬于郡治庙中。十一年，总督郝玉麟、巡抚赵国麟奏请赐额。御书"锡福安澜"，悬于福州南台之庙，并令江海各省，一体葺祠致祭。自是以来，历朝每赐额表彰，而台湾各地亦后先建祠，凡此皆所祀之神也。其列于祀典者唯天后，其不列者则载之于表。

## 道　教

道家者流，出于史官，历记成败、存亡、祸福古今之道，以知秉要势，本清虚以自守，卑弱以自持，此君人南面之术也。及放者为之，则欲绝去礼学，兼弃仁义，此其所短也。夫道家皆宗老子，老子为周柱下史，祖述黄帝，故曰黄老。黄老之教，汉用之而治，晋用之而乱。非黄老之道有纯驳，而用之能适与否尔。台湾道教，非黄老之教也，微不足道。而其流衍人间者，则为张道陵之教。道陵既以符书役鬼卒，孙鲁又吹煽之，从者日多。朝廷士夫亦信其术，封为真人，尊曰天师，奕世相承，主持剑玺，悍然而据一方，故其徒皆号道士。然台湾道士，非能修炼也，凭借神道，以赡其身，其贱乃不与齐民齿。唯三官堂之道士，来自江西，蓄发方衣，悬壶卖药，谓之"海上方"，颇守道家之律，若市上道士，则仅为人家作事尔。坊里之中，建庙造像，陈牲设醴，宰割白鸡，以血点睛，谓之"开光"。天灾火害，惧而修省，设坛以禳，谓之建醮。旱魃为虐，祷告龙宫，朝夕诵经，谓之祈雨。亲丧未除，三旬卒哭，表神礼忏，谓之"报恩"。又或妇孺出门，忽逢不若，画符吹角，谓之"收煞"。病人勿药，合家有喜，上牒焚楮，谓之"补运"。中妇不孕，乞灵于神，换斗栽花，谓之"求子"。凡此皆所以用道士也。而道士每张大其辞，以欺罔愚顽，巾帼之中，尤多迷信，顾此犹未甚害也。其足惑世诬民者，莫如巫觋。

台湾巫觋凡有数种：一曰瞽师，卖卜为生，所祀之神，为鬼谷子。师弟相承，秘不授人，造蛊压胜，以售其奸。二曰法师，不人不道，红帕白裳，禹步作法，口念真言，手持蛇索，沸油于鼎，谓可驱邪。三曰红姨，是走无常，能摄鬼魂，与人对语。九天玄女，据之以言，出入闺房，刺人隐事。四曰乩童，裸体散发，距跃曲踊，状若中风。割舌刺背，鲜血淋漓，神所凭依，创而不痛。五曰王禄，是有魔术，剪纸为人，驱之来往，业兼医卜，亦能念咒，诅人死病，以遂其生。凡此皆道教之末流，而变本加厉者也。夫道家以玄默为主，尚真一，任自然。乃一变而为炼汞烧丹，长生久视；再变而为书符作法，役鬼求神；三变而为惑世诬民，如蛇如蝎，此其所以衰也。而台湾之道教更不振。

# 佛 教

佛教之来，已数百年，其宗派多传自福建。黄檗之徒，实授衣钵，而斋堂则多本禅宗。斋堂者白衣之派也，维摩居士能证上乘，故台湾之斋堂颇盛。初，郑氏之时，龙溪举人李茂春避乱来台，居永康里，筑草庐曰"梦蝶"，朝夕诵经，人称李菩萨。而太仆寺卿沈光文且逃入罗汉门，结茅为僧。盖以玄黄之际，干戈板荡，纲维坠地，怀忠蹈义之士有托而逃，非果以空门为乐土也。当是时，东宁初建，制度渐完，延平郡王经以承天之内，尚无丛林，乃建弥陀寺于东安坊，延僧主之，殿宇巍峨，花木幽邃，犹为郡中古刹。其后谘议参军陈永华师次赤山堡，以其地山水回抱，境绝清净，亦建龙湖岩，岩则寺也。盖当郑氏之时，台湾佛教已渐兴矣。

清人得台之际，宁靖王术桂阖家殉国，舍其居邸为寺，靖海将军施琅就旁改建天后宫，而观音堂犹在也。当是时，郑氏部将，痛心故国，义不帝胡，改服缁衣，窜身荒谷者，凡数十人，而史文不载。忠义之士，未得表彰，伤已！康熙二十九年，巡道王效宗、总兵王化行改建北园别墅为海会寺，霸业消沉，禅风鼓扇，沧桑之感，能不慨然。自是以后，移民愈多，佛教渐盛，宏转法轮，以开觉路，徽音古德，代有所闻。而黄檗寺僧尤特出，岂所谓能仁能勇者非欤？僧不知何许人，逸其名，居寺中，绝勇力，能蹴庭中巨石，跃去数丈。素与官绅往来，而知府蒋元枢尤莫逆。一日元枢奉总督八百里密札，命拿此僧，不得则罪。潜访之，知为海盗魁，恐事变，且得祸，乃邀僧至署，盘桓数日，欲言又止。僧知之曰："窥公似大有心事者，大丈夫当磊磊落落，披肝见胆，何为效儿女子态哉？"曰："不然。事若行，则上人不利；不行，吾又不能了，故踟蹰尔。"出札示之，僧默然良久，曰："不慧与公有前世因，故一见如旧，今愿为公死，但勿求吾党人。不然竭台湾之兵，恐不足与我抗。"曰："省宪只索上人尔，余无问。"僧曰："可。"命招其徒至，告曰："而归取籍来。"徒率众肩入署，视之，则兵卒粮饷器械船马之数。一一付火，元枢大惊。僧曰："我祖为郑氏旧将，数十年来久谋光复，台湾虽小，地肥饶可霸，然吾不猝发者，以闽、粤之党未劲尔。今谋竟外泄，天也。虽然，公莫谓台湾终无人者。"又曰："公遇我厚，吾禅房穴金百余万，将为他日用，今举以赠公，公亦好速归，不然荆轲、聂政之徒将甘心于公也。"元枢送至省，大吏讯之，不讳；问其党，不答；刑之，亦不答，乃斩之。是日有数男子往来左右，监刑者虑有变，不敢问。待决时，一黑面长髯者弩目立，僧叱曰："小奴尚不走？吾昨夜谕而速改恶，勿妄动，今如此行迹，欲何为？勿谓吾此时不能杀汝也。"其人忽不见。事后，大吏问狱吏："何以许人出入。"曰："旦夕未见人，且僧有神勇，桁杨辄断，幸彼不走尔。"闻者皆愕然。是则湛虚寂静之中，忽有叱咤风云之气，岂非奇事。

初，朱一贵之变，有僧异服怪饰，周游街巷，诡称天帝使告台民："四月杪，当有大难。难至，如门设香案，以黄旗书'帝令'二字，插于案上，可免。"及一贵至，家如僧言，官兵见者，以为民心已附，多败走。及林爽文、戴潮春之役，亦以天地会、八卦会为号召。天地会者，相传延平郡王所设，以光复为旨，闽、粤之人多从之，故爽文率以起事。而八卦会者，环竹为城，分四门，中设香案三层，谓之"花亭"，上供五祖，中置潮春禄位，冠以"奉天承运大元帅"之号，旁设一几，以一贵、爽文为先贤而配之。入会者为"旧香"，跣足散发，首缠红布，分执其事。凡入会者纳银四钱，以夜过香，十数人为一行，叩门入。问："从何来？"曰："从东方来。"问："将何为？"曰："欲寻兄弟。"执事者导跪案前，宰鸡，誓曰："会中一点诀，毋对妻子说。若对妻子说，七孔便流血。"宣示戒约，然后出城，张白布为长桥，众由桥下过。问："何以不过桥？"曰："有兵守之。"问："何以能出？"曰："五祖导出。"又授以八卦隐语。会众相逢，皆呼兄弟。自是转相招纳，多至数万人，而潮春遂借以起事矣。

夫佛教以慈悲为本，宏忍为宗，普救众生，诞登彼岸。故佛者觉也，能自觉而后觉人也。六尘不染，五蕴皆空，法界圆融，人天永受，此其所以超绝群伦也。然而台湾之佛教，则愈失之诬，缁徒既乏高明，檀信亦少智慧。其所以建寺造像者，多存邀幸之心，求福利而禳祸灾也。其下者则坠入外道，秽垢心身，历万劫而不起，此其可哀也。生有过去，有现在，有未来，是三者不能有因而无果。因果之说，佛言之矣。是故苦海之中，当求自度，能自度而后能度人也。

台湾斋堂之设，从者颇多，其派有三：曰先天，曰龙华，曰金幢，皆传自惠能，而明代始分。先天之中，又分三乘：抛别家园，不事配偶，专行教化，是为上乘。在家而出家，在尘不染尘，是为中乘。随缘随俗，半凡半圣，是为下乘。龙华之中，亦分九品：一曰小乘，二曰大乘，三曰三乘，四曰小引，五曰大引，六曰四偈，七曰清虚，八曰太空，九曰空空。金幢之教，但称护法，余为大众。三派入台，以龙华为首，金幢次之，先天最后。初，乾隆季年，白莲教作乱，蔓延四省，用兵数载，诏毁天下斋堂。时郡治楼仔林有龙华之派，聚徒授经，乃改为培英书院。道光以来，渐事传播。追咸丰间，有黄昌成、李昌晋者，为先天之徒，来自福建。昌成在南，建报恩堂于右营埔，而昌晋往北，各兴其教，至今颇盛。全台斋堂，新竹为多，彰化次之，而又以妇女为众，半属忏悔，且有守贞不字者。夫斋徒以修净为主，禁杀生，绝五辛，可谓能清其体矣。清其体而后能澄其心，澄其心而后能绝其虑，绝其虑而后能明其性，明其性而后能通其道，通其道而后可以悟生死，解轮回，自度而度人也。然而斋徒每多执著，独善其身，不以众生为念，夫独善可也。佛说所有一切众生之类，我皆令人无余涅槃而灭度之，如是方可为佛。苦乃假借净修，潜行邪慝，情缘未泯，秽德彰闻，则又佛教之罪人也。

台湾居家妇女，多持观音之斋，逢九之日，必绝荤。又有早斋，有朔望之斋，有元日之斋。若九皇之斋，则男女多持之，礼祭天地，祀百神，先日斋戒。天子撤乐，诸侯止刑，大夫息政，士省身，庶人慎栗，所以洁心志而通幽冥也。持斋之益，可以摄生，可以修德，可以阜财，可以爱物，非仅为祭祀之仪。而愚民不察，以为成佛之道，昧矣！初，台南郡治吕祖祠，有比丘尼，颇玷清规。郡人逐之，改为引心书院，自是遂绝。而台湾佛教亦渐式微矣。

## 景　教

景教有二：曰新教，则基督；曰旧教，则天主。两派入台，皆在有明之季。当荷人据台时，大布福音，以牖土番。建教堂，设学校，译圣经，授十诫，三十年间，实收其效。当是时，牧师之权特大，摈斥异教，凡拜偶像者，拟定其罪，当众笞之。荷兰评议会以为苛，不可。而西班牙据北鄙，亦布景教，其神甫且远入蛤仔难，南至竹堑，为圣神之使者，以感化番人。事各在《教育志》。然北番性悍，搏人若猛兽，不若南番之驯，故西人之感化，亦未易为也。延平既至，荷人出降，牧师之在番社者，或留其间，而郑氏仍保之。当是时，意大利神甫李科罗在厦布教，延平礼之，待以上客。克台之后，召之来，使赴吕宋，谋征略。及归，延平已薨，遂居东宁。永历二十年，吕宋来聘，请传教。谘议参军陈永华不许，乃申通商之约。

归清以后，闭关自守。禁烟之役，浸启兵戎，而民间之攘夷者，且与阿片同禁。天津之约，开口通商，西人渐来，新旧教会亦传播。同治元年，有西班牙人至凤山力力社，设天主教堂，以社番为同宗，而勾引之，无赖之徒又为疏附，于是力力、赤山、加匏朗三社入教者二百余人。事闻，凤山知县派员偕下淡水县丞往查，召通事潘永泉、土目潘岐山等，告以此地非通商之埠，外人不得居住，逐之出。而西班牙人乃迁于旗后近附之前金庄。

四年，英国长老教会亦派牧师马雅谷来台。雅谷精刀圭术，以药医人，而传其教，设教堂于府治看西街，从者颇多。仇教者肆为蜚语以排挤之，有司虑祸，照会英领事请移口岸。雅谷乃去之旗后，别设教堂于凤治，聚徒传播，相安无事。已而又派甘为霖、卢加闵来台，为霖赴嘉义，而加闵往彰化。嘉、彰非通商之地，见外人至，众惊讶，每尾其行，加闵乃之岸里大社。岸里在葫芦墩之西，土番郡落也，族大丁多，林爽文之役，效命军前，颇有功。见而款之，献其室为教堂。加闵亦能医，遂设医院，社番多就之。初，为霖在嘉传教，从者少，至店仔口庄，庄豪吴志高嗾人夜袭之。为霖逃，伏丛莽中，数日始归府治。七年八月，前金庄教堂以讲教故，与村人龃龉，鸣金集众，围而攻之。乡耆恐偾事，趣出止。风声一播，凤治之人亦一呼而集，至者数十，拆屋毁物，杀教徒二，并捕堂丁高长以去。雅谷在旗后，闻警将往，而旗后教堂亦被困，商人乃出解之。始城中儿每遗失，或言洋人潜杀，剖其脑制药。雅谷固业医，县役猫角命人盗童骸埋之室中，计欲以实其事。翌日，知县凌定国往勘，观者如堵，猫角又力言，掘地及室，见白骨，信之，拘长严鞠。不服，下之狱，以状白郡，并照会英领事。领事以为诬，驰禀驻京公使，与总理衙门交涉，各执一辞。乃命兴、泉、永道曾献德偕厦门英领事吉普理渡台会办，谂为猫角所为，定其罪，流于泉州，偿工费千两，并恤死者之家，案始结。当凤山教案之起也，郡中莠民闻之快。越三日，亦毁小东门内天主教堂，神甫走逸民家，有司闻警弹压，众始散。嗣援凤山之例以偿，而民教稍安矣。雅谷既居府治，益尽心传教，设教堂于大东门之内，传授医术。于是西医之闻名遐迩。又以上海翻译西籍，颁之会中。教徒渐知天下大势，或派子弟肄业于福州、香港，攻英文，习西学，以造就人才。然其所学仅为景教之学，尚无益于人群也，教徒之中又多拘囿。台人敬天法祖，礼百神，而肆为抨击。欲举数千年历圣相承之纲纪而悉毁弃，此其所以凿枘也。为霖既居府治，察民情，习汉语，数年乃之埔里社，亦土番部落也。时尚未设厅，备尝险阻，以传其教，故得今日之盛。

十一年坎拿太长老教会亦派牧师偕里士至淡水传教。光绪八年八月，拟照中国义塾，延师设学，以教贫寒子弟。兵备道刘璈以外人设学育才，实为义举，特以教学与游艺不同，此端一开，诚恐逐渐推广，致歧趋向。且以中国之子弟，而受外人之栽培，官斯土者能无歉然？乃议延师束修，岁由台北府支送，遇有甄别，会同领事官酌给奖赏，以存体制。自是以来，新教渐行，而旧教尚弱。盖自大甲以南为伦敦教会，以北为坎拿太也。法人之役，基隆失守，台北士民，同仇敌忾。而无赖以为教徒勾引，大呼而起，往毁八甲教堂，已而枋隙、锡口亦遭火。事后，英领事照会地方官，请保护，乃以万圆偿之。十七年，荷兰政府以台湾为旧时属地，议派教士再来传教，以与英、西相角逐，嗣以有故而止。

## 回　教

回教之传，台湾绝少，其信奉者仅为外省之人，故台湾尚无清真之寺也。

连横曰：宗教之事，各地俱有，所处不同，即所祀之神亦异。是故山居者祀虎，水居者祀龙，陆居者祀牛，泽居者祀蛇，则不得以祀虎者为是，祀龙者为非。迹其所以崇奉之者，莫不出于介福禳祸之心，而以此为神也。夫台湾之人，闽、粤之人也，而又有漳、泉之分也。粤人所至之地，多祀三山国王，而漳人则祀开漳圣王，泉人则祀保生大帝，是皆其乡之神，所以介福禳祸也。若夫士子之祀文昌，商人之祀关帝，农家之祀社公，药铺之祀神农，木工之祀鲁班，日者之祀鬼谷，所业不同，即所祀亦异，是皆有追远报本之意，而不敢忘其先德也。

## 台湾庙宇表（表中所列多属治内，其在乡里者，多略之。）

### 台南府（附郭安平）

**小南天** 在府治番薯崎上，祀社公。当荷人时，华人多居于此，地为小丘，下有溪，流水潺湲，西入于海，所谓竹仔行也，其后渐建市廛，而庙仍在。相传庙额三字，为明宁靖王手书，今已非旧。

**开山宫** 在府治内新街，郑氏时建，祀隋虎贲中郎将陈棱，乾隆五年修。而旧志以为吴真人，且谓台多漳、泉人，以其神医，建庙独盛。夫吴真人一医者尔，何得当此开山之号。郑氏之时，追溯往哲，以棱有开台之功，故建此庙，而今又误为开仙宫，更属不通。

**兴济宫** 在府治镇北坊，郑氏时建，祀吴真人，称保生大帝。神名本，福建同安白礁人，生于宋太平兴国四年，茹素绝色，精医术，以药济人，廉恕不苟取，景祐二年卒。里人祀之，有祷辄应，敕赐慈济，庆元间，复敕为忠显，开禧二年封英惠侯。

**北极殿** 在东安坊，郑氏时建，祀北极真君，或称玄天上帝。按玄武，北方七宿也，其像龟蛇。

**东岳庙** 在东安坊，郑氏时建，祀东岳泰山之神。康熙间修，乾隆十六年，举人许志刚等重修。

**马王庙** 在东安坊，郑氏时建，祀天驷之神，而俗以为辅信将军。

**总管宫** 在西安坊，郑氏时建，神倪姓，轶其名，为海舶总管，殁而为神。又一在大西门外中楼仔街，康熙三十年巡道高拱乾建。

**天公坛** 在西安坊，祀玉皇上帝。

**三官堂** 在宁南坊，乾隆四十三年建，祀三官。

**五帝庙** 在宁南坊，康熙时建，祀五显大帝，又称五显灵官。

**药王庙** 在西定坊，康熙时邑人建，祀神农。

**水仙宫** 在西定坊，面海，康熙五十四年漳、泉商郊合建，祀五神，莫详姓氏，或以为大禹、伍员、屈平，而二人为项籍、鲁班，或易以王勃、李白。按禹平水土，功在万世，伍相浮江，屈子投汨，人以为忠，祀之可也。项籍、鲁班，何足当此？王勃、李白，亦有不宜。余意苟欲实之，不如改祀伯益及冥。夫禹之治水也，益烈山泽，其功相若；冥勤其官而水死，殷人祀之，皆有合于五祀者也。乾隆六年修，旁有三益堂，为郊商集议之所，历年积款甚多，置产生息，故其壮丽冠于他庙。

**奎楼** 在台澎道署东南隅，雍正四年建，祀魁星。下为开帝厅，旁为观音堂。又名奎楼书院，为士人集议之所。

**海安宫** 在大西门外，滨海西向，乾隆五十三年，大将军福康安建，祀天后。而府治之祀天后者，尚有数处。

**开漳圣王庙** 在大南门内，咸丰元年，漳籍绅商合建，祀开漳圣王。按王陈元光，唐末为福建观察使，王审知部将帅军入漳，逐土黎以处华人，筑寨于龙溪柳江之西，置唐化里，因为将军知州事。漳州之开辟始于此，故漳人多祀之。

**精忠庙** 在东安坊，祀宋岳忠武王。

**三山国王庙** 在镇北坊，雍正七年，知县杨元玺、游击林梦熊率潮州商民建，祀潮州中山、明山、独山之神。三山皆在揭阳县界。

**普济殿** 在西定坊，祀王爷。

**元和宫** 在镇北坊大铳街，祀吴真人。

**良皇宫** 在镇北坊，祀吴真人。

**弥陀寺** 在大东门内，明延平郡王郑经建。康熙五十七年，里人董大彩修。五十八年，武夷僧一峰募建西堂，里人陈仕俊复增建之，殿宇宽敞，花木幽邃，为郡治冠。

**观音亭** 在镇北坊，郑氏时建，康熙三十二年修，乾隆五十六年，里人陈漳山等重修。

**海会寺** 在县辖永康里，距大北门三里，为郑氏之北园别墅，康熙二十九年，巡道王效宗、总兵王化行改建为寺，有碑记，尚存。置田五十甲，园六甲，榇圃一所，以供香火，延僧志中主之。花木幽邃，殿宇巍峨，为诸寺冠。乾隆十五年，巡道书成修，改名榴禅。嘉庆元年，提督哈当阿重修，又改名海靖，亦曰开元，其后叠修。寺祀释迦佛，并供明延平郡王神位。

**黄蘖寺** 在大北门外，康熙二十七年，左营守备孟大志建。三十一年，火，三十二年寺僧募建。地大境幽，题咏者多。今圮。

**竹溪寺** 在大南门外，康熙三十年建。径曲林幽，清溪环拱，颇称胜概，颜其山门曰小西天。乾隆五十四年，里人蔡和生倡修，嘉庆元年重修。

**法华寺** 即梦蝶园故址，康熙二十二年改为寺，知府蒋毓英以寺后之地二甲为香火。乾隆二十九年，知府蒋允焄重建，并于寺前浚一池，曰南湖，旁造一楼，曰半月。

**广慈庵** 在东安坊，康熙三十一年建。

**慈云阁** 在东安坊，康熙三十五年，诸罗知县周锺瑄建。乾隆十六年，诸罗知县周芬斗修。嘉庆八年，里人王琳等重修。

**龙山寺** 在大东门外，雍正时里人公建。乾隆五十四年，里人王拱照等修。

**清水寺** 在东安坊。

**万寿寺** 在城东永康里，康熙五十年建万寿亭，为朝贺之地。雍正元年重建，后置僧舍供佛，置香火田五十甲。乾隆三十年，新建万寿官于城内，而寺仍存然。以寺租拨归崇文书院，渐就倾颓，今圮。

**大士殿** 在镇北坊海神庙之右，光绪十二年建。

**白龙庵**　在镇署之右，福州人建，祀五福大帝，则瘟神也。后于亭仔脚街别立扶鸾之所，曰西来庵。

**临水夫人庙**　在东安坊。

**五妃庙**　在大南门外桂子山，康熙年间，邑人就明五妃之墓建庙。乾隆十一年，巡台御史六十七范咸命海防同知方邦基修之，并刊其诗于石，立于大南门城畔，今存。

**辜孝妇庙**　在东安坊，邑人建，祀辜氏妇，事见《列传》。其后祔祀黄宝姑。

## 嘉义县

**龙湖岩**　在县辖赤山堡六甲庄，郑氏时谘议参军陈永华建，其前有潭，曰龙湖，花木幽邃，称胜境。乾隆元年，六甲庄人文超水、漆林庄人蔡壮募款重建，并祀延平郡王。

**碧云寺**　在县辖哆啰啯堡之火山。康熙十四年，僧参彻自福建来，住锡龙湖岩，偶至此地，以其山林之佳，遂辟茅结庐，奉龙湖岩之佛祀之，朝夕诵经，持戒甚固，附近庄人乃谋建寺，曰大仙岩。嗣命其徒鹤龄居之，又建一寺于玉案山之腹，后祀如来，而前奉延平郡王神位。乾隆五十五年二月，参彻没，众葬之寺前，建浮屠。五十六年，邑人洪志商募修。嘉庆二十四年，子爵王得禄重修。

## 凤山县

**双慈亭**　在县治，俗称大庙，建于乾隆初年。道光八年重修。前祀观音，后祀天后，故曰双慈。

**宁靖王庙**　在县辖维新里竹沪庄田，为王所辟，薨后与元妃罗氏合葬于此，佃人建庙立像祀。至今庄人犹称老祖，每年以七月二十七日、九月二十五日致祭。庙前古榕两株，荫大数亩，境极清闷。

**超峰寺** 在县辖嘉祥外里岗山之上，旧志以岗山树色为邑八景之一。雍正间，有僧绍光者结茅于此，乾隆二十八年，知府蒋允焄乃建为寺。

**兴隆寺** 在旧治龟山之麓则兴隆里，康熙三十三年建。

**元兴寺** 在县辖打鼓山之麓，乾隆八年僧经元募建。光绪十七年，火。

**清水岩寺** 在县治之南则凤山也，县志称凤山有十三胜，而清水岩其一。道光十四年，乡董简立募建。

## 澎湖厅

**水仙宫** 在妈官澳渡头，康熙三十五年，右营游击薛奎建。光绪元年，妈官街商人重修。

**观音亭** 在妈官澳，康熙三十五年，右营游击薛奎建。法人之役，佛像被毁。光绪十七年，总兵吴宏洛捐修。

**地藏庙** 在妈官澳武忠祠之畔。

**真武庙** 在妈官澳，乾隆五十六年，通判蒋曾年、副将黄象新等捐修。光绪元年，董事高其华重修。

**祖师庙** 在厅治东三里许，祀清水岩祖师。厅志云，康熙间有僧自泉州清水岩至此，不言其名，为人治病，有神效，不取药资，以钱米亦不受，去后里人思之，立庙以祀。

**真人庙** 祀保生大帝，各澳多建庙。

**将军庙** 在八罩屿网垵，神之姓名事迹无考。澳之得名亦因此庙。府志云："岂隋开皇中虎贲陈棱略地至此，因祀之欤？"按将军澳之名已久，是此庙应建于明代，惜无文献足征尔。

**大王庙** 一在八罩屿，一在龙门港，一在通梁澳。各澳亦有。《澎湖纪略》以为金龙大王之类，亦土神也，西屿之神，尤著灵异，海舶出入，必备牲醴之，投海中祀之。

## 台湾府（附郭台湾）

**天后庙**　在府治大墩街。

## 彰化县

**庆安宫**　在县治东门内，嘉庆二十二年建，祀吴真人。
**定光庙**　在北门内，乾隆二十七年，北路营副将张世英建，祀定光佛。
**威惠宫**　在南门内，雍正十年，漳籍人士合建，祀开漳圣王。
**开化寺**　在北门内，雍正二年，知县谈经正倡建，祀观世音，为彰化最古之寺。
**虎山岩**　在燕雾上堡白沙坑庄，乾隆十二年，里人赖光高建。虎岩听竹，为邑八景之一。
**清水岩**　在武东堡许厝庄，乾隆初建。寺在大武郡山之麓，丘壑林泉，颇饶幽趣，故清水春光为邑八景之一。

## 云林县

**沙连宫**　在县辖东埔腊街，咸丰六年十一月，生员刘汉中倡建。祀明延平郡王，规模宏敞，香火甚盛。光绪十三年，生员刘士芳等重修。又一在林圯埔街。
**广福宫**　在县治西南，祀开漳圣王，光绪十九年，绅士陈一尊修。
**吴凤庙**　在县辖嘉义东堡社口庄，嘉庆二十五年，庄人杨秘等建，祀阿里山通事吴凤，事见《列传》。光绪十八年，邑人请列祀典，未准。
**三山国王庙**　在县治南隅，粤籍九庄合建。

## 卷二十二 宗教志

### 台北府（附郭淡水）

**霞海城隍庙** 原在大佳腊堡八甲街，为霞海人合建。咸丰三年械斗，街毁，移建于大稻埕。

**龙山寺** 在艋舺街西南，乾隆三年建，为府治最古之寺。嘉庆二十年地震，悉圮，再建。

**慈圣宫** 在大稻埕，同治五年，郊商合建，祀天上圣母。

**保安宫** 在大佳腊堡大隆同街。

**惠济宫** 在芝兰一堡石角庄之芝山岩，乾隆五十三年，芝兰庄人吴庆三等建。祀开漳圣王。其地小丘独立，石蹬数十级，辟一门，右有片石，刻"洞天福地"四字。

**文昌祠** 在惠济宫之傍，道光二十年，里人潘定民建，祀文昌。

**剑潭寺** 在芝兰一堡剑潭之畔，《台湾志略》谓，潭有树，大可数抱，相传荷人插剑于树，故名。郑氏之时，华人之居此者，结茅祀佛。至乾隆三十八年，僧荣华募资新建。

**西云岩寺** 在八里坌堡观音山之麓，曰狮头岩。乾隆三十三年，胡林献地建寺，一名大士观。山高二千余尺，中峰屹立，自远望之，宛如观音趺坐。寺外有反经石二，其一形如马鞍，每置罗经盘于上，则子午针反向为卯酉，故名。

**文昌庙** 在摆接堡枋桥庄，同治二年，庄人林维源建。

**广济宫** 在摆接堡枋寮庄，雍正间，开垦之人合建，为该堡最古之庙。

**慈祐宫** 在兴直堡新庄街，康熙二十五年建，祀天上圣母。

**文昌庙** 在兴直堡新庄街，嘉庆十八年，县丞曾汝霖捐建。

**武圣宫** 在兴直堡新庄街，乾隆二十五年，贡生胡焯猷建，祀汉寿亭侯关羽。

**先啬宫** 在兴直堡二重埔庄，乾隆二十一年建，祀先农。

**龙山寺**　在县辖沪尾街，乾隆间建，规模颇大。光绪十二年，巡抚刘铭传奏请赐匾，御书"慈航普度"四字，悬于庙中，今犹存。

**福祐宫**　在县辖沪尾街，乾隆间建，祀天上圣母。光绪十二年，巡抚刘铭传奏请赐匾，御书"翼天昭佑"四字，悬于庙中，今犹存。

**慈生宫**　在芝兰二堡唭里岸庄，永历二十三年，龙溪、同安两县来此之人合建，祀五谷大帝、三官大帝，天上圣母、福德正神，为县辖最古之庙。盖该地原为番地，故移垦之人建庙祀神，以祈景福也。乾隆四十四年，水灾毁塌，庄人重建，其后叠修。

**三将军庙**　在芝兰二堡嘎唠别庄关渡，康熙五十四年，庄民合建，祀郑氏部将中提督刘国轩、左武卫何祐智、武镇李茂，以其有功北鄙也，每年四月十七日致祭，香火颇盛。

**关渡宫**　在芝兰二堡关渡，祀天上圣母，俗称关渡妈祖，香火颇盛。康熙五十六年，漳泉、兴化之人合建，乾隆四十七年重建。

**宝藏岩**　即石壁潭寺，在拳山堡，下临新店溪，境绝幽静，康熙间，郭治亨舍园为寺，与康公合建，其后治亨之子佛求则为寺僧。

### 新竹县

**长和宫**　在县治北门口街，乾隆七年，同知庄年、守备陈士挺合建，祀天后。嘉庆二十四年修。

**水仙宫**　在长和宫之侧，同治二年，郊商捐建，祀夏禹。

**地藏庵**　又称岳帝庙，在东门后街，道光八年，同知李慎彝、守备洪志宏倡建，祀地藏菩萨并东岳大帝。

**天公坛**　在东门内，咸丰元年建，祀玉皇上帝。

**北极殿**　在竹北一堡芦竹庄，道光九年，林功成倡建，祀玄天上帝。

**金阙殿**　在竹北一堡客雅庄，乾隆间建，祀玉皇上帝，后祀三官。

**慈天宫**　在竹北一堡埔庄。先是金广福设隘垦田，尝祈神佑，至咸丰三年乃建庙，中祀释迦，以天上圣母、神农大帝、文昌帝君、三山国王诸神而旁祀，淡水同知李嗣业、垦首姜秀銮、姜荣华三人同治十三年修。

**文昌祠** 在竹一堡新埔庄，道光二十三年，举人陈学光倡建，祀文昌，春秋致祭，并为乡人士文社。

**文武庙** 在竹南一堡大南埔庄，道光二十五年建，祀汉忠义侯关羽。

**文林阁** 在竹北一堡高梯庄，光绪二年建，祀文昌，为乡中学官。

**五谷大帝庙** 在竹南一堡五谷王庄，嘉庆二年，业户张徽阳等倡建，祀神农。

**三山国王庙** 在竹北一堡树杞林庄，嘉庆十五年，开垦粤人建，同治九年修。此外尚有数处，均为粤庄所祀。

**三圣宫** 在竹南一堡顶街头庄，咸丰四年建，祀开漳圣王、开台圣王、保生大帝。

**龙凤宫** 在竹南一堡草店尾街，祀王审知，称开闽圣王。按审知，河南固始人，唐末为福建观察使，帅军入闽平乱，封琅琊王，固始人从之者众。唐亡，天下傲扰，遂自立称闽王。台多漳人、泉人，故祀之。

**褒忠庙** 在竹北二堡枋寮庄，称义民亭。先是，朱一贵、吴福生等役，各县俱建义民祠，春秋致祭。而林爽文之役，庄人赴义而没者颇多，诏赐褒忠之额，乃建此亭。五十三年，林先押等建庙，以祀粤籍义民，并祀三山国王。同治二年，巡抚徐宗幹晋"同心报国"之额，光绪十四年，巡抚刘铭传亦晋"赴义捐躯"之额。

**集义亭** 在竹北二堡新埔庄，光绪三年建，祀死事义勇。

**褒忠祠** 在竹一堡头份庄，光绪十年，头份以南百二十庄人张维垣等捐资万金合建，祀朱一贵、吴福生、林爽文等役死事义勇。

**军大王庙** 在竹北一堡埔尾社，同治六年，庄人建，以祀先民，无以名之，而称为军大王。按此地原为番界，瘴疠披猖，而我先民冒危难，辟土田，以殒殁于斯者，不知凡几，故后人建庙祀之，以安其灵，亦以追念遗烈也。光绪十五年重建。

**万善庙** 在竹北一堡大窝庄。先是，咸丰五年，庄人建于三重埔庄，以祀拓殖番地而死之人。光绪三年，改建于此。

**竹莲寺** 在南门巡司埔，祀观世音。先是，移民初至，仅建小刹，其后业户王世杰，乃捐地以建，为新竹最古之寺。道光五年，绅士林绍贤修之。迨同治五年，绅士庄荣升、汤奇才等又募捐重建。

**金山禅寺** 在竹北一堡金山面庄，乾隆五十年，郭、陈、苏三姓始设隘防，事开垦，结茅祀佛，以祈福佑。咸丰三年乃建寺，曰香莲庵。同治间复建之，以寺前有泉，称灵泉寺，又名金山禅寺。

# 卷二十三

风俗志

连横曰：六艺，圣人之书也。是故《礼》以节人，《乐》以发和，《书》以道事，《诗》以达意，《易》以道化，《春秋》以道义。拨乱世反之正，莫近于《春秋》。春秋之时，王熄《诗》亡，孔子伤焉，故为其书，以究天人之际，通古今之变，其用弘矣。夫拘于天者，不足以治人；泥于古者，不足以制今。风俗之成，或数百年，或数十年，或远至千年。潜移默化，中于人心，而萃为群德，故其所以系于民族者实大。夫夏人尚忠，殷人尚质，周人尚文，一代之兴，各有制作。是故食稻者其人柔，食麦者其人刚，食稷者其人狭。所食不同，而秉气异焉。台湾之人，中国之人也，而又闽、粤之族也。闽居近海，粤宅山陬，所处不同，而风俗亦异。故闽之人多进取，而粤之人重保存。唯进取，故其志大，其行肆，而或流于虚。唯保存，故其志坚，其行陿，而或近于隘。是皆有一偏之德，而不可以易者也。缅怀在昔，我祖我宗，横大海，入荒陬，临危御难，以长殖此土，其犹清教徒之远拓美洲，而不忍为之舆隶也。故其轻生好勇，慷慨悲歌，十世之后，犹有存者。此则群德之不坠，而有系于风俗焉，岂小也哉！

## 岁　时

立秋之前一日，有司豫塑春牛，置于东郊之外，至日往迓，谓之迎春。男女盛服观，衣香扇影，杂喧满道。春牛过处，儿童争摸其耳，或鞭其身，谓可得福。迎春如在岁首，尤形闹热，宛然太平景象也。

元旦，各家先洁室内，换桃符，铺设一新，三更后，开门祀神，燃华烛，放爆竹，谓之开春。次拜长上，晋颂辞。出门访友，投刺贺，见面，道吉祥语。客至，飨以甜料槟榔，一品即行。亲友之儿女至，以红线串钱赠之，或百文数十文，谓之结带。是日各家皆食米丸，以取团圆之意，或绝荤，祀井门灶，爆竹之声，日夜不绝。

初二日，祭祖于家。新婚者以是早往外家贺春，设宴飨之，婿归，赠以仪。

初三日，出郊展墓，祭以年糕甜料。自是日至暮春，墦间之地，往来不绝。

初四日，备牲设醴，烧纸马，谓之接神，市肆始开门贸易。

初九日，传为玉皇诞辰，各街演剧致祭。自元旦至望日，缙绅之家，多设筵宴客，互相酬酢，盖取春酒介寿之意。

元宵之夕，自城市以及乡里，点灯结彩，大放烟火，竞演龙灯。士女出游，笙歌达旦。各街多设庙会，而台南郡治三山国王庙，则开赛花之会，陈列水仙数百盆，评其优劣，亦雅事也。《赤嵌笔谈》谓："元宵，未字之女，偷折人家花枝竹叶，为人诟詈，以为异日必得佳婿。"此风今已无矣。

二月初二日，为社公辰，各街多醵资致祭，群聚谦饮，谓之头衙。而以十二月十六日为尾衙。头始也，尾终也，衙集也，谓春东作而初集也。故乡中尤盛，商贾亦然。

三月初三日，古曰上巳，漳人谓之三日节，祀祖祭墓。而泉人以清明祭墓谓之尝墓，尝春祭也。祭以饽饼，治牲醴，挂纸钱，归乃食之。饽饼以麦为衣，内裹蔬肉，炸油者谓之春饼。尝墓之礼，富贵家岁一行之，常人则两三年一行。妇孺归时，各插榕枝于髻，以祓不祥。

三月十九日，传为太阳诞辰，实则有明思宗殉国之日也。以面制豚羊，豚九头，羊十六头，犹有太牢之礼。望东祭之，帝出乎震也。家家点灯，欲其明也。亡国之思，悠然远矣。

二十三日，天后诞辰。南北乡人多赴北港进香，粤庄尤盛。自春初至月杪，旗影鸾声，相续于道，进香之人，盗不敢劫，劫之恐神谴也。

五月初五日，古曰端午，台人谓之午日节。插蒲于门，渝艾为汤，以角黍时果祀祖。妇女带茧虎，以五色丝制鸟兽花果之属，儿童佩之，谓可辟邪。沿海竞龙斗舟，寺庙海舶皆鸣锣击鼓，谓之龙船鼓。从前台南商务盛时，郊商各醵金制锦标，每标值数十金。先数日以鼓吹迎之，各选健儿斗捷，观者满岸，数日始罢。

六月初一日，人家以米丸祀祖，谓之半年丸。或以望日行之。

七月初一日，谓之开狱门，各家致祭。自是日至月杪，坊里轮流普度，延僧礼忏，大施饿鬼。先放水灯，以照幽魂。尚鬼之俗，漳、泉为甚，糜钱巨万，牢不可破。

七月初七日，古曰七夕。士子供祀魁星，祭以羊首，上加红蟳，谓之解元。值东者持归告兆，以羊有角为解，而蟳形若元字也。富厚之家，子女年达十六岁者，糊一纸亭，祀织女，刑牲设醴，以祝成人，亲友贺之。入夜，妇女陈花果于庭，祀双星，犹古之乞巧也。

十五日，谓之中元。台人以清明为春祭，中元为秋祭，冬至为冬祭，各祀其祖，必诚必腆，非是者几不足以为人子孙。

八月十五日，谓之中秋。各祭社公，张灯演戏，与二月初二日同，春祈而秋报也。儿童建塔点灯，陈列古玩。士子递为觞饮，制月饼，朱书元字，掷四红夺之，以取秋闱夺元之兆。夜深时，妇女听香，以卜休咎。

九月初九日，谓之重阳。以麻糍祀祖。儿童放纸鸢，系以风筝。自朔日起，人家多持斋，曰九皇斋，泉籍为尚。

十月十五日，谓之下元，人家有祀神者。

冬至之日，祀祖，以米丸粘门户。前一夕，儿童塑鸡豕等物，谓之添岁，犹古之亚岁也。

十二月十六日，祀社公，谓之尾衙。工人尤盛，以一年操作至是将散也。而乡塾亦以上元开课，尾衙放假。外出之人，多归家度岁。

二十四日，治牲醴，焚纸马，各祭所祀之神，谓之送神。至明年正月初四日，如前仪，谓之接神。翌日以为天神下降，鉴察人间善恶，莫敢亵渎，语言必慎。

除夕之日，以年糕祀祖，并祭宅神门灶。以饭一盂，菜一盂，置于神位之前，上插红春花，以示余粮之意。先数日，亲友各馈物。是夕燃华烛，放爆竹，谓之辞年。阖家围炉聚饮，炉畔环钱，既毕，各取钱去，曰过年钱。陈设室内，以待新年。

## 宫 室

台湾宫室，多从漳、泉，城市之中，悉建瓦屋，以砖垒墙，比邻而居，层楼尚少。以地常震，故其栋梁必坚，榱桷必密，可历百数十年而不坏。堂构之谋，其虑远矣。

富厚之家，各建巨厦，环以墙，入门为庭，升阶为室。大约一厅四房，房为两厢。厅之大者广约一丈八尺，上祀神祇，或祀祖先，可为庆贺宴飨之用。房之左，长辈居之，仆婢居于两厢。合族而处者，则巨厦相连，旁通曲达也。

乡村之屋，架竹编茅，亦有瓦屋，土墼为墙，久而愈固。棘篱环之，以畜鸡豚，所谓五亩之宅也。前时垦地之人相聚而居，外筑土围，以御番害，故谓之堡。而澎湖则处于水隩，故谓之澳，所谓四隩既宅者也。

澎湖近海，筑墙皆用硓砧。生于水滨，似石而脆，螺蚌巢之，亦可煅灰。价廉用广，取之不竭，以船载来，府治亦有用者。

台湾虽产材木，而架屋之杉，多取福建上游。砖瓦亦自漳、泉而来，南北各处间有自烧，其色多赤。

屋脊之上，或立土偶，骑马弯弓，状甚威猛，是为蚩尤，谓可压胜。而隘巷之口,有石旁立,刻"石敢当"三字,是则古之勇士,可以杀鬼者也。

台之富家少建庭园,或于宅内略植花木。然如台南府治吴氏之园,亭台水石,布置甚佳。而飞来峰尤胜,垒石为山,幽邃曲折,虽居城市之中,而有丘壑之趣。若竹堑林氏之潜园,则为一时觞咏之地,文酒风流,及今已泯。而雾峰林氏之莱园,依山筑室,古木萧森,颇有自然之妙也。

## 衣 服

台湾多燠,南北稍殊,夏葛冬裘,尽堪度岁,故无狐貉之需。而仕宦之带来者,仅于迎春用之。然春日载阳,野花已放,负暄之献,汗流浃背矣。

南北气候,大甲为界。大甲以下,愈南愈暖,至恒春而燠,故冬不衣裘。其上则愈北愈寒,基隆亦有积雪。今则人烟日盛,地气为温,立夏以后,全台俱热,皆衣葛布矣。

地不种棉,故无纺绩,尺缕寸帛,皆自外来。而男女多用素布,乡村则尚青黑,以其不易缁也。青黑之布各地自染,瀚之不褪,外省之人甚珍重,以为土宜。盖以溪水清澄,白能受色也。沿海渔户悉以薯榔染衣,其色为赭,渝水不垢。所业不同,则所服亦异,固可一望而知也。

绸缎之属,来自江、浙,绅富用之。建省以后,杭绫盛行,局缎次之。大都以蓝为袍,以玄为褂,亦有怡红公子,惨绿少年,争华竞美,月异日新,则五花十色,所尚不同矣。

海通以后,洋布大销,呢羽之类,其来无穷,而花布尤盛,色样翻新,妇女多喜用之。若泉州之白布,福州之绿布,宁波之紫花布,尚销行于乡村也。

衣服之式，以时而易。从前男子之衣，皆长过膝，袖宽四五寸。自同治季年以来，衣则渐短而袖渐宽，有至一尺二寸者，今则渐复其初矣。

红闺少妇，绣阁娇娃，选色取材，皆从时尚。台湾以红为瑞，每有庆贺，皆着红裙，虽老亦然。嫠妇侧室，则不得服，其礼稍杀。

男女成婚之时，先卜吉日，延福命妇人，以白布为制衣裤，谓之上头服，取其洁也。婚后收之，没时以此为殓。

漳、泉妇女大都缠足，以小为美，三寸弓鞋，绣造极工。而粤人则否，耕田力役，无异男子，平时且多跣足。粤籍业农，群处山中，其风俭朴，故衣青黑之布。妇女之衣，仅以本色为缘，而裤相同。每出门，以黑布覆髻上，缠绕项后。俗不着裙，富家亦然，以其便于操作也。

沿海多风，近山多瘴，商工农渔皆裹黑布。而士子则戴小帽，衣长衣，有事必加短褂，彬彬乎儒雅之林也。

鞋袜之属，皆求之市。前时多自漳、泉配来，亦有本地制者。建省以后，渐尚上海之式，装饰之物，莫不皆然，而缙绅之家，日趋奢美矣。

妇女首饰，多用金银，一簪一珥，随时而变。富家则尚珠玉，价值千金。缠足少艾，或以金环束脚，旁系小铃，叮咚之声，自远而至，月下花间，如闻环佩矣。

鬟髻之式，城乡不同，老少亦异。垂髫之女，年十四五，始有梳头，或为盘蛇之样，或为坠马之形。而粤妇则高鬟燕尾，别饶风韵。

前时妇女出门，必携雨伞，以遮其面，谓之含蕊伞，相传为朱紫阳治漳之俗。后则合之如杖，尚持以行。而海通以后，改用布伞，以蔽炎日。

归清以后，悉遵清制，而有三不降之约，则官降吏不降，男降女不降，生降死不降也。清代官服皆有品级，而胥吏仍旧；婚时，男子红帽袍褂，而女子则珠冠霞佩，蟒袄角带，端庄华丽，俨然明代之宫装。若入殓之时，男女皆用明服，唯有功名者始从清制。故国之思，悠然远矣。

## 饮 食

台湾产稻，故人皆食稻，自城市以及村庄，莫不一日三餐，而多一粥二饭。富家既可自赡，贫者亦食地瓜，可无枵腹之忧。地瓜之种，来自吕宋，故名番薯，沙坡瘠土，均可播植，其价甚贱，而食之易饱。春夏之间，番薯盛出，掇为细丝，长约寸余，曝日干之，谓之薯纤，以为不时之需。而澎湖则长年食此，可谓馈贫之粮也。薯之为物，可以生食，可以磨粉，可以酿酒，可以蒸糕。唯长食者，须和以盐，始可消化。若煮以糖者，仅为茶点而已。

稻之糯者为术，味甘性润，可以磨粉，可以酿酒，可以蒸糕。台人每逢时岁庆贺，必食米丸，以取团圆之意，则以糯米为之也。端午之粽，重九之粢，冬至之包，度岁之糕，亦以糯米为之。盖台湾产稻，故用稻多也。

麦为温带之产，台湾较少，其麦粉多来自他省，近则多用洋粉。制饼作面，皆粉为之，销用颇宏。岁时庆贺必用红龟，象其形也。白者谓之馒头，则丧祭为之尔。糕饼之馅，多用豆，或以麻，或捣落花生为末而和之。台湾产糖，故食糖亦多也。

酒以成礼，祀神燕客，多用老酒。以术酿之，味甘而醇，陈者尤佳，故曰老酒。市上可沽，然不及家酿之美。老酒之红者用于嫁娶，取其吉也。村庄之间，或以地瓜为酒，其味较淡。而番社则以黍酿之，亲朋相见，以此为欢，亦既醉止。载歌载舞，颇有太古之风。番俗凡有罪者。课其牛酒，一饮之后，嫌疑尽释，故无用刑之罚。而汉人之与媾和者亦以牛酒。然番既嗜酒，酗饮之后，每至偾事，挟弹而出，杀人为雄，其性然也。外省之酒，如北地之高粱，绍兴之花朝，销用亦广。海通以后，渐用洋酒，其数甚微，唯为官绅酬酢之物，尚不至为漏卮也。

台湾之馔与闽、粤同，沿海富鱼虾，而近山多麋鹿，故人皆食肉。馔之珍者为鱼翅，为鸽旦，皆土产也。盛宴之时，必烧小豚，而粤庄则杀猫，以其首飨贵客。闽、粤之中各有佳肴，唯嗜之不同尔。

故例禁杀耕牛，食之者寡，而谈果报者且以食牛有罪。盖以祀天祭圣，始用太牢，平日未堪食此，以其有耕田之劳也。凡宰牛者谓之牛户，例须纳税，乡间每私屠之。若遇祈雨求晴之时，官必禁屠，而民间之建醮祀神者亦多断荤，以寓斋戒之意。

檨为台南时果，未熟之时，削皮渍盐，可以为羞，或煮生鱼。其味酸美，食之强胃，黄时汁多而甘，众多嗜之，或以下酒，然非台南人不知此味。《赤嵌笔谈》谓台人以波罗蜜煨肉，凤梨煮肺，亦海外奇制，信不诬也。

番石榴亦名奈茇，遍生郊野，盛出之时，切皮弃子，和以油糖，下盐少许，煮而食之，亦可下饭。槟榔可以辟瘴，故台人多喜食之，亲友往来，以此相馈。槟榔之子色青如枣，剖之为二，和以荖叶石灰，啖之微辛，既而回甘，久则齿黑。槟榔之性，弃积消湿，用以为药。近时食者较少，盈盈女郎竞以皓齿相尚矣。槟榔之干，其杪如笋，切丝炒肉，味尤甘美，台人谓之半天笋。

台湾果子最多，盛出之时，其价甚贱。而台又出糖，故各处多制蜜饯，如新竹之萌姜，嘉义之梅李，凤山之凤梨糕，尤驰名。近数年来，旗后医生林玑璋始以西法制凤梨为罐头，售之他处。若能扩大规模，销用愈广，亦利源也。

## 冠　婚

成人之礼，男冠女笄，台湾多以婚时行之。唯富厚之家，子女年达十七者，七夕之日，祀神祭祖，父师字之，戚友贺之，以纸制一亭，祀织女，以介景福。

议婚之时，媒氏送女庚帖于男家，书其年月日。三日内家中无事，然后订盟，间有误毁器物者，则改卜，亦古者问名之意也。

订盟之日，男家以戒指赠女，附以糕饼之属。母嫂亲往，女奉茶。既定，女家留宴。或仅遣媒氏送之。

纳采之礼，俗曰插簪。男家以金簪一对，系朱丝，置于盒内，或用银簪，视其贫富，具豚羊糕饼糖品鲜花老酒大烛之属，媒氏乘轿前导，鼓吹送之。女家酬以糕饼时果，若香蕉凤梨芋头红柑之类。各以其物，分馈亲友。

纳征之礼，俗曰完聘。男家具婚书聘金，介以凤冠蟒袄、衣裳绣靴、金镯珠花及大饼糖品之属，送至女家，又以锡制槟榔两座，每座四叶，一书"二姓合婚"，一书"百年偕老"。女家收一，复婚书，以糕饼时果答之。又以红帽缎靴袍裓鞋袜及荷包扇袋书籍笔砚之类馈婿。别以锡盒两座，一植莲蕉，一植石榴，以银制榴实四颗，桂花数朵，系红丝缠绕枝头，谓之连招贵子。男家种于庭际，以示昌盛。纳征之礼，略同纳采，而台南则同时行之。

请期之日，命媒氏送日课于女家，别具更仪，女家反之。更仪者，催妆之礼也。

亲迎之日，卜吉而冠，择戚属少女父母兄弟俱存者为宾，仿古者筮日筮宾之礼也。婿坐堂上，置冠履新衣于竹筛，以香薰之，袚不祥也。宾三梳婿发而加之冠，三加之义也。既冠，拜先祖，告庙也。次拜父母，无父母者主婚者代之，醮以酒，申戒辞，仿醮席也。次拜诸父兄长，皆答之，重成人也。是时女亦行笄礼，如前仪，唯宾用童子。既毕，设筵以饯，女首座，父母兄弟姊妹以次陪，酒三巡而撤。凡冠笄之礼，俗曰上头，先以糯米磨为大丸，上点以红，分馈亲友，是日合家食之，以取团圆之意。

亲迎之时，婿具衣冠，乘大轿，围红彩，媒氏先导，鼓吹从之。以朋辈四人为烛行，两童子提灯，两童子鸣锣，皆乘轿，沿途放爆竹，虽遇官长不令避焉。凡纳征、亲迎，各具礼盘，一人肩之先行，以为贽。盘内置豚羊肩各一，鹿脯两片，明筋两束，冬瓜、冰糖各数斤，红酒两瓶。女家收之，答以糕饼时果之属。唯亲迎易鹿脯为鸭，鸭多如雁，以行奠雁之礼。

婿至女家，驻轿于庭，款灿行者于别室，女弟三致茶汤，婿具仪答之。次致荷包，答以练裙，赠女弟以花炮。女盛妆出厅，父醮以酒，母命之立于堂中，向外而拱者三，婿答之。母为着练裙，父蒙以帕。婿退，花轿进门，紫姑扶女登轿，乐作而行。以两童子提宫灯，乘轿前，媵婢从之。女家放爆竹，闭门，以示不归之意。非亲迎者，婿俟于堂，礼稍杀。

花轿之后，盖以竹筛，朱画八卦，避不祥也。既至，少驻于庭，一童子以盘奉双柑，请新人出，婿揖之，女拱手答拜，紫姑扶出。豫请福命妇人携新人手，以一手擎竹筛覆之。足履红毡，婿并行，直入洞房。以竹筛置床上，案上置铜镜一。交拜讫，婿为揭帕，并坐案前，燃华烛，饮合卺酒。翌日，紫姑归妇家传语，告成婚也。男家以鲜花糖包馈之。

三日，庙见，拜祖先，成妇道也。次拜舅姑，坐而受之；次拜伯叔诸母，立而答之。众就坐，新妇献茶，致履袜之属以为贽，分卑幼以荷包，各答以仪。既毕，宴新妇于堂，诸母姊妹陪之，姑酌酒，数巡，撤席。送妇家，引新妇入厨房，亲井臼，理蘋蘩之事。是日，妇家以食物馈女，命女弟致之，转致之姑，别以首饰香奁之属馈女。女弟乘轿往，鼓吹前导。婿迎入，坐于堂左，献茶。少顷导入房，俗曰探房，宴之，婿及新妇馈以仪，姻翁母亦馈之，又答以糕饼柑蕉之属。

旋车之期，台南以第四日，而各属或以五、六日，七、八日。先期外父母具柬，命女弟请之。婿与女偕来，鼓吹前导。至家，女先入，婿从之，合拜先祖，次拜外父母及诸父诸母，各具贽，反之；分卑幼以仪，受而不报。就坐，献茶。少顷开宴，婿居左，宴女于内，亦居左。毕辞归，外母率眷属出见，婿揖之。外父以席送婿家，报前觊也，馈婿以仪及米糕糖豆大饼红桃时果之属。又以雏鸡两对置轿中，婿家畜之，以寓繁衍之意。

凡新婚，戚友致贺，以三日宴女宾，四日宴男宾。数月之后，两家有庆，乃具筵相宴，是为会亲之礼。

## 丧　祭

父母病笃，置床堂左，谓之搬铺，易箦之义也。既绝，乃哭，披发袒臂，跣足擗踊，少须分告戚属。既嫁之女，闻丧即归，望闾而哭。越日乃殓。

将殓，梳沐袭衣含饭，设坐堂中，备物以祭，谓之辞生。既毕，子女扶就殓，凭棺哭，亲友临吊。

设灵于堂，早夜哭，朝夕上饭。七日一祭，谓之一旬。七旬卒哭，延僧礼忏，入夜彻灵。凡丧视家之有无，或三旬而撤，或百日而撤，卑幼之礼稍杀。

三旬之日，女婿祭之，以祭品分致戚属。而亲友之奠者，多在卒哭。

谢吊以夜，孝男具丧服，一人持灯，至门，免冠拜，置帖门缝，不敢见也。分胙于人，谓之答纸。

除灵之时，收魂帛于匣，祭时乃启。期而小祥，再期而大祥。朔望朝夕奠哭，禫犹素服，余哀未忘也。

凡葬于卒哭之后者，前三日举哀。朝夕奠，曰开堂；亲友毕吊，曰辞堂。厥明，移柩举奠，出门，魂轿香亭之属毕具，以一人在前放纸，鼓乐从之。富家或糊方相，装鬼卒，谓之开路神，至墓焚之。亲友白衣送，或祭于道左，谢以帛。将至，孝男跪谢，亲友返，各谢以帛。葬之时，孝男撮土。既毕，题主，设祭而返。至家，设坐以祭。三日，至墓谢土。

大祥以二十四月为期。而台人有计闰扣除者，谓死者无闻，唯缙绅家乃遵制行之。

忌辰必祭,生日亦祭。富厚之家且有演剧置酒者,谓之阴寿。戚友亦具礼贺之,非礼也。

清明之日,祭于宗祠。冬至亦然。祭毕饮福。小宗之祠,一族共之。大宗则合同姓而建,各置祀田,公推一人理之,或轮流主之。凡祀田不得私自变卖。无宗祠者祭于家。

家祭之礼,载于岁时,泉人日中而祭,漳人、潮人质明而祭。

## 演　剧

演剧为文学之一,善者可以感发人之善心,恶者可以惩创人之逸志,其效与《诗》相若。而台湾之剧,尚未足语此。台湾之剧,一曰乱弹,传自江南,故曰正音。其所唱者,大都二簧西皮,间有崑腔。今则日少,非独演者无人,知音亦不易也。二曰四平,来自潮州,语多粤调,降于乱弹一等。三曰七子班,则古梨园之制,唱词道白,皆用泉音,而所演者则男女之悲欢离合也。又有傀儡班、掌中班,削木为人,以手演之,事多稗史,与说书同。夫台湾演剧,多以赛神,坊里之间,醵资合奏,村桥野店,日夜喧阗,男女聚观,履舄交错,颇有欢愉之象。又有采茶戏者,出自台北,一男一女,互相唱酬,淫靡之风,侔于郑、卫,有司禁之。

## 歌　谣

台湾之人,来自闽、粤,风俗既殊,歌谣亦异。闽曰南词,泉人尚之；粤曰粤讴，以其近山，亦日山歌。南词之曲，文情相生，和以丝竹，其声悠扬，如泣如诉，听之使人意消。而粤讴则较悲越，坊市之中，竞为北管，与乱弹同。亦有集而演剧，登台奏技者。勾阑所唱，始尚南词，间有小调。建省以来，京曲传入，台北校书，多习徽调，南词渐少。唯台湾之人，颇喜音乐，而精琵琶者，前后辈出。若夫祀圣之乐，八音合奏，间以歌诗，则所谓雅颂之声也。

卷二十四

艺文志

台湾三百年间，以文学鸣海上者，代不数睹。郑氏之时，太仆寺卿沈光文始以诗鸣，一时避乱之士，眷怀故国，凭吊河山，抒写唱酬，语多激楚，君子伤焉。连横曰：吾闻延平郡王入台之后，颇事吟咏，中遭兵燹，稿失不传。其传者北征之檄，报父之书，激昂悲壮，热血满腔，读之犹为起舞，此则宇宙之文也。经立，清人来讲，书移往来，曲称其体，信乎幕府之多士也。在昔春秋之际，郑为小国，聘问赠答，不失乎礼，齐、楚、秦、晋莫敢侵凌。孔子曰："子产有辞，诸侯赖之。"此则文章之有益于国也。清人得台，耆旧多物故，光文亦老矣，犹出而与韩又琦、赵行可、郑廷桂等结诗社，所称福台新咏者也。其时台湾初启，文运勃兴，而清廷取士，仍用八比。士习讲章，家传制艺，蔀塞聪明，汩没天性，台湾之文犹寥落也。连横曰：我先民非不能以文鸣也。我先民之拓斯土也，手耒耜，腰刀铳，以与生番猛兽相争逐，筚路蓝缕，以启山林，用能宏大其族。艰难缔造之功，亦良苦矣。我先民非不能以文鸣，且不忍以文鸣也。夫开创则尚武，守成则右文。昔周之兴，陈师牧野，一戎衣而天下定。及成康继统，械朴作人，制礼作乐，为后王范。汉高以马上得天下。陆生曰："陛下以马上得之，能以马上治之乎？"故汉之文章亦卓越千古。台湾当郑氏之时，草昧初启，万众方来，而我延平以故国沦亡之痛，一成一旅，志切中兴。我先民之奔走疏附者，兢兢业业，共挥天戈，以挽虞渊之落日。我先民固不忍以文鸣，且无暇以文鸣也。

夫以台湾山川之奇秀，波涛之壮丽，飞潜动植之变化，可以拓眼界，扩襟怀，写游踪，供探讨，固天然之诗境也。以故宦游之士，颇多撰作，若孙元衡之《赤嵌集》，陈梦林之《游台诗》，张湄之《瀛壖百咏》，皆可诵也。光绪十五六年，灌阳唐景崧来巡是邦，道署旧有斐亭，景崧葺而新之，辄邀僚属为文酒之会。台人士之能诗者悉礼致之。扬风扢雅，作者云兴。既而景崧升布政使，就任台北。台北初建省会，游宦寓公，簪缨毕至，景崧又以时集之，润色升平，一时称盛。

台湾固无史也，康熙三十三年，巡道高拱乾始纂府志，略具规模。乾隆二十九年重修，其后靡有续者。各县虽有方志，而久已遗佚，或语多粗漏，不足以备一方文献。光绪十八年，台北知府陈文騄、淡水知县叶意深禀请纂修通志。巡抚邵友濂从之，设总局于台北，以布政使唐景崧、巡道顾肇熙为监修，陈文騄为提调，通饬各属，开局采访，以绅士任之。光绪二十一年，略成。续进总局，猝遭割台之役，戎马倥偬，稿多散失，其存者亦唯断简而已。

初，海东书院藏书颇富，至是亦遭兵燹，而台湾之文献亡矣。今但列其书目与其作者，以供后人之考求焉。

# 表　一

《台湾府志》十卷　康熙二十三年，巡道高拱乾辑。
《重修台湾府志》二十卷　乾隆六年，巡道刘良璧辑。
《续修台湾府志》二十五卷　乾隆十一年，巡道六十七辑。
《新修台湾府志》二十六卷　乾隆二十九年，巡道觉罗四明辑。
《台湾县志》十卷　康熙六十年，知县王礼辑。
《重修台湾县志》八卷　乾隆十七年，知县鲁鼎梅辑。
《新修台湾县志》八卷　嘉庆十二年，知县薛志亮辑。
《凤山县志》十二卷　康熙五十八年，知县李丕煜辑。
《重修凤山县志》十二卷　乾隆二十九年，知县王瑛曾辑。
《诸罗县志》十二卷　雍正二年，知县周锺瑄辑。
《彰化县志》十二卷　道光十二年，知县李廷璧辑。

《噶玛兰志略》十四卷　道光十七年，通判柯培元辑。
《噶玛兰厅志》八卷　道光十九年，通判萨廉辑。
《淡水厅志》八卷　同治九年，同知陈培桂辑。
《澎湖厅志》十五卷　光绪十九年，同安林豪辑。
以上方志十五种，凡二百卷。

# 表　二

《台湾志》稿□卷　台湾王喜撰。
《淑斋诗文集》四卷　台湾陈鹏南撰。
《刚斋集》二卷　台湾张从政撰。
《通虚斋集》二卷　台湾王克捷撰。
《半石居诗草》一卷　台湾曾曰唯撰。
《草庐诗草》二卷、《东宁游草》一卷　台湾黄仁撰。
《东宁自娱集》一卷　台湾陈斗南撰。
《半嵩集》四卷　台湾章甫撰。
《鹤山遗集》六卷　台湾陈思敬撰。
《达五斋家诫》四卷、《海内义门集》四卷、《小沧桑外史》二卷、《风鹤余录》二卷、《归田问俗记》四卷　嘉义陈震曜撰。
《陶村诗集》二卷　彰化陈肇兴撰。
《戴案纪略》二卷、《施案纪略》一卷、《让台记》二卷　彰化吴德功撰。
《偷闲集》一卷　淡水陈维英撰。
《石房樵唱》一卷　淡水施钰撰。
《淡水厅志稿》四卷、《北郭园集》十卷　淡水郑用锡撰。
《静远堂诗文抄》三卷　淡水郑用鉴撰。
《潜园琴余草》二卷、《潜园唱和集》二卷　淡水林占梅撰。
《一肚皮集》十八卷、《三长赘笔》十三卷、《经余杂录》十二卷、

《小草拾遗》一卷　淡水吴子光撰。

《周易义类存编》三卷、《易义总论》一卷、《古今占法》一卷、《观潮斋诗集》一卷　淡水黄敬撰。

《周易管窥》四卷　淡水杨克彰撰。

《读史札记》二十四卷、《竹里馆诗文集》　淡水彭培桂撰。

《凫湖居笔记》四卷、《傍榕小筑诗文集》四卷　淡水彭廷选撰。

《新竹采访册》十二卷、《十癖斋诗文集》　新竹陈朝龙撰。

《竹梅吟社击钵吟》四卷　新竹陈瑞陔辑。

《偏远堂诗集》二卷　新竹郑如兰撰。

《越南纪略》四卷、《炎荒纪程》四卷、《香祖诗草》一卷　澎湖蔡廷兰撰。

《凤山采访册》八卷　凤山卢德祥撰。

《云林采访册》十卷

《台东采访册》五卷

以上台湾人士著书四十种，凡二百零三卷。

# 表　三

《台湾舆图考》一卷、《草木杂记》一卷、《流寓考》一卷、《台湾赋》一卷、《文开文集》一卷、《文开诗集》一卷　鄞县沈光文撰。

《福台新咏》一卷　沈光文辑。

《岛噫诗》一卷、《岛居随录》二卷　同安卢若腾撰。

《靖海记》二卷、《平南事实》一卷　晋江施琅撰。

《台湾郡志稿》六卷、《台湾杂记》一卷、《山川考略》一卷、《海外集》一卷、《蓉洲文集》一卷　无锡季麒光撰。

《郊外集》一卷　铁岭沈朝聘撰。

《东宁唱和诗》一卷　季麒光、沈朝聘合撰。

《台湾纪略》一卷　长乐林谦光撰。

《海上纪略》一卷、《郑氏纪事》一卷、《稗海纪游》一卷、《番境补遗》一卷　仁和郁永和撰。

《平台纪略》一卷、《东征集》六卷　漳浦蓝鼎元撰。

《游台诗》一卷　漳浦陈梦林撰。

《赤嵌笔谈》四卷、《番俗六考》一卷、《番俗杂记》一卷　大兴黄叔璥撰。

《巡台录》一卷　浮山张嗣昌撰。

《台湾风土记》一卷　衡阳刘良璧撰。

《台湾采风图考》一卷、《番社采风图考》一卷、《使署闲情》一卷　满洲六十七撰。

《瀛壖百咏》一卷　钱唐张湄撰。

《婆娑洋集》二卷　仁和范咸撰。

《澄台集》一卷　长州庄年撰。

《赤嵌集》四卷　桐城孙元衡撰。

《桴园诗》一卷　丹霞吴菓撰。

《碧浪园诗》一卷　轮山杨宗城撰。

《澎湖志略》十二卷　江夏胡格撰。

《澎湖志略续编》二卷　三水蒋黄梅撰。

《澎湖纪略》一卷　安岳周于仁撰。

《小琉球漫志》十卷　邵武朱仕价撰，内分六编：曰《泛海纪程》，曰《海东纪胜》，曰《瀛厓渔唱》，曰《海东誊语》，曰《海东月令》，曰《下淡水寄语》。

《海东札记》二卷　武陵朱景英撰。

《东瀛祀典》一卷　贵阳蒋允焄撰。

《台湾志略》三卷　济宁尹士俍撰。

《噶玛兰说略》一卷、《东游诗草》一卷　马平杨廷理撰。

《蛤仔难纪略》一卷　闽县谢金銮撰。

《东槎纪略》四卷　桐城姚莹撰。

《渡海前记》一卷、《渡海后记》一卷、《东溟文集》二卷　南通徐宗幹撰。

《治台必告录》八卷　大兴丁曰健辑。

《六亭文集》四卷、《台湾守城私记》一卷　德化郑兼才撰。

《台湾随笔》一卷　徐怀祖撰。

《台北纪事》一卷　丹阳胡应魁撰。

《东瀛载笔》二卷　马克惇撰。

《台湾小记》一卷　龚柴撰。

《台湾番社考》一卷　邝其照撰。

《搜箧拾遗》一卷　龙溪石福祚撰。

《台湾地舆图说》二卷　新建夏献纶撰。

《东瀛识略》八卷　无锡丁绍仪撰。

《海音诗》一卷　侯官刘家谋撰。

《台湾杂记》一卷　湘阴黄逢昶撰。

《训番俚言》一卷　宝应王凯泰撰。

《化番俚言》一卷　揭阳吴光亮撰。

《日本窥台始末》一卷、《开山记》四卷　乐平袁闻柝撰。

《巡台退思录》三卷　岳阳刘璈撰。

《潜园寓草》一卷　闽县林维垣撰。

《草草草堂诗草》二卷　海宁查元鼎撰。

《台阳闻见录》六卷、《澄怀园唱和集》二卷、《诗畸》四卷　善化唐赞衮辑。

《东海集》一卷　安溪林鹤年撰。

《台海思恸录》一卷　思恸子撰。

以上宦游人士著书八十种，凡一百六十卷。

卷二十五

台湾通史

商务志

《易》曰："日中为市，致天下之民，聚天下之货，交易而退，各得其所。"皇古以还，其来尚矣。连横曰：台湾为宇内奥区，农矿虞衡，各蕴其利，商务之盛，冠绝南海。当宋之时，华人已至北港贸易，其详虽不可考，然已开其端矣。方是时，马来人之居此者，势力忽涨，渐事远略，驾竹筏，渡大海，以与吕宋通商，转售于内山之番，其物犹有存者。荷兰为商务之国，略地殖民，以侵东海。明天启二年，据澎湖。四年，复据台湾，与中国贸易。语在《开辟志》。初，荷人设东印度公司，经略爪畦，不用一兵，不碎一舰，而得数千里之地，握其海权，以肆蚕食，一时无敢抗衡。而台湾亦隶于公司之下。土田初垦，一岁三熟，出口之货，糖约十五万盾，米十万盾，羽毛齿革之属多售日本，年亦数万盾。而日本幕府方严海禁，唯许荷人贸易，故商务独大。荷制吏禄薄，不足用，各自为商，博私利，以与民争，而赋税又重。日人以先来之故，时与抵抗，其后遂有滨田弥兵卫之事。

　　永历十五年，延平克台，与民休息，整军经武，以待时机，而财用不匮，以有海通之利也。初，芝龙驻安平，自为坚舰，贸易于南洋群岛，凡海舶不得郑氏令旗者，不能来往。每舶例入二千金，岁人以千万计，以此富敌国。及王入台，而清廷方严海禁，沿海数千里，尽委而弃之，故得独握其利，通饷金、厦、铜山、达濠诸镇，与民交易，无相诈虞。凡中国诸货，海外之人皆仰给焉。故能以弹丸之岛，而养七十二镇之兵，苟非岁人充裕，其以何堪？谘议参军陈永华又行屯田之制，内兴殖产，而外饬军实，故无患。二十八年，嗣王经命户都事杨贤监督洋船，往贾暹罗、爪哇、吕宋。是时华人之在南洋者已数百万，多遭异族苟待，而清政府不能保之，且以为叛民，任其杀虐，破家荡产，莫可呼诉。故延平有征伐吕宋之举，而经亦有经略南洋之议也。使行其议，镇抚华侨，用张国力，以开辟外府，则群岛皆我有也。而延平无禄，经亦早世，遂致跼蹐一隅，不能展布，岂非天哉！是年英国水师提督奉命东来，八月，驾两夹舨至安平，求通商。经命礼官待之，许开安平、厦门，订立条约，是为英国通商之始。方是时，欧洲各国之在东海者，葡萄牙有澳门，西班牙有吕宋，荷兰虽失台湾，尚有爪哇，而东印度公司之势未艾也。是诸国者，皆与台湾贸易，岁率数十万金。而日人之居台者皆礼之，别以鸡笼为商埠，许其侨住。台湾所用之铜，来自日本，德川幕府亦辄以宽永钱助饷，岁率数十万贯。此则郑氏通商之策也，其所以裨益于国计民生者甚大，故漳、泉人争附之。是台湾者农业之国，而亦商务之国也。

清人得台，渐开海禁。是年省议以郑氏之时，贩运白糖鹿皮，拟照例岁办鹿皮九千张，白糖二万担，往贩外洋。下询其事，诸罗知县季麒光复以兴贩一项，实关国计，唯所用之船，不得不预为筹划。前时郑氏商船，现多停泊厦门，应请拨用。从之。四十二年，议准出洋商船，许用双桅，于是漳、泉商人贸易于东南洋者，逐年而多。而廷议以漳、泉人民，希图巨利，私贩粮米，台湾之人又时与吕宋之人来往，皆当严防，特召闽浙总督入京会议。五十六年，遂定往贩南洋之禁，唯许外人互市。雍正五年，总督高其倬奏言："闽省福、兴、漳、泉、汀五府，地狭人稠，自平定台湾以来，生齿日增，本地所产，不敷食用。惟开洋一途，藉贸易之赢余，佐耕耘之不足，贫富均有裨益。从前暂议停止，今外国之船许至中国，广东之船亦许至外国，彼此来往，历年守法，应请开禁。"从之。台湾商务为之一进。洎乾隆间，贸易甚盛，出入之货岁率数百万圆，而三郊为之主。三郊者，南郊苏万利，北郊李胜兴，糖郊金永顺也，各拥巨资，以操胜算。南至南洋，北及天津、牛庄、烟台、上海，舳舻相望，络绎于途，皆以安平为往来之港。而南之旗后，北之北港，亦时有出入。四十九年，许开鹿港。五十七年，又开八里坌港，以与泉州互市，而商务乃暂及台北。及蔡牵之乱，大被劫掠，损失巨万，一时遂为停滞。嘉庆十四年春正月，福州将军赛冲阿入觐，奏言："漳、泉二郡向不产米，全仰台湾，从前商贩流通，食货赡足，皆缘商船高大，梁头有高至一丈数尺者，又准配带炮位器械，间遇盗船，克资抵御。近年洋匪不靖，恐其牵劫商船，梁头不准过高，又恐炮械出洋，有接济盗贼之事，不准携带。商船畏惧，无不裹足。间有出洋之船，多被掳劫，米石既资盗粮，船只复为盗有。是以商贩不通，漳、泉米贵。刻下蔡牵势已穷蹙，可否仍准用高大梁头，并配带火药器械，则遇盗足以抵御矣。"诏以："盗船接济之源，最重食米，其劫掠既专注台湾商贩之船，则商贩往来，首当防范。朕思兵船在洋剿贼，东追西逐，未能肃清，迭经严饬，又往往以海洋辽阔，未能遇贼为词。揆厥缘由，或系盗船畏惧兵威，望而却走；或因兵船无可劫掠，故不驶近。若照赛冲阿所议，遽令改易大船，多带火药器械，又虑为贼牵劫，所获滋多。而商船出洋之后，更难保无不肖奸徒，阴为接济。此时欲求其有利无弊，莫若酌派兵船，与之同行，既可无虑盗劫，更可借以攻剿。唯兵船商船向来各有旗号，不如混为一色，则盗船驶近，可以乘机阻击，并可剪缚巨魁。且商贩流通，漳、泉得免米贵，而盗船无由接济，此为正本清源之道。但须妥议周详，不致窒碍，方为尽善，其速议奏。"于是乃定兵船护卫之法，而海寇亦渐平矣。

　　天津之约，许开台湾互市，英、美、法、德相继而来，派领事，划租界，设商行，建栈房，轮船出入，次第渐兴，而交涉亦愈繁。咸丰九年，设通商总局于道署，由道办之，置提调官二员，委员四员，翻译官二员，稿案书二名，清书二名，以理租界商务，保护游历，领事往来，教堂传教，以及华洋互讼之事。沪尾、鸡笼、安平、旗后各设分局，驻委员。光绪十三年，藩署亦设通两总局，归布政使，而台南仍归道。当是时，贸易虽少，而递年增加，泊光绪十九年，竟至一千一百十七万余两，可谓盛矣。盖自刘铭传巡抚以来，垦田治产，茶脑大兴，运至欧美各埠。居民既多，几至三百万人，所需洋货亦盛，出入足以相抵，且有溢过，故能百事俱举，民户殷庶。使长此以往，台湾之富未可量也。夫外国贸易，以英为首，美、德次之。英货之多，以阿片为最，每年四千箱，箱值五百圆，则为二百万圆，此则台湾之漏卮也。台南土产以糖为巨，其始多配天津、上海，同治九年，旗后陈福谦乃自运至横滨，岁率二三万担，颇赢其利。十三年，又设顺和栈于其地，以开台糖贩路，是为台人互市日本之始。是年又以夹板装糖三万担至英伦，以前此多由香港转配也。光绪十一年，刘铭传任巡抚，官山府海，大拓其利。十二年，设招商局于新加坡，委革职道张鸿禄、候补知府李彤恩偕赴南洋，考察商务，招徕华侨，以筹兴物产。又购驾时、斯美两轮船，航行上海、香港，远至新加坡、西贡、吕宋，而飞捷、成利、万年清三艘，则往来沿海及东南各省，运载货物，无有积滞。夫欲兴商务，必速交通，故内建铁路，而外开航运，以启开地利。初，天津之约，许开淡水，而范围广漠，凡淡水河所至之地，皆可互市。其时竹堑置厅之地，亦称淡水，而清廷臣工昧于地理，荒忽订约。淡水德领事欲扩商权，铭传知之，乃以城外之大稻埕为商埠，濒河而居，可通航运。遂说富户林维源、李春生合建千秋、建昌二街，为市廛。内外茶商多僦之，其后日盛。十三年，邀江、浙商人集资五万两，设兴市公司，创建城内之石坊、西门、新起诸街，以栖商贾，治大路，行马车。聘日本人凿井，曰白来水，汲者便之。翼年，设电汽灯，燃煤为之，凡巡抚、布政各署、机器局及大街均点之。而大稻埕铁桥亦以是年成，费款七万余圆，上利行人，而下通船舶，设机为纽，可以启闭。当是时，省会初建，冠盖云集，江、浙、闽、粤之人，多来贸易，而糖、脑、茶、金出产日盛，收厘愈多。其后遂改招商局为通商总局，以董其事，而台湾商务乃日进矣。

## 各国立约通商表

**英吉利** 咸丰八年五月十六日，《天津条约》第十一款。

法兰西　咸丰八年五月十六日，《天津条约》第六款。
美利坚　咸丰八年五月初八日，《天津条约》第十四款。
俄罗斯　咸丰八年五月初三日，《天津条约》第三款。
普鲁士　咸丰十一年七月二十八日，《天津条约》第六款。
丹墨　同治二年五月二十八日，《北京条约》第十一款。
荷兰　同治二年八月二十四日，《北京条约》第二款。
西班牙　同治三年九月初十日，《北京条约》第五款。
比利时　同治四年九月十四日，《北京条约》第十一款。
意大利　同治五年九月十八日，《北京条约》第十一款。
奥大利　同治八年七月二十六日，《北京条约》第八款。
日本　同治十年七月二十九日，《天津条约》第一款。

**台湾外国贸易表**

| 年次 | 沪尾及基隆 | 安平及旗后 | 合计（两） |
| --- | --- | --- | --- |
| 同治二年 | 247366 | 347867 | 595233 |
| 三年 | 659881 | 927405 | 1587286 |
| 四年 | 710628 | 1893455 | 2604083 |
| 五年 | 862254 | 1862313 | 2724567 |
| 六年 | 782339 | 1832648 | 2614987 |
| 七年 | 822846 | 1296679 | 2119525 |
| 八年 | 759657 | 1537796 | 2297453 |
| 九年 | 985766 | 1144899 | 3130655 |
| 十年 | 1239820 | 1277961 | 2467781 |
| 十一年 | 1493944 | 2159280 | 3653224 |
| 十二年 | 1445910 | 1829898 | 3275808 |
| 十三年 | 1626945 | 2303229 | 3930174 |
| 光绪元年 | 1842221 | 2279470 | 4121691 |
| 二年 | 2410370 | 2698320 | 5108690 |
| 三年 | 2766595 | 2837714 | 5604309 |
| 四年 | 3089309 | 2493383 | 5582692 |
| 五年 | 3633186 | 3750925 | 7384111 |
| 六年 | 3926995 | 4527544 | 8454539 |

续表

| 年次 | 沪尾及基隆 | 安平及旗后 | 合计(两) |
|---|---|---|---|
| 七年 | 4165880 | 4059311 | 8225191 |
| 八年 | 4018723 | 3170667 | 7189390 |
| 九年 | 3561682 | 3772996 | 7334678 |
| 十年 | 3653416 | 3084608 | 6737484 |
| 十一年 | 4537465 | 2478681 | 7016146 |
| 十二年 | 5462503 | 2583625 | 8046128 |
| 十三年 | 5641990 | 2762538 | 8404528 |
| 十四年 | 5701185 | 2862020 | 8563205 |
| 十五年 | 5294796 | 2746464 | 8041260 |
| 十六年 | 5579713 | 3575723 | 9155436 |
| 十七年 | 5352554 | 3131260 | 8483814 |
| 十八年 | 5796284 | 2932311 | 8728595 |
| 十九年 | 7880204 | 3295869 | 11176073 |

台湾糖出产表

| 年次 | 出口斤数 | 自用斤数 | 合计斤数 |
|---|---|---|---|
| 同治九年 | 59745200 | 17923560 | 77668760 |
| 十年 | 58385400 | 17515620 | 75901020 |
| 十一年 | 62882300 | 18864690 | 81746990 |
| 十二年 | 50746800 | 15224040 | 65970840 |
| 十三年 | 68627000 | 20588000 | 89215000 |
| 光绪元年 | 48889600 | 14675200 | 63564800 |
| 二年 | 88054600 | 26416380 | 114470980 |
| 三年 | 60806000 | 18241800 | 79047800 |
| 四年 | 41368400 | 12410520 | 53778920 |
| 五年 | 76535900 | 22960770 | 99496670 |
| 六年 | 106414600 | 31924380 | 138338980 |
| 七年 | 75489200 | 22646760 | 98135960 |
| 八年 | 61345400 | 18403620 | 79749020 |
| 九年 | 77573100 | 23261930 | 100835030 |
| 十年 | 96716800 | 29150400 | 125867200 |
| 十一年 | 35898000 | 16769400 | 77667400 |
| 十二年 | 39015521 | 11704656 | 50720177 |

续表

| 年次 | 出口斤数 | 自用斤数 | 合计斤数 |
|---|---|---|---|
| 十三年 | 55448800 | 16634640 | 72083440 |
| 十四年 | 65567800 | 19670340 | 85428140 |
| 十五年 | 57013500 | 17104050 | 74117550 |
| 十六年 | 72318100 | 21695430 | 94013530 |
| 十七年 | 56999000 | 17099700 | 74098730 |
| 十八年 | 60110100 | 18033030 | 78143130 |
| 十九年 | 51067088 | 15320126 | 66387214 |
| 二十年 | 73557400 | 22067220 | 95624620 |

此表据海关造报及外人著书而列之，唯中有可疑者，则光绪六年自用之额为三千一百九十二万余斤，而十二年降为一千一百七十万余斤，仅以六年之间，锐减约三分之一，似有不当。夫糖市之盛衰，虽系收成之丰歉，而以台人用糖程度计之，每人年约五斤，则全台三百万人，应用一千五百万斤，故以此额而推算台湾产糖，表之于后：

**台湾产糖推算表**

| 年次 | 斤数 | 年次 | 斤数 |
|---|---|---|---|
| 同治九年 | 74745200 | 光绪九年 | 92573100 |
| 十年 | 73385400 | 十年 | 111716800 |
| 十一年 | 77882300 | 十一年 | 70898000 |
| 十二年 | 65746800 | 十二年 | 54015521 |
| 十三年 | 83627000 | 十三年 | 70448800 |
| 光绪元年 | 63889600 | 十四年 | 80567800 |
| 二年 | 103054600 | 十五年 | 72013500 |
| 三年 | 75806000 | 十六年 | 87318100 |
| 四年 | 56368400 | 十七年 | 71999000 |
| 五年 | 91535900 | 十八年 | 75110100 |
| 六年 | 121414600 | 十九年 | 66067088 |
| 七年 | 90489200 | 二十年 | 88557400 |
| 八年 | 76345400 | | |

## 台湾糖出口表

| 年次 | 担数 | 年次 | 担数 |
|---|---|---|---|
| 同治九年 | 597452 | 光绪九年 | 775731 |
| 十年 | 583854 | 十年 | 967168 |
| 十一年 | 628823 | 十一年 | 558980 |
| 十二年 | 507468 | 十二年 | 390155 |
| 十三年 | 686270 | 十三年 | 554488 |
| 光绪元年 | 488896 | 十四年 | 655678 |
| 二年 | 880546 | 十五年 | 570135 |
| 三年 | 608060 | 十六年 | 723181 |
| 四年 | 413684 | 十七年 | 569990 |
| 五年 | 765359 | 十八年 | 601101 |
| 六年 | 1064146 | 十九年 | 510670 |
| 七年 | 754892 | 二十年 | 735574 |
| 八年 | 613454 | | |

# 卷二十六

## 台湾通史

### 工艺志

连横曰：吾读《考工记》，而知古人制作之精也。轮人为毂，舆人为轸，辀人为辕，一车之成，各致其艺，通工合作，其用溥矣。夫人能群者也，群故能相生，相生故能相养；不生不养，群乃日涣。涣则离，离则争夺，而群德败矣。古者圣人之治天下也，设耒耜以耕之，结网罟以渔之，建宫室以居之，画衣冠以差之，作弓矢以威之，制钟鼓以和之。利用厚生，使民不匮，道乃大备。后儒不察，以为形而上者谓之道，形而下者谓之器，谈空说玄，维精维一。而所以福国益民者，乃置而弗讲，其道废矣。秦、汉以来，史家相望，而不为工艺作志，余甚憾之。夫钟律量衡之设官，陶匠梓舆之相变，进化之迹，可以类推。泰西文明，后于中夏，东来旧法，致效愈宏。降及近代，汽电并用，工艺之巧，乃可以侔神明而制六合。黄人不慧，自亡其制，是故周公之指南车，公输子之飞鸢，张衡之浑天仪，诸葛亮之木牛流马，艺术之士不能由而效之，以发皇光大，而且贱之为器。器亡而道何存？可不痛哉！台湾为海上荒岛，其民皆闽、粤之民也，其器皆闽、粤之器也，工艺之微，尚无足睹。然而台郡之箱，大甲之席，云锦之绸缎，驰名京邑，采贡尚方，则亦有足志焉。夫大辂成于椎轮，岑楼起于尺础，后之视今，能不愈于今之视昔乎？故纪其梗概，以资参考。若夫开物成务，则有俟于后之君子。

## 纺 织

　　台湾天气和燠，厥土黑坟，最宜蚕桑，而开辟以来，尚少兴者。台人习尚奢华，绸缎纱罗之属，多来自江、浙，棉布之类消用尤广，岁值百数十万金。其布为宁波、福州、泉州所出，商船贸易，此为大宗。郑氏之时，曾筹种棉，以自纺织，而封略初建，其议未行。雍正元年，漳浦蓝鼎元上书巡台御史吴达礼，以论治台事宜，其一条云："台地不种蚕桑，不种棉苎，故其民多遊惰，妇女衣绮罗，妆珠翠，好游成俗，则桑麻之政不可缓也。制府满公抚闽时，尝著《蚕桑要法》，绘十二图，颁行郡县。台土宽旷，最宜树桑，可仿而行之。漳、泉多木棉，俗谓之吉贝，可令民于内地收其核，赴台种之，并令广种麻苎，织纤为冬夏布。妇女有蚕桑纺绩之务，则勤俭成风，民可富而俗可美也。"然其后至道光之间，蚕桑之业尚未有行。盖以台地肥沃，播稻植蔗，获利较宏。沿山之园始种麻苎，安嘉为多，新竹次之，配至汕头、宁波，用以织布，乃再配入，而台人不能自绩也。凤山县辖素产凤梨，刘叶缫丝，可织夏布，而台人亦不能自绩也，唯以凤梨之丝配至汕头，转售潮州，岁率十数万圆。台地多暑，夏布用宏，而不能自给。天然之利，遗之于人，可谓昧矣！

　　咸丰初，江南大乱，有蔡某者为南京织造局工，始来郡治之上横街，织造绸缎纱罗，号曰云锦。本质柔韧，花样翻新，渲染之色，历久不褪，销路甚广，驰名各省，凡入京者多以此为土宜。然其丝仍取之江、浙，尚未能自给也。蔡某既死，传之其子，以为世业。同治初，广东人凌定国为城守营参将，深以台湾蚕桑有利，自广东配入其种，租屋于做篾街，延工饲蚕，种桑东门之外。盖以台桑叶小，不宜养育，故移其佳种也。然初办之时，颇少成效，或蚕多而桑少，或桑丰而蚕稀，经营数年，损失不赀，其事遂废。光绪元年，开山之议既成，台东亦设官分治，兵民渐至，巡道夏献纶乃命戍兵种棉，以兴地利。而台东多雨，棉每腐败。及刘铭传任巡抚，日以兴产为务，十五年十月，委云林知县李联奎等赴江、浙、安徽各省，搜集蚕桑之种，及其栽饲之法，编印成书，颁与人民，大为奖励。又购棉籽，通饬厅县晓谕农家播种。于是淡水富绅林维源树桑于大稻埕，以筹养蚕之业，一时颇盛。迨铭传去，而事亦止矣。初，云锦织造绸缎，既闻京邑，光绪大婚之时，内廷命台湾布政使采贡，为款数万圆，帐帏衣褥之属，皆能照图织成，内廷大悦，以为江浙官局所织犹有逊色。云锦得此令誉，不能扩大其业，子孙游惰，日就式微，能不惜哉！当是时，竹堑福林堂尼素莲，亦设织机，以资衣食。素莲姓黄氏，少失偶，持斋守节，与其徒共事纺织，所出之布，人争购之。

台湾之番能自织布，以苎杂树皮为之，长不满丈，台人购以为袓，善收汗。而水沙连番妇以苎麻杂犬毛为纱，染以茜草，错杂成文，谓之达戈纹。道光中，大甲番妇始采兰草织席，质韧耐久，可以卷舒，汉人多从之织。于是大甲席之名闻远近，其上者一重价至二三十金。大甲人以此为生，至今不替。

## 刺　绣

台湾妇女不事纺织，而善刺绣。刺绣之巧，几迈苏、杭，名媛相见，竞夸女红。衣裳裁纫亦多自制，绿窗贫女以此为生，故有家无担石，而纤纤十指，足供饔飧。近唯淡水少女争学歌曲，缠头有锦，而女红废矣。台南妇女尤善造花，或以通草，或以杂彩，一花一叶，鲜艳如生。五都之市，则有售者。

## 雕　刻

雕刻之术，木工最精。台南为上，而葫芦墩次之。尝以径尺坚木，雕刻山水楼台花卉人物，内外玲珑，栩栩欲活，崇祠巨庙，以为美观。故如屏风床榻几案之属，每有一事，辄值百数十金。盖选材既佳，而抡艺亦巧。唯雕玉刻石，尚不及闽、粤尔。

## 绘　画

绘画为文艺之一，开辟以来，善画者颇不乏人。而台南郡治之火画，其技尤精。南郡附近多槟榔，每取其箨为扇，画者又选其轻白者，以线香燃火炷之。四体之书，六法之画，靡不毕备。又镶以锦缘，饰以牙柄，每把可售数金，或数百钱，视其精粗为差。西洋人士购之馈赠，以为台湾特有之技。然台湾之中，唯台南有售，余则罕见也。

## 铸　造

台湾铸造铁器，前由地方官举充，藩司给照，通台凡二十有七家，谓之铸户。所铸之器，多属锅鼎犁锄，禁造兵，虑藉寇也。同治十三年，钦差大臣沈葆桢奏请解禁。然铸造小刀者，各地俱有，唯淡水之士林最佳。又台湾产金，故妇女首饰多用金，一簪一珥，极其精巧。而台南所制银花，质轻而白，若牡丹，若蔷薇，若荷，若菊，莫不美丽。故西洋士女购之，以为玩好，或以馈赠也。

## 陶　制

郑氏之时，谘议参军陈永华始教民烧瓦，瓦色皆赤，故范咸有《赤瓦之歌》。然台湾陶制之工，尚未大兴，盘盂杯碗之属，多来自漳、泉，其佳者则由景德镇，唯砖甓乃自给尔。乡村建屋，范土长方，厚约二寸，曝日极干，垒以为壁，坚若砖，谓之土墼，费省数倍。光绪十五年，有兴化人来南，居于米市街，范土作器，以售市上，而规模甚少，未久而止。唯彰化有王陵者，善制烟斗，绘花鸟，釉彩极工，一枚售金数圆。次为台南郡能治之三玉，其法传自江西。而王陵且能制瓶罍之器，亦极巧。惜乎仅为玩好之物，不能与景德媲美也。

## 煅　灰

灰有两种：曰蠔灰，曰石灰。沿海之地多畜牡蛎，台人谓之蠔，取其房烧之，色白，用以垩墙造屋。而近山一带，则掘石煅之，价较廉。

## 烧　焿

山居之民，采伐杂木，积火烧之，而取其灰煮焿。焿有二种：固者曰焿砣，用以合染；流者曰焿油，可调食，色黄有毒，助消化。烧焿之木，以山蕉、贯众为佳，亦有配出。

## 竹　工

嘉义产竹多，用以造纸，销用甚广。编为器具，亦用宏。而水沙连之竹，径大至尺余，缚以为筏，可渡大洋，凌涛不没，故沿海捕鱼皆用之。竹工之巧者，为床、为几、为篮、为筐。日用之器，各地俱有。

## 皮　工

台南郡治之皮箱，制之极牢，髹漆亦固，积水不濡。次为鹿港。售之外省，称曰台箱。台地多皮，惜无制革之厂，以成各器，故但为枕、为鼓尔。

# 卷二十七

台湾通史

农业志

连横曰：古人有言，一夫不耕，或受之饥。是故国以民为本，民以食为天，则农业重矣。台湾为海上荒岛，古者谓之毗舍耶，梵语也。毗为稻土，舍耶，庄严之义，故又谓之婆娑世界。是台湾者为农业之乐国，而有天惠之利也。然土番犷榛，未知耕稼，射飞逐走，以养以生，犹是图腾之人尔。及宋之时，始通贸易。元明以来，移民渐至。崇祯间，熊文灿抚闽，值大旱，谋于郑芝龙，乃招饥民数万人，人给银三两，三人与一牛，载至台湾，令其垦田筑屋。秋成所获，倍于中土，以是来者岁多。荷人既至，制王田，募民耕之，所产之物，米糖为巨，以其有赢，贩运中国，远至日本南洋，岁值数十万金。郑氏因之，改为官田，又布屯田之制，漳、泉、惠、潮之民望风而至，拓地远及两鄙，所产愈丰。土地初辟，厥田上上，播种之后，听其自生，不事耕耘，而收获倍蓰。余粮栖亩，庶物蕃盈，民殷国富，故能以弹丸之岛，颉颃中原也。

归清以后，农业愈兴。旧额正供征谷九万二千一百二十七石，至雍正十三年，新垦田园，增征八万零七十五石。而糖亦渐盛，三县每岁所出之糖，约六十余万篓，每篓一百七八十斤。青糖百斤值银八九钱，白糖百斤一两三四钱。全台仰望资生，四方奔走，图息莫此为甚，故为贸易之大宗。然自朱一贵平后，定联艑之法，非经数旬不能齐一。及至厦门，归关盘查，一船所经，两次护送，八次挂验，俱须靡费。是以船难即行，运费贵而糖价贱矣。

当是时，彰化初建，淡水亦开，移住之民，尽力畎亩。而施世榜、杨志申之流，且投巨资，凿陂圳，以大兴地利。台湾之溪，自山徂海，源远流多，引水入渠，辟圳道之，蜿蜒数千里，以时启闭，故无旱涝之患，而岁可两熟。或于山麓陇畔，筑陂于洼，积蓄雨水，以资灌溉。大者数十亩，而旱田有秋，其瘠者则种番薯播山菁，故无凶年之患。台湾之地，以田育稻，以园植蔗。植蔗之后，可收两年，改种杂谷，以休地力。而稻田则以水利之富，壅肥之厚，可岁岁耕也。上田一甲收谷百石，中七十石，下四十石，唯视其力之勤惰尔。

雍正九年，部定台湾征收正供之谷十六万九千二百六十六石余。支给戍台兵米，为谷八万九千七百三十石，例运督标兵米，为谷一万五千五百七十石，福建兵眷、金厦兵米五万五千二百十七石，又运福、兴、漳、泉四府平粜之米十二万二百八十七石，通计征谷不敷起运。乃以四府谷价发台，分给四县，籴补足额。语在《粮运志》。

先是，雍正元年，巡台御史黄叔璥以台湾之米出口日多，恐其接济洋盗，或以市价腾贵，虑生事端，奏请禁止。从之。于是漳、泉之民仰食台米者，大形困苦。四年，闽浙总督高其倬奏言："台湾地广民稀，所出之米，一年丰收，足供四五年之用。民人用力耕田，固为自身食用，亦图卖米换钱。一行禁止，则囤积废为无用，既不便于台湾，又不便于漳、泉。究竟漳、泉之民势不得不买。台湾之民亦势不能不卖，查禁虽严，不过徒生官役索贿私放之弊。臣查开通台米，其益有四：一、漳、泉二府之民，有所资藉，不苦乏食。二、台湾之民，既不苦米积无用，又得卖售之益，则垦田愈多。三、可免漳、泉台湾之民，因米粮出入之故，受胁勒需索之累。四、漳、泉之民，既有食米，自不搬买福州之米，福民亦稍免乏少之虞。至开通米禁，有须防之处二端，亦不可不加详虑。其一，于冬成之时，详加确查。若台湾丰熟，即开米禁；倘年成歉薄，即禁止贩卖。虽年岁稍丰，而一时偶有米贵情形，亦即随时查禁。其一，漳、泉之民，过台买米者，俱令于本地方报明，欲往台买米若干，载往某处贩卖，取具联保，详报臣等衙门，即飞行台湾及所卖之府县，两处稽查。如有不到、即系偷卖，必严惩联保，究出本船之人，尽法重处。如此查防，自不至接济洋盗矣。"疏入，从之。漳、泉之人深以为善。然出口既多，市价自腾。已而颁定商船渡厦者，每船限载食米六十石，以防偷漏。漳、泉米少人众，恃台供给，一旦不足，粒食维艰。于是多至台湾，岁率数万人，半为流民，坐而待食，米价递起。乾隆七年，巡台御史书山张湄奏言："台湾虽称产米之区，而生齿日繁，地不加广，兼之比岁雨旸不时，收成歉薄，盖藏空虚。历奉谕旨，台民无不感激。唯是内地臣工未履其地，徒执传闻。如御史陈大玠生长泉州，尚疑台郡有歧视漳、泉之见，不知台湾固为东南之藩篱，八闽之门户，而与漳、泉所系尤非浅鲜。台湾四面俱海，舟楫相通，唯泉、厦尔。而泉、厦又山多地少，仰藉台谷。是台湾之米有出无入，猝有水患，非如他郡。可有邻省通融，商贾接济也。臣等蒙皇上畀以巡视重任，岂不知春秋严遏籴之戒？况全隶闽省版图，原无彼疆此界。而与海口之米，不得不责成官吏，严其出入，实由事势使然也。若任其运载透越，则台谷指日可竭，而地方不能安谧，日后之漳、泉亦无从而仰藉矣。此臣工之籍隶漳、泉者，亦宜为久远计，而毋徒务争目前之利也。夫台地之所出，每岁止有此数，而流民渐多，已耗其半，复有兵米、眷米及拨运福、兴、漳、泉平粜之谷，以及商船定例所带之米，则通计不下八九十万石。此则岁岁丰收，亦断难望其如从前之价值平减也。是以臣湄同前任满御史臣舒辂有请建府仓以裕民食之请，工部给事中杨二酉有先实台仓之奏，臣等于上年十月，亦有请禁透越私渡之折。即今闽省督抚二臣议复科道杨二酉等条奏，亦以台仓之积贮不充，则内地之转输易竭，海外设有缓急，他处难以接济为虑。但督抚所议，今台湾四县贮粟四十万石，恐一时买足，为数太多，为期太迫，应定三年之限，照数购买。而部臣议复，以采买仓谷，定例年岁丰稔，应全数采买，并无逾限三年之期。臣等伏思台湾上年收成实止七分，既非丰稔，似不得全数采买。且杨二酉原奏，请先实台仓，然后买运内地。该督抚等以内地兵糈民食，无从措办，关系非小，仍请照旧拨运。部议既准其奏，而本处贮谷，又不宽其期限，未免米价更昂，转于民食有碍，是不若督抚所请三年之议为得也。再，杨二酉所称内地发买谷价，仅三钱六分，或三钱不等，装运脚费俱从此出。从前谷贱之年，原足敷用，今则不免赔累，嗣后必依时价运费发买。该督抚亦请以后按岁丰歉，酌量增减，所见相同。而部臣拘于成例，谓从前并无以岁之不济，稍议加减，恐启浮冒捏饰之端，是犹以从前之台湾视今日也。查上年台湾于收成之际，米价每石尚至一两五钱，则谷价亦在七钱上下，与从前大相悬殊。可知原议谷价，即不论装运脚费，已不抵时价之半，倘仍不议增，必致因循岁月，互相观望。若勒以严限，迫之使趋，非县令受赔偿之累，即闾阎罗价短之苦。小民终岁勤劳，至秋成而贱买之，既失皇上爱民重农之意。若使有司赔垫，势必挪移亏空，亦非皇上体恤臣下之心。伏乞准照督抚所议，按年丰歉，酌量价值，及时采买。庶于海外地方，实有裨益。"于是减运四府平粜之谷七万二百八十七石，以实台仓，而内地穷民无所得食，来者愈多。二十年，始悉停运。来者益众，遂侵越界石，争垦番地矣。

台湾熬糖之厂，谓之廊，一曰公司廊，合股而设者也；二曰头家廊，业主所设者也；三曰牛奔廊，蔗农合设者也。每奔出牛三，为园九甲。一廊凡九奔，以六奔运蔗，三奔碾蔗，照阄轮流。通力合作，其法甚善，各乡莫不设之。制糖之期，起于冬至之前，清明而止，每甲竹蔗可得青糖六七十担。制糖之时，须用糖师，以蔗浆入镬煮之，候其火色，入以石灰，俟糖将成，又投蓖麻油，恰中其节，乃移于槽，以棍搅之，渐冷渐坚，是为青糖。最佳者曰出类，次曰上斗，又次曰中斗。又有白糖，其法以成糖时，入于碥内，下承以锅，而受其汁，谓之糖水，上盖以泥，约十四日，其色渐白，易泥盖之，凡三次，悉白，唯下稍赤尔。白糖之佳者，曰头挡，色皎味香，从前盛销苏州。次曰二挡，又次曰三挡，色稍逊而味甘。台南郡治所制白糖，谓之府玉，驰名各埠。糖水再熬之糖曰赤沙，性凉可解毒，又以酿酒。白糖再熬成块，剖而为片，其坚若冰，谓之冰糖，亦曰糖霜，价较贵。归清之后，部议岁采台糖。诸罗知县季麒光虑其病官损民，上书督抚。略曰："白糖兴贩，关系军需，在国赋为最重，在民力为最难。二十四年，台湾办糖一万一千石之额,派于台湾县者六千石,派于凤山县者一千五百石,派于诸罗县者三千五百石。凤诸两县以车少糖亏,兴贩需时,皆挪移正项,重价购买,自知有累考成,不敢计及利害。但明年糖数又复倍增,六千石者将一万二千石矣,一千五百石者将三千石矣,三千五百石者将七千石矣。查民间蔗车并未添设,若取足于民,断不能使穷山荒海之残黎堪此重困。若取足于官,更不能使蹈险履危之贫吏胜此累赔。即立加参处,而终无所济。卑县等悉心筹划,不得已欲照内地按田办课,援今年漳、泉之例,计三县田园之数,照甲匀办,庶几众擎易举。计按田办糖,其便有三,而应议者亦有三。每田园一甲,出糖数十斤,给以部价,不致赔累,一便也。种蔗之园,有糖可完,不烦别买,未种蔗之田,零星买纳,不需奎办,糖价不至顿昂,二便也。佃丁知今年之糖出之于田,明年不烦督劝,皆急公插蔗,糖额自敷,三便也。其所应议者,一、水田与旱田之分也。官佃田园多系水田,不宜插蔗,其收倍厚。文武官田皆属旱地,虽可种蔗,其收甚薄。故郑氏之糖,皆办于水田之佃丁。今总计三县水田几何,应办糖几何,旱田几何,应办糖几何,斯则难易均矣。一、官田与民田之分也。民田者令佃耕无主之地,按甲而纳糖,众所愿从。自将军以下各自管耕督垦,即为官田,其数已去台湾田园之半。今使之急公办课,不特事难势格,仰触忌讳,即佃丁管事亦非县令所能制。纵目前自认均办,在民田竭蹶而供之,而官田之糖,临时违误,咎将谁任?一、官车与民车之分也。种蔗之人既竖车熬糖矣,若使之一无供办,反可昂价转售,是利归车户,而累及百姓也。查三县民车旧额计五十张,而各衙门新立之车亦不下五十张。按车而责以一百石,在民车较今年之征已省三分之一,即官车之糖,现有部价支领,谁敢阻挠?而佃丁亦不必拘每甲一石之议,可以少纾贫民衣食之资矣。卑县臆见,以官车与民车均派,官田与民田匀办,再为分别水田旱田之轻重。约计官民之车百张为率,可得糖一万石,官佃田园八千三百九十一甲,文武官田一万六十二甲九分,就田匀派,以审乎轻重之宜,毋误赋,毋厉民。立一时之计,垂万世之规,则小民颂德,下吏沾仁,共为不朽矣。"夫台湾产糖,三县为多,彰化尚少。及至乾嘉之际,贸易绝盛,北至京津,东贩日本,几为独揽。郡中商户至设糖郊,以与南北两郊相鼎立,谓之三郊。挹注之利,沾及农家,年丰物阜,生聚日众,一时称盛。洎蔡牵之乱,俶扰海上,凡十数年,帆樯断绝,货积不行,价乃愈落,而农家损矣。当是时,噶玛兰初启,产米多,糖价亦渐复。续以英人之役,海上又警。自是以来,开口互市,暹罗、安南之米,爪哇、吕宋之糖,配入中土,以与台湾争利。然台湾之地,渐拓渐广,每年产米犹七八百万石,糖亦七八十万担,运贩各埠,尚得与之抗衡也。

顾自开口以后,外商云集,台北之茶因之而盛。台湾产茶其来已久,旧志称水沙连之茶,色如松萝,能辟瘴却暑。至今五城之茶,尚售市上,而以崠顶为佳,唯所出未多。台北产茶近约百年,嘉庆时,有柯朝者归自福建,始以武彝之茶,植于鲽鱼坑,发育甚佳。既以茶子二斗播之,收成亦丰,遂互相传植。盖以台北之地多雨,一年可收四季,春夏为盛。茶之佳者,为淡水之石碇、文山二堡,次为八里垄堡。而至新竹者曰埔茶,色味较逊,价亦下。其始仅销本地,道光间,运往福州,每担须纳入口税银二圆,方可投行发卖。迨同治元年,沪尾开口,外商渐至。时英人德克来设德记洋行,贩运阿片、樟脑,深知茶业有利。四年,乃自安溪配至茶种,劝农分植,而贷其费。收成之时,悉为采买,运售海外。南洋各埠前销福州之茶,而台北之包种茶足与匹敌,然非薰以花,其味不浓。于是又劝农人种花。花之芬者为茉莉、素馨、栀子,每甲收成多至千圆,较之种茶尤有利。故艋舺、八甲、大隆同一带,多以种花为业。夫乌龙茶为台北独得风味,售之美国,销途日广。自是以来,茶业大兴,岁可值银二百数十万圆。厦、汕商人之来者,设茶行二三十家,茶工亦多安溪人,春至冬返,贫家妇女拣茶为生,日得二三百钱,台北市况为之一振。及刘铭传任巡抚,复力为奖励,种者愈多。时台邑林朝栋方经营垦务,辟田树木。为永久计,亦种茶于乾溪万斗六之山。未及十年,而朝栋解兵去,戎马倥偬,剪伐殆尽,惜哉!

初,铭传筹兴物产,尤欲大启水利,以资灌溉。当是时,大斜崁新设抚垦，以其土沃，欲辟水田。光绪十三年，命德国工师墨尔溪往查水源，议凿巨圳，以润海山、桃涧等堡，未行而去。又以台湾纺绩，皆仰外省，岁需巨万，亦劝农家种植桑棉。语在《工艺志》。故事直省有司，岁以仲春之日，行藉田礼。铭传自莅任后，即率僚属行之，集老农，询丰歉，使课其子弟，尽力农功，勿荒勿嬉，勿为淫辟，其勤劳者，则奖赏之，著为例。夫台湾农产，以米为首，糖次之，茶又次之，其所以裨益国计民生者至深至大。管子曰："仓廪实而知礼义，衣食足而知廉耻。"夫国之所恃者民尔，民之所重者农尔。故正其经界，薄其赋敛，平其轻重，勉其勤劳，使民得尽力于田畴，而不有所夺，此其所以强也。

## 稻之属

**粳稻** 即食米。有早晚，其种甚多。

**白壳** 粒长而大，蒸饭最香，十月收之。

**乌壳** 同白壳，唯皮略黑。

**早占** 种出占城，有乌占、白占两种。粒小而尖，蒸饭最佳。清明种之，大暑可收。

**埔占** 米色略赤，种于园，八九月收。

**三杯** 皮薄粒大，形如早占，可以久藏。早季以六月收，晚季以九月收。

**花螺** 有高脚、低脚二种，壳微斑，粒大。

**清油** 有大粒、小粒二种，又分白脚、红脚两类，早晚俱种。

**银鱼草** 早春种之，七十日可收，故又名七十日早。

**圆粒** 粒短而肥，种如埔占。

**羌猴** 粒长，有红、白二种。

**唐山** 种出福建，粒长皮薄，色白味香。有两种：曰含穗，曰厚叶。煮粥极佳。

**润种** 种出润州，有三种：一曰高脚润种，一曰低脚润种，一曰软枝润种。播于水田，霜降后收，粒长皮薄，色白味香。

**格仔** 有高脚、低脚、红脚三种，略同润种，均米之佳者。

**棉仔** 粟尾，有红须，长五六寸，不畏盐水，可种海滨。

**齐仔** 种于瘠土，可以收成，乾隆间始自中土传入。

**乌踏赤** 米微赤，略如齐仔，可种瘠土。

**银朱红** 外红心白，种后七十余日可收。

**园早** 即陆稻，种后百余日可收。

**白肚早** 米肚甚白，故名。

**一枝早**

**安南早** 种出安南。

**吕宋早** 种出吕宋，有赤、白二种，粒小而尖，播种同埔占，但不堪久藏。

**万斤献**

**大伯姆** 米白而大，种于洼田，水不能浸。

**天来**

**大头婆** 粒圆味香。

**香稻** 一名过山香，粒大倍于诸米，色极白，以少许杂他米蒸饭，尽香。稻之最佳者。

**糯稻** 即术。用以酿酒，并制糕饵，其种亦多。

**鹅卵** 形如鹅卵，粒短，皮薄，色白，性软，术之最佳者。

**鸭母潮** 性黏，术之佳者。

**红壳** 有高脚、低脚两种，一名金包银，又名占仔术，皮稍厚，米微赤，田园俱种。

**虎皮** 皮赤有纹，粒白而大。

**芒花** 皮微黑，大暑后种，霜降后收，术之下者。

**火烧** 粒长，皮厚，色微褐。

**猪油** 有高脚、低脚二种，粒长，皮薄，色白。

**叶下藏** 粒长，皮稍厚，味香，色白。

**乌占** 粒长，皮薄，味香，色白，大暑后种，霜降收，术之佳者。

**乌踏** 略如乌占，术之最佳者。

**竹丝状** 米微绿，故名。

**圆粒** 有黑、白二种，田园皆可种，粒肥皮薄，味香，色白，蒸糕最美。

**番术** 粒大，土番种以酿酒。

**红米** 色红，味香，彰化、淡水有种之者。

**乌米** 色黑，味香，凤山县下有种之者，炒之微焦，用以代茶。

## 菽之属

**土豆** 即落花生。有数种：曰大花，曰二花，曰鸳鸯，曰钮仔。蔓生，花黄，结实土中，故名。种于沙园，澎湖最多，嘉、彰近海次之。用以榨油，销用甚广。或佐食，或以子煮糖充茶品，台人莫不嗜之。

**白豆** 粒圆，又名珠豆。

**黄豆** 粒圆，以制豆腐。

**黑豆** 四五月种，八九月收，以造酱油，甚甘，并为盐豉。

**青仁豆** 为黑豆之类。皮黑，肉青，性温，以火炒之，煎汤为茶。

**绿豆** 正二月种，四五月收。性凉解毒，夏时多以充食，并为饼馅。

**米豆** 皮白，粒微弯，和米煮食，故名。八九月收。

**菜豆** 白、紫两种。英长尺余，蔓生，下垂，秋时盛出。合英炒之佐食，味美。紫者又名裙带豆。

**肉豆** 即扁豆，亦名蛾眉豆，有青、白两种。一穗十数荚，冬时盛出，煮以佐食。

**黄荚豆** 亦名皇帝豆。冬时盛出，一荚二三子，煮食甚美，台南产之。

**虎爪豆** 形如虎爪，故名，或称荚仔豆。煮食亦美。

**肥猪豆** 荚长而硕，人无食者，饲豚易肥。

**荷兰豆** 种出荷兰。花有红、白二种，冬时盛出，其色新绿，其味香嫩。

## 麦之属

**大麦** 台湾地热，种麦较少，唯嘉、彰近海有种，用以充粮。

**小麦** 有两种：一、九月种，正月收；一、十二月种，三月收。用以碾粉制面。

**荞麦** 出产亦多。

## 黍之属

**黍** 穗垂粒细，番地多种。又有鸭蹄黍，穗如鸭蹄，故名。酿酒甚美。

**芦黍** 高六七尺，叶如芦，故名。北方名为高粱。酿酒甚美，澎湖种以为粮。

**玉蜀黍** 一名番麦，高七八尺，叶大如蔗，实若黄豆，各地俱种，以充食。

**芝麻** 即胡麻。出产多。炒以榨油,性热,或用以制饼饵,销用甚广。

## 稷之属

**稷** 有细米、黄粟二种。番地及澎湖多种之,用以充食或酿酒。

## 枲之属

**枲** 即纻。山地种之,一年四收,剥皮取丝,以绩夏布,出口颇大。

**麻** 山地多生,取丝绩布,秆可焜火。

## 蓝之属

**山蓝** 亦名大菁。山地多产。壅田甚肥,子售泉州,秆以焜火。

**木蓝** 亦名小菁。种出印度,荷人移植。宜于高燥之地。一年可收三次,以制蓝泥,每四百斤可得蓝三十斤。

## 薯之属

**番薯** 一名地瓜。种出吕宋,明万历中,闽人得之,始入漳泉。瘠土沙地,皆可以种。取蔓植之,数月即生。实在土中,大小累累,巨者重可斤余,生熟可食,台人藉以为粮。可以淘粉,可酿酒,其蔓可以饲豚。长年不绝,夏秋最盛。大出之时,掇为细条,曝日极干,以供日食。澎湖乏粮,依此为生,多自安、凤二邑配往。薯有数种:曰鹦哥,皮赤肉黄,为第一;曰乌叶,皮肉俱白;曰青藤尾,曰鸡膏,最劣。又有煮糖以作茶点,风味尤佳。

**豆薯** 蔓生,实如番薯,皮肉均白,切片炒肉,味如荸荠。

**马铃薯** 种出西洋,近始传入,蒸食甚佳。

## 蔗之属

**竹蔗** 皮白而厚,肉梗汁甘,用以熬糖。

**红蔗** 皮红而薄,肉脆汁甘,生食较多,并以熬糖。

**蜡蔗** 皮微黄,干高余丈,茎较竹蔗大二三倍,肉脆汁甘,仅供生食。

## 茶之属

**包种茶** 叶细,味清,出口甚多。

**乌龙茶** 叶大,味浓,出口甚多。

## 蓏之属

**西瓜** 种自西域,沙地为宜。色绿,其瓤有白有红,味甘性冷。台南地热,十月则熟。旧时入贡,园在小北门外。

**王瓜** 一名刺瓜,以皮有微刺,台地早熟。

**苦瓜** 味微苦,后甘。或名谏瓜。煮食甚佳,夏时盛出。

**菜瓜** 一名丝瓜。元宵种之,夏秋盛出。又有一种曰七叶瓜,蔓生,七叶则生,人家多树架种之。

**冬瓜** 夏时最盛,大者二三十斤,性凉佐食。或切小条,和糖煮之,以作茶点,销用甚多。

**金瓜** 一名南瓜。大如斗,皮黄有瓣,肉亦黄,忌与羊肉合食。又有一种大如碗,色红可爱,仅供玩好。

**涵瓜** 有青、白两种,夏时盛出,渍盐佐食。又有纤小如指者,渍以豆酱,谓之酱瓜,台南最佳。

**匏** 有两种:一曰长匏,亦名蜡条匏,长可三尺;一曰劲匏,亦名葫芦匏,皆以佐食。而劲匏老则坚,剖以为器。

**葫芦** 别为一种,较小,仅为玩具,或以盛药。

## 蔬之属

**姜** 春种夏熟,山地最多。

**芥** 秋种冬熟,子制芥末。又有油芥子,可榨油。

**葱** 有风葱、香葱、麦葱三种。风葱为药,可治风疾。

**韭** 四时俱有,秋初开花。

**蒜** 有软茎、硬茎二种,味恶。

**菘** 即白菜。有两种:一曰土白菜,味微苦;一曰山东白菜,种出山东,味甚肥美,冬时盛出。

**芹** 有水、陆两种。

**茄** 有紫、白两种。又有野生者,实黄如球,谓之黄水茄,不可食。

**迦蓝** 俗称隔篮菜。又有番迦蓝，叶紫而硬，不可食。

**菠薐** 种出西域颇陵国，误为菠薐，或称赤根菜。台南谓之长年菜，以度岁须食之也。

**莙荙** 俗称厚末菜。

**冬荷** 为菊之类，味香。

**苋** 有红、白二种，忌与鳖同食。

**瓮菜** 种出东夷古伦国，以瓮盛入，故名。水陆俱种。

**蒝荽** 种出西域，汉时传入中土，俗称烟荽。叶小，茎柔细，根多须，味辛而香。

**茴香** 即小茴。叶如蒝荽，干高数尺。

**萝卜** 俗称菜头。

**高丽菜** 种出高丽，传入未久。其形如菘。

**芋** 有红心、白心二种。又有紫纹者，曰槟榔芋，尤佳。

**葭荻笋** 种于塘沼，九月盛出。

**莴苣** 俗称锅仔菜。

**辣椒** 俗称番姜。种出南洋，有两种：曰鸡心，粒小；曰羊角，粒长，均以形名。味极辣。又有甘椒，粒大有棱，炒食甚美。

**香菰** 产于内山。

**木耳** 产于内山，集集为多。

**紫菜** 产于海滨石上，澎湖为多。

**浒苔** 产于海滨石上。

## 果之属

**楱** 即檬果。种出南洋，荷人移植，至今尚有存者。旧志以为传自日本，非也。树大合抱，花小微白，夏时盛出。有肉橼、柴橼、香橼三种，肉橼先出，味稍逊。柴橼最多，青者切片，和酱代蔬，或渍盐藏之，以时煮鱼，味尤酸美，可醒酒。黄者生食，内山则晒干，用糖拌蒸，配售闽、粤。香橼肉脆味香，最后出。又有牛心橼，大如牛心。产橼之地，台南为多，彰化以北则少见。

**梅** 嘉义盛出，以制蜜饯。

**桃** 有甜桃、苦桃二种。又有水蜜桃，种自上海。

**李** 有红李、黄李、血李、夫人李，而红李为多。嘉义以制蜜饯。

**柑** 有仙柑、红柑、卢柑、虎头柑四种。红柑佳者，以西螺为第一。虎头柑实大皮粗，酸不可食。

**橘** 有金橘、月橘、四时橘。金橘以制蜜饯。月橘一年相续，或名公孙橘。

**柚** 有红柚、斗柚、皮山柚、文旦柚数种。而文旦柚产于麻豆庄，皮薄肉白，汁多而甘如蜜，驰名内外。旧志不载。种之他处，则味不及。

**橙** 味酸，台人谓之雪柑。

**柿** 嘉义、新竹出产较盛，有大小两种。将熟时采下，针以煤油，数日肉软，谓之红柿。若浸以灰水，可弃涩，则肉黄，爽若梨，谓之浸柿。八月盛出。或曝为柿饼。又有毛柿，种自西域。

**梨** 有乌梨、牛心梨、棕包梨。

**栗** 云林、内山野生颇多，唯实较小。

**枣** 有酸枣、甜枣、红枣。

**椰子** 凤、恒二邑较多，台东番社亦有种者。树高数丈，直立无枝，结实累累，利用甚广。其干可以为柱，叶可盖屋，丝可索绹，肉可制饼，浆可酿酒，壳可作器。盖为热带之植物。树之海滨，可以生财。

**椎子** 新竹、内山野生颇多，实如金橘，有红点，带皮可食。

**橄榄** 一名青果，出产未多。

**油柑** 实小如钮，色微黄，味涩，渍盐可食，能消食积。

**黄弹** 实如弹子，色黄，味酸。

**番柑** 即柠檬。种出欧洲，荷人移植。大于橘，肉酸皮苦。夏时捣汁，和盐入水饮之，可解暑渴。

**杨梅** 味逊漳泉。

**枇杷** 新竹较多，以制蜜饯。

**甘蜜** 形如柑，煮糖以作茶点。

**葡萄** 出产不多，味亦逊。

**薏苡** 凤山有种之者。

**无花果** 叶可作药，弃毒收湿。

**南无** 或称软雾，译音也。种出南洋，传入台湾未及百年，故旧志不载。树高至三四丈，叶长而大，春初开白花，多髭，结实累累，大如茶杯，有大红、粉红、大白、小青四种。味甘如蜜，夏时盛出。台南最多，彰化以北则少见。实曝干煎茶，可治痢疾。

**释迦** 种出印度，荷人移入。以子种之，二三年则可结实。树高丈余，实大如柿，状若佛头，故名。皮碧肉白，味甘而腻，夏秋盛出。

**菩提** 一名香果，种出印度。叶如南无而薄，花白，多髭，实如蜡丸，中空有子，味极香。夏时盛出。

**波罗蜜** 一名优钵昙。种出印度，荷人移入。如安邑、归仁里、旧社所种者，至今尚存。树高数丈，实生于干，累累若赘疣，大如斗，重至七八斤。剖开其皮，肉黄有瓢，气甚芳郁。每房有核，大如枣仁，可食。干苞者液不濡，湿者则否。瓢可生食。以子煨肉，风味殊佳。全台唯安、嘉二邑有此，他邑不见。

**佛手柑** 状如香橼，唯瓣长如人指。五六月初熟，载赴江、浙发售。

**香橼** 树如佛手柑。实熟之时，切片渍盐，以佐食，或曝干煎茶，味甘而香，可消积解醉。台北出产较多。

**宾婆** 种出西域，汉代传入中土。树巨叶大，春初开花，成穗结实，有房，外青内红，熟时自剖，有子二三，削皮见肉，如卵黄，故亦名凤皇卵。煮汤和糖，味胜栗子。

**香蕉** 台产甚佳，味极香美。又有红蕉，实小，可治喉疾。

**凤梨** 一名黄莱。叶长攒簇，有如凤尾，可劈丝以织夏布。实生丛心，皮有鳞甲，弃皮食，味甘微酸。夏时盛出，采后以足踏碎丛心，至秋再生。实较小，味尤甘脆，置之室中，清芬袭人。台人以凤梨炒肉，亦珍馐也。凤山、彰化出产最多。

**荔枝** 台产较逊闽、粤。

**龙眼** 有大中小三种，嘉、云两邑所产特盛。曝干者谓之福圆，剥肉焙干者谓之福肉。每年配售上海、天津，为出口大宗。

**木瓜** 种出爪哇。树高及丈，亭亭直上。开花甚小，结实于干。或以醃酱，或煮糖，味尤美。台人以木瓜煮肉，产妇食之通乳。

**石榴** 种出西域，汉时传入。台俗纳采之时，女家须酬以莲蕉、石榴二株，乃植于庭，以其多子也。

**奈茇** 或称番石榴。有红心、白心两种，自生郊野，干坚花白，结实如榴。熟时色黄，味香，切片弃心，煮以猪油和糖少许，佐食尤美。

**羊桃** 有甘、酸两种，又有广东种者。实大多汁，树大，叶细而密。春时着花于干，朵小色红。实有棱五六，酸者以制蜜饯，或渍水泡汤食之，可治肺热，止嗽。

**槟榔** 高一二丈，直干无枝，叶大上竖，四围展布。苞可为扇。花小，淡黄，味香。实如大枣，色绿，一茎数十粒。自秋徂冬，发生不绝。剖实为二，和以蒌藤石灰，台人多嗜食之，谓可辟瘴。

**蒌藤** 即扶留藤。采叶与槟榔和食。长年不绝。

**爱玉子** 产于嘉义山中，旧志未载其名。道光初，有同安人某居于郡治之妈祖楼街，每往来嘉义，采办土宜，一日过后大埔，天热渴甚，赴溪饮，见水面成冻，掬而饮之，凉沁心脾。自念此间暑，何得有冰？细视水上，树子错落，揉之有浆，以为此物化之也。拾而归家，以水洗之，顷刻成冻，和以糖，风味殊佳。或合以儿茶少许，则色如玛瑙。某有女曰爱玉，年十五，楚楚可人，长日无事，出冻以卖，饮者甘之，遂呼为爱玉冻。自是传遍市上，采者日多，配售闽、粤。按爱玉子，即薜荔，性清凉，可解暑。

## 台湾各属陂圳表

### 安平县

**参差陂** 在文贤里，荷兰时乡人王参差所筑。
**公爷陂** 在新丰里，郑氏某公爵所筑。
**甘棠潭** 在保大东里，郑氏时，乡民合筑，以潭边多甘棠树，故名。
**王有潭** 在仁和里，郑氏时乡人王有所筑。
**鸳鸯潭** 在文贤里，两潭相连。
**鲫鱼潭** 在永康里，延汇三十余里，多生鲫鱼，以灌永康、广储、长兴三里。一望如湖，故县志有鲫潭霁月之景。今已淤小。
**莲花潭** 在文贤里，以灌田。
**崁下陂** 在永康里。
**新港陂** 在新化里，乡民合筑，有东西二陂。

### 凤山县

**王田陂** 在嘉祥里，荷兰时筑，今废。
**大湖陂** 在长治里，郑氏时筑。
**三镇陂** 在维新里，郑氏戎旗三镇所筑。
**中冲陂** 在仁寿里，郑氏中冲镇所筑。

**北领旗陂**　在维新里，郑氏侍卫领旗协所筑。

**左协陂**　在维新里，郑氏时筑，今废。

**赤山陂**　在赤山庄，周百余丈，郑氏时筑。

**乌树林陂**　在维新里，郑氏时筑。

**新园陂**　在长治里，周二百余丈，郑氏时筑。

**草陂**　在观音上里，蓄水多，灌田广。

**三老爷陂**　在维新里，郑氏时筑。

**大陂**　在嘉祥里，郑氏时筑。

**角宿陂**　在观音上里，郑氏角宿镇所筑。

**仁武陂**　在仁武庄，郑氏仁武镇所筑。

**将军陂**　在凤山下庄，靖海将军施琅筑。

**眠牛湖陂**　在观音山官庄，大小两陂，雍正四年筑。

**凤山陂**　在凤山庄，乾隆间筑。

**二滥埔陂**　在维新里。

**林内陂**　在兴隆里。

**石壁陂**　在兴隆里。

**石湖陂**　在观音山下。

**赏舍陂**　在凤山庄，今废。

**硫磺陂**　在硫磺港，康熙四十五年，知县宋永清募民修。

**菱角潭**　东灌嘉祥里，西灌长治、维新二里之田。

**曹公圳**　道光十八年，知县曹谨募民筑，以灌小竹、观音、凤山等里之田。越年复筑一圳，曰新圳。事载《循吏列传》。

### 嘉义县

**番子陂**　在县治之北，康熙三十四年，番民合筑，引北香湖之水以溉。

**台斗坑陂**　在县治之北，康熙四十五年筑，以灌负郭之田。

**诸罗山大陂** 即柴头港陂，源出八掌溪，长二十余里，大旱不涸。

**柳子林陂** 源出八掌溪，分流长十余里。

**埔姜林陂** 源出八掌溪，分流长十余里。

**马稠陂** 源自内山，由土地公崎流出。

**枫子林陂** 在下茄苳庄，东引白水溪之水以溉。

**佳佐林陂** 源出草潭。

**安溪寮陂** 源出白水溪，长十余里，以灌安溪寮等庄。

**王公庙破** 在下茄苳庄东南，引白水溪之水以溉。

**新营陂** 源由白水溪，长三十余里，以灌新营等庄。

**哆啰啯大陂** 源出九重溪，长二十余里，以灌哆啰啯等庄。

**大脚腿陂** 在大脚腿庄，源出十八重溪，长十余里。

**新陂** 在北新庄，源出番子坑，长十余里。

**大溪厝陂** 在大溪厝庄，源出番子坑，长十余里。

**朱晓陂** 在外九庄，引荷包屿之水以溉。

**树林头陂** 在外九庄，引八掌溪之水以溉。

**牛桃湾陂** 在外九庄，引龟仔港之水以溉。

**土狮子陂** 源出牛稠溪，南灌六加甸，北灌土狮子。

**狗咬竹陂** 源出牛稠山，长二十余里，以灌狗咬竹庄。

**打猫大潭** 庄民合筑，以灌打猫、青埔二庄。

**打猫大陂** 源出三叠溪，长十余里，以灌打猫南路、厝火、烧庄等。

**虎尾寮陂** 在打猫庄北，源出三叠溪。

**双溪口大陂** 在仑仔庄，源出三叠溪。

**西势潭陂** 源出三叠溪，分流以灌西势潭、柴林脚二庄。

**洋子庄陂** 在茅港尾庄东。

**番子沟陂** 庄民合筑，以灌佳里兴、茅港尾二庄。

**龙船窝陂** 庄民合筑，以灌龙船窝、乌山头、三镇等庄。

**北社尾陂** 庄民合筑，以灌北社尾、水牛厝二庄。

499

**大目根陂**　源出牛稠溪，以灌大目根堡之田。

**橡榔陂**　庄民合筑，以灌大、小橡榔二庄。

**头桥陂**　在打猫庄东。

**中坑仔陂**　在打猫东北。

**龙湖**　即赤山庄大潭，庄民引水以溉。

## 恒春县

**柴头陂**　一名竹橘陂，庄民合筑，引阿猴林之水以灌。

**万丹陂**　在港西里。

## 台湾县

**快官圳**　在快官庄，业户杨、曾二氏合筑，灌田四千余甲。

**猫儿高圳**　即快官下陂，业户张、陈二氏合筑，以灌半线堡之田一千余甲。

**二八圳**　康熙间业户杨志申筑，水源与快官圳同，灌田一千余甲。

**猫雾捒圳**　一名葫芦墩，乾隆间业户张振万与蓝、秦二氏合筑。引大甲溪之水以灌捒东堡之田一千余甲。

**大甲溪圳**　庄民合筑，引大甲溪之水以灌牛骂头、沙辘等庄之田。

**险圳**　在南北投堡，乾隆十六年，业户池良生筑，引乌溪之水以灌堡内七十余庄之田，工事甚大。

**万丹坑圳**　在南北投堡之东。

**万斗六圳**　在猫罗堡，业户吴伯荣筑，引万斗六溪之水以灌堡内之田千数百甲。

**马龙潭陂**　在猫雾捒，流长二十余里，大旱不涸，溉田甚广。

**南投圳**　在南投堡，引哮猫之水以灌堡内之田。

**马助圳**　在险圳之下，引乌溪支流以灌上下茄荖之田五百余甲。

**阿辘治圳**　在马助圳之下，源同乌溪，以灌石头、埔庄等之田五百余甲。

**聚兴庄圳**　在拣东堡，光绪十六年，业户林朝栋筑，引葫芦墩圳支流以灌聚兴庄之田。

**内国姓圳**　光绪十七年，业户林朝栋筑，引北港溪之水以灌内国姓庄之田。

## 彰化县

**打马辰陂**　在西螺社东，引虎尾溪支流以灌西螺之田二千余甲。

**引引庄陂**　在西螺社，康熙五十三年，诸罗知县周锺瑄募筑。

**打廉庄陂**　在东螺社西北，康熙五十五年，诸罗知县周锺瑄募筑。

**燕雾庄陂**　在半线社南，康熙五十五年，诸罗知县周锺瑄募筑。

**施厝圳**　一名八堡圳。在东螺堡，康熙五十八年，业户施世榜筑，灌田甚广，事载世榜传中。

**埔盐陂**　业户施氏筑，引施厝圳支流，以灌好收庄等田数百甲。

**十五庄圳**　在大武郡堡，康熙六十年，业户黄仕卿筑。

**二八水圳**　在东螺堡，横亘诡厝圳、十五庄圳之间。

**王田圳**　在大肚堡，业户董显谟筑，引大肚溪之水以灌山麓七庄之田。

**中渡头圳**　在大肚堡，业户王绵远筑，引大肚溪之水以灌龟山等庄之田。

**福马圳**　业户施世榜筑，引大肚溪之水以灌李厝庄等之田千数百甲。

**大肚圳**　雍正十三年，业户林、戴、石三氏合筑，引大肚溪之水，以灌百顺庄之田六百余甲。

**福口厝圳**　在马芝堡，业户陈士陶筑，引快官、施厝两圳支流，以灌上下寮之田。

## 云林县

**斗六圳**　在县治近附。

**大竹围圳**　在大竹围庄。

**鹿场圳**　雍正间筑。引虎尾溪分流至溪州堡吴厝庄外入圳,复分为二,灌田四千余甲。

**他里雾圳**　在他里雾社,番民合筑。

**埔姜仑圳**　在他里雾社之西。

**猴闷圳**　在他里雾社之北。

**柴里圳**　在柴里社,源出庵古坑。

**尖山圳**　在尖山社。

**走猪圳**　源出石龟溪,以灌走猪、排仔路二庄。

**荷包连圳**　源出石龟溪,灌田约三百甲。

**加冬脚圳**　在他里零社之南,源出石龟溪。

**石龟溪圳**　源出石龟溪。

**水碓圳**　在斗六堡,分为上下二圳。

**六十甲陂**　在新廊仔庄,源出庵古坑。

**观音陂**　源出小坑仔溪。

**社口陂**　源出溪边厝溪。

**林内圳**　源出浊水溪,以灌林内、石榴班等庄。

**顶下横沟圳**

**海丰圳**

**老发圳**

**番子圳**

**虎尾圳**　源出陂仔顶溪,以灌虎尾溪庄。

**和溪厝圳**　在沙连堡,源出清水溪。

**东埔蜡圳**　乾隆二十一年,业户刘氏筑,灌田二百余甲。

**坪仔顶圳** 道光元年，业户张天球筑，源出清水溪。

**清水沟圳** 嘉庆二十四年，佃户廖阿礼筑，源出清水溪。

**三角潭圳** 道光二十四年，业户陈希亮筑。

**大水窟陂** 源出峡顶山下泉，邱、董二氏合筑。

**羌仔寮圳** 乾隆五年，业户叶初筑。

**隆兴陂** 乾隆间业户张天球、陈佛照合筑，以灌浊水溪南岸之田四百余甲。

**茄苳湖陂** 源由梅仔坑溪，灌田四百六十甲。

**林仔陂** 在仑仔庄，灌田四百五十余甲。

**沟心陂** 源由林仔陂。

**石圭溪陂** 源由大湖口。

**阿丹陂** 源出嵌顶厝溪。

**竹头角陂**

**将军仑陂**

**新陂**

**南势陂**

**十三庄圳** 源出西螺溪，灌田一千余甲。

**通济圳** 源出虎尾溪，至赤丘仔分为南、北、中三圳，凡二十八庄，灌田八百余甲。同治十二年，大丘园开堡庄民合筑。

**大有圳** 在布屿堡。雍正十三年，业户张、方、高等姓合筑，引虎尾溪分流以灌大有庄等，与鹿场圳通。

**嵌顶厝圳** 源出大湖溪。

## 苗栗县

**猫里圳** 在后垄堡，乾隆三十四年，佃户合筑，引合欢坪之水，灌田四百四十八甲。猫里，即今之县治。

**蛤仔市圳** 在后垄堡，乾隆五十二年，佃户合筑，源出合欢坪，灌田六百余甲。

**嘉志阁圳**　在后垄堡，乾隆三十三年，佃户合筑，源出合欢坪，灌田一百四十甲。

**狮潭圳**　在后垄堡，佃户合筑，源由狮潭，灌田三百余甲。

**四成陂**　在苗栗一堡，光绪十六年，帮办抚垦林维源筑，引大安溪之水以灌月眉、六份等庄之田五百余甲。

**马龙陂**　在后垄堡。

**大安溪圳**　在大甲堡，源出大安溪，灌田约四百甲。

**火焰山脚圳**　在大甲堡。

**新庄陂**　在大甲堡。

**濑施陂**　在大甲堡。

**九张犁圳**　在大甲堡。

**日南圳**　在大甲堡。

**七张犁圳**　在大甲堡。

**安宁庄圳**　在大甲堡。

**西势圳**　在苑里堡，源由大安溪。

**苑里圳**　在苑里堡。

**古亭笨圳**　在苑里堡。

## 淡水县

**大安圳**　在摆接堡溪东。乾隆间业户林成祖筑，引三叉河之水以灌大安寮等庄之田一千余甲。

**永丰圳**　在摆接堡，亦林成祖所筑，以灌枋寮庄之田一百九十余甲。

**暗坑圳**　与永丰圳毗连，嘉庆间业户林登选筑。

**瑠公圳**　一名金合川圳。乾隆间业户郭锡瑠筑，引大坪林溪之水以灌拳山、大佳腊两堡之田一千余甲。

**大坪林圳**　在拳山堡，庄民合筑，源出青潭溪，灌田四百六十五甲。

**内湖陂**　在拳山堡，庄民合筑，源出内湖，以灌大佳腊堡西畔之田七百余甲。

**顶陂头陂**　在大佳腊堡，庄民合筑，灌田百余甲。又有下陂头陂，灌田较少。

**双连陂**　在县治附近，灌田百余甲。

**双溪圳**　在芝兰堡，雍正间业户郑维谦筑，引七星墩之水以灌堡内之田。

**番仔井圳**　在芝兰堡，乾隆间业户潘宗胜筑，灌田百余甲。

**七星墩圳**　在芝兰堡，雍正间业户王锡祺筑。

**水枧头圳**　在芝兰堡，乾隆四十一年，番民合筑。

**灵潭陂**　在桃涧堡，乾隆十二年，霄里社通事知母六募佃合筑。

**霄里大圳**　在桃涧堡，乾隆六年，业户薛奇龙偕知母六募筑，以灌番仔寮六庄之田。后因溉水不足，佃户张子敏等再筑一圳以接之。

**永安陂**　在海山堡，乾隆三十一年，业户张必荣、张沛世合筑，源出摆接溪，灌田六百余甲。

**福安陂**　在海山堡，业户张必荣、吴际盛合筑，源出摆接溪，灌田三百余甲。

**隆恩陂**　在海山堡，源出摆接溪，以灌隆恩之田三百十余甲。

**万安陂**　一名刘厝圳，在海山堡，乾隆二十六年，业户刘承缵募佃筑，源出摆接溪，灌田二百六十余甲。

**七十二份陂**　在海山堡，灌田七十二份，故名，今多淤为田。

**十八份陂**　在海山堡十八份庄，业户林启泰等筑，今多淤为田。

### 新竹县

**隆恩圳**　一名四百甲圳，在竹堑堡。雍正初业户王世杰募佃合筑，引九芎林溪之水，以灌竹堑埔一带之田约二千甲。

**振利圳**　在竹堑堡，道光初业户吴振利筑，引隆恩圳分流以灌县治附近之田。

**花草林圳**　在竹堑堡，同治间业户金惠成筑，引五指山溪之水以灌花草林庄之田。

**藤寮坑圳**　在竹堑堡，同治间业户钱朝拔筑，引五指山溪之水以灌新庄仔庄之田。

**九层头圳**　源出油罗溪，道光间业户刘万政筑。

**谋人崎圳**　源出油罗溪，道光间业户徐元官筑。

**猴毫圳**　源出油罗溪，道光间业户刘万政筑。

**坪林圳**　源出花草林溪，嘉庆间业户金惠成筑。而树杞林圳、鸡油林圳亦惠成所筑。

**石壁潭圳**　源出油罗溪，咸丰间业户刘阿成重修。

**高枧圳**　源出石壁潭。

**九芎林圳**　源出九芎林溪，道光初业户姜胜祉筑，灌田四百余甲。又五块厝圳，亦胜祉所筑。

**顶员山圳**　源出树杞林溪，道光初业户陈彻筑。

**下员山圳**　源出树杞林溪，乾隆间新社番通事某筑。

**七份仔圳**　源出九芎林溪。

**麻园圳**　源出九芎林溪。

**隘口圳**　源出九芎林溪。

**六张犁圳**　源出九芎林溪，乾隆间业户林先坤筑，以灌六张犁等庄田一百六十余甲。

**泉兴圳**　在麻园堵庄后，引隆恩圳之水以溉。嘉庆间业户林泉兴所筑，未成而款绌，何胜成之，故亦名何胜圳。

**二十张犁圳**　源出九甲埔溪，灌田百余甲。

**新陂圳**　源出九芎林溪，乾隆间新社番筑。

**翁厝圳**　源出九芎林溪，业户翁氏筑，灌田一百二十余甲。

**乌瓦窑圳** 源出金门厝溪，业户金永和筑。

**土地公埔圳** 源出新埔溪，灌田百余甲。

**涂沟仔圳** 源出隙仔溪。

**南埔圳** 源出五指山，道光间垦户金广福筑。又南埔溪底圳、北埔嵌下圳、中兴庄圳，均其所筑。

**月眉圳** 源出五指山。

**隆恩圳** 在竹南堡，源出内湾溪，乾隆间业户陈晓理、林耳顺等合筑，灌田一千一百余甲。

**番佃圳** 源出头份溪北岸，灌田四百余甲。

**南庄圳** 源出大东河溪，光绪初业户黄流民筑。又田尾圳、南埔圳，亦其所筑。

**三湾圳** 源出南庄溪，咸丰九年，业户徐昌赞筑。又腰堵角圳，亦其所筑。

**内湾圳** 源出二湾溪，咸丰七年，庄民合筑。

**牛栏堵圳** 源出内湾溪，咸丰四年，业户林梅二筑。

**茄苳坑圳** 源出内湾溪，道光间业户徐九二筑，灌田一百五十余甲。

**水流潭圳** 源出头份溪，道光间业户刘焕文筑。

**咸菜瓮嵌上圳** 在竹北堡。又有嵌下圳。

**蛤子窟圳** 源出咸菜瓮溪，道光间筑。

**石冈子圳** 源出咸菜瓮溪，灌田百余甲。

**水汴头圳** 源出咸菜瓮溪，嘉庆间筑。

**新埔圳** 源出咸菜瓮溪，乾隆间筑。

**四只厝圳** 源出霄里溪，道光十八年，业户林坤筑。

**枋寮圳** 源出霄里溪，乾隆间筑，灌田二百余甲。

**猫儿锭圳** 源出凤山崎溪，乾隆十二年，业户合筑。

**菁埔圳** 源出三脚寮溪，垦户徐国华筑。

**三七圳** 在竹北堡大溪溽南岸。乾隆八年，垦户曾昆茂筑。分灌大竹围庄田七百甲，又灌隘口寮等庄田三百甲，故称三七圳。

## 宜兰县

**陂头圳**　在珍珠里简社，源出罗东。

**冬瓜山圳**　源由山脚大陂。

**武荖坑圳**　源出西畔溪，以灌南兴、广福等庄之田。

**马赛圳**　源出武荖溪。

**金大成圳**　业户合筑，源出浊水溪，长二千余丈，分灌三阄二、四阄二等庄之田九百余甲。

**罗东北门圳**　业户合筑，引罗东西北之水灌四百余甲。又有南门圳，亦灌溪州庄田。

**万长春圳**　业户合筑，引鹿埔溪之水灌田千甲。

**大湖圳**　源出大湖山麓之陂。

**四阄二结圳**　源出梅州围山，灌田二百余甲。

**豆仔罕圳**　源出西势大溪。

**四围圳**　源由大陂。

**三十九结圳**　源出四围山麓之水。

**三围圳**　源出三围山麓之水。

# 卷二十八

## 台灣通史

### 虞衡志

连横曰：天下之富，在于土著；生殖之源，出于庶物。是故天不爱其时，地不爱其宝，人不爱其力，则国可以强，而家可以给。昔者太公治齐，官山府海，管仲因之，齐以称霸。台湾为南海之国，天时温煦，地性膏腴，兼之以山林之饶，薮泽之富，金石之美，渔盐之利，羽毛齿革之丰，飞潜动植之庶，取之无涯，用之不竭，是造物者之无尽藏也。而土番据之，岛夷攘之。洪维我先民，渡大海，入荒陬，以拓殖斯土，为子孙立万年之业，厥功伟矣！古者虞衡设官，以作山泽之材。《周礼》职方氏相天下物土之宜，蕃九谷，别六畜，所以裁成辅相，俾上下草木鸟兽咸若也。后王失道，赋敛不时，而山泽之利涸矣。甚者与民争利，搜粟摸金，以肥其上。间阎凋敝，琐尾流离，漠然而不顾者，吁！可伤已。台湾为天府之国，蓄积丰，人民庶，加以无数年水旱兵燹之灾，其为道易兴，而为治易平也。是篇所载，多属天然之物，其大者则著于农工、榷卖诸志，非所以博异怀奇也，经之营之，用启我后。

## 草之属

台湾之草，多至五千余种。原隰丘谷，茂育丛生。旧志所载，半属土名，《山经》之所不记，岐伯之所未尝，猗欤盛矣！是篇特举其有用及为药材者列之。

**茅** 野生，乡人取以盖屋，为用极大。

蔺　大甲种以织席，极柔韧。
蒲　俗称咸草，以织席。
艾　为药。
蘋
萍
藻
藜　叶嫩可食，干老为杖。
簟　类多，皆有毒，唯雨后生于竹下者曰竹菰，清早采之，煮食味美，过午则虫生。
茯苓　蔓生，产于松林之下，集集最多，有重至三四十斤。
蓖麻　子可榨油，用极广。
香茅　味香，可制香水。
仙草　高五六尺，晒干，以水熬之成冻，色黑，和糖饮之，解暑，夏时销用甚多。
通草　野生甚多，截取其心，切为薄片以制花，可染五色，并销外省。
风草　春初生叶，农人以验飓风。
茜草　用以染色。
烟草　内山野生，近亦有种之者，味浓。
姜黄　叶如姜，花白，成茎状，若鸡毛掸，根可染黄。安邑之噍吧哞一带野生甚多，配销外洋。
芊蓁　叶大如茅，取干张壁，历久不朽。
泽兰　为药。
菖蒲　为药。端午插于门上，谓可辟邪。
紫苏
薄荷
木通
沙参

**香附**

**自麹草** 取以制麹酿酒。

**鼠麹草** 制粿用之。

**龙舌草** 俗称露荟,叶长径尺,厚约半寸,旁有刺,状如舌。人家种之,其浆极黏,取以润发,无异膏泽。

**书带草** 或称七弦草。叶色微绿,如稻秧,上有白纹七画,至冬则变红,花若兰。或云藏之书中,可以辟蠹。

**含羞草** 高四五寸,叶如槐,以指挠之,则含垂。花黄而小。

**车前子** 即芣苢,俗称五根草。婴儿产后,榨汁和蜜饮之,以祛胎毒。

**夏枯草** 冬生夏枯,为药。

**虎耳草** 治耳疾。

**金银花** 可解毒。

**鸡舌红** 叶红如鸡舌。

**珍珠红** 叶小,花红如珠,人家种之。治喉疾。

**金石斛** 内山野生颇多。

**金线莲** 叶如新荷,上有金纹,治伤暑。埔里社山中野生颇多。

**仙人掌** 叶大如掌,色绿,乳毒,入眼每致失明。

**凤尾草**

**天门冬** 中路近山野生较多,有用以制蜜饯。

**麦门冬**

**蒲公英**

**益母草**

**马尾丝** 生于湿地,以根擦蛇伤,立愈。

**羊角草**

**木贼草** 为药,并以拭铜木诸器。

**金锁匙** 治疳。

**一枝香** 一名马蹄金。

叶下红　一名消息草。

万年松　时如松而小，曝干，渍水复青，可治腹痛。

醎酸草　治喉痛。

蚶壳草　治痧。

猪母草　治瘵。

曼陀花　善醉，人服之至狂，然其叶以汤泡之敷痈，可愈。

苍耳子

白蒺藜

天南星

九层塔　治打伤。

鸭嘴黄　一名定经草，可以调经。

鸡屎藤　治风。

水烛草　生池沼中，叶如蒲，花若烛，可治刀伤。

羊甘草　可治黄疸。

姑婆草　治毒。

马鞍藤　治痈。

## 木之属

台湾处热带之地，林木之多，指不胜数。崇山大岳，峻极于天。海拔至万二三千尺，如玉山者。常年积雪，佳木挺生，故凡寒带温带之木，莫不兼备，信乎天然之宝藏也。然自百数十年，林政不修，斧斤滥伐，郊鄙之地，芟夷尽矣。而东望内山，苍苍郁郁，气象万千，犹足以兴巨利。往者英人瑞讽来游南北，曾撰《台湾植物志》，以为森林之富，得未曾有，且多有用之材。余亦好游，数入番界，跋涉溪谷，佳树茂林，每为考究，故得略知梗概。是篇所载，多属目逢，参以群书，表其作用，较之旧志，精粗见矣。

桑　有家桑、野桑，实红可食，皮以作药，曰桑白。

樟　台产甚多，有两种：香樟以熬脑，臭樟以作船材器具。

桧　阿里山最多，有大至四五围者，建屋作器，为用极宏。

榕　各地俱有，叶极密，有荫至四五亩者，乳可为胶。

松　内山极多，子可食。

柏　内山亦多。又有扁柏，以叶为药。

杉　内山亦多。别有油杉、红杉，材尤坚致。

楠　有香楠、奇楠、臭楠、石楠等种，为用极广。又有虎皮楠，皮若虎文。

梓　俗称大中黄，埔里社较多，制器特佳，色润如象牙。

柳　有水柳、垂柳数种。

桱　即丝柳，叶如丝而绿，植于庭畔，袅袅可人。

杨

楝　俗称苦楝，以子苦也。晚春开花，朵小色绛，一穗数十朵，植之易长，材可制器。

楮　俗称鹿好树，以鹿好食之。皮以制纸。

朴　木可作器。叶粗而利，以拭铜锡，极光。

枫　木可作器。又有青枫、石枫。叶皆五出，入秋变红。

槐

榆　俗称白叶树。

棕　皮以索绹。

椅　叶如桐而小，阿里山及红头屿较多。

柃　俗称油叶茶。

檬　俗称杆仔皮，木可造车。

桐　有梧桐、白桐等种，又有油桐，产于台、嘉二邑山内。子特大，可以榨油。

榉　俗称鸡油树，有数种，木质极佳，可为车辆。

**柯** 新竹较多，木坚，以作斧柄。又有水柯，皮为染料。

**杜** 叶如蒲荆，干直径大至三四尺，木心暗赪。

**椿** 干高，叶为药。

**菻荼** 一作林投，番语。台南以南，野生极多。树高及丈，直干无枝，叶簇生，长四五尺，刺利，列如锯齿。擘叶为丝，可用。结实若凤梨，不可食。子如金铃。年久木坚，有文理，可作碗箸、歌板、月琴诸器。根可织屦。

**山杉** 即竹柏木之最佳者，色泽若象牙，作器最美。

**石柳** 生长甚缓，材极美，色若象牙。

**乌桕** 台北较多。晚秋之时叶变红色。材可作器，子可榨油，又可制蜡。

**埔柿** 树如柿，无实。

**山荔** 树如荔，无实。

**梢楠** 叶似松，或称黄肉树，材极坚美。

**茄苳** 树大，木色黑，极坚致，制器难朽，叶可为药。

**木绵** 俗称斑栀，以花红也。实可为棉。安、嘉二邑内山野生甚多。

**厚栗** 或作校力。质坚，可为栋梁。

**水松** 性好近水，皮湿，厚如棉，枝乔而上勾，叶碎披粉。

**铁树** 干黑，叶尖而梗，不易开花。故台人有铁树开花之谚，几于俟河之清也。

**榔榔** 干直无叶，枝可为帚。

**石柃** 木极坚致。

**山漆** 别有水漆，生海泥中。叶有粗毛，触之肿痛，或名咬人狗。

**刺桐** 似桐有刺，台南郡城未建之时植，以为藩。

**蒲荆** 即蔓荆，叶如杨，易长。

**肉桂** 树皮如桂，有油，味香。

**鸟松** 即赤榕。叶较榕而大，初生之时，苞含如笔，新叶鲜红。

**茄苳**　生海滨，木可为薪，皮色赭，以染网。安邑有茄苳庄。

**薯榔**　产于内山，根如薯，色赭，染布。

**枸杞**　嫩叶为蔬，子为药。

**破布子**　叶如桐而小，秋初结实，若楝子，以盐渍食，味甘。

**黄目树**　即无患树。高二三丈，实如枇杷，色黄，皮绉，用以浣衣，浆若肥皂。

**百日青**　即罗汉松。采伐之后，而皮仍青，以制几榻，甚佳。

**烂心木**　质极坚，唯心空如腐，故名。

**相思树**　叶如杨，木坚，花黄，结实若红豆，左思《吴都赋》载之。台湾最多，近山皆种之，用以烧炭。

**八角树**　木质坚致，皮可染黄，实曰八角，味香，为药。

**乌心石**　叶如夜合花，若含笑，质坚如石，而色暗黄，制器特佳。

**红厚壳**　质极坚致，可造舟车。恒春沿海有产。

**红淡树**　叶如榕，木可作器。基隆较多，有地曰红淡林。

**红豆树**　即相思子，俗称鸡母真珠。子鲜红可爱，或言有毒。土番用以妆饰。叶可做茶。

**金刚篆**　俗称火秧。巨干直立，为三角形。棱有刺，叶小，花黄亦小，乳极毒。植为篱落，牛羊不敢越。又有一种大者，曰奇楠，以其久能结，香味如奇楠也。

**绿珊瑚**　枝干如珊瑚，折之有乳，甚毒，植为篱落。

**苦林盘**　生于海岸，可以防风制水，亦可为药。煎叶洗之，以祛湿毒。

**海茄苳**　台南沿海有产。

**土沈香**　花白五瓣，子黄如豆大，根香。《赤嵌笔谈》谓：打鼓山有香木，色类沈香，味尤烈，不知何香，人不知贵。闻昔年有苏州客商能辨，载数十担，后有某官作为杖。今所存碎木，有为扇器者。

**金龟树**　以金龟多宿之，故名。

**山胡椒** 实小而香，北番取以为盐。

**馒头树** 干如梧桐，但不直耸，春夏开花，朵小色绿，一穗三四十朵。

**番豆树** 树大如槐，结实有荚，肉白可食，或称刺豆。

## 竹之属

**刺竹** 土产，各地俱有。高至四五丈，节有刺，如鹰爪，质坚难朽。乡村皆环植之，险不可越。郡城未建之前，亦种此竹，以为卫。筑屋制器，多用其材。唯笋苦，不可食。凡种竹，以五月八日植之则活，谓之竹醉日。

**绿竹** 台南尤多。每簇数竿，叶大无刺，笋极甘脆，夏秋盛出。

**麻竹** 高如刺竹，叶干俱大，林圯埔产者尤巨，用以缚筏。切笋曝干，味极酸美，销售外省。

**笙竹** 径大二尺，高至四丈。

**黑竹** 干黑，大如指，产于嘉义山中，以制几榻。

**红竹** 高数尺，叶大而红，干可为丈，亦有绿者，植之庭中，开花成穗。

**石竹** 大如笙竹，以作器具。

**棕竹** 淡水有产，皮似棕，节密，高四五尺。

**芦竹** 即芦。产于水滨，笋可食。

**斑竹** 产于嘉义。皮有斑点，以制箫管床几。

**白竹** 《诸罗县志》谓诸罗有产，今未见。

**黄竹** 高不及丈，干黄，产于台邑之黄竹坑、北坑沟一带，笋极佳。

**猫儿竹** 嘉、云二邑所产较多，冬时生笋，曰冬笋，味美。

长枝竹　高二三丈，节长一尺余，以制几榻。
空涵竹　产山中，高二丈许，径二三寸，无旁枝。
观音竹　高不及丈，干细叶小，植以为篱，密绿可爱。
珠篱竹　一名篓篱竹。高丈许，大如指，用以编篱。
金丝竹　一名箭竹，大如小指，质韧，土番用以为箭。
七弦竹　高及丈，干白，有青纹六七。
人面竹　嘉义有产，高四五尺，节密，状如人面。

## 藤之属

水藤　内山野生甚多。一茎长数十丈，以制椅榻诸器，利用极广。
风藤　状与藤异，似木通，浸酒服之，可治风疾。
黄藤　为药，可治腹痛。
钩藤　为药，一茎双钩者尤佳。
鱼藤　叶并生，性毒，服之死。乡人用以毒鱼。
乳藤　叶如扶留藤，折其茎则流乳，花淡黄，有香。
蒌藤　即扶留藤，以叶与槟榔子合食。
紫藤　种出中国，花美。
三叶藤　生长甚速，花三瓣若叶，色绛，中有黄心。

## 花之属

梅　台湾地热，嘉义以北较多，而台南颇少。延平郡王祠有古梅一株，相传为王手植，十月即花。先是，台南府署之右有鸿指园，为承天府署之内，此梅则在其中，枝干槎枒，必为郑氏遗物。光绪初年建祠之时，乃移于此，至今宝之。

**桃** 有重瓣、单瓣数种。

**李** 嘉、彰二邑甚多。

**樱** 淡水竹仔湖及埔里社内山野生颇多。

**桂** 有月桂、丹桂两种。

**杏** 淡水及埔里社内山野生颇多，有红白二种。

**牡丹** 每年自上海移种，花后即萎。

**夜合** 各地俱有。

**仙丹** 有丹、白二种。

**木槿** 白者，台人称为水锦。

**佛桑** 一名扶桑。有红、黄、殷数种。

**紫荆** 白者台人称为九荸，木坚，可作器。

**山茶** 有红、白、八宝、八角数种，彰化最多。

**玉兰** 种自广东，传入未久。树高数丈，花白若兰，味极清芬。

**木笔** 即辛夷。

**栀子** 重瓣者为玉楼春，台南北种之，春季盛开，采以熏茶，子可染色，台北谓之蝉薄。

**木兰** 一名树兰。高数丈，叶如山矾，花小而黄，一穗数十朵，味香若兰，台南用以熏茶。

**木莲** 产于内山，花大若莲。

**蔷薇** 种多，有野蔷薇。花白而小，台人称为刺仔花，剧其根做茶。

**玫瑰** 为蔷薇之类，味尤香，花可点茶。

**长春** 亦蔷薇之类，花较小，四时不绝。

**唐棣** 花如李，色红，春时满树皆花。

**频桐** 花如仙丹，有艳，色极红，亦有白者，五月盛开，俗称龙船花。

**杜鹃** 鸡笼山上野生颇多，开时如火。

**木香**　花如茉莉，香烈。

**海棠**　台湾地热，花开较小。淡水之三貂岭有秋海棠，甚多，俗称山海棠，花红干绿。

**含笑**　台南最多。

**贝多罗**　种自西域，俗称番花。树高二三丈，叶长及尺，花白六出，心黄，味极香，可以辟蠹。

**七里香**　即山矾，花白香烈。

**木芙蓉**　俗称九头芙蓉，或称红霜降花。

**番胡蝶**　花似蝶，有髭，中红外黄，一茎数蕊，四时长开。旧志以为台产。

**夹竹桃**　有红、白二种。

**指甲花**　一名水木樨。花白，小于丁香，捣叶以染指甲，色极鲜红。

**马缨花**　花如马缨，淡水较多。

**刺球花**　高数尺，有刺，植为篱落，秋冬开黄花，细攒如绒，台人称为消息花。可制香水，结实如豆荚，根可染绛。或名番苏木。

**虎子花**　花黄，髭长，状若虎首。

**山踯躅**　花较杜鹃而小，色红，苗栗山中野生极多。

**马蹄花**　叶如栀子，花白味香。

**红蜡花**　种出西域。干多刺，折之有乳，花红如海棠。

**山芙蓉**　叶细，花黄，味香极烈，九月盛开。

**山茱萸**　野生。

## 卉之属

**兰**　一茎一花者为兰，一茎数花者为蕙。台地蕙多兰少，或传自福建。内山野生者,香较逊,唯淡水观音山产者为佳。

**菊** 种有数十。台南较暖,自秋徂春,花开不绝,故有荷花献岁菊迎年之诗。又有万寿菊,味劣。

**荷** 清明则开,秋晚始谢。有午时莲,种盆中,花小如钱,至午始开,过时则萎。

**葵** 有大、小二种。

**水仙** 每年自漳州移种,花后即萎。

**芍药** 台湾少种之者。

**昙花** 种出西域。有红、白二种,白者,台人称为隐水蕉。

**兰蕉** 或称莲蕉。叶如蕉而花若兰,有红、黄二种。

**月桃** 叶如兰蕉而大,取以裹粽。花白若桃,一茎十数朵。

**绣球** 花白,团簇如球。

**喷雪** 花小如雪。

**鹿葱** 即萱花,一名宜男草。单瓣者为金簪花,可佐食。

**茉莉** 一名抹丽。有单瓣、重瓣两种,花开四季,夏时尤盛。淡水种以熏茶,每甲可收益千金。又有番抹莉,木本,花大如菊,香逊。

**素馨** 俗称四英,花开四季,淡水种以熏茶。

**凤仙** 有红、白二种,红者捣染指甲。

**石竹** 俗称锦竹。

**剪绒** 即剪秋罗。

**瑞香** 蔓生,花微绿,有尖瓣、圆瓣二种。

**荼蘼**

**燕支** 色有数种,向晚始开,结实、弃皮可以制粉。

**玉簪** 叶如萱草。

**罂粟** 种自印度。花有数色,结实之时,割取其浆,以为阿片。子细如黍,可食,壳可为药。光绪间,嘉、彰二邑有种之者。兵备道刘璈亦禀总督,请准民间自种,以塞漏卮,唯风味不及印度尔。

**兔丝**　野生，俗称烛仔花。

**玉葱**　叶如韭，一茎一花，有红、白两种，雨后盛开。

**百合**　台北有产，仅用为药。

**珍珠兰**　俗称鸡爪兰，花如金粟，味若兰。

**胡蝶兰**　产于恒春山中，寄生枯木。一本五六叶，春秋开花，一茎多至十数蕊，花白状若胡蝶。为热带植物，他处不见。移植室内，根不着土，但洒以水。

**鹤顶兰**　产于嘉义山中。叶大如初种槟榔，一茎十数花，状若兰，瓣有红点，如鹤顶，故名。

**百子兰**　种出南洋，传入未久。叶长二尺，环簇而生，利能御人，中心吐茎，高至三四尺，着花百数十蕊，花白，若兰较大，惜无香。

**鹰爪兰**　蔓生，叶如菩提，向晚始开。花五六瓣，色微黄，状若兰，而香更烈，枝干有刺，若鹰爪，故名。结子如橄榄，数十成团。台人植为篱落，高不可越。

**倒垂兰**　干如火秧，附墙而生，入夜始开，花白如莲，自上倒垂，采置瓶中，插以烛，可为灯。

**晚香玉**　一名月下香。种出西域，有单瓣、重瓣二种。

**西番莲**　一名天竺牡丹。种出印度，传入未久。花如菊，有十数种。播子插枝，皆可发生。

**夜来香**　蔓生，花微黄，小若丁香，一穗数十朵，入夜极香。

**子午花**　一名金钱花，种出毗尸沙国。午开子落。

**美人蕉**　似蕉而小，花红若莲。

**鸡冠花**　有高、低、红、白各种。

**胡蝶花**　一名金茎花。叶长如蒲，花黄若蝶，有红点，有髯。台人以根为药。

**日日春**　花五瓣，有大红、浅红、粉白三种，长开不绝。

**水鸳鸯**　生于水上，叶略圆，花作绛色，一茎十数朵，浮游池沼，生长甚速。

**一丈红** 有红、白两种。

**老来娇** 一名雁来红。

## 畜之属

**牛** 有水牛、黄牛两种。耕田挽车,均借其力。唯水牛力大,一只可载千斤,黄牛不及。荷兰之时,南北各设牛头司,放牧生息。归清以后,尚多野牛,千百成群,擒而驯之。后开辟日广,野牛渐减。清律禁屠牛,唯祀典始宰之。乡村货牛之处,曰墟,定日一开。

**马** 台产较少,悉自北省移入,为军营之用。

**羊** 黑色毛短,为中国传入,农家畜之,放牧山野。

**豚** 饲畜最多,滋长亦速。牝牡悉阉之,有重至四五百斤者。

**犬** 有家犬、猎犬,又有洋犬。通商以后,始自外国传入。

**鸡** 有土产,有外种。又有火鸡,传自外国。

**鸭** 有田鸭,传自福建。番鸭为土产。又有土番鸭,则两种合生者。道光中,始传人工孵化之法,故滋育甚盛。

**鹅** 有白、黑两种。

## 禽之属

**鹫** 似鹰而大,展其翼,长可三四尺。

**鹰** 每年清明,有鹰成群自南而北,至大甲溪畔铁砧山,聚哭极哀，彰人称为南路鹰。

莺

鹊　乡人以鹊巢之高低，验暴风之有无。

鸠　有火鸠，又有羽绿喙红者曰金鸠，而白鸠澎湖为多，能知更。

鸽　有家鸽，俗称粉鸟，野鸽俗曰斑鸽。

雀　巢于檐下，俗称粟鸟。

莺

燕

雉

鸥　俗称水鸭。

鹭

凫

鹚

鸦

鸱　俗称猫头鸟，昼昧夜明，好食鸟。

鹡鸰

鸺鹠

鸰鸽　或作迦陵。色黑如鹊，产于台南，畜之驯，能学人言，则鹦鸰也。

画眉　善鸣，畜之以斗。

鹌鹑　畜之以斗。

竹鸡　似鸡而小。

莘雀　似雀而小，鸣声唧唧，饲之甚驯，能自来去。

布谷

乌鹙　形如鸰鸽，喙利，尾长，飞疾，恶鸟不敢近。

翡翠　俗称钓鱼翁。

鸳鸯

练雀　俗称长尾三娘。翠翼朱喙，光彩照人。

## 卷二十八 虞衡志

**鶒鶒** 土番出草，闻声则返。

**鸹鹤** 俗称食蛇鸟，似鹤而小，羽色淡红。

**海鹅** 俗称南风鷖，翎可作箭。

**孔雀** 来自越南，人家有畜之者。

**鹦鹉** 来自香港，人家有畜之者。

**信天翁** 彭佳屿最多。

**海鸡母** 产海屿中，色黑，脚绿，比鸡较大。

**白头翁**

**倒挂鸟** 种出吕宋，足短爪长。

## 兽之属

**鹿** 台产者有斑，称梅花鹿。荷兰以来，鹿脯、鹿皮为出口之货，至今渐少。人家亦有畜者，岁取其茸。

**麈** 似鹿而大。

**麙** 似鹿而小。

**豹** 俗称石虎。

**熊** 产于内山。

**兔** 有白、黑、赤三种。人家饲之，以食其肉。

**鼠** 有家鼠、田鼠、飞鼠、钱鼠。又有白鼠，身长寸余，眼红若朱，人家以厨饲之，厨内置一钟轮，旁置一钟，鼠在轮中旋转，则钟自鸣。别有大者，长及尺，种自粤东，然不能转轮。

**猫** 有家猫、野猫、菓子猫。

**獭** 产于溪傍。

**猴** 种多。亦有白猴。

**山猪** 毛粗，牙锐，能噬人，重至三四百斤。猎人以铳毙之。

**山羊** 沿山多有。

## 虫之属

**蜂** 有蜜蜂，人家畜以取蜜。有野蜂、竹蜂、黑蜂。又有虎头蜂，巢如虎首，体大刺毒，伤人较剧。

**蚁** 有赤者、黄者、黑者。又有白蚁，生于湿处，一巢数万匹，栋宇器物，每被损蚀，为害颇烈。

**蝶** 种极多，埔里社最盛，有大如蝙蝠者。

**蝉**

**蜩** 俗称红蒲齐，即燕人所谓齐了者也。

**螗** 似蝉而大，色灰。俗称吉黎，谓其声也。

**蛇** 种多。曰山辣，长至丈余，能食鼠。曰草花，长一二尺，俱不伤人。曰龟壳，花背如龟纹。曰饭匙倩，头扁如饭匙，见人则昂首逐之。曰青竹丝，长一二尺，色青如竹。曰百步癀，最毒。曰雨伞节。

**蛙** 俗称水鸡，有两种。

**蚊**

**恙** 极小，生于草中，人如被啮，则发热。

**蚤**

**蝇**

**萤**

**蛾**

**蠹**

**树蛤** 似蛙而小，色青，产于树上。又有生于田中者，曰田蛤。

**蟋蟀**

**梭鸡** 俗称灶鸡。

**螽斯**

**螳螂**

**蜈蛉**

**蜾蠃** 俗称鸳鸯蜂。

**蜘蛛**

**蛸蟏**

**蜻蜓**

**蜈蚣**

**蜥蜴** 似蛇，身扁，有四足，长及尺，俗称四脚蛇。《说文》："在草曰蜥蜴，在壁曰蝘蜓。"

**蝘蜓** 即守宫，俗称神虫。入夜能鸣，其声似雀。唯南过下淡水溪，北越大甲溪，西渡澎湖，则不鸣。

**蚯蚓**

**蝇虎**

**蟾虫** 生于橱中，矢可为药，曰蟾虫沙。

**水蛭** 俗称蜞蚑，误食者，饮醋可化。又有树蛭，生木上。

**蛣蜣**

**土猴** 形如蟋蟀，身肥，髭短而色白，炸油可食。

**蔗龟** 生于蔗中，炸油可食。

**蜂虎**

**蜉蝣**

**毛虫**

**金龟** 状如龟，色绿而光，六足，有翼能飞，生于树上。

**虾蟆** 俗称蟑蟧。

**蝙蝠** 俗称蜜婆。巢于古屋，台南郡治赤嵌楼井中最多。又有巢于树上者，以爪倒挂树枝，俗称倒吊连，嗜食果实。

## 鱼之属

台湾四面环海，热潮所经，鱼类之多，不可计数。而有咸水、淡水之分。淡水者生于溪涧，或畜池沼，而咸水则取诸海者也。捕鱼之器，有网有罟，有缯有罖，有维有箔，乌鱼旎者亦谓之藏。每岁捕鱼之时，向官给发，曩皆有税。光绪三年，巡抚丁日昌乃奏除之，民以为惠。塭者，筑隄海滨以养鱼者也，曩亦有税。十四年，清丈之后，乃降于下则之园，而第为天地人三等。台南沿海素以畜鱼为业，其鱼为麻萨末，番语也。或曰，延平入台之时，泊舟安平，始见此鱼，故又名国姓鱼云。郡治水仙宫之前，积水汪洋，帆樯上下，古所谓安平晚渡者，则台江也。自道光以来，流沙日积。淤蓄不行，人民给以为塭，税轻利重，继起经营。其大者广百数十甲，区分沟画，以资蓄泄。至今台江之迹，仅见港道一条，以通安平而已。夫养鱼之业，起于台南，南自凤山，北至嘉义，莫不以此为务。信乎天时之所赐，而地利之所兴也。澎湖群岛错立，以海为田，岁之凶稔，视鱼丰啬，故其民衣食之源，皆资于此。然捕鱼之法，尚未启明，苟能研求其理，精良其器，以从事海国，尤为无疆之利。唯台湾之鱼，多属土名，兹特列其雅驯者；其不详者，乃以土名释之。

**鲳** 有黑、白二种。

**鳜**

**鲈**

**鲥**

**鳗**

**鲨** 有十余种，大者至千余斤，肉粗而翅极美，销售外省。东港、澎湖所产较多。

**鲸** 俗称海翁。重万斤，舟小不能捕。时有随流而入，毙于海噬者，渔人仅取其油。

**魟** 有十种，锦魟身圆，有花点，大者三四百斤。

**鯈** 长约寸余，色白。

**鯏** 比鯈尤小，色纯白，刺弱。或名饲儿饭，以孩提食之，毋忧骨硬也。

**鯿** 身薄，晒干炸之，味尤香美，凤邑较多。

**鮀魠** 为海鱼之最佳者，重十余斤。皮润微黑，身无鳞刺，仅一脊骨，骨亦脆。肉美味甘，作脍尤好。每冬初则至，晚春始稀。然唯台南澎湖有之，他处未见。或曰，延平入台之后，某都督以此鱼进，因不识其名，故锡为都督鱼，台音与鮀魠相似。

**乌鱼** 即《本草》之鲻。有江鲻、河鲻二种。台南六七月间，埠中所饲者上市，长及尺，无卵，味腥，则江鲻也。故老多言乌鱼产于黄河，避寒而来，则河鲻矣。每年冬至前十日，则至安平，味美，卵肥，谓之正头乌。自是而南，至于恒春之枫港生卵，至后而来，则瘦而味劣，谓之回头乌。过是则不见矣，故又名曰信鱼，谓其来去不爽也。各港俱有，唯安平、东港最多，每来时团结海中，高出水面，渔者以篙击散，方可下网，一举辄数千尾。乌鱼之卵，结为一胎，略分为二，长及尺，重十余两，渍盐曝干，以石压之至坚，可久藏。食时濡酒，文火烤之，皮起细胞，不可过焦，切为薄片，味极甘香，为台南之珍馐。

**敏鱼** 俗称鮸鱼。春冬盛出，重二十余斤。台南以鱼和青橄煮之，味极酸美。

**虎鱼** 状如虎头，巨口无鳞，长不盈尺，肉嫩而美。

**飞乌** 状如江鲻，有翅能飞。

**海鲤** 俗称红膏鲤。

**赤鯮** 色红，如海鲤而大，春夏盛出，基隆最多。

**银鱼**

**黄鱼**

**魷鱼**

**鮡鱼** 生海滨泥中，长三四寸，色黑，善跳。俗称花鮡，以身有白点也。

**花鲮** 身有花点。

**独鱼** 大如掌，皮粗，晒干可磨木器。

**乌鲗** 俗称木贼，一名黑鱼。

**鰇鱼** 状如黑鱼，而身长瘦，曝干味美。又有小者曰小卷，基隆较多。

**章鱼** 状如乌鲗而大，澎湖较多。

**沙蚕** 生海泥中，状如蚕，晒干炸油，味美。

**沙梭** 状如梭。

**马鲛** 状如鮀魠，略小，味逊。

**金精** 细鳞花点。

**秋姑**

**三爵** 身薄小，多刺。

**金钱** 状如花鲮，体薄多刺。

**花身**

**旗鱼** 色黑，背翅如旗，鼻一长刺，大者二三尺，极坚利，重至六七百斤，泳水如飞。

**蜈鱼** 俗称海竖，首如豕，大至千余斤，尝于水面跃起，高及丈余，喷水如雪。

**魟鱼** 状如章鱼，八足中有一足极长，腹大，无骨。

**海参** 小琉球花莲港有产。

**水母**

**海豚** 肝脏有毒，食之致死。

**鱼虎** 俗称刺鲩，体圆口小，遍身有刺，毒不可食，唯张其皮为灯。

**海龙** 产于澎湖。首尾似龙，无足，长及尺，冬日双跃海滩。以之入药，功倍海马。

**海马** 亦产澎湖，状如马，颈有鬃，四翅。渔人网之，以为不祥。

**麻萨末** 清明之时，至鹿耳门网取鱼苗，极小，仅见白点，饲于塭中。稍长，乃放之大塭，食以豚矢。或塭先曝干，下茶粕，乃入水，俾之生苔，则鱼食之易大。至夏秋间，长约一尺，可取卖。入冬而止，小者畜之，明年较早上市，肉幼味美。台南沿海均畜此鱼，而盐田所饲者尤佳。然鱼苗虽取之鹿耳门，而海中未见，嘉义以北无饲者，可谓台南之特产，而渔业之大利也。

**比目鱼** 俗称贴沙。味美，状如鳊，上黑下白，唯身较狭长。

**龙舌鱼** 状如舌。

**白带鱼** 亦名裙带鱼，无鳞。

**铁甲鱼** 鳞硬如甲，去皮方可食。

**狗母鱼** 长尺余，多刺，与酱瓜煮之，汤极甘美。

**鹦哥鱼** 状如鲤，色绿，嘴尖曲，故名。

**狮刀鱼** 状如长刀，无鳞多刺，然味美。

**三牙鱼** 色微黄，有三齿。

**田鸽鱼** 体圆。

**梳齿鱼** 色黑花点，齿如梳，肚有毒，食之立死。

**龙尖鱼** 澎湖多产，晒干尤美。

**乌鲗鱼**

**石首鱼**

**亦海鱼** 色红。

**安美鱼** 细鳞味美。

**交网鱼**

**归秉鱼**

**牛尾鱼** 状如牛尾。

**五色鱼** 产于基隆海中。（以上咸水）

**鲤** 俗称鲯。有红、黑二种，饲于池沼。

**鲫** 产于溪中，或饲于沼，仲春最肥。

**鲢** 每岁自江西购入鱼苗，饲于池沼。

**鲤** 饲于池沼。

**鲈** 海产者尤大。

**鳜** 俗称国姓鱼，亦曰香鱼。产于台北溪中，而大料坎尤佳。

**鳗** 咸水亦有，别有芦鳗。产内山溪中，专食芦茅，径大及尺，重至数十斤，力强味美。

**鳝** 即鲜。台俗凡持观音斋者禁食之。

**草鱼** 饲于池沼。

**金鱼** 畜于池中。

**斗鱼** 俗称三斑，产于溪沼，状如指，长二三寸，红绿相间，尾鲜红，有黄点，性善斗。

**涂虱** 头扁身黑，长五六寸，产于溪沼。

**涂鳅** 似鳝而小，多涎，难握。（以上淡水）

## 介之属

介类亦多。沿海一带，多种牡蛎，其壳可以煅灰，为利甚薄。同治九年，英人某曾来打鼓，搜集介类化石，携归其国。惜余学陋，未能研求，然是篇所载，多属有用之物，非泛泛也。

**鼋** 俗称鼊，大者数百斤，渔人得之，不敢杀，好善者购放诸海。

**龟** 产于海上，尤大，俗禁食之。

**鳖** 产于溪涧。

**鼍** 壳坚，可作杓。

**螺** 有香螺、花螺、响螺、肉螺数种，而香螺最美，为海错之佳者。响螺可吹，卖肉者用之。又有珠螺，甚小，产于澎湖，醃食之，味甘美。

## 卷二十八　虞衡志

**蟹**　产于溪者曰毛蟹，产于海者曰沙锥，色黄，壳有两刺，甚锐。曰沙马，色赤，善走。曰大广仙，则拥剑也，一螯特大。曰虎狮蟹，遍体红点。曰青蚶蟹，两螯独大。曰金钱蟹，扁，色略赤。

**蟳**　似蟹而大，亦名螃蟹。膏多者红蟳，无者曰菜蟳。或畜于塭，饲以鸭子，则膏易肥。

**蠘**　状如蟹，壳多白点，螯甚锐。

**蠔**　即牡蛎，种于石者曰石蠔，竹曰竹蠔。

**蚶**　有血蚶、毛蚶数种，产于海滨。

**蛲**　即蜃。

**蛤**　有花蛤。

**蚌**　沿海有产。

**蚬**　沿海有产。

**蛏**　有竹蛏。

**虾**　有龙虾、红虾、草虾、沙虾数种。而龙虾最大，红虾最美。

**九孔**　肉美如螺，其壳九孔，故名。淡水出产颇多，基隆亦有。

**空豸**　产于海滨，甲绝薄。前时一斤值钱数文，近来较少。

**蛤蜊**

**鬼蟹**　状如傀儡。

**瑇瑁**　似龟，产于澎湖。

**虾姑**　似虾而身宽，卵尤美。

**海蜇**

**水龟**　一名龟虱，腌食甚美。

**石螺**　产于溪沼。又生水田者较大，曰田螺，唯大甲之铁砧山沼中所生田螺皆断尾。

**海蒜**　壳似蛤，肉垂三寸余，色白，上有黑点，食之多患腹泻。

**陵鲤**　一名穿山甲。生山谷中，台人食其肉，谓可清毒。甲可为药。

**江瑶柱**　台南有产。

西施舌　打鼓、鹿港所产较多。

夜光贝　产于小琉球屿，可作钮。

寄居虫　如螺而有脚，形似蜘蛛。生固无壳，入空螺中戴以行，触之缩入，以气嘘之乃出。

日月蛭　则蛤类，其壳一红一白，为窗镜。

## 矿之属（附）

金　淡水、台东有产，见《榷卖志》。

银　淡水之瑞芳有产，唯不及金之多。

铜　台东有产，尚未开采。

铁　淡水近山及台邑之火焰山麓有产。

铅

水银

玉　相传玉山之内有玉，然未发见。

石　其类颇多，有火山岩石，有水层岩石。唯质颇粗脆，不合雕琢。故建屋刻碑之石，来自泉州、宁波。而取以煅灰者，利甚广。又淡水观音山之石颇美，可用。

砚石　《彰化县志》谓，东螺溪石，可作砚，色青而玄，质坚而栗。有金沙、银沙、水纹之别，然佳者颇少。

石棉　台东内山有产。

瓦石　《诸罗县志》谓，内山有松石，凿之成片，方广一丈，以代陶瓦，望之天然石室也。按宜兰之苏澳有石，色黑，可为砚盘，亦可作瓦。

文石　产澎湖海滨，有花纹，五色相错，可制玩具。

空青　产于澎湖海中，大如卵，中有清水，可治眼疾。

**海青** 宜兰海滨有产,为海水所结。

**水晶** 《噶玛兰志略》谓,玉山之麓有水晶。

**硵砧** 产于淡水、澎湖海滨,状极离奇,用以筑隄、煅灰。

**硫磺** 产于淡水之北投,见《榷卖志》。

**煤炭** 各地有产,基隆最多,见《榷卖志》。

**煤油** 苗栗及嘉义之十八重溪有产,见《榷卖志》。

**海棉** 澎湖有产。

**珊瑚** 产于澎湖海中,为虫聚处之巢,高或数尺,唯色不纯红。

# 卷二十九

台湾通史

列传一

## 颜思齐、郑芝龙列传

连横曰：台湾固海上荒岛，我先民入而拓之，以长育子姓，至于今是赖。故自开辟以来，我族我宗之衣食于兹者，不知其几何年。而史文零落，硕德无闻，余甚憾之。间尝陟高山，临深谷，揽怀古迹，凭吊兴亡，徘徊而不能去。又尝过诸罗之野，游三界之埔，田夫故老，往往道颜思齐之事。而墓门已圮，宿草莽焉。呜呼！是岂非手拓台湾之壮士也欤！而今何如哉？故余叙列传，以思齐为首，而郑芝龙附焉。

**思齐**，福建海澄人，字振泉。雄健，精武艺。遭宦家之辱，愤杀其仆，逃日本为缝工。数年，家渐富，仗义疏财，众信倚之。天启四年夏，华船多至长崎贸易，有船主杨天生亦福建晋江人，桀黠多智，与思齐相友善。当是时，德川幕府秉政，文恬武嬉；思齐谋起事，天生助之。游说李德、洪升、陈衷纪、郑芝龙等二十有六人，皆豪士也。六月望日，会于思齐所，祷告皇天后土，以次为兄弟。芝龙最少，年十八，才略过人，思齐重之。

**芝龙**，南安石井人，少名一官，字飞黄。父绍祖为泉州太守叶善继吏。芝龙方十岁，常戏投石子，误中太守额，太守擒治之，见其状貌，笑而释焉。居无何，落魄之日本，娶平户士人女田川氏，生成功。

思齐既谋起事，事泄，幕吏将捕之，各驾船逃，及出海，皇皇无所之。衷纪进曰："吾闻台湾为海上荒岛，势控东南，地肥饶可霸。今当先取其地，然后侵略四方，则扶余之业可成也。"从之。航行八日夜，至台湾。入北港，筑寨以居，镇抚土番，分汛所部耕猎。未几而绍祖死，芝龙昆仲多入台，漳泉无业之民亦先后至，凡三千余人。

五年秋九月，思齐率健儿入诸罗山打猎，欢饮大醉，伤寒病数日笃，召芝龙诸人而告曰："不佞与公等共事二载，本期建立功业，扬中国声名。今壮志未遂，中道夭折，公等其继起。"言罢而泣，众亦泣。思齐死，葬于诸罗东南三界埔山，其墓犹存。卒哭之日，天生议举一人为主，众曰可。乃奉盘錡割牲而盟，以剑插米，各当剑拜，共约拜而剑跃起者为主。至芝龙而剑跃出地，众乃服，推为魁。然大权仍归衷纪。衷纪亦海澄人，最桀骜，芝龙犹阳奉焉。

六年春二月，芝龙谋出军，召诸部计议曰："夫人惰则弱，众合则强。今台湾庶事略备，势可自守，宜为进取之计。吾欲自领师船十艘，前赴金、厦，若乘其虚而据之，则可为台之外府，公等以为如何？"衷纪曰："善"。乃命诸部，以芝虎、芝豹为先锋，芝鹗、芝豸次之，芝彪、张泓为左军，芝獬、李明为右军，芝鹄、芝蛟为冲锋，芝莞、芝蟒、芝燕、衷纪为护卫，芝麟、陈勋为游哨，芝麒、吴化龙为监督，杨天生、洪升为参谋。每船战士六十，皆漳、泉习水者。既定，以林翼、杨经、李英、方胜、何斌等十余人留守。三月初十日，伐金门。十八日，伐厦门，官军莫能战。已而薄粤东，沿海戒严，朝议招抚。以蔡善继习芝龙，为书招之。芝龙感激，归命。及降，善继坐军门，令芝龙兄弟泥首。芝龙屈意下之，而一军皆哗，竟叛去，复居台湾，劫截商民，往来闽、粤之间。

崇祯元年春正月，泊于漳浦之白镇。巡抚朱之凭遣都司洪先春击之。鏖战自晨及晡，未有所败。会海潮夜生，先春漂泊失道。芝龙阴度前山，绕先春后。先春腹背受敌，身被数刃。芝龙故有求抚意，乃佚先春。又趣中左所，中左所者，厦门也。督师俞咨皋与战败，又佚之。中左人开门纳之。于是芝龙威名震于南海。七月,泉州太守王猷遣人招抚,芝龙从之,率所部降于督师熊文灿,授海防游击。

当是时,衷纪在澎湖,势稍弱,为海寇李魁奇所杀。魁奇,惠安人,素习水,力举千斤,集渔舟,劫商舶。既杀衷纪,遂据之。二年夏四月,魁奇犯金门,泊辽罗,芝龙击之。魁奇亦善战,终被杀。三年,以平粤盗,征生黎,焚荷兰,收刘香功,迁都督。于是成功在日本已七岁矣。芝龙屡遣人请归,不能得,乃使使者赍金币,图写芝龙为大将秉钺军容烜赫之状,幕吏受贿归之。

北京破,福王立江左,改元弘光,封芝龙南安伯。二年,郑鸿逵、黄道周共迎唐王,即位福州,改元隆武。晋同安侯,加太师,昆仲亦多封。芝龙幼习海,群盗多故盟,或在门下。就抚后,海舶不得郑氏令旗,不能往来。每舶例入二千金,岁入以千万计,以此富敌国。自筑城于安平,舳舻直通卧内,所部兵自给饷,不取于官。凡贼遁入海者,檄付芝龙,取之如寄。以故郑氏威权振于七闽。既而成功陛见,帝奇之,赐姓朱,改名成功,封御营中军都督。芝龙以拥立非本意,日与文臣忤,又以偏安一隅,不足以拒清师,密有反顾意。时招抚江南者内院洪承畴,招抚福建者御史黄熙胤,皆晋江人,与芝龙通音问。及两浙败,关门不戒,帝议亲征。芝龙亦以不出关,无以压民望。十二月,命水师先锋副将崔芝赍书至日本请兵,别以书贸甲二百领。日本幕府不从。当是时,清军已迫福建上游,芝龙乃分兵为二,声言万人,实不满千,以鸿逵为元帅,出浙东,郑彩为副,出江右。帝仿淮阴故事,筑坛郊送之。既出关,疏称饷缺,驻不发。诏书切责,不得已逾关,行四五里而还。二年春三月,帝亲征。六月,晋芝龙平国公,鸿逵定国公,成功忠孝伯。芝龙疏请航海,拜疏即行。遣使止之,不及。武毅伯施福撤关兵归,驾陷汀州,成功走金门。方清军之未至也,芝豹入泉州,大索富民饷,不应,立枭之。抵暮,得数万金。俄而贝勒博洛及韩固山猝至,乃走。田川氏不去,伏剑死。成功大号,悲不自胜。芝龙退保安平,军容甚盛,以洪、黄之信未通,犹豫未敢迎师,博洛命泉绅郭必昌招之。芝龙曰:"我非不忠于清,恐以立主为罪尔。"会固山兵迫安平,芝龙曰:"既招我,何相逼也?"博洛乃檄固山,离三十里而军,以书邀之曰:"吾所以重将军者,以将军能立唐藩也。人臣事主,苟有可为,必竭其力。力不胜天,则投明主而事,乘时建不世之功,此士之一时也。若将军不辅立,吾何爱将军哉?且两粤未平,今铸闽粤提督印以相待。吾所以冀将军来者,欲商地方人才故也。"芝龙得书大喜,召成功计事。成功泣谏曰:"父教子忠,不闻以贰,且北朝何信之有?"芝龙曰:"丧乱之天,一彼一此,谁能常之?若幼恶识人事。"鸿逵亦力谏,不听。遂进降表,过泉州,大张文告,艳投诚之勋。至福州,见博洛,握手甚欢,折矢为誓,命饮酒三日夜。博洛知成功雄,俟以俱行,久而不至。芝龙叹曰:"此子不来,清朝其道敝乎?"夜半,忽拔寨,挟芝龙以北。成功遂起师,清人莫敢侮。永历八年,清廷遣使至泉州,欲封成功海澄公,芝龙同安侯。成功不从。于是置芝龙于高俎,成功不顾。十五年,克台湾。十月,清廷弃芝龙于柴市,子孙在北京者皆被杀。成功闻之,大恸曰:"吾固知有今日也!"令诸部举丧,设位以祭。

连横曰:西人有言,中国人无冒险进取之心。呜呼,如思齐者,岂非非常不羁之士哉?成则王而败则寇,固犹不失为男子。若夫芝龙以一游侠少年,崛起而至通侯,亦足豪矣。而末节不彰,稽首再拜于异族之马下,抑足羞焉!始如脱兔,终如处女,人之度量何自反也?孟子曰:"富贵不能淫,贫贱不能移,威武不能屈。"此之谓大丈夫。

## 宁靖王列传

宁靖王,名术桂,字天球,别号一元子,明太祖九世孙辽王后也。始授辅国将军。崇祯十五年,寇破荆州,术桂偕惠王及宗室避湖中。十七年,北京破,帝殉社稷,福王立南京,改元宏光。术桂与兄长阳王入朝，晋镇国将军，令随长阳守宁海。翌年夏，浙西复亡，长阳率眷入闽。时邓遵谦从绍兴迎鲁王监国，未知长阳存没，乃以术桂袭封。既而郑芝龙保闽，尊唐王为帝，改元隆武，术桂奉表贺，帝亦如监国封。嗣闻其兄尚在，已袭封辽王，乃具疏请以长阳之号让兄子，不许，改封宁靖王。仍依监国，督方国安军。五月，清军渡钱塘，术桂奔宁海，乘海舶出石浦。监国亦自海门来会，同至舟山。十一月，郑彩率舟师迎，偕监国南下。岁暮抵厦门，而帝已陷汀州，芝龙亦降清去矣。

当是时，芝龙之子成功师安平，进泊鼓浪屿，势颇振。郑鸿逵亦迎淮王于军，请术桂监其师，遂会成功，伐泉州，不克而还。鸿逵载淮王至南澳，术桂从焉。先是粤东故将李成栋奉桂王之子即位肇庆，改元永历。术桂入揭阳，帝令居鸿逵军中。二年春，复命兼督成功师。四年冬，粤事又溃。越年春，与鸿逵旋闽，取金门。是时成功已开府思明，礼待避乱宗室，术桂遂居两岛，成功待以王礼。

十八年春三月，经奉术桂渡台，筑宫西定坊，供岁禄。术桂见台湾初辟，土壤肥美，就万年县竹沪垦田数十甲，岁入颇丰，有余则赐诸佃。已而元妃罗氏薨，葬焉。术桂状貌魁伟，美须眉，善文学，书尤瘦劲，承天庙宇匾额多所题，至今宝之。三十二年，闻降将施琅请伐台，郑氏诸将无设备，辄暗自痛哭。

三十七年夏六月，清军破澎湖，克塽议降。术桂自以天潢贵胄，义不可辱，召姬妾而告曰："孤不德，颠沛海外，冀保余年，以见先帝先王于地下。今大事已去，孤死有日，若辈幼艾，可自计也。"皆泣对曰："殿下既能全节，妾等宁甘失身。王生俱生，王死俱死，请先驱狐狸于地下。"遂冠笄被服，同缢于室，是月二十有六日也。于是术桂大书于壁曰："自壬午流寇陷荆州，携家南下，甲申避乱闽海，总为几茎头发，保全遗体，远潜外国。今已四十余年，六十有六岁。时逢大难，全发冠裳而死，不负高皇，不负父母。生事毕矣，无愧无怍。"次日，冠裳束带，佩印绶，以宁靖王印交克塽，再拜天地、列祖、列宗之灵，招耆旧从容饮别。附近老幼皆入拜，各以家财赠之。又书绝命词曰："艰辛避海外，总为数茎发。于今事毕矣，祖宗应容纳。"遂自缢死，侍宦二人亦从死。台人哀之曰："王孙与北地争烈矣。"自是明朔遂亡。越十日，葬于竹沪，与元妃合，不封不树。而姬妾别葬于承天郊外桂子山，台人称为五妃墓。五妃者，袁氏、王氏、荷姑、梅姑、秀姐也。术桂无子，以益王之后俨钤为嗣，方七岁。清人入台，迁于河南杞县。

初，成功克台，优礼宗室，鲁王世子朱桓、沪溪王朱慈旷、巴东王朱江、乐安王朱俊、舒城王朱著、奉南王朱熺、益王朱镐等，皆先后入台，待之如制。及施琅至，夺其册印，迁于各省。

连横曰：余如竹沪、竹沪人多朱氏子孙。每年六月，祭宁靖王甚哀。余又谒其墓，徘徊而不忍去。悲哉！夫王以天潢之贵，躬逢乱世，避地东都，终至国破家亡，毅然抱大节以殉。明社虽墟，而王之英灵永存天壤矣。

## 诸臣列传

连横曰：明亡久矣，我延平郡王之威灵，尚存天壤。而一时忠义之士，奔走疏附，间关跋涉，以保存故国者若而人，以吾所闻，谘议参军陈永华尤其佼佼者也。永华以王佐之才，当艰危之局，其行事若诸葛武侯，而不能辅佐英主，以光复旧物，天也。然而开物成务，缔造海邦，至今犹受其赐，伟矣。顾吾观旧志，每蔑延平大义，而诸臣姓名，且无有道者。呜呼！天下伤心之事，孰甚于此。清同治十三年冬十月，福建将军文煜、总督李鹤年、巡抚王凯泰、船政大臣沈葆桢始从台湾绅民之请，奏建专祠，春秋俎豆，以明季诸臣配。诏曰可，于是从祀者百十有四人，而潜德幽光，乃扬东海矣。是篇所载，仅举其名。而林圯之开拓番地，林凤之战没海隅，竟不列于祀典，岂一时之失欤？若夫沈、徐诸公，礼为上客，分属寓贤，故别传之。

太子太保文渊阁大学士路振飞　　东阁大学士曾樱
尚书唐显说　　都察院左副都御史徐孚远
兵部侍郎总督军务王忠孝　　太仆寺卿沈光文
兵科给事中辜朝荐　　兵科给事中谢元忭
御史沈佺期　　南京主事郭符甲
谘议参军陈永华　　举人李茂春
定西侯张名振　　定南伯徐仁爵
仁武伯姚志倬　　闽安侯周瑞
怀安侯沈瑞　　平西伯吴淑
兴明伯赵得胜　　崇明伯甘辉
中书舍人陈骏音　　浙江巡抚卢若腾
监纪推官诸葛斌　　内监刘九皋
内监刘之清　　户官杨英
惠来县知县汪汇　　吏部主事摄同安县知事叶翼云
同安县教谕陈鼎　　参军柯宸枢
参军潘赓钟　　建安伯张万礼
建威伯马信　　忠振伯洪旭
庆都伯郝兴　　五军都督张英
五军戎政陈六御　　征北将军曾瑞
总练使王起凤　　督理江防柯平
戎旗镇林胜　　义武镇邱辉
智武镇陈侃　　智武镇蓝衍
殿兵镇林文灿　　进兵镇吴世珍
正兵镇卢爵　　正兵镇韩英
中权镇李泌　　侍卫陈尧策
前锋镇张鸿德　　参宿镇谢贵
斗宿镇施廷　　大武镇魏其志

## 卷二十九　列传一

同安守将林庄猷　　　　　　同安守将金缙
同安守将金作裕
以上从祀东庑。

副将洪复　　　　　　　　　副将林世用
副将蔡参　　　　　　　　　副将魏标
副将杨忠　　　　　　　　　副将黄明
江南殉难杨标　　　　　　　江南殉难张廷臣
江南殉难魏雄　　　　　　　江南殉难吴赐
水师三镇林卫　　　　　　　中提督中镇洪邦柱
折冲左镇林顺　　　　　　　中提督前锋镇陈营
中提督后镇杨文炳　　　　　右提督后镇王受
后劲镇黄国助　　　　　　　总兵沈诚
戎旗二镇吴潜　　　　　　　戎旗五镇陈时雨
火攻营曾大用　　　　　　　援剿后镇刘献
援剿后镇万宏　　　　　　　援剿后镇陈魁
援剿后镇金汉臣　　　　　　右先锋镇杨祖
右先锋镇后协康忠　　　　　水师四镇陈升
水师后镇施举　　　　　　　侍卫中镇黄德
潮州守将马兴隆　　　　　　左镇卫江胜
右提督右镇余程　　　　　　宣毅左镇黄安
宣毅左镇巴臣兴　　　　　　护卫右镇郑仁
援剿右镇黄胜　　　　　　　亲随一营王一豹
亲随一营黄经邦　　　　　　龙骧左镇庄用
奇兵镇部将吕胜　　　　　　定海守将章元勋
铜山守将张进　　　　　　　厦门守将吴渤
澎湖殉难张显　　　　　　　澎湖殉难廖义
澎湖殉难林德　　　　　　　澎湖殉难陈士勋

海澄殉难叶章　　　　　　定海殉难阮骏
东石殉难施廷　　　　　　东石殉难陈中
祖山殉难张凤　　　　　　怀安侯弟沈珽
殉难世子裕　　　　　　　殉难世子温
殉难世子睿
以上从祀西庑。

连横曰：吾读野史，载郑氏故将事，心为之痛。以彼其才，足建旗鼓，以树立功名，而乃国破家亡，窜身流俗，至隐其名而不道，亦足悲矣。夫败军之将，不足言勇，然世之秉节钺寄封疆者，岂皆豪杰之士哉？际会风云，乘时起尔。呜呼！成败论人，吾所不忍。屠钓之中，尽多奇才，亦遇之与不遇而已，岂以此而衡其得失哉。东宁既亡之后，江苏无锡有华氏者，居于荡口，一日至某里，见众环堵，一卖卜者仪容俊伟，颜色微颓，似久历患难者。闻其语，精奥若不可解，异之。日暮众散，卖卜者行，华尾之，至一古庙，入焉。华问曰："先生何许人？"曰："卖卜者。"又问之，答如前。华曰："敝庐在迩，先生能一过乎？"不答，乃要之行。至家，略坐。即欲去，举止傲岸。强之坐，呼子弟出拜，请受业门下。顾而嘻曰："卖卜人能为皋比师乎？"华曰："先生道貌岑古，必非常人，如不弃寒微，请设帐于此，俾子弟得受益也？"不可，良久乃许之。初，里中有巨盗，劫人越货，莫敢撄。一日，华戚某持盗刺来，言"夜将被劫，今事急，可奈何？"盗刺者，盗欲劫某家，先以刺来，以寓先礼后兵之意，且示勇。受者不敢报官，报亦无益，故盗愈无忌。华曰："家有子弟师，异人也，请询之，若可，当无害。"乃偕入，告以故。其人俯首，自循其发曰："事亦易易，然使人虑不胜任。必亲往。"某曰："先生与若有故耶？"喑曰："彼盗安得故我，我岂与盗故哉？"怒欲止。某跪而谢，华亦代请。乃曰："勉为若一行。"既至，环相居宅，曰："盗当从此来。取砖甓列门外，为数垒，诫家人闭户寝，勿声。"彼亦就寝。久之，闻有人马声自远至，火炬照耀如白昼。家人潜起窥之，盗众数百，剑戟有声，势张甚。及垒而骋，旋绕不息，自初更至于黎明，竟不知其何为，其人亦寐。问："盗来乎？"曰："来矣。""来何在？"曰："在门外旋绕。"曰："然则吾当遣之去。"众于门外设坐，俟之出。坐定，以麈尾麾盗，若寐尽仆。顾曰："缚之。"众次第反接其手，驱之前跪。其人大言曰："男子负膂力，不能为国家效命，乃弃身匪类，以污辱乡里，罪当死。吾今且贷汝，须改过，勿妄动。"顾某取百金来，命解其缚，叱之去。

卖卜者既居华家，宾主甚相得，课授之余，独处一室，不与人士往来。岁暮馈修贽，亦不受。强之，曰："吾今固无事此也。"华氏兄弟与谈文史，应答如流，而每至玄黄之际，君亡国破之惨，则悲从中来，潸然欲涕，乃强为欢笑。一日趣华治具，作饭四斛。曰："明旦有客至。"如其言，至则两僧仪状雄伟，操闽南音，始见皆伏拜，起而肃立。命之坐，不敢坐，有问则跪答。卖卜者曰："止。今岂可以昔礼比耶？吾之在此，而具知之，而之行止，吾亦无不知。自今各以心喻，母琐琐。顾而可即去，勿再来，吾已为而治饭矣。"出具食之。二僧袒衣大啖，俄顷而尽。抚腹曰："径饱，自此至彼，可免再餐也。"再拜告别，出门径去，卖卜者亦黯然。后值重九，生徒散学，华兄弟邀出游，逍遥陇畔，意甚得也。已而指一地问谁氏有？具答之。曰："后日可葬我于是。"华讶其不祥。笑曰："修短有命，吾已尽于明日矣。"华兄弟惊而泣曰："自得先生，亲承杖履十有二年矣，尚未识里居姓氏，固知先生有隐痛者，是以未敢强问。今日月淹迫，先生宁终忍无一言乎？"卖卜者亦泣曰："薄命人何足言。必欲识吾者，吾腰带中藏有小佩囊，没后可取视。"翌日竟卒。启之，果有寸帛，字模糊不可读，略得一二。盖郑氏故将，台湾亡后，隐悯遁世。而两僧则为其旧部，故在播迁，犹不失礼。乃葬于其地，建一室以祀，惜仍不识其姓名尔。

呜呼！怀忠蹈义之士，岂仅一卖卜也哉？吾撰通史，吾甚望为之表彰也。

## 诸老列传

连横曰：正气之存天壤也大矣。《论语》志逸民，而冠以伯夷、叔齐。孔子称之曰："不降其志，不辱其身。"呜呼！此则孔子之微意也。当殷之衰，武王伐纣，会于牧野，一戎衣而天下定，八百诸侯罔不臣服。而伯夷、叔齐独耻其行，义不食周粟，隐于首阳山，及饿且死，此则所谓求仁得仁者也。明亡之季，大盗窃国，客帝移权，缙绅稽颡，若崩厥角。民彝荡尽，恬不知耻。而我延平郡王独伸大义于天下，开府思明，经略闽、粤，一时熊罴之士，不二心之臣，奔走疏附，争趋国难。虽北伐无绩，师沮金陵，而辟地东都，以绵明朔，谓非正气之存乎？吾闻延平入台后，士大夫之东渡者盖八百余人，而姓氏遗落，硕德无闻，此则史氏之罪也。承天之郊，有闲散石虎之墓者，不知何时人，亦不详其邑里，余以为明之遗民也。墓在法华寺畔，石碣尚存，而旧志不载。岩穴之士趋舍有时，若此类湮没而不彰者，悲夫！汉司马迁曰："伯夷、叔齐虽贤，得夫子而名益显。"余感沈、卢诸贤之不泯，而台湾之多隐君子也，故访其逸事，发其潜光，以为当世之范。《诗》曰："虽无老成人，尚有典型。"有以哉！

**沈光文**，字文开，号斯庵，浙江鄞人也。少以明经贡太学。福王元年，豫于画江之师，授太常博士。明年，浮海至长垣，再豫琅江诸军务，晋工部郎。隆武二年秋八月，闽师溃，扈从不及，闻桂王立粤中，乃走肇庆，累迁太仆少卿。永历三年，由潮阳航海至金门，闽督李率泰方招徕故国遗贤，密遣使以书币聘。光文焚书返币，而是时粤事亦不可支，乃留闽中，思卜居泉州之海口，浮家泛宅，忽遭飓飘至台湾。时台为荷人所踞，受一廛以居，极旅人之困，弗恤也。遂与中土音耗绝，亦无以知其生死者。十五年，延平郡王克台湾，知光文在，大喜，以客礼见。而遗老亦多入台，各得相见为幸。王令麾下致饩，且以田宅赡之。亡何王薨，子经嗣，颇改父之臣与政，光文作赋有所讽。或谮之，几至不测，乃变服为僧，逃入北鄙，结茅罗汉门山中。或以言解之于经，乃免。山外有目加溜湾者，番社也，光文于其间教授生徒，不足则济以医。常叹曰："吾二十载飘零绝岛，弃坟墓不顾者，不过欲完发以见先皇帝于地下尔。而卒不克，命也夫！"已而经薨，诸郑复礼之如故。三十七年，清人得台湾，诸遗臣皆物故，光文亦老矣，闽督姚启圣招之，辞。又贻书问讯，曰："管宁无恙。"欲遣人送归鄞，会启圣卒，不果。诸罗知县季麒光，贤者也，为粟肉之继，旬日一候门下。时寓公渐集，乃与宛陵韩又琦、关中赵行可、无锡华衮、郑廷桂、榕城林弈、丹霞、吴蕖、轮山杨宗城、螺阳王际慧等结诗社，所称福台新咏者也。寻卒于诸罗，葬焉。

光文居台三十余年，自荷兰以至郑氏盛衰，皆目击其事。前此寓公著述，多佚于兵火，惟光文独保天年，以传斯世，海东文献，推为初祖。著有《台湾舆图考》一卷，《草木杂记》一卷，《流寓考》一卷，《台湾赋》一卷，《文开诗文集》三卷，邑人全祖望为访而刊之，志台湾者多取资焉。同时居台者，有徐孚远、王忠孝、辜朝荐、沈佺期等，亦一国之贤者。

**徐孚远**，字暗公，江苏华亭人。崇祯十五年举于乡，与邑人夏允彝、陈子龙结几社，以道义文章名于时。会寇乱亟，阴求健儿剑客而部署之，蓄为他日用。子龙为绍兴推官，引东阳许都见之，使募义勇，西行杀贼，又请何刚荐之。既而东阳激变，子龙单骑入都营，许以不死，招之降；大吏持不可，竟杀之。孚远贻书曰："彼以吾故降，今负之，天下谁复敢交子龙哉。"故子龙以功迁给事中，辞不赴。宏光时，马、阮乱政，养晦不出。及南都亡，允彝起兵，而为之辅，授福州推官，进兵科给事中。闽亡，浮海入浙。是时义旅云兴，不相统属，孚远周旋其间，说以国恤，而悍将郑彩、周瑞之徒咸不听。乃返浙东，入蛟关，结寨定海之柴楼。比监国入舟山，往贺，以劝输贡赋，迁左佥都御史。及舟山破，监国入闽，航海从之。当是时，招讨大将军郑成功开府思明，礼待朝士，缙绅耆德之避地者，皆归之。而孚远领袖其间，军国大事，时谘问焉。永历十二年，帝在滇中，遣漳平伯周金汤晋成功延平郡王，迁孚远左副都御史，余各授爵。冬随金汤入觐，失道越南，越王要以臣礼，不从。曰："我为中朝大臣，何可辱？"越王嘉之，乃归。克台之岁，从入东都，礼之尤厚。常自叹曰："司马相如入夜郎，教盛览，此平世事也。以吾亡国大夫当之，伤如之何！"十月，清廷诏迁沿海居民，各省骚动，兵部尚书张煌言寓书成功，以乘势取福建，并遗孚远书，劝其代请出师。时东都初奠，休兵息民，故未行。久之卒。或曰，永历十七年，清军破思明，孚远遁入饶平山中，提督吴六奇匿之，完发以死。居台生一子，扶榇至松江，未葬，子亦死。

**张煌言**，字元箸，浙之鄞人也。崇祯时登贤书，从鲁监国。监国败，率残兵数百，飘荡海上。延平郡王招之，至思明，表为兵部左侍郎。永历十四年，北伐，至金陵。王谓煌言曰："芜湖为上游门户，倘留都不旦夕下，则江楚之援日至，控扼要害，非先生不可。"七月初七日，煌言率师至芜湖，驰檄郡邑，江南北相来附。未几郑师败绩，煌言走铜陵，与楚师遇。兵溃，变姓名，从建德祁门山中，出走天台，入海，仍与王同定台湾。当是时，东都初建，军旅未精，煌言见王无西意，为诗刺之曰："中原方逐鹿，何暇问虹梁。"又曰："只恐幼安肥遁老，藜床皂帽亦徒然。"王一笑而已。无何王薨，子经嗣。知不足与谋，益郁郁不乐，乃散其部曲，拂衣竟去，浮海涉江，至杭州西湖，觅山僻小庵，隐焉。瞻望藩篱，犹有所冀，为杭守吏所侦，与健仆杨贯玉、爱将罗自牧同被执。二人皆勇绝群伦者。煌言乌巾葛衣，不言不食，啜水而已。临刑，二卒以竹舆舁至江口。煌言出，见青山夹岸，江水如澄，始一言曰："绝好江山。"索纸笔赋绝命辞三首，付刑者，端坐受刃。贯玉、自牧同斩。略一振臂，绑索俱断，立而受刃，死不仆，刑者唯跪拜而已。时永历十八年中秋之日也。煌言所著诗词，贮一布囊，悉为逻卒所焚，唯绝命辞在。

**王忠孝**，字长孺，号愧两，福建惠安人。崇祯元年，登进士，以户部主事权关。劾太监，忤旨，廷杖下狱，复成边。士卒千余赴都送留，三年免。福王立，授绍兴知府，擢副都御史。隆武元年，召见，陈光复策。帝大喜，授兵部左侍郎，总督军务，赐尚方剑，便宜行事。已而福京破，家居，杜门不出。延平郡王在厦门设储贤馆，礼待避乱缙绅，忠孝往见，欲官之。辞，乃待以宾礼。时遗老多往来厦门，而忠孝与辜朝荐、沈佺期、卢若腾等，均为幕上客，军国大事，时询问焉。永历十八年，偕若腾入台，经厚待之。日与诸寓公肆意诗酒，居四年卒。

**辜朝荐**，字在公，广东揭阳人。崇祯元年进士，始任江南安庆推官，历掌谏垣，晋京卿。北京破，南归，居金门，既为延平郡王上客。后入台卒。子文麟，及长回乡。

**沈佺期**，字云又，福建南安人。崇祯十六年登进士，授吏部郎中。隆武立福京，擢右副都御史。及帝陷汀州，佺期南下，随延平郡王起兵于泉州桃花山，为幕府上客。后入台湾，以医药济人。永历三十六年卒。

**卢若腾**，字闲之，号牧洲，福建同安金门人。崇祯八年举于乡，十二年成进士。帝以天下多故，御文华殿，简用新进士三十人，观政兵部，若腾与焉。时督师杨嗣昌夺情起用，玩寇佞佛，若腾劾其罪，下旨切责，天下壮之。累迁武选司郎中，总京卫武学。三上疏弹定西侯蒋维禄，有恶其太直者，迁宁绍巡海道。濒行，又劾内臣田国兴诸不法事。帝纳之，逮国兴抵法。至浙，洁己爱民，兴利除弊，势豪屏迹，莫敢逞。荡平剧寇胡乘龙等，闾里晏然，浙人建祠祀之。

福王立南京，擢凤阳巡抚。若腾以马、阮当国，纲纪大坏，辞不赴。及唐王立福京，下旨征辟，单骑赴召。授浙东巡抚，驻温州，督师北伐。特荐宿将贺君尧为水师总兵，募靖海水兵，扼守要害。以族弟游击将军若骥守盘山溪，为藩卫。奏简学臣考试，以取人才，收士望，从之。是岁温州大饥，捐资振济，得旨嘉奖，加兵部尚书衔。鲁王起兵绍兴，号监国，其臣不奉福京之命，以兵窥温州，有兼并意。贺君尧勒兵拒之，而于颖亦有抚浙之命。若腾疏言："十羊九牧，号令不一，恐误封疆，请自撤。"不许。郑彩之杀熊汝霖也，众畏其势，莫敢言。若腾直揭其罪，朝士振悚。帝英明果断，有知人鉴，而郑芝龙专权，日事骄奢。大学士黄道周嫉之，奏请出师，窥江西，途次以门生为托，若腾复书相勉许。已而道周殉难，绍兴之师亦溃。清军迫温州，若腾与君尧力守，粮绝不继，七上疏请援，不报。城民议款，拒之，愿以身殉。城破，率亲兵巷战，背中三矢，为靖海营水师所救，乃由海回闽，上疏自劾。而关兵已撤，芝龙降矣。若腾归里后，与同志傅某等结社，举兵图恢复，所谓望山之师也，既以粮尽而罢。桂王立肇庆，改元永历，若腾上表贺，温谕下答。方是时，招讨大将军郑成功开府思明，招徕遗老。若腾依之，礼为上客，军国大事，时谘问焉。永历十八年春三月，与沈佺期、许吉燝等同舟入台。至澎湖，疾作，遂寓太武山下。临终，命题其墓曰："有明自许先生卢公之墓。"年六十有六。嗣王经临其丧，以礼葬于太武山南，今犹存。生平著述甚富，有《留庵文集》二十六卷，《方舆互考》三十余卷，《与耕堂随笔》《岛噫诗》《岛居随录》《浯洲节烈传》《印谱》各若干卷。后多散佚，邑人林树梅求数种刊之。

许吉燝，福建晋江人。崇祯十六年登进士，以知县擢刑部主事。国变后，归里，杜门不出。及延平郡王克台湾，遗老多依之。永历十八年春三月，与卢若腾同舟入台，卒于东宁。

李茂春，字正青，福建龙溪人。隆武二年举孝廉。性恬淡，风神整秀，善属文。时往来厦门，与诸名士游。永历十八年春，嗣王经将入台，邀避乱缙绅东渡。茂春从之，卜居永康里，筑草庐曰梦蝶，谘议参军陈永华为记。手植梅竹，日诵佛经自娱，人称李菩萨。卒葬新昌里。

郭贞一，字元侯，福建同安人。崇祯十三年进士，授御史，巡抚浙东。福王立，擢右都御史。有内监不遵朝班，疏纠之，宦寺屏息。贞一所交多吉士，疏荐夏允彝、陈子龙、徐石麟、徐汧、沈延嘉、叶廷秀、熊开元等，具忠爱之诚，乞召用。又言宪长王梦锡以贿迁官，选郎刘应家黩货，乞正罪，一时风采凛然。南都破，入闽。已而延平郡王开府厦门，礼之，后随入台湾，居数年卒。

诸葛倬，字士年，福建晋江贡生。隆武时，以荐授翰林院待诏，加御史，监郑鸿逵军，出浙东。已而福京破，从延平郡王于厦门。永历时，晋光禄寺卿。同学某降清，以书来招，谓惠然肯来，监司可立致，且怵及危语。倬复书曰："圣主隆唐虞之德，小臣守箕山之操，代有其人。新朝政尚宽大，须弥大千，何问微尘。必欲相强，便当刳胸著地，勿问是肝是肉也。"某得书惘然。倬后入台卒。

**黄事忠**，字臣以，佚其里居。官兵部职方司。隆武时，崎岖闽、粤，叠起兵，谋光复。兵败，母妻俱被难，事忠走厦门，依延平郡王。永历十二年冬，偕御史徐孚远、都督张自新奉使入滇，途经越南，与国王孚礼，全命而归。后入台湾。

**林英字**，字云又，福建福清人。崇祯中，以岁贡知昆明县事，有惠政，县人称之。永历立滇中，官兵部司务。及帝北狩，英亦流离凄怆，祝发为僧，间道至厦门，嗣入台湾。

**张士楠**，福建惠安人。崇祯六年，中副榜。明亡，入山，数年不出。耿精忠之变，避乱金门。嗣入台，居东安坊，持斋念佛，悠然尘外，辟谷三年，惟食茶果。卒年九十有九。

**黄骧陛**，字陟甫，福建漳浦人，大学士道周之从子也。天资醇笃，读书数百回乃成诵，诵即焚之，终身不忘。天启四年举于乡，设教里中，及门多成才。北都陷，与里人林兰友合纠义旅抗贼。乃福建破，浮海入台，与徐孚远诸人放浪凭吊，久之卒。

**张灏**，字为三，福建同安人，巡抚廷拱子也。万历朝，登进士，官兵部职方司郎中。明亡，隐大嶝。后入台湾，居于承天府之郊。清人得台时，施琅闻其贤，具舟送回故里，至澎湖病卒，葬焉。年九十有五。弟瀛字洽五，崇祯十五年，举孝廉，随兄居台，耦耕垄畔，怡怡如也。后卒于台，年八十有四。

**叶后诏**，福建厦门人。崇祯十七年，以明经贡太学。猝遭国变，即南归，与徐孚远、郑郊辈为方外七友，纵情诗酒。后渡台湾。著《鹣草五经讲义》行世。

连横曰：我始祖兴位公生于永历三十有五年，越二载，而明朔亡矣。少遭悯凶，长怀隐遁，遂去龙溪，远移鲲海，处于郑氏故垒，迨余已七世矣。守璞抱贞，代有潜德，稽古读书，不应科试，盖犹有左衽之痛也。故自兴位公及至我祖我父，皆遗命以明服殓。故国之思，悠然远矣。横不肖，惧陨先人之懿德，兢兢业业，覃思文史，以葆扬国光，亦唯种性之昏庸是傲。缅怀高蹈，淑慎其身，以无惭于君子焉。

## 陈永华列传

**陈永华**，字复甫，福建同安人。父鼎，以教谕殉国难。永华方舞象，试冠军，已补弟子员。闻丧归，即弃儒生业，究心天下事。当是时，招讨大将军郑成功开府思明，谋恢复，延揽天下士，兵部侍郎王忠孝荐之。成功接见，与谈时事，终日不倦，大喜曰："复甫今之卧龙也。"授参军，待以宾礼。

永华为人渊冲静穆，语讷讷如不能出。而指论大局，慷慨雄谈，悉中肯要。遇事果断，有识力，定计决疑，不为群议所动。与人交，务尽诚。平居燕处，无惰容。布衣疏饭，淡如也。永历十二年，成功议北征，诸将或言不可，永华独排之。成功说，命留思明，辅世子。尝语经曰："陈先生当世名士，吾遗以佐汝，汝其师事之。"

十五年，克台湾，授谘议参军。经立，军国大事，必谘问焉。十八年八月，晋勇卫，亲历南北各社，相度地势。既归，复颁屯田之制，分诸镇开垦。插竹为篱，斩茅为屋，以艺五谷。土田初辟，一岁三熟，戍守之兵，衣食丰足。又于农隙以讲武事，故人皆有勇知方，先公而后私。东宁初建，制度简陋。永华筑围栅，起衙署，教匠烧瓦，伐木造庐舍，以奠民居。分都中为东安、西定、宁南、镇北四坊，坊置签首，理庶事。制鄙为三十四里，里有社，社置乡长。十户为牌，牌有首。十牌为甲，甲有首。十甲为保，保有长，理户籍之事。劝农桑，禁淫赌，诘盗贼，于是地无游民，番地渐拓，田畴日启。其高燥者，教民植蔗，制糖之利，贩运国外，岁得数十万金。当是时，闽、粤逐利之氓，辐辏而至，岁率数万人。成功立法严，永华以宽持之。险阻集，物土方，台湾之人，以是大治。十二月，请建圣庙，立学校。经从之，择地宁南坊，二十年春正月成，经行释菜之礼。三月，为学院，以叶亨为国子助教，聘中土之儒，以教秀士。各社皆设小学，教之养之，台湾文学始日进。永华既教民造士，岁又大熟，比户殷富，犹恐不足国用，请经令一旅驻思明，与边将交欢。彼往此来，以博贸易之利，而台湾物价大平。

二十八年春，耿精忠据福建，请会师。经以克𡒉为监国，命永华为东宁总制使。克𡒉，永华婿也，事无大小，皆听之。永华为政儒雅，转粟馈饷，军无缺乏。及经归后，颇事偷息，而冯锡范、刘国轩忌之。三十四年春三月，请解兵，经不听。既而许之，以所部归国轩。永华见经无西志，诸将又燕安相处，郁郁不乐。一日斋沐，入室拜祷，愿以身代民命。或曰，君秉国钧，民之望也。已复叹曰："郑氏之祚不永矣。"越数日逝。经临其丧，谥文正，赠资政大夫正治上卿。台人闻之，莫不痛哭，驰吊于家。

初，经知永华贫，以海舶遗之，商贾僦此贸易，岁可得数千金。不受，而自募民辟田，岁收谷数千石。比获，遍遗亲旧之穷困者，计其所存，仅供岁食而已。妻洪氏，小字端舍，赋质幽闲，善属文。晨兴，盥沐毕，夫妇衣冠敛衽揖而后语。一家之内，熙嗥如也。合葬于天兴州赤山堡大潭山，清人得台后，归葬同安。子梦纬、梦球居台繁衍，至今为邑望族。

连横曰：汉相诸葛武侯，抱王佐之才，逢世季之乱，君臣比德，建宅蜀都，以保存汉祚，奕世称之。永华器识功业与武侯等，而不能辅英主以光复明室，彷徨于绝海之上，天也！然而开物成务，体仁长人，至今犹受其赐，泽深哉！

## 林圯、林凤列传

林圯，福建同安人，为延平郡王部将，历战有功，至参军，从入台。及经之时，布屯田制，圯率所部赴斗六门开垦。其地为土番游猎，土沃泉甘，形势险要。圯至，筑栅以居，日与番战，拓地至水沙连。久之番来袭，力战不胜，终被围，食渐尽。众议出，圯不可，誓曰："此吾与公等所困苦而得之土也，宁死不弃。"众从之。又数日，食尽，被杀，所部死者数十人。番去，居民合葬之，以时祭祀，名其地为林圯埔。

连横曰：开辟之功大矣哉。林圯埔在嘉义东北，背倚层峦，右控浊水，居民数万，大都林氏子孙，读书力田，饶有坚毅不拔之气，是岂非圯之所遗欤？光绪十四年，始建县治于此，名曰云林，志圯功也。越五年，从知县李烇之议，移斗六，而林圯埔之繁盛犹故。夫天下无失败之事，而千古有必成之业。圯之初拓斗六门也，斩荆棘，逐豺狼，经营惨淡，未尝一日安处。乃又为番所迫，身死众亡，则圯亦自怨其败矣。然圯没未久，党徒继进，前茅后劲，再接再厉。而昔日跋扈之番，竟降伏于我族之下。日月也由我而光明，山川也由我而亭毒，草木也由我而发扬，则圯应又叹其成矣。《大雅》之诗曰："立我蒸民，莫非尔极。"我同胞其念哉！

林凤，福建龙溪人，为延平郡王部将，从入台。永历十五年，率所部赴曾文溪北屯田，则今之林凤营也。初，福建总督李率泰约合荷兰，攻台湾。十九年，荷人据鸡笼。报至，延平郡王经命勇卫黄安督水陆诸军逐之，以凤为先锋，阵没。荷人亦败去。经念其功，至今所垦之地已成都聚。

连横曰：吾过曾文溪，辄临流感叹，追怀郑氏兴亡之迹，未尝不扼腕也。溪源自内山，水大势急，奔流而西，以达于海。其旁平畴万亩。禾麦芃芃，皆我族所资以衣食长子孙者。苟非郑氏开创之功，则犹是豺狼之域也。渡溪北行十里，为番仔田，有碑立田中，荷文也，剥落不可读。又十里为林凤营，十里为新营，北为旧营，东为五军营，西为查亩营，是皆郑氏屯田之地，以强兵保国者，至今犹见其威棱。而一变再变，衣冠文物，荡然无存，唯使吊古者徘徊于落日寒村之中而已。

## 刘国轩列传

**刘国轩**，福建汀州府人也。状貌雄伟，怀才未遇，为漳州城门把总。永历八年冬十月，招讨大将军郑成功伐漳州，国轩开门迎，参军冯澄世奇之，为语成功，擢为护卫后镇。十年秋，从中提督甘辉伐闽安，克之。十二年，从伐南京。十五年，从克台湾。

成功薨，子经嗣，分汛东宁，以国轩守鸡笼山，剿抚诸番，拓地日广。二十年，晋右武卫，驻半线。二十四年秋八月，斗尾龙岸番反，经自将讨之，国轩从，遂破其社。十月，沙辘番乱，平之。大肚番恐，迁其族于埔里社，追之至北港溪，乃班师归，自是北番皆服。二十八年，靖南王耿精忠据福建，使如东宁，约会师。经率侍卫冯锡范及六官等渡海而西，国轩从。精忠调赵得胜之兵，得胜不从，邀国轩于海澄，议奉经。经说精忠，借漳、泉二府为召募，精忠难之，于是耿、郑交恶。六月，经入泉州，精忠之将王进来攻，国轩及右虎卫许耀败之于涂岭，追至兴化而还。七月，清军围潮州，精忠不能救。总兵刘进忠纳款，经遣援剿左镇金汉臣率师援之，潮围解，以进忠为中提督，国轩副之。二十九年春二月，左虎卫何祐伐饶平。五月，国轩入潮，与何祐、刘进忠兵数千人，徇属邑之未下者。平南王尚可喜兵十余万，尽锐来攻，相持久，国轩食尽，议退于潮。尚之信麾骑，晨掩祐军，战于鲎母山下。祐以身先旗，矫尾厉角，直贯中坚，出其左右。国轩继之，大败尚军，追奔四十余里，斩首二万有奇，捕卤七千，辚籍死者满山谷。由是国轩、何祐威名震于南粤。十月，经入漳州。三十年春二月，吴三桂兵至肇庆、韶州，碣石总兵苗之秀、东莞守将张国勋诣国轩降。尚之信降于三桂，三桂檄让惠州于经，国轩入守之。五月，精忠守将刘应麟以汀州降，后提督吴淑入守之。七月。经调进忠于潮，不至。九月，清军入福建，擒精忠，其将马成龙以兴化降，许耀入守之。十月，耀与清军战于乌龙江，败归，调赵得胜、何祐代之。十一月，精忠守将杨德以邵武降，吴淑入守之。十二月，淑与清军战于邵武城下，败归。三十一年春正月，清军攻兴化，祐与得胜御之。清军纵反间，得胜战没，祐亦败归，兴化遂陷，漳、泉俱溃，经归思明。六月，进忠降于三桂，寻归清，被杀。国轩亦弃惠州，惠州之人送之。凡十府一时俱失，经不知所为，见国轩至，大喜，军事尽委国轩。国轩为将，爱士卒，信赏必罚，而出奇制胜，众莫能测，故每战得捷，败亦能完，诸将皆莫及也。三十二年春正月，晋正总督，吴淑为副。经表赐尚方剑，专征伐，诸将咸听命焉。二月，伐漳州，下玉州、三叉河、福河、下浒等堡，断江东桥，以遮饷道。援军适至，分兵击之，夜取石码，数战皆捷，遂扬帆直入镇门，取湾腰树、马洲、丹洲诸堡，军声日震。

当是时，清军之援漳者，福建总督郎廷相、海澄公黄芳世、都统胡克按兵不前。提督段应举自泉州，宁远将军喇哈达、都统穆黑林自福州，平南将军赖塔自潮州，后先至。国轩及吴淑诸将，兵仅数千，飘骤驰突，略仿成功。当事者萎膜咋舌，莫敢支吾，由是国轩、吴淑威名复震于闽南。闰三月，与黄芳世、穆黑林战于湾腰树，败之。胡克率副将朱志麟、赵得寿来战于镇北山，又败之。姚公子、李阿哥来援，亦败之。段应举战于祖山头，复败之，逸入海澄。遂取平和、漳平，围海澄三匝。六月，清廷以随军布政姚启圣为福建总督，吴兴祚为巡抚，趣诸军援澄。次葛布山，三次隔带水，高垒自完，相望而已。城中食尽，破之。段应举自经于敌楼，总兵黄蓝巷战死。杀满汉兵数万，捕卤数千，马万余匹。晋国轩武平伯征北将军，吴淑定西伯平北将军，何祐左武卫，林升右武卫，江胜左虎卫，士气大振，几五万人。遂取长泰、同安，乘胜围泉州，徇下南安、永春、安溪、德化诸县。八月，清军水陆援泉，大学士李光地、宁海将军喇哈达、平南将军赖塔自安溪出同安，巡抚吴兴祚自仙游出永春，提督杨捷自兴化下惠安，总兵林贤、黄镐、林子威以舟师自闽安出定海，克期俱至。楼船中镇萧琛与林贤遇，未战败。经以宣毅后镇陈谅、援剿后镇陈启隆御之于海山，国轩帅二十八镇还漳州，筑十九寨。九月，以吴淑、何祐、江胜等十一镇，可二万人，军浦南，而自率林升、林应、吴潜、陈昌等十七镇，可三万人，军溪西，直逼漳城之北，军容烜赫。翼日，决胜于龙虎山。耿精忠为左拒，赖塔为右拒，启圣在前，胡克又在启圣之前，挥兵二万先合。国轩败之，启圣亦败。精忠亲督战，斩退缩者三人，大呼而驰，赖塔尾之。两军酣战，海澄镇郑英、吴正玺皆没。国轩麾军退，收拾余兵，以保湾头。亢宿镇施明良受启圣贿，谋献思明，经劈之，常在左右。国轩入告曰："今军破国残，蹙地千里，殿下宜效先王之志，卧薪尝胆，亲君子，远小人，中兴之业，乃可图也。"经纳其言。而明良谋之益急，国轩杀之。及施世泽，琅之长子也，为女宿镇，再叛再降，又与其谋，故诛之。二十四年春正月，清军大举伐思明，经以左武卫林升为督师，率诸镇御之。方战而溃，国轩亦全师归，遂入东宁。

三十五年春正月，经薨，子克塽嗣，晋武平侯。十月，清廷以万正色为陆路提督，施琅为水师提督，将以伐台。克塽命国轩驻澎湖，拜正总督，假节行事。以征北将军曾瑞、定北将军王顺为副，擢林亮为右虎卫，改名豪，以援剿左镇陈谅为右先锋，提调陆师，右武卫林升为水师提调，左虎卫江胜副之，援剿右镇邱辉、援剿后镇陈启明各为先锋。修战舰，筑炮垒，讨军实，以待清师。三十七年夏六月，清军发铜山，窥澎湖。国轩知八罩屿恶，望间当有飓至，自督精兵，强逾二万，以戎旗一镇吴潜守风柜尾，果毅中镇杨德守鸡笼屿，后提督中镇张显守中湾，游兵镇陈明守四角山，中提督前镇黄球佐之，果毅后镇吴禄守内堑，侍卫后镇颜国祥佐之，壁宿镇杨章守外堑，右先锋镇李锡佐之，右虎卫领兵江高守东峙，侍卫殚忠营王鲤佐之。沿海巨舟星罗棋布，环设炮城，凌师以守。邱辉请曰："彼兵远来，乘其未定而击之，可破也。"建威中镇黄良骥曰："先人有夺人之心，击之便。"国轩不从。已而清军萃至，环泊花猫二屿，辉复请袭之，不许。十六日黎明，微风振栧，钲鼓传喧，两军将合。琅以七船突入郑腙，国轩以林升、江胜、邱辉、曾瑞、王顺各船迎之，焚杀过当，溅血声腾。时南潮正发，琅舟为急流分散。国轩师合，两翼齐攻，琅困不得出，其先锋蓝理突围救之，炮中其胸，琅亦集矢而却。林升几得琅，连中三矢，不退；炮伤其股，乃退。邱辉、江胜欲逐之，国轩不可。请宵战，又不可。越六日，琅分为八队，每队七船，皆三其叠。将战，有风从西北来，浡浥蓬勃，逢迎清军，士皆股栗。郑舰居上风，国轩麾之。琅大惊祷天，须臾雷发，立转南飙，军乃复起。国轩闻之，掀案而呼曰："天也！"遂决战，发火矢喷筒，燔焰怒张，水为之赤。宣毅左镇邱辉与总兵朱天贵遇，炮沉其船，往来冲突。琅督诸舟环攻，辉两足俱伤，负痛苦战，而势迫，遂投火药桶，毁船死。左虎卫江胜之船，突入阵中，杀伤过当，诸船萃攻，亦自沉死。征北将军曾瑞，定北将军王顺，水师副总督江钦，右先锋陈谅，援剿右镇郑仁，援剿后镇陈启明，护卫镇黄联，后劲镇刘明，折冲左镇林顺，斗宿镇施廷，水师一镇萧武，水师二镇陈政，水师三镇薛衡，水师四镇陈立，中提督中镇洪邦柱，中提督右镇尤俊，中提督后镇杨文炳，中提督亲随一镇陈士勋，龙骧左镇中协黄国助，龙骧右镇左协庄用，侍卫中镇黄德，侍卫右镇蔡智，侍卫骁翊协蔡添，侍卫领旗协林亮，侍卫左总辖毛兴，勇卫中协张显，勇卫左协林德，勇卫右协陈士勋，勇卫前协曾遂，中提督领兵协吴略，中提督左协林德，中提督前协曾瑞，中提督领旗协吴福，中提督前锋协陈升，中提督总理协陈国俊，右武卫右协吴逊，右武卫随征二营梁麟，水师二镇前锋副将李富，水师二镇左营副将张钦，水师三镇左营副将许端，水师三镇右营副将林耀，援剿右镇右营廖义，援剿前镇前锋营庄超，折冲镇左营陈勇，左提督后镇左营王受等，皆战死。损兵一万二千有奇，沉失大小师船一百九十四艘。戎旗一镇吴潜守西屿头，遥望众师渐没，趣左右欲赴援，而无舟，拔剑叹曰："大丈夫既不能为国驰驱，岂可偷生苟活，为世所笑乎？"遂自刎死。国轩见师败势蹙，乘走舸，从吼门而入东宁，与文武议奉克塽以降。琅至，归克塽于北京，封汉军公，国轩授天津总兵。

连横曰：古之所谓良将者，若白起、王翦之徒，皆能辟地强兵，以辅其国。世称功伐，彼盖有得于时也。不然以国轩之武略，使乘风云而建旗鼓，岂不足烜赫一世，而终为败军之将者，何哉？语曰：大厦将倾，非一木所能支。吴淑、何祐皆负骁勇，而亦无名，时之不得假也，悲夫！

# 卷三十

## 台湾通史

### 列传二

## 施琅列传

施琅，号琢公，福建晋江人。少从戎，唐王立福州，授左先锋，为平西侯郑芝龙部将。已而芝龙降清，子成功起兵安平，琅及弟显从之，收兵南澳，得数千人，遂略有金、厦。琅年少，号知兵，恃才而倨。有标兵得罪逃于成功，琅擒治，驰令勿杀，竟杀之。成功怒捕琅，逮其家，杀琅父及显。显时为援剿左镇。琅夜佚，顾四寨环海，无可问渡，匿荒谷中三日，饿且死。适佃兵锄园，见之，告以故。佃兵闻其才也，饭之。成功购琅急，曰："此子不来，必贻吾患。"令国中匿者族。琅乃偕佃兵之所部苏茂家，茂大惊失色。留二日，捕者迹至，茂伏诸卧内，幸无事。顾不可久留，乃假以一舟一剑一竖子，夜渡五通，入安平。久之降清，授同安副将，迁总兵。康熙元年，擢水师提督。二年，从伐两岛，以功加右都督。四年，挂靖海将军印，疏请攻台。夏四月，军出铜山，至外洋，为飓飘散而还。六年，清廷命孔元章至台议款，延平郡王经不从。琅闻之，上疏。七年，复上，略曰："郑经窜逃台湾，负嵎恃固，去岁朝廷遣官招抚，未见实意归诚。伏思天下一统，胡为一郑经余孽，盘踞绝岛，而折五省边海地方，画为界外，以避其患。况东南膏腴田园及所产鱼盐，最为财赋之薮，可资中国之润，不可以塞外风土为比也。倘不讨平台湾，匪特赋税缺减，民困日蹙，即边防若永为定例，钱粮动费加倍。是输外省有限之饷，年年协济兵食，何所底止？万一有惧罪弁兵，冒死穷民，以为逃逋之窟，似非长久之计。且郑成功之子有十，迟之数年，并皆长成，若有一二机智才能，收拾党类，结连外岛，联络土番，羽翼复张，终为后患。我边海水师虽布设周密，以臣观之，仅能自守，若欲使之出海征剿，实亦无几。况此精锐者老，习熟者疏，何可长恃？查自故明时，原住澎湖百姓有五六千人，原住台湾者有二三万，俱系耕渔为生。至顺治十八年，郑成功挈去水陆官兵眷口计三万有奇，为伍操戈者不满二万。康熙三年，郑经复挈去官兵眷口约六七千，为伍操戈者不过四千。然此数年，彼处不服水土，病故及伤亡者五六千人，历年渡海窜伺，被我水师擒杀者亦有数千，相继投诚者复有数百。今虽称三十余镇，皆系新拔，并非夙练之才。或辖五六百兵，或二三百，计之不满二万。船只大小不及二百，散在南北二路，垦耕而食，相去千有余里。郑经承父余业，智勇不足，战争匪长，各镇亦皆碌碌之流，不相联属。而中无家眷者十有五六，岂无故土之思乎？郑经之得驭数万之众，非有威德制服，实赖汪洋大海，为之禁锢。如一意招抚，则操纵之权在乎郑经；若大师压境，则去就之机在于有众，是为因剿寓抚之法。夫大师进剿，先取澎湖，以扼其要，则形势可见，声息可通。然后遣员往宣德意，若郑经势穷向化，可收全绩；倘顽梗不悟，俟风信调顺，即率舟师联综，直抵台湾，据泊港口，以牵制之。一往南路打鼓港，一往北路蚊港、海翁港，或用招诱，或图袭取，使其首尾不得相顾，自相疑虑。彼若分则力薄，合则势蹙。于以用正用奇，相机调度，次第攻击，可取万全之胜。倘彼踞城固守，则先清剿其村落党羽，抚辑其各社土番。狭隘孤城，仅容二千余众，以得胜之卒，攻无援之城，即使不破，亦将有垓下之变，固可计日而平矣。夫兴师所虑，募兵措饷。今沿边防守经制，及驻扎投诚闲旷官兵，皆为台湾而设。如听臣会同督提诸臣，挑选精锐，用充征旅，无事征募动费之烦。此等兵饷，征亦用，守亦用，与其束手坐食于本汛，何如简练东征于行间。至修整船只，就于应给大修很两领收，可无额外动支。若不足用，则浙、粤二省水师，亦为防海设立，均可选用。仍行该省督提，选配官兵，各举总兵一员，领驾协剿。安配定妥，无论时日，风信可渡，立即长驱。利便之举，诚莫过于此者。"诏琅入京，询方略，授内大臣，裁水师提督，尽焚战船，示无南顾之意。

二十年，大学士李光地奏言："经死，克塽幼，诸部争权，攻之必克。"因言琅习海，可专任。闽浙总督姚启圣亦荐之。再授福建水师提督，加太子太保。琅至军，简练舟楫，筹出师。二十一年秋七月，彗星见。给事中孙蕙疏请缓伐台湾，尚书梁清标亦以为言。诏且止军。琅意锐，复奏曰："我皇上御极以来，宇内廓清，无思不服。唯郑氏抗逆颜行，深费南顾之忧。臣复荷起用，重臣以水师提督之任，责臣以平定台湾之患，面奉天语，温谕谆谆。衔命以来，兼程疾走，抵厦视事。至本年四月终，方得船坚兵练，事事俱备，移请宁海将军臣喇哈达、侍郎臣吴努春阅看。臣即于五月初三日，会同督臣姚启圣统率舟师，至铜山，以俟夏至南风当令，联艅进发。第督臣以五月初一日，准部咨以进剿台湾关系重大之旨，随转意不前。三军侧听，一尽解体。臣自初七日，与督臣决计进取，力争十余日。至十六日，将军二臣抵铜山营所，臣又面恳将军，而督臣终执旨意。臣不便抗违，姑听主疏展期，实非臣之本意。本月初七日，承准兵部札付，以宁海将军喇哈等疏，称督臣提臣谓南风不如北风，臣深为骇异。窃思臣在铜山，与将军二臣言，并无此语。且日与督臣争执南风进剿，不惟三军皆悉其情，通省士庶亦无不知。且督臣日遣各总兵分道劝臣，权依督臣之议。今将军二臣具疏，竟不分析明白，陷臣推诿不前。若非皇上宽置不究，则臣先后具疏，自相矛盾，罪当万死。夫南风之信，风轻浪平，将士无晕眩之患。且居上风上流，势如破竹，岂不一鼓而收全胜。臣见督臣意坚，难以挽回，故聊遣赶缯快船三十二号。令随征总兵臣董义、投诚总兵臣曾成等领驾前往澎湖，瞭探消息。据其回报，来去无阻，见有明征矣。臣年六十有二，血气未衰，尚堪报称。今若不使臣乘机扑灭，再加数年，将老无能，是以臣鳃鳃必灭此朝食。如蒙皇上信臣愚忠，独任臣以军事，令督抚二臣催载粮饷接应，俾臣整顿官兵，时常操演，勿限时日，风利可行。则出其不意，攻其无备，何难一鼓而平。若事不效，治臣之罪。伏乞皇上大赐乾断，决策严旨，事必见效。民生幸甚，封疆幸甚。"许之。

二十二年春，治兵于海。光地假归，邂逅逆旅，询以众言南风不利行军之故。琅曰："非也。北风猛烈，入夜更甚，自此至澎，鱼贯而行，幸而不散，然岛屿悉为敌踞，未能一鼓夺之。无可泊舟，风涛振撼，军不能合，将何以战？若夏至前后二十余日，风微夜静，海水如练，可以碇泊，聚而观衅，举之必矣。故用北风者邀幸于万一，而南风则十全之算也。"光地韪之。六月十四日，发铜山，会于八罩屿，以窥澎湖。郑将刘国轩守之，知八罩屿恶，六月望间，当有飓至，自督精兵，强逾二万，蜂拥于风柜尾、牛心湾等处。又率林升、邱辉、江胜、陈起明、王隆、吴潜等将，集于鸡笼屿，环设炮城，凌师守之。琅令大小战舰，于风帆大书将帅姓名，知进退，定赏罚也。十六日黎明，风微振椗，钲鼓喧传，两军将合。琅令蓝理、曾诚、吴启爵、张胜、许吴、阮钦为、赵邦式七船，突入郑艅，焚杀过当，溅血声喧。时南潮正发，前锋数船为急流分散，郑师复合，两翼齐攻。琅望蓝理之船，度其不能强出，自将坐船，突围赴援。理伤炮还，琅亦集矢于目，夜收八罩。十八日，以甲裳裹首，集诸将，申军令，自总兵以下，皆按以失律罪，将斩之。诸将匍匐祈请，许以立功自赎，兵气复振，取虎井屿。明日琅独驾小舟，潜侦诸寨，还令诸军凿井。澎水多咸，泉竟甘出，众大喜。二十二日，誓师，分为八队，每队七船，皆三其叠。自统一队，居中调度，以八十余舟为后援，五十舟从东畔屿缀其归路，五十舟从西畔、牛心湾、内外堑为疑兵牵制。将战，有风从西北来，滓浥蓬勃。逢迎清军，士皆股栗。琅循师大呼曰："唯天唯皇上之灵，尚克相余。"天乃反风，军复大喜，两军大战，水为之赤。总兵朱天贵战死，总兵林贤亦重伤，自辰至于日中，未有胜负。琅策励诸将，奋勇争先。郑将林升、邱辉、江胜、陈起明、吴潜、王隆等皆没，焚毁大小战舰几二百艘，军万余人。国轩知势蘗，乘走舸自吼门出，以入东宁。澎湖既破，克塽遂降。琅命二等侍卫吴启爵先入台湾，谕官民剃发。八月十八日，琅至，克塽迎之。越数日，刑牲奉币，告于成功之庙曰："自同安侯入台，台地始有居民。逮赐姓启土，世为岩疆，莫可谁何。今琅赖天子之灵，将帅之力，克有兹土，不辞灭国之罪，所以忠朝廷而报父兄之职分也。但琅起卒伍，于赐姓有鱼水之欢，中间微嫌，酿成大戾。琅于赐姓，前为仇敌，情犹臣主。芦中穷士，义所不为，公义私恩，如是则已。"言毕泪下。台人闻之，为嗟叹曰："父仇一也，陨公辛贤于伍员矣。"捷书至阙，上大喜，解御袍赐之，封靖海侯，世袭罔替，仍管水师提督事。命侍郎苏拜至福建，与督抚及琅议善后。廷议以台湾险远，欲墟其地，琅疏言不可。旨下议政王大臣会议，仍未决，复询廷臣。大学士李霨请从琅议，启圣亦言收台之利。乃设府一县三，驻巡道，隶福建，调水陆兵，以总兵镇之。已又奏减台湾地租，许之。二十四年，请申严海禁。二十七年，入觐，优旨嘉锡。三十五年三月，薨于位，年七十有六。赠太子少傅，赐祭葬，谥襄壮。雍正十年，诏祀贤良祠。子世范袭爵，六子世骠亦有名。

**世骠**，以行伍出身，为守备，从父伐澎湖，有功，累迁至总兵。康熙四十七年，升广东陆路提督。五十一年，调福建水师提督。六十年夏五月，朱一贵起兵台湾，攻陷府县，号中兴王。世骠闻报，集诸将议，以厦门为闽南门户，而避乱者踵至，虑有变，严兵防堵，自率师船赴澎湖。而总督满保已檄南澳镇总兵蓝廷珍会师矣。六月十三日，以林亮、董方为先锋，进攻鹿耳门，克之。又破安平，迫府治。一贵凌师以拒，大战于二鲲身，廷珍亦率所部助战。一贵北走，追之，入府治。而世骠已先一日传令水陆合击，驻南较场。闰六月，一贵被擒，槛致北京，余党亦次第平。八月十三日，怪风暴雨，相逼为灾，兵民多死。世骠终夜露立，遂病。九月，卒于军中下旨悼恤，赠太子太保，赐祭葬，谥勇果。

**蓝理**，字义甫，又号义山，福建漳浦人。少桀骜自大，不屑与群儿伍。伟躯干,力可举八百斤。以事下狱论斩,耿精忠之变,纵之,令赴藩下效力,不从。闻康亲王伐闽,间道出仙霞关,谒军前。王嘉其勇,命从军,以功授松溪营游击。未几迁参将,又以罪下狱。康熙二十三年,清军伐台湾,靖海将军施琅闻其勇武,奏赦之,署提标右营游击,为先锋。有二卒市薪,为提标噶叭什所殴,且诋理。理擒斩之,赍文飞报曰:"今日上吉,先锋启行。"琅闻之不说,既而曰:"虎将也,必成功。"率师随之,战于澎湖。理入郑艍,中炮,肠流出,族子法侍侧,裂帛以裹,理犹奋斗,郑师复合,杀伤过当。琅度其船终不能强出,自驾救之,夜收八罩,上其功,至舟慰劳。其后再战,戒左右勿使理知。琅舟遇险,不能出,谍者飞报。理负创起,趣救之,获胜。台湾平,纪功第一,乞归省。越二载入京,过赵北口,遇卤薄,舍骑入梁园中。上遣侍卫问谁骑,理出伏地,奏曰:"臣蓝理从福建来者。"曰:"是征澎湖拖肠血战之蓝理否?"对曰:"是。"问血战状,解衣视之。复召至行宫,授陕西神木副将。未行,改授宣化府总兵官,挂镇朔将军印。数年移镇天津,迁福建陆路提督。后以罪入旗,越数载赐还,卒于家。

**吴英**,字为高,泉州人,寄籍莆田。康熙二年,以金、厦战功,授都司。耿精忠之变,为浙江提督左军游击。会宁海军视师,问诸可膺大任者。提督以英对,遂授先锋,历战有功,擢副将,任浙闽总督中军,寻镇同安。时沿海迁界,民失其业,值岁凶,请总督姚启圣许民出海采捕,全活甚众,移兴化镇。二十二年夏六月,清军伐台湾,遂统陆师为副,克澎湖,驻师东宁数月,禁暴诘奸,市肆不扰。凯旋入觐,温旨嘉褒。调舟山,寻擢四川提督,凡十一年。授福建陆路提督,嗣改水师。后以年老乞休,加威略将军。卒赠太子少保,台人建祠郡治,今圮。

**朱天贵**,福建莆田人,为延平郡王部将,任楼船左镇。康熙十九年,清军伐思明,从督师林升御之。及战而降,授总兵,历任至平阳镇。二十年,总督姚启圣奏调福建。明年夏六月,靖海将军施琅伐台,天贵从之,大战于澎湖,中炮死。启圣上其功,诏赠太子少保,谥忠壮。是时平台立功者,有海坛总兵林贤,金门总兵陈龙,铜山总兵陈昌，厦门总兵杨嘉瑞，副将蒋懋勋、林葵、詹六奇，参将罗士珍，游击林瀚、王朝俊、许毅、张胜、何应元、曾成功、吴辉、赵邦式，二等侍卫吴启爵，各晋封有差。

连横曰：施琅为郑氏部将，得罪归清，遂籍满人，以覆明社，忍矣！琅有伍员之怨，而为灭楚之谋，吾又何诛。独惜台无申胥，不能为复楚之举也，悲夫！

## 吴球、刘却列传

台湾归清以后，人思故国，时谋光复，民变之役凡十数起，而吴球为首。

**吴球**，明之遗民也，居于诸罗之新港，素有志，与草泽豪杰图举大事而未发也。朱祐龙者明裔也，国变后，居村落，与球素往来。祐龙亦有志者。康熙三十五年秋七月朔，球家设兰盆会，演剧，至者十数人，其妹婿陈枢适来访。枢为凤山县粮吏，方侵吞官谷，虑事觉而罪也。是夜球留宴，众欢呼狂饮，席间有言官吏暴状者，皆叹息。球曰："吾辈亡国之人，贱于豚犬，生死宰割，权操自彼，亦唯自怨其不辰尔，夫何言？"枢闻之，愤起曰："诸君岂皆无血气哉，大丈夫亦好自为尔！"球曰："弟固有心者，特患少同志尔。"众皆曰："吴大哥苟有所命，生死以之。"时悉被酒，球复言曰："吾辈久遭残暴，全台愤怨，今若举大事，推祐龙兄为首，以复明之旨，号召四方，则我台同志必有助我者。"举杯为誓，约期起兵，各散去。枢匿球家，招募渐众。其党余金声与保长林盛友，约相助，盛佯许之，夜奔郡告变。郡吏闻，檄北路参将陈贵往捕，球谋拒之。初八日，集众列械以待，分告南北，而召募未成，诸人疑惧不敢应。兵至，球力战不敌，被捕，枢等六人亦同俘。毁其居，下郡讯，乃悉其谋，皆戮之。祐龙走入山。越五年而有刘却之变。

**刘却**，亦诸罗人，为管事。精技击，以武力雄一乡，四方无赖群附之，歃血为盟，集健儿数百，所居村，盗无敢入者。众中有谋起事者，虑却不许，乃夜燃樟脑瓦上，火光熊熊，上灼云汉。却见之大惊，众相聚语，以为吉兆。却颇自负，遂谋起事。当是时，明室虽亡，而种性之念，尚濡人心。且台自归清后，视之亦不甚惜，守土官又无能为，却轻之。穴地于舍，佯置田器，治军械，约日举兵。康熙四十年冬十二月初七日，遍召其党，扬旗击鼓，攻下茄苳营，毁之。袭茅港尾，入市中，汛兵见而走，附近熟番亦为乱，掠劫民家。却退次急水溪，北路参将白通隆整军以御，镇道两标亦发兵援之。十二日，官兵大集，战于急水溪，杀伤相当。已而却败，党人陈华、何正等十余人皆死。却入山，众各散去。越二年，又谋起事，往来北港，密集其徒。二月上旬，至秀水庄，为官兵侦知。却执棒立门外，上下飞击，当者莫不辟易，乃火其居。夺围出，中弹仆，擒之，解郡，戮于市。长子某亦杖毙，妻孥皆发配。

连横曰：吴球、刘却以编户之细民，抱宗邦之隐痛，奋身而起，前后就屠。人笑其愚，我钦其勇。呜呼，此岂有激而为者欤！

## 朱一贵列传

**朱一贵**，少名祖，漳之长泰人，或言郑氏部将也。明亡后，居罗汉内门，饲鸭为生，地辽远，政令莫及。性任侠，所往来多故国遗民，草泽壮士，以至奇僧剑客，留宿其家，宰鸭煮酒，痛谭亡国事，每至悲歔不已。当是时，升平日久，守土恬嬉，绝不以吏治民生为意，一贵心易之。康熙六十年春，凤山知县缺，知府王珍摄县篆，委政次子，事苟苴，征税苛刻，县民怨之。又以风闻治盟猷者数十人，违禁入山伐竹数百人，众莫可诉。黄殿者亦罗汉门人，与一贵善，谋起兵，诛贪吏，集众数百人。三月，李勇、吴外、郑定瑞等相率至一贵家，聚谋曰："今地方长官但知沉湎樗蒲尔，政乱刑繁，兵民瓦解，欲举大事，此其时矣。"一贵曰："我姓朱，若以明朝后裔，光复旧物，以号召乡里，则归者必众。"佥曰："可。"

四月十九日，李勇、吴外、郑定瑞、王玉全、陈印等五十有二人，就黄殿家奉一贵为主，焚表结盟，椎牛飨士，至者千数百人。树红旗，书大元帅朱，夜攻冈山汛，克之。报至，总兵欧阳凯议出师，中营游击刘得紫请行，弗许。命右营游击周应龙率兵四百往，又白道府，遣台湾县丞冯迪调新港、目加溜湾、萧垄、麻豆四社番随行。是日小雨，应龙行五里，驻半路店。翌日复行十五里，屯角带围。一贵出槟榔林，败把总张文学，多获军装。应龙隔一溪，不能救，遂略大湖而去。粤人杜君英居凤山之下淡水，闻一贵起兵，揭旗应，有众数百人。而郭国正、翁义起草潭，戴穆、江国论起下埤头，林曹、林骞、林璉起新园，王忠起小琉球，皆愿从君英，约一贵共事，于是一贵移屯冈山之麓。应龙至小冈山，两军遇战。一贵退驻袁交友庄，应龙亦收兵回二滥，纵焚掠，土番乘势多杀人，所在骚动，进扎楠梓坑，而君英已破下淡水汛矣。南路营参将苗景龙请援，应龙至赤山。一贵、君英合击之，踉跄走，千总陈元战死，把总周应遂被禽。一贵逐之，迫府治。君英亦别破凤山，杀把总林富，守备马定国战败自刎死。苗景龙走万丹，为郭国正所杀，以其头献一贵。郡中骤闻赤山之败，哗然大震，文武各遣眷宵遁，先后驾舟出鹿耳门，土民亦相率逃窜。总兵欧阳凯率兵千余，出驻春牛埔，水师副将许云亦率兵五百来会。时尚未有城也，军中夜惊，镇兵四散，黎明稍集。四月晦，一贵兵至，许云拒战，水师奋勇，陆师继之。一贵稍却，屯芋蓁林。五月朔，一贵复至，君英方率所部来，众可数万。镇兵未战而溃，把总杨泰刺欧阳凯坠马，众馘其首。守备胡忠义、千总蒋子龙、把总林彦、石琳皆死，游击刘得紫、守备张成俱被擒。许云力战，

## 卷三十　列传二

与游击游崇功、千总林文煌、赵奇奉、把总李茂吉皆阵没，余各驾舟逃。巡道梁文煊、知府王珍、同知王礼、台湾知县吴观域、县丞冯迪、典史王定国、诸罗知县朱夔、典史张青远偕走澎湖。君英先人，驻镇署，一贵继至，驻道署，出示安民，禁杀掠。开赤嵌楼，郑氏以贮军器，四十年来莫有启者，得大炮刀枪硝磺弹药甚多。是日诸罗县人赖池、张岳、郑惟晃、赖元改、万和尚、林泰、萧春等起兵应。越三日，破县治，北路营参将罗万仓战死，赖池、张岳以其首来献。众见全台俱得，奉一贵为中兴王。一贵冠通天冠，黄袍玉带，筑坛受贺，祭天地列祖列宗及延平郡王。遵故明，建元永和。布告中外曰："在昔胡元猾夏，窃号神州，秽德彰闻，毒遍四海。我太祖高皇帝提剑而起，群士景从，以恢复区宇，日月重光，传之万世。逆闯不道，弄兵潢池，震动京师，帝后殉国，地坼天崩，椎心泣血。东南忠义，再造邦基，秣马厉兵，方谋讨贼。何图建虏，乘隙而入，借言仗义，肆其穷凶，窃据我都邑，奴僇我人民，颠覆我邦家，殄灭我制度。长蛇封豕，搏噬无遗，遂使神明胄子，降为舆台；锦绣江山，沦于左衽。呜呼痛哉！延平郡王精忠大义，应运而生，开府思明，经略闽、粤。旌旗所指，喋血关河，使彼建虏，疲于奔命。则有熊罴之士，不二心之臣，戮力同仇，效命宗国。南京之役，大勋未集，移师东下，用启台湾。率我先民，以造新邑。遥奉正朔，永戴本朝。蓄锐养精，俟时而动。虽张坚之王扶余，田横之居海岛，史策所载，犹未若斯之烈也。天未厌祸，大星遽殒；兴王之气，猝尔消沉。然东都片壤，犹足以抗衡海上焉。嗣王冲幼，辅政非人；大厦将倾，一木难柱。以故权奸窃柄，偷事宴安；叛将称戈，甘为罪首。沧海横流，载胥及溺。茫茫九州，无复我子孙托足之所矣。哀哉！夫盛衰者时也，强弱者势也，成败者人也，兴亡者天也。古人有言，炎炎之火，可焚昆冈。是以夏后一成，能复故国；楚人三户，足以亡秦。况以中国之大，人民之众，忠臣义士之眷怀本朝，而谓不足以诛建虏者乎？不佞世受国恩，痛心异族，窜逃荒谷，莫敢自逞，仡苦停辛，垂四十载。今天启其衷，人思其旧，揆时度势，否极泰来。爰举义旗，为天下倡。群贤霞蔚，多士云兴。一鼓功成，克有全土。此则列圣在天之灵实式以凭，而中兴之运可操左券也。夫台湾虽小，固延平郡王肇造之土也，绝长补短，犹方千里。重以山河之固，风涛之险，物产之饶，甲兵之足，进则可以克敌，退则可以自存。博我皇道，宏我汉京，此其时矣。唯是新邦初建，庶事待兴，引企英豪，同襄治理。然后奖帅三军，横渡大海，会师北伐，饮马长城，捣彼虏庭，歼其丑类，使胡元之辙复见于今，斯为快尔！所望江东耆艾，河朔健儿，岭表孤忠，中原旧曲，各整义师，以匡诸夏。则齐桓攘夷之业，晋文勤王之劳，赫赫宗盟，于今为烈。其或甘心事敌，以抗颜行，斧钺之诛，罪在不赦。夫非常之原，黎民所惧；救国之志，人有同心。敢布区区，咸知大义。二三君子，尚克图之！"于是大封诸将，以王玉全为国师。王君彩、洪陈为太师，杜君英、陈福寿、李勇、吴外、翁飞虎、陈印、戴穆、郑定瑞、郭国正、颜子京、杨来、黄殿、刘国基、黄日升、江国论、王忠、林曹、薛菊、林骞、林琏、陈正达、张秀、赖池、赖元改、郑惟晃、郑文苑、陈成等为国公，张岳不受公爵，为将军，陈灿、苏天威等为侯，张阿山、卓敬、陈国进等为都督，萧斌、詹遴为尚书，内阁办事，麻恩、林玉为辅弼大将军。文自部科以下，武自副参以下，凡数十人。郑定瑞、苏天威尤骁勇。命率兵三千，守鹿耳门。饬兵民蓄发，复明制。

初，君英入府时，欲立其子会三为王，众不服，君英恚甚，每事骄蹇，掠妇女七人，闭署中，一贵出令禁淫掠；戴穆强娶民女，一贵杀之；洪阵私鬻官札，亦杀之，众震悚。君英所掠女，有吴外戚属，外请释，不听，怒欲相攻。一贵曰："立国之初，宜严法典，如此妄举，何以长民？"遣杨来、林琏让之，君英不从，且拘使。一贵怒，命李勇、郭国正讨之。君英败，率粤人数万，北走虎尾溪，驻猫儿干。淡水营守备陈策闻变，勒兵守要害。有范景文者潜入境，谋起事，被杀，策急遣人渡厦门请救。方是时，闽浙总督觉罗满保既接台变之报，兼程赴厦，檄南澳镇总兵蓝廷珍出师，而水师提督施世骠已先赴澎湖矣。六月十六日黎明，清军抵鹿耳门。天威率兵据险，炮台亦发炮以拒，别以小舟往来奋击。清军前锋林亮、董方以六巨舟冒死进,发炮还攻。两军合战,血溅声喧,迄未胜负。亮望炮台火药堆积,弹中其中,轰然大震,烈焰燔空。天威退安平,清军复至,与定瑞列兵迎,鏖战数时,亮、方陷阵。廷珍率大队继之,众可五千,天威退驻东都。翌日,一贵遣杨来、颜子京、张阿山、翁飞虎率兵八千余人,取安平。清军拒战,别以一队会战于四鲲身,及暮始息。越日复战于涂垫埕。其明日,一贵以李勇、吴外、张阿山、翁飞虎、陈印、杨来、郭国正等统兵数万,驾牛车,列盾为阵,复取安平,大战于二鲲身。飞虎气锐,率所部乌龙旗为先锋,驱车拥盾,冒炮火冲突而至。大队继之,颇杀伤。清军不能当,愕眙相视。廷珍见势迫,亲督大炮,连环齐发,盾不能御。飞虎弃车而走,短兵接战,死伤枕藉。清军援至,又以炮船附岸夹击。飞虎犹力战,终不敌,乃退保东都。一贵议战守之计,王玉全曰:"东都之险,在于安平。安平已失,无险可据,不如退守诸罗,扼财赋之区,用民番之众,表里山河,犹无害也。"江国论曰:"古人有言,卧榻之侧,岂容鼾睡。今清军在安平,战胜而骄,臣愿率一旅,从西港仔偏袭之。邀天之幸,乃为后图。"一贵曰:"将军为国效命,忠勇可嘉。"命林曹、黄殿、林骞、林琏等偕往。世骠接报,密遣林亮、董方、魏大猷、洪平以兵千二百名来拒。翌早,廷珍知其事,急晤世骠曰:"谋必出于万全,岂可恃胜轻举?闻敌多在萧垄、麻豆之间,西港仔乃其肘下,距府不远,呼应立至,又多竹林可埋伏。彼如以数千人分布要害,四面掩击,则我军危矣。"世骠瞿然曰:"如何?"廷珍曰:"我当亲往。"二十一日初昏,留所部三分之一,会攻府治,率舟师五千五百余人而进。而国论已与林亮、董方大战于苏厝甲,清军将败。廷珍分兵八队,自领麾下五百为中军。国论邀战,呼声动地,无不奋勇突击,死伤相当。然清军势盛,乃收军而退,薄暮至旭头店,夜往劫营。廷珍有备,不利。翌日复战于木棚,世骠亦率军以攻府治之南。一贵自率诸将拒战,自晨至于日旰,营垒尽失,乃率所部而北。世骠、廷珍以次入郡,捷报厦门。总督满保以廷珍署台湾总兵,命兴泉道陶范赍上谕至台,并署台厦道事。汀州知府高铎知台湾府，建宁通判孙鲁署台湾府同知，兼摄县事，海澄知县刘光泗署凤山，漳浦知县汪绅文署诸罗。一贵之北去也，驻大穆降。廷珍以参将王万化、林政等南下，收凤山县。颜子京、郑定瑞等拒战不利，遂被杀。以游击林秀、薄有成等攻大穆降，一贵走湾里溪，清军追之，走下茄苳。

初，漳浦人王仁和往来沟尾庄，与庄人杨石善，知其族杨旭、杨雄等为一方巨擘，可与谋，以言恬之，石许焉。仁和密告廷珍，各与以守备千总衔札，令禽一贵。而苏山、黄遵为、李祖赍书于杨旭，亦与谋，于是密纠沟尾等庄乡壮以待。闰月初五日，一贵率千数百人至，旭、雄椎牛飨之，许号召六庄子弟以助。一贵曰："能如是，岂唯孤受其赐，其自太祖以下实嘉赉之。"翌日，赴月眉潭庄，雄邀其归。薄暮大雨，分所部居，集六庄乡壮佯为守护，潜以水灌所带之炮。夜阑大呼，一贵惊起，伏者尽出，遂被擒。王玉全、翁飞虎、张阿山在焉，吴外、陈却率众突围出，余多走。旭缚一贵置牛车，赴八掌溪，交游击林秀解赴世骠营。廷珍会讯，一贵岸然立。廷珍叱之跪，不从。廷珍骂曰："朝廷深仁厚泽，待汝不薄，汝何反？速自陈。"一贵曰："孤为大明臣子，兴师光复，何言反？汝等堂堂汉人，甘心事虏。乃真反尔。"廷珍怒，命捶其足，至不能立，伏地而号。顾飞虎曰："大丈夫死忠义尔，事之不成天也，卿其无怼。"对曰："君有所命，敢不勉从！"于是槛送厦门，满保命解赴北京。

初，赖池、张岳既据诸罗，北路营千总陈徽、把总郑高遁入山。已而起兵来夺，杀赖元改，以其头祭参将罗万仓。一贵闻报，檄翁飞虎、江国论救之，复得诸罗。至是，廷珍命游击朱文福、谢希贤等率兵至，万和尚被杀，杨来亦为大排竹人所戮，于是吴外、陈印、李勇、陈正达、林曹、林骞、林琏、郑惟晃、张看等次第被擒。淡水营守备陈策已引兵南下半线，谢希贤亦以兵北上，与援淡之军合。先是，一贵起兵时，下淡水庄粤族侯观德、李直三等不从，独建大清义民旗，联络各庄，筹战守。一贵遣陈福寿、刘国基、薛菊、王忠、刘育等率众数万攻之。六月十九日，大战于下淡水溪。刘育阵殁，福寿败自刎，为左右所救，乃入山。刘国基、薛菊、王忠俱奔琅璚。外委陈章闻之，与林尚、苏庚驾船往，说以投诚，三人皆首肯。有提督差官至，举动傲岸，责以拜跪。王忠曰："今若此，至郡可知。"遂遁去。章以刘国基、薛菊见廷珍。七月，江国论、郑元长集余党，树旗于阿猴林。廷珍发兵往，国论、元长俱窜北路，差员张腾霄邀之俱至。杜君英之去也，久处罗汉门山中，及闻陈福寿就抚，心稍动。廷珍檄守备施恩、陈祥说降，君英恐被绐，欲见福寿，询情实。廷珍即命福寿往，君英果出。越三日，其子会三亦出，皆留署中。居有顷，廷珍呼君英等至幕下，绐之曰："顷得制府来书，欲授若辈备弁，今有船可速赴厦考验。"国论不可。廷珍叱曰："汝福薄，固知非有官相者。"君英许诺。国论知不可留，亦请行，遂与陈福寿、郑元长、杜会三俱赴厦门。满保奏解北京，与一贵对质。讯之日，刑官问一贵曰："汝一匹夫，敢谋大逆，果何为者？"一贵曰："欲复大明尔。"于是与李勇、吴外、陈印、王玉全、翁飞虎、张阿山俱被磔，亲属同坐。杜君英、杜会三、陈福寿以就抚故，斩于市，黄殿、江国论、郑元长等亦先后就戮。唯王忠窜入后山卑南觅，数年乃获，诏以台变文武诸员，令总督提督会审。十二月十八日，悉斩于台湾，而一贵之役次第平。

连横曰：朱一贵之役，漳浦蓝鼎元从军，著《平台纪略》，其言多有可采。而曰台人平居好乱，既平复起，此则诬蔑台人也。吾闻延平郡王入台之后，深虑部曲之忘宗国也，自倡天地会而为之首，其义以光复为归。延平既没，会章犹存。数传之后，遍及南北，且横渡大陆，浸淫于禹域人心，今之闽、粤尤昌大焉。婆娑之洋，美丽之岛，唯王在天之灵，实式凭之！然则台湾之人固当以王之心为心也。顾吾观旧志，每蔑延平大义，而以一贵为盗贼者矣。夫中国史家，原无定见，成则王而败则寇，汉高、唐太亦自幸尔，彼岂能贤于陈涉、李密哉？然则一贵特不幸尔。追翻前案，直笔昭彰；公道在人，千秋不泯。鼎元之言，固未足以为信也。

## 欧阳凯列传

**欧阳凯**，福建漳浦人。康熙五十七年，任台湾镇总兵，加左都督。六十年春，朱一贵谋起事，有粤人高永寿者，负贩为生，途次见一病人，饿且死，救之，亦不问其姓名。一日至南路，遇之，歔欷感泣，引入山，置酒待，偕见一贵。刀枪森列，具言起兵事，邀入党。佯许之，乘间走赴南路营告变，弗信。至府，复告镇署，凯亦弗信，且以为狂。会巡道梁文煊鞫问，坐妖言惑众论死，从宽递回原籍。

方是时，文恬武嬉，固不以治乱为意。已而一贵果起事，破冈山汛。报至，中营游击刘得紫请行，不许。右营游击周应龙，庞然魁伟，议论风生，令以兵四百人往，大败而逃。一贵逐之，迫府治。凯率镇兵出驻春牛埔，军中夜惊，黎明稍集。五月朔，一贵来攻，镇兵内乱，把总杨泰刺凯坠马，馘首去，右营守备胡忠义、千总蒋子龙、把总林彦、石琳皆战没，府治遂陷。事平，诏赠太子少保，赐祭葬，荫一子以守备用。

**忠义**，陕西长安人，子龙、林彦皆福建闽县人。琳，永定人，为汀州镇标中营把总，适带班兵渡台，赴战死。马定国陕西人，为台湾南路营守备，死于凤山。陈元福建侯官人，为镇标左营千总；林富福建长汀人，为南路营把总，皆死于赤山。各予恤，赐祭葬，荫一子以卫千总用。孙文元云南人，康熙五十七年，任台湾镇左营游击，及是兵败，走鹿耳门，投海死。赠拖沙拉哈番，予恤，赐祭葬，荫一子以守备用。俱祀忠义祠。

**许云**，福建海澄人。康熙五十七年，任台湾水师副将。朱一贵之役，南路既失，总兵欧阳凯出驻春牛埔，云率水师援之。五月朔，一贵攻府治，镇兵败，凯死。云冲突血战，与游击崇功、千总林文煌、赵奇奉、把总李茂吉奋臂大呼，所向披靡，自黎明至日中，矢穷炮尽。云重创，坠马步行，犹手刃数十人，弁兵俱没。次子方度在旁，顾之曰："吾为副将，义当死。汝其速突围出，将安鹿耳门各炮封钉，无畀敌。"方度从之，云遂阵没。事闻，赠他拉布勒哈番世袭，赐祭葬，荫一子以守备用。方度后随参将王万化攻鹿耳门安平镇，有功，补台湾镇中营游击。

**崇功**，漳浦人，康熙六十年春，任水师左营游击，巡哨笨港，闻报，以兵还至鹿耳门。见文武眷舟逃出，叹曰："官者兵民之望，官眷逃则人心散，大事去矣。"登岸赴敌。壻叩马请区处家属，叱之曰："今日遑知有家哉！"麾军至春牛埔，手持大刀，左右驰突，遂战死。赠拖沙拉哈番，赐祭葬，荫一子以守备用。奇逢广东人，文煌侯官人，茂吉漳浦人，俱赐祭葬，荫一子，以卫千总用，入祀忠义祠。安平人士悯其死，别建五忠祠以祀。

**罗万仓**，陕西宁夏人。康熙五十八年，任台湾北路营参将，驻诸罗。朱一贵之役，府治既失，万仓骤筹战备。五月初四日，赖池、张岳、郑惟晃等率众来攻，万仓与千总陈徽、把总郑高、叶旺分门拒之，而自当其南，奋战尤烈。顾无援，所部略尽，陈碧以枪刺其喉颠，张岳、赖元改挥刀斩之，以头献一贵。妾蒋氏见乘马逃归，溅血被体，大呼曰："吾夫其死矣。"遂自缢。事闻，赠拖沙拉哈番世袭，赐祭葬，荫一子以守备用。蒋氏下旨旌表，祀节烈祠。

# 蓝廷珍列传

**蓝廷珍**，字荆璞，福建漳浦人。少勤恪力田，忽有所怀，喟然叹曰："吾其为持戟之士乎？"族祖理镇舟山，释耒从之。康熙三十四年，擢把总，累迁至温州镇右营游击，获海寇有功。五十八年春，迁澎湖副将，寻授南澳镇总兵。六十年夏五月，台湾朱一贵起兵，据府治。闻警，简师徒，治军实，上书总督满保请行，并陈进兵事宜。满保赴厦，途次得书大喜，命统水陆军万二千名，战船四百余艘伐台，而水师提督施世骠已先至澎湖矣。会议军略，部署既定，以林亮、董方为先锋。六月十六日，进攻鹿耳门，克之。复攻安平，再克之。逼府治，一贵败不敢出。世骠用降者计，夜遣林亮、董方率兵千二百从西港仔暗渡，以出府治之背。廷珍见曰："此诚奇计。顾彼众我寡，脱有失，将奈何？"世骠曰："然则何如？"曰："公宜速遣将弁至濑口涂、壆埕等处，分道夹击，某当亲率大军，以继林、董二将之后，方可万全，府治恢复，在此数日间尔。"平明，大战于苏厝甲，一贵稍却。复战，追之至木栅，又败之茑松溪。一贵北去，遂入府治，而世骠至。闰八月，一贵被擒，地方渐平。署台湾镇总兵，仍统诸军。九月，世骠卒，署理提督印务，遂抚杜君英父子而械之，余党悉平。

满保以经理台疆，拟画沿山之界，禁出入。廷珍复之，略曰：人情安土重迁，既有田畴庐舍，室家妇子，环聚耕凿。一旦驱逐搬移，不能遍给以资生之藉，则无屋可住，无田可耕，失业流离，必为盗贼，一可虑也。其地既广且饶，宜田宜宅，可以容民畜众。而置之空虚，无人镇压，则是弃为贼巢，使奸宄便于出没，二可虑也。前此台地何人非贼，国公、将军而外，伪镇不止千余，今诛之不可胜诛，俱仍安居乐业，而独于附近贼里之人，田宅尽倾，驱村众而流离之。邻贼之罪，重于做贼，三可虑也。台寇虽起山间，在郡十居其九，若欲因贼弃地，则府治先不可言。况郎娇并无起贼，虽处极边，广饶十倍于罗汉，现在耕凿数百人，番黎相安，已成乐土。今无故欲荡其居，尽绝人迹往来，则官兵断不肯履险涉远，而巡入百余里无人之地。脱有匪类聚众出没，更无他人可以报信，四可虑也。锯板抽藤，贫民衣食所系。兼以采取木料，修理战船，为军务所必需，而砍柴烧炭，尤人生日用所不可少。暂时清山则可，若欲永永禁绝，则流离失业之众，又将不下千百家，势必违误船工,而全台且有不火食之患,五可虑也。疆土既开,有日辟,无日蹙。台地宋、元以前,并无人知,至明中叶,太监王三保舟下西洋,遭风至此,始知有此一地。未几而海寇林道乾据之,颜思齐、郑芝龙与倭据之,荷兰据之,郑成功又据之。国家初设郡县,管辖不过百余里,距今未四十年,而开垦流移之众,延袤二千余里,糖谷之利甲天下。过此再四五十年,连内山山后野番不到之境,皆将为良田美宅,万万不可遏抑。今乃欲令现成村社废为圮墟,厉禁不能,六可虑也。曩者诸罗令周锺瑄有清革流民,以大甲溪为界之请,凤山令宋永清有议弃郎娇之详。今北至淡水、鸡笼,南尽沙马、矶头,皆欣然乐郊,争趋若鹜。虽欲限之,恶得而限之?职等愚见,以为人无良匪,教化则驯;地无美恶,经理则善。莫如添兵设防,广听开垦,地利尽。人力齐,鸡鸣狗吠相闻,而彻乎山中,虽有盗贼,将无逋逃之薮。何必因噎废食,乃为全身远害哉?今窃议于罗汉内门中埔庄,设汛防兵三百名,以千总一员驻扎其地,郎娇亦设千总一员、兵三百,控扼极边一带。三六九期,操演之外,准其自备牛种,就地屯田,以为余资,虽险远而弁兵便焉。槺榔林在平原旷土之中,杜君英出没庄屋,久被焚毁,附近村社,人烟稠密,星罗棋布,离下淡水营内埔庄汛防不远,无庸再议。至各处乡民欲入深山,采取树木,或令家甲邻右互结,给与腰牌,毋许胥役需索牌费一分一厘,听从其便。伏读宪檄,添防之制,宜速议定,以便题覆。夫今所宜更议者,惟罗汉门、郎娇而已矣。外此则移八里坌汛千总驻扎后垄,为半线淡水适中之地,及添设文员诸事,尚未举行。其余俱经遵照宪檄,于南路添设下淡水营守备,带兵五百驻扎新园,设冈山守备,带兵五百,驻扎淡水溪埔,扼罗汉门诸山出没窦径。北路添设半线守备一营,带兵五百,居诸罗、淡水之中,上下控扼,联络声援。以诸罗山守备驻扎笨港,增兵二百名,添设下茄苳守备一营,兵五百。郡治添设城守游击一营,兵八百,与镇标三营相埒。再加罗汉门、郎娇各添设汛防兵三百,则全台共计增兵三千六百名,较宪檄前指之数,止多一百。但此三千六百之兵,不须请旨额外添设,就内地各标营分额招募,按班来台，如往例三年一换，然后内地不致空虚，无顾子失母之病。诸罗地方辽阔，鞭长不及，应划虎尾溪以上，另设一县，驻扎半线，管辖六七百里。鹿子港虽口岸扼要，离半线仅十五里，不用再设巡检，将巡检设在淡水八里坌，兼顾鸡笼山后。笨港设巡检一员，驻扎笨港，佳里兴巡检仍还佳里兴驻扎，兼管目加溜湾，移典史归诸罗县治。南路凤山营县，虽僻处海边，不如下埤头孔道冲要，然控扼海口，打鼓眉螺诸港乃匪类出没要区，当仍其旧，不可移易。添设凤山县丞一员，驻扎搭楼，稽察阿猴林、笃佳等处，弹压东南一带山庄。下淡水巡检一员，不许留郡，仍令驻扎下淡水，稽察淡水以南各庄及诸海口。台、凤、诸各县各练乡壮五百名，在外县丞巡检各练乡壮三百名，无事则散之陇亩，有役则修我戈矛，乡自为守，人自为兵，此万全之道也。满保韪之，乃罢议。

六十一年，廷议以两次平台，皆先驻军澎湖，而后进兵，将移总兵官于此，而府治仅设陆路副将。廷珍以为不可，上书论之，语在《军备志》。而提督姚堂亦上奏，仍以总兵官驻台湾。廷珍乃筹善后之策，论筑城，增戍兵，行保甲，办团练，语多可采。以次班师。雍正元年冬十月，授福建水师提督，加左都督，世袭三等阿达哈哈番。既至，整饬军务，信赏必罚，爱惜贤才，所汲引者，多位至节钺，军民皆欢戴之。七年冬十一月，卒于任，年六十有六，赐帑治丧，赠太子少保，谥襄毅。孙元枚亦有名。

**元枚**，字简侯。乾隆三十三年，以世职补广东参将，寻擢副将。三十八年，迁台湾镇总兵，调金门镇。四十九年，授江南提督。五十二年，台湾林爽文起兵，南北遏绝，诸将无功，廷议以元枚熟悉情形，命驰驿泉州，署陆路提督。时水师提督黄仕简、陆路提督任承恩拥兵不进，诏夺承恩职，以元枚代之。四月，参赞军务，督福建兵二千，由蚶江渡鹿港，进规彰化，后至浙兵，亦归节制。六月，会总兵普吉保攻柴坑，获胜。下旨嘉奖，赏戴双眼花翎。寻奏约会柴大纪夹攻斗六门，未平。八月，卒于军。下旨悯悼，赠太子太保，发帑治丧，赐祭如礼，谥襄毅。易名之典，与乃祖同，亦佳话也。

## 卷三十　列传二

**林亮**，字汉侯，福建漳浦人。生四岁丧母，伶丁孤苦，然性不羁，好结纳当世贤豪。尝曰："男子桑弧四方，安能屈守乡间，长为农夫没世哉？"属滨海多事，决意从戎，习骑射刺击，留心海务，岛澳险夷，舟航利钝，营阵战伐，靡不讲求熟悉，识者觇其有将才矣。康熙四十五年，擢台湾水师右营把总，累迁至澎湖右营守备。六十年夏，朱一贵起事，全台俱陷，文武守臣或死，或逃澎湖。澎、台隔一水，居民汹汹，澎协将弁以孤岛难守，佥议撤归厦门，各出属登舟。克力排众议，按剑厉声曰："朝廷封疆，尺寸不可弃。我等享升平，食禄廪，捐躯报国，正在今日。焉有锋刃未血，而相率委去耶？大丈夫死忠义耳，宁能骈首市曹，为法吏所辱！请整兵配船，守御要害，决一死战，战不捷而亮死，公等归亦未迟。"皆曰诺，愿死守。亮驰出江干，申主将号令，驱官民家属各登岸，敢言退厦者斩，众心始固。又以台米弗至，虑行间乏食，捐家财，买谷碾米给军。制造攻战器械及诸军需，以俟进讨。既而水师提督施世骠、南澳总兵官蓝廷珍统兵至澎，以亮与千总董方为先锋，领舟师五百七十人，自澎进发。六月十六日黎明，至鹿耳门，奋勇争先，以六舰冒死直进，遥望炮台火药堆积，命施巨炮攻之。火起，即夺炮台，乘势攻安平，又克之。鹿耳、安平皆天险，台之要害，一日两捷，清军大振。十七、十九两日，又战于鲲身。亮驾舟夹击，横冲敌阵，朱军又败，退保府治。已而世骠命亮与董方、魏大猷、洪平率兵千二百人，由间道暗渡西港，以出府治之背，廷珍复统大军继之。二十二日黎明，大战于苏厝甲。连战连捷，遂复府治，纪功第一。

总督满保以军前诸将，问谁可当大任。廷珍复曰："水师提标营游击林秀，南澳镇左营守备吕瑞麟，皆刚愎傲上，有好大飞扬之气，然胆略并优，勇敢出群，实国家之骁将也。秀矜夸，瑞麟沉鸷；秀不拘细谨，瑞麟凛于操持。弗拥节旄，二人俱弗肯已，但瑞麟似较远大尔。闽安协左营游击朱文，小心谨慎，虽刚毅不足，而可当一面藩篱之寄。汀州镇左营游击王绍绪，整饬营伍，有轻裘缓带之风。福宁镇右营游击郭祺，老成练达。海坛镇左营游击谢希贤，简易果敢，虽不无鲁莽之处，要自瑕不掩瑜。抚标左营游击边士伟，晓畅军务。金门镇右营游击薄有成，质直严肃。陆路提标右营守备康陵，壮猷沉厚。漳浦营守备苏明良，谦和谨饬。烽火营守备蔡勇，雄伟朴实。兴化协左营守备刘永贵，刚劲端严。诸人气度，似与偏裨稍别，皆太平之良帅也。澎湖协右营守备林亮，平台首功，且有抗守澎湖之大节，人品将略，在军前诸将以上，提镇之任，靡所不宜。将军标右营游击魏天锡，海坛镇右营守备魏大猷，系同胞兄弟，皆奇谙水性，能顶盔束甲，游海面，又能赤身入海底，潜行一二百里，如安平镇至台湾府水程五十里，大猷、天锡入海中潜行，顷刻即至。同安营守备叶应龙，钢筋铁骨，刀棍不能伤，以石击其头，石反碎。三人皆奇杰卓荦，非寻常将弁可比，畀以封疆，谁曰过分，但魏天锡已病，恐不及待节钺尔。千总董方、胡广、王郡、林君卿，皆将帅才。董方好大矜功，恐未免为人所嫉。胡广勇锐英发，王郡厚重精明，殊不可量。林君卿果敢质实，罔惮勤劳。四人皆志切上进，不愿以偏裨自拟，虽现居下弁，勃勃有封疆之气，未可以名位微末少之。"满保得书大喜，以白金四百两劳亮，手书褒扬，嗣升安平水师副将。而瑞麟等多官至提镇，如廷珍言。

**刘得紫**，字树公，直隶文安人，寄寓辽阳，遂家焉。父朝英，为江夏知县，卒于官。少孤苦，好读书，尤工骑射。康熙四十七年，由步军校累迁至侍卫。五十九年，调台湾镇中军游击。六十年夏四月，朱一贵起事，得紫请讨。总兵欧阳凯不许，遣右军游击周应龙往，败绩。一贵进攻府治，凯率所部驻春牛埔，得紫从。五月朔日，大战于中路口，镇兵覆，还救不克，遂被擒，羁之学宫朱子祠，以礼之，不得死。一贵闻其义，遣人进食，不食。数日同难陈士珍贻《紫阳纲目》三卷，旦夕读，几忘饥渴，七日仍不死。把总张文学、赞礼生陈时遇知其意，亲为煮粥劝进，得紫流涕曰："食禄不分忧，乘马不济难，纵彼怜我而生，吾何面目见东宁父老乎？"当是时，一贵与杜君英谋相并，不和，诸生林皋、刘化鲤言其事，始少食。众馈金钱衣物相继，有旧兵见其卧地，移一榻与之，泥水匠亦赠一毡，皆不识其名。六月十六日，官军克鹿耳门,复安平镇,得紫闻之大喜。越数日,一贵败,守者尽去,乃得出。叩统帅麾下,请立功赎罪,募壮丁百五十人随征北路,历战有功。闰月初七日,沟尾庄人以计擒一贵,得紫领兵应之。事平,台人士以其守节白于总帅,请旌之。

## 杨文魁、殷化行、阮蔡文、王郡列传

**杨文魁**,字子伟,号逸斋,奉天人。康熙二十三年,以都督佥事任台湾镇总兵。时台方归清,疆域初定,文魁分布营汛,讲求军务,又立义塾,延内地名儒为师,置学田,资膏火,以是来者愈众。始文魁为大学士巴泰所举,及蓝理入觐,上问台湾总兵若何。对曰:"练兵马,兴学校,洁己奉公,兵民相安,每日惟食腐莱。"翌日,上谓巴泰曰:"杨文魁为封疆大臣,惟食腐莱,可谓清矣。"时蓝理奏言台湾屯田,可省兵饷,欲于台兵万人之中,以四千发屯,事下督抚提镇议奏。文魁疏言:"台湾之田皆民业,夺为兵田,已万不可。况兵皆内地调徙,父母妻子,隔海相望,谁肯举家渡海,以事屯田乎?"从之,兵民皆喜。及举军政,被劾者无怨言,而所拔将介,多至镇帅有声。二十六年,升本旗副都统。兵民念其德,绘像立祠。未至京,擢都统。

**殷化行**,字熙如,陕西咸宁人。年二十中武科,康熙八年,成进士。二十六年,任台湾镇总兵。台为海外奥区,闽、粤分处,民俗尚武,而生熟番又居其间,号为难治。化行既至,宣布德教,军民无猜。时方议筑城,化行以地多浮沙,易震动,不可筑,而孤悬海外,唯仗中国威灵,军民一心,以屏藩之,议遂止。乃仅建镇署木城,缮甲厉兵,时其训练,以壮军容。

初,郑氏行永历钱,及归隶后,有司请更铸。部颁台字钱式,台钱较小,不能行于各省,商旅得钱,必降价易银归,铸日多而钱日贱,每银一两至易钱三四千文，而给兵饷则银七钱三，以官值市物，民多闭匿弗与，几激变。化行严防剀谕，屡请停铸，督抚不听。及调镇襄阳，入觐，乃言其弊。上愕然曰："此大有关系，若在任时，胡不言？"对曰："武臣不敢与钱谷事。"命具疏，果格于通政司。再上，并以上旨白之，始得达。下户部议，不行。又下福建督抚议，乃停铸，兵民咸便。越数年，移镇宁夏，后以从征尼鲁特有功，事在《清史》。

**阮蔡文**，字子章，号鹤石，福建漳浦人，父贾江西，遂寄籍新喻。年十一，能属文，而性刚猛，好弄刀槊，邻儿畏之。十三补诸生，越十二年乃举于乡，数应春官不第。巡抚张伯行邀入鳌峰书院，以讲洛闽之学，分纂先儒书，五载，乃归葬母。康熙五十一年，以说海贼陈尚义投诚，召见便殿。上问曰："书生此行良苦，颇警怖否？"对曰："臣仰仗威灵，顽梗革面，无所怖。"成功为知府，授陆凉。未行，改授厦门水师中营参将。明年，调北路营。诸罗知县周锺瑄，循吏也，一见如旧。戢吏卒，抚番黎，饬部伍，躬历沿海，增置营汛。北路地方千里，半线以上，民少番多。大肚、牛骂、吞霄、竹堑诸处，山川奥郁，水土苦恶。南崁、淡水穷年阴雾，罕晴霁，硫磺所产，毒气熏蒸，戍卒多病死，巡哨未至。文拟往视，左右谏止，不听。自赍帐落，具脯糒，日或于马上赋诗，夜燃烛纪所历地里山溪风候土俗，为文祭戍亡将士，凄怆激烈，闻者感泣。山谷诸番具牛酒迎，一一拊循。召社学番童坐幕下，与之语，曰："吾汝师也，毋惧。"能背诵四子书者，旌以银布。为讲孝弟力田之道，诸番咸喜。竟中瘴病，迁福州城守营副将。赴京道剧，卒于宿迁，年五十。

**王郡**，字建侯，陕西乾州人。康熙六十年，以千总从军，收复台湾有功，后为南路营参将。雍正六年，升台湾镇总兵。七年，平凤山山猪毛番之乱。九年，彰化大甲西番林武力反，北路骚动，而凤山吴福生亦乘势起事，总兵吕瑞麟方讨番，府治空虚。时郡已授水师提督，闻报，急遣游击李荣率兵往。已而谍告福生攻阵头甚急，即自统兵夜发，与参将侯元勋、守备张玉三路会攻，福生败走，越日就擒，凤山平。瑞麟无功,且被围,征兵府中,总督郝玉麟檄郡讨番。郡至鹿港,遣参将李荫樾、游击黄贵等合兵攻阿束社,参将靳光瀚、游击林黄彩等各扼隘口,遂渡大甲溪,直抵其地,屡有斩获。林武力败走南日山,地绝险,仅有樵径。郡督师而上,躬冒矢石,开炮以攻,声震山谷,进捣其巢穴,焚积聚。群番惊慑,各乞降,遂缚林武力以献,斩之。北路平,乃就水师提督之任。

**奎林**,满洲人。乾隆五十八年,任台湾镇总兵。台湾之兵皆调自福建,各分气类,私立公厅,以为聚议之所。提标之兵据宁南坊,同安之兵据东安坊,而漳镇、诏安、云霄则据镇北坊,本地募兵亦据西定坊,各拥一隅,包娼聚赌,众莫敢犯,小则房人越货,大则挟械以争。有司畏葸莫敢治,将弁亦隐忍听之,惧其变也。林至闻其事,严治之,诸兵挟众缴刀铳。林许之。示期,令五人为一牌,以次入缴。林乃张军幄,置令箭,传五人入,久之不出;又传五人,亦不出,如是者三。诸兵在外待,顷之掷五头出,众惊走。其已入者叩头求免,乃杖而革之,一军肃然。

连横曰:台湾为海疆重镇,水陆之士,号称万人,而寄其权于总兵,给方印,建旗鼓,以节制民番,其任大矣。文魁清操,不夺民田;化行惠民,能言钱害;干郡严明,威加丑虏;奎林沈毅,法勒骄兵,是皆干城之选也。若文之循循儒雅,马上赋诗,尤有投壶之概焉。

卷三十一

列传三

## 王世杰列传

新竹固土番之地，势控北鄙，文物典章，灿然美备。迹其发扬，可以媲嘉义而抗彰化，然当二百数十年之前，犹是荒昧之域也。鹿豕所游，猿猴所宅，我先民入而启之，剪除其荆棘，驱其猿猴鹿豕，以长育子姓，至于今是赖。初，永历三十有六年春，北番乱，新港、竹堑等社应之。延平郡王克塽命左协理陈绛帅师讨，诸番皆窜。时有王世杰者，运饷有功，师旋，许其开垦，而竹堑乃为我族处矣。

**世杰**，泉州同安人。来台为贾，既得垦田之令，集泉人百数十人至，斩茅为屋。先垦竹堑社地，就番田而耕之，引水以溉，岁乃大稔，其地即今县治之东门大街以至暗仔街也。已又垦西门大街至外棘脚，治田数百甲，来者日众，县治一带，皆为锄耰所及矣。世杰既以力田起家，又与番约互市，岁馈牛酒。竹番自创后，力微人寡，不敢抗，而垦务乃日进。康熙五十余年，始垦滨海之地，曰大小南势，曰上下羊寮，曰虎仔山，曰油车港，曰南庄，凡二十有四社，为田数千甲，岁入谷数万石。既又垦迤南之地，曰树林头，曰后湖庄，曰八卦厝，曰南雅，曰金门厝，曰姜寮，曰北庄，凡十有三社，俨然一方之雄矣。

当是时，新竹尚未设治，诸罗政令仅及半线，大肚、吞霄诸处，山川奥郁，水土苦恶；南崁、淡水穷年阴雾，罕晴霁，郑氏以投罪人。康熙四十有九年，始设淡水防兵，及期生还，岁不能三之一。巡哨未有至者，而世杰独苦心孤诣，蒙苦盖，暴霜露、胼手胝足，与佃农共甘苦，故来者日众，而富巨万矣。族人王列自泉来，世杰命种苎而给其资，用以织褐，故新竹产苎特盛，即今之苎仔园也。世杰既死，其子不睦，析产以居。乾隆初，又与郑氏构讼，案悬府署，累年不决，家乃中落。然世杰以一匹夫，凭其毅力，鼓其勇气，以拓大国家版图，功亦伟矣！世杰既没，从其后者又若而人，虽微不足道，而亦有功于垦土者也，故附传之。

**徐立鹏**，广东陆丰人。雍正三年，开垦新庄仔之地。越二年，有徐里寿、黄君泰亦陆丰人，合垦员山、顶嵌、头厝等庄，而同安人曾国诘与拓之。

**郭青山**，广东海丰人。雍正八年，开垦员山仔之福兴庄。而陆丰之黄海元、张阿春亦以其时合垦槺榔仔之福兴庄及东势之地。

**李尚**，福建同安人。以雍正六年，往垦后湖田九盾车路头，至是告成。

**郭奕荣**，福建惠安人。雍正九年，往垦上山脚、下山脚、山边等地。其县人范善成亦垦成竹围仔之田。

**徐锦宗**，亦陆丰人。以雍正十年，垦成茄苳坑之地。

**欧天送**，亦同安人。以雍正十年，与南安曾六偕拓大庄崁顶厝之地。而惠安杨梦樵亦垦顶树林，至是告成。

**罗朝宗**，亦陆丰人。来台之后，闻竹堑地旷人稀，农功未启，雍正十一年，偕其县人黄魁兴、官阿笑合垦十一股之福兴庄及中仑、大竹围、下崁、头厝等地，翌年告成。其时有镇平巫阿政往垦青埔仔，同安许判生、温明鼎合垦后面坡、仔头、下嵌仔脚、拔仔窟，南安张春始亦垦大眉庄，各建村落，以栖佃农，而竹堑之垦务愈盛。

**陈仁愿**，福建晋江人。谋垦番地，与中港社番约，岁纳其租，招集佃农，以拓香山之地。初，香山原在界外，给与屯番，番不知耕稼，仁愿乃垦成之。盐水港亦中港社番之地，与香山对峙，为泉人所拓，凡十数社。

**周家**，亦晋江人。乾隆二年，始来竹堑，往拓治东六张犁之地，则昔之雾仑毛毛也。

**姜朝凤**，亦陆丰人。以乾隆二年，往垦红毛港附近。港在治之西北，滨海，西班牙人据北时，曾舣舟于此，故名，其后为竹邑互市之埠。

**林耳顺**，泉人也。以乾隆四年，集闽、粤之人三十余，与中港社番约，从事垦田。数年之间，遂建蟠桃、菁埔等十二社，多者百数十人，少亦二三十人，各辟田庐，开沟洫，为久住计。十六年，镇平人林洪、吴永忠、温殿玉、黄日新、罗德达等，共募流氓，以开上下田寮，而头份一带之地，皆为汉人有矣。

**许山河**，福建漳浦人。乾隆三十余年来台，与社番约垦中港之地，而彰化张徽扬者先拓其海口，已而泉属之人后先戾止，遂成一大聚落，以与泉州互市，为竹邑通海之埠。

连横曰：朱一贵之役，漳浦蓝鼎元从军来台，著《东征集》。其论竹堑也，曰："其地平坦，极膏腴，野水纵横，处处病涉，俗所谓九十九溪者。以为沟浍，辟田畴，可得良田数千顷，岁增民谷数十万，台北民生之大利，又无以加于此。然地广无人，野番出没，必棋置村落，设营汛，奠民居，而后及农亩。当事者往往难之，是以至今弃为民害。不知此地终不可弃，恢恢郡邑之规模，当半线、淡水中间，又为往来孔道冲要。即使半线设县，距竹堑尚二百四十里，不二十年，此处又将作县，气运将开，非人力所能遏抑，必当因其势而利导之。以百里膏腴天地自然之乐利，而惮烦弃置，为百姓首额疾蹙之区，不知当事者于心安否也。有官吏，有兵防，则民就垦如归市，立致万家。不召自来，而番害亦不待驱而自息矣。"连横曰：善乎鼎元之言也。天下气运所趋，每每自北而南。而台湾则自南而北，郑氏之时，仅有承天，浊水以北，羁縻而已。及朱一贵平后，半线作县，而竹堑置淡水厅，戍兵保民，以启北鄙，骎骎乎且日进矣。光绪元年，台北建府，而新竹为县，北鄙之富庶几迈台南。前之所谓番地者，无往而不为汉人拓矣。经营缔造，以迄于今，是谁之力欤？语曰：作始也简，成功也巨。呜呼，可不念哉！

## 吴凤列传

士有杀身成仁，大则为一国，次为一乡，又次则为友而死。若荆轲、聂政之徒，感恩知己，激愤舍生，亦足以振懦夫之气，成侠客之名，历百世而不泯也。呜呼！如吴凤者，则为汉族而死尔，迄今过阿里山者，莫不谈之啧啧。然则如凤者汉族岂可少哉？顶礼而祝之，范金而祀之，而后可以报我先民之德也。

**吴凤**，诸罗打猫东堡番仔潭庄人，今隶云林。字元辉，少读书，知大义，以任侠闻里中。康熙中，诸番内附，守土官募识番语者为通事。凤素知番情，又勇敢，诸番畏之。五十一年，为阿里山通事。阿里山者诸罗之大山也，大小四十八社，社各有酋，所部或数百人数千人，性凶猛，射猎为生，嗜杀人，汉人无敢至者。前时通事与番约，岁以汉人男女二人与番，番秋收时，杀以祭，谓之作飨，犹报赛也。屠牛宰羊，聚饮欢呼，以歌颂其祖若宗之雄武。然犹不守约束，时有杀人，而官军未敢讨。凤至，闻其事，叹曰："彼番也，吾汉族也，吾必使彼不敢杀我人。"或曰："有约在，彼不从奈何？且岁与二人，公固无害也。"凤怒叱曰："而何卑耶？夫无罪而杀人，不仁也；杀同胞以求利，不义也；彼欲杀我，而我则与之，不管也。且我辈皆汉族之健者，不能威而制之，已非男子，而又奴颜婢膝，以媚彼番人，不武也。有一于是，乃公不为也。"其年番至，请如约。凤飨之，告曰："今岁大熟，人难购，吾且与若牛，明年偿之。"番诺而去。明年至，又给之。如是五年，番知凤之终给己也，群聚谋曰："今岁不与人，则杀凤以祭。"闻者告凤，凤曰："吾固不得去，且吾去，公等将奈何？彼番果敢杀我，吾死为厉鬼，必歼之无遗。"凤居固近山，伐木抽藤之辈百数十人，皆矫健有力者，编为四队，伏隘待。戒曰："番逃时，则起击。"又作纸人肖己状，弩目散发，提长刀，骑怒马，面山立。约家人曰："番至，吾必决斗。若闻吾大呼，则亦呼，趣火相，放爆竹，以佐威。"越数日，番酋至，从数十人，奔凤家。凤危坐堂上，神气飞越。酋告曰："公许我以人，何背约？今不与，我等不归矣。"凤叱曰："蠢奴，吾死亦不与若人。"番怒刃凤，凤亦格之，终被诛。大呼曰："吴凤杀番去矣。"闻者亦呼曰："吴凤杀番去矣。"鸣金伐鼓，声震山谷，番惊窜，凤所部起击之，死伤略尽。一二走入山者，又见凤逐之，多悸死。妇女惧，匿室中，无所得食，亦槁饿死。已而疫作，四十八社番莫不见凤之驰逐山中也，于是群聚语曰，此必吾族杀凤之罪，今当求凤恕我。各社举一长老，匍匐至家，跪祷曰："公灵在上，吾族从今不敢杀汉人，杀则灭。"埋石为誓，自是乃安。尊凤为阿里山神，立祠祷祀，至今入山者皆无害。

连横曰：凤之死也，或言康熙五十七年，或言乾隆三十四年八月十日，相距竟五十二年，余以后说确也。朱一贵既平之后，阿里山番始内附，则凤为通事，当在乾隆时也。凤生于康熙三十八年正月十八日，殁时年七十有一。配陈氏，生二子：曰汀援，曰汀巽。光绪中，其后嗣请列祀典，嘉人士亦以为言，未成而遭割台之役。然凤之威棱，至今犹在阿里山也。君子疾殁世而名不称，如凤者岂有死哉！

## 施世榜、杨志申、吴洛、张振万列传

**施世榜**，字文标。初居凤山，性嗜古，善楷书。康熙三十六年拔贡，选寿宁教谕，嗣迁兵马司副指挥。好行善事，宗姻戚党多周恤。后居郡中，建敬圣楼，又捐金二百，以修凤邑学宫，置田千亩，为海东书院膏火，士多赖之。子五人，均以文显。少子士膺亦拔贡，授古田教谕，尝遵父命，捐社仓谷千石，《台湾县志》称其义行。

初，半线初辟，平原万顷，溪流分注，而农功未启，荒秽于鹿豕之乡。五十八年，世榜集流民，以开东螺之野，并引浊水歧流以溉。工竣，而流不通，世榜虑之，募有能通者予千金。一日有林先生见，曰："闻子欲兴水利，而苦无策，吾为子成之。"问其名，不答。于是相度形势，指示开凿之法，曰：某也丘高宜平之，某也坡低宜浮之，某也流急宜道之，某也沟狭宜疏之。世榜从其言，流果通。众以世榜力，名施厝圳。又曰八堡圳，以彰邑十三堡半之田，而此圳足灌八堡也。岁征水租数万石，施氏子孙累世富厚，食其泽。当圳之成也，世榜张盛宴，奉千金为寿，辞不受。亡何竟去，亦不知所终。佃农念林先生功德，祀为神，至今不替。

**杨志申**，字燕夫，台邑人，居东安坊。少孤，事母孝。昆仲六人，志申其次也，善视诸弟，勖以立身齐家之本。康熙二十四年，知府蒋毓英将拓建学宫，志申父墓在焉，告之，请徙而献其地。毓英嘉之，为择穴于魁斗山麓，平坦如掌，大可二三亩，台人谓之金盘摇珠。既葬，复告之曰："子素行孝义，子孙必有昌者。虽然，了当远徙，十稔之后，可致巨富。"当是时，半线初启，草莱未垦，志申遂适焉。居于柴坑仔庄，贷番田而耕之，督率诸弟，尽力农功。数年家渐富，辟田亦愈广，遂凿二八圳引猫罗之水以溉，润田千数百甲，岁入谷万石。已又凿福马，凿深圳，线东西两堡之田，皆杨氏有也。又以其余力，开垦淡水之佳腊埔金包里，岁亦入谷数千石。家畜佃农数千人，锄耰并进，半线景象，以是日兴。雍正元年，遂建县治，移居东门街。志申既富，好行其德，睦宗族，恤乡里，赈贫乏，治桥梁，邑人莫不称之。初，台邑学租岁用不敷，首捐彰田以充，岁可入粟百六十有六石。又以文庙灯油诸费无出，言于台学训导，愿续捐。未行而病且革，命其子割凤邑之田百九十有六石，曰："聊践吾言，非为子孙求福应。女曹但能读书为人，毋负吾志可矣。"卒葬彰化。后循众议，祀台邑孝悌祠，以长子振文贵，追封中宪大夫。振文少读书，识大体，入郡庠，纳资为知府衔。林爽文之役，陷彰治，杀守吏，进略南北，势张甚。闻振文名，具币聘。不从，遂遁入海，购以千金，不得。爽文怒，毁其父坟。振文入泉州，时大将军福康安帅师平台，驻厦门，募有能悉台中情事者，有司以振文对。康安遣使招之，振文入谒，历陈形势。康安大喜，命先率一军入台，以中营把总二、外委六、战兵三百，供驱策。振文至泉州，自募勇三百，飞渡鹿港，檄令庄众，备迎大军。凡投诚者，给以盛世良民之旗，止勿杀。又募乡导百人，分置各军，以是城中虚实，山谷险夷，皆了如指掌。康安既复彰化，振文随军出征，备咨询。事平，以振文原注知府，将奏请即用。辞以未谙吏治，乃赏戴花翎。子应选亦有名。

**吴洛**，字怀书，泉州晋江人。父家槐为漳州镇标千总，兄弟三人，伯仲无禄。洛性孝友，侍膝下，抚诸侄如己出。雍正十七年，以军功咨部，加卫守府，召受札，以亲老辞，设教于里，究心经世之事。乾隆十五年，举明经。已而父终，服阕，游台郡，入某公幕。

当是时，彰化初设，旷土荒芜，沿山一带，地尤肥沃。洛募佃以垦，筑圳灌田，亲董其役，先拓丁台之野，次及阿罩雾、万斗六，皆番地也。草莱既辟，至者日多，远至南北投庄，暂成都聚，岁可入谷万石，遂家于邑治。洛既富，建宗祠，刊家乘，置祭田，割租千五百石以与诸侄。追念故乡，捐资以修泉郡学宫。又购良田为清源书院之费，在台亦分捐海东、白沙两书院之租，各数百石，凡有义举，罔不赞襄。当道嘉之，累赠匾额，曰"儒林模楷"，曰"清时硕彦"。卒后，追封中宪大夫。有子十三人，曰南金，纳资为州同；曰南辉，乾隆十八年拔贡；曰道东，六十年岁贡；余子亦多入庠，书香不替。

**张振万**，彰化人。居猫雾捒之葫芦墩，力田起家，拥资巨万。附近之地皆番有，土厚泉甘，而不能耕。前时岸里社番曾请垦，诸罗知县周锺瑄许之，顾其地绝广，久置荒芜。乾隆初，振万乃邀蓝、秦两姓，募佃合垦。厥田上上，产稻丰，一岁两熟，然苦旱。引大甲溪水，自罩兰内山流出，凿圳以通，遍溉岸里、阿里史等社，凡千余甲，岁入谷数万石，家愈富，子孙犹食其利。至今葫芦墩米尚冠全台。

**林详**，泉州人，居彰化之鹿港。闻内山土广而肥，足以致富，遂鸠集资本，募佃农，以嘉庆十六年，至牛稠辘，开垦竹仔脚山之南麓，凿渠导水，以溉其田，凡百数十甲。越数年，为大水所没，仅存二十余甲。先是，乾隆四十五年，有泉人杨东兴者入垦集集，亦番地也，至者绝少。

连横曰：垦土之功大矣。天下之富在农，而台湾又农业之国也。世榜、志申皆以务农起家，为邑望族，好行其德，固非斤斤于私蓄也。夫上富惜时，中富役智，下富任力。而今之鄙夫，乃忘远大之谋，而为侥幸之计，欲以追武陶、猗，坐致万金，抑亦愚矣。

## 林成祖、胡焯猷、张必荣、郭元汾列传

**林成祖**，福建漳浦人，世业农，慨然有远大之志。当是时，淡水初启，地利未兴，欲谋垦田，苦无资。朋辈助之，得数百金，以雍正二十年来台，居大甲，贷番田而耕之。厥土黑坟，一岁两熟。成祖能耐劳，佣田课耕，家乃日殖。于是凿大甲圳，引水以溉，岁入谷万石，拓地渐广。乾隆十五年，复垦摆接、兴直二堡，给与佃户，每甲征租八石。顾常苦旱，乃凿大安圳，引内山之水以入。圳宽二丈四尺，长十余里，过旱溪，埋土管于下，以相接续。而一遇洪水，辄坏，经营数年，糜财十余万，始成，灌田千余甲，岁入谷万余石。既复凿永丰圳，穿山导流，亦灌数百甲。当是时，南势角、中坑一带，野番出没，诸佃患之。成祖禀准淡防厅，自备饷糈，设隘寮，东至秀朗溪，西至摆接溪，南达摆突

突，北及武朥湾，早夜巡防，害稍戢。而成祖亦移深丘庄，为今枋桥城外。所垦之田，曰新庄，曰新埔，曰后埔，曰枋寮，曰大佳腊，岁入谷十数万石。

林爽文之役，漳、淡林姓多株连，成祖亦逮京讯问。次子海门素有才，携巨金，入京谋救。漳浦蔡新为太子太傅，方重用，海门以乡人礼见，新嘉其孝，留之家，妻以女。成祖得免，还其产。途次海门溺水死。成祖既归，年老，犹日课农事，与众同甘苦，复垦里族之野。或劝其少息，曰："我生长农家，义当食力，何可坐而燕安？况此为国家之地，久置荒芜，开之亦足生利。"故能以一人之力，拥田数千甲，一时称巨富焉。卒年七十有二。长子海筹以大安圳崩，倾资修之，产稍折。三子海庙。海庙之子登选，亦开暗坑圳，能世其家。

**胡焯猷**，字攀林，永定人。以生员纳捐例贡。乾隆初来台，居于淡水之新庄山脚。时新庄方驻巡检，而兴宜堡一带多未辟。焯猷赴淡水厅请垦，出资募佃，建村落，筑陂圳，尽力农功。不十数年启田数千甲，岁入租谷数万石。翘然为一方之豪矣。焯猷固读书，念淡水文风未启，乡里子弟无可就傅，二十八年，自设义塾，名曰明志，捐置水田八十甲余，以其所入供膏火，又延名师教之，肄业者常数十人。淡水同知胡邦翰闻其事，详请改为书院。总督杨廷璋嘉之，立碑以纪，则今之明志书院也。观音山在八里坌堡内。东瞰平原，西临大海，危峰古木，境绝幽邃。焯猷登其上，建佛寺，置香田，至今遂为名刹。焯猷既富，遂居于此，而旧志不传其人，故不详。

**张必荣**，淡水海山堡人，力田致富。乾隆三十一年，与族人沛世合筑永安圳，引摆接溪之水，造大陂以潴之，度枧通流，长三十里。前时海山多旱田，及成，足资灌溉，而摆接堡之西盛、柏仔林，兴直堡之新庄、头二三重埔等，皆仰其水，凡六百余甲，故又称张厝圳。而必荣复与吴际盛合筑福安陂，亦引摆接溪之水，以溉堡内之田三百余甲，上自石头溪，下至三角埔。后以大水冲坏，业户林弼益乃集佃修之。先是，有刘承缵者，亦海山堡人，以乾隆二十六年，筑万安陂，引摆接溪之水而入，至兴直堡之新庄，以灌中港厝之田，亦数百甲。

**郭元汾**，字锡瑠，漳人也。乾隆间来台，居淡水大佳腊堡，垦田树谷，拥资厚。时拳山一带多荒土，而水利未兴，乃佣工凿圳，引新店溪之水，自大坪林筑陂蓄之，穿山度枧，至溪仔口。又引至挖仔内，过公馆街，抵内埔，分为三，沟浍纵横，长数十里，台北附近之田皆资灌溉，凡千数百甲。既成，名金合川圳。而佃人念其功，称瑠公圳。

连横曰：今之台北，古之所谓荒土也，郑氏以投罪人。康熙四十七年，泉人陈赖章始垦大佳腊之野，为今府治近附。而旧志不载，故老又不能言，惜哉！成祖、焯猷皆以豪农而勤稼穑，凿渠引水，利泽孔长，至今犹受其赐，是咸有功于垦土者也。夫以台北今日之富庶，文物典章，灿然美备，苟非我先民之缔造艰难，讵能一至于此？而居是邦者，乃忘筚路蓝缕之功，而为奢华淫靡之行，何其昧耶！

## 台东拓殖列传

连横曰：台东，天府之国也。平原万亩，可农可工，而森林之富，矿产之丰，久为世人所称道，顾开辟二百余载，而少有经营之者。嘉庆元年，漳人吴沙募三籍之氓，入垦蛤仔难，辟地数百里，乃建噶玛兰厅，语在《吴沙传》。自是台东之北稍有至者。光绪元年，牡丹之役既平，钦差大臣沈葆桢奏设恒春县，划凤山绝南以扩其地，而台东之南亦有至者。当是时，开山抚番之议既行，以总兵吴光亮帅中军，同知袁闻柝帅南军，提督罗大春帅中军，三道而入，募商工随行，设招垦局，奖励移民，建卑南厅以理之。于是至者日多，渐有辟田庐长子孙之计。十一年，建省，升卑南厅为台东直隶州，而台东之局势一展。然当荒昧之时，天气瘴毒，野兽猖獗，生番出没。而我先民如陈文、赖科、吴全辈，入其地，辟其土，利用其物产，勇往不屈，险阻备尝，用能以成今日之富庶，其功业岂可泯哉。今列其行事，举其壮志，亦足以为后生之策励也。

**陈文**，彰化人，居淡水，年少豪侠。与友林侃合贾，往来沿海。康熙三十二年，遭风，舟至歧莱，其地为生番所处，未尝与汉人通。文至与互市，居经年，略通番语，始能悉其港道。汉人之至台东者自文始。

**赖科**，亦居淡水，为鸡笼通事，素勇敢。每出入番社，闻后山有番，欲通之。康熙三十四年秋八月，率壮者七人，度高山，昼伏夜行，历数十番社，达崇爻。番喜，导游各社，禾黍芃芃，比户殷富。语科曰："吾族聚居此地，已数百年，而野番来掠劫，杀人为害，欲约西番夹击，间阻不得通。若归，寄语长官，若能以兵相助，则山东万人，亦将凿山刊道，和睦往来，共为天朝之民矣。"科既与番狎，抚之归附。附阿里山番输饷，凡九社：曰均榔，曰斗难，曰竹脚宣，曰薄薄，曰芝兰武，曰机密，曰猫丹，曰丹朗，曰水辇，计有四百八十户，男女可二千人。每岁赎社者以小舟载烟布盐糖农具与易，岁一往返。同行潘冬亦勇士也。

**林汉生**，淡水人。以乾隆三十三年，召众入垦蛤仔难。地在台之北东，三面负山，东临海，土壤肥饶，而番性悍，辄出杀人，汉生竟被害，众亦散去，其后吴沙乃继成之。

**吴全**，亦淡水人，力田起家，闻台东之富，与其友吴伯玉合谋开垦。道光八年，全募噶玛兰人二千八百余，至其地，筑土城以居。划田亩，兴水利，数年渐成，而瘴气所侵，居者多病死，土番复时出没。全百计防备，莫能济，忧劳以死，伯玉亦率众去。其地则今吴全城，为台东之一大市镇。

**黄阿凤**，亦淡水人。咸丰元年，集资数万圆，募穷氓二千二百余，往垦歧莱之野。其地距大南澳之南七十里，港口稍狭，内则可容巨舶，水极陡。每年三四月，汉人往与互市，番以绳牵舟进，各与盐一二合，欢跃而去。已而各挟鹿茸兽皮来易物，不事金钱，无所用也。阿凤既至，自为总头人，状若官府，其余数十人，各受约束，分地而治。然瘴气尚盛，阿凤以不服水土，数月病死。各头人复不相能。越五年，资渐罄，又与番相仇杀，垦田遂废。佃人咸去，余亦移于璞石阁，在秀孤峦之麓，或作朴实阁，番语也。地平而腴，有水可溉。前时汉人已至其地，居者千家，遂成一大都聚。

**郑尚**，凤山水底寮人。咸丰五年，至卑南，与土番贸易，且授耕耘之法。番喜，以师事之。土地日辟，尚亦富，乃募佃入垦。卑南处台东之右，山与凤山接，陆路可通。康熙六十一年，朱一贵之变，余党王忠窜入卑南，有众千人，聚处大湖，蓄发持械，耕田自给。总兵蓝廷珍虑其复乱，檄千总郑维嵩往谕土目文结搜捕，凡汉人皆逐之。文结之祖亦汉人，避难，窜于卑南，踞地为长，能以汉法变番俗。子孙凛祖训，不杀人，不抗官。其后女土目宝珠，盛饰若中华贵妇，治家有法。或奉官长命，遵行惟谨，故汉人至者日多，而台东愈辟矣。

连横曰：麦礼荷斯奇之事，旧志不载，而西史言之，危矣！当是时，西力东渐，已张其机；荷据爪哇，西营吕宋。而英略印度，其策果行，则台东非我有矣。而台之士夫乃瞢乎无闻，何其昧也。麦礼荷斯奇者，波兰伯爵也。乾隆三十四年，俄波之战，被俘，窜于勘察加。三十六年，与其党二十八人越狱逃，夺俄舰而乘之，出北太平洋，航日本海。八月二十六日，至台湾东岸，即今之秀孤峦溪口也。上岸探险，遭生番袭击，走舰中，备战斗，渐征服之。而他番又乘虚而来，时掠器物，辄击退之，解缆北行，黎明至东北海岸。二十八日上陆，汉人见之，愕眙相视，言语不通，末由问讯。薄暮遇两西班牙人，喜为奇遇。西班牙人者为逃亡武弁，久寓是地，深得乡人之心，家在西方附近，汉人之村落也。二十有九日，西班牙人导至其家，为陈此地状况。麦礼荷斯奇乃以己名名其港，考察地理，筹殖民。当是时，台东虽隶中国版图，而野番出没，瘴气披猖，政令不至，天然宝藏置之化外。麦礼荷斯奇既抱开拓之志，自以抚番为要。其番之强者为富亚波族，有众二万五千余，固一方之雄也，然与他族争地，每相斗。麦礼荷斯奇欲用之，以为羽翼。乘舟至其社，与酋相见，说以同盟，即以所略之地为用。酋许之。其明日筑室，移器，置炮四门，以汉人八名守之。是夜开宴，以西班牙人米优鲁尼摩为参军。十一月朔，率富亚波族而进，山路崎岖，炎热如火，备尝辛苦。初二日夜半，至一大谷，行三小时始出。寻至一湖，旁有小社，抚之。初三日，将至马波奥时科族之地，部署战略，命富亚波番先发。初五日黎明，两军相见，发炮击，敌人大败。逐北数里，遂据其地，俘男女二十有四人。酋请成，以富亚波族统之，立誓而还。酋献黄金二十斤，银八百斤，皆土产也。麦礼荷斯奇详察一切，以为他日拓殖之地。归舰，草殖民之策十二条。略曰：台湾拓殖之策，以人民自任其事，而请本国保护，编为属地。先借国帑以振兴之，派兵驻守，以卫人民。将来事业既成，势力充裕，则可以握东洋互市之航权。若其所借国帑，应于三年之后，归还母利。又念将来拓殖，必熟番语，留一少年于此。十一日，归欧洲，说法政府，不听。又说墺皇，亦不听。乃至伦敦，日鼓其说，欲以耸动英国之富人，或可得成其志，而终无应者。越数年，卒于法国。而欧人始有谋拓台湾之议。

## 吴福生、黄教列传

**吴福生**，凤山人。往来南北，或曰，朱一贵之党也。一贵败后，福生谋复之。雍正九年冬，大甲西社番乱，总兵吕瑞麟率军讨，郡中空虚。越年春三月，福生以番乱未靖，图起事，其友商大概等从之。且议曰，今若潜集党羽，乘不意，袭陴头，则一鼓可得。陴头距凤治十余里，商贾辐辏，为今县城。二十八日，福生树旗于家，至者百数十人，夜袭冈山汛，焚之。翌日，复焚旧社汛，凤属震动，虎头山、赤山皆树旗应。四月初三夜，福生率众攻陴头，守备张玉、把总黄升拒守，不得入，别遣一军毁万丹巡检署。巡检秦辉适在郡，故不及难。时镇标各军多北征，郡中兵少，原任总兵王郡闻变，命中营游击黄贵留守。初四日，率军夜发。晨至埤头，分兵进攻，以参将侯元勋、守备张玉、林如锦各带兵行，福生亦并众以待。官军火炮齐发，杀伤甚夥。福生却而复集，自晨战至日中，狂呼震撼，守备张玉、外委徐学圣、千总郑光宏皆死。已而官军援至，郡亦严号令，各兵奋斗。福生不敌，各散去。俘萧田、萧夷、萧韶、李三、许举、李成等，初六日归郡，戮之。又数日，福生、大概等三十余人悉被捕，解省讯，亦戮之。六月，番乱平。越三十九年而有黄教之变。

**黄教**，台邑人。居大穆降，距城东十数里，内倚层峦，萑苻魁桀之辈，出没其间。而教为首，亡命多归之。见时以一牛为贽，必择肥而献。既居门下，则衣食游宴皆供之。不数年，客至愈多。族人黄弼与教枝梧，教客辱之，弼诉诸官。台湾知县饬差捕，差不敢往。诘之，曰："教客多健者，侦及城市，令闻差往，则半途被杀矣。"知县嗤其怯，别命两差。行五六里，遇一壮者自林樾出，问何之，嗫嚅不敢告。曰："余固知女行也，而为令所命，杀而无益。然女辈倚官势，虐小民，罪当死。今先断一指，归报而令，头颅须自重也。"知县惧，不敢捕。弼控于总督，饬守吏严缉，而近村以盗牛告者月十数起。乾隆三十五年冬十月，教遂集徒起事，陈宗宝、郑纯等应之，夜袭冈山，杀汛兵，遂踞之。台湾府知府邹应元接报，会镇兵合剿，攻围数日，互杀伤。事闻，下旨严谴，限四月荡平。于是教党多逮，而教竟入山。巡道张珽被议夺职，继之者又不能获，佯以教死乱军具报，事始息。

# 林爽文列传

**林爽文**，漳之平和人。来台，居彰化大里杙庄，垦田治产，家颇饶。庄距治二十余里，逼近内山，溪流交错，植竹为藩。近乡多巨族，时起械斗，蔓延数十村落，爽文亦集众自卫。乾隆四十八年，有严烟者自平和来，传天地会，爽文客之。天地会者，相传为延平郡王所创；以光复明室者也。于是彰化之刘升、陈泮、王芬，诸罗之杨光勋、黄锺、张烈，淡水之王作、林小文，远至凤山，多人会，立盟约，有事相救援。群不逞之徒，亦出入其间，众至万人，有司畏葸莫敢治。

五十一年秋七月，台湾道永福、知府孙景燧闻之，密饬所属会营缉捕，石榴班汛把总陈和获黄锺，解诸罗。而杨光勋与其弟妈世不睦，妈世亦设雷光会，结党以抗，父文麟不能止。摄县事董启埏逮文麟，索其子。陈和又获张烈，夜宿斗六门，为党人所杀。总兵柴大纪接报，偕永福赴诸罗，纵兵捕数十人。欲小其事，改天地会为添弟会。以光勋兄弟不睦，故为此会以相胜，归罪于文麟一家，拟置诸法，财产入官。按察使李永祺来台勘审，亦以此入奏。狱定，党人纷纷入大里杙，谋起事。庄人林石谓不可，爽文欲止，而势莫可遏。十一月初旬，大纪北巡至彰化，理番同知长庚请驻压，不从。仓皇归郡，遣游击耿世文率兵三百，偕知府孙景燧赴彰化，而近山一带已前后起矣。二十五日，知县俞峻与北路营副将赫生额、游击耿世文至大墩，严饬庄人擒捕，先焚数小村以怵之。大墩距大里杙仅七里，无辜妇孺，号泣于道。爽文因民之怨，二十七夜，袭大墩。军覆，文武俱没。进攻彰化，城兵才八十，不足守。二十九日陷之，杀知府孙景燧、理番同知长庚、摄县事刘亨基、都司王宗武、署典史冯启宗。护淡水同知程峻偕守备董得魁巡防至中港，闻警，趣回竹堑。王作、李同等要之，峻自杀。十二月朔，陷厅治，杀竹堑巡检张芝馨。众拥爽文为盟主，遵故明，建元顺天，驻彰化县署，以刘怀清为知县，刘士贤为北路海防同知，王作为征北大元帅，王芬为平海大将军。爽文以玄缎为冠，盘两金龙，结黄缨，自顶垂背，衣衮服，高坐堂上，众呼万岁。初六日，破诸罗，杀摄县事董启埏、原署县事唐镒、典史钟燕超、左营游击李中扬及台湾道幕友沈谦、沈七等。诸罗为府治右臂，财赋之区也。诸罗破则府治垂危，故急筹防御。而是时各处响应，斗六门、南投、猫雾捒俱破，杀县丞周大纶、陈圣传、巡检渠永湜，郡中大震。未几而凤山庄大田起焉。

**大田**，亦平和人，随父渡台，寄籍诸罗。父没，迁凤山竹仔港庄，尽力农功，拥资厚，乡里有急，辄周恤之，以是义侠闻南路。既入天地会，与爽文通书讯，称莫逆。及爽文起事，大田族弟大韭、大麦号召庄人，推大田为首，宰牛歃血，至者二十有余人，庄锡舍、王阮郭、简天德、许光来、李惠亦各以众至。大田出资造军器，树大旗，自称南路辅国大元帅，或曰定南将军，或曰开南将军。数日之间，众至数千。十三日，攻县治。南路营参将胡图里以兵三百，御诸北门，未战而逃，千总丁得秋、把总许得升、外委唐宗保、王朝桂俱没。遂入城。杀知县汤大绅、典史史谦。教谕叶梦苓、训导陈龙池走陴头，集义民，谋规复。爽文、大田合攻府治。海防同知杨廷理兼府事，募义勇，修城棚，日夜筹战守，遣员渡海告急。总兵柴大纪拒战于盐埕桥，檄游击蔡攀龙率澎湖兵七百，驻桶盘浅，而爽文之军已据大穆降，距城二十里，循山行，可达南路。廷理偕守备王天植伐之，千总沈瑞先行，战于大湾而没。廷理、天植突围出，爽文之军逐之，遂围府治。福建总督常青闻变，急调水陆兵赴泉州，居中策应。

五十二年春正月，水师提督黄仕简率金门铜山之兵二千，入鹿耳门。陆路提督任承恩统提标长福兴化之兵二千，至鹿港，海坛镇总兵郝壮猷、副将徐鼎士各以兵至。仕简檄大纪取诸罗，而壮猷南出二十里，即阻止。顿兵五十日，始达凤山。凤山城已空，招民复业，党人混入，吏不之觉。三月初十日，城复陷。福宁游击延山、安平游击郑嵩、同知王隽均死，壮猷逃府治，承恩至鹿港，距大里杙不远，亦不敢进。爽文之起也，适漳、泉人械斗后，鹿港为泉人互市之埠，故不从。两提督既至，争效命，而不知驱策，逡巡观望。诏以常青为将军，往督师。李侍尧为闽浙总督，调广东兵四千、浙江兵三千、驻防满兵千，以江南提督蓝元枚赴军，与福州将军恒瑞均为参赞。诛壮猷，逮承恩，以大纪代之。元枚至师，未久卒于鹿港。常青之至也，统兵万人，势颇振，及见事亟，固垒自完，请济师。二十四日，大田复攻府治，官军御之，退驻中洲。翌日，陈灵光、谢桧掠东郊，逼草店尾，许尚、陈聘亦攻小北门，屯柴头港，皆大田之党也。爽文之弟永率所部千人，至大穆降，大田约会师。二十七日，自击桶盘浅，以庄锡舍攻小南，谢桧攻大东，林永攻大北，许尚攻小北，四路合围，号称十万。常青亦分所部，以游击丘维扬、守备黄象新守柴头港，守备曾绍龙守草店尾，守备王天植守小东，都司罗光照守小南，参将宋鼎守大北，参将左渊守小北。檄蔡攀龙固守桶盘浅，而自佩弓矢，至大东门督战。义民数万出城助，自黎明至于日中，战愈烈。官军枪炮并发，退而复进。蔡攀龙之拒桶盘浅也，大田引军东，攀龙随之，伏兵尽起，不能脱，乘马被创，徒步更战。常青在城上望之，令参将特克什布驰救，攀龙回击，始出。把总余典、王泽高俱死，兵丁没者百数十人。而谢桧等又迫小东门之下，纵火焚敌楼，王天植扑之。义民饥不得食，退入城。城人大哗，争走海口，一时俶扰。乃无何而庄锡舍倒戈降，单骑入见。常青大喜，立与六品顶戴，赏帑二百两，令出城助战。大田闻之大骇，虑有变，急收军回南潭，林永亦去，围始解。

　　**锡舍**，泉之晋江人，居陴头庄。大田之起也，纠漳人，而锡舍亦集泉人，势相埒。众推大田为长，锡舍屈意下之。及再破凤山，建功多，益自负。锡舍有亲属为道署胥吏，时通尺素。大田疑之，使人讽锡舍，互易所部，锡舍愈恚。巡道永福知其意，令亲属以书招之，锡舍诺。至是果降，请赴竹沪募义民，以绝大田归路。常青未许。知府杨廷理以为无害，纵之去。途次为大田所得，欲杀之。许光来谏曰，锡舍之降，非属本心，今既归来，仍当重用，不宜自伤手足，以启离叛。光来亦泉人，故为锡舍地。大田从之，置左右，出入必偕。及大田分兵攻诸罗，防范稍弛，使人潜载其孥入郡，约内应。五月十二日，常青将兵三千，自伐南潭。大田已去，锡舍执林红、金娘以献。金娘下淡水番妇也，习符咒，能治病，大田信之，军中咸呼仙姑，爽文亦封为柱国夫人，林红其男妾也。皆戮于北京。十三日，参赞恒瑞领侍卫八人兵一千至府治，总兵梁朝桂、魏大斌亦率兵先后至。常青议出师，而爽文已久围诸罗矣。

爽文之南下也，北庄粤监生李安善复彰化，获杨振国、高文麟、陈高、杨轩，槛送福州。淡水同知幕友寿同春亦复竹堑，磔王作，斩郑加，集义民一万三千人以守。及柴大纪北上，鹿仔草武举人陈宗器、双溪口武举人黄奠邦各率泉人从。正月二十三日，复诸罗，杀侯元。爽文回军破彰化，又围诸罗。大纪竭力守，叠请援。五月十五日，常青令出师，以总兵梁朝桂、魏大斌为前锋，副将谢廷选、蔡攀龙为左右翼，率各营将并四百三十七员，满汉兵五千五百人，出大北门较场，祭纛启行。以庄锡舍为向导，闻大田在南潭，遣梁朝桂伐之，不利。自驻关帝厅，军中夜哗，达旦始息。翌日，谍报大田集诸部，据濠树栅，为久住计。常青悉师攻之，又不利，守备林士春、千总谢元、把总刘茂贵皆战没，飞章入告，再请师。下旨严责，且命舍南就北。六月二十四日，以魏大斌率兵千五百，援诸罗，至鹿仔草而败。又以参将特克什布、游击蓝田玉、副将蔡攀龙等，三次往援，皆被截，损兵大半，仅得入城。诏以柴大纪为参赞大臣。然诸罗被围愈密，无可得食，掘树根，煮豆粕以充饥，而守志益坚。八月，广东副都督傅清额、江宁将军永庆各以兵至，常青仍顿兵城。恒瑞及总兵普吉保两路援兵各五六千，亦不敢进，反张皇事势，请兵六万。诏解常青、恒瑞之任，以协办大学士陕甘总督福康安领侍卫内大臣参赞海兰察代之，并饬大纪捍民出城，再图进取，大纪不从。下旨嘉奖，改诸罗为嘉义。

康安途次，亦奏请增兵而进，下旨严饬。十月二十九日，统侍卫巴图鲁一百二十余员，满汉兵九千，至鹿港。爽文闻报，遣所部拒之。十一月初四日，战于八卦山。索伦佐领阿木勒塔先登，爽文之军败走，彰化又复。康安南下，遇战于仑仔顶。海兰察率侍卫巴图鲁分兵为五，以义民千余为左右翼，再战于牛稠山，爽文复败。初六日，入嘉义城。次日康安至。初九日，爽文率众数万，再攻西北隅。海兰察出战，杀伤甚多，爽文退守斗六门。康安命海兰察、普尔普、鄂辉等自十四甲而北，自与恒瑞策其后，大战于兴化店。护军统领舒亮亦受策，自鹿港而进，伐中寮，破大肚溪而南，以通海口之路。十八日，攻斗六门。爽文据垒守，决水以阻，别屯所部于大埔林及中林大埔尾，复东屯庵古坑以为援。康安分军进，隘口悉布竹钉，不良于行，乃斩竹围而入。爽文遁大里杙，筑土城高垒，列巨炮，内设木棚两层，沿溪置卡，以拒清军。二十四日，康安至丁台庄。爽文乘夜攻，列炬如白昼，清军寂然，既迫而战，矢炮齐发，互有死伤。翌日，康安分诸将，自西南西北两路进，并力搏战。爽文不敌，挈孥走集集。清军入庄，杀林素、林成、林快、江近、许三江、刘怀清二百余人，获大小炮百六十余尊，器械粮食无算，遂毁之。十二月初五日，清军至集集。爽文筑垒溪礀，断木塞道，列营山上。康安遣普尔普绕山行，海兰察亦率侍卫涉溪进，四川练兵攀援而上。爽文走小半天，匿孥番社。社丁杜敷缚其父林劝、弟林垒、母曾氏、妻黄氏以献。清军复逐之，爽文窜埔里社山中。康安分汛诸军，檄归土番，入山搜索。五十三年春正月初四日，爽文至老衢崎，自知无可免，投于所善高振家曰："吾使若富贵。"振缚以献，并其弟跃。康安统师而南，驻湾里溪，肃清中路。二十四日，克凤山。大田走琅璚，地绝险，乃驻军柴城。二月初五日，康安以侍卫乌什哈达自海进，海兰察鄂辉自山行，而自统师至风港，越菁穿林，深入三十里。大田悉众以拒，三军会攻，自辰至午，死者二千余人，遂被擒，及弟大韭、母黄氏等四十余人。大田至郡，病亟，磔之。而爽文、严烟、刘升等皆槛致北京，余斩于市。南北俱平。十七日，康安至郡，海兰察、普尔普班师归，常青、恒瑞入京。柴大纪以贻误军机处斩，黄仕简、任承恩罪均，贷其一死。李永祺、永福亦被议。以蔡攀龙为水师提督，梁朝桂为陆路提督，普吉保为台湾镇总兵，知府杨廷理署台湾兵备道，徐梦麟署知府，余各擢用。命福州将军魁伦渡台，协办善后事宜。

连横曰：林爽文之役，南北俱应，傲扰三年，至调四省之兵，乃克平之。较之一贵，为尤烈矣。夫台湾之变，非民自变也，盖有激之而变也。一贯之起,始于王珍之淫刑,继由周应龙之滥杀,从之者众,而祸乃不可收拾。若夫爽文固一方之豪也,力田致富,结会自全,乃以庄民之怨,起而诛残,喋血郊原,窜身荒谷,揣其心固有不忍人之心也。善乎郑兼才之言曰:"林爽文之变,实激之使起。"则此后张丙之变,戴潮春之变,又孰非激之使起哉?而论者乃辄谓台人好乱,何其慎也!

## 孙景燧列传

**孙景燧**,浙江海盐人,进士。乾隆四十九年春正月,任台湾府知府。五十一年冬十一月,彰化天地会谋起事,兵备道永福命偕游击耿世文领兵往办。及林爽文攻县城,城兵仅八十,不足守,即与都司王宗武、原任知县张贞生、署典史冯启宗等分门御。城破被执,不屈死。

**俞峻**,浙江临安人,举人。乾隆五十一年冬十月,任彰化知县,时天地会已谋起事,偕北路营副将赫生额率兵赴大墩剿办。林爽文攻之,军覆被杀。

**冯启宗**,浙江山阴人。乾隆五十一年,任鹿港巡检,兼彰化典史。林爽文之役,城破被杀。

**周大纶**,忘其籍。乾隆五十一年,任南投县丞。及林爽文陷彰化,以南投无城可守,赴诸罗,与知县董启埏合筹战备。城破,巷战死。

**渠永湜**,忘其籍。前任斗六门巡检,调署猫雾捒。林爽文之役,既破大墩,途经犁头店,执之,不屈死。

**陈圣传**,浙江山阴人。乾隆二十七年,举于乡,为盐场大使,候补福建,两充同考官。例转知县,以忤上官意,授罗汉门县丞。乾隆五十一年,调守斗六门。斗六门为诸彰冲要,用兵必争之地也。圣传既至,急募乡勇百余人守卫,分两队,诘奸宄。五十二年正月二十一日,林爽文来攻,势张甚,乡勇多走,圣传犹力战,或劝其去,不听,骑马略阵，大呼曰："吾斗六门县丞也，来谕尔辈降。"遂被杀。从仆顾景亦死。

**程峻**，安徽六安州人。乾隆五十一年，护淡水同知。林爽文既起事，破彰化，将略淡水，其党林小文谋应之。峻至中港防堵，被攻不敌，创重至柯仔坑而死。

**张芝馨**，直隶南皮人。乾隆五十一年，任竹堑巡检。林小文以众来攻，骤募义勇防御，城破被获，不屈死。

**汤大绅**，江苏武进人，任凤山知县。林爽文之役，庄大田起兵应，破县治，大绅被创，子荀业左右翼蔽，俱被杀。常州人以其父子忠孝，建祠祀。荀业著有《竹居诗》，仅存半卷。

**王隽**，浙江仁和人，举人，前任北路理番同知，卸事晋省，适林爽文起事。巡抚徐嗣曾命赴台，巡道永福檄运粮凤山，以济郝壮猷。及凤山再破，被杀。

**刘亨基**，湖南湘潭人。乾隆四十九年，任北路理番同知。及林爽文起事，彰化知县俞峻赴大墩剿办，以亨基摄县事。城破，遇害。女满姑年十七，侍父在旁，惧被辱，挺身投池水，水浅不能没，枕藉泥淖中。一家死者十二人。自景燧以下，皆予恤袭职，祀昭忠祠。而满姑特旨优褒，赐祭葬，建坊原籍。

**寿同春**，浙江诸暨人。佐淡水同知程峻之幕，时年已七十有二，矍铄能任事。乾隆五十一年冬，林爽文起事，破彰化，陷竹堑，峻死焉，同春亦被掳。王作闻其名，以礼相待，愿受教。同春佯许之，而潜遣人扬言内地大兵已至。党人闻之，颇张皇，遂约原任竹堑巡检李生椿、明志书院掌教孙让，纠合义民万三千人，以十二月十三日并起，复竹堑，擒王作、许律、陈觉、郑加等，斩之以徇。上书省吏，陈其事。先是，巡抚徐嗣曾闻变，奏调闽安副将徐鼎士率兵援淡水，阻风月余始至，驻军艋舺。时闽粤各庄汹汹欲动，同春抚之始辑。而新任淡水同知徐梦麟亦至，大甲各庄毗邻彰化，同春虑有变，亲赴鹿港，谒提督任承恩，请合攻大里杙。不许。而白石湖、金包里等处粤闽又斗，漳人半屯白石湖山上，**梦麟**抚之，归者少，同春往陈利害，众始从。翌年冬十月，率义民驻乌牛栏，至三十张犁庄，遇战，马蹶，被擒，不屈死。事闻赐知县衔，予恤荫一子以知县用，祀昭忠祠。

**胡远山**，浙江某县人，岁贡生，主彰化白沙书院讲席。范琪耀，浙江会稽人，王某、俞某，亦浙江人，均为彰化知县俞峻幕宾，城破皆死，各附祀昭忠祠。

# 福康安列传

**福康安**，字瑶林，号敬斋，姓富察氏，满洲镶黄旗人。大学士一等忠勇公傅恒之第四子也。乾隆三十二年，授三等侍卫，洊擢至一等。金川之役，以功封三等嘉勇男。嗣晋侯爵，协办大学士，总督陕甘两省。五十一年冬，彰化林爽文起事，凤山庄大田应之，南北俱扰。先后命福建总督常青、将军恒瑞、陆路提督任承恩、水师提督黄仕简率兵往，皆无功。诏书切责，仍观望，叠请济师。五十二年秋八月，诏以康安为大将军，领侍卫内大臣超勇侯海兰察为参赞，率领队大臣普尔普、护军统领舒亮、浙江提督许世亨、四川松潘镇总兵穆克登阿、江南狼山镇总兵袁国璜、四川副将张芝元、头等侍卫穆塔尔，及巴图鲁侍卫等一百二十余员，调湖南兵二千，广西兵三千，贵州兵二千，四川屯练兵二千，往平之。康安入京，面授机宜。是时林爽文已久围诸罗，台湾镇总兵柴大纪与民坚守，效死勿去。城中无所得食，掘树根煮豆粕以啖。诏命诸将趣救，迟疑不前。又命大纪捍民出城，再图进取。大纪奏言："诸罗府城北障，诸罗失，则府城亦危。且半载以来，深壕增垒，守御甚固，一朝弃去，克复为难。惟有竭力固守，以待援师。"高宗览奏坠泪，诏曰："大纪当粮尽势急之时，唯以国事民生为重，虽古名将，何以加兹。其封为义勇伯，世袭罔替。令浙江巡抚以万金赏其家，俟大兵克复，与福康安同来瞻觐。"康安途中亦请增兵，下旨严饬，饬内库大吉祥右旋螺，以利渡海。冬十月，至泉州，征进士郑光策、举人曾大源入见，询以台湾乱故。光策对曰："守土好侈，民生日削，为乱之阶。夫台湾固殷富之地，然官贪则民贫，民贫则乱作，固自然之势也。"康安曰然，即撤行辕供具，令所司办事毋近侈华。有献地图言机事者，皆纳之。

十月二十一日，发大担门，守风崇武。二十八日，诸军毕集，遂进鹿港，遣举人曾大源、监生陈文会、职员杨振文等登岸，招抚近庄，分发露布，胁从罔治，其来归者给以盛世良民之旗，令树乡中，师至不讨，以是颇多分散。方是时，爽文久围诸罗，而自驻营于牛稠山之上。十一月初四日，康安令海兰察率巴图鲁攻八卦山，克之。遂复彰化，乘势救诸罗。爽文拒战于仑仔顶而败，再战于牛稠山复败，遂解诸罗之围。进破斗六门，毁大里杙。爽文走集集，逐之至小半天，窜老衢崎，遂缚之，槛送北京。捷闻，封一等嘉勇公。移师而南，战于楠梓坑，复凤山。庄大田窜琅峤，水陆并进，擒之，磔于府治，余党悉平。其右旋螺命存福建藩库，凡将军总督渡台及册封琉球，佩之行。

当诸罗解围之时，柴大纪出迎，自以参赞伯爵，不执櫜鞬之仪，康安衔之，至是劾其前后奏报不实。诏以大纪固守孤城，时逾半载，非得兵民死力，岂能不陷。若谓诡谲取巧，则当时何不遵旨出城。其言粮食垂尽，原所以速外援，若不危急其词，岂不益缓救兵。大纪屡蒙褒奖，或稍涉自满，于康安礼节不谨，致为所憎，遂直揭其短，殊失大臣休容之度。又福康安抵诸罗后，凡有攻剿，皆不派大纪、蔡攀龙，而于拥兵不救之恒瑞，非惟不劾，且屡叙其战功，曲为庇护。恒瑞本应军前正法，恐骇听闻，其逮交刑部治罪，寻遣戍伊犁。会侍郎德成自浙江归，高宗以康安所劾大纪事询之。德成奏言，大纪在任贪黩。令兵私回内地贸易，及事起仓卒，不早扑灭，以致猖獗。又逮问提督任承恩，供亦同。乃命康安与闽浙总督李侍尧查奏。五十三年春正月，诏曰："柴大纪前此久困孤城，不肯退兵。奏至时，朕披阅坠泪。即在廷诸臣凡有人心者，无不叹其义勇。用人者当录其大功，而宥其小过，岂能据福康安虚词一劾,遽治以无名之罪。前询李侍尧之旨,至今尚未复奏,殆亦难于措词乎?"寻李侍尧奏至,略如福康安指。福康安奏言:"大纪盐埕桥之战,尚能出力,守御诸罗,亦有微劳。惟以专阃大员,既不能整饬于平日,又不能扑灭于临时,皆纪律不明所致,请即解京正法。"七月,大纪逮至京,命军机大臣会同大学士九卿复讯。大纪再三称冤,及廷讯,始引咎,仍微诉其枉。诏曰:"福康安等拟大纪斩决,朕念其守城微劳,原欲从宽末减,改为监候,乃展转狡辩取死,岂可复从宽典,其即依所拟正法。"于是大纪处斩,时论冤之。

台湾既平,康安上善后策十六事,其要在习戎备,除奸民,清吏治,速邮政。下旨允行。又以归化番人效力军前,请援四川屯练之制,设置屯丁,语在《军备志》。八月,命于台湾府城及嘉义县各建生祠,御制诗文以纪其事,再图形紫光阁。凯旋之时,适驾幸热河,赐宴赋诗,并立碑。热河文庙告成,而系以辞曰:"瀛壖外郡,闽峤全区。厥名台湾,古不入图。神禹未略,章亥所无。本非扼要,弃之海隅。朱明之世,始回中国。红毛初据,郑氏旋得。恃其险远,难穷兵力。每为闽患,讫无宁息。皇祖一怒,遂荒南东。郡之县之,辟我提封。一年三熟,蔗薯收丰。渐兴学校,颇进生童。始之畏途,今之乐土。大吏忽之,恣其贪取。既嬉其文,复恬其武。匪今伊昔,叛乱屡睹。向辛丑年,昨丙午岁。一贵、爽文,其乱为最。水陆提督,发兵于外。奈相观望。贼益张大。天启予衷,更遣重臣。百巴图鲁,勇皆绝伦。川、湖、黔、粤,精兵万人。水陆并进,至海之滨。至海之滨,崇武略驻。后兵到齐,恬波径渡。一日千里,以迟为速。百舟齐至,神佑之故。驰救诸罗,群贼蜂拥。列阵以待,不值贾勇。如虎搏兔,案角陇种。顷刻解围,义民欢动。斗六之门,为贼锁钥。大里之杙,更其巢落。长驱扫荡,如风卷箨。夜携眷属,内山逃托。生番化外,然亦人类。怵之以威,赉之以惠。彼知畏怀,贼窜无地。遂以成禽,爽文首系。狼狈为奸,留一弗可。自北而南,如上临下。海口遮罗,山涂关锁。遂缚大田,略无遗者。二人同心,其利断金。曰福康安,智超谋深。曰海兰察，勇敢独任。三月成功，勋扬古今。既靖妖孽，当安民庶。善后事宜，康安是付。定十六条，诸弊袪故。永奠海疆，光我王度。凡八武成，蒙佑自天。虽今耄耋，敢弛惕乾。如曰七德，实无一焉。惟是敬勤，励以永年。"是年冬，康安调闽浙总督，历浒内外，后以功晋封贝子。嘉庆元年薨，晋封郡王，谥文襄，入祀贤良昭忠祠，配飨太庙，事在《清史》。

**海兰察**，亦满洲人，勇敢善战，康安每统师，辄为参赞，所向克捷。台湾之役，以功晋封超勇公，与舒亮、普尔普俱图形紫光阁，御制《平定台湾二十功臣像赞》。余亦晋擢有差。

## 杨廷理列传

**杨廷理**，字双梧，广西马平人。以拔贡生初知侯官县，历升至台湾海防同知。乾隆五十一年冬十一月，彰化林爽文起事，知府孙景燧遇害，全台震动，乃摄府篆。是时爽文已围诸罗，凤山庄大田亦起应，府治戒严。府治固无城，植竹为藩，联以木栅，年久多毁。廷理急集绅民，筹守备。各街置一栅，派人守之。甫就而诸罗陷。总兵柴大纪率师扼盐埕，城中空虚。廷理手一旗，大书募义勇，驰呼于市曰："好男子，其从我！"闻者走集，不三日而得八千人。告以守城之义，皆曰诺。复募海口水手一千，调熟番一千，凡万人。设寮帐，整炮械，具粮秣，数日而战具备。乃以四千人守各隘，六千人屯城中。时各省援军未至，府治当南北之冲，爽文大田合兵攻。五十二年元旦，薄东门。廷理出小东门，左营游击古渊出小南门，合击之。二十四日，大田复攻，四路合围，号称十万，廷理率众御。两军方战，党首庄锡舍忽倒戈降，廷理以书招之也。大田闻之气沮，遂不敢复攻府治。十月，大将军福康安至鹿港，克彰化。廷理率义勇从，三战三捷，疏通中路，遂见康安于丁台庄，康安劳之。爽文既擒，移师南下，进攻大田，获之。台湾平。五十三年春，署台湾道，加按察使衔，经理善后，遂建府城。六十年，以在侯官任内，亏欠库款，谪戍伊犁。嘉庆八年，赦还。十一年，捐复知府，分发福建。十二年，又任台湾府。

当是时，蔡牵傲扰海上，叠犯台湾。七月，南澳镇总兵王得禄败朱渍于鸡笼港内，溃窜苏澳。廷理率兵北上，至五围，集耆老抚慰，又知熟番土自潘贤文阴与渍通，厚结之，众皆鼓励，愿效命，遂与得禄会攻，渍大败去。廷理巡视蛤仔难，谋开设。而大府以地在险远，民番杂处，虑有变，不许。十五年四月，总督方维甸巡台湾，次艋舺，蛤仔难民番皆请收入版图，命廷理偕巡检胡桂往勘之。廷理以台有业户，其弊颇多，力主裁除。业户不从，劝谕再三，始各领丈。乃将筹办情形，条陈大府。而司中以台洋隔绝，事难悬拟，请交台湾镇道议复。十七年七月，始收其地，设噶玛兰厅，廷理任通判。十二月，调建宁知府。民思其政，为位于文昌坛之右。

# 郑其仁、李安善列传

**郑其仁**，字彭年，号静斋，台湾府治西安坊人。少有力，能举巨石作掌上舞。年十八，入凤山武庠。三赴乡闱，不中，遂居凤山姜园庄，力田治产。乾隆五十一年，林爽文陷彰化，庄大田起兵应。众以其仁负重望，请出。不从，乘夜逾垣走。妻林氏虑被害，忧悸暴病，庄人载至乌树林塭，未至而卒。其仁埋诸沙汕。遂觅船至府，署知府杨廷理命募义勇助战守。已而大田攻府城，其仁中弹未愈，辄出战。嗣随副将丁朝雄由水道攻东港，克之，以功授守备。东港地近姜园，其仁素悉情形，乃集流亡，给口粮，收以为用，势益振，而东港恃以无恐。五十三年春，大将军福康安平北路，率师而南，廷理带兵协剿。其仁愿为前队，战于放缘庄，遇伏，力战死，年三十有四。事闻，加都司衔，谥忠勇，赐祭，祀京师昭忠祠，世袭云骑尉，葬于府治小北门之洲仔尾，林氏附焉。嘉庆十二年，邑人士请与薛邦扬、许鸿均祀忠义孝悌祠，诏可。

**薛邦扬**，字垂青，府治宁南坊人，为台邑廪生。乾隆五十一年，林爽文攻府治，邦扬募义勇助守。不给，则货田宅以济。又从游击蔡攀龙驻桶盘浅，历战数次。五十二年五月初三日，庄大田合诸军来攻。兵民并力御，邦扬亲自陷阵，中炮，坠马死。妻兄某在旁，夺尸归，年二十有八。妻陈氏遗腹生一子。

**许鸿**，府治镇北坊人，人武庠。林爽文之役，总兵柴大纪率兵御于三嵌店，鸿以义勇从，遇战陷阵。知府杨廷理见其危，督众救之。而鸿已没，得其尸归，年三十有四。

**李安善**，字乔基，广东嘉应州人。祖某来台，曾募乡勇从征朱一贵，以功授职，因家彰化之北庄，垦田致富。安善少读书，纳粟入监，里党有事，知无不为，故众倚为重。乾隆五十一年冬，林爽文起事，陷彰化，攻诸罗，以杨振国、高文麟守城。粤庄因械斗之怨，故不从。安善窥其虚，集子弟而告之曰："城可取也。"粤人闻之，愿效命，得数千人，分四队。与前任知县张贞生、把总陈邦光，以十二月十二日分攻县治，克之。获振国、文麟等，解省受戮。当是时，城人多去，而所部以搜捕为名，焚庄掠物。安善不能制，撤归北庄，城复失。北庄距大里杙不远，爽文虑为肘腋患，命众攻之。安善竭力御，求援各庄，无有应者，只身走鹿港，请铅药，为战守之用。而爽文购之急，归及牛骂头，被获，挟至大里杙，劝其降。不从，杀之。事闻，赐祭予恤，赏知县衔，荫一子以知县用，附祀忠烈祠。

## 陈周全、高夔列传

**陈周全**，台邑人，天地会之党也。林爽文败后，南北小康，守土官不以吏治为意，孳孳为利。乃与凤山陈光爱谋，招人入会，从者数百，遂议起事。乾隆六十年春二月，光爱劫石井汛，未破，为同知朱慧昌所擒，戮之。周全走彰化。彰固天地会部落，爽文之徒尚有存者，与黄朝、陈容集余党，而自为会首，以洪栋为军师。祸旗纠旅，至者数千人。三月朔，袭鹿港，杀同知朱慧昌，鹿港营游击曾绍龙、外委任向标均战没。署北路副将张无咎在彰闻变，令游击陈大恩驰救。途次闻耗，还屯八卦山。无咎逃，署知县朱澜亦弃城走。明日周全攻城，先击八卦山。都司焦光宗赴援，未至而破。大恩自焚死，张、朱皆被戕。光宗自刃，未死遇救，匿武生林国泰家。典史费增运、千总吴见龙、郭云秀皆巷战死。周全既入城，据县署，大张文告。而斗六人王快亦起事，破斗六营以应，追嘉义。报至，巡道杨廷理登陴，总兵哈当阿、知府遇昌、游击麦瑞合率水陆兵九百名往，至湾里溪，阻水不得进。先是汀州府同知沈扬奉委至彰，遭变，伏民家，密与贡生吴升东、廪生杨应选等，集乡壮，以待官军。大肚、鹿港各庄应之。周全知力薄，弃城去。国泰率义民数百至，以笋舆舁光宗入城。郡中闻报，以前嘉义知县单瑞龙署县事，沈扬署鹿港同知。周全南下，至埔心庄，为庄人陈祈所执。解献军前。哈当阿夜渡虎尾溪，趣入城，令捕余党。黄朝、陈容、洪栋次第被擒，均戮于郡。

当周全之败，凤山人郑贺侦郡中兵虚，谋夜袭。其友许强豫闻官令。与之周旋，醉而缚之，献于道辕。未几王快亦被戮。事闻，文武绅民各惩赏有差。越十有六年而有高夔之事。

**高夔**，淡水人。时漳、泉械斗方息，无赖之徒又谋起衅，各庄骚动。夔纠集党徒，得百数十人。嘉庆十六年夏六月初旬，偕族人姣赴柑园，谋起事，未集。新庄县丞简清瀚闻之，会艋舺都司庄秉元率兵捕，夔走入五指山，党人俱散。越一月，知府汪楠、同知查廷华各率兵入山大索，被擒。姣亦就捕，诸人皆磔死。

卷三十二

台灣通史

列傳四

## 海寇列传

　　台湾固海上荒岛,当明中叶,林道乾作乱闽海,都督俞大猷征之,遁入台,嗣走大年。既而颜思齐、郑芝龙辈亦出没海上。及思齐死,芝龙降,海氛渐静,而台为荷兰所略矣。延平入处,传祀三世,整军养民,蔚为上国,其后遂为清人所取。台人之谋光复者,时起兵戎,而海上固无事也。

　　乾隆六十年,安南匪艇犯福建,掠边民,海坛游击李长庚败之。匪艇既散,而蔡牵之乱作。牵,福建同安人。素为盗,犯法,亡入海,啸聚党徒,肆劫杀,遂并其众。而陆上不逞又接济之。北至山东,南迄两粤,沿海商务大遭损折,台湾尤甚。嘉庆八年夏六月,牵劫台米数千石,分饷朱濆。濆,粤盗也,遂与合。八月,牵猝入闽。诏以长庚统闽、浙水师平之。长庚亦同安人,牵慑其勇,每遇辄避。时牵方大败,破船多,以濆不用命,怨之。濆怒自去,而牵势稍衰。九年夏四月望日,犯鹿港,未几,进泊鹿耳门。郡城之要隘,素有水师驻防,久无设备,故贼船自若也。二十八日,乘雨攻北汕。官兵溃,炮不得发,游击武克勤、守备王维光战没。遂燔木城,毁炮台,夺铁炮,官军莫如何。薄暮、郡中骤闻北汕失,住民恐。总兵爱新泰移镇安平,以安平为郡咽喉，而大西门又为通海要道，派兵驻守。台湾县学教谕郑兼才、拔贡生林朝英、廪生徐朝选、生员张正位各助防，乡勇亦往来不绝。然其时水师无战舰，故不得出击。三十夜，牵焚鹿耳门营署，火光达安平。五月初二日，又烧商船一艘。翌日以十二人驾小艇入，焚哨船三，夺去二。营兵义民满布海岸，莫敢谁何。船户无所恃，各赴牵议价自赎。十三日，东南风发，乃拥重资悠悠而去。十二月初三日，长庚追至淡水，击之，寇多溺毙。

十年春二月，南窜。四月，再至淡水，拥船数百，势张甚。豫结山匪洪老四等为援，招诱无赖，入党者数千人。而船中被虏知书之徒，又以天时人事相附会。牵洋洋自得，以为南面王可为也。遂出文告，称镇海威武王，建元光明，祭天地。踞沪尾，焚艋舺。署都司陈廷梅与战死，前淡水同知胡应魁亦伤，官军皆望风而靡。十七日，郡中得报戒严。翌日，总兵爱新泰提兵援北，知府马夔陛随后行。牵自至沪尾，即遣其党径趋凤山。凤山贼吴淮泗起事应之。巡道庆保闻变，檄台防同知钱霨以二十一日率把总曾瑞、王正华等，领乡勇屯番往。二十四日，牵至鹿耳门。爱新泰归保郡城，以夔陛守嘉义。而大小槺榔、盐水港、萧垄、北埔诸庄山贼俱起，命千总陈安、陈登高等讨之。十二月朔，遇贼木栅，与战。义首陈凤被杀，虏黄兴入船，戮之，安亦伤逃。贼遂进踞洲仔尾，距郡城才六里也，自是南北不通。台湾县知县薛志亮见事急，念非绅商无可与图存者，乃屏舆从，自海口入城，集绅董，申大义，劝守御。贡生韩必昌、陈廷璧首率众领义旗，未一日而得义首二百五十人，义民逾万，咸自备军糈，愿杀贼。初，三郊商人拥资贸易，自遭海寇以来，商舶多被掠，及闻牵至，各挺身募勇，供驱策，助饷数万金。三郊者，南郊、北郊、糖郊也，聚处大西门外，当海口入城之冲。故自卫尤笃。三郊总义首布政司经历衔陈启良白巡道，请添建木城于海口，自小西越大西至小北，凡千二百丈，费银六千有奇。以三日夜告成。庆保亦命贡生游化龙赴东路，协和闽、粤各庄，防内变也。

初，凤山乱作，庆保复命署守备陈名声假游击三品顶戴以行。未至，而凤山失，霱与知县吴兆麟遁入粤庄，名声收兵回埤头。十一月二十九日，粤庄子弟护送至下淡水溪南，方渡溪，前队遇贼，而后队火药自发，众乱。贼乘之，要杀兆麟于砖仔窑庄，霱亦须眉尽爇，仅以身免，偕名声入处内埔。而贼党陈棒、叶豹、黄灶、李琏、卢章平等遂率众攻游击吉凌阿于楠梓坑。时以援凤驻此，所部仅三百人，而敌逾数千，力战叠胜，粮久罄，乃以计拔营归。比贼觉，已入城矣。

牵既南下，图郡治，自踞舟中，以观山贼举动。十二月初五日，始出攻安平。翌日。又扑郡城，击退之。附郭居民多挈眷入，往来杂沓，商铺咸罢市。一日中数传贼入城，守城官有易服私去者，苟非绅商协守，则城失矣。陈鸿禧者，镇署稿房鸿猷弟也，派守西门木城。鸿猷有异志，欲召弟以乱军心。时天黑，鸿禧与众争门，军装尽失。男妇后至者不得入，相扰哭，道上偠扰，喧传贼迫城。陈启良闻之，知木城如故，请于都司许律斌，得兵三十，又与义首郭拔萃、郭振春等分募义勇八十，协守之。夜以鸿猷状白巡道，庆保急诣总兵，捕鸿猷，获通贼白旗，戮之。内防益密，各门皆闭，唯开大西门以通郊民出入，列炬如昼，巡视不绝，民心稍定。然山贼每逢三、六、九日，必攻城，俱以炮击退之。二十四日，爱新泰出巡，遇贼败绩。千总薛元勋战死，泰亦陷围，吉凌阿趣至，始免。而闽浙水师提督李长庚已统舟师至矣。

十一年春正月初五日，长庚命金门镇总兵许松年、澎湖水师副将王得禄入击。牵虑官军至，沉舟鹿耳门以阻。长庚知南北汕大港门，可通小舟，扼之，别以两将驾澎船入。风势适利，放火焚之，毁贼船三十余艘，捕虏数千，牵退保洲仔尾，官军进泊内港。而山贼攻城愈迫，闻官军至，欲分其势，猛攻大南门。南坛僧澄潭密通贼，获讯之，并悉有内应者，皆就戮。十六日黎明，贼又分队至，义勇御之。十八日夜半，将来攻，都司许律斌移驻木城。贼知有备，趋安平。巡军见之，开炮击。折而北，谋与牵合。二月初二日，庆保会伐蒜荼，三郊义首亦领众出小北门。既而守备吉凌阿、都司许律斌、游击官朝赞、知县薛志亮皆至。郊众请攻洲仔尾，且言可取状。方讨议而爱新泰至，下令出军，郊众奋勇行。既至，贼不设备，一鼓破之。内港水师助战，长庚别遣将出南汕，自后焚其舟。牵大败，贼首周添寿、陈番等各逃去。是日为社公辰，近村之贼多归，故势杀也。翌日，收桶盘栈庄。贼首陈棒闻败，未战而溃。牵知山城不足为，谋遁去，而官军困之。初六日，风潮骤涨，沉舟漂起，厚赂浙兵，黎明潜夺鹿耳门出。长庚追之，夺船十余，卒以闽兵不助扼各港，竟脱去，篷柁皆毁。至福宁，又得山贼接应，势乃振。长庚列状闻，诏褫总督玉德职，逮京治罪，以阿林保代之。玉德忌长庚功，主抚，故闽兵不愿力战也。

陈棒自桶盘栈溃后，十四日回埤头，又败，走桃仔园，入番界。吴淮泗亦自旗后遁贼船。未几获陈番及许和尚杀之，自是南路渐平。十二日，总兵爱新泰率安平副将张良树、北路副将金殿安、参将英琳等南下，复凤山城。粤庄闻至，送陈名声、钱霭来会，分剿余贼。每诬良民，或捕或窜，兵至苦之。闽、粤素不和，无事辄起械斗。时粤庄以拒贼功，而助贼者闽人也，遂假其事以逞，官不之察。地方初平，而两族又将启衅。郑兼才上书巡道，请止剿，胁从罔治，事乃息。

十六日，牵复至，泊鹿耳门。越二日，长庚亦至。牵移泊王爷港，既知不可踞，遂北去，谋占噶玛兰。噶玛兰处台湾北东，绝辽远，时尚未入版图。乾隆末，漳浦人吴沙始募流民入垦。嘉庆元年，筑土围于乌石港南。二年，沙死，侄化领其事，从者益众。牵至，欲取其地。众惧，化谋所以拒之，夜集乡勇数百，扼要隘，又命诸番伏岸上。翌晨贼入市货物，擒之，得十三人。牵怒进攻，众断大木塞港道，船不得入，久之乃去。五月十七日，再踞鹿耳门，劫商船，海道不通。二十七日，福宁镇总兵张见陞、澎湖水师副将王得禄合击之，军殊战。牵麾船出，而鹿耳门道狭。沙汕左右立，每当夏秋间，风涛澎湃，牵船多冲破，狼狈走，自是不敢犯台湾。未几而有朱渍之乱。

初，渍与牵分，自领其众，横行海上。十二年秋七月，败于广东之大莱芜外洋，为澄海副将孙全谋所追，走入鹿港，或至淡水，伺隙劫掠。时王得禄驻铜山，闻其犯台，放舟索之。夜至鸡笼，见渍船匿港内，突击之。溃窜噶玛兰，大载农具，入苏澳，谋夺溪南地。苏澳为台东番界，距噶玛兰东南，官军未至也。五围头人陈奠邦告急，知府杨廷理北上，与得禄合，会水陆军剿之。岸里社番土目潘贤文处罗东社，势力振一方，溃思结之。而李祐阴通贼，廷理知其实，召贤文至，晓以大义，犒番哔吱十匹，红布五百匹，银千圆。皆奋起，愿效命。乃设木栅于海口，捕通贼者。祐惧，挈妻子逃贼舟。九月初九日，廷理自艋舺至五围，集众抚慰。义首林永福、翁清和愿率勇效用，得禄舟师亦至苏澳，溃以巨缆系铁锹沉港口阻之。而廷理已命义首各领番人，随山刊木，达苏澳，贤文亦断贼樵汲。二十日，两军夹攻，焚贼船三，巨舟一。溃大败，率十六艘顺流而东，嗣为许松年所灭。自是台湾无海寇。事平，诏收噶玛兰，设官经理。是役曾命将军赛冲阿视台，战守文武官绅各随功入奏，赏给有差。

十二月二十五日，长庚追牵入黑水洋。牵势蹙，将就擒，其奴开炮中长庚，遂死。事闻，下旨轸悼，封伯爵，谥忠烈，建专祠。以王得禄提督闽浙水师。得禄，台之嘉义人，久随长庚立战功。十四年秋八月十七日，偕提督丘良功南下。追牵至鱼山外洋。牵势大蹙，集两省兵船困之。十八日，至黑水洋，贼船尽没，牵知不免，开炮裂舟，落水死，妻子党徒皆没。奏入，晋得禄子爵，余亦嘉奖。自是海寇尽平。

## 王得禄列传

**王得禄**，字百遒，号玉峰。先世居于江西南城，曾祖奇生以千总随征朱一贵，阵殁凤山，赐恩骑尉，遂迁诸罗沟尾庄。年十五入武庠。乾隆五十一年冬，林爽文起事，陷诸罗，得禄走府城乞师，遂募义勇五百以待。五十二年十一月，大将军福康安复诸罗，从战有功。随攻大里杙，跃马先渡，后军继之，遂破坚垒。爽文窜内山，康安率军进，命隶汀州镇总兵普克保麾下。及平，赏戴花翎，以千总实缺用。六十年，补督标右营。陈周全之变，随闽浙总督伍拉纳入台。事毕而去。

当是时，闽、粤海上多盗，而蔡牵、朱渍为之魁，劫船越货，商务阻遏。闽浙总督檄铜山营参将李长庚平之，得禄从，颇杀贼。嘉庆五年春三月，长庚为福建水师提督，一意剿盗，而得禄与丘良功为之辅。四月，护送封舟赴琉球。十一月，回省。旋率兵舰出洋，时有杀获。以功晋级。

九年十一月，护澎湖水师副将。时牵有窥台之意，而澎湖为台之门户，孤悬海上，乃筹守备，讨军实，筑炮台，以防侵扰。十年春正月，牵至，入虎井屿，将登岸，得禄御之。八月，署澎湖副将。十月，牵入鹿耳门，勾结陆盗，攻围府治，得禄随长庚赴剿。牵沉舟以阻，而自屯岸上。得禄知大港可达安平，自驾小舟入，与镇道会商剿围之策。嗣与义首吴春贵、柯纬章、王得昌等率义民三百。十一年春正月初五日，严军行，戒诸舟勿燃灯，既迫，始奋击之。牵扬帆欲遁，得禄挥舟堵截，掷火罐火箭以焚，烈焰涨舟，贼惊惶，多坠海死。毁船二十有二，获其三，擒股首蔡正等百六十八人，斩首八，阵卤器械无算。牵以是夺气，然犹据险守。二月初二日，舟次洲仔尾，睹岸上民兵参差，而东南氛甚恶，讶曰："不趣援，贼必伏戎于莽，兵勇将不支。"所领舟置劈山炮十二尊，挥众上岸，举炮击。戒曰："视吾旗进退。"时潮将落矣，每舟以善泅者六人扶之进，麾旗放炮。贼果伏莽中，不虞官军之猝至也，争走，而水陆阻隔，莫能援，城中义勇又数队至。贼愈窘，纵火毁其营。牵大败，谋遁走，港塞不得行。初六日，风潮骤涨，遂被逸。长庚及得禄追之，不及。夺船十余，颇斩获，诏革顶戴。三月，将军赛冲阿渡台，仍命剿堵。五月，牵复泊鹿耳门。赛冲阿令得禄率兵小船十二，澎船二十，出战。与福宁镇总兵张见陛内外合攻。得禄愤前之被逸也，鼓勇而进，冲其中坚，获船十，击沉十一，擒股首林略、傅琛及徒二百数十人，牵败去。诏加总兵衔。

十二年春正月，会浙江提督李长庚剿牵于粤洋，颇斩获。嗣调南澳镇总兵。至铜山，闻朱渍窜鹿港，追之。七月，至鸡笼，见渍舟潜匿港内。又谍知夜突，骤击之。毙贼七百，获船九，毁二，击沉三，救回商船一。渍败窜苏澳，谋据地久居。复追之，见港狭，以小舟载火具人，伏巨舰于港口，纵火焚。渍舟争出，开炮击之，狼狈走，沉舟三，获一，器械无算。渍乃东去，自是不敢犯台湾。

十二月，长庚追牵于黑水外洋，中炮殒。十三年春正月，诏任浙江提督。总统闽、浙兵船，为长庚雪愤。五月，受事。六月，调福建水师提督。与总督阿林保奏言："台湾北路守兵单薄，请改兴化协左营守备为水师，移驻沪尾，以延平协左营守备移驻艋舺，管辖陆路。"从之。十四年八月，会浙江提督丘良功剿牵于定海之鱼山，牵势已蹙，追之不敢息。明日仍据上风，傍午逾黑水洋，见绿水，将遁走外洋。得禄恐其复逸，麾闽、浙各船遏之。牵殊死战，篷索相纠，贼以绽钩浙舟，矛贯良功之腓。浙舟毁绽脱，而得禄之船复追之，转战良久，溅血声喧。牵弹尽，以番银为炮子。官军亦以大炮轰击，烟雾蔽海。得禄伤右额，猝倒再起，大呼杀贼。牵知不能免，自沉其舟，妻孥皆死。捷闻，诏封二等子爵，赏戴双眼花翎。

十五年四月，统师出洋，搜剿余党，多纳降，海上稍静。然犹有黄治聚众海坛，劫截商旅，讨之。自是每有斩获，海寇渐平。十六年九月，入觐。垂询水师情形，温旨褒嘉。归福建。十八年二月，福建巡抚张师诚疏言："台湾之鹿耳门、鹿港两处，港内悉系暗沙，须浅水船只始能守御。应造守港及八桨快船，分设防堵。王得禄素谙台地情形，请令酌定船式。"得禄遂绘图以进，奏请造竣之后，分拨鹿耳门十六只，鹿港、八里坌各八只，从之。又以厦门为全闽要口，港汊纷歧，商旅往来，时虞伺劫，奏请动拨房租，添造桨哨巡船，以利缉捕，亦从之。旋赴台湾阅兵，请假展墓。得禄少失怙，长嫂许氏育之，至是特请追封一品夫人，长兄追赠振威将军，盖异数也。七月，回任，整刷营伍，多所更改。二十五年，复赴台湾阅兵。道光元年春正月，调浙江提督。翌年六月，以病乞回籍，捐运津米，并倡修凤山县城。奉旨交部优叙。七年八月，入觐。旋闽后，寄家厦门。已而嘉义张丙起事，南北俱动，即募义勇五百，随水师官兵至朴仔脚，助战有功，诏加太子少保衔。得禄以嘉义城垣为张丙所蹂躏，倡议重修，并建义仓，储谷二万石，为兵荒之用。居乡时，颇有义举。二十一年，英人之役，驻防澎湖。十二月，毙于防次，年七十有二。追赠伯爵，加太子太师衔，谥果毅，赐祭。有子十，长朝纲，任山东济东道；次朝纶，候补员外郎。

## 谢金銮、郑兼才列传

**谢金銮**，字退谷，福建侯官人。少孤贫，事母孝，好读《宋儒言行录》及《五子近思录》。常曰："士以忠孝好学为立志，伦常日用为力行。空言存诚、慎独、主敬、存养，而不读书有体，则失之偏。"乾隆五十三年，举于乡。嘉庆六年，任邵武教谕，嗣调南靖安溪，所至以兴学为任，士论归之。十年，任嘉义教谕。时蔡牵作乱，劫掠海上，陷凤山，南北戒严。嘉义知县询以筹防之策，金銮对曰："此间士民曾遭林爽文之乱，造栅凿濠，治兵习炮，皆有成法，可召而谋之。"如其言，众果集。偕视四门，指挥区画，分地而守，夜漏三下，而部署定。已而总兵武隆阿帅师至，牵党尽去。隆阿知其才，至学署，见壁间教士条约，叹曰，通儒也，礼之。

初，牵谋踞蛤仔难为巢穴，而朱濆亦屡窥苏澳。金銮以蛤仔难居台之北东，势控全局，若为贼有，则祸害靡宁。遂考其图经，征其始末，著《蛤仔难纪略》六篇：首原由，次宣抚，次形势，次道里，次图说，而终之以论证，语在《抚垦志》。上之当道，请收入版图。咸以险远为难，乃邮示乡人少詹事梁上国，据以上闻。诏命闽浙总督派员经理，设噶玛兰厅。台湾知县薛志亮聘修县志，与府学教谕郑兼才同事，兼才亦主开蛤仔难者。秩满，调南平教谕，嗣移彰化。复调安溪，欲引退，诸生吁留。未几遘病归里，卒年六十有四。著教谕语，风行海内，又有《二勿斋文集》。道光五年，祀乡贤祠。

**郑兼才**，字文化，福建德化人。乾隆五十四年。拔贡生，充正蓝旗官学教习，嗣授闽清教谕。嘉庆三年，举乡试第一，改安溪，调台湾。已而蔡牵犯府治，踞北汕，山贼亦窃发。城中议战守，以兼才驻大南门，诘出入，昼夜巡防，不遑寝食。事平，以功授江西长宁知县。辞，请改教谕会试，乃任建宁，复调台湾。时议开蛤仔难，众论未决。兼才以地处上游，漳、泉杂处，其衅易启，万一有失，台湾之患从是多矣，力主设官，后从其言。

初，凤山乱后，闽、粤庄民借端构陷，猾吏土豪又以捕贼为名，夤缘市利。兼才闻之，言于巡道，其害始戢。府治昭忠祠祀阵亡官兵，颇有疏漏，亦旁求事例，补祀二千四百八十余人。兼才虽为学官，而吏治民生，靡不悉意讲求。著《六亭文集》。

连横曰：噶玛兰开设之议，前后继起，而金銮之论，尤为剀切；兼才之语，亦有同心，是皆有用之文也。士君子读书论世，操笔为文，足垂不朽。而儇薄之徒，但工藻绘；拘虚之子，多属空淡，非所以为经国之业也。夫不知而言，是不智也；知而不言，是不忠也。不智不忠，非人也。若乃二子以冷署闲曹之官，而为拓土开疆之计，可谓能立其言者矣。

# 吴沙列传

**吴沙**，漳浦人，少落拓。来台，居北鄙之三貂岭。任侠，通番市，番爱其信义，远近归之。民穷蹙来投者，则与米一斗、斧一柄，使入山伐木抽藤以自给，于是客至愈多。淡水厅虑其乱，遣谕羁縻之。林爽文之变,全台震动,及平,党徒多北走,遁入山。同知徐梦麟素知沙有为,请大吏檄沙堵守。沙既通番市,尝深入蛤仔难,视其地平广而腴,可垦田。蛤仔难者番地也,三面负山,东临海,平原万顷,溪港分注,天然沃壤也。自三貂岭越山行,一二日可至,然汉人鲜入者。乾隆三十三年,林汉生始召众入垦,为番所杀。后或再往,皆无功。沙既议垦,谋于其友许天送、朱合、洪掌,之三人者亦番割也。分募三籍流氓,率乡勇二百余人前进,佃农随后。嘉庆元年秋九月十六日,至乌石港,筑土堡以居,则今之头围也。辟地日广,番始惊怖,倾其族以抗,而乡勇力战,沙弟立死焉。沙既遭番害,竭智并力,不稍屈。乃使告曰:"吾辈奉官命而来,以海寇将踞兹土,为番人患,非有心贪而之土地也。且驻兵屯田,亦借以保护而之性命尔。"番信之,斗稍息。居无何,番患痘,枕藉死,阖社迁徙。沙以药施之,不敢食,强而服之,病立瘥。凡所活百数十人,群番以为神,纳土谢,未一年得地数十里。

初,沙将入垦,苦无资,淡水柯有成、何缵、赵隆盛闻其事,皆助之。沙所募多漳籍,约千人。泉人渐乃稍入,而粤人则为乡勇。已而漳人萧竹来游,沙礼之,为之划策。二年,沙赴淡水厅给照。许之,与以吴春郁义首之戳,疏节阔目,一切听从其便。沙乃召佃农,立乡约,征租谷,刊木筑道。沿山各隘,分设隘寮十一所,曰民壮寮,募丁壮以守,每隘十余人,或五六十人,昼夜击柝,行旅无害。故来者皆有辟田庐长子孙之志,而沙亦岁入愈丰,以其余力拓地至二围。

三年,沙死。子光裔无能,侄化代领其事。已而吴眷、刘胎、蔡添福来附,拓地至汤围。番虑其逼,复时有战斗,互杀伤。化乃与番和,约不相侵扰。番喜。进至四围,皆为漳人踞。泉人初不及二万,仅得二围地,民工衣食,皆仰于漳。粤人忿,且谂泉人弱,起而攻。泉人与斗,辄败,将弃地走,漳人留之,更与以柴围之六十九结奇立丹之地。化及三人者咸戒其众,毋更进,而三籍亦相安矣。七年,人至益众。漳人吴表、杨牛、林循、简东来、林瞻、陈一理、陈孟兰,泉人刘钟,粤人李先,共率众一千八百十六人,进攻得五围,谓之九旗首。九旗者,人各建一旗，立地上，以色为界。于是漳得金包、里股员、山仔、大三阄深沟地，泉得四阄一、四阄二、四阄三渡船地，而粤亦得一结至九结地，然泉人别辟溪洲一带。三籍之氓虽各耕凿防备，而皆奉化为义首。化亦能御其众，听约束，不敢犯。

九年，彰化社番土目潘贤文犯罪惧捕，率岸里、阿里史、阿束、东螺、北投、大甲、吞霄、马赛诸社番千余人，越内山，逃至五围，欲争地。而阿里史番强，挟火枪。漳人不敢斗，谋散其众，犒以粟，分置诸番而食之。阿里史番说，渐以火枪易衣食，几尽，漳人始侮之，而番不能斗矣。十一年，淡水漳、泉械斗，有泉人走入蛤仔难，其族纳之，复与漳人斗，粤及阿里史诸番皆附。然漳人地大族强，与战辄胜，遂并泉人地。诸番无所栖息，移住罗东，奉潘贤文为长。未几又斗，漳人林标、黄添、李觐各领丁壮百人，以吴全、李佑为导，夜度叭哩沙，潜出罗东后，突击之。诸番惊溃，于是漳人复并有罗东。既而泉人请和，许之，乃自溪洲沿海辟地至大湖，粤人亦顺伏焉。

先是，海寇蔡牵之乱，侵犯沿海。十一年春二月十六日，泊鹿耳门，窥府治，为福建水师提督李长庚所败，遂北去，图踞蛤仔难。众惧，化谋拒之，夜集乡勇数百，扼险要，又命诸番伏岸上。明日寇至，入市货物，擒之，得十三人。牵怒进攻，众断大木塞海道，船不得入。久之乃去。十二年秋七月，牵党朱渍犯鸡笼，澎湖水师副将王得禄逐之。渍窜蛤仔难，大战农具，人泊苏澳，将夺溪南地为巢穴。苏澳为台东番界，距蛤仔难东南，官军固未至也。五围头人陈奠邦告急，知府杨廷理北上，与得禄合，会水军剿之。渍苦无援，思结潘贤文为内应，而李佑亦阴通贼。廷理知，召贤文谕以大义，犒其众。番喜，愿效力，乃设木栅于海口，捕通贼者，佑惧逃贼舟。九月初九日，廷理自艋舺至五围，召义首林永福、翁清和抚慰之，各率丁壮防守。而得禄舟师亦至苏澳，合攻渍，大败之。自是海寇不敢复来。是役化功特著，所部尤用命。事平，请以土地入版图。大吏虑其险远难治，不纳。十五年夏四月，总督方维甸上其事于朝。诏可。乃改称噶玛兰。十七年秋八月，设厅，置民番通判，筑城建署，经划地界。三籍之氓复日至，多至数万人。洎光绪元年，改为宜兰县。

**萧竹**，漳之龙溪人。颇能文，喜吟咏，精湛舆术。以台为海外奥区，必有奇山水足供游览，遂从其友来，穷历南北，至蛤仔难。时吴沙方辟斯土，客之。竹乃探形势，标为八景，且益为十六景，悉赋诗，或记述其山川脉络。当是时，垦地未广，平原万顷，溪注分流。竹于图中凡可以建城筑堡者，皆递指之，后如其言。沙既辟斯土，至者数千人，力田自给。顾自耻化外，百货鲜通，竹又为画策，请入版图。有司以土地辽远，虑有变，不许。未几竹卒，沙亦死，侄化领之，后从其议。

**陈奠邦**，亦漳人，来台，居淡水之金包里。豪侠自许，与柯有成、何绘善，每有义举，慨然为之。已而移居蛤仔难，与吴沙相结纳。嘉庆十二年，海寇朱渍犯苏澳，将据为巢穴。居人或通款，奠邦闻，独遣人走府告急。至艋舺，得杨廷理会援之信，遂促有成诸人募乡勇，而自偕泉籍义首导官军，水陆夹攻，溃败走。事闻，赐缎袍银牌，以旌其功。

兰治初建，奠邦为街坊总理，努力任事，复率众筑城植竹，以底于成。道光四年，山匠林永春滋事，奠邦亦有功。事母孝，与士信，排人之难，济人之急，有古烈士风。通判高大镛旌其庐曰："纯孝性成"。里人曾疏其行于厅，未及核报，而奠邦死，家亦中落。

连横曰：吾读姚莹、杨廷理所为书，其言蛤仔难之事详矣，而多吴沙开创之功。夫沙匹夫尔，奋其远大之志，率其坚忍之氓，以深入狉榛荒秽之域，与天气战，与猛兽战，与野蛮战，勇往直进，不屈不挠，用能达其壮志，以张大国家之版图，是岂非一殖民家也哉。吾又读谢金銮《蛤仔难纪略》，力陈废弃之非。其言曰："夫君子之居官，仁与智二者而已。智者虑事，不在一日而在百年；仁者之用心，不在一己之便安，而求益于民生国计。倘敬事以爱民，蛤仔难之民，则尧舜之民也，何祸端之有？"旨哉斯言！可以治当时之蛤仔难，且可以治台湾矣。夫蛤仔难番地尔，势控东北，负嵎固险，得失之机，实系全局。使非沙有以启之，则长为豺狼之域矣，然则沙之功不更伟欤！

## 姜秀銮、周邦正列传

**姜秀銮**，广东人，**周邦正**，福建人。均居竹堑，为一方之孟。当是时，竹堑开垦，渐入番境，东南一带，群山起伏，草莽林菁。虽设隘数处，以防番害，而力寡难周，番每出而扰之。番之强者为钱、朱、夏三族；钱居中兴庄，朱居北埔，夏居社寮坑，大小三十余社，有众二百数十人。凭其险阻，以掠近郊，急则窜入山，官不能讨。道光六年，始设石碎仑隘，颇足恃。然仅守一隅，垦户犹未艾也。十四年冬，淡水同知李嗣业以南庄垦务既启其端，而东南山地未拓，谕秀銮、邦正为之。遂集闽、粤之人，各募资本一万二千六百圆，治农亩，设隘寮，名曰金广福。

初，圆山仔、金山面、大崎、双坑、茄苳湖、南寮、盐水港、石碎仑等，各设隘，为堑城之蔽。至是悉举而委之，别给千金，以充开办。而两人遂纠其子弟，自树杞林入北埔，相地势，置隘四十，配丁二百，部署佃人，以垦北埔、南埔、番婆坑、四寮坪、阴影窝等，凡二十有五社。锄耰并进，数年之间，启田数千甲，时与番斗。十七年冬十月，大捞社番集其类，大举来袭，战于麻布树排。佃农不敌，殪者四十余人。秀銮在北埔，闻警，率壮丁驰援，始击退之。已又战于番婆坑、中兴庄等处，大小十数回。二人志不稍屈，日夜筹防，所部亦一心助战。番不得逞。久之淡水同知详请镇道题奏，颁给金广福铁印，与以开疆重大之权，岁加给费四百圆。统率隘勇数百，拓地抚番，权在守备以上。金广福既任其事，益募股召佃，横截内面，以垦月眉之野，以制大崎、水仙仑、双坑、崎林、水尾沟一带，腹背并进，而压临之。于是苎蕉诸番遂不敢抗，窜于远山，保其残喘。而草山、顺兴、南坑、火沥、柑子崎、宝斗仁等之地，皆为金广福有矣。田工既竣，且拓且耕，至者数千人，分建村落，岁入谷数万石，以配股主。二人亦巨富。秀銮遂居北埔，子孙繁衍。唯邦正之后稍凌替尔。

连横曰：新竹为北台沃壤，王世杰既垦之矣。而沿山一带，草莱未启，番害靡宁，地利之兴，犹有待也。姜、周二子，协力一心，前茅后劲，以张大版图，其功伟矣！顾吾闻之西人，每以拓殖公司，并人土地，而浚其利。若英之经营印度，荷之侵略爪哇，则其策也。金广福受开疆重大之权，以攘除蛮族，而肇造田功，比之西人，何可多让？孰谓我台人而无坚毅远大之志也哉！

## 许尚、杨良斌列传

凤山处郡治之南，俗浮民骜，号称难治。道光四年夏五月，打鼓山鸣，竹生华。七月逢闰，愚氓以为乱兆，讹言四起，草泽不逞之徒，遂出劫掠。署凤山知县刘功杰锐意捕盗，尽置于法。群盗聚语，共推许尚为首。

**许尚**，广安庄人，贩槟榔。为乡保告发，惧捕走匿，而群盗适谋起事。十月朔，尚与所善杨良斌、蔡双弼、张阿来、高乌紫、王曾等密议，期以十一日袭下淡水县丞衙门，次攻凤治。然苦无资，乃劫富户，一时阖属骚动。知府方传穟闻盗，饬县严捕。尚适在庄人刘黄中之家，黄中闻官令，劝勿出。功杰捕之不得，焚其居，迹至黄中家，严刑以逼，遂以尚献，械送于郡。传穟亲讯，得其状，言于镇道曰："许尚虽禽，其党尚在；今事破，必速乱。凤治无城，不足守，而刘令新任，参将又懦，宜早增兵防堵。且台每有变，南北互应，令须两路并重，方为万全。"从之，密饬嘉、彰、淡各守吏戒严。未几而杨良斌起矣。

**良斌**，亦凤邑人。以尚被获，众将散，告之曰："今散则力弱，合则势强。凤治虽有兵，攻之易破，吾愿为先驱。"皆曰可。乃入凤梨山，造刀仗旗帜，使屯番潘老通向其舅潘巴能借炮，卜日誓众，分为二。良斌自为元帅，以林溪为军师，王曾为都督，领红旗队；李川、郑荣春为正副先锋，领乌旗队，余各为股首，分募徒卒。约以二十四夜袭埤头。埤头，凤山新治也。旧治在兴隆里，林爽文之役被毁，乃移此。郡吏虑其易失，以同知杜绍祁、县丞丁嘉植、都司翁朝龙率兵二百守之。良斌既约期举兵，又遣徐红柑自台邑，沈古老自嘉义，各举应。别命吴赐入郡，侦举动。二十一日，林溪至埤头，市五色绸制旗。溪故县役，城吏所谋，莫不知。归家，使人肩绸入山，已将饭而后行。母诘之，具以告。母惧诛自首，遂获溪下狱。良斌闻，不待众集，二十二夜，率数百人，分西北两路而往。途次破苦楝门汛，杀汛兵，斩竹围入。城中戒备，绍祁、功杰偕守县署，朝龙、嘉植守义仓。良斌攻之，朝龙迎击，而别队已斩县署木栅，为乡勇击退。翌日，朝龙移守火药局，文武随至。住民恐，各走避，无赖从而掠夺，一城鼎沸。塘兵被杀，文报不通。二十三日夜半，郡中始闻警，文武会议。檄城守左营及安平水师驻守，署总兵赵裕福率中营游击杨杰督师往。传檖从，斩许尚而行。郡中亦讹言乱事，人心震骇。绅士韩高扬、黄化鲤入见传檖，请方略。传檖曰："凤治距郡城百里，朝发夕至，今贼氛恶，虽退必进。郡城为全台根本，君等其协力守之。"乃修筑城垣，以两日夜而竣。各街皆设栅自卫。别以精兵三百，环城巡视。又檄安平副将，以水师六百驻西城外之老古石街。或请严扃城门，传檖不可，曰："南路难民避乱至者，日数百人，若城门一闭，则北路以为郡城被困，将乘势而起。"二十四日，镇兵南下。明日，传檖以兵勇四百继之，次阿公店，为凤治通府要途。留所部二百驻防，使训导谢代埙率之。二十六日，至埤头，撤功杰，以绍祁任知县，裕福亦以朝龙为南路营参将。传檖督民夫，补竹围，拓深沟，严守备，通饬各庄缉捕。而县役多与事，绍祁悉赦之，故无患。

初，良斌退驻凤梨山，树旗纠众，势复振。裕福至凤，以众多地险，未敢遽伐。既而兵勇续至，各庄亦受约束。嘉义会党越山南下，为官军所扼，不得至。吴赐至郡，被杀。新授台湾镇总兵蔡万龄至，人心稍定。良斌知事败，不可为，遂散其党，各归去。官军至，破之，王曾、李川、蔡双弼等皆被捕，斩于军前。良斌自驾小舟入海，至彰化，为知县李振青所获，解郡戮之。南路平。奏入，下旨嘉赉，自镇道以下皆从优议叙。明年乃建凤山县城于旧治。

## 姚莹、徐宗幹列传

**姚莹**，字石甫，安徽桐城人。世以文名，莹亦好学，工文章。嘉庆十三年，登进士，出宰福建，嗣任台湾县。道光元年，署噶玛兰厅通判。兰为初辟之地，莹多方规画，兴利除弊，民称其善。已而丁艰，寓郡中，知府方传穟延为幕客。时议开埔里社，莹条陈八事，巡抚孙尔准见而难之，事遂寝。服阕，升同知，擢台湾兵备道。台湾士习敦古，而文风未盛，莹整剔海东书院规约，时与诸生相讨论，考核名实，以是士气丕振。十九年，英舰犯广东，窥闽、浙，台亦戒严。莹与总兵达洪阿筹战守，士民亦悉心御侮，先后获英兵一百六十八名，英人遂不得逞。及江宁约成，英领事璞鼎查讦台湾镇道妄杀遭难兵民，而江苏主款者及福建失守文武，忌台湾功，互相构陷，钦差大臣耆英据以入告，将逮京讯问。兵民汹汹罢市，莹与达洪阿殷勤慰谕，终褫职去。

初，莹在台湾，以班兵骄惰，当绳以法，著《班兵议》。而总督赵慎轸亦以台营恶习，几有魏博牙兵之势，下询其事。莹复之曰："自古治兵与治民异。盖兵者凶器，其人大率粗鲁横暴，驭之之道，惟在简严。简者不为苛细，责大端而已；严者非为刻酷，信赏罚而已。夫虎豹犀象虽甚威猛，然而世有豢畜之者，驭得其道也。马牛犬豕虽甚驯服，仆夫童子可操鞭箠而驱之；壮夫卤莽，或受角蹄之伤且死者，驭之不得其道也。市井无赖，三五群殴，其势汹汹，妇人孺子心胆欲碎；老儒学究向判曲直，反受诟谇而归，摇手气愤，痛骂其无良而已。道旁之人袖手窃议长短，纷纷未已；一武夫健卒奋怒叱之，二者哄然而散。台营情势亦若是而已矣。台湾一镇水陆十三营，弁兵一万四千有奇，天下重镇也。兵皆调自内地，督抚提镇协水陆五十八营，漳、泉兵数为多，上游各营兵弱，向皆无事；兴化一营稍黠，多不法。其最难治者漳、泉之兵也，人素勇健而俗好斗，自为百姓已然。水提、金门两标尤甚。昔人惧其桀骜，散处而犬牙之，立意深远。然如械斗娟赌，私载禁物，皆所不免，甚而不受本管官钤束，不听地方官逮理。盖康、雍之间尤甚，乾、嘉以后，屡经严治，乃稍戢。此兵、刑二律所以台地独重也，岂惟今日哉！重法如迅雷霹雳，不可常施，常施则人侧足不安。故曰一张一弛，文武之道。然小者可弛，而大者不可弛。小者狎妓聚赌、私载禁物、欺虐平民之类是也。若械斗伤人且死，且不受本管官钤束，不服地方官逮理，则纪纲所系，必不可宥，此轻重之别也。故治兵者不可不知简严之道，不辨轻重者不可以简，不简者不可以严。不严者不可以用威。威不足则继之以恩，恩不足则守之以信，自古名将之得士力者皆由此。今之用兵者，既不知简，又不能严，有罪而不诛，则无威。将不习校，校不习兵，劳苦之不恤，而朘削之是求，则无恩。当罚者免，当赏者吝，则无信。此所以令之不从，而禁之不止也。夫兵之可虑而难治者，叛与变尔。魏博之牙兵皆魏博人也，故敢屡杀逐其大将，而不受代。若台兵则皆分檄自内地，建宁、延平诸郡与漳、泉不相能也，兴化与漳、泉邻郡亦不相能也，漳与泉复不相能也。是其在营常有彼此顾忌之心，必不敢与将为难，明矣。况其父母妻子皆在内地，行者有加饷，居者有眷米，朝廷豢养之恩甚至。设有变，父母妻子先为戮矣。台地大半漳、泉，兵民素有相仇之势，故百余年来，有叛民而无叛兵。乃治兵者每畏之而不敢治，则将之懦也。且漳、泉之人，其气易动而不耐久，一夫倡而千百和，初不知何故。及稍知之，非有所大不愿，则已懈。更作其气势以临之，则鼠伏而兔脱矣。漳、泉之兵既治，则他可高枕而卧矣。请以近事征之：嘉庆二十四年七月，安平兵斗，死者数人，将裨理论之，不止；情恳之，不息。镇将怒，整队将往诛之，众兵闻声而散，竟执数人，分别奏诛，无敢动者。二十五年正月，郡兵群博于市，莹为台湾令，经过弗避，呵之皆走。一兵诬县役掠钱相争，莹命之跪而鞫之。众以为将责此兵，一时群呼，持械而出者数十人，欲夺去。县役将与斗，莹止之，下舆，手以铁索縶此兵，告曰：'汝敢拒捕皆死。'众愕然，不敢犯。乃牵之至镇署，众大惧求免，不许。卒责黜十数人，而禁其博。自是所过，兵皆畏避。又是年九月，兴化、云霄二营兵斗，将谋夜摧杀，诸将仓卒戒严。莹亦夜出，周视各营，众兵百十为群，见莹过皆跪。谕之曰：'吾知斗非汝意，特恐为人所劫，故自防尔。毋释伏，毋妄出，出则曲在汝，彼乘虚入矣。'众大喜曰：'县主爱我。'至他营，亦如之，竟夜寂然，天明罢散。音镇军切责诸将，众兵乃惧，皆叩头流血。察最狡桀者每营数人，贯耳以徇，诸军肃然。此三事其始汹汹几不可测，卒皆畏服不敢动。可见台湾之兵犹可为也。及再至台，则纷纷以兵横为言者，或虑有变，诘其事，大率如聚赌违禁之类。将裨懦弱畏事，营县又不和，是以议者纷纷张大其词，而非事实。夫聚兵一万四千余人之众，远涉重洋风涛之险，又有三年更换之烦，旧者未去，新者又至。此其势与长年本土者固殊，而营将能以恩威信待兵者百不得一。时方无事，终日嬉游，悍健之气无所泄，欲其无嚣叫纷争，少违犯禁令之事，不可得也。而巽懦无识者，既不能治，徒相告以惊怪，是可喟矣！"

居无何，署督刘鸿翔以台人之吁，白其冤。旋起用，分发四川，调两淮，整饬盐务。咸丰元年，升湖北盐法道，嗣任广西按察使，均有名。著《石甫文集》《东溟文集》《东槎纪略》，皆刊行。自莹去后，越三年，而徐宗干任台湾道。

**徐宗干**，字树人，江苏南通州人。以进士出宰曲阜，洊升至汀漳龙道。道光二十七年，任台湾道。时姚莹方去，凡所规画，多继成之。宗干为治，循名核实，而振兴文教，尤汲汲以育才为务。台湾遭英人窥扰之后，士民蓄愤，自立乡约，禁不与贸易。宗干亦著防夷之论，论曰：

"夷狄之患，自古而然。议者以许和示弱，为非国计，要在令其畏我之威，喜我之赂。鸱鸣狼踞，不足喜怒，惟宏之以大度，制之以远算，胜之以深权，此今日抚夷之大概也。然所虑者，喜我之赂，而不畏我之威，久则无赂可喜矣。此时情形，闽省与他省不同。闽省已准其设口通商，有抚法，无剿法，所谓怀之以德也。台地本非原约，孤悬海外，无商可通，觊及煤炭，无微不入。且所欲亦不在此，名为改易口岸，实则声东击西，借此发难。昔年曾于此地大受创痛，难保其不怀叵测之心。现在防守要隘，以淡境鸡笼洋一带为先著。窃以为有堵法，无抚法。堵之以官兵，究爽前约，而开后衅。堵之以民，堵之以番，则无可借口。所谓堵者，非必列兵布阵，但阻其不上岸而已。民番或无纪律，以官兵之间，兵亦可装为民，民亦可装为番，彼固无从辨别也。夫欲杜内奸，官之耳目，不如民之耳目，官之号令，不如民之号令。盖以民防民而内奸绝，内奸绝，而外侮必不能入。此尤在地方守令平日之得民有素。然论吏治于今日，但不视如寇仇足矣，安望其能如子弟之卫父兄乎？计惟以重利动之。一须酌垫屯粮，以图屯番之守望；一须宽发军饷，以期士卒之饱腾；一须收雇壮勇，以防内奸之勾结，无事之时，但以联庄缉匪为名，静以俟之。"

当是时，绿营废弛，班兵多宿民家，挟械以嬉。宗幹移镇管束，改建营房处之，兵民始分。又议改澎湖募兵，变通船政，清理人犯，语多可行。水沙连六社番久请内附，而廷议以险远为难，照旧封禁。宗幹上书总督，请援乾隆五十三年之例，先设屯丁，以便管理。从之，其后遂设官焉。咸丰三年，凤山林恭起事，陷县治，攻府城。宗幹与绅民守御，命知县郑元杰以兵平之。四年，升福建按察使，其后襄办皖豫军务。同治元年夏四月，任福建巡抚。彰化戴潮春已起事，全台俱扰，而福建上游，军务复急，省议颇不以台为意。宗幹独顾念焉，即檄前署台湾镇曾玉明渡台，又奏简丁曰健为台湾道，会办军务，次第荡平。嗣请乞休。卒谥清惠。著有《斯未信斋文集》。宗幹曾辑《治台必告录》，以授曰健，曰健刊之。

## 卷三十二 列传四

连横曰：台湾沃野千里，民殷物盛。前时仅设一府四县，而寄其权于巡道，以遥受督抚之节制。是巡道者，非仅有监司之责也，地方之治乱，国计之盈虚，民生之丰啬，兵制之张弛，风化之纯杂，均于是赖。康熙中，陈璸任台湾道，吏治为海疆第一，其后寂寂无闻。迨道光间，内外多事，而姚莹、徐宗幹后先而至，皆能整饬吏治，以立远大之谋，至今人犹道之。故余多采其言，以入各志。

## 张丙列传

张丙，嘉义人。其先自漳之南靖来台，居店仔口庄，世业农，能以信义庇乡邻，众倚重之。道光十二年夏，大旱，粒米不艺，各庄皆禁粜。丙与庄人约，莫敢违。而陈壬癸潜购数百石，为约故，不能出，赂生员吴赞护之。赞族吴房，逸盗也，与詹通劫诸途。店仔口之禁米，丙董其事，赞牒县，谓丙通盗。嘉义知县邵用之获房，诛之，并捕丙。丙怨令不治米出境而反治禁者，要赞之妻孥于途。又为县役护去，益恨之。

陈辨者，巨盗也，居北仑仔庄。其族为粤人张阿凛所辱。阿凛居双溪口，粤庄之强者。闰九月初十日，焚辨室。辨邀丙与斗，率众三百人，攻之不胜。台湾镇总兵刘廷斌适北巡，丙闻而归。辨遂掠粤庄。二十五日，劫大埔林汛兵军器。廷斌追至东势湖，戮二人。北路协副将叶长春与用之亦至，合击辨于红山仔。辨走攻莆姜仑庄。官兵至，斩其党王兴、王泉，辨窜白丙。丙触前忿，谓官兵之专杀闽人也，与詹通谋起事。通父经知之，命长子日新往杀通，刃其额，不死，傍人杀日新。十月朔，攻佳里兴巡检署，杀教读古嘉会及汛兵，掠下茄苳、北势坡、八掌溪各汛。用之逐之，入店仔口，丙执而杀之，报宿怨也。初二日，台湾知府吕志恒闻嘉令被围，率乡勇二百人往援，南投县丞朱懋从之。丙御之大排竹，署游击周进龙却，懋以言激之，乃前施炮，为丙众所乘。义民许邦亮以其马授志恒，徒步与战，俱陷。懋有循政声，丙后悔之。进龙间道归，是以免。

初，辨之约丙也，无戕官意。至是其妻自经死。丙乃约所交游，称开国大元帅，建号天运。张告示，禁淫掠，令民无恐。以詹通、黄番婆、陈连、陈辨、吴扁为元帅，刘仲、刘港、刘邦顶、王奉、陈委、洪番、吴猫、李武松、许六、孙恶为先锋，柯亭为军师。吴允不受封，自称开国功臣。赖牛亦自称元帅，各就所居，纠集党羽，分大小四十六股，股首称大哥，下为班首。所部曰旗脚，每股百余人，或数百人。初三日，丙率众攻嘉义。典史张继昌集兵民，婴城守，而股众聚愈多。蔡恭、梁辨、庄文一、吴鳅、陈开陶、黄元德各率所部至，凡万五六千人。越日，丙分众攻大武垄汛，伤巡检秦师韩。又攻目加溜湾，把总朱国珍死焉。廷斌北巡在途，闻警，以兵二百往。丙分道要击，官军将败，适王得蟠率义勇至，拥以入城。副将周承恩殿，不知也，反马入阵，马蹶被刃，犹杀数十人乃殪。将弁死者九人，兵百余人，军械尽失。廷斌既入城，以继昌权县事，修战具，募义勇，为固守计。而庄民之起应者，忽分忽合，郡城戒严。

初七日，股首黄番婆攻盐水港，破之。守备张荣力战死，巡检施模亦殊伤。盐水港为嘉义咽喉，郡北屏障也。既破，党势大振。初八日，丙解围去。而迤南之党渐迫郡城，郡中初不知守令之被戕也，有归自大排竹者述其状，兵备道平庆以同知王衍庆权府事，环城树栅，备战守，绅士亦助饷募勇。贡生陈以宽内渡告警，讹言日起，中营游击武忠泰落井死，相率欲逃，衍庆令曰："敢言走者斩。"获侦探吴连戮之，众稍定。十一日，丙略盐水港，辨亦攻北港。县丞文烜、千总蔡凌标合御之。嘉义自解围后，筑土垣于城下，甫成而丙复来攻，凡三日，解围去。凤山县人许成亦以月之十日竖旗观音山，号天运，封欧先为军师，柯绅庇为先锋，以灭粤为辞，遏运郡之米，为丙援。十四日，攻阿公店。千总许日高击退之，于是始不敢窥府城。然彰化人黄成受丙约，亦以十二日竖旗于林圯埔，称兴汉大元帅，用故明正朔，僧允报为谋主。郡中闻嘉义被围久，念诸将在外无援，以都司蔡长青率兵九百，运械往。股首蔡恭要之曾文溪，长青背水为营。十九日，恭击之，大败死焉。兵士亡者二百余人，军械尽弃。二十三日，丙焚嘉义北门，城兵出击，互杀伤。三十日，又战。股首陈太山、刘眉滚被擒，磔之。于时党中互为雄长，分踞各庄。丙亦舍城去。殷庶之乡虑其必败，遂建义民旗鼓，辄擒股首杀焉。是日南路股众围凤山，夜纵火逼县署。署游击翁朝龙退守火药局，署知县克通阿、千总岑廷高列炮于庭，击退之，自是亦不敢窥凤治。

闽中既接台湾之报，陆路提督马济胜将兵二千驰援，以十一月朔，抵鹿耳门，驻北门外较场。初五日，进兵西港仔，获侦探，知党状。初七日，至茅港尾，遇股众二千，败之。济胜曰，此地可战，垒土为营以待。翼日，股众果以五六千人来扑。济胜戒勿动，俟其懈，开壁出击，阵斩数百。十二日，进兵铁线桥。二十二日，丙拥众二万，自搏战，气锐甚，呼声震山谷。自辰至于日中。济胜坚壁不动，薄暮始纵兵出，追逐数里，擒五十余人，斩七八百人，溺水死者相枕藉。丙亦能军，收其众踞桥北。翌日再战，又败，李武松、詹通被擒，丙走伏近山麻林中。而金门镇总兵窦振彪以月之三日，至鹿港而南，会于盐水港。济胜令攻南党，自帅所部入嘉义城，分兵搜剿斗六，嘉之北蔽也。黄城率众来攻，破竹围而入。千总张玉成、外委朱承恩、许国宝、林登超、蔡大贵皆巷战死。县丞方振声、守备马步衢放火自焚，不死，为股众所执。振声妻张氏、玉成妻唐氏皆不屈死，弁兵没者二百数十人。城以黄虽菜为县丞，守斗六，自率其众助丙。丙自败后势蹙，各庄又多助官军，皇皇无所之。十二月被执，黄城、陈辨、詹通、陈连、吴扁等亦先后被获。以丙、通、辨、连为祸首，解囚郡狱。枭李武松、吴扁等于嘉义各处，而剖黄城之心，以祭斗六诸人。株连而死者数百。北路平。初七日，济胜率军赴凤山，股众御之三浦沟。初八日，获许成、蔡临，斩之。南路亦平。

十三年春正月，总督程思洛至自浙江，将军瑚松额佩钦差大臣关防抵台湾。当总兵刘廷斌之被困，兵备道平庆以乱状入奏。命祁额署福州将军，哈朗阿为参赞，领侍卫巴图鲁章京二十四员，又调西安马兵三百，河南兵一千，贵州兵五百，四川兵千五百，赴台。巡抚魏元琅以十二月十一日接提督捷报，奏请止军，故各省之兵皆未入闽境。而总督将军先后渡台也，穷治余党，按名悉获，枭斩者三百余人，遣戍者倍之。丙与通、辨、连俱械至京，磔之。诏祀方振声、马步衢、陈玉成于昭忠祠，余亦赏罚有差。

## 方振声列传

**方振声**，浙江山阴人，寄籍顺天，遂家焉。供事武选司，出任福建闽安巡检，历升至斗六县丞。道光十二年秋九月，嘉义张丙起事，攻县城。振声闻警，即与署守备马步衢、署千总陈玉成筹守御，增垒浚濠，又以眷属居营中，誓偕死。斗六为嘉义北蔽，负山扼溪，地险绝。然兵力单薄，虑陷围，乃檄嘉义都司许荆山军其外，以为犄角。玉成善火器，每发必中，相持久。丙转战嘉南。十一月初三日，股首黄城以众来攻，荆山宵遁，城自外放火，破竹围而入。玉成率所部巷战死，振声、步衢欲自焚，被执，不屈死。妻张氏、女某、玉成妻唐氏亦死。幕客沈志勇、沈联辉、家丁江承惠等皆死，弁兵没者二百数十人。步衢、玉成，台湾人，家世莫详，而同心协力，以守危疆，卒之势蹙骈死，阖家俱亡，人以为烈。事闻，下旨轸悼，赐祭。振声追赠知府衔，谥义烈；步衢游击衔，谥刚烈；玉成都司衔，谥勇烈。各世袭骑都尉罔替，入祀京师昭忠祠。张氏赠淑人，唐氏恭人，均谥节烈，建坊旌表。予志勇六品顶戴，联辉七品顶戴，均照衔议恤。命于斗六准建专祠，春秋致祭，以从难幕客、家丁、弁兵配。

# 李石、林恭列传

道光之末，清政不饬，洪王起兵，奠都南京，建国太平，奄有诸夏之半。风潮震动，远被台湾，于是而有李石之变，于是而有林恭之变。

**李石**，台邑人，时以小刀会踞厦门，而台多漳、泉人，谋起应。咸丰三年夏四月下旬，与杨文爱、林清十数人，树旗湾里街，以兴汉灭满为言，从者众。知县高鸿飞闻警，将往讨，命廪生许廷道率练勇从。廷道以练勇未集，请暂待，不听。移营借兵三十，多羸弱，器亦不备。二十八日出军，翌日至鹿仔草，度林投巷。石设伏以俟，自后刺之。鸿飞坠，馘首去，余兵皆走，郡中闻报戒严。总兵恒裕出驻北较场，而凤山之变作矣。

**林恭**，凤山人，充县署壮勇，与无赖伍，知县王廷幹汰之。及闻北路之变，与其党张古、罗阿沙、赖棕集众百数十人，攻踞番薯寮，抢掠至凤治，各乡骚动。廷幹召义首林万掌入卫。万掌，恭兄也，性奸猾，群不逞之徒，出入其家。二十八日，率众入城。廷幹大喜，以所戴花翎加其首，曰："阖城付汝，全家付汝。"恭亦拥众入城，邑人犹以为义民也。直入县署。廷幹方作书达郡吏，见之欲走。曾玉水挥刀以砍，幕友张竹泉趣救，亦被杀。典史张树春闻堂上哄声，趋止亦死。廷幹长子钧未冠，仓卒持枪刺恭，不中，力斗死。次子湜裁九岁，遇救获免。家人臧获死者十九人。妻张氏初避民家，日夜哭，主人患之，绐之出，卒以伶仃死。其妾匿火药局以免，而树春之家亦受害。廷幹，山东安丘人，以进士仕闽。英人之役，运饷来台，初知嘉义县，继任凤山。性贪墨，邑人怨之，故变时无肯救者。

恭既得凤城，踞县署，开仓库，纵狱囚，自为县令，出示禁杀掠，以王光赞为军师。南路营参将曾元福适巡哨城外，急入援，无及，退守火药局。恭攻之，不破；放火决水，又不破。元福每乘隙出哨，示无恐，而粮食日用之物伪夺于民者，而阴给其直，故不困。

郡中闻变，两令又前后被戕，巡道徐宗幹议自守。五月初二日，恭分众攻郡。廷道谋内应，事泄乔死，城得不破，郡人击退之。越数日，幕客唐埙语宗幹曰："凤邑之陷久矣，凤民之望救亦亟矣。今曾参将独守危局，而郡无援兵，他日大府诘问，将若何？且不战亦不能守。"宗幹意始决，议出师，无敢往者，乃以郑元杰署县事赴援。元杰固辞，宗幹曰："吾知汝才，且知汝父才，汝其往哉。"举令箭授之，曰："此朝廷所畀也，今转以畀汝，汝其便宜行事。"元杰犹豫，而中营游击夏汝贤请行，乃誓师，以二十八日南下。父应瀍为治粮，汝贤亦率所部从，分三队，以义首李澄清为前军向导，翁梦熊为左队。何璇玑为右队，西螺把总李朝祥率练勇八百来会。六月初二日，至二层行溪，元福之子登瀚自募勇三百，屯弁林鼎山以屯兵五百，先后至。翌日，战于新园，凡三遇伏，遂入旧城。初七日，元福闻官军至，欲自内出击。登瀚急欲见父，先破围入，元杰、汝贤继之。恭跟跄走，余党伏城隅以战，却之，阵斩方乌翠、梁芦等七十余人。东港踞凤治三十里，为通海之市，民户殷庶，恭败后，将踞之，以收拾余党。元杰请郡吏会水师夹攻。二十九日，恭渡溪，走大莆林，官军追之，窜水底寮。元杰久驻东港，饷绌，请于郡，不与。兵勇无所得食，大哗。令从变民户罚锾赎罪，苛求富室，县役黄添又假威以逞，元杰且为所愚，东港之人怨焉。初，万掌道恭入城，退居水底寮，及败，又庇之。应瑶素识万掌，遣人说以利害。七月二十七日，乃缚恭献军前，元杰解郡报功，戮之。已而总兵恒裕获石等，皆斩之。事后以元杰知台湾县。其明年，树春之子扶榇。或言杀树春者黄添也，元杰庇不与。树春之子控于总督，召省察看。

## 郑勒先列传

**郑勒先**，泉人也。咸丰初来台，居彰化。彰属有埔里社，处万山之中，土厚泉甘，袤延十数里。而番愚且惰，不知耕稼，汉人多往垦之，然时常仇杀。大府亦每议开设，未行。勒先既至，与互市，番疑之。乃从番俗，改姓名，与和睦。番信之，每得物，辄就勒先求售，即以盐布易之，获利多。从者众，勒先又与诸人约，毋侵夺，毋虞诈，毋强占土地，番愈信之。遂建市廛，定贸易，以栖来者，则今之大埔城也。洎光绪元年，乃设埔里社厅。

连横曰：余游埔里社，观其土腴，山回水抱，气象伟丽，颇欲置产于是，以事耕稼。而提笔远游，荏苒未就，每一顾念，心为怃然。夫埔里社既为我台之沃壤，又经我族之经营，设官抚番，亦易事尔。而清廷臣工，犹以瓯脱视之，何其昧也？呜呼！彼固以台湾为不足惜，何论乎此？然而时会所趋，莫可阻遏。前茅后劲，再接再厉，则此后之埔里社，或为东西联络之纽，而成一大都会焉。始作也简，成功也巨，沈文肃创建之勋，不更伟欤！

## 郭光侯、许东灿、施九缎列传

**郭崇高**，字光侯，以字行，台邑武生也。居保西里，以义闻里闬。台湾赋税固重，正供之外，有耗羡，有丁税，有采买。凡纳石者倍其半，折谷纳银又倍之。官吏之私饱，胥役之剥削，又两倍之。每征收时，官符一下，皂隶四出，捕业户，逮农民，所至骚动。

道光二十四年春三月，台湾县开收下芒之租，知县阎炘示纳谷者折银，县民以非例不纳。粮总李捷升至期无可缴，请治遣者。炘檄典史率役，赴东门外迫促。每至索供账，富家多走避，则拘贫民以刑，示儆也。保西里人叶周、刘取、余潮聚议曰："官暴至此，民不堪命矣。"嗾壮士夜杀之。炘以乱事白道府，请会营剿办。乡人惧，汹汹欲变，犹未发也。

**许东灿**者，郡人也，名朝锦，纳资捐同知，揽办官租，日出入衙署，声势振一邑。时谷贱，亦命纳户缴银，石征二圆。不从，皆运谷至东门下，堆积如丘陵。东灿白县，命弟东寮捕抗者。纳户困，群哀呼光侯。至是集耆老，谋入郡，诉大吏。四月朔，至东郭外，乡人不期而会者数百，皆呼冤。行且近，城兵疑民变，急闭门，趣报守备，文武皆至。诘以故，咸言纳银之苦。命且散，不从。自辰至于日中，聚愈多，众且数千。郡中猝闻警，一时震动。守土官亦皇皇无策，乃介东灿解散，许以收回告示，而乡民始纷纷去。

翌日，镇道以民变白督抚，悬捕光侯，将以纠众围城之罪罪之。顾光侯所为出于公愤，若一旦受罪，身戮名秽，则地方事谁肯为耶？二三魁杰之士，密晤光侯，请起兵以抗。不可，曰："吾之出首者，冀幸官之一悟，民之一解也。今事势未可知，若稍有举动，则罪案成矣。"拟人诉镇道，而侦骑四出，虑被害，乃为叩阍计，潜伏糖篓中，以牛车运至船，其友豫侯之，至天津入京，而朝廷已下谕拿办矣。

当是时，晋江陈庆镛为御史，直声闻天下。光侯念非此莫可白者，八月二十有五日，至晋江会馆，见庆镛，哭陈始末。初，东灿曾以巨案逮京讯，庆镛谂其恶，比闻此事，尤诋之，早日上其事。下谕解阎炘任，逮问。着总督刘韵珂饬属捕东灿、东寮及黄应清，蔡堂、李捷升等，皆朋比为奸者也。至日部讯，东灿桀骜，出言伤部吏，定谳诛之，余亦治罪有差，而光侯以偾事之罪流口外。越四十二年而有施九缎之事。

**施九缎**，彰化人也。居于二林堡浸水庄，世业农，好预邻里不平事。光绪十二年，巡抚刘铭传奏请清丈。十三年，彰属十三堡均举办，知县蔡麟祥率巡检黄文浣、吴云孙等，自桥仔头起丈，每甲长约加一，随丈随算，错则改之，民无怨言。已而麟祥调用。以李嘉棠知县事。嘉棠固墨吏，狼贪民财，肆用奸猾。既接任，而抚署札催竣丈，乃悉变旧章，各堡派员，数月而毕。丈员多昧算，田赋等不计肥瘠，任意填写。

下乡之时，索民供账，皆囊巨金而归，彰之民庶早已不平矣。嘉棠示领丈单，每甲费二圆，彰赋三万有奇，丈后倍增其数，各员在署分单，领者少。而是时嘉义亦以催领故，民户骚动。管领武毅右营提督朱焕明素驻彰，铭传檄往弹压，以栋字营副带林超拔代之。焕明至嘉，纵兵焚杀。庄豪李盘率党入彰境，主湖仔内庄杨中成家，潜谋不轨。彰署又迫领丈单，皂隶四出。嘉棠欲邀功，令愈严，官暴民怨，而九缎之变作矣。

九缎年已六十余，既遭委员鱼肉，庄人又多往诉，大愤，欲走诉巡抚，请展期。其友曰："巡抚端居衙署，委任县令，左右之人谁肯为我言哉？且而一往北，则县令以为抗己，而捕而家杀而身矣。"九缎曰："然则奈何？"曰："且待之。"二林为滨海之区，或毗溪畔，土壤枯瘠，领者尤少。十四年八月，嘉棠又以刑威民，缚囚林武、林蕃薯于北斗西螺，戮简灿于鹿港。灿固土豪，虽犯法，未定谳，传者以为许猫振。猫振亦狱囚，弟得龙谋劫之，至是知其误。然众已嘱聚，遂入街，掠盐馆，蕃薯、庄施庆从之，杨中成亦在行。无赖二百余人，一哄而散。嘉棠赴鹿港，得龙要诸途，从者二十余人，惧不敢前，请鹿绅解散，始得归。鹿港为施氏聚族之地，生员施家珍闻警，召乡勇不及，嘉棠几不免，遂衔之。

当是时，民户汹汹，浸水庄人尤激。九月朔，环请九缎为首，至者数百人，裂布为旗，大书官激民变。九缎立神舆后，如报赛状。杨中成、许得龙、施庆、李盘等从行，禁劫杀，沿途乡民多持兵随之。亭午至城下，驻南瑶官，大呼索焚丈单，日晡不期而会者数千人。嘉棠闭城门，电抚署告变。未几电线绝，都司叶永辉、洪盘安，栋字营副带林超拔各登陴，丈员亦助守，檄召各堡绅董。每堡集丁壮二百，而误书二人，堡董皆迟疑，无敢入援者。初二日，九缎率众驻八卦山。山在城东隅，高数十丈，上有炮垒。众请开炮击县署，不可。曰："殃民之罪，只在嘉棠，若炮击之，则玉石俱焚，是以暴易暴矣。夫我辈之来，为民请命，若得县令一诺，收毁丈单，则相率归乡，可告罪于父老也。"众闻之，皆以九缎为仁，称之曰公道大王。初三日，城围益急，所檄兵又不至，嘉棠惧，欲自杀，左右止之。焕明在嘉，闻变驰救，至北斗，绅董以民乱途险，请止车，不听。及大埔心，为无赖尾击，所部死十余人，弹药又罄，焕明逃至竹巷尾。九缎侦其来，迎击之，遂死。事闻，诏建专祠。城中闻焕明之耗，众愈惧欲走。嘉棠介教谕周长庚、局绅吴景韩、总理蒋攀龙缒见九缎，劝其归。九缎索焚丈单而后退。嘉棠不决，而围愈迫，乃佯许之，以望援兵。然彰城如斗。攻之则破，环围数日，米油告竭，绅士请发绥丰仓以赈，集壮丁为义勇，而援兵亦且至矣。

初，统领栋字营林朝栋驻台北，闻警驰救。初六日，至田中央，调兵蓐食，自率土勇八百入市仔尾，以副将余保元、卫队把总林青云各带所部，潜行突击，林超拔亦自城上助战，克八卦山。九缎退驻平和厝庄，围始解。十一日，朝栋复出击，环战两时，阵斩四十一，捕八人，皆戮之。官军亦伤十七，九缎归浸水庄，朝栋以乱平电抚署。

先是，都司郑有勤率陞勇二营援彰。初七日，至大甲。翌日，至牛骂头，所部与庄人争斗，铳毙数人。庄民蔡访鸣金聚众，欲报怨，乡勇走。十三日，抵城，而驻防基隆总兵窦如田亦率铭字营三营至。十四日，嘉棠以各路兵至，倡攻二十四庄，夜令炊饭进军。浙人凌云在幕，知民冤，告于有勤曰："朱提督之死，非二十四庄之罪也。自武西堡北上，已被沿途截杀，损失过半，抵竹巷尾始殉难，固非其界。若攻剿之，恐激变，则城安而复危，唯君图之。"有勤遍告各统领，始止。教谕周长庚、中军叶永辉札告二十四庄绅董，速入城领旗，否则声讨。然庄民未知城中虚实，且道梗，不至。嘉棠大怒，复令进攻。贡生吴德功闻其事，夜见周、叶曰："二十四庄之不来，昧于事而非敢违县札也。请迟一夜，德功当驰函泣告之。"是时各隘截断，路布蒺藜，无敢往者。生员陈捷华、王赞成、白一声、白玉音等皆愿去，分持德功书，间道往。十五日，布政使沈应奎、台东州知州吴本杰、澎湖镇总兵吴宏洛、统领铭陞昌各军至。嘉棠又力主毁庄，皆观望不来。唯线东西堡数十庄、猫罗三十五庄、东西螺各堡，已由德功函招领旗，应奎亦出示招安，人心始定。

当变之起也，嘉棠酿之，及应奎查问，反诬鹿港绅商助匪，复请讨。不听，召鹿绅蔡德芳、黄玉书询之，语及嘉棠，于是嘉棠大恨鹿人矣。十六日，请攻鹿港。宏洛将发兵，鹿人惶恐彻夜。德功请止，不听；请应奎止之，亦不听。应奎知民冤，电禀铭传，以鹿港一攻，则沿海皆将激变，铭传乃令宏洛归应奎节制。十七日，福宁镇总兵曹克忠至自基隆，为查变也。

当是时，官军叠至，九缎潜伏浸水庄。二十三日，宏洛攻之，走湖仔内庄，所至民为供食；围杨中成家，亦已走，不得一人。二十五日，各提兵归。浸水庄总理王焕，年七十，当事之起，向鹿港征饷。商人以官兵不足恃，虑被劫，潜助之，未半日而得五千金，分发民军。然彰人之变，嘉棠之罪也，铭传知其暴。二十九日，撤任，以朱公纯代之。发示安民，胁从罔治。设保安局，以绅士蔡德芳、吴景韩、吴鸿宾、刘凤翔、吴德功等理善后事。令捕施九缎、王焕、杨中成、李盘、施庆、许得龙等，余皆赦之。

十一月初六日，铭传上彰变始末，以嘉棠刚愎自肆，不洽舆情，又以丈赋不均，失民心。请撤销清赋保案，并褫施家珍、施藻修衣顶，以其比匪也。台湾兵备道唐景崧奉铭传命，赴彰会办，途次二十四庄，庄民跪道呼冤。以栋字营驻兵其内，索取李拚等犯，鸡犬不宁。景崧令撤营，至彰查核嘉棠罪状，禀请奏参。新任布政使邵友濂亦以其残酷，视民如寇仇，详请革职，永不叙用。嘉棠惧，星夜赴抚署，哭求卸罪，且潜诉鹿港官绅比匪。一时蜚语沸腾，地方复动。二十二日，铭传电拘教谕周长庚，提解游击郑荣、进士蔡德芳、生员施家珍、施藻修、吴景韩等，到辕集讯。以长庚止攻二十四庄，又招徕庄耆领旗，故嘉棠言其比匪，长庚亦讦之。铭传札饬新任彰化知县罗东之、台湾知县黄承乙会审，具供送辕。及嘉棠往北，言长庚罪，抚署中人又受贿，为左右袒。长庚已请假会试，十九日，自涂葛堀乘舟内渡，追之不及，铭传通电福州、上海等处捕之。十四年春二月,嘉义进士徐德钦获王焕,解辕讯鞫,竟无比匪情形。复提鹿商账册,亦无援助军火数目,乃释郑荣,令赴鹿港,罚捐军糈三万两,案始结。十八年冬十二月,台湾府知府程起鹗举前都司叶永辉行清庄法,遂获李盘。既而许得龙、施庆、杨中成亦次第就捕,与王焕皆杀之。而九缎已于十六年病殁浸水庄中。或曰,潜走泉州也。

连横曰:嗟乎!士大夫读书论世,慨然以天下为己任。而一逢其变,则缩项潜伏,身未行而气先羸;或且枉己徇人,翻然而与之合,以行其不义者,何其卑耶!光侯、九缎皆乡曲之细民,手无寸柄,而为义所迫,不顾利害。此则士大夫之所不敢为,而彼肯为之,何其烈耶!其事同,其志同,故并传之。

# 卷三十三

## 台湾通史

### 列传五

## 戴潮春列传

　　**戴潮春**，字万生，彰化四张犁庄人，籍龙溪。祖神保乐善好义，有名乡党中，生四子，长松江。松江有子七人，潮春其季也。家素裕，世为北路协署稿识。兄万桂与阿罩雾人争田，不胜，集殷户为八卦会，约有事相援，潮春未与也。咸丰十一年，知县高廷镜下乡办事，潮春执土棍以献，北路协副将夏汝贤以其贰于己，索贿不从，革其籍。时万桂已死，潮春家居，乃集旧党，立八卦会，办团练，自备乡勇三百，随官捕盗。廷镜大喜，给戳重用。彰属固不靖，杀人越货，时见于途，而潮春善约束，豪强敛手，行旅便安，至有捐巨款始得入会者，以是党势日盛。八卦会者，祀五祖，事在《宗教志》。不数月，多至数万人。同治元年春，廷镜免，以雷以镇接之，仍用潮春，而会众滋蔓，渐不能制。

　　三月初九日，台湾兵备道孔昭慈至彰化，执总理洪某杀之，檄淡水同知秋曰觐办会党。曰觐前任彰化，以武健为治，颇自任。金万安总理林明谦荐林日成，募勇四百以从。日成，四块厝庄人，性粗率，绰号"戆虎晟"，曾犯法，曰觐欲捕之未果也。又檄阿罩雾林奠国率练勇六百来会。十五日，曰觐偕北路协副将林得成、守备游绍芳率兵千余至大墩，日成忽反戈相向。曰觐退入竹围，攻之，势危。十七日，破围出，其奴猫阿鹿刺之，仆从颜大汉力战死。幼奴小黄年十五，以身翼曰觐，大呼曰："杀我，毋伤我主人。"亦受数刃死。守备郭得升、把总郭秉衡皆从死。得成被执，囚于日成家。当曰觐之出兵也，潮春居乡，而党人已四起。是日，郑玉麟、黄丕建、戴彩龙、叶虎鞭纠众，攻彰化城，城兵少，昭慈命都司胡松龄、千总吕腾蛟御之。会党已踞八卦山，炮击城中，而鹿港之召募未至，千总杨夺元请出战，不听。幕客汪宝箴请退守鹿港，亦不听。城人王万谋内应，事泄，为官兵所执。明谦免之，命带勇守城，既复命缒城议和，且按兵。明谦扬言已就抚，昭慈信之，文武皆相贺，守兵懈。十九日夜半，开城，党人自东门入，大呼曰："凡在约中，爇香为识。"城人具香案迎之。守兵溃，陆路提兵李得志率十余人巷战，被执，问银库所在，得志佯引入署，至火药局，夺火爇之，众悉死。党人既入城，鼓吹以迎潮春。潮春冠黄巾，穿黄马褂，健卒数十人前后拥，骑马入城，出示安民，令蓄发遵明制。自称大元帅，以戴彩龙为二路副元帅，郑玉麟为大将军，郑猪母为都督，卢裕为飞虎将军，郑大柴为保驾大将军。以叔戴老见、侄戴如川、如璧及黄丕建、叶虎鞭、林大用、陈大戆为将军，陈有福为殿前大国师，相士黄阿狗副之，外甥余红鼻、乌鼻为左右丞相，乌鼻兼刑部，其弟为礼部尚书，黄秋桐为户部尚书。设应天局于白沙书院，以蔡茂朱为备粮使，司理局务，魏得为内阁中书。设宾贤馆于城内，以礼待搢绅。余各封拜有差。猫阿鹿以日觐之头献潮春，潮春叹曰："汝为人奴而弑其主，是不忠也。不忠之人，谁能容之？"与以数金，叱之去，而葬其首。且曰："我之起事，徇众意也，秋公有知，其能鉴我。"当是时，文武俱羁金万安总局，南投县丞钮成标尝举檄清庄，捕盗多，党人恨之，执见郑玉麟，不屈死，幕友姚兹、孔道、随员戴严亦死。前任知县高廷镜、同知马庆钊见潮春，纵之鹿港。雷以镇素持斋，逃入斋堂得免。初，潮春将起事，寡嫂罗氏泣谋，及入城，请毋戮百姓，毋入斋堂杀人，而后自缢。前任副将夏汝贤以贪酷，一家俱受辱死。昭慈被囚，犹问计于汪宝箴，宝箴复书曰："朝闻道，夕死可矣。"是夜即仰药死。守备游绍芳、千总吕腾蛟皆走鹿港。

四月，潮春命日成攻阿罩雾，报宿忿也。庄人林奠国率丁壮力守，子文凤尤勇敢，陷围三昼夜，会罗冠英援至，日成乃退。陈弄攻鹿港，绅士黄季忠纠泉人三十五庄以拒，故不破。

郡中骤闻彰化之报，文武议战守。知府洪毓琛已升汉黄德道，或劝之速行，不听，遂摄道篆，修城垣，备器械，通驿站，设筹防局。总兵林向荣遣安平副将王国忠、游击颜常春以兵戍嘉义，至柳仔林，为党人所击，仓卒入城。而黄猪羔、黄万基、罗昌已来攻矣，戴彩龙、陈弄、严辨亦至，已而复去。绅士王朝辅、陈熙年会城人至城隍庙，誓死守，富户许安邦亦倾家助军，故稍安。

初，日成起事，自以位在潮春下，与洪丛、何守谋杀之以赎，故犹羁林得成于家。及江有仁说之，且曰："太平军蹂躏半天下，清军犹无力戡定，台湾虽小，可自霸也。"从之。得成知不可复，遂自杀。日成人见潮春曰："古之王者，以兵定国，南征北伐，而后有功。今鹿港近在肘腋，攻之未下，而嘉义守御日固，岂可坐镇城中，以贻后悔。"潮春曰："然。"遂归四张犁庄，而以彰化委之。日成自称元帅，以林猫为中军，掌帅印，江有仁为军师，何守为扫北将军，王万、何有章及弟林狗母为将军。于是陈鲋据茄投，陈九母据大肚，蔡通据牛骂头，纪番朝据葫芦墩，廖有誉据涑东，洪丛据北投，皆受约束，称将军。

大甲踞彰化之北，为淡水往来孔道，扼溪筑垒，驻守备，居民约五千。庄人王和尚知彰治已破，起兵应，猝入土城，守备巡检俱逃，潮春命马泉往镇之。泉倚和尚为耳目，无设备，竹堑绅士林占梅遣勇首蔡宇击走之。占梅为淡水巨室，闻变，集绅士郑如梁、翁林萃、郑秉经、陈缉熙等筹防务，以候补通判张世英摄淡水厅篆，出资练乡勇。设保安局于城中，驰禀巡抚徐宗幹，与以总办台北团练之权。至是复大甲，而和尚知乡勇仅数百人。初六日，又来攻，断水道，会大雨，城人得食。十三日，张世英率兵来援，罗冠英亦以乡勇至。冠英东势角粤人也，骁勇仗义，所部皆精锐。城人出战，和尚败走，马泉逃彰化，潮春斩之，橄和尚再取。十一日，合何守、戴如川、陈鯆、刘安、陈在、陈梓生等凡二十七营，以杨大旗为先锋，复攻大甲，断水道，天复大雨，张世英援桴登陴。罗冠英、蔡宇等各开门出，奋勇力战，和尚复败，大甲始无害。

四月初七日，总兵林向荣率兵三千，发府治。初九日，次枋埤，立五大营为犄角，戴彩龙据南靖厝，以八掌溪为界。时霖雨，溪流尽涨，官军饷项俱屯盐水港。二十八日，彩龙据白沙墩，断粮道。翌日官军出击，澎师大败，守备蔡安邦、把总李连升、外委周得荣皆落水死。五月，兵备道洪毓琛以千总龚朝俊率屯番五百，从九品陆晋亦率兵二百，护饷行。初五日，至安溪寮，向朝江要之，晋为其下所杀，饷悉被劫。初七日，彩龙乘势攻大营，官军复溃，澎湖副将陈国诠、游击陈宝山、把总周应魁皆阵没。向荣踉跄走，遇朝俊，掖之行，至安溪寮。越二日，移驻盐水港，收合余军，其弟林向日以新兵五百来援，势稍振。柳仔林黄猪羔、店仔口吴志高俱请降。

当是时，嘉义久攻未下，潮春议往取，自称东王，以庄天赐为丞相，赖阿矮为先锋，率所部而南。至水沙连，令庄民治道，丞相先行，绣衣朱履，骑马佩剑。潮春衣黄衣，冠黄冠，乘轿行。壮士数十人，戎装执刃，列前后。择吉登坛，祭告天地，嗣行藉田之礼，鼓吹喧天，远近观者数万人。水沙连人刘参筋、五城人吴文凤皆受封为将军，以许丰年为总制。嘉属各庄多树红旗以应，遂攻斗六门，都司汤得升拒战，千总蔡朝阳阵没。适副将王国忠援至，乃退。于时嘉义被围已三月，粮食渐罄，向荣选精锐八百，以王飞虎、林有才为先锋，遣龚朝俊、宁长泰率班兵屯番，分道赴援。陈弄、严辨连战数日，乘胜薄城下，绅士王朝辅、陈熙年亦率乡勇开门出，围始解。六月初八日，向荣入城。兵备道洪毓琛趣守斗六门，向荣不可，毓琛驰书激之，乃拔队往。未几，而严辨、陈弄合围之矣。

初，潮春得彰城，以鹿港近在肘腋，为海通孔道，命叶虎鞭攻之。虎鞭泉人也，对曰："鹿港为泉人生聚之区，攻之是无泉人也。"潮春怒，虎鞭负气出，退谓黄丕建曰："以吾两人当日之约，将联和二属，以成大事。今城中漳人任出入，而泉人移徙，辄遇劫。且约中禁滥杀，陆提之兵皆泉人，而无一免。吾恐他日兄弟之约不坚，复成分类械斗之祸。"丕建以语潮春，令止杀，限三日中，许民自去。虎鞭率所部巡北门，以捍泉人之出，改命林大用为镇北大将军，徇鹿港。大用亦泉人，鹿港之人鼓吹迎之，未久而去，黄季忠即筹守御，陈弄攻之不下。五月，总兵曾玉明以兵六百至鹿港。玉明亦泉人，曾任北路营副将，与戴林有旧，寓书招之，不从。及潮春南下，以二十四庄附官军，命戴彩龙、郑玉麟、李炎等攻之。至燕雾下堡大庄赖登云之家索饷，茄苳脚庄拔贡陈捷魁密约庄人要之。六月十九日，二十四庄俱起，彩龙、李炎大败，被擒。解至鹿港受戮，玉麟力战死。于是漳泉相睨，叶虎鞭降于官军。

七月十九日，林日成以林大用、陈九母、赵憨率众攻浦仔庄，破之，放火以毁。西至和美线，北及竹仔脚番社，迫加宝潭。庄人陈耀御之，连战三日，不支，献马请降，日成不肯。陈九母、赵憨皆其佃，为求成，乃撤围。耀即乞陈清泉率勇二百驻李厝庄，又求援于新港柯、姚二姓，众至，遂举白旗以拒。日成怒，命林大用攻之，不克。八月十五日，日成率诸将誓师于大圣王庙，翌日进攻白沙坑。陈捷魁又率众御，鏖战数日，互杀伤。日成登观音之山以望，见其庄固不可拔，鸣金而退。复攻秀水，叶虎鞭中炮陷阵，黄丕建逸之。总兵曾玉明驻安东庄，固垒自完，故曰成得无恙。闰月二十八日，争葫芦墩，与罗冠英大战于圳寮，廖世元阵没，张世英以其弟廖江峰领其众，冠英退屯翁仔社。

林向荣之入斗六门也，地绝险，粮运不通，潮春长围之，援绝，以龙眼核为粮，杀马食士。屯番不与，谋内应。九月十三日，放火焚街中，退入土城，士皆罢弊莫能兴。向荣自杀，国忠率所部十八人突围出，皆被擒，不屈死，管理粮台同知宁长敬、镇标游击颜常春、署斗六都司刘国标、守备石必得及弁兵数百人皆死。俘王飞虎，庄天赐以为壮士，免之。义首陈有才亦被执，潮春闻其勇，欲降之，不从亦死。于是议取嘉义。军师刘阿冠曰："斗六既破,镇兵俱没。若悉我精锐,鼓行而南,则郡城必望风瓦解。既得郡城,据中枢以号令全台,则嘉义可不战而得。今若以全力,争一小邑,胜负未可知,而嘉义城坚众协,恐急切未易下也。"潮春不听,令陈弄、严辨、吕梓、廖谈、洪花等攻之,黄猪羔亦来归。已而何守、陈鲻各以众援,筑长围以困,数十步立一炮台,与城楼等,以瞰虚实,自是无日不战。辨妻侯氏、谈妾蔡氏皆勇敢,每临阵,骑马督率,城中亦竭力守御,故不破。陈弄、严辨遂攻涂库,陈澄清拒之,不能克。十月。别攻盐水港,亦不克。十一月初十日,林日成自攻大甲,十八庄起应,与官军战于大安庄,守备郑荣大败,进而围之。十四日,罗冠英援至。十七日,林占梅亦遣千总曾捷步率兵至,翌日战于水堀头,官军先溃,冠英独奋斗,陷围不得出,柯九兴救之,乃免。日成环之,放火焚南门,城崩数丈,水道复绝,居民将渴死。何守为书射入城中曰："我攻其兵,不害其民。"约以明日出汲,遂撤西门之围。然水辄罄,会大雨,日成乃去。二年春正月十八日,复围之。候补同知王桢率义首林盛拒战于磁窑庄。日成衣黄衣,张黄盖,麾众而至,军官复败。遂登铁砧山,祷于延平郡王,不吉而还。

二月初五日,罗冠英、廖廷凤合攻新广庄,克之,又克坝仔,追四张犁。潮春久围嘉义,以陈梓生守之,据垒力战,各死伤。二十七日庄破,林日成在四块厝庄闻之,遂集死士以拒。

初,署水师提督吴鸿源兵至府治,议出师,进驻盐水港,以降将吴志高为乡道。二月十二日,破马稠后庄,斩首百余级。次下茄苳,以吴邦基、洪金升分驻白沙墩,多设疑兵,以杨兴邦、张启煌驻水窟头,为犄角,而自将游击周逢时、守备苏吉良赴嘉义。嘉义被围已六月,城中无粮,捣龙眼核为粉,熬而食之,绅民死守。至是守将汤得升开门夹击,陈弄、严辨皆败去。鸿源命苏吉良、徐荣生攻刘厝庄等,疏通道路,以规复彰化。四月,代南靖厝。吕梓之妻与罗彭胡拒战,竹围坚密,不能拔。吉良力攻,彭胡被杀,梓妻亦中炮死。五月,攻严辨于新港,进围大仑,吕梓降。六月十八日,义首陈捷三进驻沙仔仑,陈贞元助之，与杨目丁大战于浊水溪，遂复南投。义首陈云龙来援，进复集集。潮春檄所部复攻，义民力守。九月，陈大用以中寮降曾玉明，罗冠英、廖廷凤亦破大墩，以通阿罩雾，参将林文明迎之。然官军犹未敢进攻彰化，各地用兵，忽起忽仆。

诏以福建陆路提督林文察视师台湾。文察，阿罩雾人也，以十月至麦寮，登岸，径归其家。巡抚徐宗幹亦奏简兵备道丁曰健会办军务，以兵三千，自北而南，驻牛骂头。十六日，林占梅率翁林萃、陈尚惠等，督勇首蔡宇以军三千进扎山脚，三路并攻，何守乞降。赵憨、陈鲥犹据城。勇首林忠艺、林尚等奋勇而前，薄城下。十二月初三日，总兵曾玉明率林大用破北门而入，丁曰健、林占梅以次至。赵憨、陈鲥、陈在、卢江逃四块厝庄，江有仁、郑知母巷战被擒，戮于较场，粮官蔡猪亦被磔，彰化既复，曰健檄诸将，会攻斗六门。鏖战数日，未能下。会林文察至，登高而望曰："如此险阻，接济不断，何以能破。不如先分其势，而后取之。"于是以四品军功洪廷贵赴嘉属交界之处，招抚百余庄，许丰年、黄猪羔皆降。以其弟林文明断水沙连之道，长围渐合。潮春见势蹙，欲窜内山，至七十二庄张三显之家，从者数十人。三显说以归罪，许保其孥。妻许氏惧诛，劝之。二十一日。乘轿至北斗，曰健讯以作乱之故，对曰："此皆本藩之事，毋与百姓。"曰健怒，命陈捷元推出斩之。许氏自经，西螺、廖谈亦被杀。始谈败欲降，妻蔡迈娘止之曰："势败而背人，非信也。既降而受制，非勇也。命为丈夫，而卒非信勇，吾宁死于红旗之下。"每战，策马当前，指挥左右，不避炮火。至是夫妇被擒，戮于北斗。蔡氏之目不瞑，或知其故，以红旗覆之，乃瞑。

三年春正月，文察攻四块厝庄，以王世清为左翼，林文凤为右翼，自率精锐捣之。日成拒战，以弟林狗母率陈绅、刘安、陈梓生等守外寨，王万、林猫皆等守内寨。连战数日，狗母阵没，众每夜逃。日成疑梓生有异志，辟窦以通出入。梓生阴令人钉其大炮，日成知不免，出贿于庭，分左右。王万以变入告，日成环火药桶于门，而与妻、妾、王万饮。妾萧氏闻炮声渐迫，遽起出，日成挽之，而妻已掷火药桶中，万俱死。日成及萧氏飘至户外,气未绝,官军戮之,函首以徇。三月,攻小埔心庄,陈弄之家也。罗冠英率所部奋击,官军乘之。弄败欲降,妻陈氏曰:"今日虽降,难免一死。与其俯首受戮,何如并力以拒。战而胜,犹可后图,况不至即死耶。"已而大炮轰击,居瓦俱碎,穴地为窟,官军以水灌之。十九日,冠英率壮士力攻。陈氏接战,以羸卒诱。冠英深入,伏炮尽发,与数十人皆死。文察命且止,而张三显忽以众围彰化。

三显之献潮春也,自以功多赏薄,颇怀觖望。陈鲋、陈梓生闻之,说以起事,陈九母、赵憨、洪丛皆应之。二十七日,拥众数千人,据八卦山及市仔尾。薄城,城兵少,知县凌定国登陴,命吴登健缒城求援。越二日,文察以兵至,众溃。三显为族人所捕,曰健斩之。复攻小埔心,冠英之弟罗坑尤血战。庄破,陈氏自焚死,弄走新兴庄。绅士陈元吉捕之,解至军前受戮。十一月,曰健率知县王桢、游击郑荣及林文明之勇,攻洪丛于北势楠庄。庄多立炮垒,力击未下,淡水义首林春、李光辉皆阵没。郑荣以炮攻之。丛病死,埋于豕栏。王春传执其弟洪番以献,戮之。得丛尸,枭首示众。

四年春三月,严辨复树旗于二重沟,号召余党,吕梓附之。王新妇之母以其子为将军,自刻一品夫人之章,每临战。洎新妇被杀,出资募死士,归吕梓,旗书"为子报仇"。郑大柴之妻谢氏,亦言为夫报仇,各起事。潮春之起也,严辨最悍。妻侯氏亦有力,叠攻嘉义,每出,辨亲为牵马,雄冠剑佩,威仪若丈夫。潮春所部十数万,器械粮秣皆辨给之,故其权最大。四月,曰健以知县白鸾卿、参将徐荣生、都司叶保国分兵往伐。辨每假官军旗帜,伏兵以击,官军辄败。曰健遣都司吴志高率乡勇以济,辨力战死。侯氏被擒,磔于嘉义,新妇之母亦被杀,唯谢氏突围去,兵勇死者数百人。梓逃布袋嘴,海贼蔡沙素与善,夺其孥而沉之海。自是余党渐平。

# 林文察列传

　　**林文察**，字密卿，彰化阿罩雾庄人。世业农，父定邦为乡甲首，负义侠，里党倚为重。林和尚者，草湖庄人，为一方雄，群不逞之徒出入其门，椎人越货，莫敢撄。曾虏林连招，索重金。连招为定邦族人，遣使请归，不听，且拘焉。定邦率季子文明往谕，遂忿争。和尚召其徒，列械待。定邦突围出，中弹，反身激斗，被杀，文明亦殊伤。文察年十九，闻耗，大哭，欲赴难。既念弟尚被囚，虑有变，乃忍痛含冤，介父老请还，并归父尸，诉于彰化知县。知县受赂不理，文察指天而誓曰："不报仇，非人也。"旦暮迹和尚，猝击之，力擒至父坟，剖心以祭。曰："仇报矣，吾不可累家人。"赴县自白。咸丰四年夏五月，小刀会党犯台北，破鸡笼城。北路协副将曾玉明以为勇士，出诸狱，命募乡勇随征，有功。寻捐银助饷，以游击分发福建补用。九年，闽浙总督王懿德檄带台勇会剿建阳。十年，平建宁、汀州之乱，皆有功，擢参将，换花翎。复助饷，加副将衔。文察所部台勇，皆乡里子弟，朴讷坚武。生死相处，故能以少击众，协力建功也。十一年春正月，奉檄援浙，太平军已破江山，文察冒雨搏战，乘胜攻城，既而援至，遂破之。以副将尽先补用，赏换乌讷思齐巴图鲁。四月，汀州、连城俱陷，奉调回闽。五月，克汀州，晋总兵。七月，平沙县之乱。是时太平军自皖南入浙，分陷金、衢、严各府县，众数十万，势张甚。将军瑞昌疏调入援，而所部台勇久战伤亡，仅存五百余人，未能速进。十二月，杭州破，诏驰援。同治元年春正月，庆瑞檄率所部自处州进，适衢州被围，解之。已而太平军窥福建西北，与弟参将文明合，遂进驻龙泉，以浙江按察使张铨庆为策应，先克遂昌，以杜入闽之路。七月，补四川建昌镇总兵，未行，奉旨复处州，遂攻松阳。久而未下，所部台勇远道运粮，日不得饱，犹历战不馁，遂取之。五战皆捷，直抵处州城下，与各军合。台勇并力奋击，破门而入，诏加提督衔。十一月，移军武义，寻调福宁镇总兵。

二年夏六月，署福建陆路提督。当是时，戴潮春起兵大墩，破彰化，围嘉义，窥淡水，南北震动，诏命渡台。十月，至嘉义，偕护理水师提督曾元福议进兵，率游击白瑛等攻斗六，以分其势，而告总兵曾玉明趣取彰化，克之。然斗六深沟固垒，未能下。乃伴言援彰，拔队起，民军开门击，遇伏歼焉，遂拔之。潮春知势蹙，欲窜内山，惧罪自投，兵备道丁曰健杀之。进围林日成于四块厝庄，死伤甚多。乃筑炮台以困，昼夜轰击，遂陷之，日成被杀。四月，闽浙总督左宗棠以延平军务危急，奏调内渡。然全台尚未平，文察驻军于家，曰健劾其纵兵骚扰，命宗棠勘之。十月，至福州，巡抚徐宗幹疏言："文察赴调延缓，实以夏秋多飓，重洋难渡，请免议处。"文察内渡之际，仅率台勇五百，不足战，请宗幹济师。已而漳州破，下游傥扰，檄统全军，由同安规复。十一月，驻洋州，踞城三十里，分饬所部策应。十二月，移驻万松关，太平军进攻，先以羸卒诱，击走之。已而围合，文察督勇奋斗，所部死伤略尽，援兵不至，遂阵没。幕客谢颖苏方食，闻报，投箸起，策马略阵，亦没。颖苏，绍安人，字琯樵，善画兰竹，书亦秀逸，久游台湾，慷慨有烈士风，士论壮之。宗棠、宗幹先后疏言其事，寻赐祭葬，赠太子少保衔，予谥刚愍，准建专祠，赏骑都尉世职，兼一云骑尉。袭次完时，以恩骑尉世袭罔替。弟文明随军，叠战有功，至副将。子朝栋，亦有名。

# 丁曰健列传

**丁曰健**，字述安，安徽怀宁人，寄籍顺天，以举人拣发福建。咸丰四年，任淡水同知。时闽、粤械斗后，地力凋敝，曰健出而抚字，其奸猾者即以法绳之。既而小刀会黄位窜台湾，陷鸡笼。曰健集绅民，筹战守，以彰化林文察率乡勇二百攻之，位败走。调署嘉义县，加知府衔。

嗣以军功赏道衔，历署福建粮道及布政使。

同治元年春，彰化戴潮春起事，全台俱扰。二年秋，诏命福建陆路提督林文察视师台湾，而巡抚徐宗幹亦奏简曰健为台湾兵备道，加按察使衔，会办军务。九月，至艋舺，募旧部，谋规复。绅士林占梅豫练乡勇二千名，保卫地方，及是随行，进兵牛骂头，数战皆捷，遂克彰城。文察亦自麦寮登岸，定嘉义，复斗六，驻兵阿罩雾。

初，曰健以汀州军务，与文察有憾，至是同平台湾，文察所部就地筹饷，又以办理清庄，地方复扰，曰健止之，不听。及福建上游告急，诏命文察内渡，文察未行，曰健劾之。略谓："内山拺东、猫雾等处，前经署陆提臣林文察入山搜捕，于正月破林巢后，安住家园，五十余日，顿兵不出，以致众议沸腾，欲图报复。余匪借此，复肆攻扑。非先事豫防，联庄得力，竟有难解之忧。"诏命福建总督左宗棠查办。曰健又致书宗棠，历诋文察不法。已而文察赴闽，殉于漳州之役，弟文明以副将家居。越二年，赖、洪各姓讼其霸田，曰健委知县凌定国至彰会审，即就大堂杀之。文察之母控之省，复吁之京，案悬不决，而曰健以病奏免。

## 林奠国列传

**林奠国**，字景山，彰化阿罩雾庄人。阿罩雾固土番之地，负山环溪，邻乡多巨族，各拥一方，非番害则械斗。故人多习技击，而奠国能御之。同治元年春，邑人戴潮春谋起事，淡水同知秋曰觐至东大墩，欲治之，途次，闻其势大，遣人邀奠国，挈乡勇二百人往。至新庄仔庄，曰觐已被杀。四块厝庄人林日成为勇首，护曰觐行，及是而叛。见奠国至，攻之。奠国拒战，退归阿罩雾，凿濠固垒，聚米盐，讨军实，为持久计。已而日成来攻，拥众三万余，断水道，环围三匝。时庄中丁壮多从文察转战闽浙,仅遗七十有六人,愿同生死,以长子文凤率之,为数队,扼险要,而自拒于庄北。日成之至也,势张甚,又以前后厝之怨,誓必灭之。尝一日陷围数次,庄几破,开炮防御,自日夕至于黎明,莫敢懈,而围愈急。东势角庄人罗冠英驻军翁仔社,闻报,越二日,率二百人至,皆粤族,众虑内变,文凤曰:"彼来援,是爱我也,宁有是事。"椎牛飨之,出家资十数万于庭,向众而言曰:"诸公跋山谷,冒危险,以来护我庄,其济庄之福也,不济,吾以死继之。不腆之资,愿供一醉,幸毋为贼人有。"众曰:"诺,愿杀贼。"乃耦其人而守之。又一日,林氏之族先后至,可四五百人,士气大振,开壁出,搏战陇亩间,阵斩数百,俘数十。日成大败,踉跄走,自是不敢复攻阿罩雾。

当是时,彰化既破,南北俱震,潮春、日成之党,多至十数万人,而阿罩雾以一村落,介立红旗之间,战守经年,圳水又为万斗六庄洪氏所遏,良田尽竭,粒米不收。发仓以赈,联络沿山一带,备器械,立约束,养精蓄锐,为规复计。二年冬,文察以福建陆路提督平台。奠国闻官军至,率乡勇数百助战,潮春、日成次第就灭。遂与文察提师归阿罩雾,招抚近山,其不从者,移兵讨之,经理善后。事闻,以功授知府,赏戴花翎。

三年四月,闽浙总督左宗棠以延平军务危急,奏调文察内渡,奠国从。至福州,而漳州陷,下游俶扰,檄由同安规复。十一月,驻洋州。十二月,移万松关,两军相持,叠接战,互有胜负。时大军未集,所部台勇仅五百人。一日,偕文察视垒,至瑞香亭,太平军骤至,陷围,文察竭力奋斗,所部多死伤,顾奠国曰:"吾为国家大将,义当死。阿叔可破围出,毋俱没。"奠国不可。文察复迫曰:"势急矣!趣去,吾不能归也。"遂授命。于是奠国收余军以退,而台勇乏饷,未能归。至福州,见大府,请饷九千两,为遣散费。总督庆瑞不许,命待命。已而索贿二万金,文凤请与之,不可。曰:"吾为国家效命,率子弟,赴疆场,縻财固不足惜,而彼反以功为罪,此胡可者?自吾与乡里五百人而西,今所部多没,吾则独归,又何面目以见父老乎?"遂以家事委文凤,命各恤其家，而自留省垣。越十七年卒，诰授朝议大夫，追赠奉政大夫。子三：长文凤，次文典，次文钦。

**文凤**，字仪卿，号丹轩。少任侠，结交多奇士。戴潮春之役既平，地方罢弊，流亡满道，文凤拊循乡里，集农人，治畎亩，构庐树艺，众始得息。除夕之夜，围炉聚饮，文凤忽流涕曰："当吾庄被围时，吾三夕不寐，仰视飞弹，如雨入室中。吾自分必死，邀天之福，仗祖宗之灵，幸得复睹太平。吾今思之，心犹悸也。"又曰："庄人可爱，与我同患难，冒生死，吾不能一一存问，心良慊。"命家人往视，各赠百钱为压岁，遂以为例。同治二年冬十二月，野番出草，乘夜袭阿罩雾。文凤闻警，提铳出，趣召庄人，鸣金发炮，列炬如白昼。番惊窜，逐之。文明亦率一队，遏其途。番不得归，散走平畴间，歼其数十。自是不敢复犯阿罩雾。四年，文明被害彰化，报至，庄人大愤，不期而集者数千人，汹汹欲动。文凤病在床，闻之惊起，止之曰："彼设阱陷我。今若此，是自投其祸也。且黑白未可知，当稍待。"众始散。

初，城吏以计杀文明，意林氏必拥众至，即以围城之罪办之。及闻是言，愕眙而语曰："林氏固大有人也。"兵备道夏献纶以旧憾故，颇不怿。戴案被抄诸人，亦构辞以诉，凡十数起。光绪五年，献纶卸任至省，谒大府，请籍林氏之产。命会营往，狱将兴矣。献纶抵郡，未久逝。洎巡抚岑毓英来台，召视案卷，诉始结。

**文钦**，字允卿，号幼山。性温和，善事父兄。林氏自迁阿罩雾以来，业农习武，而文钦独好学，勉为世用。光绪十年入泮，兵备道刘璈见而奇之。时法人方犯台湾，檄募义勇，卫桑梓。遂集佃兵五百，驻台南，为南军援，器械粮秣，悉取之家。已而调驻通霄，捐款助军。事平，以资注诠郎中，分兵部，嗣请归养。十四年，以清赋功，加道衔。十九年，举于乡。素慕莱子斑衣之志，筑莱园于雾峰之麓，亭台花木，境极幽邃。自畜伶人一部，春秋佳日，奉觞演剧，所以娱亲者无弗致。顾尤好义举，岁率用款数万金。士之出入门下者，靡不礼焉。尝道泉州，闻连乡械斗，数十年不戢，怨日深。遂集两造，陈利害，糜数千金解之。十五年，河南荐饥，大府募赈，捐万金以恤。事闻，赐"乐善好施"之额。彰化旧有育婴堂，而款绌，不足济众，穷民生女，辄弃于涂，见而悯焉，割腴田，岁入谷三百石。福马刺桐之桥久圮，行者病涉，命工造之。又创湖日、田中之渡。利人之事，知无不为，里党之人无不惠焉。

初，台湾巡抚刘铭传经理番疆，而中路以脑业为大，乃偕从子朝栋合垦沿山之野，谓之林合。东入番界，西至旧垦之地，北沿大甲溪，南及集集大山，延袤数十里。于是张隘线，募佃人，启田树艺，番害稍戢，而产亦日进。二十一年，台湾有事，大府命起兵。募乡勇千名，自备饷糈，令族弟文荣统之，驻彰化。已而下诏割台，文武多去，四郊俶扰，分逻各地，故无盗贼患。既见势蹙，谋内渡，而母老不堪涉风涛，匿迹销声，居于幽翳，唯日侍慈帏，教子侄，极天伦之乐，故世称贞子焉。

连横曰：阿罩雾处彰化内山，地与番接，故人多尚武。而林氏能部勒之，戮力致果，功在旗常，是皆干城之选也。然数十年来，林之子孙说礼乐而敦诗书，济济跄跄，蜚声艺苑，信乎江山之助也。闲灵之气，纬武经文，顾陆之风，犹未沫焉。

## 林占梅列传

**林占梅**，字雪村，号鹤山，淡水竹堑人。始祖三光以明季自同安来台，居于今台南府治楱子林，数迁至竹堑。祖绍贤，垦田习贾，复办全台盐务，富冠一乡。有子七，长祥瑞，生占梅，早卒，季父祥云抚之。占梅少颖异，读书知礼，无纨袴气，进士黄骧云奇之，妻以女。年十一，挈游京师，出入缙绅门，学乃日殖。性豪迈，好交名下士，济困扶危，糜万金不少惜。道光二十五年，英人犯鸡笼，沿海戒严，倡捐防费，得旨嘉奖，遂以贡生加道衔。二十三年，防堵八里坌口，又捐巨款。事竣，论功以知府即选。二十四年，嘉、彰各邑漳、泉械斗，募勇扼守大甲溪，绝其蔓延，诘奸宄，护闾阎，出资抚恤，赏戴花翎。咸丰三年，林恭之变，台、凤俱乱，北路震动。奉旨会同台湾道办理全台团练，又以捐运津米，即捐三千石，奏准简用浙江道。四年，艇匪黄位踞鸡笼，以克复功，加盐运使衔。

同治元年春，彰化戴潮春起事，淡水同知秋曰觐被戕于东大墩，进略大甲，窥淡水。境内土匪亦窃发，民心惶惶，多走避。占梅独筹维危局，故无害。

初，潮春设八卦会，势日盛，占梅知其必发，集绅商，筹团练，为豫防计，曰觐不之善也。及曰觐南下，占梅即出资，备器械，讨军实，修城濠，募勇士，以生员郑秉经、贡生陈缉熙、职员翁林萃董其事，联络各庄，命勇首蔡宇率练勇守要害。部署甫定，而警报至，城中无主，咸议敛资通款，以缓其来，或言弃城走。占梅独排众议，曰："淡水为财赋之区，彼必来争。即令行贿，安能保其不至？既至而又何如？我能往，彼亦能往，走将安之耶？今与诸君约：不如以通款之资，为战守之费。其济诸君之功也，不济吾以死继之。"众曰："诺。"占梅即以家资十数万为饷糈，城中绅商亦踊跃输将。于是共拥候补通判张世英权厅篆，遣人造省，请大吏，示进止。率众至城隍庙，刑牲设誓，愿共存亡，民心始定。五月，以蔡宇率勇四百名，复大甲。陈缉熙偕行，请张世英驻军翁仔社。遣人结东势角罗冠英，以抚内山一带，而自巡淡南，为声援。旋奉巡抚徐宗幹檄，准布政使，颁总办台北军务钤记，通饬所属。时北门外苏、黄二姓械斗，地方骚扰。占梅止之，擒其渠，其尤不逞者送官惩办，斗始息。然城中游民多，颇喜乱。饬各街造籍，严管束，日给口粮。所费不资，而军需又巨，称贷以应。不足，割腴田充之，凡数十万金，产几破。二年春。勇首蔡宇克牛骂头、梧栖等汛，占梅之策也。梧栖为通海之埠，殷商聚集，占梅以为进规彰化之道。潜结郊户杨至器。二月，取之，乘势至山脚庄。张世英亦自内山来，首尾相应。

当是时，官军多驻城附近，相持久，各罢敝。占梅议进兵，为忌者所阻，宗幹催之，上书陈其事。略曰："贼本乌合之众，死据孤城，其势难久。我军前后进剿，非不能战，乃至今未克，诚以诸君皆由鹿港而进，贼已备识虚实故也。若得省垣遣一大员，由淡水登岸，沿途招选兵勇，以壮声势，占梅当统练勇数千，同时南下，剿抚并行。彼将闻风胆落，不战而平。兵有先声而后实者此也。"宗幹韪之，遂以丁曰健为台澎兵备道。十月，至竹堑，与占梅议进兵。占梅自率精锐二千，扼山脚庄，拔茄投，攻大肚，进驻溪南，纵降将入城为内应。潮春久处斗六门，城中议降，股首江有仁持不可。十一月初三日，占梅以前锋林忠艺、林尚等攻南门，与官军会破之，遂复彰化。曰健入城，旋往鹿港，以占梅所部驻城中。曰健之行军也，胁从各庄多痛剿，占梅辄请宥，全活甚众。十二月，振旅归，潮春就灭。事闻，加布政使衔。

福建督抚以占梅急公好义，品学兼优，奏请简用，得旨召见。病辞，遂不出。占梅工诗书，精音乐。军兴之时，文移批答多出其手，暇则弹琴歌咏，若无事然。筑潜园于西门内，结构甚佳，士之出入竹堑者无不礼焉，文酒之盛冠北台。著《琴余草》八卷，未刊，宗幹序之，又有《潜园唱和集》。同治四年卒，年四十有九。弟汝梅，字若村，少入泮。光绪六年，巡抚岑毓英创造大甲溪桥，赞襄最力，及建省后，督办铁路清赋，有名于时。

连横曰：侯官杨浚新修《淡水厅志》，其文多谬，乃复挟其私心，以衡人物，亦何足以征信哉？林占梅为一时之杰，倾家纾难，保障北台，忌者多方构陷，占梅竟以愤死。浚不于此时为之表白，而列其人于志余，谓颇有一发千钧之力。夫一发千钧，厥功多矣，列之志余，不亦小哉？同安林豪曰："占梅力排众议，投袂而前，悉群庑于目中，运全局于掌上，屡收要隘，再复坚城。以视夫阶下叩头者，其人之贤不肖何如也。"连横曰：林豪之论，贤于杨浚。作史须有三长，而知人论世，尤贵史德，而后不至颠倒也。

## 罗冠英、陈澄清列传

**罗冠英**，字福泽，广东潮州人。祖某来台，居彰化东势角庄。庄据大甲溪左，群山环抱，中拓平原，居民多力穑尚武。而冠英精火器，百步外无虚发，善谋略，料事多奇中。内山有某甲者，顽嚚比党，鱼肉屠愚。冠英令健儿扼险待，进而攻之，贼败走，择其尤恶者格杀之，乡人称快。同治元年，戴潮春之变，陷彰治，文武多被戕，进兵略大甲，闻冠英名，遣使邀之，不从。

当事之起也，冠英集乡人，伸义约，有事相策应。众有难色，冠英奋臂起，晓譬利害，众诺。遂与总理刘衍梯、邑绅吕炳南等，募壮士数百，屯翁仔社，其友廖廷风从之，散家资为饷。竹堑总办团练林占梅遣人赍金帛结之，请由内山间攻四张犁庄，以捣潮春之家。而潮春已猛扑大甲，大甲人婴城守，代理淡水同知张世英率军至。冠英赴援，大小数战，围始解。闰八月，冠英攻寮脚庄，克之，遂复葫芦墩汛，廖世元亦拔圆宝庄，据焉。进攻圳寮。林日成自彰化来争，势张甚。世元接战，身被十数创，至翁仔社而卒。世英厚葬之，以兄廖江峰、弟廖树代领其众。十一月，日成复攻大甲，断水道。冠英又救之，分军为二，邀战于新厝仔，大呼陷阵，斩首二十余级，遂与大安庄人合攻水汴头。城中闻炮声，分道接战。廷风亦督屯番自后入，首尾夹击，日成大溃，城围复解。二年，世英遣冠英等攻马公厝，拔之，略地至四张犁庄。当是时，官军大集，潮春亲攻嘉义，以陈梓生守之。冠英乘势突入，破其险阻，获旗帜军器甚多，潮春遂无所据。十二月，官军复彰化，潮春被杀。三年夏四月，福建陆路提督林文察率军攻小埔心，陈弄拒战。相持数月。

冠英突围入，周视各垒，中炮亡。军门震悼，遣人护丧归。事平，上其功，下旨建坊，入祀昭忠祠，追赠忠信校尉。

**陈澄清**，小名贶，嘉义涂库人。性明毅，遇事果断。有友十余人，皆勇敢负气，缓急可恃，遇之如手足。涂库距嘉邑西北，当孔道。当是时，中原俶扰，淡、彰亦分类械斗，有司畏葸，莫敢办。澄清隐忧之，乃于所居竹围外，筑垣凿濠，建炮垒，布竹钉，聚米盐食物，为三年蓄，左右田园悉种番薯，栽山菁，以防不给。已而戴潮春起事，陷彰化，杀文武，进攻嘉义，各庄多被略。澄清独起兵拒，附近粤庄暨盐水港，联防固守，倚以为重。同治元年秋七月，台湾镇林向荣驻军斗六，檄澄清运粮，尝一日七战，三袭敌营。向荣嘉之，赐五品衔，及名马珍物。及斗六陷，攻涂库。陈弄、严辨以众踞街中，市肆皆罢。澄清设伏待，遣壮士苏阿传率十余人，假旗号，径至街中，呼曰："我元帅谕尔等安堵，照常贸易，违者斩。"弄众方骇顾，而阿传遽大呼杀贼而出。弄率所部追之，伏兵尽起，扼险击，阿传奋勇鏖杀，殪数人。及归，无一伤者。阿传与吴婴、陈瑞基、吴戆、王明俱善战，冲锋陷阵，弄等惮之，谓之"五虎"。

初，潮春以书招澄清，不从。及弄据涂库，誓必灭之。兄必湖挺身谒弄，弄露刃以见，必湖笑曰："始吾以大哥为豪杰，倾心相向愿效力。今乃知非欲成大事者，不然如愚兄弟亦足供指臂，而见拒如此。"弄曰："女果从，吾岂相拒，但恐未必然尔。"必湖因说之曰："我兄弟欲相从久矣，乘时建不世之业，此士之一时也。然不假重权，无以令众，如肯畀一将军，则明日当举旗相应。"弄喜，延之坐，与谈竟日，授以令，警备稍懈。必湖归，即集义勇，约五鼓并力攻之。而是夜三更，澄清已遣人毁屋，阻归路。弄见火起，知为所绐，踉跄去，自是不敢复攻涂库。

澄清之治军也，禁赌，禁洋烟，禁奸盗，赏罚严明。多纵间谍，谂虚实，每出军，不言所向，举刃而前，既至，始下令突击，故能以少胜众。或问之，曰："兵危事也，以奇用之。静如处女，动如脱兔，临机应变,而后有功。若大张声势,旗鼓喧阗,是使贼知,非所以制胜也。"又曰:"兵不在多,在勇敢。多则众心不一,进退失据,虽有良将,无所用之。"故所用祇数十人,并养其家于竹围内,与共甘苦,拒战三年,毫无所损。侄适约居下庄,相去二里许,有众三四十人,亦能战。邻乡丁壮听命者又六七百人,故能持久。潮春既平,澄清欲诛胁从,必湖止之。弟澄江攻元掌庄,中炮死。澄清力击之,擒其渠十余人,枭以祭墓。后任斗六门都司。

初,澄清起兵,埔姜仑庄生员刘丰庆,粤籍也,闻其义,每助铅药,故无乏,后为其叔阿霖所杀,澄清为复仇,谈者以为有古烈士风。

连横曰:嘉义之有涂库,犹淡水之有翁仔社也。弹丸之地,虽不足以系大局,而罗冠英驻翁仔社,林日成不能破大甲而略淡水;陈澄清守涂库,陈弄不能掠盐水港以迫嘉义,非地之足恃,而人之可用也。不然,以斗六门之险,负山扼溪,可以自固,而林向荣竟全师以没,成败之机,何其异耶?冠英纵横转战,抱义以殒,人称其勇。若澄清之从容布置,运筹决策,尤有名将之风焉。

## 沈葆桢列传

**沈葆桢**,字幼丹,福建侯官人。以翰林出任江西广信府,太平之役,与妻林氏乞援守城,由是知名,历升至总理各国事务大臣,事在《清史》。

同治十一年,调福建船政大臣。十三年夏,日本以牡丹社番之杀其人也,以兵来伐,驻南鄙,沿海戒严。清廷以葆桢为钦差大臣,督办军务,又命福建陆路提督唐定奎率师入台,供调遣。五月,葆桢至台南,筹防备,讨军实。二国势将用兵,已而和成,诏命葆桢经理善后。葆桢以台湾为海上奥区，东南各省之藩卫也，地大物博，列国觊觎，自非悉心经画，不足以资富庶。于是奏请移驻福建巡抚，以一事权，语在《职官志》。廷议从之。台湾前时仅设一府四县，而寄其权于巡道，地既辽远，民又鸷生，守土官但求无事，非敢稍议更张。葆桢以北鄙日辟，垦务日兴，于是奏请添设台北府县以资治理。略曰："台湾固海外荒岛，康熙年间，收入版图，乃设府治，领台湾、凤山、诸罗三县。诸罗即今之嘉义，而嘉义以北，尚未设官，郡之南北各一百余里，控制绰乎有余。厥后土地渐辟，雍正元年，乃设彰化一县，并置淡水同知。九年，移治竹堑，起自大甲溪，至三貂岭下之远望坑而止，计地三百四十五里有奇。嘉庆十五年，复自远望坑迤北，东至苏澳，计地一百三十里，设噶玛兰通判以治之。则人事随天时地利之转移，虽欲因陋就简，固不可复得者也。然自噶玛兰抵郡，须十三日始达，政令皆统于台湾府。淡水设厅之时，淡北三貂等处，榛莽四塞，即淡南各社，亦土旷人稀，今则村庄以，荒埔日辟。旧志称东西相距仅十有七里，今乃或五六十里，或七八十里。兰厅建治以后，自三豹岭绕至远望坑，复增地数十里有奇。其土地之日辟，古今不同有如此者。台北海岸，昔时仅有八里岔一口，往来之船，不过数只，其余叉港支河，仅堪捕鱼。今则八里垄淤塞，而新添各港，曰大安口，曰后垄，曰香山，曰沪尾，曰鸡笼。沪尾港门宏厂，舟楫尤多，年来夹板帆樯林立，洋楼客栈，阛阓喧嚣。其口岸之歧出不同，有如此者。前师入台，供调遣。五月，葆桢至台南，筹防备，讨罩宝。二国势将用兵，已而和戚，诏者台北幅员虽广，而新垦之地，土著既少，流寓亦稀。百余年来，休养生息，前年编查户口，除噶玛兰外，已有四十二万有奇。近顷各国通商，华洋杂处，睚眦之怨，即启衅端。而八里岔一带，从教渐多，防范稽查，尤非易事。其人民之不同有如此者。台地土产，以蓝、煤、茶、脑等为大宗，皆出自淡北。比年荒山穷谷，栽种愈盛，开采愈多，洋船搬运，客民丛集，风气浮动，嗜好各殊。且淡南大甲一带，毗连彰化，习俗尤悍。如淡水同知，半年驻竹堑衙门，半年驻艋舺公所，相去百二十里，奔驰废旷，势所必然。况竹堑南至大甲溪尚百余里，而艋舺北至沪尾、鸡笼亦尚各数十里，命盗等案，层见迭出。往往方急北辕，旋忧南顾。分身无术，枝节横生，公事积压，巨案迁延，均所不免。督抚知其难任，必择循吏能士，以膺是选。而到任之后，贤声顿减，不副所望，是地势之所使然。其驾驭之难周又有如此者。

淡、兰文风逊于全台，岁科童试，厅考四五百人，而赴道考则不及三分之一。路途险远，寒士乏资，着鞭难至。又如词讼，则四民均受其害，刁健之徒，词穷而遁，捏造府控，一奉提供，累月穷年。被诬之家，照冤有期，家已为破。欲矫其弊，因噎废食。概免厅提，则厅案为胥吏之所把持，遂失控诉之路，而械斗之端，则萌于内。至徒流之刑以上，拟定罪名，复须提郡转勘，需费繁多，岁月淹滞，赔累难偿，故不得不随之抹杀。官既苦之，民尤苦之。其政教之难齐又有如此者。故前者台湾道夏献纶请改淡水同知为直隶州，噶玛兰为知县，添一县于竹堑。臣鹤年、臣凯泰互相讨议，台事旋起，因此暂停。台南骚动之时，即有潜窥台北之忧。夏献纶住在该地，能策机宜，狡谋乃息。然海防洋务，瞬息万变，恐州牧不足以当之。况去年以来，自噶玛兰之苏澳起，开山抚番，至新城二百里有奇，至秀姑峦又百里有奇。若山前布置尚未周详，则山后之经营何从借手。故就今日台北之形势而画，区为三县，以分治之，则可以专其责成；设知府以统辖之，则可以系其纲领。

伏查艋舺当龟仑岭两大山之间，沃壤平原，两溪环抱，村落衢市，蔚成大观。西至海口三十里，直达八里坌沪尾，观音、大屯两山，可为屏障，且与省城五虎门相对。不特淡、兰扼要之区，实为全台之管钥。请于其地创建府治，名曰台北府。彰化以北，直至后山，胥归控制，仍隶台湾兵备道。附郭一县，南划中坜以上，至头重溪为境，计五十里，东西相去五六十里不等，方围折算百有里余，拟名之曰淡水县。自头重溪以南至彰化大甲溪为止，南北相距百五十里，其间竹堑，即淡水厅之旧治，拟裁淡水同知，改设一县，拟名之曰新竹县。自远望坑以北而东，以噶玛兰原辖之地，拟设一县，名之曰宜兰县。鸡笼一区，欲建县治，则其地不足，而通商以后，竟成都会，且煤务方兴，游民四集，海防已重，讼事尤繁。该处向未设官，亦非煤务微员所能镇压，若事事仰成艋舺，则官民共困，应请改噶玛兰通判为台北府分府通判，移驻鸡笼以治之。是臣等当外防内治之策，出于因时制宜。是否有当？伏乞饬部议覆，以便遵循。至建设城署，清查田赋，以及杂佐营汛，可改可增，俟奉旨允准之后，再与台湾道议详核奏。"廷议亦从之，而台北乃日趋富庶矣。八月，奏请开山抚番，蠲除前禁，语在《抚垦志》。于是以提督罗大春、总兵吴光亮、同知袁闻柝率兵三路而入，会于台东之水尾，筑垒驻兵，卫行旅，而东西之道通矣。台湾绿营久已废弛，葆桢奏改营制，筑炮台，架电报，振商务。凡诸要政，多有更置。光绪元年秋七月，奉旨入京，途视澎湖，调两江总督。五年冬十一月薨，谥文肃，入祀京师贤良祠。

连横曰：台湾归清以来，闭关自守，与世不通。苟非牡丹之役，则我乡父老犹是酣歌恒舞于婆娑之洋焉。天诱其衷，殷忧日至。析疆增吏，开山抚番，以立富强之基，沈葆桢缔造之功，顾不伟欤。而惜乎吾乡父老，犹以晏安为事，不能与时并进也。

# 袁闻柝列传

**袁闻柝**，字警斋，江西乐平人。咸丰间，以办乡团有名，嗣随左宗棠平浙入闽，洊保知府。同治八年，捐同知。十年，派至台湾。十三年，牡丹之役，钦差大臣沈葆桢命赴后山，察形势，遂至卑南，招抚吕家望等社，率番酋陈安生至郡，犒以盐布，自是生番多服。八月，葆桢奏请开山，分军三路，以提督罗大春率北军，总兵吴光亮率中军，而闻柝率南军，即募绥靖军五百及土工三百，由南进。方是时，后山虽隶版图，而路尚未辟，道卑南者，多自打鼓乘船，至琅璚，转而东行。其遵陆者，则山径险阻，瘴毒盛，野番伏莽射，非遇害，即中疾，行者绝少。当军发之时，葆桢命以文祭于台南山神曰："昊穹伊始，群萌荒屯。圣哲阐绎，奠区辟浑。章趾亥步，隔漠绝濛。山川之气，闷久乃通。我朝御宇，率土臣服。赤嵌一岛，版章攸属。百有余年，熏陶染沐。陬澨偏隅，声明文物。台阳之背，傀儡之东。野番所处，密林深丛。禽伏兽匿，风教未通。并生并育，纳之絣幪。土牛有禁，丰碑穹窿。勿侵勿轶，安彼颛蒙。流水出谷，古花犹红。牛刀羽织，猎置鱼筒。涵奄蕃衍，蠢蠢虫虫。不识不知，顺帝之衷。如何东人，海中之国。敢背盟言，肆其毒螫。称戈修矛，潜图边域。既戕我番，罔有安集。自牡丹湾，邻卑南觅。死者含冤，生者累息。疆吏入告，帝心用恫。乃命使臣，持节瀛东。拯之水火，护其蒿蓬。廷谕一下，喁喁向风。稽颡辕门，剃发输忠。吁请设吏，以发瞶矇。自下淡水，暨卑南社。群峰刺天，大樗满野。麋鹿攸居，鸟鸢不下。百数十里，古无通者。维彼番黎，踊跃芟夷。为我乡道，千夫随之。乃建一营，曰绥靖师。特命闻析，率以东驰。左载鉏钁，右挟剑铍。开辟险阻，削铲厓。五里一堠，十里一圻。毋使魑魅，阻途遏歧。毋使丛薄，踞熊宅罴。向为荒壤，崇朝九逵。俾我王化，靡远或遗。敬维山神，公侯攸属。柴燎之祭，群望咸集。幸相此举，以成厥役。侧闻畴昔，戮民干纪。私召诡徒，腾岩越鄙。显违邦禁，隐匿奸宄。维神之怒，泄雾数里。嘘噏瘴疠，踣崖颠趾。灵威昭融，遐迩仰止。今奉帝命，伐木刊山。上应气运，下辑獠蛮。维绅之聪，能烛厥端。壑勿集蛊，谷勿藏貛。吹岚转飚，泉清水澜。俾我军士，征途孔安。维神之祐，亦民之欢。於戏噫嘻！秦通巴蜀，诳以金牛。汉通邛筰，蒟医是求。穷边黩武，以为神羞。维我国家，普遍怀柔。一夫不获，若纳之沟。跻于寿宇，廓此远猷。彼秦与汉，胡能与俦。虔具祝版，告之山陬。神其鉴临，与国咸休。"

遂自赤山入双溪以至内埔。道遇祖望力社番，击退之。斩其土目。九月，逾昆仑坳。十月，抵诸也葛，出矸仔仑，以达后山。十一月，驻卑南。途次染病重，回郡就医。光绪元年春三月，复赴卑南，任南路抚民理番同知。卑南初建，制度未备，寄治于绥靖营内。乃次第招抚卑南以北之番，自平地暨高山，归化日众。徕民开垦，给牛种，以拓巴垄卫大陂之野，来者渐集，广设学堂，教番黎。大府嘉之，晋知府。二年，卸绥靖军，调中路，随总兵吴光亮讨阿棉纳纳社，平之，赏戴花翎。四年，复带绥靖军，驻卑南。五年，阿马萨社乱，讨之。五月，建南路厅署，遂建昭忠祠，祀后山死事诸人。七年五月，升台湾府。九年，调福宁府。十年五月，卒于任，年六十有三。闻析富胆略，勇于任事，而在后山最久，故能缔造经营，以敷王化。当开山之时，提督罗大春、总兵吴光亮，均有功。

连横曰：开山之役，为台大事，而能聿观厥成者，则沈葆桢创建之功，而闻析、大春、光亮疏附之力也。吾闻闻析所建之昭忠祠，今已荒废，死事诸人，亦将湮没，故附之于后：候补通判办理营务处汤承，南路抚民理番同知余修梅，南路抚民理番同知邓原成，南路抚民理番同知欧阳骏，招抚委员陈昌言，帮带海防屯兵参将李得胜，代理台东直隶州知州高垚，帮统后军张吉祥，武功将军丰炳南，振威将军刘得胜。

## 刘铭传列传

**刘铭传**，字省三，安徽合肥人也。少任侠，洪军之役，湘乡曾国藩奉诏办团练，铭传从之，历战有功。同治元年，李鸿章募淮勇，闻其名，以为管带。自领铭军，所向克捷，以功封一等男。事在《清史》。

光绪十年越南之役，法军犯台湾，势危迫，诏任督办台湾事务大臣，旋授福建巡抚，授太子少保，加兵部尚书衔。夏五月，至台北，趣筹战守。台为海中重地，安危系东南，而军政不整，饷械亦绌。未几而法舰攻基隆，铭传帅提督曹志忠、苏得胜、章高元、邓长安拒之，法军大败，阵斩中队长三人，获联队旗二。秋七月，法舰攻福州，入马尾，毁船厂。防务大臣张佩纶不能战，总督何璟亦惊走，诏大学士左宗棠治军福建，铭传乃得稍修军备。兵备道刘璈驻台南，亦能军，故无兼顾患。然璈以加营务处，又恃才，颇不受节制，铭传衔之。八月，法军复攻基隆，铭传督战，炮弹萃至，殪数人，左右请退。曰："人自寻弹，弹何能寻人？"众闻之奋战，士气大振，法军又败去。已而谍报法舰别攻沪尾。沪尾为台北要害，距城三十里。铭传虑有失，则台北不守，命撤军。各提督力谏，不听，唯留统领林朝栋驻狮球岭。或议之，曰："是恶知吾之深意也。"其后法舰三攻沪尾，皆受创去。宗棠以基隆失守，劾之，铭传具疏辩。法军据基隆，谋南下，辄为朝栋所扼。十一年春二月，别攻澎湖，据之。而是时清军在越南叠胜，法人亦无久战意，乃议和，撤兵去，诏以铭传驻台筹办善后。

六月，奏曰："窃法兵退让澎湖，臣同前陕甘总督杨岳斌于本月十七日会奏在案。善后各事，急须次第举办，谨为我皇太后皇上陈之。一、台澎以设防为急务也。查全台各海口，大甲以南至凤山，沙线辽阔，兵船不能拢岸，远隔四五十里，近亦二三十里，设防较易。而大甲以北，新竹一带海口分歧，直至宜兰，兵船可人，至远不过三五里。基隆、沪尾虽可停泊兵船，赖有山险，如有巨炮水雷，设防尚能为力。唯新竹沿海平沙，后垄中港皆可出入三号兵船，地势平衍，全恃兵力，颇难着手，然犹较胜于澎湖。臣派提督吴宏洛至该处察看情形，据称地无草木，一片沙石，无土可取，面面受敌，甚难为力，唯港口以南，天然船坞，最宜停泊兵船。臣到台一年，察看形势，不独为全台之门户，亦为南北洋之关键。欲守台湾，必先守澎湖；欲保南北洋，亦必须保澎湖。如能澎、厦驻泊兵船，防务严密，敌船附近，无可停泊，则不能飞越深入，不顾后路。此澎、厦办防固为全台之急，且非仅台湾之急也。试就澎湖而论，若欲办防，则须不惜重费，认真举行，纵兵船一时难集，而陆兵不过三千，必须多购大炮，坚筑炮台，制办水雷，屯积粮薪。计购炮筑台需费约在四五十万两，须一二年内方可告竣。若敷衍将就，不若不防，既节数营之饷，亦免临事覆车之累，应请旨定夺。

"一、台澎军政急宜讲求操练也。查台湾军务弛废已久，湘淮各军皆强弩之末。欲杜浮冒，挽回积习，非切实讲求操练不可。近时各营多用后门枪炮，尤非勤习操练，不能施放，不识码号，则不识远近高低，枪出无准，是有利枪与无枪同。且不知拆机磨擦，遇雨遇湿，上枪则损，重价购之，随意弃之，尤为可慨。是练兵非仅台湾急务，亦各省之急务。唯台湾烟瘴之地，兵丁半多烟病，将贪兵猾，宽则怠玩不振，积弊难除，严则纷纷告假，去而之他，一时颇难整顿。现同沈应奎、陈鸣志商酌裁留营数，除镇标练兵不计外，共拟留三十五营：台南合澎湖十五营，台北合宜兰十五营，中路嘉义、彰化、新竹一带拟派五营。论形势则台北为吃重，论地方则台南为辽长，则再无可减之兵矣。

"一、全台赋税急宜清查也。查台湾田产之美甲于天下，一岁两熟。而淡水一县每年额征钱粮耗羡银七百八十余两，正供官谷九千余石，宜兰并无钱粮，其余县分赋税亦轻，计全台所入关税厘金并盐务每年可得银一百零数万两。将来整顿盐务，剔除各项中饱之资，每年可得一百二十万两。以台澎三十五营，每年需饷一百二十余万两，尚有轮船经费，一切杂款，并须添设制造局，每年需饷约在一百四五十万两。若能将各县赋税清查无遗，以台湾之入款，供台湾之所用，自可有余无绌。唯清赋一事，要在官绅得力。臣不谙吏治，昧于理财，商诸沈应奎办理之法，议必先行清查户口，次第举行，恐须一二年内方收实效。

"一、全台生番急宜招抚也。查台湾生番从前多在外山，因遭闽、粤客民愈来愈众，日侵月削，遁入内山，种类繁多，近亦耕稼为生，各有统属，平居无事。而土匪游勇每有百十成群，聚集于番民交界之处，抢劫居民，或侵占生番田庐，骗其财物，一有事端，辄起械斗。奸民被杀，则诉于官，派兵剿办。而生番被杀，冤无可诉，集众复仇，仇怨日深，两不安靖。若不及早设法招抚，使之归化，将来番地日蹙，结怨甚多，郁久必变，恐成陕、甘回匪之祸。即以防务而论，防海又须防番，势难兼顾，治理为难。若得生番全服，仅防外患，不忧内侮，既节防费，日可开山伐木，以裕饷源。夫设防、练兵、清赋三者，皆可及时举办，唯抚番不易，应俟三者办成后，方能议行。其次如安设电报，修路造桥，以通南北之气；清理屯垦，开矿采木，以兴自然之利，亦为要务。臣智识庸愚，难胜艰巨，御敌既无方略，办事又乏才能，每念时局之艰难，不能图报于万一。徬徨中夜，深自疚心。唯有竭其愚忱，努力尽职，勿敢稽延，以开废弛之渐。管见所及，恭折敬陈。"

既又奏请专驻台湾，略曰："台湾为七省门户，各国无不垂涎，每有衅端，咸思吞噬。前车可鉴，来轸方遒。所有建防、练兵、清赋、抚番数大端，均须次第整顿。臣曾平居私念，以台孤悬海外，土沃产饶，宜使台地之财，足供台地之用，而后可以处常，可以处变。此次茌台经年，访求利弊，深见实有可为。甚惜从前因循之误，固知补救未晚，而时会迫切，势不能不并日经营。况臣才质庸愚，恐难胜任，重以闽疆公事繁多，而又远涉重洋，顾此失彼，与其贻误于后，曷若陈情于前。再四思维，唯有乘此未接抚篆之时，准开福建巡抚本缺，俾得专办台湾事务，庶几勉效寸长，或可无效陨越。"诏以杨昌浚兼署福建巡抚，而铭传遂得专驻矣。

先是，同治十三年，钦差大臣沈葆桢奏请台湾建省，廷议不从，至是宗棠复言。九月，诏设台湾省，以福建巡抚为台湾巡抚，兼理学政。廷议以台湾新创，百事待举，非有文武兼备之臣，不足以资治理，诏以铭传为巡抚。十二年夏四月就任，乃偕福建总督杨昌浚奏议改设行省事宜，当以理财为要。语在《度支志》。前贵州布政使沈应奎以罪褫职，永不叙用，铭传谂其才，奏请破格，不许；复力举，乃以为台湾布政使。应奎工心计，乐辅助，台湾财政因之日进。铭传既奏陈四事，次第举行，定建省会于东大墩，以府治初辟，诸未设备，乃暂驻台北。台湾前用班兵，皆调自福建，久而积弊。光绪元年，沈葆桢奏请裁撤，新募勇营，不从，唯镇标仅置练勇。及法军之役，铭传自率淮军十营来台，颇奏肤功，至是用之，仅存三十五营，以当防备。设总营务处于台北，隶巡抚，以候补道卢本扬任总办，而台湾军政一新。然台为海中孤岛，防务维艰，乃聘德人为工师，建基隆、淡水、安平、打鼓各炮台，或改修之。购置巨炮，计费六十四万余两。又设军械机器局于台北，以记名提督刘朝幹为总办。并设火药局水雷局，以筹自制。盖台在海外，当恃航连，一有战事，往来遏绝，非是不足以自给也。五月，奏请清赋。六月，设清赋局于南北两府，以布政使辖之，县置分局。而各厅县多以欲办清赋，当先查户，方足以清其本，通饬各属，限两月报竣。既成，据以清赋，计田以甲，从旧例也，每甲当十一亩。语在《田赋志》。是时蜚语流布，劣绅土豪阴事阻挠，而彰化知县李嘉棠贪墨，又奉行不谨，县民施九缎纠众以抗，各地亦蠢蠢欲动，铭传檄栋军统领林朝栋平之。而清赋亦以十四年告竣，骤增四十九万余两。初，葆桢在台，曾办抚番开垦，至是乃扩大之，设抚垦局，奏简在籍绅士林维源为总办，设番学堂，布隘勇制，以励番政，其不从者，移师讨之。朝栋伐东势角之番，屯兵罩兰，以胁苏鲁、马腊邦二社，不从；五月进攻，又不利。十二年秋七月，铭传自往平之，余番亦先后归服。当其时，百事俱举，而南北辽远，内外阻隔，乃筹行邮传，增电线，筑铁路。又派革职道张鸿禄、候补知府李彤恩考察南洋商务，设招商局于新嘉坡，购驾时、斯美两轮船，以航行香沪，远至新嘉坡、西贡、吕宋等埠，台湾贸易为之大进。十三年，兵备道陈鸣志、镇海后军副将张兆连禀请开山，从之。自彰化之集集以至水尾，新设台东、埔里社两厅，置脑务、煤务两局，由官办之。兴殖产，劝工商，铸新币，行保甲，以谋长治之策。创西学堂于台北，以教俊士。铭传既兼理学政，十五年，莅南岁试。或言其不文，及榜发，多一时之秀。是年檄栋军筑省城，基隆铁路亦将达新竹，而政府颇多掣肘，士论又讥其过激。铭传知不可为，十六年冬十月，奏请开缺，令布政使沈应奎护理。十七年春三月，以邵友濂为巡抚，而百事俱废矣。铭传既告病归家，遂不出。甲午之役，清廷欲起为领兵大臣，辞。及闻割台，李鸿章以书慰之。二十二年冬十一月二十七日，薨于里第，年五十有九。清廷轸悼，追赠太子太保，谥壮肃，准建专祠。

连横曰：台湾三百年间，吏才不少，而能立长治之策者，厥维两人：曰陈参军永华，曰刘巡抚铭传，是皆有大勋劳于国家者也。永华以王佐之才，当艰危之局，其行事若诸葛武侯。而铭传则管、商之流亚也，顾不获成其志，中道以去，此则台人之不幸。然溯其功业，足与台湾不朽矣。

## 刘璈列传

**刘璈**，字兰洲，湖南岳阳人。以附生从军，大学士左宗棠治师西域，辟为记室，参赞戎机，指挥羽檄，意气甚豪。及平，以功荐道员。光绪七年，分巡台湾。时方议建省，岁以巡抚视台，璈至，多所擘画。以彰化居南北之中，议移兵备道于此，置同知，驻副将，改知县于鹿港。大肚以北，大甲以南，周数百里，平畴宽敞，水环山抱，可作都会。建城筑署之费，应由台、凤、嘉、彰合资襄助。而巡抚岑毓英亦择地东大墩之麓，筹造省垣，尚未行也。璈勇于任事，不避艰巨，整饬吏治，振作文风。又以台南为首善之区，街衢湫隘，疾疫丛生，欲辟大道，开运河，引水入城，以行舟楫。郡人不从，乃仅筑沟渠，宜积秽，以镇海营兵填造安平之路。郡中大火，毁商廛数十，烈焰涨天，众莫敢迩。璈闻警，短衣缚袴，跃登屋上，麾兵拆屋，遏火路，郡人感之。

法事起，毓英治军广西，璈上书，请助黑旗以挠法兵，且谓："今日之事，鲜不韪战而诽和。抑知和战皆系一理，事决于和，不能不先决于战，盖能战而后能和。为越南计，为中国计，是在和缓而战急。然必外主乎和之名，内助其战之实，慎战于始，庶能缓和于终。"毓英嘉之，其后遂抚刘永福而用之。

中法既战，沿海戒严。璈驻台南，协士民，筹战守，办团练，讨军费。而台湾孤立海外，延袤千里，守兵仅有一万六千五百名，不敷布置。璈分为五路，自统一军，有事相策应。禀请总督驻台，居中调度，不从。又请奏简知兵大员督办，以一事权，于是命署福建陆路提督孙开华率所部驻台北。十年春三月，法舰窥台湾。四月，璈又上书督抚，略曰："台湾本有为之地，为之亦非无把握，端赖有治人，有治法，又有治权，则事可得为，地方亦可制治。然其事之可为而不得为，有非镇道所能为者，沈文肃公已言之矣。台湾防务不外山海，平时则山烦于海，有警则海重于山。然必先整山防，海防始有凭借，否则内外交讧，防务更难措手，此山海所宜并筹也。议者以台湾自办开山抚番，十余年来，伤人逾万，糜饷数百万，迄无成效，以致奏请停办，意在节流。是不推究于办理之非人，又非其法，而徒谓开抚之无益，是未知台事之底细尔。夫事在人为，为果得人，不特山前已辟地方，可期整顿，即山后山中似辟非辟未辟各区，垦务矿务材木水利等项，皆利源所赖，若开办得法，农工番渔皆足寓兵，且足筹饷。饷借兵力，而源以开；兵借操作，而用愈活。始费虽巨，不十年间，定可次第收回，十年以后之利，正自无穷，所谓始难而终易也，此则因利而利以台治台之大略。然必豫筹于平日，乃能应用于临时，固非欲速见小，所能为功，尤非偏持遥制，所能济事。如再故事奉行，回护前失，狃于近似，浑忘远谋，势必仍旧仓皇，兵饷两蘉。万一台湾为彼所袭，地大物博，取多用宏，凡我所欲为而不得者，彼皆为所得为，则南北洋务将无安枕之日。是误台即误国矣，由办之不早办也。台、澎四面皆海，周围三千余里，无险可扼，随处可登，备御之法，较各边省尤难。今筹防派分五路，因地制宜。如专归道统最当冲要之南路，又杨署镇在元所统中路，张副将兆连所统后路，新旧营勇，皆经职道挑选，训练紧严，及另备活营。章提督高元所统淮军，杨提督金龙所带湘军，皆属器精兵锐，能战能守，兼以水陆团练，认真操演，虚实互用，三路陆防固已可恃。如能得前路北路一律整齐，则不患台防之不振，而患海面之不周。兵船既少，又乏水雷炮舰，以备抵御，如台南郡城逼近海隅，浅露平脆，不足当冲，而安平、旗后、基隆、沪尾各炮台亦如之。倘敌人以坚舰聚泊港外，专以巨炮击我城台，一无抵制。是彼则不战而胜，特逞所长，而我则战守两穷，莫掩所短。经历陈请，亦鲜良方。故前详不求角力于海中，只求制胜于陆上，则以陆防之权固操自我也。夫权在我，则敌由我制，五路防军虽分犹合，运用皆可自如。特恐我权不一，是我先为我制，何能制敌，此又陆防之难者。盖以远隔重洋，事事扞格，职道鉴前虑后，曾以权缓急，决疑难，定刑赏三大端，断非专阃节制不可，详恳奏请简派知兵大员渡台督办，实为安危第一要著。而宪示以督办非外省所得擅请，仍饬职道勉为其难，敢不祗遵。然难果得为，勉尚有济，勉为不得为，亦终难。义在致身，他复何恤，唯有尽其心力所能至，以仰答君恩宪德于万一尔。"

　　五月，防务大臣刘铭传至，经理台北，而以台南委璈。当是时，军务倥偬，需饷孔亟，道府两库存银百五十万两，铭传命拨五十万，不从。又以兵备道加营务处，例得上奏，颇不受节制，铭传衔之。六月，法舰攻基隆败，再攻复败，士气大振。铭传忽撤兵失地，璈揭其短，且言李彤恩矇蔽之罪。宗棠据以入告，严旨谴责，褫彤恩职，铭传愈恨之。九月十五日，法国水师提督孤拔下令封港，一时航运遏绝。璈以其违犯万国公法，晤商各领事，请干涉，各领事以事关重大，须待国命。乃密上封章，恳沿海各省督抚代奏。语在《外交志》。基隆既失，澎湖亦陷，璈自劾，叠请南北洋派舰援台，不至。十一年春二月，孤拔泊安平，介英领事请兵备道会见。璈欲往，左右谏曰："法人狡，往将不利。"璈曰："不往，谓我怯也。咄！乃公岂畏死哉。"至安平，戒炮台守将，曰："有警，即开炮击，勿以余在不中也。"孤拔相见甚欢，置酒飨。语及军事，璈曰："今日之见，为友谊也，请毋及其他。"孤拔曰："以台南城池之小，兵力之弱，将何以战？"璈曰："诚然。然城土也，兵纸也，而民心铁也。"孤拔默然，尽醉而归，法舰亦去，而台南得以无害。

　　和议既成，诏以铭传为台湾巡抚，经理善后。四月，铭传奏言：

## 卷三十三 列传五

"包办洋药、厘金董事陈郁堂吞匿鹿港等口厘金四万六千余两,叠经札提来辕讯究,竟敢抗延不到。台湾道刘璈有督办税厘之责,当上年秋冬饷项支绌之时,应如何筹画,以备接济,顾持危局,事前既不查察,事后又不追还,显系通同作弊,已由臣檄令撤任。"既又劾璈十八款,语多不实,奉旨革职,籍没家产,命刑部尚书锡珍、江苏巡抚卫荣光到台查办。六月,奏请拟斩监候,改流黑龙江,士论冤之。将军穆图善闻其才,延为幕客,居数年,将为请环,而璈竟病死。

当璈宦台时,著《巡台退思录》三卷,铭传奏毁其版,后余乃得之,获念所言。初,璈议移巡道于彰化,而台北知府林达泉谓当移台北,著《全台形势论》一篇,论曰:"全台形势,翼蔽东南,幅员绵邈。以目前而论,台湾为府治所在,镇道建节,实为扼要之区。然统全局而筹之,台湾地处下游,如人居于矮屋之中,不能昂头四顾,是未若台北之地据上游,控制全局,犄角福建,尤有振衣千仞濯足万里之概也。夫省郡辐辏之区,必据山水交会之胜。台湾逼近海滨,地势卑薄,北有茑松溪,南有二层行溪,源短流弱,骤盈骤涸。而台北则平原沃壤,周回数百里,实为天府之域。其山则有三貂岭、大坪林,开列如障,迤逦而来,又有观音、大屯二山,雄峙水口,以为拱护。其水则有二甲九、三角涌、水返脚三溪,源远流长,百有余里,均汇于艋舺。乃由关渡出沪尾以入于海。全台之水皆不汇,而三溪独汇,全台之溪皆不通舟楫,而三溪独通。此山水之胜一也。昔晋人谋去故绛,韩献子以郇瑕氏土薄水浅,其恶易覯,民有沈溺重腿之疾,不如新田,土厚水深,有汾浍以流其恶,晋侯从之。今台湾府治地既斥卤,泉尤不洁,而台北则有三溪洪流,荡涤污垢,且泉脉甘美,饮之舒泰。此水泉之胜二也。台南所产,以糖为巨,而台北则菁华所萃,米、茶、油、煤、硫磺、樟脑、靛青、木料等,每年二三百万金,故富庶甲于全台。此物产之胜三也。全台通商口岸,南有安平、旗后,而安平自夏徂秋,风起水涌,从前安澜、大雅两轮船,皆以是而搁浅毁坏;旗后则内港渐淤,近议用机开挖,闻亦未易疏通。是台南两口一险一淤,通商实无大益。若台北则基隆潮涨潮退，均可碇泊，沪尾潮涨之时，巨舟可人，故全台通商在台北者恒十之七八，而在台南者只二三。此口岸之胜四也。且基隆、沪尾皆与福州对渡，水程不过六更，朝发夕至，又无横洋之险。若福州至安平，必历黑水沟，过澎湖，不唯远倍台北，险亦倍之。此又远近安危之迥异，其胜五也。夫台北与福州地势既近，呼应极灵，督抚在省调度，左提右挈。万一台疆有事，内地师船可以径渡，即内地有事，台北亦可策应。此又两地相为表里，其胜六也。夫就台论台，台北之胜于台南者四；就闽论台，台北之胜于台南者亦二。窃意台北经营措置，少则五年，多则十载。台湾巡道当移驻台北，不唯风气日辟，势不能遏，抑亦形势扼要，理有固然也。"达泉广东大埔人，字海岩，前任淡水同知，光绪五年升台北府，有循政。又著《治台三策》，语多不载。

连横曰：法人之役，刘铭传治军台北，而刘璈驻南，皆有经国之才。使璈不以罪去，辅佐巡抚，以经理台疆，南北俱举，必有可观，而铭传竟不能容之。非才之难，而所以用之者实难，有以哉！

## 林平侯列传

**林平侯**，名安邦，号石潭，以字行。籍龙溪。父应寅来台，居淡水之新庄，设帐授徒。平侯年十六，省父，佣于米商郑谷家。性纯谨习劳，谷信之，数年积资数百，谷复，假以千金，命自经纪。平侯善书算，操其奇赢，获利厚。谷年老将归，平侯奉母利以还，不受，为置产芎蕉脚庄，岁收租息以馈之。已而与竹堑林绍贤合办全台盐务，复置帆船，运货物，往贩南北洋，拥资数十万。年四十，纳粟为同知，分发广西，署浔州通判，摄来宾县。嗣调桂林同知，署柳州府，有干才，大府重之。嘉庆十九年，大学士蒋攸铦督两粤。有短平侯者，密揭其私，比谒，指陈政事，悉中肯綮，攸铦嘉之，寻引疾归。

当是时，淡水闽、粤械斗，漳、泉又斗，蔓延数百村落，平侯出而解之。而新庄地当冲要，每为两族所争，乃迁大料崁，建厦屋，筑崇墉，尽力农功，启田凿圳，岁入谷数万石。已复开拓淡水之野，远及噶玛兰，所入益多，遂辟三貂岭，以通淡、兰孔道。平侯既富，念故乡族人贫苦，仿范仲淹义庄之法，置良田数百甲，为教养费，复捐学租，倡修淡水文庙及海东书院。道光十二年，嘉义张丙起事，官军伐之，平侯助饷二万两，加盐衔。子五人：长国栋早世，次国仁、国华、国英、国芳。仁、英皆夭殇，而华、芳有名。

**国华**，字枢北，英伟有父风。平侯既老，以家事委之。性孝友，旦夕侍左右，饮食起居，躬任其役。每被遣，跪而受命。国芳字小潭，平侯爱之。少好技击，及长，折节读书。闻厦门吕世宜之名，具礼聘，以师事之。平侯卒后，国华仍居大料崁，而地近内山，土番盱睢，裸体出入。咸丰三年，卜居枋桥，起邸宅，园林之盛冠北台，遇名士悉罗致之。兄弟友爱，共产同居。号曰本源。当是时，淡水之地尚多未辟，番界尤腴，国华募佃垦之，引水溉，岁入谷十数万石。七年，国华卒。越二年，漳、泉复斗，祸尤烈。国芳首办乡团，筑城楼，募勇士数百人，备攻守。每战，亲自登陴，援枹策励，赏有功而恤死者，故人争效命。越十年和，建迪毅堂于枋桥，祀阵没，至今犹存。国华有子三：维让、维源、维德，而国芳无子，以维源嗣之。

**维让**，字巽甫。咸丰九年，钦赐举人，与维源俱学于厦门陈南金。及国芳卒，归台，共理家政。同治元年，彰化戴潮春起事，新庄杨贡、桃园杨德源等谋应之。德源固桃涧堡总理，以事被革，会盟结党，劫富户，维让兄弟患之，谋于叶春。春字静甫，江西人，宦游台湾，国芳客之。乃授计于桃园绅耆，许以复充总理，即请新庄县丞先给木戳。德源大喜，置酒宴客，春命壮士夜杀之，悬首枋桥西门，其党闻之皆散，贡亦被诛，地方以安。已而兵备道丁曰健自省渡台，至艋舺，规彰化。维让助饷二万两，事平，以功授三品衔。

初，漳、泉械斗，历年不息，及成，犹不通庆吊。维让忧之，以其妹妻晋江举人庄正。正字养斋，名下士也，至是来台，与维让兄弟合设大观社，集两族之士而会之，月课诗文，给膏火，自是往来无猜。维让性倜傥，好士，租谷出入，悉任管事。而维源俭朴，巨细必经，唯结交官府。光绪二年，巡抚丁日昌视台，邀维让至郡，维让病，不能行，维源往焉。日昌语之曰："方今海防重大，财政支绌，子为台湾富户，亦当稍报国家。"维源乃捐银五十万两，其母钟氏以晋豫之灾，捐赈二万两。奉旨嘉奖，追赠三代一品，赐"尚义可风"之匾。已而维让生母郑氏亦以山西之赈，自捐二十万两，赐"积善余庆"之匾。维让两子：长尔昌，字介眉，次尔康，字镜飘。尔康生三子：长熊征，次熊祥、熊光。

**维源**，字时甫，纳资为内阁中书。光绪五年，台北建城，督办城工，事竣，授四品卿衔。法人之役，兵备道刘璈驻南治军，而饷绌，议借百万两，不许。璈多方劝譬，乃借二十万，去之厦门。越年和成，巡抚刘铭传邀其归，礼之。遂捐五十万，以为善后经费。授内阁侍读，迁太常寺少卿。十二年四月，铭传奏办抚垦，以维源为帮办。当是时，铭传方厉行番政，大拓地利，而维源亦垦田愈广，岁收租谷二十余万石。十七年，以清赋功，晋太仆寺正卿。二十一年五月，台人自立民主国，设议院，举为议长，不就，遂居厦门。维源有五子，次尔嘉字叔臧，次祖寿、柏寿、松寿。

连横曰：枋桥林氏，为台巨富，而维源又善守之，故能席丰履厚，以至于今。抑吾闻之故老，林氏世有贤妇，国华之妻既以捐资助赈，受锡九重。而尔康之妇陈氏，侯官人，内阁学士宝琛之妹也，明诗习礼，守节抚孤。前年福建筹办师范学堂，费无所出，陈氏捐款二十万，而厦门女子师范学堂亦请为之长。则其造士育才，有功庠序，尤足多焉。昔巴寡妇清以财助国，为世所钦，始皇筑台礼之。若陈氏之处世慈祥，齐家穆棣，诚可追踪前美，而彤管扬芬也矣。

# 卷三十四

台湾通史

列传六

## （一）循吏列传

### 陈　璸

陈璸，字文焕，号眉川，广东海康人也。康熙三十三年进士，授古田知县。四十一年调台湾，清操刻苦，慈惠爱民。公务之暇，时引诸生考课，与谈立品敦行。夜自巡行，询父老疾苦，闻织读声，则叩门入见，重予奖赏；或有欢饮高歌者，必严戒之。岁祲，发仓以赈，穷黎感其德。明年，调刑部主事，迁郎中。四十九年，由四川提督学政任台厦道，士民闻其再至，争趋海澨迓之。至则以兴化易俗为务，作育人材，文风丕振。始建万寿宫，并修文庙明伦堂、朱子祠，设十六斋以教诸生，置学田为膏火。凡所创建，亲董其事，终日不倦。官庄岁入三万两，悉以归公，秋毫不染，其廉介如此。五十三年，擢湖南巡抚，单骑赴任，一切文移，尽出己手。翌年入觐，上目之曰："此苦行老僧也。"十二月，调福建巡抚，温旨嘉赉。陛辞，问："福建有加耗否？"答曰："台湾三县无之。"上曰："从前各州县有留存银两，公费尚有所出，后议尽归户部，州县无以办公。若将火耗分毫尽禁，恐不能行，别生弊端，反为民害。故为吏须清，然当清而不刻，方能官民相安。"五十五年七月，奏言："防海之法，与防山异，山贼之啸聚有所，而海寇之出没靡常，而台湾、金、厦之海防，又与沿海不同，何也？沿海之患，在于突犯内地，而台、厦之患，在于剽掠洋中。欲防台、厦，必定会哨之期，申护送之令，取连环之保。今提标水师五营，澎湖水师二营，台协水师三营，各有哨船。宜大书某营字样于旗帜，每月会哨一次。彼此交旗为验，呈送提督查核。若无交旗，即察取其营官职名，若有失事，即察取巡哨官职名，则会哨之法行矣。商船不宜零星放行，无论厦去台来，须候风信，齐放二三十艘出港。台、厦两汛各拨哨船三四号，护送至澎交代，各取无事之结，月送督抚查核。如无印结，即以官船职名申报，则护送之法行矣。商船二三十艘同时出港，官为点明，各取连环保结，遇贼相救，否以通贼论，则连环保之法行矣。"疏下部议，以烦琐难行。上特韪之，着如所言。五十七年十月，卒于官，下旨轸悼，追赠礼部尚书，赐祭葬，谥清端。雍正八年，诏祀贤良祠。瑸治台有惠政，台人思之，塑像于文昌阁，诞日张灯鼓乐以祝。及卒，哭之，入祀名宦祠。

## 季麒光

**季麒光**，江苏无锡人。康熙十五年进士。二十三年，知诸罗县事。台湾初建，制度未备，大府每有谘询，麒光辄陈其利害，语多采纳。既又言曰："台湾有三大患，而海洋孤处，民杂番顽，不与焉。一曰赋税之重大也。台湾田园分上中下三则，酌议匀征矣。然海外之田与内地不同，内地之田多系腴壤，为民间世守之业。台湾水田少而旱田多，砂卤之地，其力浅薄，小民所种，或二年，或三年，收获一轻，即移耕别地，否则委而弃之，故民无常产，多寡广狭亦无一定之数。况田租之最重者莫如苏、松等府，每亩输纳一斗五六升至二斗，止矣。今田园一甲计十亩，征粟七石八石，折米而计之，每亩至四斗三斗五六升矣。民力几何，堪此重征乎？况官佃之田园，尽属水田，每岁可收粟五十余石，郑氏征至十八石十六石，又使之办糖、麻、豆、草、油、竹之供。文武官田园，皆陆地荒埔，有雨则收，无雨则歉，所招佃丁，去留无定。故当日岁征粟十二万有奇，官佃田园九千七百八十二甲，征至八万余石，文武田园二万二百七十一甲，仅征四万石，亦因地以定额也。人丁之税，莫重于山之东西，河之南北，谓其地旷土疏，故取足于丁也。然稻、麦、黍、稷生之，梨、枣、柿、栗生之，棉、麻、豆、竹生之，一顷百亩止纳银三四两。轻于彼而重于此，犹可言也。大江左右，田税既重，丁税不过一钱，且或一家数口而报一丁，或按田二三十亩而起一丁，未有计口而尽税之如台湾者，未有每丁重至四钱八分如台湾者也。今既多其粟额，而又重其征银，较之郑氏则已减，较之内地则实难。所幸雨旸时若，民力可支，倘卒遇凶荒，莫可补救。所谓不患于瓦解，而患于土崩者，正今日之情形也。一曰民兵之难办也。台湾之兵多系漳、泉之人，漳、泉之人多系投诚之兵，亲戚故旧尚在台湾，故往来络绎，鹿耳门之报册可查也。但此辈之来，既无田产，复无生计，不托身于营盘，而潜踪于草地，似民非民，似兵非兵，里保无从问，坊甲无从查。聚饮聚赌，穿壁逾墙，无赖子弟，倚藉引援，称哥呼弟，不入户，不归农，招朋引类。保无奸慝从中煽惑，始而为贼，继而为盗，卒乃启争长祸如胡国材、何纪等者乎？然其所以难于稽察者，荒村僻野，炊烟星散，或一两家四五家，皆倚深篁丛竹而居，非如内地比庐接舍，互相纠结，查此则徙彼，查彼则避此。保甲之法，可行于街市，而不可行于村落者，一也。一兵之家，或二或三，名曰火兵，出入乡市，罔知顾忌，无事则假兵之名，有事则非兵之实。姓氏互异，不辨真伪，二也。况台湾之兵，皆抽调之实额，如有死亡，即行报补。今竟将佃民收充入伍，是营内多一兵，即里内少一丁矣。丁既为兵，则税不输役不任矣，奸民辗转依附，争相效尤。若不思患豫防，亟加整饬，所谓不在颛臾，而在萧墙之内者，即此是也。一曰荫占之未清也。赋从田起，役从丁办，此从来不易之定法也。台湾自郑氏僭窃以来，取于田者十之六七，又从而重敛其丁，二十余年，民不堪命。既入版图，酌议赋额，以各项田园归之于民，照则匀征。则尺地皆王土，一民皆王人，正供之外，无复有分外之征矣。乃将军以下复取郑氏文武遗业，或托招佃之名，或借垦荒之号，另设管事，照旧收租。在朝廷既宏一视之仁，而佃民独受偏苦之累，哀冤呼怨，县官再四申请，终不能补救。且田为有主之田，丁即为有主之丁，不具结，不受比，不办公务，名曰荫田，使贫苦无主之丁，独供差遣。夫荫丁有形之患也，盖免一丁，而以一丁供两丁之役，弱为强肉，则去留有生死之心，勉从而不怀仁，力应而不心服。怨不在大，可畏惟人，固宜审慎。占田无形之患也，小民终岁勤劬，输将恐后，以其所余，为衣食吉凶之用。今既竭力于公私，家无余积，田主非其世业，丰则取之，凶则弃之，万一茕茕佃丁，无所抵偿，重洋孤岛，何以为恃？此荫占之弊，初若无甚轻重，而关于国计民生为甚大，则筹之不可不早。昔贾谊洛阳少年，当汉文治安之日，犹稽古按今，为流涕太息之陈。况海疆初辟，疮痍汤火之余，忧前虑后，正在此时。卑县一介书生，远逊古人，而身任地方，少知治体，故干犯忌讳，以竭愚衷，惟宪台留意焉。"麒光以诸罗偏僻，民番杂处，首兴教育。又以文献未修，久而荒落，乃撰府志，总其山川风物户口土田。未毕，翌年以忧去，巡道高拱乾乃因其稿，纂成之。

## 蒋毓英

**蒋毓英**，字集公，奉天锦州人，以荫生知泉州府。康熙二十二年，清人得台湾，督抚会疏交荐，遂调台湾知府。既至，经理三县疆域，集流亡，勤抚字，相土定赋，以兴稼穑。台湾固有学宫，制度未宏。二十四年，与巡道周昌拓而大之。又设义学，教子弟，勗以孝悌力田之道，一时称良吏焉。二十八年，升湖南盐驿道。士民告留，不得，建祠以祀。

## 张玶

**张玶**，山西崞县人。岁贡生，以康熙二十九年，任诸罗知县。邑土广漠，多未开垦，招徕流氓拓田，黾勉抚绥，至者如归市，不数载，农事大兴，民亦殷庶。三十一年蝗，孖日巡阡陌，忧形于色，竭诚祭禳，虽灾不害。性恬淡，寡言笑，莅职四年，未尝轻笞一人，慢一士。二十九年，升河南彰德府同知。邑人念其惠，塑像于府治竹溪寺。

### 靳治扬

**靳治扬**，满洲镶黄旗人，以笔帖式历漳州知府。康熙三十四年，调台湾府，荡涤草窃，招抚土番，捐资以修文庙。尤雅意作人，番童有未知礼义者，立社学，延师教之，民称其德。四十一年，升广东高雷廉道，请祀名宦祠。

### 李中素

**李中素**，字鹄山，湖北西陵人。始任湘乡教谕，以卓异擢闽县。康熙三十四年，调台湾。善听讼，遇有冤狱，必竭力申救，而顽梗者则绳之。尝摄府学篆，教诸生以孝弟，次及文艺。

### 卫台揆

**卫台揆**，字南村，山西曲沃人。以荫生知漳州府。康熙四十年，调任台湾，以廉能称。始建崇文书院，时延诸生，分席讲艺，亲定甲乙，文学以兴。四十四年，岁饥，请蠲本年租赋。在任之中，民安衽席，秩满，升广东盐法道，台人建祠祀之。

### 孙元衡

**孙元衡**，字湘南，江苏桐城人。以贡生知四川汉州同知。康熙四十二年，迁台湾府同知。性温厚，于物无忤，而秉志刚正，不屈权势，凡不便民者悉除之。

## 宋永清

**宋永清**，山东莱阳人。以汉军监生，康熙四十三年知凤山县事。为政清肃，新学宫，建衙署，创义塾，百废俱举。邑治东门外有良田数百甲，岁苦旱，永清发仓谷千石贷民。筑堤于莲花潭，长千三百有余丈，以资灌溉，岁乃丰。郡南有法华寺，为梦蝶园故址。四十七年，永清新建前殿，祀祝融，别辟旷地，莳花果。筑茅亭于鼓楼之畔，颜曰"息机"，公余之暇，时憩于此。素工诗，好吟咏，每与邑人士讲学，文教以兴。著《溪翁诗草》。五十一年，秩满，升延庆知府。

## 周锺瑄

**周锺瑄**，字宣子，贵州贵筑人。康熙三十五年，举于乡。五十三年，知诸罗县事。性慈惠，为治识大体。时县治新辟，土旷人稀，遗利尚巨，乃留心咨访，劝民凿圳，捐俸助之，凡数百里沟洫，皆其所经画，农功以兴。又雅意文教，延漳浦陈梦林纂修邑志。当是时，诸罗以北，远至鸡笼，土地荒秽，规制未备，锺瑄于其间，凡可以垦田建邑，驻兵设险者，皆论其利害。稿成未刊，寻擢去，后多从其言。邑人念之，塑像于龙湖岩以祀。

## 黄叔璥

**黄叔璥**，字玉圃，顺天大兴人。康熙四十八年进士，历任京秩。六十一年，始设巡视台湾御史，满汉各一员，廷议以叔璥廉明，与吴达礼同膺是命。达礼正红旗人也。既至，安集流亡，博采舆论，多所建设。著《赤嵌笔谈》《番俗六考》，志台湾者取资焉。

越十九年，有张湄者，亦巡台御史，爱民造士。湄字鹭洲，浙江钱塘人。雍正十一年进士，以翰林转御史，著《珊枝集》《瀛壖百咏》。

## 秦士望

**秦士望**,江苏宿州人。以拔贡生出仕。雍正十二年,调彰化知县。邑治初建,制度未详,即以兴学致治为心,凡有利民,罔不为之。翌年,仿诸罗之法,环植刺竹为城,建四门,凿濠其外,又造西门外大桥,通来往。前时台湾瘴疠盛,水土恶,乡僻之人每患癞疾,无药可治,父母弃之,里党绝之,流离道路,号为天刑。士望见而悯之,虑其感染,建养济院于八卦山麓,以居之,旁及废疾之人,养之医之,民称善政。

## 陆 鹏

**陆鹏**,字西溟,浙江海盐人。康熙五十六年举人。初授奉化教谕,以卓异荐升连江知县,调诸罗,安辑庶民,抚柔番社,治称最。后丁母忧,嗣任泉州粮捕通判。乾隆八年,调澎湖。治事之暇,则以兴学为务,每逢朔日,集诸生于妈宫公所,课以文艺,而尤敦品行,澎之士风为之一振。越年十一月,卒于官。

## 曾曰瑛

**曾曰瑛**,江西南昌人。乾隆十一年,任淡水同知,兼摄彰化县事。时同知驻县治,曰瑛以彰化建设二十余年,尚无书院,虑不足以育人才,乃捐俸倡建白沙书院于文庙之西。既竣,手订规条,拨田为费,复延名师以教。落成之日,赋诗以示诸生,远近传诵。寻升台湾知府,有政声。彰化文教之兴,曰瑛启之也。

## 朱 山

**朱山**,浙江归安人。乾隆十六年进士。二十年,知彰化县,下车谒庙毕,视狱,问狱吏曰:"彼系囚者得毋巨盗乎?"对曰:"小窃尔。"

曰："小窃何足系？"悉召于庭而纵之，各予十金，使治生。曰："吾与汝约，再犯无赦。"亡何获一贼，讯之，则前所纵也。山语役曰："初法必行。当杖毙之。"亡何复毙一贼，邑人惊骇，相戒曰："是真健吏，毋犯法。"亡何又获贼，方喝杖，见其面有泪痕，山曰："犯法者死，何哭为？"对曰："小人自知必死，适与母诀，故悲尔。"侦之，果一妪抱席哭，将裹尸去。山曰："渠有孝心，尚可改。"再予十金，且严饬曰："汝持贩他方，求衣食，毋居此，为老捕捉也。"其人叩头去。山为政谨慎，听讼时，但集两造于庭而判之，案无积牍。彰署固有私款，岁入数千金，山不受。言曰："正供而外，则属横征，为民牧者岂可使民贫困乎？"巡道德文视彰，故事供账甚奢，山不可，但馈米十石、羊四羫，文衔之。俄而檄下，命册丈田。山力争曰："彰地初辟，半斥卤，与他邑异。前时清丈，曾留余地，以舒贫苦。今若再丈，将大病民，山不忍为也。"而文催愈急，邑人士谋赂万金以免，山不可。曰："吾在此，断不使诸公贿上游也。"遽令夺镪橐归。文闻之，大怒，劾山私收采买。报罢，山被逮，邑人数万争揭竿逐委员，势汹汹。山挥手止，语且泣曰："诸百姓苟以我故而抗王章，是杀我，非爱我也。"百姓曰："若然，则我等护公往鞫，有不测愿同死。"甫登舟，而担馈糇粮者，投舱几满。一男子持百金献，问之，对曰："公再纵之贼也。"曰："何为？"曰："受金后，改行贩鱼，已成家矣。今闻公远行，母命来报恩。"山曰："我实未知汝手中金，安知非盗而遗我耶？"曰："公不受，是犹以贼视我也，归何以见母，不如死。"跃入海，舟子急救，山乃受之。系省月余，福建将军谂其冤，请赦。召见，复原官，再迁滦州知州。将之任，途赴里门，见非故庐，不敢入。已而妻子出迎，曰："嘻！此君前年罢官时，彰化士民送我家居此者也。"出券视之，购价万金。

## 胡邦翰

**胡邦翰**，浙江余姚人。乾隆十七年进士。二十七年，调彰化知县，整剔利弊，颇多建设。先是，水沙连荒埔，开垦成田，已报科矣，叠遭水灾，多崩坏，岁又不稔，赋课未除，追逋日至。邦翰闻之，为陈大府，述苦状。已而总督巡台，复请之，导往诣勘。总督悯其诚，奏请豁免荒田数千甲，供课数万石，并请减则。诏至，业农大喜，为位于水沙连天后宫中，每逢诞辰，备礼以祝。其后有胡应魁者，亦良吏也。

**应魁**，字鹤清，江苏曲阿人。以会魁为庐州教授，嘉庆元年，调彰化知县。时陈周全乱后，余党未平，应魁尽力搜捕，安辑流民，慨然以振兴文教为任，月试书院，亲为评点。初，城中乏泉，汲者须赴东郊红毛井，路远弗便，而东门外李氏园，忽得泉甚甘，众争汲，禁之不听，讼于官。应魁捐俸买之，号古月井。嗣建太极亭于署后，以收八卦山峰之秀。任满，升淡水同知。蔡牵之乱，防堵有功，卒于官。

## 胡建伟

**胡建伟**，字勉亭，广东三水人。乾隆十年，成进士。十四年，授直隶无极县，洊升同知。三十一年，任澎湖通判。澎为海中群岛，地瘠民贫，建伟尽心教养。先是，澎士独学无师，为建文石书院，亲校文艺，手订学约十条，以为程式。又劝各社多设义塾，助其经费，时往视之。然澎士赴试台郡，淹留数月，或以无资，中途而反。乃请大府，照南澳之例，由澎局试，送院考取，复于郡中创澎士试寓，众感其便。每值农时，辄行郊野，询问疾苦，有弊则除。协标戍兵，骄悍成习，欺扰乡人，每裁以法，其怙恶者，则请主将革之。建伟以澎湖开辟已久，而文献无征，前任通判周于仁仅成《志略》一卷，版又失传，乃辑《澎湖纪略》十二卷刊之。二十八年，升北路理番同知。澎人士感其德政，为位书院，至今谈者称为治澎第一。

**于仁**，字纯哉，四川安岳人。康熙四十七年举人，雍正十一年任通判。遇事果断，不畏强御。十三年，奉檄清丈，劝民垦荒，辟地一百四十余亩，资给牛种耕具，吏无侵渔，民沾实惠。俸满回籍，澎人建祠祀之。

## 薛志亮

**薛志亮**，字耘庐，江苏江阴人。乾隆五十八年进士。嘉庆十一年知台湾县。蔡牵之乱，募勇守城，与民同疾苦，而游击吉凌阿号能兵，民间为之谣曰："文中有一薛，武中有一吉。任是蔡牵来，土城变成铁。"及平，延教谕郑兼才、谢金銮合修县志。旋擢北路理番同知，兼海防，倡建鹿港文祠武庙，逾年成，而志亮已调任淡水同知，嗣卒于官。其后与袁秉义、李慎彝、娄云、曹瑾，俱祀淡水德政祠。

**秉义**，字介夫。直隶宣化人。乾隆三十一年进士，五十三年任淡水同知。时淡水方遭林爽文之变，地方未谧，秉义既至，摘奸除暴，禁赌尤严。五十六年再任，人畏其明。

**慎彝**，字信斋，四川威远人。嘉庆十三年进士，曾任台湾县。道光六年署淡水同知。始建厅城，与绅士郑用锡、林国华同董其役。越三年，升任噶玛兰通判。

**娄云**，字秋槎，浙江山阴人。以监生纳捐知县，奉檄来台。道光十六年，任淡水同知。淡为山海奥区，闽、粤分处，据地争雄，每有睚眦，辄起械斗。云乃集耆老，陈利害，立庄规四条、禁约八条，俾之遵守。又劝各庄设社仓，续修明志书院，以教以养。大甲溪为淡、彰交界，奔流而西，以入于海，夏秋盛涨，一望无涯，而驾舟者多土豪，借端勒索，少不如愿，即肆剥掠，行旅苦之。云筹设义渡，捐廉以倡，复向绅富劝输，得款八千九百余圆，置田息，充经费。凡设六渡，而堑南之白沙墩，堑北之金门厝，每至季秋，各架浮梁，以利往来，人称善政。谨别有传。

## 吴性诚

**吴性诚**，字朴庵，湖北黄安人。以廪生捐纳县丞，来闽候委。嘉庆二十年，任下淡水县丞，倡建书院。二十一年春，署彰化知县。适谷贵，盗贼窃发，性诚急劝业户平粜，发谷熬粥，以食贫民，故饥而无害。平居课士，多得真才。建忠烈祠于西门内，以祀林、陈、蔡三役死事诸人。后以卓异，擢淡水同知，未几以病告归。

## 蒋镛

蒋镛，字怿弇，湖北黄梅人。嘉庆七年进士，补连江县。道光元年，任澎湖通判，慈惠爱民，文武相济。文石书院建后，历年久圮，镛自为山长，以束修充修费，评校文艺，如师弟然。九年六月，卸事。十一年春，复至，会咸雨。翌年大饥，禀请发帑赈恤，先捐义仓钱三千五百余缗，以贷贫民，借碾兵谷数百石平粜，存活颇众。前后治澎十余年，多所兴置。又辑《澎湖续编》一书，以补胡氏所未备。十六年九月，去任。澎人念之，与韩蜚声俱祀书院。

蜚声，字鹅湖，江西铅山人，以监生出仕。嘉庆二年，任通判，恤民重士。曾修文石书院，卒于官。

## 周凯

周凯，字仲礼，浙江富阳人。嘉庆十六年，成进士。道光二年，授湖北襄阳知府。六年，迁江西督粮道。十三年，以兴泉永道署台湾兵备道。时张丙乱后，民心未定，凯至，督搜余党，凡被胁者宥之。而叛卒中有谋起事者，获其谍林振，乘夜大索，及明，会营禽之，悉置诸法。十六年九月，再至台湾。十月，嘉义沈知等聚众谋乱，掠下茄苳粮馆，杀汛弁兵丁，即与总兵达洪阿平之。而大莆林之陈燕、冈山之吴幅已谋起应，亦剿之，前后搜捕二百八十余人，皆分别处死，地方以宁。十七年卒，年五十有九。凯工书画，素爱才，及门多英俊。著《内自讼斋集》、厦门、金门两志。

## 卷三十四 列传六

## 曹 谨

**曹谨**，字怀朴，初名瑾，河南河内人。嘉庆十二年，举于乡，以大挑知县，签分直隶，历署平山、曲阳等县。道光十四年，拣发福建。十六年，署闽县，兼署福州府海防同知。十七年春正月，知凤山县事。时台湾班兵废弛，总兵达洪阿颇有意整饬，选六百人，练为精兵，岁犒钱二万五千余缗，巡道周凯赞之，饬府厅县捐助其半。及姚莹任巡道，以练兵事，下各属酌议，谨力陈不可。语在《军备志》。谨既抵任，亲视陇亩，至下淡水溪畔，慨然叹曰："是造物者之所置，而以待人经营者。"当是时，凤山平畴万顷，水利未兴，一遭旱干，粒米不艺。谨乃集绅耆，召巧匠，开九曲塘，筑堤设闸，引下淡水溪之水，以资灌溉，为五门，备蓄泄。公余之暇，徒步往观，杂以笑言，故工皆不息。凡二年成，圳长四万三百六十丈有奇，润田三千一百五十甲。其水自小竹里而观音，而凤山，又由凤山下里而旁溢于赤山里，收谷倍旧。民乐厥业，家多盖藏，盗贼不生。十八年，巡道姚莹命知府熊一本勘之，旌其功，名曹公圳，为碑记之。已而大旱，溉水不足，复命贡生郑兰生、附生郑宜治晓谕业户，捐资增凿，别成一圳，名新圳，而以前为旧圳，润田尤多。二十年，升淡水同知，士民攀辕涕泣，祖饯者数千人。既履任，慈祥惠民，兴利除弊。二十一年，英人犯福建，辄窥伺鸡笼，镇道并力筹防。谨以淡水沿海，沙汕延长，自鸡笼以至大安，凡可以泊舟者，皆囊沙为堵，练乡勇守之。又以厅治薄弱，别筑土城为藩，植竹凿濠为犄角。二十二年，英舰入大安，谨督兵勇御之，编渔舟，禁接济，设哨船，逻海上，先后获海寇三起，解郡正法，镇道嘉之。当军兴之际，谨以班兵无用，请停防洋经费，专练乡勇，姚莹不许。然莹亦知班兵之罢弱，非整饬不可，自选精锐六百人，厚给饷糈而教训之，欲以渐及各营，其后遂裁兵募勇。二十四年，漳、泉籍民械斗，四邑骚动。谨闻报，趣赴彰、淡之交止之，驻大甲两月余，集耆老，陈利害，斗稍息。治民以宽，而非法必罚，猾胥土豪皆屏息莫敢犯。莅治五年，日以兴文教，崇实学，为淡人士倡。朔望必诣明伦堂，宣讲圣谕，刊《孝经》、小学，付蒙塾习诵。公余之暇，每引诸生课试，分奖花红。淡水固有学海书院，工未竣，捐俸成之，增设乡塾，淡之文风自是盛。二十五年，以病去。淡人念其遗爱，祀德政祠。而凤人亦建祠于凤仪书院内，春秋俎豆，至今不替。光绪二年，福建巡抚丁日昌奏祀名宦祠，诏可。

## 曹士桂

**曹士桂**，字馥堂，云南文山人。道光二年，举于乡。嗣以大挑知县，签分江西，历署兴安、龙南等县。二十四年，以捐办米石，咨部议叙。二十五年十月，升鹿港同知，越二年正月，始莅任。旋署淡水厅事，甫三日而大甲有漳、泉之斗。冒雨往，晓谕庄民，事始息。善听讼，有狱则断，案无积牍，顾未尝妄刑一人。性恬淡，无仕宦习，蔬粝自甘。淡厅固有陋规，屏不取。受事九月，以积劳病，犹力疾视事，遂卒于任。淡人士念其惠，祀德政祠。同治六年，厅绅陈维英等请与曹谨并祀名宦祠，未准。

## 严金清

**严金清**，字紫卿，江苏金匮人。以监生捐纳知县。同治五年，署淡水同知。时政务废弛，多事姑息，金清竭力整剔，遇事敢为。淡自设学以来，礼乐尚缺，筹款购置，祀事孔明。复捐千金，为绅富倡，则于竹堑、艋舺各设明善堂为义仓，附以义塾，以为教养之资。先是，厅辖有义冢一区，久为势豪所占，金清闻之往勘，复其址，并禁骚扰。民有讼者，立判曲直，案无积牍。众感其便。

## 陈星聚

**陈星聚**，字耀堂，河南临颍人。道光二十九年，举于乡。捻党之乱，督率乡团，以功授知县。同治十年，升任淡水同知。淡水地广，延袤数百里，而铜锣湾、三角涌、大嵙崁等，皆僻处内山，为盗贼薮，劫杀频仍，前任同知以是被劾。星聚悬赏缉捕，亲赴南乡，遂获匪首吴阿来诛之，次第肃清。在任五年，颇多善政。光绪四年，台北建府，裁同知，调任中路，越数月即授台北知府。诸皆草创，躬任其难，而城工尤巨，方竣而遭法人之役。集绅民，筹守御，众亦踊跃效命。及和议后，以劳卒于官。

连横曰：吾生以来，所闻治台循吏，若夏献纶、程起鹗，皆啧啧在人口中。而余年尚少，不能详其事，又不能得其行状而为之传，惜哉！献纶新建人，受知于大学士左宗棠。同治十二年，任台湾道，整齐吏治，揣抑豪家，牡丹之役，参赞尤多。起鹗山阴人，历任台湾、台南两府，署兵备道，洁己爱民，狱多平反，而皆卒于台湾。余之所闻仅此。然台自设官后，二百数十年矣，而旧志所传循吏，不过十数人，贪鄙之伦，踵相接也。呜呼！非治之难，而所以治者实难。古之与今，犹一貉也。

## （二）流寓列传

### 郁永和

**郁永和**，字沧浪，浙江仁和诸生也。性好游，遍历闽中山水。康熙三十五年冬，省中火药局灾，毁药五十余万斤。典守负偿，闻淡水有磺可煮药，欲派吏往，而地尚未辟，险阻多，水土恶。郑氏以流罪人，无敢至者，永和慨然请行。三十六年春正月，启程，至厦门，乘舟，二月抵郡。四月初七日北上，途经各番社，自斗六门以上皆荒芜，森林蔽天,麋鹿成群。番亦驯良,不杀人,所至供糇粮,负矢前驱,为左右卫。盖其时汉人鲜至,未肆侵略,番得无事,故无敌忾之心也。既至淡水,命通事张大先赴北投筑屋。五月初二日,率仆役乘舟而入。两山夹峙,中辟一河,为甘答门,则关渡也。水道甚隘,入门忽广,如大湖,渺无涯涘,行十里许始至,而工夫、粮糒、鼎镬自海道者亦来。张大集番酋饮,告以采磺事,与约一筐易布七尺。番喜,各运磺至,命工煮之。产磺之处为内北社,永和往探,入深林中,忽有大溪,水若沸,石作蓝靛色,热气熏蒸,自烟缕缕,上升山顶,是为磺穴,触之或倒。已而工人多病痢,厨者亦病,至无人执爨,呻吟斗室。永和气不馁,以船送归。顾毒蛇恶蚊,出没户牖,争噬人,且苦热,新至者亦前后病。居无何,风雨骤至,屋毁,永和自持斧伐木以支。而山水暴发,不可居,急呼蟒甲,涉水行三四里,至岩下番人家。日暮,无所得食,乃脱衣与番易鸡,煮而啖之。水退,再集工人,筑屋煮磺,遂竟其事。十月初七日,乃归,至省复命。永和居台半载,著《稗海纪游》《番境补遗》《海上纪略》,志台湾者足取资焉。

## 蓝鼎元

**蓝鼎元**,字玉霖,别号鹿洲,福建漳浦人。少孤家贫,刻意读书。年十七,观海厦门,泛舟历全闽岛屿,并至浙、粤,以为此行所得甚多。既入邑庠,读书鳌峰书院,嗣归里。康熙六十年,朱一贵之役,族兄廷珍为南澳镇总兵,奉命出师,会水师提督施世骠伐台。鼎元遂参戎幕,多所筹划,文移书札皆出其手。著《东征集》三卷,其讨论机宜,经理善后,尤中肯要。事平归,撰《平台纪略》,而论之曰:"台湾海外天险,较内地更不可缓。而此日之台湾,较十年二十年以前,又更不可缓。前此台湾只府治百余里,凤山、诸罗皆毒恶瘴地,令其邑者尚不敢至。今则南尽郎娇,北穷淡水,鸡笼以上千五百里,人民趋若鹜矣。前此大山之麓,人莫敢近,以为野番嗜杀。今则群入深山,杂耕番地,虽杀不畏。甚至傀儡、内地、蛤仔难、崇爻、卑南觅等社，亦有汉人敢至其地，与之贸易。生聚日繁，渐开渐远，虽屡禁不能使止也。地大民多，则绸缪不可不密。今郡治有水陆兵五千余人，足供调遣。凤山南路一营，以四五百里山海奥区民番错杂之所，下淡水、郎娇盗贼出没之地，而委之一营八百九十名之兵，固已难矣。诸罗地方千余里，淡水营守备僻处天末，自八里坌以下尚八九百里，下茄苳、笨港、斗六门、半线皆奸宄纵横之区，沿海口岸皆当防汛戍守，近山一带又有野番出没。以八九百里险阻丛杂之边地，而委之北路一营八百九十名之兵，聚不足以及远，散不足以树威，此杞人所终夜忧思而不能寐者也。以愚管见，划诸罗县地而两之，于半线以上另设一县，管六百里。虽钱粮无多，而台之番饷岁征银八九千两，草莱一辟，贡赋日增，数年间巍然大邑也。半线县治设守备一营，兵五百，淡水八里坌设巡检一员，佐县令之所不及。罗汉门素为贼薮，于内门设千总一员，兵三百，下淡水新园设守备一营，兵五百。郎娇极南僻远，亦设千总一员，兵三百。使千余里幅员，声息相通。又择实心任事之员，为台民培元气，但勿加以刻剥，二三年可复其故。均赋役，平讼狱，设义学，兴教化。奖孝弟力田之彦，行保甲民兵之法，听开垦以尽地力，建城池以资守御，此亦寻常设施尔。而以实心行实政，自觉月异而岁不同。一年而民气可静，二年而疆圉可固，三年而礼让可兴，而全台不久安长治，吾不信也。台湾山高土肥，最利垦辟，利之所在，人所必趋。不归之民，则归之番，归之贼。即使内贼不生，野番不出，又恐祸自外来，将有日本、荷兰之患，不可不早为绸缪者也。平居无事，燕雀处堂，一旦事来，噬脐何及。前辙未远，可不为之寒心也哉！"其后增设彰化县及淡防厅，升澎湖通判为海防同知，添兵分戍，皆如其言。雍正元年，贡成均。三年，分修《大清一统志》。六年，授广东普宁知县，有惠政，因忤上吏褫职。闽督鄂尔准谂其才，延入幕府。时台番作乱，陈治台十事。十年冬，尔准为申被诬始末，召见，命署广州知府。未几卒，年五十有四。鼎元著书多关台事，其后宦台者多取资焉。

## 陈梦林

**陈梦林**，字少林，亦漳浦诸生。多从名士大夫游，驰驱楚、越、滇、黔间，戎马江湖，俯视一世。康熙五十年，诸罗知县周锺瑄初修邑志，聘任笔政，志成，称善本焉。当是时，清人初得台湾，不事经理，文恬武嬉，偷安旦夕。梦林忧之，乃著论曰："天下有宏远深切之谋，流俗或以为难而不肯为，或以为迂而不必为。其始为之甚易而不为，其后乃以为不可不为而为之，劳费已什百千万矣。明初漳、潮间有南澳，泉属有澎湖，尔时皆迁其民而墟之，且塞南澳之口，使舟不得入，虑岛屿险远，劳师而匮饷也。及嘉靖间倭人入澳，澳人复通巨寇，吴光、许朝光、曾一本先后踞之，两省疲敝，乃设副总兵以守之，至今巍然一巨镇矣。澎湖亦为林道乾、曾一本、林凤之巢穴，万历二十年，倭有侵鸡笼、淡水之耗，当事以澎湖密迩，不宜坐失，乃设游击以戍之，至今巍然重镇矣。向使设险拒守，则南澳不烦闽、粤之师，澎湖不为蛇豕之窟，倭不得深入，寇不得窃踞，漳、泉诸郡未必罹祸之酷如往昔所云也。今半线至淡水，水泉沃衍，诸港四达，犹玉之在璞也。流移开垦，舟楫往来，亦既知其为玉也已。而鸡笼为全台北门之锁钥，淡水为鸡笼以南之咽喉，大甲、后垄、竹堑皆有险可据，乃狃于目前之便安，不规久远之计，为之增置县邑防守，使山海之险，弛而无备。将必俟亡羊而始补牢乎？则南澳、澎湖之往事可睹矣。"闽浙总督觉罗满保闻其才，延入幕府。及朱一贵之役，南澳镇总兵蓝廷珍奉命出师，满保命参戎幄，与鼎元日夜筹划，不辞劳瘁。中宵闻警，拥盾作书，顷刻千言，其所襄助不亚鼎元。事平归里。雍正元年，复游台湾，数月乃去。著《台湾后游草》，鼎元叙之。后卒于家。

## 洪寿春

**洪寿春**，字士晖，同安人。来台，居彰化二林堡，为糊纸匠以自给。得钱辄购书，旦夕讽诵。饔飧屡空，晏如也。有《集古串律诗》四卷，知县杨桂森见之，赋诗赠，并为制序。又有所作若干卷，稿失不传。

## 蔡推庆

**蔡推庆**，晋江人，或曰某总戎之第六子也。来台，居彰化县治。洒落不羁，尝学画，不得其趣，刻意覃思。一日风雨大作，只身走山崖间，会意烟景，逼肖入神。有大宪募致千金，一语不合，拂袖竟去。居恒独处斗室，咏歌自乐，寒暑唯著一袍。没后，邑人葬之八卦山上，题曰"处士蔡推庆之墓"。

## 查元鼎

**查元鼎**，字小白，浙江海宁州人。少好学，文名藉甚，以岁贡生屡试秋闱不售。道光间，游幕台湾，当轴争延致之。性耿介，懒于征逐，稍拂意，辄去不可留。同治元年，彰化戴潮春起事，淡水同知郑元杰礼聘之。道出后垄，被掳，几罹于死，平生著作尽没。元杰与厅绅林占梅、郑如梁遣人分道求之，卒免于难。绘竿笠跨犊图，征诗纪事。晚年侨寓竹堑，境益穷，守益坚，日与占梅辈以诗酒为乐。著有《草草草堂吟草》四卷，今存三卷，未刊。卒年八十有三。子仁寿字静轩，能诗，工篆刻，亦卒于竹堑。著《静轩诗稿》二卷，今亡，闻有《百寿章》，为竹人士所得。

## 吕世宜

**吕世宜**，字西村，泉之厦门人。博学多闻，富阳周凯任兴泉永道，见而奇之。居于玉屏书院，与庄中正、林混煌等有名庠序间，嗣举乡荐。性爱金石，工考证，精书法，篆隶尤佳。家藏碑版甚富，见有真迹，辄倾资求之。当是时，淡水林氏以豪富闻里闾，而国华与弟国芳皆壮年，锐意文事，见世宜书慕之，具币聘。且告之曰："先生之志诚可嘉，先生之能亦不可及。今吾家幸颇足，如欲求古之金石，敢不唯命是从。"世宜遂主林氏，日益搜拾古代鼎彝，汉唐碑刻，手摹神会，悠然不倦。林氏建枋桥亭园，楹联楣额，多其书也。又求善工刻所临篆隶，未竣而卒，归葬于里。是时诏安谢颖苏亦主林氏，以书画名。

## 林　豪

**林豪**，字卓人，泉之厦门人。博览史籍，能文章。咸丰某年领乡荐。同治元年秋，至台湾，居艋舺。时彰化戴潮春起事，林占梅奉檄办团练，见而礼之，延主潜园，相与讨论文史。及平，豪游府治，因就见闻所及，撰《东瀛纪事》二卷，以志此役始末。六年，淡水同知严金清聘修厅志。淡自开设以来，尚无志，前时郑用锡曾辑志稿二卷，多疏略，豪乃与占梅商订体例，开局采访，凡九月，成书十五卷，未刊。而陈培桂任同知，别延侯官杨浚修之。浚文士也，无史识，多方改窜，豪大愤，撰《淡水厅志订谬》以弹之。嗣就澎人士之聘，主讲文石书院。又辑《澎湖厅志》，稿存台南。光绪十八年，台湾议修通志，各厅县皆有采访。而澎自法役之后，建设尤多，通判潘文凤乃再聘豪成之，凡十四卷，上之大府。豪以厦门人久游台湾，凡夫国计盈虚，民生利弊，皆有所论，而于澎事尤关切。豪之论曰："闽海四岛，金门、厦门、海坛、澎湖，旧有富贵贫贱之分，则以厦富金贵，而澎湖独以贫称也。澎湖硗瘠无水，所种者地瓜花生而已，中稔之年，不免拮据，若咸雨一下，则颗粒无存。至海滨渔利，亦必风平浪静，始能下网，而澎之狂风，往往兼旬不息。则所谓以海为田者，亦强为之辞，非真如耕者之按候可获也。夫澎湖斥卤，处处可以晒盐，而民间皆食官盐，每斤十数文，或以七八十斤为百斤，所获之鱼每不足抵盐价，此外别无利可取，民安往而不贫乎？若能听民晒盐自食，征其正课厘金，既可裕国，而民间又日日获利，每岁骤增数万金之益，乃抽其余利，以为书院诸生膏火，则人竞于学，而科第可兴矣。若能戍兵撤回，而招募澎人，则每岁骤增饷米数万金，互相挹注，其材武者有进身之阶，而武途可兴矣。是一转移之间，民风不变，即未能方驾内部，而已顿改旧观矣。胡文忠公有言，以官养民，不如使民自养。是故就地招募，以官养之也；听民晒盐，则使民自养也，是皆万世之利。不然民自有可富可贵之资，而不为经理，地瓜花生，仅足□口，并无富强之业，年复一年，则亦终踟躇于贫苦而已。"豪归后，居于金门，著书以老。

## 梁成枬

**梁成枬，** 字子嘉，广东南海人。少负气，尝以事忤文宗，将绳以法，遂出走。历游吴、楚戎幕，落落无所合，愤而渡台，为栋军掌书记。当是时，巡抚刘铭传方倚栋军以治番，私牍公务日或数至，主文者每辞不达意，至是壁垒一新。铭传奇之，询主将以文出谁手。告之，且荐其才。光绪十二年，东势角置抚垦分局，檄主之。先是，汉番隔绝，番怒则杀人，穷则来媾，既媾而又杀人，则诿过他族，当事者时不能惩办，终亦无如何也。诸番僻处深山，不相往来，恒合数社用一通事，出好兴戎，胥赖其口。而通事每挟番自重，为之耳目，故牛酒之费无穷，而骚扰益甚。成枬乃建利诱势禁之议，严乘障之防，定互市之法。诸番非媾，则尺缕溢盐无所从得，乃稍稍就抚。既又躬历诸部，抚循其疾苦，纳番女为妾，习其语言。诸番皆昵爱，呼为阿公。十三年，万社番丁杀人，居民多避乱，铭传檄与屯戍共擒之。万社为中番之雄，族大地险，各部均受指挥，众议难之。成枬奋然独往，至则召其大酋，责之曰："吾向与若约，毋杀人，岁给牛酒盐布，为若温饱，杀人则抵罪。今而负约，吾亦失信于大府，行且投劾去。后至者必尽绝互市，亦见女曹饥冻枕藉死尔。"声色俱厉，大酋惧求救。曰："女能以杀人者畀我，则免戾，否则兵且至。夫除一暴而安众良，计无逾于此者。"大酋奉命，縶之出，遂斩以徇，诸番闻之皆震伏。成枬既与诸番习，颇欲置产于此。遂辟罩兰之野，垦草树艺，役诸番如家人，岁入可千金，而中央番族亦稍驯矣。剖台之役，携其番妾苍黄内渡，尽丧其资，诗文亦散落，嗣客死香港。越数年，其门人林资修为述其事如此，并系以论。论曰："台湾土番古称难治，往时大府亦尝用兵，至则散匿深菁，毫无踪迹，乃转缘岸附木，狙击刍粮。及其惰归，每中厥伏。再举失利，亦稍厌矣。夫以彼族之野，手无寸铁，家少余储，非有假寇兵而赍盗粮者，彼何敢逞？而番辄夜郎自大，谓汉与我等尔。使译者能开陈利害，亦当少警顽迷，而乃张彼虚声，坠我士气，斯亦木腐虫生之验也。故番非难治也，未得其方尔。不揣其本而齐其末，方寸之木，可使高于岑楼，惜乎梁先生之未竟其用也！"

连横曰：古之所谓士者，为国而已，为民而已，为自信其道而已。是故或言而用焉，或言之而不用焉，或始不能而后乃用焉，究之皆有益于邦家也。台湾为新启之土，利尽东南，士大夫之来游者，莫不视为金穴，饱攫而去，未能建一功，画一策也。夫规近者不足以经远，泥古者不足以制今。蓝、陈诸子苦心孤诣，独论长治之计，可谓贤矣。若夫成枬之治番，尤佼佼也。

## （三）乡贤列传

连横曰：士为四民之首，读书稽古，不能治国平天下，亦当乡里称善人；若其枉道曲文，顽嚚比周，则名教之贼也。台湾开辟以后，风淳俗美，士之出入庠序者，多硁硁自守。而祀于乡贤祠者五人，是则古之君子没而祭于社也。《诗》曰："有觉德行，四国顺之。"有以哉！

### 王凤来

**王凤来**，台邑宁南坊人，字瑞周，号竹山。乾隆二十七年，以岁贡补漳平县学训导。既至，整饬规条，日示诸生以敦伦树品之道，士乐就之。秩满入京，归会台变，上书制府，陈征讨策。事平，复北上，奉旨拣发云南。寻丁父艰，服阕，遵例补苏州督粮水利同知。漕运固多陋规，积弊既久，任事者多罔庇分肥，凤来悉革除之。复督采捍海塘石，檄勘太仓州水灾。再监漕务，署总捕篆，虽位卑官小，而以利国便民为心，一时称善吏焉。嗣升刑部安徽司员外郎，改河南怀庆府知府，有政声。召见，下旨褒嘉，寻迁兵部武选司员外郎。历官三十余载，年六十有五卒。嘉庆十一年，台湾县学教谕郑兼才上书，请祀乡贤祠。闽浙总督据以入告，诏可。

## 陈震曜

**陈震曜**，字焕东，号星舟，嘉义人，后居郡治。少聪敏，博通经传。嘉庆十五年，以优行贡太学，召试。二十年，回省，历署建安、闽清、平和等教谕。道光五年，调省，监理鳌峰书院，助修通志，访刻先儒遗书，士论归之。省垣贡院素湫隘，潦湿熏蒸，就试者每中病。震曜请于乡人士，募资拓建，增号舍千余，并董工役，将一载而成。六年，任同安训导，又倡修邑志。尝曰："安上治民，有司之职也；造士征文，教官之责也。余位虽卑，亦一邑之木铎，岂堪见诮于儒宗哉！"

十二年，张丙乱，随军渡台，办理团练抚恤诸务，奉旨以州同用。乱平，数上书制府，陈利弊。台湾戍守素用班兵，调自福建各标，地方民情既多扞格，而结党滋事，有司终莫如何，有警复不足备战守。震曜议减戍兵，添募乡勇，书曰："各省兵丁俱属土著之人，惟台湾开辟之初，户口仅数十万，沃野千里，民愿为农，彼时招募土著之兵，亦无有应之者。加以郑氏甫平，续有小丑，恐土著在伍，或有通匪之虞。此当时调遣内地班兵戍台之深意也。今台属四县三厅，约计三百余万人，土地不加，丁口日繁，其无田可耕乏经纪者亦多。若招募充伍，临以号令之严，化其桀骜之气，平时资以缉捕，有事用以守御，人地熟悉，未尝不收臂指之效。查内地班兵调台，惟漳、泉语言相似，余则乡谈各殊，路途东西，又全不辨，既难缉盗于平时，自难剿匪于有事。核其所能，则充武署杂差，或排列汛塘，备数而已。仓猝号召，仅执器械，守城陴，未闻其能义勇，独自出郊战胜也。有养兵之名，而无养兵之实，经百数十年，奉行调遣，习焉不察。夫养兵既少实效，则匪类易滋事，地方易蔓延，偶闻警报，茫然不知。今日小汛归大汛，明日大汛归城郭。唯有紧闭城门以待贼至，置乡民于度外，听匪类之胁从。科派富民，旷日持久，乌合啸聚，小丑成魁。非疾呼绅衿，自备资斧，招募义勇，飞禀大军救援，而乱未能平也。先后情形，同出一辙，可胜痛哉！查台水陆之兵不下二万余名，年需军饷二十余万，养兵不为不厚，而束手无策若此。溯自康熙年间至今，乱十数次，未有不赖土著义勇而能报捷者。即近四十年，而考之，乾隆五十一年林爽文一案，台民为义勇者，南北不下数十万人，议叙赏给之义民首，亦千数百员。乾隆六十年陈周全一案，嘉庆十一年蔡牵一案，议叙官职之义民首，俱不下数十员。可见台民能为义勇以从军，未尝不可充兵而敌忾也。是故欲求长治久安之策，遇有班兵出缺，准就土著挑补。每营数百之兵，但得乡壮数十名，用以剿捕，资以御侮，则海疆军制，日有起色，不似从前之仅能守城守汛已也。"

又议添募屯兵书曰："台湾僻处海隅，戍台悉用内地之兵，语言不通，道路不熟，水土不服，险要不知。每逢剿捕之时，必借乡勇屯番为前导。查乾隆五十二年，生番拒逆，熟番助捕。五十三年，福中堂入告，以沿山未垦之地，准其耕为屯田，平时录为屯丁，有警调为屯兵，拔其头目，奖为屯弁。自设立四十余年，番人恭顺，听地方官调遣战守，奋勇可嘉。但屯地多荒，屯饷不裕，屯兵亦不能多募。窃思全台陆路戍兵，共有九千七百九十七名，似可酌减一千数百名，留其粮饷及抚恤眷口之款，可添募屯兵一千数百名，分配台湾道府、四厅、四县十衙门。按月点验一次，给以粮犒。秋令每月操练一次，冬令每月操练二次。军装器械铅药，官为购备，与操练犒赏，剿捕饭食，即于征收台地屯租款下动支。操演之后，军器存贮道府厅县之库。每季巡查地方之时，各衙门酌定数班，轮值调遣。若有剿捕之时，则全队统带，可资捍御。战胜之实效，较之戍兵尤为得力也。"书上，总督韪之。又议郡治拓建外城，添造炮台，亦采其策。

先是，震曜在乡，凤山知县重其人，聘主凤仪书院。凤邑僻处南隅，文风不振。既至，日集诸士讲经，间为诗文，自是凤人始励学。既奉巡抚命，委同凤、嘉两知县督办采访册，送省补修通志。震曜以台湾府县各志地图，旧多疏谬，山川庄社误置尤多，建议先绘里堡分图，次绘厅县分图，然后统绘全图。并仿国史馆一统图之法，布画格线，横直各三十。其后新图，遂称善焉。事竣，彰化知县杨桂森聘修邑志。时鹿港施、黄、许三姓，族大丁多，负隅罔法，动则列械以斗，久为间阎之害。震曜上书，请严办。以鹿港为全台滨海适中之地，户可万灶，为彰邑一大市镇，而至今犹无城池，何以保人民？何以固险要？上书请建一城，筑一寨。又以凤山辖地辽阔，行政未周，议划下淡水南岸至琅𤩝一带，新建一邑。其后沈葆桢巡台，则采其议而设恒春县。故其所著书，皆足资台事，非泛泛也。

十五年，选授陕西宁羌州州同。十七年九月，抵任。宁羌固夷地，民间素鲜读书。既至，月集绅耆训励，告之以彝伦，课之以文学。数月之后，风俗丕变。州境当南北栈之交，为秦陇入蜀孔道，久废不治，行旅苦之，乃亲自勘工，劝民助修。在任十数年，廉洁慈惠，州民爱如父母。二十四年七月，代理城固县令。三十年，因病归家。宦囊萧瑟，唯携书籍古帖十数笥，多为汉、唐石刻。震曜精经术，好宋儒学，治家严，一遵古训。习医，晚益覃深，采辑古今名方及论医之法若干卷。少与邑士张青峰、陈廷瑜十数人，在宁南坊吕祖庙建引心文社，一时文风大振，后改为书院。咸丰二年，卒于家，年七十有四。著《小沧桑外史》四卷，《凤鹤余录》二卷，《海内义门集》八卷，《归田间俗记》四卷，《东海壶杓集》四卷，皆未刻。同治十三年，钦差大臣沈葆桢访求遗文，别录副本携去。光绪八年，台人士请祀乡贤祠，诏可。

## 郑崇和

**郑崇和**，字其德，号怡庵，金门人。年十九来台，课读于淡水厅竹堑，遂家焉。淡为新辟之地，民少读书，崇和劝励之，富家子弟多就学，奉师厚，故修脯亦丰。嘉庆十年，蔡牵犯淡水，土匪窃发，崇和适在后垄，奉檄募乡勇防守。事平，当道嘉之。淡属闽、粤杂处，分类械斗，历年不息。崇和又奉檄弹压，召两造父老，力陈利害，仇始解。竹堑多山野，土番辄出杀人，岁且数十。崇和乃集壮丁，据形势，鸠资设隘，以保卫行人，樵苏便之。二十年，岁饥，发粟平粜，而家亦富矣。当是时，竹人士议建文庙，崇和慨然出巨款，命次子用锡董工。庙成，行释菜礼。竹堑文风之盛始于此。崇和好宋儒书，尤守紫阳家训，及门之士多达材。道光七年卒，年七十有二。九年，邑人请祀乡贤祠，十二年诏可。次子用锡，亦有名。

## 郑用锡

**郑用锡**，字在中，号祉亭。少遵父训，以力行为本。道光三年，举进士，家居读书为乐。淡自开辟以来，尚无志乘，乃集弟友纂稿，藏为后法，文献以存。六年，孙尔准巡台，至竹堑，用锡请建厅城，并董工役。既竣，叙同知衔，嗣改京秩。十四年，入都供职，签分兵部武选司。翌年，授礼部铸印局员外郎兼仪制司。每逢祭时，恪恭从事。十七年春，归乡。里党有举，辄致其财力，故人称善士焉。禁烟之役，英舰窥大安港，用锡自募勇捍卫，捕虏数人。事闻，赏戴花翎。又获乌草洋匪，大吏嘉之。咸丰三年，林恭、吴磋以次起事，而漳、泉又分类械斗，全台俶扰。奉旨偕进士施琼芳等办团练劝捐，兼以倡运津米，给二品封典。当是时，械斗愈烈，延蔓百数十里，杀人越货，道路不通。用锡亲赴各庄，力为排解，著《劝和论》以晓之。曰："分类之害，甚于台湾，尤甚于淡之新艋。台为五方杂处，自林爽文之后，有分为闽、粤焉，有分为漳、泉焉。闽、粤以其异省也，漳、泉以其异府也。然同自内地播迁而来，则同为台人而已，今以异省异府各分畛域，法所必诛。矧更同为一府，而亦有秦、越之异，是变本加厉，非奇而又奇者哉？夫人未有不亲其所亲，而能亲其所疏。同居一府，犹同室兄弟之至亲也，乃以同室而操戈，更安能由亲及疏，而亲隔府之漳人，亲隔省之粤人乎？淡属素敦古，新艋尤为菁华所聚之区，游斯土者啧啧称羡。自分类而元气剥削殆尽，未有如去年之甚也。干戈之祸愈烈，村市半成丘墟。问为漳、泉而至此乎？无有也；问为闽、粤而至此乎？无有也。盖孽由自作，衅起阋墙，大抵在非漳、泉，非闽、粤间尔。自来物穷必变，惨极知悔。天地有好生之德，人心无不转之时。余生长是邦，自念士为四民之首，不能与在事诸公竭诚化导，力挽而更张之，滋愧实甚。愿今以后，父诫其子，兄告其弟，各革面，各洗心，勿怀夙忿，勿蹈前愆。既亲其所亲，亦亲其所疏，一体同仁，斯内患不生，外祸不至。漳、泉、闽、粤之气习，默消于无形。譬如人身血脉，节节相通，自无他病，数年以后，仍成乐土，岂不休哉！"众得书感动，斗为之息。乃刻石于后垄，以示后者。用锡既为一方之望，尤尽力农亩，家日殖，岁入谷万石。晚年筑北郭园自娱，颇有山水之乐。好吟咏，士大夫之过竹堑者，倾尊酬唱，风靡一时，至今文学为北地之冠。八年，卒于家，年七十有一。著《北郭园集》，多制艺，诗亦平淡。又有《周易折中衍义》一书，未刻，或言其师所著，而用锡辑之也。同治十一年，诏祀乡贤祠，至今子孙犹守其业。

## 郑用鉴

**郑用鉴**，字明卿，号藻亭，用锡从弟也。道光五年，贡成均。性真挚，重然诺。设塾课徒，以德行为先，文艺为次，及门陈维英辈皆杰出。主明志书院讲席，垂三十年，诲人谆谆，至老不倦。素乐善，捐修淡水学宫，佐用锡纂志稿。咸丰三年，以筹运津米，加内阁中书衔。同治元年，举孝廉方正。著《易经图解易读》三卷及诗文，未刊。六年卒，年七十有九。光绪二年，福建巡抚丁日昌奏祀乡贤祠，诏可。子八人，次子如城，旌表孝友。

## （四）文苑列传

连横曰：美哉台湾，我宗启之，我族居之。发皇光大，气象万千，固天然之文界也。遥望群山，蜿蜒数百里，危峰绝巘，峻极于天，高至海拔一万三千余尺，视泰岱若儿孙。而东控大洋，西临巨澥，风涛喷薄，蛟啸龙鸣，珍禽怪兽之翔游，奇花异木之蔚茂，璀璨陆离，不可方状。天之苍苍，其正色耶，三光在上，照见兴亡。使生长是邦者，能举当前之变化而蕴蓄之，发之胸中，驱之腕底，以自成其文，岂不伟欤！而二百数十年来，莘莘学子，竞为制艺，以趣科名。遂使天然之文，委之而莫能收拾。岂天之特降其奇，将有所待耶？抑以旷古未开之秘，而俟后人之穿凿欤？横不敏，弱冠以来，勉学为文，而望道未见，不能有所成就。拳拳之心，固未息也。子桓有言："文章经国之大业，不朽之盛事。"以彼其人，尚有此志，况横之丁此时会者哉？洪钟毁弃，釜瓦雷鸣，道术将为天下裂。苟不出而葆之，唯见沦胥以亡尔。呜呼！文运之衰，至兹极矣！仓颉之字，孔子之书，人且唾弃，吾又何暇治文哉？夫见异思迁者，佞士之巧也，居今怀古者，笃学之勤也。《诗》曰："风雨如晦，鸡鸣不已。"当此文运绝续之时，一发千钧，为任甚重。台湾文士其有起而肩之乎？此横之所大望也。夫以台湾之文，含英蓄华，郁久必发，固不虞其灭也。然无以开之，则莫之能继。譬如大甲之水，奔流停滞，越山绝涧，趣平原，吞巨岸，沛然而放之海。又如玉山之云，起于肤寸，蓬蓬勃勃，上腾天衢，不崇朝而雨润南北。故曰："积之久者力必宏，取之厚者物必大。"此吾以知将来之文也。是诸子者亦为文苑之秀，故次于传，而吾尤望于后起之俊也。

## 王　璋

**王璋**，字昂伯，台湾县人。善文。康熙三十二年，举于乡，为邑士登贤书之始。台湾初启，府志未修，璋豫求文献藏诸家。三十四年，巡道高拱乾议修志，聘任分修。璋与邑贡生王弼、生员张铨等十四人，入局任事。志成，拱乾大喜。台湾文献之存，璋有功焉。嗣出任云南宜良县，洁己爱民。丁母艰将归，百姓吁留巡抚，璋素服从间道旋。服阕，任湖广房县，寻升主事，迁监察御史，以骾直闻。后卒于官。

**王喜**，亦县人，佚其字。康熙二十七年乡贡。手辑《台湾志稿》，搜罗颇富。及拱乾创修府志，多采其语。

## 王之敬

**王之敬**，字笃夫，一字莲峰，自号竹冠道人。居台湾县治，为太学生。工诗文，兼擅书画，每下笔悉人妙品，当道器之。

**许远**，字程意，孙朱霍，字非叔，均邑庠生。徐元，字凯生，卢周臣，忘其字，皆县治人。各精书画。

## 张　钰

**张钰**，字质坚，号彬园，台湾县治人。幼攻举子业，屡试不售，遂弃而习武，中雍正十三年武闱。然其为人，光明磊落，毫无龌龊态。通六艺，善草书。工画，尤精绘龙虎，大幅巨帧，蓬勃有生气，悬之壁间，风云岔涌，人多宝之。

## 陈必琛

**陈必琛**，字景千，自号一崖道人。居台湾县治，为邑武生。工八分书，山水人物亦臻其妙，而丹青尤佳。宦台者多求其舆地风俗图，以资考察。雅好彝器，凡古昔金石篆刻，靡不鉴别无讹。手制琴筝箫管，各中音律，当道重之。卒年七十有二。

## 王克捷

**王克捷**，字心昌，诸罗人。乾隆十八年举于乡。二十三年成进士，为台人士登礼闱之始。好词翰，通群籍。著《台湾赋》一篇，其辞曰："缅瀛海于鸿濛，环九州而莫穷。览形胜于台郡，乃屹立乎海中。丛冈锁翠，巨浸浮空。南抵马矶，北发鸡笼。绵亘二千余里，诚泱泱兮大风。尔其莅东宁，扼安平，鲲身蝉联而左抱，鹿耳蟠转以右迎。沙线沈礁，回紫澜于曲港。雷破摆浪，撼赤嵌之孤城。则瞿塘之峡不足拟，又何论乎蜀道与太行？若夫市肆填咽，阡陌纵横。泉、漳数郡，资粟粒之运济。锦、盖诸州，分蔗浆之余赢。蜃蛤鱼盐，在在殷裕。瓜茄姜芥，种种早生。实海邦之膏壤，宜财赋之丰盈。溯夫天造草昧，遐裔荒墟，南北土酋，穴处巢居。迨有明之宣德，遣中官以乘槎，遭风偶泊，始识其途。嗣是以后，狡焉思启，实繁有徒。曾一本窃据于澎岛，林道乾遁迹于草湖。继以思齐之啸聚，荷兰之诡图。泊乎郑氏，乃凌险而负隅，建官署，开方镇，以比拟于扶余。因利来便，顺风长驱。陷七郡，破潮粤，略温、台，徇东吴。旌旗所指，雾合云铺，熊蹲四世，虎视方隅。维我仁庙，皇灵震叠，命将专征，克埙奢慅。

遂按图而设版，复定贼而计甲，辟四千载之方舆，安亿万姓于畚锸。庆文教之诞敷，群入学而鼓箧，或挽车而骑牛，或操舟而理楫。重洋开渡，舸舰帆联，乐土兴歌，人民踵接。盖兹邦之广衍，兼四省而延裹，作南服之藩篱，挺一方之奇秀。其山则祖龙省会，五虎门东。沿江人海，径渡关潼。突起鸡屿，峻嶒茏岘。过南嵌，亘龟仑，烟霏雾结，绣错云屯。大武双高而作镇，木岗特立而称尊。更有巍峨莹澈，如冰如雪，是名玉山。奇幻特绝，随霁色而偶呈，忽云封以变灭。若其磅礴蜿蜒，骈罗连蜷，或如龟龙浮游于海上，或如鸾凤轩骞于天边。数六六之群岛，盻九九之危巅，非人迹所能遍，亦图经所未镌。其水则源泉百派，自东徂西。九十九道之溜，二十八重之溪，极潆回以纡折，迨放海而皆齐。沘沘浼浼，潴泽淳渊。汩汩涓涓，疏畎距川。大甲、大安、大肚之深广，蚊港、笨港、东港之洄漩。海翁窟风高浪涌，虎尾溪水湍沙溅。况黑港与白洋，更谲怪之万千。他如蛤仔难之产金，寒潭难入。毛少翁之出磺，沸土重煎。赤山著木而烟起，火山彻夜而光燃。大冈绝巘，缀累累之牡蛎。外海异香，浮袅袅之龙涎。山朝支麓，温泉沸镬。水沙连屿藉草浮田。茄苳纲石湖穿海，八里坌月窟涌泉。又若铁树插于树间，十围连抱，藤橘悬于木杪，一线遥牵，是又载籍之所未编者也。乃林有鹳而无鹤，山有豹而无虎。走兽飞禽，蕃育兹土。画眉鸲鹆，以白见珍。彩囊翟雉，其文足取。鸠候气而鸣六，鸡应时而称五。倒挂夜栖，翻飞雷舞。麜麃祁祁，麏鹿麌麌。暨山马与野牛，各成群而相伍。若夫蠕喙之属，固难备举，风气之殊，亦可附著。蝉未夏而先鸣，燕经秋而不去。讶蜥蜴之有声，怅鹦哥之不语。蛩唧唧以夜吟，竟四时之无序。感物类而踌躇，忽怆怀于羁旅。乃其海物维错，尤为充斥，难悉厥名。独辨其色，则有鲻乌鲤红，鲈紫鲲白。赤海金精，乌颊黄翼。青鲜投火，黑鲗喷墨。锦鲂花鲈，金梭如织。又有香螺花蛤，鱼蟹虎鲨，白蛏涂鱾，麻虱龙虾。

台、澎所产，厥味多佳，既渔于水，亦樵于山。楠笋始生而合抱，萧朗高大而螺闭。属野番所盘踞，惜运致之维艰。至若山荔埔柿，土杉水松，赤鳞黄目，交标九芎。番树白树之植，悉杂出于山中。猴栗象齿，屋材最美。林余婆罗，名状俱诡。见铁树之开花，爱仙芝之有子。乌栽频取以薪蒸，绿玉遍插于庭圮。竹凡数种：刺竹密比，石竹长枝，箭竹如矢，麻竹柔脆，琴竹文理。卉木之花，色色斗妍。荷开献岁，菊吐迎年。桐绕春城而布锦，梅放午天而掷钱。绣球攒簇，素馨蔓延。贝叶之称疑假，昙花之种早传。番茉莉移来异域，七里香辟除瘴烟。扶桑本出于东海，水仙名托于台员。厥草维夭，半是药苗。先春而发，凌冬不凋。唯内地之所少，爰遍访夫苕荛。水藤代韦而坚韧，通草作花而妖娇。叶张七弦，聊充耳目之玩。芦开一捻，可卜台飓之飘。更有番茶作饮，白曲为醴。卤草洗齿，茜草染毛。羞草含羞，莕草老饕。若其刈莞蒲以织席，编丝茅而索绚，群居萃处，曾无虑夫风雨之飘摇。果蔬之实，别种非一。番檨熟于盛夏，西瓜献于元日。牙蕉子结数层，凤梨香闻满室。又如菩提果，波罗蜜，释迦果，金铃橘，尤中土所罕见而莫悉。厥有槟榔，生此遐方，杂椰子而间栽，夹扶留以代粮。饥餐饱嚼，分咀共尝。婚姻饰之以成礼，诟谇得之而怨忘。为领略其滋味，殆恍惚夫醉乡。爰稽习尚，竞事侈靡，土沃民逸，大抵如是。逐末既多，务本渐弛。工针绣而弃枲菅，轻菽粟而艳罗绮。群尚巫而好鬼，每征歌而角技。

　　思易俗以移风，赖当途之经理。蒋集公绩懋抚绥，陈清端泽流遐迩。茹冰檗以率属，则林荔山之操履。持玉尺以衡才，则夏筼庄之造士。又或留心风物，雅意典章。孙司马挥毫珠玉，袁司训积书宫墙。皆有造于斯土，称盛世之循良。若乃僧衣作赋，沈文开萍踪坎坷。蝶梦名园，李正青尘缘参破。景寓公之清标，足廉顽而立懦。况宁靖之阖室偕殒，陈丑之伤亲自沈。永华之女悬帛柩侧，续顺之配受带堂阴。当王化之将暨，忠孝节义已大著乎人心。故前者有谢灿之妻，矢死从一。继有方垄之妇，受迫不淫。自是以来，志载如林，宁止五妃之墓宜表，五忠之祠足钦也哉。载考番俗，约略可纪。罔识岁时，弗知甲子。以蟾圆为一月，以稻稔为一祀。仅有生名，从无姓氏。赘婿为嗣，随妇行止。凡樵汲与耕获，属女流之所理。乃其少长相随，则侧立以俟。老病无依，则相率同视。比屋亲睦，或庶几乎仁里。而其编藤束腰，展足斗捷。贯耳刺唇，文身为侠。听鸟音而卜出，佩大匏以利涉。偶细故之睚眦，惊野性之不帖。乘醉抽刀，断胫穿胁。复有傀儡生番，食鲜茹血，蒙头露目，手持寸铁，伏林莽以伺人，赛髑髅而称杰。且闻远社番妇，能作咒诅，犯之则死，解之则苏。喝石能走，试林立枯。传疑之语，岂其然乎？近郭熟番，渐知礼制。童子入学，亦解文艺。壮者服役，奔走更替。类混沌之未凿，尚率真而无伪。伊昔吴、越，当周之时，犹称南夷。即在吾闽，值汉之世，亦属荒裔。既归版图，遂号名都。矧台湾之疆域，擅九土之奥区。高原下隰，畇畇朊朊。饮食往来，衎衎于于。合闽南与粤北，冒厉禁以争趋。保聚教诲，亟藉良谟。昌黎守潮，子厚守柳。风行草偃，何需迟久。如彼琼州，亦在岛上。文庄忠介，后先相望。苟气习之不拘，岂人地之可量？顾其地时震而海常吼，论者佥曰惊涛之溢涌，几视斯土若等于浮沤。不知地广而厚，海深而幽，其震其吼，盖阳气不舒，阴气有余之所由。唯开辟之未几，故节宣之未周。方今风会宏敞，圣治广被，久道化成，百物咸遂。海不扬波，地奠其位。马图器车，物华呈瑞，人杰应运而齐出矣。谨就见闻，按图记，辑俚词，资多识。愧研炼之无才，兼采摭之未备，聊敷陈夫土风，用附登于邑志。"

先是，有陈辉者亦撰《台湾赋》一篇，而诗尤工，旧志载之。辉府治人，乾隆三年举于乡。

## 马琬

**马琬**，字琰伯，号梅村，台湾县人。祖廷对岁贡生，父中莱拔贡生，皆寓籍诸罗。琬亦岁贡，性恬淡，喜饮酒，乐书史，翛然自得，而敦品勉学，乡人重之。乾隆三十二年，澎湖通判胡建伟始创文石书院，延主讲席，居澎八载，多士获益。善事母，母年且百岁，犹能绘水墨芦雁，琬亦习焉。屡荐乡闱不售，晚年益肆情诗酒，间作水墨画，自题以见志。

## 庄敬夫

**庄敬夫**，号桂园，台湾县治西定坊人。以水墨绘事著名，凡山水人物花鸟，意到笔随，各臻其妙。每有作，得者辄秘为家珍，以是人争仿之，然无有及其工者。嘉庆初年卒。

**徐恢缵**，字逊斋，亦西定坊人，邑增广生，工山水花鸟人物。性刚介，不屑逢迎。素精医术，济人多，里党称之。

林觉，字铃子，亦县治人。曾作壁画，见者称许，遂刻意研究。善绘花鸟，而人物尤精。嘉庆间，薄游竹堑，竹人士争求其画，今犹保之。

### 陈思敬

**陈思敬**，字泰初。父鹏南，为台邑岁贡生，出就连江训导。思敬家居镇北坊，及长，归祖籍，补同安庠生，乾隆十八年副榜。素承父志，乐善好施，事继母孝，频往来台湾。一日赴凤山，闻庄舍有读书声，诘之，粤人也，岁以油米助之。思敬固知医，自设药肆，以疗贫氓，一乡称善士焉。著有《鹤山遗稿》。

### 林朝英

**林朝英**，字伯彦，台邑人。乾隆五十四年，贡成均，以资授中书衔。乐襄地方义举。嘉庆初，倡修县学文庙，并董工役，自费万金。庙成，有司奏闻，下旨嘉奖，建坊，赐"重道崇文"之匾，坊在龙王庙前。林清之变，其党有与相善者，书函往来，潜示不轨。朝英非之，报书谏止，痛陈利害。事败，索党人，发朝英书，嘉之，召入见，以病固辞。朝英工墨画，潇洒出尘，书亦奇秀，多作竹叶形。善雕刻，竹头木瘿，一经其手，靡不成器。家建小亭，颜曰："一峰"。亭额三字大径尺，笔力劲秀，悉为朽木所成。光绪十二年某夜被盗，闻为淮军所窃，邑人士至今犹惜之。

### 王士俊

**王士俊**，字熙轩，淡水竹堑树林头庄人。始祖世杰以开垦致富，至是中落，士俊勤苦读书。嘉庆间入泮，设塾于家，郑用锡辈皆出其门。著《易解》若干卷，今亡，或云其友窃之。

**郭菁英**，字显相，亦竹堑人，廪膳生也，与弟成金俱有名。成金字贡南，嘉庆二十四年，举于乡。家富，藏书多，主讲明志书院，以振兴文教为念。后授连江教谕，未任而卒。

## 黄骧云

**黄骧云**，字雨生，淡水头份庄人。父清泰字淡川，原居凤山。性孝友，少习举业，有文誉。林爽文之役，募勇守城，以平琅𤩝功，补福州城守营把总。嘉庆十一年，任竹堑守备，署艋舺都司，总兵武隆阿重之，擢镇标中营游击，改参将，遂居淡水。清泰以书生习武，望子能文，骧云少时，即肄业于福州鳌峰书院，不十年而文益邃。二十九年举于乡，道光九年成进士，签分工部。十七年分校京闱，取士多得人。张丙之变，适归省，巡道平庆令作书劝谕闽、粤庄民。及乎，补都水司主事，洊升营缮司员外郎。子五人，长延祐举人。次延祺少慧，工书，尝双钩《大麻姑坛记》入石，编修何绍基见而推许。卒年二十余。

## 陈改淑

**陈改淑**，字以文，澎湖通梁社人。性和粹，口必择言，而落拓名场，训蒙自给。晚年，尤喜种菊，工琵琶，时就花间弹之，音调清越。尝游江南，遍历名胜，以善弈著名。著有《楂客纪游诗集》，稿佚不存。

## 吕成家

**吕成家**，字建侯，澎湖东卫社人。少聪慧，善琴筝。屡试不售，遂绝意功名。置一斋，啸卧其中，图书花鸟，呼酒谈棋，翛然自适。晚年尤耽吟咏，通判吴性诚时与倡和，别后犹寄诗问讯，积成卷帙。素敦内行，兄弟数人，白首相处，怡怡如也。子侄皆业儒。卒年七十有一。

## 蔡廷兰

**蔡廷兰**，字香祖，号秋园，澎湖双头乡人。父培华字明新，以笃学设教里中，里人称之。廷兰少慧好学，年十三入泮，嗣食饩。道光十一年，风灾，粒米不艺。汀漳龙道周凯自厦来赈，廷兰作《急振歌》上之，一见倾心。既而督学台、澎，遂膺首选，充十七年拔贡。二十四年成进士，出为郏江知县，澎之科第自兹始。后为江西知府，有政声，卒于任。初，廷兰秋赋，遭风至越南，越人礼之，送归。著《越南纪程》《炎荒纪略》二书。后余乃得其诗集，长短凡百十有五篇。

## 魏 宏

**魏宏**，台湾府治西定坊人。学问渊博，文才甚捷，而远于事情，世以书痴目之。故其为文辄自圈点，应试亦然，恒被黜。道光二十七年，南通徐宗幹任台湾道，兼提督学政，奖掖文学，遇才士尤礼待。月试海东书院，宏屡冠其曹。值夏热，伏案读书，每苦其辫，即断之。已而院试，家人虑被斥，以假辫缝帽里，令带之。宏入场危坐，及试题下，振笔直书。时五月盛暑，汗涔涔滴衣上，即弃其帽，诸生见而大哗。宗幹适出视，至宏前，取文观之。宏曰："我文甚佳，公识之否？"宗幹点首，又指其发而诘之。曰："吾以发为累，已剃去，公留此不更苦耶？"宗幹默然，而诸生环笑不止，邀之入内。文成，宗幹大喜，置第一。翌年科试，复第一，补廪膳生。当是时，海道艰危，台人士之应乡闱者，须于小暑前内渡，过此恒遭不测，往来既艰，费又重，以故老师宿儒多不赴。省中人轻之，至加侮蔑，谓诸生为"台湾蚶"，以其无黄也。宏闻之大愤，诣学院，请与省中人角优劣。许之，即赴凤池书院月课。学使观其文，推为压卷，然虑损省中士面目，抑为第二，奖之甚厚。一时省中士无不骇异，遂不复敢轻台人，以是文名大噪。或谓宏曰："吾子此举，压倒多士，固荣于领乡荐者。"宏欣然应曰："吾非好与省中士争胜负，亦聊以泄台人之愤尔。今幸不耻辱，则领乡荐复何用？"遂买舟归，以岁贡终。是时有方春锦，亦府治人。与宏齐名。

## 彭培桂

**彭培桂**，字逊兰，泉之同安人。少随父来台，居于淡水槺榔庄。咸丰六年，以罩恩贡成均。设教于乡，及门多俊士，竹堑巨室争聘之。著有《竹里馆诗文集》。子廷选亦能文，道光二十九年拔贡，朝考一等，请降教谕。巡道徐宗幹赏之，曾选其文刊于《瀛洲校士录》。著《傍榕小筑诗文稿》，未刊，今皆散失。

## 陈维英

**陈维英**，字迂谷，淡水大隆同庄人。少入泮，博览群书，与伯兄维藻有名庠序间。性友爱，敦内行。咸丰初元，举孝廉方正。九年，复举于乡。嗣任闽县教谕，多所振刷，闽县有节孝祠久圮，捐俸重建。已而工部尚书廖鸿荃告归，闻之造谒，维英辞。鸿荃请入见，长揖欲跪，维英愕眙不知所措。鸿荃曰："公新节孝祠，惠及闾里，吾当为亲谢。"盖其母亦祀祠中也。秩满，捐内阁中书，分部学习。归籍后，掌教仰山、海学两书院。同治元年，戴潮春之役，淡北震动。与绅士合办团练，以功赏戴花翎。晚年筑室于剑潭之畔，曰"太古巢"。著《乡党质疑偷闲集》，未刊。时府治有黄本渊，亦以是年举孝廉方正，以善书闻，余曾求其事迹，而不可得。

## 吴子光

**吴子光**，字芸阁，广东嘉应人。年十二，毕大小经，始学科举文，数试不售，乃渡台，寄籍淡水。兵备道徐宗幹见其文，颇相期许。同治元年，举于乡，遂游搢绅间。同知陈培桂议修厅志，聘任笔述，嗣馆三角仔庄吕氏家。吕氏为彰化望族，家富好客，藏书多。子光雅爱古人，又嗜阿芙蓉，拥书读，自以为乐。顾为人愤懑，胸中磊块，时流露笔墨间。名其文曰《一肚皮集》，谓采朝云戏东坡之语。吕氏为刊行，附《小草拾遗》一卷。又著《三长赘笔》《经余杂录》，稿存吕氏。然其文驳杂，反不若考据之佳。光绪初年卒，吕氏以师礼葬之。

## 陈肇兴

**陈肇兴**，字伯康，彰化人。少入邑庠，涉猎文史。彰邑初建，诗学未兴，士之出入庠序者，多习制艺，博科名。道光季年，高鸿飞以翰林知县事，聘廖春波主讲白沙书院，始以诗古文辞课士。鸿飞亦时莅讲席，为言四始六义之教，间及唐、宋、明、清诗体。一时风气所靡，彰人士竞为吟咏，而肇兴与曾惟精、蔡德芳、陈捷魁、廖景瀛等尤杰出。咸丰八年，举於乡。所居曰古香楼，读书咏歌以为乐。戴潮春之变，城陷，肇兴走武西堡牛牾岭，谋纠义旅，援官军，几频于险。集集为内山要隘，民番杂处，俗强悍，不读书。肇兴窜身其间，激以义，闻者感动。夜则秉烛赋诗，追悼阵没，语多凄怆，题曰《咄咄吟》。事平，归家，设教于里，及门之士多成材。著《陶村诗稿》六卷，《咄咄吟》二卷，合刻于世。

## 黄　敬

**黄敬**，字景寅，淡水干豆庄人。干豆或作关渡，故学者称关渡先生。少孤，母潘氏守节，性纯孝，勤苦读书。安溪举人卢春选来北设教，敬事之，授《周易》。咸丰四年岁贡生，嗣授福清县学教谕，以母老辞。假庄中天后宫为社塾，先后肄业者数百人。当是时，港仔墘曹敬亦聚徒讲学，皆以教行为本，游其门者多达材，人称为二敬，北台文学因之日兴。敬为人谨饬，一言一动，载之日记，至老不倦。束修所入，悉以购书。或劝其置田，曰："吾以此遗子孙，胜于良畴十甲也。"著《易经义类存编》二卷，《易义总论》《古今占法》各一卷，《观潮斋诗》一卷，未刊。其序《易》曰："吾因卜筮而设，圣人欲人于事，审可否，定从违，察吉凶，以谨趋避，特为假借之辞，聊示会通之意。故体则兼该靡尽，用则泛应不穷。无论人为何人，尊卑贵贱皆可就此以占，事为何事，大小轻重皆可依此以断，岂一二义类所得泥而拘乎？唯其为书广大精微，扩而充之，义多浩渺，研而究之，义又奥幽。前圣之言，非必故为诡秘，以待后人深求。《易》本悬空著象，悬象著占，道皆虚而莫据，辞易混而难明。欲为初学者讲，不就其义以整其类。则说愈繁而旨益晦。譬如登山，仰止徒叹其高，莫得寻其径路；譬如入海，望洋徒惊其阔，莫得觅其津涯。执经习焉不察，开卷茫乎若迷。将《易》所以教人卜筮，欲启之以明，反贻之以昧，欲命之以决，反滋之以疑，日言《易》而《易》不可言矣。夫《易》之数本于天也，天非以人为验，无以知天。《易》之辞凭乎理也，理非以事为征，无以见理。兹编之所解者，悉遵本义，主乎象占，以卜筮还之。而于各卦之义，各爻之义，复采古来人事相类者与为证明。或系前人，或由己见，皆敬小窗闲坐所读，苦无端倪，欲以课虚责实，庶几得所持守，志而不忘耳。卷帙既成，不忍恝然废弃，爰颜之曰《义类存编》，以示子弟侄辈，俾之便习此经，因以兼通诸史，不无稍有裨益。虽所引著，其事未必与其义适符，而望影藉响，以为比类参观，亦足知类通达。况由是触类以引而伸，充类以至于尽，推类以概其余。党义虽举一二人之类，可作千万人想，义虽举一二事之类，可作千万事观。化而裁之，推而行之，神而明之，何致拘泥鲜通，不能兼该泛应，有负于《易》为卜筮之书也哉！"

## 吴鸿业

**吴鸿业**，字希周，淡水艋舺人。博览群书，工琴，精秦、汉篆刻，颜其居曰拜石山房。敦行寡言，言皆雅趣。顾善画，尝绘百蝶图，设色传神，栩栩欲活。一时名士如台湾黄本渊、淡水郑用锡、陈维英辈，皆为题咏，凡二十余人。淡水同知云南李嗣业为之弁首，而鸿业亦自序曰："少读唐人诗，至王右丞宫词，初不解滕王蛱蝶图，如何拓得。一日，春花烂发，隐几沈吟，瞥见隔篱敲拍，栩栩然来，促笔起而摹之，须眉间隐然欲动。一声呼绝，为蒙师惊斥，颇败兴，不果成。迨成童后，尤有嗜画之癖，凡山水人物花卉禽虫，见一名笔，以购致之而后快。地之远近，价之廉昂，弗恤也。然徒为好事者借作粉本，于余结习所喜，终未得其一班。今春与黄友阅芥子园所详蝶诀，亦自信前辈之不余欺。独怪天地间，一种活色生香，自然意趣，如待按图而索，为足以画其形神，穷其变幻，则使滕王拓本至此犹存，吾不知画有今古，将蝶亦有今古乎？而后悔向之鳃鳃然必求拓本者，痴耶？梦耶？醉耶？迷耶？夫拓滕王固日在吾目中矣，吾乃傍蜂衙以相约，牵蛛网以为招，散铺花具，虚贮冰壶。至则满拖入怀，如百折仙裙，在水晶屏里，临风绰约，摇曳多姿。不数日，则狎如海鸥，依如笼鸟，适尔疏放，招之即来，身轻能作掌上舞，令人想赵飞燕入昭阳时，余于此领略。渐已见惯浑闲，一旦脱然散之，则阵阵交飞，横若雁字，徐徐缓度，妥若莺梢，有寻花问柳之致，在咫尺千里之间。余不觉狂呼大叫曰：'滕王告我矣，滕王授我矣！'无如索画蝶者，户屦日多，甫脱稿，辄攫去，不更存以自镜。亦乌知其合格否也？乃于歌吟篆刻之暇，都为一册，作百蝶图。自春三旬有一日，至夏季二十五日，百七十四日，得玉腰奴约略百十数计。其中衬以花草，泽以丹青，一一皆仿前人笔法。此虽小技乎，亦足以医疏懒之一端矣。独是王摩诘画以诗传，米元章画以书重，至欲合诗、画而称三绝，则郑博士尤擅名家。余不敏，觅韵抽毫，弥滋愧歉。幸赖当代巨公，不以涂鸦见摈，留题斐几，弁简生光，加以一二知友，嗜痴同癖，延誉墨庄，兼收众体，俾得藉亲一字之师，并拓双钩之帖。则抛砖引玉，不可谓非余之厚幸也。不然者，渲染烘托，一画工能之矣。我自村里来，特有大法眼在。"鸿业画蝶，传之门人，皆无其精，而百蝶图藏之家，后流落，为里人洪雍平所得。

## 王献琛

**王献琛**，字世希，号宝堂，台南府治人。读书赴试，久不得售，乃为镇署稿识。性廉隅，能作水墨画，而画蟹尤得其神，饶有江湖之兴，书亦疏放。光绪十五年卒，年六十。

## 杨克彰

**杨克彰**，字信夫，淡水佳腊庄人。读书精大义。从贡生黄敬学，受《周易》，贾思钩玄，得其微蕴。顾尤工制艺，扫尽陈言，每一篇出，同辈传诵。光绪十三年，以罩恩贡成均，数赴乡闱，不售。侯官杨浚见其文，叹曰："子文如太羹玄酒，味极醇醇，其不足以荐群祀也宜哉。"故终不遇。设教于乡，及门数十人，四方师事者亦数十人。每社课，执笔修削，日数十篇，无倦容。艋舺黄化来具礼致千金，请设函丈于燕山宗祠，不赴。或问之，曰："吾上有老母，足以承欢；下有妻子，足以言笑；读书课徒，足以为乐。使吾昧千金，而远庭闱，吾不为也。"而化来请之益坚，岁晋聘书，克彰观其诚，乃许之。宗祠距家六七里，每夕必归，进甘旨，视母已寝始行，风雨无间。途中背诵所读书，手一灯，踽踽行，里人见之，知杨先生归也。克彰设教三十年，及门多达才，而江呈辉、黄希尧、谢维岳、杨铭鼎尤著，嗣为学海、登瀛两书院监督。知府陈星聚闻其文行，欲举为孝廉方正，辞。十六年，大府议修《台湾通志》，饬各县开局采访，与举人余亦皋纂《淡水县志》。嗣任台南府学训导。翌年，升苗栗县学教谕。苗栗初建，士学未兴，竭力奖之。越数年，调台湾县学教谕。乙未之役，避乱梧栖，仓皇内渡，而老母在家，每东向而望。军事稍敉，趣归故土，奉以行。母年已八十，居同安，未几卒，克彰哭之恸。越数月亦卒，年六十有一。著《周易管窥》八卷，未刊。子五人，次仲佐、维垣、润波，均读书，能世其业。

# 卷三十五

## 台湾通史

### 列传七

## （一）孝义列传

夫人肖天地之貌，怀五常之性，聪明精粹，有生之最灵也。然而人之所以为人者，以其有德慧术智，尤贵其有仁心。仁者何？爱也。能爱其亲者谓之孝，能爱其群者谓之义。孝义之行，天下之大本也，是故朝廷旌之，里党式之，亦欲以为人范而已。连横曰：痛哉！吾少孤，又逢丧乱，茕茕在抱，不能缵述先德，心良愧。始吾曾祖父以商富，嗣为匪人所构，家中落。先大父清贫自守，家有果园，岁入钱数十千；又一井，泉甘，汲者投一钱，日亦得数十文，衣食赖之。先君少纯孝，承严志，不慕荣华，及长经商，守以信，勤苦刻励，不十数年，家乃日殖。先大父耄耋，美须眉，体健容晬，冬不衣裘，夏不衣葛，鸡鸣而起，诵古文辞数篇，琅琅若金石，优游卒岁，无所苦。先君善色养，侍奉殷勤，故先大父年八十有三，无病而终。初，先伯父没，遗孤仅数岁，抚之成人，为授室。而诸姑之寡者，赡其家，视甥如子，衣之食之。戚党之贫乏者，靡不周之。顾自奉甚薄，而扶危济困，殚巨金不稍惜。粤人凌定邦为城守营，卸事后死，有巨款未能偿。先君素与善，念其孥，慨然出二千金与之，丧始得归。同治六年，大歉，谷价踊贵。先君采洋米千石平粜，穷者日以两升恤之，耗财数千金。越年凶，又如之。城东旧社陂，溉田多，奸人王国香谋据其利，诸佃噪而逐之。国香方交通官场，讼之县，逮诸佃下狱，诸佃恐。先君闻其事，縻千金为营救，讼始息。芊仔埔为滨海之区，地瘠民穷，妇孺辈相率赴东门外，拾遗穗，必过吾铺门，往反二三十里，所得仅薯碎菜甲，聊以果腹。先君见而叹曰："是无告之人也。"日以千钱颁之，受者或疑。曰："持此以买粽可饱。"莫不欢呼而去，其任恤类如此。先君治家肃，持己恭，待人诚，处事谨，平居燕处，未尝有疾言厉色，内外之人无不敬焉。光绪十九年，全台采访孝友，乡人士列状以闻。巡抚邵友濂题请旌表，奉旨建坊，入祀孝悌祠。二十年六月二十有四日卒，寿六十有二。痛哉！横年十三时，就傅读书。先君以两金购《台湾府志》授横曰："女为台湾人，不可不知台湾事。"横受而诵之，颇病其疏，故自玄黄以来，发誓述作，冀补旧志之缺。今吾书将成，先君音容如在其上。乃以学殖浅陋，不能追识十一，以告我后人，是横之罪也夫！是篇所载，皆属孝义之士，徽音芳躅，没世不亡，而人之所以翘然于万物之上者，胥是道也。

## 萧明灿

**萧明灿**，泉州安海人，生逾岁而孤。永历九年，郑师伐泉州，坠安平镇，安平即安海也。明灿方五岁，与母相失，号泣于涂。叔祖某携之来台，居赤嵌城。稍长，始知失母之故，行求漳、泉各属，不能得。乃与家人诀别，曰："此行不见母，不复还也。"渡海而往，遍历闽南。嗣遇延平族人，谂其母依倚以居，大喜，趣迎归，备极孝养。里党称之，比之朱寿昌云。

## 侯瑞珍

**侯瑞珍**，台湾府治宁南坊人。性淳厚，少孤。事母孝，邑人称之，举为乡饮宾。母没时，瑞珍年六十矣，庐墓终丧，寿七十有四卒。乾隆十四年，奉旨旌表，建坊于上横街。

## 陈仕俊

**陈仕俊**，字子庆，台湾府治东安坊人。素好善。康熙五十七年，大旱，米价腾贵，穷民无所得食，即出谷二千五百石，分四坊以赈，存活甚众。又尝建桥施棺。五十九年，捐置园地为义冢。子应魁邑贡生，捐金四百，请修本县学宫，人以为能继善行。

## 刘日纯

**刘日纯**，字子安，嘉义查亩营庄人，籍平和。始祖茂燕为延平郡王部将，从伐南京，阵没。王念其功，命其子求诚入台，赡以田宅。及长，垦地于查亩营庄，数年，辟田数百甲，遂家焉。日纯其四世孙也，性谨严，嗜学攻书，尝作书自箴。其言曰："士生世间，不可自慢。共处己也，当师孔子忠信笃敬之言；其处物也，当存曾子临深履薄之惧；其接人也，当学庄子呼马呼牛之意。与人无忤，克己自持，庶乎可以无过。"日纯既席先人遗业，又善货殖，创白糖廍于温厝廍庄，贩运南北洋，获利丰，拥资百数十万。顾性好施舍，济人之急，里党有事，必出而解之。嘉庆十四年，漳、泉械斗，蔓延数十庄，杀人越货，文武官且袖手，或以为利。日纯悯之，与店仔口庄总理吴六秀、番社庄总理林光义、吉贝要庄屯弁段铎约，躬赴铁线桥各堡，集耆老，晓譬大义。众从之，乃出其资，葬死殇，医创病，存鳏寡，斗姑息。二十一年，大饥，米贵至千钱，日纯发廪以济。道光初，京、津凶，饿莩载道，日纯以白米千石往赈。直督奏闻，奉旨，赐"惠及津门"之匾。日纯好文学，重士，设家塾，聘名儒，以教子弟，并集英俊肄业，供膏火。有子六人，皆有声庠序，次子思勋尤有名。

**思勋**，字景梅，少好学，以岁贡生授福建将乐县训导，廉洁自持。时学官多贪货，坠师道。思勋矫之，遇岁试时，谢其结礼，寒畯之子，奖以花红，以是士林推重。归里后，以身作则，事兄敬，字弟慈，躬行俭朴，士之出入其乡者，无不礼而送之，里党之人，无不惠焉。道光十二年，张丙之变，嘉义各庄所在骚动，而铁线桥堡当赴郡之冲，股首张古拥众数千，谋北上，至庄外十里，不敢入，遣旅首以刀为贽。曰："古将有事于嘉义，愿假道，恐公有以督过之，谨待于境上，唯公命之。"思勋曰："可。我堡之一草一木，如有疏虞，不女逮也。"饬左右与百金，其人唯唯，古敛众行。张丙之役，铁线桥堡无敢扰者。二十四年，漳、泉复斗，盐水港为泉人互市之所，而大竹园庄亦族大丁多，数年不息。思勋集两造解之，出数千金，为筑盐水港新街之桥，以示睦。思勋既家居，劝农造士，乡人有相争者，齐趋门下，求断曲直，一时无讼。咸丰九年卒，吊者数百人。葬之日，远近至者数千。长子达元以诛严辨功，赏戴花翎。

## 丁克家

**丁克家**，福建晋江丹棣乡人。年十三，来台省父。父贾于鹿港，久违膝下，见之甚喜，遂居焉。已而父老，病偏枯，卧床不起，精神亦紊乱，饮食便溺需人护持，尝秽染枕席。克家日夕侍左右，夜寐于旁，闻声即起，莫敢懈，如是十数年。所居曰菜园，邻人失火，左右皆毁，克家大惊，负父出，而火已阻门，不敢越，止于庭中。未几火熄，所居独存，人以为孝行之报。又数年，父卒，哀戚逾常。克家既授室生子，经营旧业，每以不得多读书为憾，延师课授，礼之有加。六子寿泉以光绪十年登进士，余子亦多入庠。年六十余卒。有子七人，孙二十有一人，明诗习礼，至今不替。初，光绪六年，彰人士以克家纯孝，禀请有司旌表，奉旨建坊，入祀孝悌祠。

## 郑用钰

**郑用钰**，字棨亭，淡水之水田人，用锡从弟也。生数月，母卒，长嫂乳之。数岁知其事，每念母，辄流涕，故事父极孝，常依膝下。稍长，家渐裕，兄弟同财，待长嫂如母，别置田宅为养赡。嘉庆二十年，里中岁歉，发谷平粜。二十三年，淡厅初设学校，倡建学宫，捐巨款。道光六年，筑城，课督尤力。每有义举，辄乐襄。咸丰三年卒，年六十。光绪十四年，全台采访总局汇报孝友。十五年，巡抚刘铭传题请旌表，诏祀孝悌祠。

是时新竹受表者三十人：曰郑如恭，字尧羹，用钰之长子也。曰郑廷珪，字君达，北门街人，增生。曰郑用谟，字训廷，水田人。曰陈大器，字子圭，泉之惠安人，寄籍邑治。曰郑如松，字友生，号荫波，用锡之长子也。道光十七年优贡生，二十六年举于乡。曰郑如城，用鉴之次子也，以盐生捐同知衔。曰郑秉经，字贞甫，水田人，附贡生，戴潮春之役，以功奏保候选教谕。曰杨忠良，字森谅；曰陈紫垣，例贡生；曰陈廷荣，字石泉；曰吴士敬，字以让，同治九年举人；曰林文澜，字澄波；曰陈清淮，字汝泗，同知衔；曰陈清光，字汝煌，清淮之弟也；曰高沧浪，字澄雅；曰陈敬羲，均北门街人。曰高廷琛，字英甫，城内谷仓口街人。曰曾呈泽，树林头庄人。曰潘荣光，新埔街人，及子清汉。曰李联超，锡金之子也。曰张首芳及子耀辉，曰陈缉熙，曰翁林萃，及弟英，曰黄朝品，曰郑如兰，别有传。

## 李锡金

**李锡金**，字谦光，泉之晋江人。年十四，来台，居淡水之竹堑，佣于某商家。顾念父母俱没，岁时乏祀，每风雨，泣告主人，请豫给五年辛金，为亲修坟。主人嘉其孝，许之。洎长，与昆弟营生，家渐裕。又以伯兄早死，抚侄如子，延师课读，多成材。咸丰中，艋舺分类械斗，蔓延将及竹堑，与郑用锡赴各庄，竭诚劝导，患乃息。已而岁歉，办平粜。素好任恤，里党称之。同治四年卒。光绪六年，福建巡抚勒方锜题请旌表，入祀孝悌祠。八年，建坊于新竹北门外之湳仔庄。有子十人。

长联超，字汝前，号华谷。少习礼仪，事亲孝。母陈氏遘病，联超适在外，心怦怦动，骤归，家人讶之，侍汤药，莫敢稍违，及没，丧祭尽礼。尤善事老父，有弟九人，偶有不合，曲意求全。父在时，曾给家产，悉以沃畴让诸弟，而自奉甚薄。课读二十余年，及门多成名。光绪二年卒。十七年，奉旨旌表。

子祖琛，字荫亭，设教于乡，以尊德性、励风俗为本，故其治家肃，持身恭，男女皆知礼节。邑有义举，辄任其事。乙未之役，避兵内渡，越数年没于故里。子七人，希曾岁贡生，师曾举人，余皆读书，为世用。

祖训，字恢业，号警樵，联超之从子也。少失怙恃，能自立。与乡人士合设竹梅吟社，以事吟咏。光绪二十年，以岁贡生任台湾府学训导。子良臣。弟祖泽，字树业，号铁樵，素敦内行，博学能文，以优行贡成均，未几卒。子济臣、少福。李氏自锡金以来，孝友传家，子孙繁衍，至今犹为望族。

## 张首芳

张首芳，字瑞山，泉之同安人，为厦门巨商司记室。事亲孝，凡可以说亲者，无不先意承志。兄及两弟皆贾大洋洲，久不归，唯异母弟百川在家，遇之无稍别，故能成其业。父没后，来台，居艋舺，嗣移旧港，以商起家。子二人，长耀辉居里，年十四，欲东渡省父，谓弟安邦曰："女在厦奉母，吾赴台事父，各勤其职，毋稍懈。"遂侍父习经纪，力任艰巨，贸易日进。素好善，乐施舍。安邦自厦来，招与同居。及死无后，以四子鸿声承之。舅氏陈文钦老而无子，迎养于家，又为立嗣，奉禋祀，人称其德。光绪十五年，首芳与子耀辉俱旌孝友，而继室陈氏亦旌孝妇，里党钦之。孙金声，字迪吉，附生，曾掌明志书院，以文名。

## 陈缉熙

陈缉熙，字维祯，号沙庄，泉之惠安人。移居淡水中港街，后迁厅治。读书明义理，靡有干谒。道光二十五年恩贡。父锡畴，附生，旌表孝友，没时，母林氏哭之恸，遂致失明。缉熙善事亲，跬步不离，时述故事，以承色笑。两兄俱弱而病，后亦双瞽，弟少不更事，缉熙以一人扶持其间。治家有法，课督子侄，勉以孝弟，乡里称之。先是，道光二十四年，漳、泉械斗，居民纷纷谋避地，缉熙趣邀诸绅，出劝止，故无害。咸丰元年，艇匪犯于竹堑，偕官绅设法防御，地方以安。三年，漳、泉又斗，与郑用锡设局安抚。四年，闽、粤亦斗，蔓延愈烈，请淡水同知朱材哲出为谕解。同治元年戴潮春之役，与林占梅合筹防堵。已而大甲被围，即率乡勇往救，随克彰化，以功奏奖五品蓝翎候选教谕。九年卒，年六十有四。光绪十五年，旌表孝友。

### 翁林萃

**翁林萃**，字云史，淡水北门街人。父福幼育于林，故复姓。《淡水厅志》称其孝。萃少失怙，善事母。长兄早世无出，事嫂尽礼，又以长子嗣之。性浑厚，好施与，每有义举，辄有力焉。戴潮春之役，以功赏蓝翎候选同知。卒年五十有五。弟英字史贞，亦孝友，以办理脑务，家日殖。卒年四十有九，均蒙旌表。

### 黄朝品

**黄朝品**，字镜堂，泉之晋江人。同治十三年，为台湾城守营把总，嗣调竹堑，遂家焉。少失怙恃，事庶母维谨。伯兄主持家政，欺其少，辄促分家。力谏不可，仅得薄田数亩，良畴美屋兄悉有焉。朝品送入行伍，自食其力，勤苦刻励，家渐裕。已而兄产荡尽，父子相继没，寡嫂无依，迎归奉养，以次子为嗣。仲嫂守节抚孤，子壮而殁，遗两孙俱稚，亦育之成人，养生送死无憾，邑人称之。初，竹堑隆恩官庄，委办者每多索佃人自私。朝品独照例征收，无所扰，贫乏不能纳者，且为垫完，故佃人德之，光绪十六年旌表。十八年卒，年六十有三。

## 郑如兰

**郑如兰**，字香谷，新竹水田庄人。父用锦，附生，早卒，母张氏育之。如兰读书知大义，事亲孝。张氏有疾，延医诊视，方药必证以医书，尝而后进，没时丧葬尽礼。同治五年，奉旨旌表节孝，如兰建坊以志。如兰家固裕，又俭朴，然遇地方义举，则出而倡办。家畜童婢，遇及笄者必遣嫁之，故人多其德。光绪十五年，以办团练功，由增生授候选主事，赏戴花翎。后加道衔，旌表孝友。子神宝亦有名。

## 洪腾云

**洪腾云**，字合乐，亦晋江人。道光四年，随父渡台，居淡水之艋舺，年十三。及长习贾，为米郊。淡为产米之地，艋舺适扼其口，帆船贸易，以此出入。而腾云工筹算，与泉、厦互市，数年之间，产乃日殖，顾乐襄义举。光绪七年，巡抚岑毓英议建大甲桥，命各属绅商输助。腾云捐工七十名，桥成，大府嘉之。已而捐建艋舺义仓，置义冢，遇有灾害，则出以赈。台北初建。新筑考棚，腾云献地，并捐经费。十三年春，巡抚刘铭传奏请嘉奖，赐"急公好义"之匾，建坊北门。子五人，长辉东，纳资为候选同知。辉东之子文光，廪膳生。又次以南，附生。

## 薛应瑞

**薛应瑞**，澎湖内安社人。素好善，尝筑东卫、西屿两义冢。又以北山至中墩，中墩至潭边，海港阻隔，涉厉维艰，自造两石堤，费资数百两，俗名蚵广汐，语其形也，至今遂为通津。通判王秬、副将叶相德各锡匾。

**辛齐光**，字愧贤，亦澎湖人，居湖西社。嘉庆六年岁贡生，十八年钦赐举人。家富好善，事母孝，倡修文石书院及郡城试寓，又造湖东、西溪两石桥，港底尾、书院崎两石路，行人善之。先是，应瑞所造蚵广汐石堤，至是多损，齐光修之，建福德祠于旁，以为行旅止息。遇贫困者周之，贷而不能偿者免之，以此义声闻里中。尝主讲文石书院，训诸生实践，终日不倦。卒年七十有六。

## 方景云

**方景云**，字振青，号省斋，澎湖瓦硐港人。少补弟子员。家贫，性耿介，与人交、必尽诚，众咸推之。遇不平事，得一言立解。故终其身，北山十三乡无讼。素以维持风化为任，里有陋俗，必力革之。尝集父老，禁淫戏，禁赌，禁盗，禁赘营兵，禁澳甲滥受投词，禁妇女入庙焚香，至今犹遵其约。女适同社儒家子吕某，少而寡，媒来议醮，景云正色曰："岂有为景云女，而改事二姓者哉？"招女归，令守节。其持正多类此。景云既留心风教，又负胆力。同治初，有奸民夤缘武弁，踞节孝祠，将设局捐派，众莫敢抗，景云入陈有司，请撤回。奸民惧，赂以重利。叱之去，竟罚其款三百缗，充祠费，众呼快。而奸民以计不得行，甚恨。未几景云至郡，武弁觑之，佯为恭敬，饮以酒，归而暴卒。景云不事生产，喜涉猎说部，得钱辄购书，颇有任侠之风。卒年四十有九。

## 张仲山

**张仲山**，字次岳，籍晋江。少随父来台，居彰化。戴潮春之役，与众守城，及平，以功赏蓝翎，任戴案抄封委员。兵燹之后，继以大疫，仲山捐款周恤，购药以济，人感其惠。顾为善益力，岁制绵袄百袭，以给贫民。彰化县署自遭兵后，久废弗治，暂假白沙书院办事，官民不便。及同治十二年，知县孙继祖议筑，而款绌，仲山出劝输，并董工役，八月而成。清时监狱不洁，人者半病死，亦新建之，通水于井，以供盥沐，囚人喜之。光绪五年，山西凶，大府募振，仲山输米二百五十石，复集戚党计得二千石，总督卞实第手书"乐善好施"之额以赠。越二年卒。子晏臣、舜臣。

## 林全筹

**林全筹**，字备五，彰化林圯埔人。父新景业农，与陈集贤有怨。是时，林圯埔以林、陈为大族，各负势力，不相下，既又争瞨抄封田。新景为佃首，集贤不敢禠，潜告于官，以新景抗纳官租，谋不轨。集贤族人希亮为保安局总理，亦禀新景不法。彰化知县欲捕办，命役，不敢往，乃命集贤图之。集贤佯言曰："文武官期以明日会林圯埔。"新景惧，夜逸，将入山，集贤预伏以待，开枪击之，斩其首。大呼曰："吾奉官命，诛此贼，无与众事。"翌日，以首解县，林氏闻有官命，不敢出。时全筹年二十有一，训蒙在家，弟碧瓜，次卢，次春生，春生方十有一岁。全筹既痛父死非命，指天誓日，谋复仇。而集贤自杀新景后，势愈炽，弟若侄又及搢绅交官府，豪右一方。全筹隐忍蓄志，日夜伺隙，不得逞。乃乞援于南北投之族，得二百余人，期以元旦入林圯埔，袭集贤而屠之。除夕，碧瓜饮酒醉，语泄，集贤戒严。族人至，闻有备，不敢发。全筹大恨，指弟而哭曰："仇不得报矣。"如是十年。里有老妇林氏者，嫁陈姓，性和睦，两家子弟皆亲之。咸丰四年八月朔，集贤过其家，妇留饮，谈琐事，命从者归。两家相距百余武，春生年已二十有三，颇有力，见集贤与妇语，而旁若无人者，大喜，走告母曰："报仇之日至矣。"母惊诘，具以告，持一小刀出。母曰："汝年少又弱，非敌也，不济，汝必死，且俟汝兄归。"不从，途遇全筹，曰："报仇之日至矣。"复走。母追至，曰："汝弟非老奴敌，将奈何？"全筹且惊且恨，曰："事已至此，儿请往。其济，父之灵也，不济，即以死继之。"行及义仓前，而春生已刺集贤倒地矣。先是，春生值集贤将归，伏路隅。集贤素负力，持一竹烟筒，扬扬而行，春生自后刺之，集贤反掀于地，春生坚抱之。保长陈文彩，集贤族人也，闻斗声，出视，举杖将击春生。而全筹至，再以刀刺集贤，刃入于地。兄弟大喜，归告父灵，乃各窜。全筹匿阿罩雾庄，为族人训蒙。集贤死，其子吁于官。是时鹿港林某为林圯埔抄封委员，深感全筹之孝，为请于官，以集贤素狡猾，且受戴潮春之命，盗卖仓谷，养奸徒，其罪不容于死。官纳之，事始寝。

连横曰：吾居台中，闻林刚愍公复仇事，神为之王。既又闻林全筹者，手刃奸人，以报父怨，未尝不为之起舞。夫复仇大事也，孝子仁人始能为之，而懦夫多以忍死，亦天下之无勇者。礼君父之仇，不共戴天，是不愿与同履此土也。若乃反颜事敌，以猎富贵，而猥曰智伯以国士待我，噫！是诚犬豕之不如矣。

## （二）勇士列传

连横曰：纵横之世，士趣公仇，耻私斗，故人多尚武，以捍卫国家，及汉犹承其烈。然而霸者忌之，法家禁之，芟夷蕴灭，俾无遗种。所以供禽猎者，一姓之鹰犬尔。若其眷怀私利，悬赏杀人，则正义之贼也，君子诛之。台湾为海上荒岛，我先民之来相宅者，皆抱坚毅之气，怀必死之心，故能辟地千里，以长育子姓。而我延平郡王又策励之，遗风鼓荡，至今未泯。以吾所闻黄檗寺僧之事，尤其著者，而事多隐灭，莫获示后，则旧史之罪也。今举其知者，著于篇。

### 曾　切

**曾切**，绿林之豪也，出没淡水间，或云彰化人。少失怙，事母孝，故尤敬节妇，闻有饥寒者，即分金与之。切为盗，每使人知，先以粉画壁上为圈，夜即至。虽伏人防之，莫能免。然其所盗者，多土豪墨吏。

而济困扶危，人多德之。里有少妇，夫死家贫，邻人爱其色，议以五百金纳为妾。妇不从，每夜哭，切闻之，叹曰："是当全之，顾安所得金？"当是时，大隆同陈逊言揽办料馆致富，切登其屋，抉两瓦，缒而下。天寒夜黑，逊言方卧榻弄烟，一灯荧然，见切至，延之坐，切亦就榻弄烟。逊言微问曰："子此来，有何需？"曰："然。"出钥与之。切启匮，出千金，复卧而弄烟。逊言曰："夜深矣，我命人将往何如？"曰："无须。"即出口号，有一人自屋下，裹金去。切亦狻之上。旦日至妇家，告其姑曰："汝妇贤，胡可卖？然汝为贫计，不得不如此。今吾以五百金赎汝妇，又以五百为衣食费，汝其善视之。"妇闻言，欲出谢，切不顾而去。越数夕，逊言独坐，有物坠庭中，声甚厉，急呼家人热炬视之。见一布囊，上系小笺曰："前蒙厚惠，得了一事，今获此物，敬以相酬，伏祈笑纳。"启之，则烟土二十也，价可数百金。

切身顾而长，貌温雅，目光炯炯，左手爪长寸余，每为盗，以汤柔之，束以皮。尝一日为官所捕，切跪地上，但摇左手曰："小人文弱，何敢为盗？"官笑释之。或告之曰："以子之材，何不入行伍，取功名，而自屈若是？"切慨然叹曰："今之拥节钺者，多昏聩，谁复能于风尘中识壮士哉？"自是忽不见。或曰，切葬母后，去之闽中。

## 庄 豫

**庄豫**，嘉义人，疏财仗义，为绿林豪。顾犯法，悬捕急，人多匿之，遂潜居梅仔坑山中。

里有纪彪者，子七人，均精拳术，每鱼肉乡间，无敢语，语则被辱，虽讼亦不得直。彪之四子曰傻，见近村郭琬女美，欲妾之，命媒往。琬曰："吾女欲嫁士流，且不为人妾，幸谢公子。"傻怒曰："士流宁直一钱？且嫁吾，足以光门楣。今乃拒我，吾必得之。"集佣十数人，扬械至琬家，强夺之。琬仓猝不知所为，随之哭，路人皆愤，顾无如何也。归途遇一人，曰："胡不诉诸官？"琬曰："官多昏聩，宁管人闲事？

苟诉亦无如彪何也。"曰:"然则诉之庄豫尔。"琬曰:"豫何人?岂今之有大势力者乎?"曰:"非也。豫侠士,能平不平,往必获济。"遂从之。入山可十数里,曰:"至矣。"时天已昏黑,茅屋中微露灯光,四围多古木,境甚幽寂,其人先扣门,内应曰:"来者非阿摩乎?"曰:"然。"琬见一少年瘦削,目光炯炯,而气概凛然,即伏地泣诉。豫怒曰:"是奴欲落吾手,吾赦之数矣。今若此,翁稍坐,吾取汝女归。"即起入。是夜傻得女,欲犯之,女大哭,傻怒鞭之,忽闻屋上有人语曰:"傻今夕花烛,何不请而翁饮,吾来索喜酒也。"傻叱曰:"汝何人,贼乎?"彪闻惊曰:"豫也。"止家人勿声,而豫已下立檐前。彪曰:"豚儿今夕纳妾,妾遽别其家,作娇啼尔。乃惊及足下。"曰:"恐非娇啼,殆求免死尔。"彪变色曰:"即死何干汝事,汝岂为郭来耶!"曰:"然。"彪曰:"我家非屈于人者,汝既来,能决一胜负乎?"豫笑曰:"可。"彪持刀击之,七子并进。而豫已跃立案上,探丸中二纪,伤目立仆。复呼曰:"新郎胡不进?"傻扬刃而跃,又探一丸中其阴,亦仆,余莫敢进。豫乃语彪曰:"今日若出吾镖,则汝家无噍类矣。今告汝,速以女归。"彪知不敌,从之。豫负女于背,约以布,一跃而逝,夜半抵家。琬得女大喜,拜谢去。傻自负伤后,遂不能人,而彪亦不敢再暴于邻里。

嘉义知县某,素贪墨,罢官,归装数十具,中有小箧,以三人列械行。豫谂为珍宝,直前推三人,皆跌数十步外,夺箧行,护勇追之,莫能及。豫既得巨金,散穷民,惠者众。

光绪八年春正月,巡道刘璈移镇,派兵数营,分防鹿麻产、斗六门、半天寮、埔尾等处,四路并进。又饬知府袁闻柝会师梅仔坑,盖豫已集众将举事矣。官军一至,豫早遁,而搜捕甚急,每至一地,不敢留,朝止而夜行,如是数月。一日,至所狎妓许,妓饮之,醉就枕,侦者已入。豫欲起,酒毒不能兴,探丸亦不得,盖妓早受官赂也。至署自承,遂被戮。临刑语人曰:"吾素未读书,不知吾之所为,视古人何若也?"

## 詹阿祝

**詹阿祝**，粤族也。家住苗栗罩兰庄，地近山，时与番斗，故其人多勇。阿祝为木工，每单身入深林中，历十数番社，番不敢害。既为马腊邦社通事。数年，遘番傔颇多，番索之。阿祝愤，谋所以并其地。游说乡里丁壮，得四百人，约共生死，皆曰："诺。"当是时，马腊邦族大势强，为一方雄，而地又险隘，乃议潜袭之，择勇者十数人，藏短刀，佯为伐木者。阿祝固与番狎，既至，番款之，出牛酒以犒。番欢饮大醉，席地卧，阿祝与十数人者亦杂处其间。夜半突起，持一木杵，自击杀番，毙七八人，众亦出刃。番惊窹，欲格斗，而天昏月黑，多被殊，流血溅地上，计所歼番六十余人，余悉惊窜。阿祝遂并其地，召子弟开垦。马腊邦社既破，乞援于白毛、阿冷、大小南势诸社，众可千人，谋恢复。阿祝陷围数日，食渐尽，力又不敌，乃率众出。番要之，互斗，各死伤十数人。事闻，北路抚民理番同知以阿祝贪占番地，移彰化县捕办，下狱。其众谋救之，赂知县以免。当是时，巡抚刘铭传方行抚番之策，以栋军统领林朝栋为中路营务处。光绪十一年，阿祝面求朝栋讨番，而庄人之遭害者亦日来告诉，许之。四月，朝栋率栋军千人至罩兰，以郑以金为副，统领柳泰和别率千人为后援。阿祝任侦探，出入番社，窥敌情。时群番合，势颇振，朝栋谕降，不从。五月，分兵三道而入。八月初七日，至马腊邦，十二日，进击，番力抗。栋军不利，且陷围，得援始免。十二年，铭传自率亲军一百，练勇三千、屯兵三千进讨，九月破之，乃张隘路，以屯兵三百五十人扼守，自是番不敢出。是役也，阿祝尤勇敢，杀番特甚，军中皆呼曰壮士。

## 阿蚌

**阿蚌**亦粤族，忘其姓。家住彰化龙眼林，地与番界，兄弟五人烧炭为生。一日阿蚌病痢，辄如厕。既归，弟四人均为番所杀，馘首去。阿蚌抚尸大恸，哭欲死，顾念不报仇，非男子。携短刀，寻血迹而行，数里，见前面有番十数人，行歌互答，甚自得也。乃走间道，越其前。已而日暮，番就谷底宿，各枕石卧，以布覆首，鼾声大作。阿蚌从山上瞰之，乃取一坚木，潜行，至其间，力击之。凡十二人，皆脑破，无一抵抗者。阿蚌亦馘其首及弟首以归。会庄人来援，惊喜备至。阿蚌曰："吾今虽杀番，得报弟仇，死无憾。吾且再入社，歼其族，以绝后患，公等其助我否？"众曰："可。"分为二队，各佩刀持枪，裹数日粮，至则屠之，阿蚌所杀尤多，番闻其名皆震伏。后卒于家。

## （三）货殖列传

连横曰：台湾为农业之国，我先民之来者，莫不尽力畎亩，以长育子孙，至今犹食其泽。而经营商务，以操奇赢之利者，颇乏其人。以吾思之，非无货殖之材也，政令之所囿，官司之所禁，虽有雄飞之志，亦不得不雌伏国中，以懋迁有无而已。吾闻郑氏之时，贩洋之利，岁入巨万，而茫茫南土，孰非漳、泉人之所辟者？坚苦遒厉，积日累年，故能握彼商权，以张势力。然自郑氏亡后，漳、泉人之出洋者，清廷且视之如寇，归者有罪。海天万里，北望咨嗟，是无异自戕其手足，而欲与人决斗也？夫国虽以农为本，而无商以通之，则男有余粟，女有余布，利不足以及远，物不足以相供，而货殖之途塞矣。抑吾闻之，乾、嘉之际，郡中商务特盛。贸易之船，充积港内，北至津沽，南达岭峤，挹彼注兹，以增富裕，一时号称百万者十数人，而三郊为之纽。三郊之中，而李胜兴、苏万利、金永顺又为之领袖。多财善贾，雄视市廛，凡地方有大徭役，莫不出而输助，可谓能知公义者矣。海通以来，外商日至，而台人与之贸易。以吾所闻，非无二三杰出之才，足与抗衡。而斗筲之子，数典忘祖，遂不能悉举其人而传之。惜哉！

## 陈福谦

**陈福谦**，少名满，凤山苓雅寮庄人。庄濒海，与旗后望，耕渔并耦，仅一寒村。福谦家贫，习刺舟，勤苦耐劳，数年，积资数十金。乃贩米，往来各村中，早作夜息。又数年，得数百金，兼贩糖。籴贱粜贵，善相机宜。与人交，持以信，以是生意日大，设顺和行于旗后，以经营之。凤山产糖多，配至香港、上海，转贩东西洋，其利每为外人所握，而运费亦繁。福谦以日本消糖巨，派人查之，知有利。同治九年，自配至横滨，与日商贸易。十三年，设栈于此，以张贩路。其糖分消东京等处，岁约五万担，台糖之直配日本自福谦始。已又分栈于长崎、神户，郡治及东港、盐水港亦各有其业，兼贩布匹、五谷、阿片。当是时，通商口岸，轮船尚少，乃自赚夹板以行，不为外商所牵制。嗣以白糖三万担贩英京，台糖之直配西洋亦自福谦始。福谦既富，拥资百数十万，凡中国新设公司，皆认巨股，故其产日殖。然雅善用人，各栈当事，畀以大权，计其盈余，赏赉极厚。而英伟之才足以任事者，则不次擢之，故人争效命，苓雅寮人尤受其惠，比户殷庶。福谦好善，多义举，行旅之道其乡者，解衣推食，济其穷乏，故终岁无盗贼之警，亦无争斗之患，远近感其德。卒年四十有九。

## 李春生

**李春生**，福建厦门人。少入乡塾，家贫不能卒业，改习经纪。年十五，随父入耶稣教，信道甚笃。遂学英语，为英人役，间读报纸，因得以知外国大势。同治四年来台，为淡水宝顺洋行买办。淡水为台北互市之埠，出口之货以煤、脑、米、茶为大宗，而入口则煤油、布匹，春生懋迁其间，商务日进。先是，英人德克以淡水之地宜茶，劝农栽植，教以焙制之法，以是台北之茶闻内外，春生实辅佐之。既而自营其业，贩运南洋、美国，岁卒数万担，获利多。光绪十三年，台湾建省，巡抚刘铭传暂驻台北，乃于城外大稻埕，新辟市廛，而规模未备。春生与富绅林维源合筑千秋、建昌二街，略仿西式，为民倡，洋商多僦此以居。十六年，设蚕桑局，以维源为总办，春生副之，种桑于观音山麓。未成而铭传去，其事遂止。十七年，台北铁路成，以功授同知，赏戴花翎。春生虽居阛阓，而盱衡时局，每以变法自强之说，寄刊各报，至今犹矍铄也。

## 黄南球

**黄南球**，字蕴轩，淡水南庄人，今隶苗栗。苗栗近内山，群番伏处，杀人为雄。南球集乡里子弟数十人讨之，番害稍戢。会巡抚岑毓英视台，闻其事，召见，委以抚番。及刘铭传至，尤亟亟于番政，檄募乡勇二百，从征大嵙崁，尝一夜连破十八处，威震番界，以功赏戴蓝翎，授五品衔。南球既出入番地，知其土腴，请垦南坪、大湖、狮潭等处，纵横数十里，启田树艺，至者千家。已复伐木熬脑，售之海外，产乃日殖，而番地亦日辟矣。

连横曰：外舅沈德墨先生为台湾商界巨子，惨淡经营，以兴脑业，其劳多矣。先生名鸿杰，泉之安溪人。年十三，随父赴厦门学贾。稍长，习航海，贸易东南洋，至则习其语。凡日本、越南、暹罗、爪哇、吕宋、新嘉坡，远至海参崴，靡不游焉。漳、泉人多习水，狎波涛，冒瘴疠，以拓殖南峤，故辄濒危险，而志不少挫。数来台湾，贩运糖茶，贾于天津、上海，而获其利。同治五年，寄籍郡城，遂家焉。素谙英语，与英人合资建商行，既又与德人经营，采办洋货，分售南北，而以台货赴西洋。嗣为纽西兰海上保险代理店，台南之有保险自此始。初，台湾产糖多，制法未善，乃自德国购机器，择地新营庄，而试办焉。集集为彰西内山，自匪乱后，脑业久废。先生知其可为，入山相度，建寮募工，教以熬脑。既成，配欧洲，岁出数万担，大启其利。至者愈多，而集集遂成市镇。当是时，欧洲消脑巨，市价日昂，台邑林朝栋，方以抚番握兵权，亦起脑业，谋合办，不成，遂雍遏之。然各国以脑归官办，有阻通商，群向总署诘责。奉旨改制，许民经营，而先生遂以脑业起家，暮年稍替。

## （四）烈女列传

烈女之名，始于刘向。蔚宗后书，乃入正史。其所记载，非尽贞节，而刘知几刺之，误矣。夫蔡琰之才，犹是文苑之选。若班昭之学，少君之贤，曹娥之孝，庞娥之勇，扬徽闺阃，足为女师，固非仅以贞节著也。台湾为新辟之土，间灵之气，虽不尽钟妇人，而掞藻扬芬，衡金式玉，岂无二三秀出之媛，足以蜚声彤管？惜乎史多阙文，而懿德遂不传尔。

延平郡王为台烈祖，夫人董氏勤俭恭谨，日率姬妾婢妇纺绩，并制甲胄诸物，以佐军用。王之治戎，有功必赏，万金不吝，而家中妇女不令少息，故长幼皆敬命。永历八年，王赴广南，次平海卫。清军猝入厦门，郑芝莞无设备，师惊而溃。董夫人独怀神主以奔，珠玉宝货悉弃不顾，王以此贤之。每与军事，多所匡辅。王薨之后，时诫子孙，抚恤民庶，厚养将士，毋坠先业，故台人咸受其惠。呜呼！岂非所谓女宗者欤。

陈参军夫人洪氏，小字端舍，亦同安人。赋质幽闲，有齐眉举案之风，尤长词翰。参军治国，日不暇给，文移批答多出其手，顷刻而就，措语用笔，与参军同，受者至不能别。季女某幼秉母教，习文史，年十八。为监国世子克𡒉夫人。克𡒉治国，明毅果断，有乃祖风，亲贵皆惮。及遇害，夫人欲殉，董夫人劝之，不从。兄梦纬亦劝曰："女娠未震，盍存孤以延夫祀，不犹愈于死乎？"夫人对曰："他人处常，可毋死；妾所处者变也，纵生孤，孰能容之？"遂缢于柩侧，与监国合葬洲

747

仔尾，台人哀之。是又从容就义，百折不移，可以贯金石而泣鬼神者矣。

明亡之际，诸郑议降，宁靖王以身殉国，五妃偕死，合葬于承天郊外桂子山，至今犹传其烈。呜呼！东者撮土尔，而贤妇、才媛、烈女、义妃，一时并萃，谓非间灵之气，多钟于妇人欤！夫夫妇之道，人之大伦，男子治外，女子治内，古有明训。台湾三百年来，旌表死节，多至千数百人，虽属庸德之行，而茹苦含辛，任重致远，固大有足取焉者。夫人至不幸而寡。家贫子幼，何以为生？而乃躬事缝纫，心凛冰霜，日居月诸，照临下土。卒之老者有依，少者有养，以长以教，门祚复兴，其功岂不伟欤！又或变起仓卒，不事二夫，慷慨相从，甘心一殉。贞烈之气，足励纲常，斯又求仁得仁者矣。昔子舆氏谓："可以托六尺之孤，可以寄百里之命，临大节而不可夺者，是为君子。"余观节妇所为，其操持岂有异是？惜乎其不为男子，而男子之无耻者且愧死矣。是传所载，多取旧志，及其所知，其不详者则阙访焉。

## 鲁王公主

明鲁王女朱氏，聪慧知书，工刺绣。适南安儒士郑哲飞，生一男三女。哲飞没，姑挈子东入台湾，依宁靖王以居。及清军克澎湖，宁靖王将死，朱氏欲自裁，王曰："姑存子幼，胡可死？兴灭继绝，事固有重于死者矣。"朱氏涕泣从命，奉姑别居，衣食不赡，勤操女红，深夜始息，含辛茹苦，垂十余年。女嫁姑亡，子且继没，遂持斋独处，节操尤坚。卒年八十余，邑人钦之，以为女师。

## 怀安侯夫人

怀安侯沈瑞之妻郑氏，礼官斌女也。三藩之役，延平郡王经伐潮州，瑞降，疏封怀安侯，移之东宁，居永康里，以斌女妻之。经薨，克壂幼，行人傅为霖谋叛。侍卫冯锡范睨瑞富，谓与谋，欲籍其家，逮瑞及弟珽于理。瑞曰："冯虚之言，何可为狱？唯瑞生死出自藩恩，夫何言？"而锡范必欲杀之。斌请赦其女，逆于家，告以故。女曰："父母爱儿，深恩罔极，然儿已为沈氏妇，非父母所得而专爱也。况当此存亡之际，夫叔被罪，姑妯在堂，岂可安居外家，为人所笑乎？"为霖既磔，瑞亦将死，以一巾系荷包，饬人持归。曰："此物为夫人所绣，归以为念。生死异路，水将此辞。"遂与珽投环死。郑氏既归，见祖姑金氏、姑满氏皆经于堂，瑞之二妹及妾于氏、崔氏亦已死，跪哭曰："老夫人与夫人先行，媳妇请相从也。"遂请斌乞收尸，克塽许之。郑氏引礼治丧，停柩于堂，别市一棺。父母咸劝之，对曰："无乱人意。儿已许之矣，岂可负于地下？"遂绝粒，布奠三日，谢别眷属，从容自缢。台人闻之，莫不感叹。闽、浙总督姚启圣上其事，诰封一品夫人，归诸柩于北京，以礼葬之。

## 傅璇妻

黄氏弃娘，天兴州人。堂壮之女。年十九，适傅璇。璇父为霖为行人，以叛被逮，父子俱受极刑，家属发配。弃娘兄铨为之营救，获免。当璇系狱时，弃娘犹望其生，及正刑，决意以殉。铨多方慰之，泣对曰："今日之事，子为父死，妻为夫亡，不再计矣。"遂自缢。

## 谢灿妻

郑氏宜娘，天兴州人。年十八，适谢灿。灿远贾三载始归，寻病卒，宜娘旦夕哭，将以身殉。邻妪慰之曰："姑老家贫，且无兄弟，何可死？不如自计。"宜娘曰："未亡人唯知从一而已。"遂投环死。天兴知州嘉其节，建坊于禾寮港街。

## 王曾儒妻

**郑月娘**，泉之南安人。年十九，适万年县儒士王曾儒，逾年而曾儒卒。翁以贫，欲速葬，月娘请稍缓。越数日，告其翁，请附葬。翁劝止之，对曰："吾夫病剧时，吾既以死许之，义不可易。"遂自经，翁从其言。

同县王寻妻阮氏名荫娘，籍漳州。年十六来归。寻隶行伍，常在外，未几病没。仲兄至，荫娘请以侄为嗣。仲微知其意，防之甚密。越数日，从容自缢，时永历三十七年也。归清之后，有司上其事，奉旨旌表，均祀节孝祠。

## 辜汤纯妻

林氏逸其名，台湾县治人。年二十适辜汤纯，居东安坊。结褵未久，而汤纯卒，无出。抚其妾两子为己子，以至成人，事姑孝，宗党称之。没后，有司疏请旌表。雍正五年，入祀节孝祠。里人念其德，建庙于所居附近，曰辜孝妇庙，其后以黄宝姑附。

宝姑亦东安坊人，字邑人某，未嫁。某贾于嘉义，戴潮春之役，不得归，遂客死。讣至，家人秘勿知。宝姑微闻之，起居如常，越数日凌晨，易衣出，至法华寺，稽首佛前，默祝亲寿，乃自投于寺外半月池，尸浮水上，颜色如生。城中官绅多往吊，以旌其烈。

## 杨茂仁妻

**余氏**，台湾县治人。嫁杨茂仁，生三子。夫卒，年二十有二，痛绝复苏，环顾三子在侧，呱呱泣，长者甫离襁褓，幼未满二旬，乃抚尸而哭曰："与其舍生以殉死，毋宁抚孤以存祀。"然家甚贫，衣食不给，织纫为活。茹苦甘苦。越二十余年，诸子俱长授室，有孙五人，皆入泮。卒年六十有三。雍正五年，与林氏俱受旌表。是时入祀节孝祠者八人：曰张氏，洪之廷之妻；曰陈氏，郑斌升之妻，均县治人，守节抚孤。曰袁氏顺娘，鲁定甫妻，年十六；曰郭氏益娘，曾国妻，年十八；曰赵氏，李宋妻，年二十二，皆夫死身殉。曰纪氏险娘，惠之女，许字吴使，未嫁夫死，自缢以殉，年十八。

## 陈守娘

**陈守娘**，台湾府治经厅口人也。嫁张氏，夫死守节。而夫妹少艾，作倚门妆，县署某客时至其家，见守娘而艳之，嘱通款曲。姑利客多金，诱之不从，胁之亦不从。百端凌辱，任其冻馁，而守娘矢志靡他，操持益坚。一夕，母女共缚守娘于凳，以锥刺其阴，大号而毙。守娘之弟来临，见而异之，里人亦啧啧不平，遂鸣之官。知县王廷幹以客故，欲寝其事。见者大哗，噪而起，磔石以投，廷幹踉跄走。乃上其案于府道，母女论罪死。初，守娘藁葬于昭忠祠后，众钦其节，多往祭，屡著灵异。官以其惑民，为改葬之。

## 李时灿妻

**王贾娘**，凤山人。嫁李时灿，五载而寡。时灿无昆弟，而姑已老，茕茕无依。贾娘勤操女工，克尽其孝，守节五十余年，邑人称之。乾隆间旌表。又有李凤妻董氏，黄忠妻成氏，黄奖妻李氏，卢从妻曾氏，张元魁妻黄氏，均县人，守节奉姑，照烈旌表。

## 金仁妻

**黄明娘**，凤山人。年十七适金仁，越三年，仁卒。无子，夫弟尚幼，而翁姑老，忍死以养。七载姑亡，而翁又病，明娘奉事备至，久而不懈。及翁没，夫弟稍长，丧葬既毕，病且笃，母家欲延医，不从。曰："吾忍死十余年，为翁姑尔，今大事已毕，吾可无憾。"遂不药而卒。

同县黄研妻王氏，夫亡无子，持丧至大祥，自缢以殉，年方十六。黄尚妻吴氏，年十八，夫没无出，殡殓方毕，赴水而死。陈某妻颜氏，为强暴所逼，不从而死，人以为烈。其后均蒙旌表。

## 大南蛮

**大南蛮**，诸罗目加溜湾社番大治之妻也。嫁后，治家勤俭，事姑相夫，克尽厥职。年二十，夫死，社番闻其美，争议婚。大南蛮欲变番俗，誓不再适，引刀而语曰："妇发可刲，妇臂可断，妇节不可移也！"躬耕食贫，以养其子，守节三十七年。有司上其事，奉旨旌表。

连横曰：嗟乎！大南蛮一番妇尔，而守节不嫁，以全其身，谓非空谷之幽兰也欤？其志洁，其行芳，皭然而不可涴，夷也而进于道矣！

## 陈清水妻

**李氏**，嘉义元长庄人。年十八，适陈清水，生三子，越三载而清水没，守节抚孤。长子绍华入庠，犹勉以砥行立名，人称其德。卒年五十有四。同县王氏，下洋厝庄人，年十八，适陈必快，数岁而寡。抚育遗孤，翁姑贤之，委以家政，王氏善处理，内外整然。卒年七十有五。又有吴庆荣妻高氏，刘源由妻江氏，萧世华妻李氏，蔡天照妻吴氏，陈仲卿妾王氏，均以守节抚孤，奉旨旌表。

## 汪刘氏

**刘氏**，彰化汪某之妻也。雍正九年，大甲西番乱。焚杀居民，众多走避。事急，告其妇余氏曰："义不可辱，各自为计。"遂自刎。余氏方抱尸哭，番猝至，亦触垣死。乾隆三年，奉旨旌表，树碑东门，题曰："汪门双节"。

## 傅　氏

**傅氏**，彰化水沙连堡车轼寮庄人。年二十六失偶，子泉基方五岁，悉心抚育，众钦其节。庄近林圮埔，俗强悍，睚眦必报。而傅氏以德感人，乡里有事，辄听曲直，几无讼，盗贼未有入其庄者。同治四年九月三日卒，年五十有七。众念其德，立碑纪事，举人林凤屯题曰："贤德可嘉"。

## 杨邦重妻

**李氏**，彰化人。年二十，适杨邦重，越四载夫没，矢志守节。家贫子幼，勤操女红，以为衣食。含辛茹苦，四十余年，始终不渝，邻里称之。同治元年卒，年六十有九。十二年，绅士蔡德芳禀请旌表，有司据以入告，诏可。是年，彰化请旌节妇凡百二十人，皆祀节孝祠。

## 陈玉花妻

**郑氏**，彰化人，崇本之女也。适陈玉花，赋性柔婉，伉俪甚笃。玉花入邑庠，未久病没，郑氏大恸，遂以身殉。邑人士咸钦其烈，出殡之日，衣冠而送者百数十人。同治十二年，与鹿港施林氏，犁头居庄徐九宣妻林氏，布屿堡张廷焕妻沈氏，林圯埔街李捷三妻张氏，布屿堡张源忠妾黄氏，均题准旌表，皆烈妇也。又有贞妇黄氏，鹿港施衍忠妻，吕氏，县治李妈基妻，方氏，下坂庄杨舒益妻，亦蒙旌表。

## 杨舒祖妻

**洪氏**，彰化县治人。八岁，为杨舒祖养媳，及笄合卺，克谐克顺。已而夫没，翁姑亦逝，抚育幼子，备尝困苦，幸有妯娌相依，得借女红以活。及子长授室，家亦稍康，人以为苦节之报。光绪十二年，邑人访采其行事，与王陈氏等百五十有九人，均题请旌表。

## 吴茂水妻

**石锦娘**，彰化沙连堡林圯埔街人。年十四，为里人吴茂水养媳。性和顺，克孝翁姑，翁姑爱之。俟其及笄，将卜吉成婚，而茂水急病没，锦娘年方十六也，恸不欲生。翁姑劝之，乃勉强治丧，旦夕哭，闻者坠泪。一日归宁，母念其少，欲嫁之。锦娘慨然对曰："生为吴氏之人，死为吴氏之鬼。何嫁为？"不辞而返。同治元年，戴潮春之役，各地俶扰，有贼入其家，见锦娘美，欲犯之。同行叱之曰："是贞妇也，胡可侮？"贼乃掠其物而去，未几交绥，即中弹毙，人以为报。群贼相戒不敢再入其门，一家无害。光绪十二年，乡绅陈上治等上其事，奉旨旌表，入祀节孝祠。其后云林知县谢寿泉亦表其闾。是年，烈妇陈氏并蒙旌表。

**陈氏**，大肚西堡人，年十七，许字牛骂头庄蔡怀选，未聘而没。讣至，家人秘莫知，陈氏微闻之，一恸而绝。家人救之，誓不欲生，入夜，即仰药死。

## 郭荣水妻

**洪阿娇**，彰化县治人。许字郭荣水，未聘而没。阿娇闻讣哭，绝粒三日，遂以身殉。彰人士嘉其贞烈，为作诗歌，以示于世。光绪十五年，题请旌表，入祀节孝祠。县人施氏，生员林锦裳之妻也，夫死之后，亦以身殉。十六年，题请旌表。

## 吴氏女

**吴氏**，女彰化人，为韩妪嗣子康论养媳。妪故娼家，得女美，将居为奇货，女不从，辄箠之。归家泣告，母刘氏亦再醮妇，遂以迫媳作娼讼于官，而妪亦以嫌贫夺婚诉之。官集两造，仍以女属妪，妪益无忌惮。有差伙吴水者与妪通，时宿其家，见女少艾，屡挑之，不从。一夕闯入女室，女号救，众至始得脱。水自是恨女，与妪谋所以虐之之法。夜持刑具来，妪以铁梏女手，褫其衣裤，系发于桩，各持棍击，女抵死不从。水怒，以棍椓入阴中，又以刃划其腹，女遂死，时道光七年春正月二十有一日亥刻也。是夜刘氏梦女被发流血来告，觉而异之，昧爽奔视，果见尸。请官诣验，拔其桭，喷血数尺，见者惨目。事闻，知府邓传安为白其冤，并请旌。而水弃市，妪论绞，闻者称快。

### 何子静妻

**林氏**，福建侯官人。性端庄，姿容妙曼。年二十，适何子静。子静来台，为栋军前营司会计，遂居彰化，年少好色，出入勾阑中，林氏婉谏，不听。已而果病，侍奉汤药，不稍懈。子静遂死，抚尸大恸，即饮阿芙蓉膏以殉，年二十有四，时光绪十五年八月某日也。栋军统领林朝栋上其事于巡抚，题请旌表。十九年，奉旨入祀节孝祠。

### 林杨氏

**杨氏**，彰化县治人，岁贡生春华之女也。性端庄，读书习礼。年十六，许字台邑阿罩雾庄林资锽，栋军统领朝栋之长子也。未聘而卒，杨氏闻讣，大恸。春华率以奔丧，遂不归。翁姑悯之，为择静室以居。问省之外，未尝一出闺门，裙布荆钗，不施膏泽，淡如也。乙未之役，朝栋谋内渡，杨氏拜辞曰："未亡人不即从夫于地下者，以继嗣未立尔。今猝遭变故，蒙犯霜露，何可以弱少为堂上忧。"是夜自经于床。仆妇林氏顶桥仔头庄人，嫠也，亦从死。里党闻之，咸为嗟叹。朝栋乃以三子资铿之子正熊嗣之。

### 余林氏

**林春娘**，淡水大甲中庄人。父光辉业农，为余荣长养媳。荣长年十七，赴鹿港经商，溺死。时舅没姑在，无他子，哭之恸。春娘年十二，未成婚，愿终身奉事，不他适，姑痛稍杀。进饮食，佐理中馈，早作夜息，奉命维谨。已而姑目疾，瞖不能视。春娘以舌舐之，焚香虔祷，未半载而愈。顾复患拘挛，侍床褥，躬洗濯，或彻夜不寐。姑劝之息，春娘从之，犹时起省视。姑顾而叹曰："得妇如此，老身不忧无子也。"及卒，哀毁逾常。家贫，日事纺织，抚族子为嗣。旋没，再立之，娶妇复没，乃偕育幼孙。平居燕处，未尝有疾言厉色，里党之人靡不敬之，道光十三年奉旨旌表。及戴潮春之役，同治元年夏五月初六日，王和尚纠众，攻大甲，断水道。城人无所汲食，汹汹欲走，乃请春娘祷雨。雨随降，众大喜，婴城固守。二十一日，和尚又合何守、戴如川、江有仁等来攻，众可万人，环围数匝，水道复断，城中绝汲数日，春娘复出祷雨。时和尚压城而军，居上风，轰击几不支。忽大雨反风，濠边茅舍发火，众惊溃。义勇开门出击，破之，围始解。当是时，两军相争，以大甲为扼要之地。淡北安危，系于此城，故辄遭围困，而守御益坚。十一月，林日成以众来攻，势张甚。连战旬日，水道屡断。二十六日，春娘三出祷雨，雨降，士气倍奋，围复解。事平，城人礼之如神。三年卒，年八十有六。妇巫氏亦以节称。

连横曰：吾读《东瀛纪事》，载大甲林氏祷雨之事，甚奇。吾以为借作士气尔。继而思之，至诚之道，可以格天，桑林之祷，岂虚语哉？是故愚者可以生其智，弱者可以振英勇，讷者可以伸其辩，昧者可以张其明。补天浴日之勋，固人所能为也，然非林氏之贞孝，则不可以对鬼神，况可邀幸万一哉？

## 李联城妻

**曾氏**，淡水竹堑人。适李联城，年二十有五而寡。李氏为竹堑望族，子弟多习礼，卒年八十有五。联城之弟联春，娶邱氏，总兵镇功之女也，亦寡，卒年六十有四。联青妻何氏，年二十有二寡，卒年三十有一。祖仁妻王氏，年二十有八寡，卒年三十有八。祖泽妻郑氏，年二十有四寡，卒年三十有三。开廷妻苏氏，年十八来归，而开廷多病，越二年没，苏氏矢志殉之。光绪十六年十二月，均蒙旌表，里人以为李门六节。

### 王家霖妻

**黄氏**,淡水人。嫁艋舺士人王家霖,夫死守节。卒年七十有四,奉旨旌表。光绪八年冬十月,建坊于城内东门街。而王大权妻谢氏,大隆同街人,亦守节旌表。

### 陈周氏

**周氏**,淡水人。嫁芝兰二堡北投顶庄陈某,夫死奉姑,抚育幼子,克勤克俭,里党称之。道光三十年旌表。咸丰十一年,其孙文华建坊庄内。

### 郑徐二氏

**郑氏**,淡水人,大佳腊堡大隆同街陈某之继室也。夫死自经,其娣徐氏亦殉夫。光绪十六年,均奉旨旌表,建坊街隅,里人称为陈门双烈。

### 徐陈氏

**陈氏**,淡水大稻埕人,适徐某。某业儒,家贫,数年病卒。陈氏拮据以葬,既毕,更衣,仰药殉。知县叶意深闻之,赴奠于家,邀其族人,为之立后。殡之日,邑人士执绋者数十人。意深之言曰:"妇女守节,国有旌典。况此为烈妇,尤可以励薄俗。"为上其事。

### 吕阿枣

**阿枣姓吕氏**,新竹北门街人。父障生三女,皆美,而阿枣尤丽。性贞洁，不苟言笑。母刘氏，倡也，家虽中资，就以二女为钱树。富人大贾，出入其门，酣饮恒歌，自暮达旦。阿枣心弗善也，独处一室。邑有魏某见而悦之，以巨金赂刘，欲为梳栊。阿枣泣谏曰："女子虽愚，孰无廉耻，其忍为此态者，为衣食尔，今吾家幸得稍温饱，奈何犹为此事，以贻邻里羞？必欲儿效两姊，虽死不从。"刘怒鞭之，又阴与魏谋，欲强之。阿枣微知其计，防之甚密，然犹恐被辱，剪发毁容，茹斋奉佛，屏不见人。一日，有尼自远方来，状貌魁伟，使人谓阿枣曰："闻汝有志修行，而苦无师，倘能从吾游，密授秘法，则成佛不难也。"阿枣正色曰："吾守吾身尔，何行之修？又何法之授？寄语野尼，无诈吾也。"其人惭而去。刘见其志坚，务必挫之，诱之以利，临之以威，终不动。阿枣虑难免，遂以光绪十九年二月二十有六日，沐浴更衣，焚香礼佛，夜深自缢。年二十有三。葬之日，邻翁李祖琛，世家也，令子弟具瓣香送之，且扬言曰："女子守贞，国有旌典。而今出自倡门，尤足以为坊表。所谓出淤泥而不染者也。"众闻之，执绋者数百人。墓在治东蜂窠山。

## 许裕妻

林氏，澎湖人，许裕之妻也。年二十而寡，遗孤翰冲、翰宾，食贫抚育，备尝辛苦。翰冲及长从戎，以平朱一贵功，加都司；翰宾亦克自成立，乡里以为母教。雍正十三年覃恩，貤封恭人。卒年九十有四，祀节孝祠。

## 蔡钦妻

谢氏，澎湖奎壁澳人。适蔡钦，十八寡，遗腹生一子又殇。家贫屡空，里妇以其少，多劝之醮，谢氏不从，指天而誓曰："妇人不幸夫亡，命也。有子守之，无子死之，亦命也。吾处今日，有死而已。"里妇知不可夺，始止。后立一子，以存夫祀，人钦其节。

## 郭克诚妻

**林氏**,澎湖东西澳人,年十九适郭克诚。姑李氏性严厉,子妇四人,唯林氏得其欢心。克诚兄弟析居后,姑以林氏孝顺,仍就养。克诚亦仰体母意,澳中咸以孝称,内外无间。及克诚死,林氏年方三十,遗孤仅十龄,勤操女红,以供衣食。姑年老,多病善怒,诸妇少有近者,林氏奉事益谨,疾革,执其手曰:"尔事我如此,可谓孝矣。我无以报汝,唯愿尔妇事尔亦如此,我心始慰。"林氏能以妇职而兼子职,以母道而兼父道,可谓贤矣。

## 吴循娘

**吴循娘**,澎湖港尾乡人。少为萧春色养媳,已而春色病没,翁姑以家贫,欲配少子。循娘正色曰:"媳妇平日与小郎以嫂叔相呼,名分已定。今若此,是乱伦也,宁死不从。"而翁姑持之坚,至加箠楚,卜日备物,将强合之。循娘见事急,中夜仰药而死,年二十,时光绪十二年某月日也。

## 刘正娘

**刘正娘**,澎湖水垵澳人。幼字许天俊,及长丧明。天俊守约,介媒议婚礼,正娘不可,依母以居,撤其环珥,守贞至老。卒年七十有六,人称孝女。

## 高悉娘

**高悉娘**,澎湖东卫社人。少为吕旺养媳,未婚而旺死。丧葬既毕,翁姑怜其稚,欲嫁之。悉娘恻然对曰:"吾为吕氏妇,不为吕氏女。倘不见谅,当从亡夫于地下。"家人悲其志,许为立嗣。辛勤执妇道,邻里称孝。卒年五十有七。

## 黄广生妻

**林氏**,澎湖赤嵌澳人。字黄广生,未聘而广生死,遂告父母,至其家,躬视含殓,孝事翁姑。三年之丧既毕,自缢以殉。

## 刘氏女

**刘氏**,台湾镇总兵廷斌之女也,随任台阳。父没,眷属十七人,以道光八年春,买舟内渡。至海遇盗,尽杀之,女以丽免。一客附舟哀求,盗挤于岸,虏女及橐,至安海,买巨宅居之。凡十余年,生四子,无有知者,盗亦不疑。一日,女赴观音寺礼佛,仪从烜赫,僧以富家妇也,躬自献茶。女顾之,辄愕眙。及归,省遇害事,知为附舟客。越日复往,命僧导观寺内,屏人与语,即授一牒,戒毋泄。僧夜走数十里,入泉州,投牒知县,且告群盗聚饮期。遣役捕之,尽得,一鞫而服,悉诛之。并絷四子,问何以处之,女曰:"吾忍辱十数年,为仇未报尔,若岂子哉?"遂手刃之,而后自经。有司以闻,奉旨旌表。

连横曰:吾读史,每至复仇之事,未尝不慷慨起舞。豫让之义,聂政之武,人多称之。而求之巾帼,则庞娥以后数人而已。呜呼!若刘女者,可谓能智能勇者矣,身陷盗穴,从容不惊,卒能亲报大仇,而刃其孽,何其烈耶!世之懦夫,可以立矣。

# 卷三十六

## 台湾通史

### 列传八

## 邱逢甲列传

邱逢甲，字仙根，又字仲阏，彰化翁仔社人。后隶台湾，社处大甲溪之旁，土番部落也。粤籍居之，故其俗尚武负气，而逢甲独勤苦读书，年十三入泮。时吴子光设教吕氏之筱云山庄，藏书富，逢甲负笈从，博览群籍，遂以诗文鸣里中。灌阳唐景崧以翰林分巡台湾道，方奖掖风雅，岁试文生，拔其尤者，读书海东书院，厚给膏火，延进士施士浩主讲。于是逢甲与新竹郑鹏云、安平汪春源、叶郑兰肄业其中，未几，联捷成进士，授兵部主事，为崇文书院山长。及景崧升布政使，邀其至，时以文酒相酬酢，台湾诗学为之一兴。

光绪二十年，朝鲜事起，沿海筹防，景崧署巡抚。二十一年春三月，日军破澎湖，北洋亦师燔舰降，议割台湾以和。时台湾举人会试在北京，上书都察院，请止，不听。绅士亦群谋挽救，逢甲为首，函电力争，皆不报。四月，和议成，各官多奉旨内渡，而景崧尚留，誓与台湾共存亡。逢甲乃议自主之策，众和之。五月朔，改台湾为民主国，建元永清，旗用蓝地黄虎。奉景崧为大总统，分电清廷及沿海各省，檄告中外，语甚哀痛。当是时，义军特起，所部或数百人数千人，各建旗鼓，拮抗一方。而逢甲任团练使，总其事，率所部驻台北，号称二万，月给饷糈十万两。十三日,日军迫狮球岭,景崧未战而走,文武多逃。逢甲亦挟款以去,或言近十万云。

连横曰:逢甲既去,居于嘉应,自号仓海君,慨然有报秦之志。观其为诗,辞多激越,似不忍以书生老也。成败论人,吾所不喜,独惜其为吴汤兴、徐骧所笑尔。

## 吴汤兴、徐骧、姜绍祖、林昆冈列传

**吴汤兴**,粤族也,家于苗栗,为诸生。粤人之居台者,多读书力田,负坚毅之气,冒危难,不稍顾,而汤兴亦习武,以义侠闻里中。

乙未之役,台湾自主,各乡皆起兵自卫,汤兴集健儿,筹守御。及闻台北破,官军溃,祃旗纠旅,望北而誓曰:"是吾等效命之秋也。"众皆起。遂与生员邱国霖、吴镇洸等募勇数营,就地取粮。富家多助饷。架一橹,置大鼓其上,有事击之以闻,立法严明。当是时,徐骧起于苗栗,姜绍祖起于北埔,简精华起于云林,所部或数百数千人,汤兴皆驰书合之。

**徐骧者**,苗栗诸生也。绍祖世居北埔,家巨富,为一方豪,年方二十,散家财募军,得健儿五百,率以赴战。夏五月二十日,日军略新竹,至大嵙崁,庄民伏险击,退据娘仔坑。栋军统领林朝栋援台北,次新竹,知县王国瑞请以前队卫城,而汤兴亦集提督首茂林、总兵吴光亮、栋军傅德升、谢天德所部,各调五百,与绍祖北进。二十有三日,次杨梅坜,途遇日军,并力攻之,日军稍却。二十有五日,邱国霖以七百人战于大湖口,无援而归,日军追之,追新竹,王国瑞逃。绍祖力战不屈,所部多死伤,被俘。日军囚诸庭,问:"谁姜绍祖?"其家人猝应曰:"余。"推出斩之,故绍祖得生。骧归北埔,再集佃兵,又赴战,遂死。

日军既得新竹，将南下，苗栗知县李烇与汤兴谋战事，遣徐炳文赴台中告急，而徐骧力守头份，故军不能进。闰五月初五日，日军分三路而下。一由新竹大道，一出安平镇，一援三角涌。新埔人邱嘉猷扼守竹围，回环重叠，炮不能击，死伤百数十人。其援三角涌者，又为黄晓潭、苏力、蔡国梁、黄国添、张龙安等沿途伏击，掘地窟以陷马足，日军苦战，又没百数十人，得援始免。降将余清胜道由小路以攻，拒战数日，而三角涌始破。日军至老崊崎，徐骧之兵又伏击之，追至新竹城外数里而回。

当是时，苍头特起，士气颇盛，台湾府知府黎景嵩遂欲进规新竹，以副将杨紫云率新楚军二营，傅德升一营，郑以金一营，会师往战。而葫芦墩人陈瑞昌亦募勇五百，愿为前锋，富家助以饷械，踊跃而进，分攻新竹，环其三门，炮及城中。徐骧所部尤奋勇，日军力守，故不陷。

初，汤兴以饷事，与李烇龃龉，且互黠，帮办军务刘永福命苗绅解之，不从。前敌又告急，永福不能往，命幕僚吴彭年率黑旗兵七百名，副将李维义佐之，至彰化。景嵩请以维义援头份，而彭年亦趣赴苗栗。六月十八日，日军大队至新竹，合攻笔尖山。二十日，又由香山头份之后夹击。徐骧力战，紫云阵没，维义败回，日军乘势攻苗栗。苗栗无城，不足守，黑旗管带袁锦清、帮带林鸿贵皆战没。彭年收余兵，退大甲，汤兴、徐骧俱入彰化。

七月初五日，日军涉大甲溪，破葫芦墩，略台中。揀东堡庄豪林大春、赖宽豫设国姓会，集子弟千人，拒战于头家厝庄。庄人林传年少，精火器，潜伏树上，应弹而踣者二十余人，终被杀，放火焚庄。彭年檄彰化知县罗树勋赴援，相持一日夜，日军复至。台中遂破。初七日，彭年誓师，分署各队，以汤兴、徐骧合守八卦山。越二日黎明，日军攻山，别以一队扑黑旗营。汤兴拒战，徐骧亦奋斗，而炮火甚烈，不能支。汤兴阵没，其妻闻报，亦投水死。徐骧奔台南，彭年战死山麓，黑旗将士多歼焉。

先是，云林知县罗汝泽募简精华、黄荣邦、林义成援彰化，方至而城破，遂归故里。初十日，日军陷云林，进据大莆林，锋锐甚。永福橄副将杨泗洪往取，精华、义成各率所部助。日军却，泗洪追之，中炮死，管带朱乃昌夺尸归。酣战至夜，荣邦、义成伏蕉林中以击，遂夺大莆林，杀伤过当，乃昌亦血战死，永福以都司萧三发代领其众，又檄简成功统义军。成功，精华之父也，骁勇能战，遂合官军克云林。日军入山，遇覆，歼焉，其由大道者退据北斗。十六日，三发趣诸军取彰化，阻于日炮，分驻村仔脚，连战俱捷，而饷绌，请济。永福无策，仅括千五百两以与之，附近庄民多蒸饭供军，故不馁。

方彰化之陷，徐骧走台南，永福慰之，命入卑南募兵。得七百人，皆矫健有力者，趣赴前敌，驻斗六溪底。十五日，日军大队猛攻树仔脚，诸军开壁出，互杀伤，徐骧复从间道夹击，乃退据北斗，以是不能越溪而南。方是时，风雨暴作，山水泛滥，黑旗诸军辄乘夜奇袭。海丰仑人陈戆番谋内应，以防备严，未敢动。彰化诸军攻围久，弹药将罄。八月初六日，荣邦誓师决战，中弹死。义成再进，亦殊伤。十三日，日军大举，以击三发之营。徐骧、精华援之，相战数日，弹丸尽，退于他里雾。日军复迫之，徐骧方食，趣诸军出。回顾曰："今得弹丸千，犹足以持一日夜，顾安所得者？"奋刃而前，左右数十人从之，欲伏险以击，中弹踣，跃起而呼曰："丈夫为国死，可无憾。"诸皆受伤莫能兴。云林复陷，嘉义亦破，而林昆冈起焉。

**昆冈**，字碧玉，沤洪庄人，嘉邑诸生也。设教乡中，素好义，能为人排解。至是闻前敌叠败，集曾文溪以北庄人而告之曰："台湾亡矣！若等将何往？吾欲率子弟，卫桑梓。若等能从吾乎？"应者百数十人，推新营庄生员沈芳徽统之，而己为佐。遣人赴台南，请军器，仅得旧铳数十杆，邀战于铁线桥。昆冈持棉牌，握利刃，勇士数人从之，踊跃而进，日军稍却。复战于沟仔头，杀一中尉。沿途庄民亦持械拒战，忽合忽逝。二十有三日，日军大进，昆冈指天而誓曰："天苟不欲相余，今日一战，当先中弹而死。"众皆感泣。鸣鼓出，弹贯其胸，握刃坐，长子亦战死。越五日，庄人乃收其尸，倔强如生。年四十有五。

连横曰：乙未之役，苍头特起，执戈制梃，授命疆场，不知其几何人。而姓氏无闻，谈者伤之。昔武王克殷，殷人思旧，以三监叛，周公讨之。读史者以为周之顽民，即殷之义士，固不以此而泯其节。晋文定王，王赐阳樊，阳人不服，晋师围之，仓葛大呼曰："德以柔中国，刑以威四夷，宜吾之不服也。"晋师乃去。读史者以为仓葛之知义，而晋文之秉礼，复不以此而讳其言。夫史者，天下之公器，笔削之权，虽操自我，而褒贬之旨，必本于公。是篇所载，特存其事。死者有知，亦可无憾；后之君子，可以观焉。

## 吴彭年

连横曰：乙未之役，台人建国，奉巡抚唐景崧为大总统，布告内外，一时豪杰并起，枕戈执殳，慨然有卫桑梓之志。洎景崧逃，台北破，南中又奉刘永福为主。永福固骁将，越南之役，以战功著，至台以后，碌碌未有奇能。唯其幕僚吴彭年，以一书生，提数百之旅，出援台中，鏖战数阵，竟以身殉，为足烈尔。

**彭年**，字季篯，浙江余姚人。年十八，为诸生。工诗文，赋气豪迈、欲追傅介子、班定远之志。流寓广州，遂家焉。乙未春，以县丞需次台北，刘永福闻其才，延为幕客。当是时，军书旁午，彭年任记室，批答文移，多出其手。暇又为诗歌，与士大夫唱和，多慷慨悲壮之语。及台北破，永福持残局，所部曰黑旗，以善战闻。夏五月，台湾府知府黎景嵩集北归散勇，编为新楚军，与苗栗义民吴汤兴、徐骧力战，图恢复，而饷绌，电请永福接济，永福困无以应。既而汤兴以争饷事，与苗栗知县李烇龃龉，兵愈败，且互诘。永福虑台中有失，议提兵往，彭年慨然请行，率七星旗兵七百，副将李唯义佐之。闰五月二十九日，至彰化，景嵩以唯义统新楚军，分旧部之半，赴苗栗。六月十五日，彭年亦从苗栗人之请,率屯兵营管带徐学仁、黑旗兵管带袁锦清、帮带林鸿贵提兵往,翌日,驻大甲。十八日,新楚军前统领杨紫云在头份庄战死,唯义败回。时部下兵薄,方召募未成,日军猝至,不能战,又不得不战。彭年骑马略阵,马悲鸣不行,易马再出,躬自陷阵。吴汤兴、徐骧助之,奋呼力战,弹如雨下,袁锦清、林鸿贵皆战死。彭年收兵,归大甲。二十三夜,苗栗破,吴、徐率勇入台中,彭年回彰化,电台南告急。永福檄坚守,援且至。

初,鹿港绅商议筹饷助军,及闻苗栗破,台中危,恐彰化难守,遂多走避。亡何败兵索饷,环府门而哗,景嵩不能解,请彭年兼统之。彭年张军幄,朝将校,晓譬大义,军心稍定。再电台南,不应,复哀之,复曰:"气盛即胜。"

八月初日军已渡大甲溪,募勇亦多至,然悉无饷械,不能战,城僚议弃城走。彭年力止之,曰:"公等固无恙,其如土地何?且吾又何面目以见台人乎?"遂誓死,叠电告,永福疑惧。复曰:"兵来御之,死守无恐。"彭年双曰:"吾与台事毫无责守,区区寸心,实不忍以海疆重地,拱手让人。今刘帅谕我死守,诚知我也。"是日移营,负险面溪,附近庄民蒸饭供军。次日,放兵巡哨,遇日军结筏渡,却之,而台南援兵踵至,气稍振。已而谍报葫芦墩危。初五日,日军绕溪而至。拣东堡庄豪林大春,赖寮豫设国姓会,集子弟千人,拒战于头家厝庄,互杀伤。彭年闻警,调彰化知县罗树勋趋救,相持一日夜,日军复至,树勋退走,台中遂破。初六日,驻牛骂头。越日以两队攻彰化。彰城小如斗,八卦山当其东,俯瞰城中,山破则城亦破,故守御多重此山。晚旱雷兵二百自南至,欲布雷于大肚溪畔,而旱雷由海运鹿港,越两日始至,而城已失矣。初七日,彭年誓军,以王得标率七星旗兵三百守中寮,刘得胜率先锋营守中庄,孔宪盈守茄苳脚,李士炳、沈福山各率所部守八卦山。初九日黎明,日军以一中队涉溪,攻黑旗营,又以一中队击其背。彭年出御,而大队已从间道直捣八卦山矣。吴汤兴、徐骧扼守,开炮击,多不中。日军冒险登山,吴徐不能支,遂败走。当是时,彭年大战于大肚溪，遥望八卦山已树日旗，急率全军回救，至南坛巷，手刃逃率二人，众奋勇夺山，至麓，中弹坠，亲兵四人翼之，亦死，李士炳、沈福山俱殁于东门外，死者几五百人。日军入城，景嵩、树勋各微服逃。

初，彭年将赴彰化，介其宗人吴敦迎为理军糈，及城破，敦迎出，途遇彭年尸，命其佣阿来瘗之，密识其穴。安邑庠生陈凤昌，义士也，闻彭年战死，甚壮之，洒酒为文以祭。越数年，为之负骨归乡，发穴时，衣带犹存，血痕尚斑斑也。至粤，其家居顺德，唯一老母，发已白，妻前逝，遗二孤，俱幼，家无余资，但依亲友以存。吁！又可哀也。

连横曰：如彭年者岂非所谓义士也哉。见危授命，誓死不移，其志固可以薄云汉而光日月。夫彭年一书生耳，唐、刘之辈苟能如其所为，则彭年死可无憾，而彭年乃独死也。吾望八卦山上，犹见短衣匹马之少年，提刀向天而笑也。呜呼，壮矣！

## 唐景崧、刘永福列传

**唐景崧**，字维卿，广西灌阳人。以编修转部。性豪爽，饮酒赋诗，遨游公卿间。光绪九年，法兰西谋并越南，中朝出师救之，而黑旗兵捍御尤武。黑旗者钦州刘永福也，少为太平军部曲，败后，逃黔、桂间，纠集党徒，闯入越南，官不能制。当是时，法人在越，狼瞻虎视，侮慢子女，越南君臣拱手唯命，日恐社稷之不血食。永福愤之，起兵与战，大胜于纸桥，擒其渠帅，又胜于谅山。越王大喜，封义良男，授三宣提督，威名大震。清廷以兵部尚书彭玉麟督师两广，提督王德标、冯子材出关援之。景崧以永福义士。上书政府，请说之效命。既往，造军门，握手道平生。曰："渊亭劳苦，公如肯归国，当以专阃相待，朝廷望公切也。"永福亦念宗邦，深欲建功自赎，许之。十一年，和成。入京，温旨嘉慰，授南澳镇总兵，记名提督，景崧亦以功任台湾兵备道。

台为海中奥区，人材蔚起，景崧雅好文学，聘进士施士浩主讲海东书院，庠序之士，礼之甚优。道署旧有斐亭，葺而新之，暇辄邀僚属为文酒之会。又建万卷堂，藏书富。太夫人能诗，每一题成，主评甲乙，一时台人士竞为诗学。十七年，升布政使，驻台北。台北新建省会，游宦寓公，簪缨毕至。景崧又以时勖之，建牡丹诗社，饬纂通志，自为监督，未成而遭割台之役。

二十年春，日本以朝鲜之故，进兵汉城，布告开战。清廷以台湾为东南重镇，命永福率师防守，帮办军务。六月，至台南，巡视沿海，驻旗后。八月，上省，与景崧议戎机。清廷以奉省各军叠败，召之北上。永福以所部力弱，不足赴战，上书总理衙门，略曰："福越南劲旅，实有数万，入关之初，只准带来千一百人，此皆拣选于平时者也。到粤以来，频遭裁撤，今仅存三百人。奉旨渡台，始募潮勇千名，分为二营。乌合之众，仓卒成军，以之言战，何能御侮？法人之役，实为前车。到台以后，极力筹商，而台湾孤悬海外，口岸纷多，防不胜防，必须南北联为一气始可言守。福有旧部三千，皆经历战之士，又有裨将数人，足寄心膂，意欲招之至台，扼守南隅，兼为北援。前曾咨商闽、粤督宪，恳切哀求，继复商之台抚，均不允准。当此之时，既无糈饷，何能募军？兴言及此，不禁痛哭。今两奉特旨，命福北上，非敢迟延赴敌，实因所部无人；自请罢斥，又近规避，非夙志也。福一介武夫，荷蒙优渥，位至方面，誓命报国，万死不辞。为今之计，请回粤中，招集旧部，然后北行，并以福交与北洋大臣节制，一切军情，不至阻隔。"诏以永福仍驻台湾。九月，邵友濂奏请辞职，以景崧署巡抚。既受事，整剔军政，以永福守台南。栋军统领林朝栋守台中，而福建水师提督杨歧珍亦率军驻北。士客新旧凡三百数十营，每营三百六十人，需饷孔巨，妻请协济。旋奉部拨五十万两、南洋大臣张之洞许助一百万两，以次划汇，而战守急矣。

二十一年春二月，日军破澎湖，守将周振邦逃，奉省亦军败舰降。诏以北洋大臣李鸿章为全权议和，日廷索割台湾。台人闻之，奔走相告，哀吁请止。三月二十有二日，景崧电奏曰："三次电奉，一次电询，总署和议情形，均未奉复详行。纷传割辽、台，并派某爵率兵船即日来台签押，李鸿章希图了事，断不可行。必不得已，查外国近年联二三国为同盟密约，我可急挽英、俄，或请外国，从公剖断。不可专从李鸿章办法，割台臣不敢奉诏。且王灵已去，万民骇愤已极，势不可遏，朝廷已弃之地，无可抚慰，无可约束。日人到台，台民抗战，臣不能止。臣忝权台抚，台已属日，即交缴办法，仍用台抚之衔，不特为台民笑，更为日人笑也。如必割台，唯有乞请迅简大员，来台办理，此外尚有一线可冀挽回，伏乞圣照熟思。揆今时势，全局犹盛，尚属可为，何至悉为所索。列圣在天之灵，今日何以克安，臣不胜痛哭待命之至。"不报。台人遂议自主，各官多送眷回，行李塞途，无赖见之，以为盗饷，遏而夺之。中军参将方元良闻报，驰往弹压，睹败箱，又以为饷被劫也，亟鸣枪，应弹而踣者十数人。众大哗，持械斗，元良被杀，蜂拥至抚署，署兵开枪，踣者又十数人，景崧闻变出止，抚标管带李文魁自外入，握刀进，历阶而上。景崧惊喝曰："胡为者？"刀未离鞘，旋纳入，对曰："来护大帅。"应声间已迫近身侧，景崧以令授之曰："速召六营来。"文魁持命出，大呼曰："大帅令我兼统六营矣。"跃马去。提督杨歧珍率兵至，众始散。

四月，烟台换约，诏饬守土官撤回。歧珍率所部归厦门，景崧电询永福去就，复曰："与台存亡。"而自主之议成。五月初二日，绅士邱逢甲率人民等公上大总统之章，受之，建元永清，檄告中外。景崧亦分电各省大吏曰："日本索割台湾，台民不服，屡经电奏，不允割让，未能挽回。台民忠义，誓不服从。崧奉旨内渡，甫在摒挡之际，忽于光绪二十一年五月初二日，将印旗送至抚署，文曰台湾民主国总统之印，旗用蓝地黄虎，不得已允暂主总统。由民公举，仍奉正朔，遥作屏藩，商结外援，以图善后。事起仓猝，迫不自由，已电奏，并布告各国。能否持久，尚难预料，唯望悯而助之。"翌日，又以大总统之衔告示台民曰："日本欺凌中国，大肆要求，此次马关议款，赔偿兵费，复索台湾。台民忠义，誓不服从，屡次电奏免割，本总统亦多次力争。而中国欲昭大信，未允改约，全台士民不胜悲愤。当此无天可吁，无主可依，台民公议自主，为民主之国。以为事关军国，必须有人主持，乃于四月二十二日，公集本衙门递呈，请余暂统政事。再三推让，复于四月二十七日相率环吁，五月初二日公上印信，文曰台湾民主国总统之印，换用国旗蓝地黄虎。窃见众志已坚，群情难拂，故为保民之计，俯如所请，允暂视事。即日议定改台湾为民主之国，国中一切新政，应即先立议院，公举议员，详定律例章程，务归简易。唯台湾疆土，荷大清经营缔造二百余年，今虽自立为国，感念旧恩，仍奉正朔，遥作屏藩，气脉相通，无异中土。照常严备，不可疏虞。民间如有假立名号，聚众滋事，借端仇杀者，照匪类治罪。从此清内政，结外援，广利源，除陋习，铁路兵船，次第筹办，富强可致。雄峙东南，未尝非台民之幸也。"初六日，日军登鼎底澳，越三貂岭。景崧檄诸军援战，不利，基隆遂失，迫狮球岭。台人请驻八堵，为死守计，不从。杜文魁驰入抚署请见，大呼曰："狮球岭亡在旦夕，非大帅督战，诸将不用命。"景崧见其来，悚然立，而文魁已至屏前，即举案上令架掷地曰："军令俱在，好自为之！"文魁侧其首以拾，则景崧已不见矣。景崧既入内，携巡抚印，奔沪尾，乘德商轮船逃，炮台击之，不中。文魁亦躡景崧后，至厦门，谋刺之。事泄，为清吏所捕，戮于市。

台南闻景崧逃，台北破，议奉永福为大总统，不从。强之，始移驻台南，设议院，筹军费，进邮递，发钞票，分汛水陆，训励团练，各地魁桀收而用之，以援助前敌。于是告示于民曰："日本要盟，全台竟割，此诚亘古未有之奇变。台湾之人发指眦裂，誓共存亡，而为自主之国。本帮办则以越南为鉴，迄今思之，追悔无穷。顷顺舆情，移驻南郡。本帮办亦犹人也，无尺寸长，有忠义气，任劳任怨，无诈无虞。如何战事,一担肩膺,凡有军需,绅民力任。誓师慷慨,定能上感天神。惨澹经营,何难徐销敌焰。"六月,日本台湾总督桦山资纪寓书永福,劝解兵,复书不从。于是日军破新竹,取宜兰,进迫苗栗,又辄以战舰窥台南。命幕僚吴彭年率七星旗兵趣援,方至而苗栗陷,大战于彰化,彭年阵没,将弁多死,台南饷械已绌。再命幕僚罗绮章渡厦门,陈援各省,辞甚哀痛。七月,日军破云林。别以一军略埔里社,锋锐甚。沿途民军据守力战,相持三十余日,杀伤略当,嘉义始陷,永福深自悲痛。八月二十有三日,日军登枋寮,入恒春,取凤山,南北俱逼,所距不过百里,而接济久绝。永福知事不可为,介英领事欧思纳致书桦山资纪求成。是时日舰大集于澎湖,欧思纳往见副总督高岛鞆之助,不许,约永福至舰议款,否则开战。终不往,而日军又破旗后矣。九月初二日,黑旗兵在白沙墩获英人间谍二,解至署。永福邀入内,商出亡,其人则爹利士船主柁师也。入夜永福视安平炮台,乘之以去。日舰八军山追之,至厦门,搜其船,不得。初四日,日军入城。景崧既归,遂居桂林,而永福嗣为碣石镇总兵。

连横曰:世言隋、陆无武,绛、灌无文,信乎兼才之难也。夫以景崧之文,永福之武,并肩而立,若萃一身,乃不能协守台湾,人多訾之,顾此不足为二人咎也。夫事必先推其始因,而后可验其终果。台为海中孤岛,凭恃天险,一旦援绝,坐困愁城,非有海军之力,不足以言图存也。且台自友濂受事后,节省经费,诸多废弛,一旦事亟,设备为难。虽以孙吴之治兵,尚不能守,况于战乎?是故苍葛虽呼,鲁阳莫返。空拳只手,义愤填膺,终亦无可如何而已。《诗》曰:"迨天之未阴雨,彻彼桑土,绸缪牖户。"为此诗者,其知道乎?

# 后　　序

　　雅堂夫子既作《台湾通史》，将付剞劂，璈读而喜之。已而叹曰：嗟乎！夫子之心苦矣，夫子之志亦大矣。始璈来归之时，夫子方弱冠，闭户读书，不与外事。既而出任报务，伸纸吮毫，纵横议论。又以其余力网罗旧籍，旁证新书，欲撰《台湾通史》，以诏之世，顾时犹未遑也。越数年，去之厦门，游南峤，鼓吹摈满，濒于危者数矣。事挫而归，归而再任报务，复欲以其余力撰《通史》。每有所得，辄投之箧，而时又未遑也。中华民国既建之年，夫子矍然起，慨然行，以家事相属，长揖而去。遂历禹域，入燕京，出万里长城，徘徊塞上。倦游而归，归而复任报务，茶余饭后，每顾而语曰："吾平生有两大事，其一已成而《通史》未就，吾其何以对我台湾？"于是发箧出书，积稿盈尺，遂整齐之，每至夜阑始息。如是三年而书成，又二年而后付梓。嗟乎！夫子之心苦矣，夫子之志亦大矣。台自开辟以来，三百余载，无人能为此书，而今日三百余万人，又无人肯为此书。而夫子乃毅然为之，抱其艰贞，不辞劳瘁，一若冥冥在上有神鉴临之者，而今亦可以自慰矣。然而夫子之念未已也，经纶道术，焕发文章，璈当日侍其旁，以读他时之新著。

一九二○年元夜归连门沈璈少云氏叙于稻江之棠云阁

# 连雅堂先生家传

我始祖兴位公,生于永历三十有五年,越二载而明朔亡。少遭悯凶,长怀隐遁,遂去龙溪,远移鲲海,处于郑氏故垒之台南,迨先生已七世矣。守璞抱贞,代有潜德,稽古读书,不应科试,盖犹有左衽之痛也。

故自兴位公以至先祖父,皆遗命以明服殓。故国之思,悠然远矣。先生讳横,字武公,号雅堂,又号剑花。生于光绪四年正月十六日亥时,先祖父永昌公季子也。少受廷训,长而好学,禀性聪颖,过眼成诵。先祖父痛爱之,尝购《台湾府志》一部授之曰:"汝为台湾人,不可不知台湾历史。"后日先生以著《台湾通史》引为己任者,实源于此。

甲午中日战役,清师败绩,订马关条约,割台湾以和。台人不服清廷之命,遂于光绪二十一年五月朔,独立为台湾民主国。是年六月,先祖父去世,先生时年十八,奉讳家居,手写《少陵全集》,始学诗以述家国凄凉之感。当是时,戎马倥偬,四郊多警,缙绅避地,巷无居人,而先生即以时搜集台湾民主国文告,后竟成《台湾通史》中珍贵史料。越二年,先母沈太夫人来归。

沈太夫人,外祖父德墨公长女也。明诗习礼,恭淑爱人,上奉姑嫜,旁协姒娣,一家称贤,于先生之著作,尤多赞助。是年先生主《台南新报》汉文部,写作之余,学日文焉。

马兵营在台南宁南坊,为郑氏驻兵故地,古木郁苍,境绝清闳,自兴位公来台,即卜居于此。割台前七年,先祖父扩而新之。割台后,日人在此新筑法院，全庄被迁，吾家亦遭毁，危墙画栋，夷为平地。从此兄弟叔侄，遂散处四方，故先生有《过故庐》诗云：

海上燕云涕泪多，劫灰零乱感如何？
马兵营外萧萧柳，梦雨斜阳不忍过。

日俄战后，先生愤清政之不修，携眷返国，在厦门创《福建日日新报》，鼓吹排满。时同盟会同志在南洋者，阅报大喜，派闽人林竹痴先生来厦，商改组为同盟会机关报。嗣以清廷忌先生之言论，饬吏向驻厦日本领事馆抗议，遂遭封闭。先生不得已又携眷归台，复主《台南新报》汉文部。越三年移居台中，主《台湾新闻》汉文部，因与林痴仙、赖悔之、林幼春诸先生创栎社，以道德文章相切劚，《台湾通史》亦经始于此时。

先生又久居东海，郁郁不乐。辛亥秋，病且殆，愈后，思欲远游大陆，以舒其抑塞愤懑之气。时中华民国初建，悲歌慷慨之士，云合雾起。先生亦由东瀛苴止沪滨，与当世豪杰名士相晋接，抵掌谭天下事，纵笔为文，论当时得失，意气轩昂，健康恢复矣，于是西溯长江，至于汉皋，北渡黄河，而入燕京。时赵次珊先生长清史馆，延先生入馆共事，因得尽阅馆中所藏有关台湾建省档案，而将其收入《台湾通史》。未几，去馆遨游，出大境门，西至阴山之麓，载南而东，渡黄海，历辽沈，观觉罗氏之故墟，吊日俄之战迹。甲寅冬，倦游而归，仍居故里，翌年先祖母逝世。

家居时，先生将其征途逆旅所作之诗，编为一卷，名曰《大陆诗草》。集中有《至南京之翌日登雨花台吊太平天王》诗曰：

龙虎相持地，风云变态中。
海上燕云涕泪多，劫灰零乱感如何？
马兵营外萧萧柳，梦雨斜阳不忍过。

江山归故主，冠剑会群雄。
民族精神在，兴王事业空。
荒台今立马，来拜大王风。
汉祖原英武，项王岂懦仁。
顾天方授楚，大义未诛秦。
王气骄朱鸟，阴风惨白燐。
萧萧石城下，重见国旗新。
早用东平策，终成北伐勋。
画河师不进，去浙败频闻。
同室戈相阋，中原剑失群。
他年修国史，遗恨在湘军。
玉累云难蔽，金陵气未消。
江声喧北固，山影绘南朝。
吊古沙沈戟，狂歌夜按箫。
神灵终不闽，化作往来潮。

又有《柴市谒文信国公》诗曰：

一代豪华客，千秋正气歌。
艰难扶社稷，破碎痛山河。
世乱人思治，时乖将不和。
秋风柴市上，下马泪滂沱。
宏范甘亡宋，思翁不帝胡。
忠奸争一瞬，义节属吾徒。
岭表驱残卒，崖门哭藐孤。
西台啼发客，同抱此心朱。
忠孝参天地，文章自古今。
紫云留故砚，夜雨寄孤琴。

> 景炎中兴绝,临安半壁沈。
> 巍巍瞻庙宇,相柏郁森森。
> 我亦遘阳九,伶仃在海滨。
> 中原虽克复,故国尚沈沦。
> 自古谁无死?宁知命不辰。
> 凄凉衣带语,取义复成仁。

章太炎先生读之,叹曰:"此英雄有怀抱之士也。"

先生归台后,即孜孜矻矻,潜心述作。旋移居台北,越五年而《台湾通史》成。刊行时,日本朝野颇为重视,祖国人士则因隔阂,反有漠然之感。唯章太炎先生以为民族精神之所附,谓为必传之作,先生亦颇以此自许。《通史》既刊,复集古今作家之诗,刺其有关台湾历史山川者,编而次之,名曰《台湾诗乘》,凡六卷。是书之成,沈太夫人与有力焉。陈蔼士先生近读其稿,为题四诗。其一曰:

> 难得知书有细君,十年相伴助文情。
> 从来修史无兹福,半臂虚夸宋子京。

先生作史时,搜集先民有关台湾著作甚丰,其中三十余种,均系海内外孤本,极足珍贵,乃编为《雅堂丛刊》。笔墨余闲,颇事吟咏,因集《大陆诗草》以后之作,都为一卷,名曰《宁南诗草》,志故土也。其《登赤嵌城》曰:

> 七鲲山色郁苍苍,倚剑来寻旧战场。
> 地剪牛皮成绝险,潮回鹿耳阻重洋。
> 张坚尚有中原志,王粲宁无故国伤。
> 落日荒涛望天末,骑鲸何处吊兴亡。

民国十二年春，先生以《通史》已刊，《诗乘》亦纂成，思欲暂息其著作生活，因偕沈太夫人东游，以诗自写其境曰：

五岳归来已七秋，又携仙眷上蓬洲。
此行为爱樱花好，料理诗篇纪俊游。

时震东适留学东京，随侍先生及沈太夫人漫游于镰仓、箱根间，天伦之乐，无过于是。回忆海滨白沙，湖上青松，犹历历在眼前也。

先生尝曰："余尝见古今诗人，大都佗傺无聊，凄凉身世。一不得志，则悲愤填膺，穷愁抑郁，自戕其身，至于短折。余甚哀之。顾余则不然，祸患之来，静以镇之，横逆之施，柔以报之。而眷怀家国，凭吊河山，虽多回肠荡气之辞，绝无道困言贫之语。故十年中未尝有忧，未尝有病。岂天之独厚于余，盖余之能全于天也。"其善养生也如此。故体虽清癯，而绝少疾病。先生与沈太夫人感情极笃，对震东姊弟尤为慈祥。御下宽，待人恕，数十年未尝见其稍有愠色。性嗜茶而远酒，以茶可养神，酒能乱性也。亲朋至，必亲汲泉瀹茗，畅谈古今，而议论新颖，以是人咸亲之。

民国十五年春，携眷游杭州，住西湖。盖欲了其"他日移家湖上住，青山青史各千年。"（《大陆诗草》）之宿愿也。是年暑假，震东由日来杭省亲，朝夕侍先生优游于六桥三竺间，每至一处先生必为震东说明其历史。未几，北伐军兴，江南扰动，因又返台。是时，日人在台已历禁国文，且不许学生使用台语矣。先生为保存台语计，复贾其余勇，作有系统之分析。举凡台湾方言，无不博引旁征，穷其来源，遂成《台湾语典》四卷。尝谓："台湾文字传自中国，而语言则多沿漳、泉。顾其中既多古义，又有古者，有正音，有变音，有转音。昧者不察，以为台湾语有音无字，此则浅薄之见耳。夫所谓有音无字者，或为转接语，或为外来语，不过百分之一二耳。以百分之一二，而谓台湾语有音无字，何其慎耶！"

先生性喜游,所至辄有吟咏,尤多吊古伤时之作。晚年好学佛,其《游台北观音山》诗,读者谓其深得佛家之妙谛。诗曰:

> 我家在城阴,观音日对门。
> 我来此山中,观音寂无言。
> 色相虽可参,妙法不得闻。
> 譬如掬水月,水去月无痕。
> 又如触花气,花谢气何存。
> 我身非我有,万物同其源。
> 万物非我有,天地分其根。
> 天地非我有,大造阐其元。
> 大造非我有,佛法转其轮。
> 上穷亿万劫,下至亿万孙。
> 唯佛心无畏,唯佛道独尊。
> 湛然观自在,一洗众生喧。

民国十八年,震东毕业东京庆应大学经济学部,归佐家务,趋庭之际,并为讲授国文焉。越二载,先生谕震东曰:"欲求台湾之解放,须先建设祖国。余为保存台湾文献,故不得不忍居此地。汝今已毕业,且谙国文,应回祖国效命,余与汝母将继汝而往。"震东奉命,携先生函回国,进谒张溥泉先生于南京。溥泉先生见函,深为感动,因命留国内工作。

二十二年,先生以震东已在国内服务,家姊亦在沪上,舍妹又已毕业高等女学校,因决意携眷返国,居沪上,盖欲遂其终老祖国之志也。时震东居西安,闻讯,来沪省亲。多年违侍,一旦相聚,骨肉之情,备觉深切,因将回国后至京赴平入陕之经过,详为禀闻,先生与沈太夫人均极喜慰,并谕震东曰:"余自台湾沦陷,吾家被毁,三十余年靡有定处,而对于汝姊弟之教育,尤煞费苦心。今余之著作已次第告成,而汝辈亦皆有所造就，且一家均居国内，余心稍慰矣。余虽年事渐高，而精神尚健，此后当继续著作，以贡献于国家也。"

二十四年春，先生偕沈太夫人来游关中，终南渭水，足迹几遍。是年夏返沪。

二十五年孟春，先生在沪患脏病，经中西名医诊治，而药石罔效，遂于六月二十八日上午八时逝世，享寿五十有九。弥留之际，谕震东曰："今寇焰迫人。中、日终必一战，光复台湾即其时也。汝其勉之！"震东俯首涕零而对曰："敢不遵命。"翌日依佛教式典，将遗体谨付荼毗，从遗命也。二十八年三月一日，沈太夫人弃养于西安，享寿六十有六。

先生有子一，即震东也，娶沈阳赵氏。孙一，名战。女三：长夏甸，毕业台北静修高等女学校，适林；次春台，早殇；三秋汉，毕业淡水高等女学校，适黄。

先生毕生尽瘁于保存台湾文献，冀维民族精神于不堕，其精神思想流露于著作间，读者无不叹为三百年来海上之杰作也。

今春震东在重庆，适徐旭生先生自昆明来讲学，告震东曰："台湾收复在即，国人多欲明台湾历史。先德遗著，急需在国内重版，顷已商之于商务印书馆，君其速携书往访。"震东遵嘱修谒。嗣得来书谓："台湾为我国最早沦陷区。而《台湾通史》一书，油然故国之思，岂仅结构之佳已哉。敝馆亟欲将其重版，籍广流传，以彰先德。"读之心喜。顾震东自奉命回国，于今十五年矣，虽兢兢业业，未敢自废，而对祖国，对台湾，殊少贡献，愧无以仰承先志。今经旭生先生之介绍，蒙商务印书馆之雅意，于吾父逝世十年后，得在国内，将其遗著重印。震东虽不肖，庶几稍慰吾父在天之灵乎。

一九四五年六月四日连震东谨述于重庆李子坝

## 《人民·联盟文库》第一辑书目

| 分 类 | 书 名 | 作 者 |
|---|---|---|
| 政治类 | 中共重大历史事件亲历记(2卷) | 李海文主编 |
| | 中国工农红军长征亲历记 | 李海文主编 |
| 哲学类 | 中国哲学史(1—4) | 任继愈主编 |
| | 哲学通论 | 孙正聿著 |
| | 中国经学史 | 吴雁南、秦学颀、李禹阶主编 |
| | 季羡林谈义理 | 季羡林著,梁志刚选编 |
| 历史类 | 中亚通史(3卷) | 王治来、丁笃本著 |
| | 吐蕃史稿 | 才让著 |
| | 中国古代北方民族通论 | 林幹著 |
| | 匈奴史 | 林幹著 |
| | 毛泽东评说中国历史 | 赵以武主编 |
| 文化类 | 中国文化史(4卷) | 张维青、高毅清著 |
| | 中国古代文学通论(7卷) | 傅璇琮、蒋寅主编 |
| | 中国地名学源流 | 华林甫著 |
| | 中国古代巫术 | 胡新生著 |
| | 徽商研究 | 张海鹏、王廷元主编 |
| | 诗词曲格律纲要 | 涂宗涛著 |
| 译著类 | 中国密码 | [德]弗郎克·泽林著,强朝晖译 |
| | 领袖们 | [美]理查德·尼克松著,施燕华等译 |
| | 伟人与大国 | [德]赫尔穆特·施密特著,梅兆荣等译 |
| | 大外交 | [美]亨利·基辛格著,顾淑馨、林添贵译 |
| | 欧洲史 | [法]德尼兹·加亚尔等著,蔡鸿滨等译 |
| | 亚洲史 | [美]罗兹·墨菲著,黄磷译 |
| | 西方政治思想史 | [美]约翰·麦克里兰著,彭维栋译 |
| | 西方艺术史 | [法]德比奇等著,徐庆平译 |
| | 纳粹德国的兴亡 | [德]托尔斯腾·克尔讷著,李工真译 |
| | 资本主义文化矛盾 | [美]丹尼尔·贝尔著,严蓓雯译 |
| | 中国社会史 | [法]谢和耐著,黄建华、黄迅余译 |
| | 儒家传统与文明对话 | [美]杜维明著,彭国翔译 |
| | 中国人的精神 | 辜鸿铭著,黄兴涛、宋小庆译 |
| | 毛泽东传 | [美]罗斯·特里尔著,刘路新等译 |
| 人物传记类 | 蒋介石全传 | 张宪文、方庆秋主编 |
| | 百年宋美龄 | 杨树标、杨菁著 |
| | 世纪情怀——张学良全传(上下) | 王海晨、胡玉海著 |

# 《人民·联盟文库》第二辑书目

| 分 类 | 书 名 | 作 者 |
|---|---|---|
| 政治类 | 民族问题概论(第三版) | 吴仕民主编、王平副主编 |
| | 宗教问题概论(第三版) | 龚学增主编 |
| | 中国宪法史 | 张晋藩著 |
| 历史类 | 乾嘉学派研究 | 陈祖武、朱彤窗著 |
| | 宋学的发展和演变 | 漆侠著 |
| | 台湾通史 | 连横著 |
| | 卫拉特蒙古史纲 | 马大正、成崇德主编 |
| | 文明论——人类文明的形成发展与前景 | 孙进己、干志耿著 |
| 哲学类 | 西方哲学史(8卷) | 叶秀山、王树人总主编 |
| | 康德《纯粹理性批判》句读 | 邓晓芒著 |
| | 比较伦理学 | 黄建中著 |
| | 中国美学史话 | 李翔德、郑钦镛著 |
| | 中华人文精神 | 张岂之著 |
| | 人文精神论 | 许苏民著 |
| | 论死生 | 吴兴勇著 |
| | 幸福与优雅 | 江畅、周鸿雁著 |
| 文化类 | 唐诗学史稿 | 陈伯海主编 |
| | 中国古代神秘文化 | 李冬生著 |
| | 中国家训史 | 徐少锦、陈延斌 |
| | 中国设计艺术史论 | 李立新著 |
| | 西藏风土志 | 赤烈曲扎著 |
| | 藏传佛教密宗与曼荼罗艺术 | 昂巴著 |
| | 民谣里的中国 | 田涛著 |
| | 黄土地的变迁——以西北边陲种田乡为例 | 张畯、刘晓乾著 |
| | 中外文化交流史 | 王介南著 |
| | 纵论出版产业的科学发展 | 齐峰著 |
| 译著类 | 赫鲁晓夫下台内幕 | [俄]谢·赫鲁晓夫著,述弢译 |
| | 治国策 | [波斯]尼扎姆·莫尔克著,[英]胡伯特·达克(由波斯文转译成英文),蓝琪、许序雅译,蓝琪校 |
| | 西域的历史与文明 | [法]鲁保罗著,耿昇译 |
| | 16~18世纪中亚历史地理文献 | [乌]Б.А.艾哈迈多夫著,陈远光译 |
| | 亲历晚清四十五年——李提摩太在华回忆录 | [英]李提摩太著,李宪堂、侯林莉译 |
| | 伯希和西域探险记 | [法]伯希和等著,耿昇译 |
| | 观念的冒险 | [美]A.N.怀特海著,周邦宪译 |
| 人物传记类 | 溥仪的后半生 | 王庆祥著 |
| | 胡乔木——中共中央一支笔 | 叶永烈著 |
| | 林彪的这一生 | 少华、游胡著 |
| | 左宗棠在甘肃 | 马啸著 |

图书在版编目（CIP）数据

台湾通史/连横著. —北京：人民出版社，2011
（人民·联盟文库）
ISBN 978-7-01-010273-3

Ⅰ.①台… Ⅱ.①连… Ⅲ.①台湾省-地方史 Ⅳ.①K295.8

中国版本图书馆CIP数据核字（2011）第193536号

## 台 湾 通 史
TAIWAN TONGSHI

连横 著

责任编辑：白竹林 郑洁 安新文
封扉设计：曹 春
出版发行：人民出版社
　　　　　北京朝阳门内大街166号　邮　编：100706
网　　址：http://www.peoplepress.net
邮购电话：（010）65250042/65289539
经　　销：新华书店
印　　刷：三河市金泰源印装厂
版　　次：2011年10月第1版　2011年10月北京第1次印刷
开　　本：710毫米×1000毫米　1/16
印　　张：50.5
字　　数：742千字
书　　号：ISBN 978-7-01-010273-3
定　　价：94.00元

版权所有　侵权必究